Laurent Bordereaux et Xavier Braud

Droit du Littoral

Gualino
lextenso éditions

MASTER PRO

La collection de référence pour :

- les étudiants des masters de Droit, d'Économie et de Gestion ;
- les étudiants des filières professionnelles de la discipline traitée par chaque livre et les candidats aux examens professionnels correspondants ;
- les professionnels en activité de ces disciplines.

Catalogue général adressé gratuitement
sur simple demande :

Gualino éditeur
Tél. 01 56 54 16 00
Fax : 01 56 54 16 49
e-mail : gualino@lextenso-editions.fr
Site : www.lextenso-editions.fr

Droit du Littoral

Laurent Bordereaux
est Maître de conférences en droit public à l'Université de La Rochelle.

Xavier Braud
est Maître de conférences en droit public à l'Université de Rouen.

ISBN 978 - 2 - 297 - 00384 - 1

Présentation

Les espaces littoraux sont plus que jamais confrontés à de nombreuses questions juridiques : aux problèmes traditionnels du domaine public maritime se sont ajoutées les interrogations liées à l'application de la loi « Littoral » du 3 janvier 1986, à la mise en place du réseau Natura 2000 ou au rôle des documents d'urbanisme en matière de gestion intégrée des zones côtières.

Les acteurs publics et privés des territoires côtiers (État, collectivités locales, associations et professionnels) ont développé des stratégies diverses pour faire face à la multiplicité des enjeux littoraux, dont les représentations sociales sont éminemment variables. Quelles que soient les approches, la conciliation des impératifs de protection (liés à la biodiversité et aux paysages) et des nombreuses activités en cause (récréatives et économiques) demeure la grande difficulté du droit du littoral.

Cet ouvrage s'adresse aux étudiants en Master (droit, géographie, tourisme, aménagement et urbanisme), aux universitaires, aux agents de l'État et des collectivités territoriales, aux praticiens du droit, aux professionnels, associations et citoyens qui trouveront une approche globale et actualisée du droit du littoral.

Sommaire

Titre 3 Associations et juridictions : les sentinelles du droit du littoral

Partie 2
Le droit d'un espace pluriel

Titre 1 La recherche du développement économique en zone portuaire

Titre 2 Les activités économiques sur le domaine public maritime naturel

Principales abréviations

AAMP	Agence des aires marines protégées
ADMO	Annuaire de droit maritime et océanique
AJDA	Actualité juridique droit administratif
AN	Assemblée nationale
ANEL	Association nationale des élus du littoral
AOT	Autorisation d'occupation temporaire du domaine public
Arr.	Arrêté
Assoc.	Association
BCMO	Bureau central de la main-d'œuvre
BJCL	Bulletin juridique des collectivités locales
BJDU	Bulletin de jurisprudence de droit de l'urbanisme
BO	Bulletin officiel
CA	Cour d'appel
CAA	Cour administrative d'appel
Cass.	Cour de cassation
CE	Conseil d'État
CELRL	Conservatoire de l'espace littoral et des rivages lacustres
C. env.	Code de l'environnement
CGPC	Conseil général des ponts et chaussées
CGCT	Code général des collectivités territoriales
CGPPP	Code général de la propriété des personnes publiques
Circ	Circulaire
C. just. adm.	Code de justice administrative
CJCE	Cour de justice des communautés européennes
CJEG	Cahiers juridiques de l'électricité et du gaz (revue juridique de l'entreprise publique)
CNDP	Commission nationale du débat public
Cne	Commune
CNL	Conseil national du littoral
Cons. conc.	Conseil de la concurrence (Autorité de la concurrence)
Cons. const.	Conseil constitutionnel

C. org. jud.	Code de l'organisation judiciaire
C. patr.	Code du patrimoine
C. ports mar.	Code des ports maritimes
C. urb	Code de l'urbanisme
D.	Recueil Dalloz
D.	Décret
DIACT	Délégation interministérielle à l'aménagement et à la compétitivité des territoires
Dir.	Direction ou directive
DMF	Le droit maritime français
Doc. fr.	La documentation française
DOCOB	Document d'objectifs
Doctr.	Doctrine
DOM	Départements d'outre-mer
DPM	Domaine public maritime
Dr. adm.	Droit administratif
Dr. env.	Droit de l'environnement
DTA	Directive territoriale d'aménagement
DUP	Déclaration d'utilité publique
EF	Études foncières
Fasc.	Fascicule
Féd.	Fédération
Gaz. Pal.	Gazette du palais
GIP	Groupement d'intérêt public
GIZC	Gestion intégrée des zones côtières
GPM	Grand port maritime
Ha	Hectare
IFEN	Institut français de l'environnement
Ifremer	Institut français de recherche pour l'exploitation de la mer
IGE	Inspection générale de l'environnement
IOTA	Installations, ouvrages, travaux et activités
J. Cl.	Juris-Classeur (encyclopédie)
JCP	Juris-Classeur (périodique)
JMM	Journal de la marine marchande et du transport multimodal
JO	Journal officiel
JOUE	Journal officiel de l'Union européenne
La Doc. Fr.	La documentation française
LPA	Les petites affiches
LPO	Ligue de protection des oiseaux
MH	Monuments historiques
Mon. TP	Moniteur des travaux publics
PLU	Plan local d'urbanisme
POS	Plan d'occupation des sols

PPRN	Plan de prévention des risques naturels prévisibles
PUR	Presses universitaires de Rennes
RDI	Revue de droit immobilier
RDP	Revue du droit public et de la science politique
Rec.	Recueil Lebon des décisions du Conseil d'État ou recueil des arrêts de la CJCE
RFDA	Revue française de droit administratif
RGCT	Revue générale des collectivités territoriales
Rev. jur. env.	Revue juridique de l'environnement
RN	Réserve naturelle
SCOT	Schéma de cohérence territoriale
SMVM	Schéma de mise en valeur de la mer
Spéc.	Spécialement
SRC	Section régionale de la conchyliculture
T.	Tables du recueil Lebon
TA	Tribunal administratif
T. confl.	Tribunal des conflits
TGI	Tribunal de grande instance
UNIM	Union nationale des industries de la manutention
UPACCIM	Union des ports autonomes et des chambres de commerce et d'industrie maritimes
UPF	Union des ports français
V.	Voir
ZAC	Zone d'aménagement concerté
ZNIEFF	Zone naturelle d'intérêt écologique faunistique et floristique
ZPS	Zone de protection spéciale
ZSC	Zone spéciale de conservation

Propos introductifs

1. Avec trois façades maritimes représentant plus de 5 500 kilomètres de côtes métropolitaines et des joyaux ultra-marins, le littoral français constitue un champ d'investigation incontournable et son droit ne peut plus être perçu comme une niche pour spécialistes. Science sociale par excellence, le droit du littoral paraît souffrir de plusieurs maux qui, à la réflexion, ne peuvent pas être appréhendés autrement que comme des éléments matriciels de cette matière riche et complexe.
2. Régulièrement sous les feux de l'actualité, il est instrumentalisé par les acteurs des territoires côtiers (élus, associations, professionnels, administrations, médias...) dans le cadre de conflits récurrents liés à la vocation de l'espace littoral. La connaissance juridique de ce dernier semble ainsi constamment parasitée par la prolifération des discours partisans développant une approche dogmatique de la matière. Il est vrai qu'accaparé par de multiples intérêts catégoriels, le droit du littoral est souvent caricaturé et dévoyé. Cela étant, on doit admettre qu'il n'existe pas de théorie pure du droit du littoral. Ses normes constitutives sont produites et appliquées par des acteurs convaincus de la légitimité de leur conception subjective de la règle de droit, et ce dans le cadre d'un espace où s'exercent difficilement de nombreuses ***activités concurrentes*** (pêche, aquaculture, tourisme et activités nautiques...)[1]. Sans nier les caractères propres des méthodes du raisonnement juridique, on peut difficilement penser le droit du littoral dans l'abstrait : l'analyse juridique est ici fondamentalement liée à une vision socio-économique et politique des zones côtières[2]. Dans ces conditions, il n'est pas tout à fait étonnant de constater que le discours juridique, lui-même non dépourvu d'ambiguïtés, n'apaise pas[3].

1. Sur l'importance du tourisme : G. Dubois, *Offre et organisation touristique des communes du littoral métropolitain*, AFIT, 2004.
2. Cf. notamment M. Bodiguel (dir.), *Le littoral. Entre nature et politique*, L'Harmattan, 1997 ; M. Falque et H. Lamotte (dir.), *Droits de propriété, économie et environnement : le littoral*, Bruylant, 2003 ; J. Catanzano et O. Thébaud, *Le littoral. Pour une approche de la régulation des conflits d'usage*, Institut océanographique/Ifremer, 1995.
3. J. Caillosse, « Qui a peur du droit littoral ? », *Rev. jur. env.* 4-1993, p. 513.

3. L'environnement sociologique complexe et parfois encombrant de cet univers normatif spécial qu'est le droit du littoral[4] n'est pas seul en cause. Son rapport même à la nature est une source inépuisable de questionnements[5]. Droit de l'interface terre/mer, ses frontières spatiales (côté mer et côté terre) semblent impossibles à tracer et sont en tout état de cause intimement liées à des éléments de fait comme la marée, la géomorphologie locale[6], auxquels s'ajoute l'histoire (plurielle) des sociétés littorales[7]. Le droit du littoral peut donc donner l'impression, réductrice, d'être la déclinaison juridique d'un paysage changeant et d'un espace flou, ayant une frange maritime et une base arrière dont les approches géographiques, aussi riches soient-elles, ne suffisent pas à nourrir le besoin de sécurité et de précision du juriste. Les règles de délimitation des rivages de la mer le long des côtes ou dans les estuaires, par exemple, illustrent bien les difficultés à saisir la réalité physique du littoral, fût-ce avec l'aide d'outils scientifiques.

4. Toutefois, ces problèmes n'ont pas empêché le droit de s'adapter à la plasticité d'un tel objet en prenant quelque distance avec cette notion aussi universelle qu'imprécise qu'est le littoral, dont il ne peut exister de définition juridique[8]. Ainsi existe-t-il des règles protectrices visant telle ou telle portion du littoral identifiée par les concepts du droit de la domanialité publique ou du droit de l'urbanisme et de l'environnement. Dans cette optique, des règles variées peuvent s'appliquer sur l'ensemble du territoire des communes littorales (comme la règle de l'extension en continuité de l'urbanisation), ou sur des espaces plus restreints comme la fameuse bande des 100 mètres, les rivages de la mer ou encore les espaces dits proches du rivage. Régulièrement décriées par certains élus, on a sans doute trop tendance à oublier que leur rigueur (relative) est liée à la ***sauvegarde de la biodiversité et des paysages***.

5. C'est dans un esprit de conciliation entre plusieurs affectations du littoral et dans le cadre d'une gestion concertée et globale (***gestion intégrée des zones côtières***)[9] que ces règles ont vocation à s'appliquer. Cela étant, la souplesse offerte par la démarche consensuelle et participative tant sollicitée ne saurait

4. Sur la construction du droit du littoral et sa cohérence : R. LE ROY, *La construction juridique du littoral*, thèse droit, Université de Bretagne Occidentale, 1994 ; L. PRIEUR, *Droit et littoral. Recherches sur un système juridique*, thèse droit, Université de Bretagne Occidentale, 2001.

5. Pour une approche globale, voir F. OST, *La nature hors la loi. L'écologie à l'épreuve du droit*, La Découverte, 2003.

6. Sur les agents naturels façonnant les littoraux, voir : P. A. PIRAZZOLI, *Les littoraux*, Nathan, 1993 ; P. DURAND et L. GOELDNER-GIANELLA (dir.), *Milieux littoraux. Nouvelles perspectives d'étude*, L'Harmattan, 2005.

7. C. CÉRINO, A. GEISTDOERFER, G. LE BOUËDEC, F. PLOUX (dir.), *Entre terre et mer. Sociétés littorales et pluriactivités*, Presses Universitaires de Rennes, 2004.

8. Ce qui n'exclut évidemment pas l'existence d'un statut juridique du littoral : J. de Lanversin, « Pour un statut du littoral », *AJDA*, 1978, p. 596.

9. Y. BONNOT, *Pour une politique globale et cohérente du littoral en France*, Doc. fr., 1995 ; DATAR, *Construire ensemble un développement équilibré du littoral*, Doc. fr., 2004.

sortir du cadre des prescriptions dont l'application est impérative. À l'heure où l'on insiste sur l'importance du patrimoine naturel et culturel des zones côtières, il est clair que les règles de protection issues des Codes de l'urbanisme et de l'environnement (loi Littoral du 3 janvier 1986, sites classés, réserves et parcs naturels, réseau Natura 2000), ainsi que du Code général de la propriété des personnes publiques (domaine public maritime), doivent être respectées[10].

6. Il faut préciser que ce qu'on appelle – sans doute un peu rapidement – le « droit du littoral » ne constitue pas une discipline homogène. Si l'on s'autorise à évoquer l'existence d'un ensemble normatif spécial, ce n'est pas pour souligner l'existence d'un ordre juridique autonome mais pour désigner un ensemble de règles applicables à l'espace littoral, essentiellement issues du ***droit public des biens, du droit de l'urbanisme et de l'environnement***, incluant aujourd'hui les apports, essentiels, du droit de l'Union européenne et de la Charte de l'environnement de 2004 (dont les droits et devoirs ont valeur constitutionnelle et s'imposent à toutes les autorités publiques dans leurs domaines de compétence respectifs)[11].

On retiendra notamment :

– en matière d'aménagement du territoire, les dispositions de l'article 6 de la Charte : « *Les politiques publiques doivent promouvoir un développement durable. À cet effet, elles concilient la protection et la mise en valeur de l'environnement, le développement économique et le progrès social* » ;

– s'agissant de l'Union européenne, on relèvera que les travaux de la Commission ont eu l'occasion d'aborder la question de la gestion de l'interface terre/mer, en insistant sur l'importance de la gestion intégrée des zones côtières[12]. La politique des ressources aquatiques en est un volet essentiel, notamment dans le cadre de la directive sur l'eau du 23 octobre 2000, qui s'applique aux eaux côtières[13]. Quant à la directive « Stratégie pour le milieu

10. Sans oublier le Code du patrimoine, s'agissant de la législation sur les biens culturels maritimes et les monuments historiques.

11. CE, Ass., 3 oct. 2008, *Cne d'Annecy*, *Rev. jur. env.*, 2009/1, p. 85, concl. Y. Aguila, note X. Braud. V. aussi : M. VERPEAUX, « Les premiers pas de la Charte de l'environnement de 2004 sur la scène constitutionnelle », in *Confluences, Mél. en l'honneur de Jacqueline Morand-Deviller*, Montchrestien, 2007, p. 949.

12. *Vers une politique maritime de l'Union : une vision européenne des océans et des mers*, Livre vert de la Commission, COM (2006) 275 final, 7 juin 2006, spéc. p. 33. La Commission relève, entre autres, que la « *La cohérence des politiques européennes relatives aux zones côtières et l'intégration des différents niveaux de pouvoir constituent une condition indispensable au succès de la GIZC* ».

13. Dir. 2000/60/CE établissant un cadre pour une politique communautaire dans le domaine de l'eau, *JOCE*, n° L 327 du 22 déc. 2000, p. 1. Elle entend par eaux côtières « *les eaux de surface situées en deçà d'une ligne dont tout point est situé à une distance d'un mille marin au-delà du point le plus proche de la ligne de base servant pour la mesure de la largeur des eaux territoriales et qui s'étendent, le cas échéant, jusqu'à la limite extérieure d'une eau de transition [masse d'eau de surface à proximité des embouchures de cours d'eau]* » (art. 2).

marin » du 17 juin 2008, elle vise, dans le cadre d'une approche régionalisée (mer Baltique, Atlantique du Nord-Est, mer Méditerranée, mer Noire) intégrant les eaux littorales, à « *réaliser ou maintenir un bon état écologique du milieu marin au plus tard en 2020* »[14].

7. Ce sont donc toutes ces règles qui constituent le « droit du littoral », étant entendu que la spécificité physique de leur objet, leur complémentarité solidaire et les nombreux enjeux des territoires littoraux leur confèrent un caractère particulier sans pour autant constituer un système cohérent.

8. L'approche institutionnelle permettra de mettre en exergue le rôle crucial des personnes publiques et de l'articulation de leurs compétences dans l'aménagement et la préservation du littoral. ***L'État et ses services déconcentrés***[15], les ***établissements publics nationaux*** (au premier rang desquels le Conservatoire du littoral) et les ***collectivités territoriales*** sont clairement au cœur du cadre organique du droit du littoral. Sans nier le rôle du secteur privé, notamment en zone portuaire, ce maillage d'acteurs publics, sous le contrôle des ***associations*** et du ***juge administratif***, a su produire un ensemble normatif relevant de plusieurs champs disciplinaires, à l'architecture complexe, entre cadrage national et territorialisation du droit[16].

9. Enfin, si l'on s'accorde régulièrement à souligner la complexité du droit du littoral, c'est que la méthode empirique consistant à compiler les nombreux problèmes d'application locale l'a trop souvent emporté sur l'analyse globale. C'est en effet le réglage du droit du littoral, institutionnel et matériel, qu'il faut tenter de synthétiser, sans négliger le poids de son ancrage extra-juridique. Dans ces conditions, il est possible de s'attacher d'abord à l'étude du réseau d'acteurs produisant le droit du littoral (**Partie 1**) avant d'envisager ensuite celle des règles qui régissent un espace pluriel, entre protection et développement (**Partie 2**).

---

14. Dir. 2008/56/CE établissant un cadre d'action communautaire dans le domaine de la politique pour le milieu marin, *JOUE*, n° L 164 du 25 juin 2008, p. 19. Elle s'applique aux eaux marines telles que définies à l'art. 3.

15. Sur les compétences littorales et maritimes du ministre d'État, ministre de l'écologie, de l'énergie, du développement durable et de la mer, voir l'art. 1er. – VII. du D. n° 2007-995 du 31 mai 2007. V. aussi le D. (modifié) n° 2008-680 du 9 juillet 2008.

16. Voir K. Paszkier, *Loi « montagne » et loi « littoral » : des lois d'aménagement et d'urbanisme aux dispositions particulières. Illustrations du phénomène de territorialisation du droit*, thèse, Université de Nice Sophia-Antipolis, 2001.

Bibliographie

Becet (J.-M.) et Le Morvan (D.) (dir.), *Le droit du littoral et de la mer côtière*, Economica, 1991.

Becet (J.-M.) et Rezenthel (R.), *Dictionnaire juridique des ports maritimes et de l'environnement littoral*, Presses Universitaires de Rennes, 2004.

Becet (J.-M.), « La construction progressive d'un droit du littoral français », *DMF*, 1999, p. 231.

Beurier (J.-P.) (dir.), *Droits maritimes*, Dalloz Action, 2008.

Bodiguel (M.) (dir.), *Le littoral. Entre nature et politique*, L'Harmattan, 1997.

Bonnefoi (C.), « Le littoral et le droit communautaire : des liens méconnus », *DMF*, 2007, p. 649.

Bonnot (Y.), *Pour une politique globale et cohérente du littoral en France*, Rapport au Premier ministre, Doc. fr., 1995.

Bousquet (B.), « Définition et identification du littoral contemporain », *Rev. jur. env.*, 4-1990, p. 451.

Caillosse (J.), « Qui a peur du droit littoral ? », *Rev. jur. env.*, 4-1993, p. 513 ; « Un juriste sur le littoral », *AJDA*, 2002, p. 941.

Calderaro (N.), « Droit et littoral en Europe », *Études rurales*, n° 133-134 (*Littoraux en perspective*), p. 59 ; « Le protocole de Madrid et la loi Littoral », *BJDU*, 3/2008, p. 157.

Calderaro (N.) et Lacrouts (J.), *Le littoral. Protection, mise en valeur et aménagement des espaces littoraux*, Le Moniteur, 2005.

Coulombie (H.) et Redon (J.-P.), *Le droit du littoral*, Litec, 1992.

Datar, *Construire ensemble un développement équilibré du littoral*, Doc. fr., 2004.

Dauvin (J.-C.) (dir.), *Gestion intégrée des zones côtières : outils et perspectives pour la préservation du patrimoine naturel*, Muséum national d'histoire naturelle, 2002.

Falque (M.) et Lamotte (H.) (dir.), *Droits de propriété, économie et environnement : le littoral*, Bruylant, 2003.

Guineberteau (Th.) et Trouillet (B.), « Quelle politique du littoral en France et en Europe ? », in *Planète océane*, Choiseul, 2006, p. 201.

Jegou (B.), « Qu'est-ce qu'un bon état écologique des eaux ? », *Le marin*, 9 janv. 2009, p. 14.

Mesnard (A.-H.), « L'intégration des politiques du littoral », *ADMO*, t. XIV, Université de Nantes, 1996.

Monediaire (G.), « Politiques et droit communautaires des zones côtières », *Environnement*, oct. 2008, p. 21.

Piquard (M.), *Littoral français. Perspectives pour l'aménagement*, Rapport au gouvernement (nov. 1973), Doc. fr., 1974.

Prats (Y.), « Vers une politique du littoral », *AJDA*, 1978, p. 601.

Rousso (A.), « De la préservation du littoral à la gestion intégrée des zones côtières », *Environnement*, oct. 2008, p. 29.

Partie 1

Les acteurs du droit du littoral

TITRE 1 Le poids de l'État et de ses administrations

Chapitre 1 La structuration juridique des rapports État/Littoral

Chapitre 2 Les services déconcentrés et les établissements publics nationaux

TITRE 2 Entre résistances et adaptations : l'importance des collectivités territoriales

Chapitre 1 Les communes littorales

Chapitre 2 L'intercommunalité et ses outils d'aménagement

Chapitre 3 l'échelon régional et départemental

TITRE 3 Associations et juridictions : les sentinelles du droit du littoral

Chapitre 1 Le phénomène associatif sur l'espace littoral

Chapitre 2 L'intervention des juridictions dans les conflits affectant l'espace littoral

10. Le cadre institutionnel du droit du littoral repose sur de nombreux acteurs. Le rôle de l'État est incontournable en la matière, de même que l'action de certains établissements publics nationaux comme le Conservatoire du littoral. Cela étant, le droit de l'espace littoral ne se conçoit pas sans compter avec les collectivités territoriales et leurs groupements, dont les pouvoirs ont été accrus par le législateur, notamment dans le cadre de l'acte II de la décentralisation. Les associations et la juridiction administrative ne sauraient bien sûr être oubliées dans l'étude du cadre organique du droit du littoral, même si leurs fonctions apparaissent plus difficiles à cerner et sont, à l'évidence, controversées.

Au total, c'est bien un réseau d'acteurs – au sens sociologique de l'expression – qui produit le droit du littoral. Sa connaissance relève assurément du champ juridique et des politiques publiques mais aussi, dans une certaine mesure, de la théorie des organisations et de l'analyse des réseaux[1].

1. Voir, entre autres, M. BORLANDI, R. BOUDON, M. CHERKAOUI et B. VALADE (dir.), *Dictionnaire de la pensée sociologique*, Quadrige/PUF, 2005, pp. 516-520, 561-562 et 600-604.

Titre

1

Le poids de l'État et de ses administrations

11. Les fonctions de l'État sont multiples en zone littorale. L'un des fondements de la compétence de l'État est lié à sa qualité de propriétaire du domaine public maritime naturel, ce qui permet de rappeler l'ancrage domanial du droit du littoral. Sa fonction législative est aussi classique qu'essentielle, tandis que son rôle de planificateur mobilise des outils d'aménagement d'une grande richesse même si leur application sur le terrain affiche un résultat mitigé. Sans nier l'importance des nombreux acteurs privés en zone côtière, l'action des services déconcentrés de l'État et de certains établissements publics nationaux (comme le Conservatoire du Littoral) est essentielle.

Chapitre 1

La structuration juridique des rapports État/Littoral

Plan du chapitre

RÉSUMÉ

12. Non seulement l'État est propriétaire des différents éléments composant le domaine public maritime naturel, mais il est également l'autorité suprême pour poser les règles fondamentales relatives à l'aménagement, l'occupation et la planification de l'espace littoral, à travers la loi, les directives territoriales d'aménagement, les schémas de mise en valeur de la mer et les plans de prévention des risques naturels.

Section 1 L'État propriétaire du domaine public maritime naturel

13. Si le dernier mouvement de décentralisation portuaire (issu de la loi n° 2004-809 du 13 août 2004) est venu consacrer l'existence d'un domaine public maritime artificiel local, c'est l'État qui, de manière générale, est propriétaire du domaine public maritime naturel concernant la métropole et les départements d'outre-mer. Certaines collectivités ultra-marines peuvent être propriétaires d'un domaine maritime « territorial » important ; c'est le cas, par exemple, de la Polynésie française, où les lagons jouent un rôle particulier[1]. En Nouvelle-Calédonie, les provinces sont également propriétaires d'un domaine public maritime[2]. On pourra aussi se référer aux dispositions pertinentes du Code général des collectivités territoriales (CGCT) et du Code général de la propriété des personnes publiques (CGPPP) concernant Mayotte[3] et Saint-Pierre-et-Miquelon[4], dans le cadre des lois n° 2007-223 et 2007-224 du 21 février 2007 portant dispositions statutaires et institutionnelles relatives à l'outre-mer.

§1. La consistance du domaine public maritime naturel

14. S'agissant des sources textuelles, il faut aujourd'hui principalement se référer aux dispositions du CGPPP, annexées à l'ordonnance n° 2006-460 du 21 avril 2006[5]. Cette ordonnance est venue codifier, non sans modifications, de nombreuses règles relatives au domaine public et a donc procédé à l'abrogation de plusieurs textes, dont la partie législative du Code du domaine de l'État, la loi n° 63-1178 du 28 novembre 1963 sur le domaine public maritime et la fameuse ordonnance de la Marine d'août 1681[6].

A. Les rivages de la mer

15. Ils constituent depuis longtemps des biens domaniaux publics[7] et font l'objet d'une forte protection (cf. *infra*, n° 521 et s.). La définition juridique des rivages de la mer est le fruit d'une longue et laborieuse évolution. Héritage du droit romain[8] puis de l'ancien droit (domaine royal)[9], il faut savoir que jusqu'à la jurisprudence *Kreitmann*, on mobilisait par tradition des sources

1. Art. 47 de la loi organique n° 2004-192 du 27 février 2004 portant statut d'autonomie de la Polynésie française : « *Le domaine public maritime de la Polynésie française comprend, sous réserve des droits de l'État et des tiers, les rivages de la mer, le sol et le sous-sol des eaux intérieures, en particulier les rades et les lagons, ainsi que le sol et le sous-sol des eaux territoriales* ». Y. BRARD, « Le domaine public maritime outre-mer : le cas de la Polynésie française », in *La mer outre-mer*, L'Harmattan, 2001, p. 215.
2. V. l'art. 45 de la loi organique n° 99-209 du 19 mars 1999 relative à la Nouvelle-Calédonie.
3. Art. L. 5331-2, CGPPP.
4. Art. LO 6414-3, CGCT.
5. Ord. relative à la partie législative du Code général de la propriété des personnes publiques.
6. V. notamment Ph. GODFRIN et M. DEGOFFE, *Droit administratif des biens*, Sirey, 2007, p. 20 et s.
7. CE, 19 mai 1858, *Vernes*, *Rec.*, p. 399.
8. D. GAURIER, *Le droit maritime romain*, PUR, 2004, p. 135 et s. ; N. Charbonnel et M. Morabito, « Les rivages de la mer : droit romain et glossateurs », *Rev. historique de droit français et étranger*, janv.-mars 1987, p. 23.
9. F. BOUSCAU, *Les Prés Salés de la Teste-de-Buch en Aquitaine. Contribution à l'histoire du domaine maritime du Moyen-Âge à nos jours*, thèse droit, Université Paris II, 1988.

différentes en fonction de la localisation géographique du rivage en cause : une règle de droit romain issue des Institutes de Justinien (VIe siècle après J.-C.) pour les rivages de la Méditerranée et l'ordonnance sur la Marine de 1681 pour ceux de l'Atlantique (incluant Manche et mer du Nord). Les Institutes de Justinien (Livre II, titre Ier, § 3) faisaient référence au plus grand flot d'hiver (*hibernus fluctus maximus*) tandis que l'ordonnance de Colbert mentionnait le plus grand flot de mars[10]. Il est clair qu'une telle situation, complexe et en délicatesse avec l'évolution des connaissances scientifiques, ne pouvait perdurer[11]. Le Conseil d'État, avec l'arrêt *Kreitmann*[12], est venu simplifier et moderniser les sources juridiques afférentes à la définition des rivages en reléguant définitivement les Institutes de Justinien dans le champ de l'histoire du droit[13] : les dispositions de l'ordonnance « *doivent être entendues comme fixant la limite du domaine public maritime, quel que soit le rivage, au point jusqu'où les plus hautes mers peuvent s'étendre, en l'absence de perturbations météorologiques exceptionnelles* ».

16. Depuis l'adoption du CGPPP, la norme juridique de référence est l'article L. 2111-4 relatif à la consistance du domaine public maritime naturel de l'État

Article L. 2111-4, CGPPP

« *Le rivage de la mer est constitué par tout ce qu'elle couvre et découvre jusqu'où les plus hautes mers peuvent s'étendre en l'absence de perturbations météorologiques exceptionnelles* ».

Cette définition doit s'analyser comme la consécration législative de la jurisprudence *Kreitmann*.

B. Les lais et relais de la mer

17. De manière générale, ce qu'on appelle les lais et relais sont le fruit de l'activité naturelle de la mer[14] et correspondent à des espaces qui ne sont pas recouverts par les flots; leur existence dépend de la géomorphologie des lieux. Les lais sont traditionnellement définis comme des atterrissements de toute nature (apports sédimentaires divers, dépôts biodétritiques) venant

10. Ord. de la marine, Livre IV, titre VII, art. 1 : « *Sera réputé bord et rivage de la mer, tout ce qu'elle couvre et découvre pendant les nouvelles et pleines lunes, et jusqu'où le grand flot de mars se peut étendre sur les grèves* ».
11. V. M. Querrien, « Le rivage de la mer ou la difficulté d'être légiste », *EDCE*, t. 25, 1972, p. 75 et s.
12. CE, Ass., 12 oct. 1973, *Sieur Kreitmann*, *Rec.*, p. 563; *RDP*, 1974, p. 1150, concl. M. Gentot.
13. J. MORAND-DEVILLER, *Cours de droit administratif des biens*, 5e éd., Montchrestien, 2007, p. 48.
14. Voir P. M. JURET, *Le domaine public maritime*, Dalloz, 1964, p. 53; J. DUFAU, *Le domaine public*, Le Moniteur, 2001, p. 80; N. Calderaro, R. Paskoff, C. Clus-Auby, « Les lais et relais de la mer », *EF*, sept.-oct. 2005, p. 17.

« engraisser » le rivage; les relais sont des terrains abandonnés par la mer. La jurisprudence n'a pas hésité à prendre quelque distance avec la géographie naturelle en qualifiant de relais de la mer des terrains artificiellement soustraits à l'action des eaux[15]. Parfois investis par des plagistes ou d'autres acteurs du littoral, des interrogations sont nées concernant leur statut et leur régime.

18. La loi du 28 novembre 1963 (art. 1er) sur le domaine public maritime distinguait les lais et relais constitués à la date de la promulgation de la loi et ceux qui lui étaient postérieurs (lais et relais futurs). Ces derniers ont été incorporés de plein droit au DPM, sous réserve des droits des tiers. Les lais et relais anciens relevaient du domaine privé de l'État et pouvaient donc être cédés[16], sachant qu'ils pouvaient être incorporés au DPM par arrêté préfectoral[17]. Cette dichotomie a donné lieu, jusqu'à une période récente, à des conflits récurrents[18], sachant que le juge administratif a considéré qu'il résultait du dispositif alors en vigueur que l'incorporation dans le domaine maritime des lais et relais relevant du domaine privé ne pouvait être prononcée qu'après avoir procédé, côté terre, à leur délimitation[19]. Il a ensuite été rappelé (à l'occasion d'une affaire de grande voirie), d'une part, que l'acte d'incorporation de lais et relais au DPM n'ayant pas un caractère réglementaire, son illégalité ne pouvait être invoquée par voie d'exception que dans le délai du recours contentieux (dès lors qu'un tel acte a été régulièrement publié) et précisé, d'autre part, que le moyen tiré de l'illégalité (également par voie d'exception) de l'arrêté de délimitation était inopérant au soutien de conclusions tendant à la contestation d'une infraction domaniale (dès lors que les lais et relais en cause ont bien été incorporés au DPM)[20].

19. Le CGPPP a mis fin à cette situation complexe en procédant à une nouvelle extension du domaine public maritime naturel. L'article L. 2111-4 dispose en effet qu'il comprend non seulement les lais et relais :

> « *constitués à compter du 1er décembre 1963* », mais également ceux « *qui faisaient partie du domaine privé de l'État à la date du 1er décembre 1963, sous réserve des droits des tiers* » (dans les DOM, la date de référence est celle du 3 janv. 1986).

15. CE, 29 nov. 1978, *Sieur Bessière, Rec.*, p. 478; CAA Marseille, 19 déc. 2005, n° 02MA01902.
16. CE, 8 janv. 1958, *Min. des travaux publics c/ Sté des courses de la Côte d'Azur, Rec.*, p. 13.
17. D. n° 72-879 du 19 sept. 1972; CE, 3 févr. 1982, *Mme Gaubert, Rec.*, p. 47. Cette possibilité a été régulièrement mise en œuvre : V. l'exemple de la plage de *Viva*, en Corse (CE, 10 mai 1989, M. *Claude Munoz*, n° 73146).
18. CE, 19 févr. 1986, *Min. de l'urbanisme, du logement et des transports c/ M. Morata et Mme Coulon, AJDA*, 1986, J., p. 264, concl. B. Stirn.
19. CE, 6 mars 1989, *Sté continentale de gestion et SCI du Golfe de Valinco, AJDA*, 20 juin 1989, obs. J.-B. Auby; CAA Marseille, 27 févr. 2006, M. *Alain, DMF*, 2006, p. 811.
20. CE, 4 févr. 2008, M. *Peretti*, n° 292956.

Par ailleurs, le Code précise que :

> *« Les terrains soustraits artificiellement à l'action du flot demeurent compris dans le domaine public maritime naturel sous réserve des dispositions contraires d'actes de concession translatifs de propriété légalement pris et régulièrement exécutés ».*

20. Ainsi, tout en consacrant la légalité des cessions régulièrement intervenues, on assiste à une simplification bienvenue du statut domanial des lais et relais. Leur utilisation privative devra donc respecter les règles de la domanialité publique.

C. Le sol et le sous-sol de la mer territoriale

21. Dans le sillage de la loi de 1963, le CGPPP range le sol et le sous-sol de la mer territoriale dans le DPM. Ce bien naturel domanial dispose d'une surface importante, laquelle correspond à la largeur de la mer territoriale (12 milles marins)[21]. L'incorporation au DPM ne vise que le sol et le sous-sol, et non l'élément aquatique surjacent. En effet, les eaux territoriales proprement dites ne sont pas considérées comme relevant du domaine public. De manière générale, les notions de chose commune (*res communis*) et de patrimoine commun sont souvent mobilisées pour appréhender l'eau[22]. On doit sans doute y voir le noble héritage de la conception romaniste et jusnaturaliste de l'eau (et de l'air)[23]. Une contravention de grande voirie (procédure destinée à protéger le domaine public) n'est en conséquence pas envisageable pour sanctionner l'existence d'un mouillage illégal[24] ou d'une pollution aquatique qui ne toucherait ni le rivage ni le sol de la mer territoriale. Le Conseil d'État estime cependant qu'une telle procédure peut s'appliquer à un plan d'eau portuaire, dont on admet par là même la domanialité publique[25].

22. Sur le plan fiscal, il a été jugé par le Conseil d'État que :

> *« le législateur n'a pas entendu inclure dans le champ d'application de la taxe foncière sur les propriétés non bâties les dépendances du domaine public maritime correspondant au sol de la mer territoriale qui ne peuvent être regardées comme constituées sous forme de terrains »* (CE, 3 nov. 1995, *Min. du budget c/Cne de Gouville-sur-Mer, RFDA*, 1996, p. 153).

21. Loi n° 71-1060 du 24 déc. 1971 relative à la délimitation des eaux territoriales françaises ; art. 3 de la Convention des Nations unies sur le droit de la mer (10 déc. 1982, Montego Bay).

22. A. GAONAC'H, *La nature juridique de l'eau*, éd. Johanet, 1999, p. 25 et s. ; B. BARRAQUE, « De l'appropriation à l'usage : l'eau, patrimoine commun », in *Genèse du droit de l'environnement*, vol. 2, L'Harmattan, 2001, p. 213, B. DROBENKO, *Droit de l'eau*, Gualino éd., 2007, p. 41 et s.

23. V. le *Digeste* (D. 1, 8, 2) : « *[...] § 1 – Par le droit naturel sont les biens communs de tous : l'air, l'eau courante, la mer et, par cet intermédiaire, les rivages de la mer* » (in D. GAURIER, *Le droit maritime romain*, *op. cit.*, p. 135). V. aussi H. GROTIUS, *Mare Liberum* (De la libertés des mers), 1609, rééd. par les *Annales maritimes et coloniales*, M. DCCC XLV, t. 90, p. 680.

24. CE, 24 mai 1935, *Sieur Thireault*, *Rec.*, p. 597.

25. CE, 1er juill. 1983, *Lajarin*, *Rec.*, p. 297.

23. Cet élément du DPM naturel est aujourd'hui très convoité, notamment dans le cadre des nouveaux usages du littoral et de la mer côtière : sources d'énergie renouvelable, récifs artificiels (voir *infra*, n° 459 et s.).

D. Le cas des étangs salés

24. Toujours aux termes de l'article L. 2111-4 du CGPPP, relèvent également du DPM naturel de l'État « *Le sol et le sous-sol des étangs salés en communication directe, naturelle et permanente avec la mer* ». Cette incorporation aujourd'hui législative trouve ses racines dans la jurisprudence ancienne de la Cour de cassation. Dans un arrêt resté célèbre rendu à propos de la police de la pêche, la Cour avait défini l'étang salé comme :

> « *une baie communiquant à la mer par une issue plus ou moins étroite, et qui en est une prolongation et une partie intégrante, formée des mêmes eaux, peuplée des mêmes poissons, et soumise par conséquent aux mêmes mesures de police* » (Cass. crim., 24 juin 1842, *Fabre*, *S.*, 1842.I.887).

Cette définition a été régulièrement reprise par le juge administratif[26].

> En 2003, la Haute juridiction administrative a jugé que « *pour estimer, par un arrêt suffisamment motivé, que l'étang de Mauguio était un étang salé, en communication naturelle avec la mer et peuplé de poissons de mer, la cour [administrative de Marseille] s'est livrée à une appréciation souveraine qui, exempte de dénaturation, n'est pas susceptible d'être discutée devant le juge de cassation* » (CE, 19 mars 2003, *M. Jean-Pierre Temple-Boyer et a.*, n° 228229).

25. Fondés sur des circonstances intimement liées à la nature des lieux, les critères ainsi dégagés ne sont pas favorables à la stabilité des situations juridiques puisqu'un même étang peut connaître plusieurs statuts au gré des évolutions géographiques du littoral. Ainsi, il a été jugé que l'étang *Napoléon*, dépendance du DPM en 1872 du fait de la destruction du cordon littoral qui le séparait de la mer, a cessé d'appartenir au domaine public avec la reconstitution de ce cordon (à partir de 1942). Sur le fondement de l'article 544 du Code civil, la Cour de cassation a estimé que le droit de l'ancien propriétaire pouvait revivre.

> « Attendu que le propriétaire qui a été privé de ses droits par la perte de son immeuble sous le seul effet des forces de la nature se trouve réintégré dans sa propriété lorsque, de la même manière, l'obstacle qui l'en avait privé a disparu » (Cass. Ass. plén., 23 juin 1972, *Sté civile et agricole de They de Roustan*, *JCP*, II (J.), 1973, 17331, note G. Goubeaux et Y. Jégouzo).

26. CE, 29 nov. 1911, *François Dupuis*, *Rec.*, p. 1118 (absence de domanialité publique car la communication était due à des ouvrages artificiels); CE, 4 déc. 1931, *Consorts Pellé-Bougenot*, *Rec.*, p. 1071. V. H. Coulombié et J.-P. Redon, *Le droit du littoral*, Litec, 1992, n° 377 et s.

Il a été dit que l'articulation de cette solution jurisprudentielle avec le statut domanial des lais et relais posait problème. Il semble qu'en cas de reconstitution d'un élément naturel séparant l'étang de la mer, rien n'empêche, le cas échéant, l'ancien propriétaire privé de recouvrer son droit[27].

26. Les trois conditions fixées par le CGPPP (communication directe, naturelle et permanente) n'empêchent pas de nombreux étangs salés de relever du DPM, le sujet étant particulièrement lié au littoral méditerranéen (des Pyrénées-Orientales aux Bouches-du-Rhône)[28]. Toutefois, même lorsqu'elles sont réunies, un étang salé peut ne pas relever du DPM ; une loi réglementant la location du droit de pêche leur a même été consacrée[29]. L'existence d'un véritable droit fondé en titre peut en effet faire échec à l'incorporation au domaine public[30]. En Languedoc-Roussillon, on retiendra que les lagunes de Thau et de Leucate, par exemple, font partie de la liste – évolutive – des étangs relevant de la domanialité publique maritime.

E. La zone dite des 50 pas géométriques dans les DOM

27. L'article L. 2111-4 (4°) du CGPPP mentionne « *La zone bordant le littoral définie à l'article L. 5111-1 dans les départements de la Guadeloupe, de la Guyane, de la Martinique et de La Réunion* ». La fameuse zone dite des 50 pas géométriques soulève beaucoup de questions et de difficultés juridiques. Née sous l'ancien régime et historiquement liée à la défense des colonies[31], déclassée dans le domaine privé de l'État par le décret n° 55-885 du 30 juin 1955, cette zone littorale a été incorporée au DPM par la loi n° 86-2 du 3 janvier 1986 (loi « littoral »)[32].

27. Si la formation de cet élément naturel (comme un cordon dunaire) correspond bien à la qualification de lais de la mer (relevant du DPM), l'étang lui-même ne saurait être considéré comme un lais ou un relais.

28. B. Kuchukian, « La condition juridique des étangs salés du littoral méditerranéen », *Gaz. Pal.*, 1972, Doctr., p. 157.

29. Loi n° 73-1230 du 31 déc. 1973 réglementant la location du droit de pêche dans certains étangs salés privés du littoral, *JO* du 3 janv. 1974.

30. CE, 17 déc. 1857, *Richaud*, *Rec.*, p. 835. C. Saujot, « La propriété privée des étangs salés », *JCP*, 1964, I., 1848.

31. H.D. GUIBERT, *Étude sur les cinquante pas géométriques dans nos colonies*, thèse, Université de Paris, 1911. E.-P. Luce, « La réserve domaniale dite des "cinquante pas géométriques" », *AJDA*, 1982, p. 236.

32. J. Dufau, « La zone des 50 pas géométriques dans les D.O.M. », *AJDA*, 1990, p. 444.

DÉFINITION DE LA ZONE DES 50 PAS GÉOMÉTRIQUES

« Constituée par une bande de terrain délimitée dans les départements de La Réunion, de la Guadeloupe et de la Martinique. Elle présente dans le département de la Guyane une largeur de 81,20 mètres comptée à partir de la limite du rivage de la mer tel qu'il a été délimité en application de la législation et de la réglementation en vigueur à la date de cette délimitation » (art. L. 5111-2 CGPPP).

Pour le juge administratif et judiciaire, cette zone existe dans toutes les îles françaises d'Amérique, y compris l'île de Saint-Martin (CE, 22 juill. 1994, *Mme Carreau-Gaschereau, Rec.*, p. 358; Cass. civ., 7 juill. 2004, *Consorts Carreau-Gaschereau et a., DMF*, 2005, p. 668). Elle est aussi présente à Mayotte (art. L. 5331-4 CGPPP).

28. La domanialité publique maritime s'applique sous réserve des droits des tiers à l'entrée en vigueur de la loi « littoral » (5 janvier 1986), lesquels peuvent résulter :

Article L. 5111-3 du CGPPP[33]

« 1° Soit de titres reconnus valides par la commission prévue par les dispositions de l'article 10 du décret n° 55-885 du 30 juin 1955;

2° Soit de ventes ou de promesses de vente consenties par l'État postérieurement à la publication de ce décret et antérieurement à la date du 5 janvier 1986;

3° Soit, dans le département de La Réunion, des éventuelles prescriptions acquises à la date du 3 janvier 1985 ».

On rappellera qu'à la Réunion, un décret du 13 janvier 1922 (abrogé par le décret du 30 juin 1955) avait permis l'aliénation – et donc la prescriptibilité – de dépendances de la zone des 50 pas géométriques[34].

29. Ces dispositions n'ont pas permis de régler les nombreux problèmes affectant cet espace ultra-marin (multiplicité des occupations, exiguïté des territoires insulaires habitables...). La loi n° 96-1241 du 30 décembre 1996 relative à l'aménagement, la protection et la mise en valeur de la zone des 50 pas géométriques[35] fut votée au nom d'impératifs économiques et sociaux mais aussi afin de procéder à l'appréciation de titres anciens souvent invoqués. Ainsi, dans le cadre de dispositions applicables à la Guadeloupe et de la Martinique, une ***commission départementale de vérification des titres*** devait examiner la validité des titres antérieurs au décret de 1955 :

33. V. également les précisions de l'art. L. 5111-4 CGPPP.

34. Cass. civ., 12 janv. 1982, *État français c/ Époux K..., D.*, 1982, J., p. 577, note C. Audouard. Par ailleurs, l'ancienne emprise du chemin de fer de la Réunion (XIXe siècle) n'a pas simplifié la situation juridique de la zone des 50 pas : CE, 7 sept. 2001, *M. et Mme Kichenin*, n° 207796.

35. F. Priet, « Le nouveau régime de la zone des cinquante pas géométriques dans les départements d'outre-mer », *RFDA*, 1997, p. 1166; E. Le Cornec, « La loi relative à l'aménagement, la protection et la mise en valeur de la zone des 50 pas géométriques dans les départements d'outre-mer », *DMF*, 1997, p. 418.

« établissant les droits de propriété, réels ou de jouissance sur les terrains précédemment situés sur le domaine de la zone des cinquante pas géométriques dont la détention par la personne privée requérante n'était contrariée par aucun fait de possession d'un tiers à la date du 1er janvier 1995 » (Art. L. 5112-3 du CGPPP)[36].

Le juge judiciaire a eu notamment l'occasion de préciser que le bénéfice de cette validation de titres était subordonné à la preuve de l'occupation de la parcelle revendiquée[37] et que seul l'État avait pu légalement procéder à la cession d'un terrain faisant originairement partie du domaine public.

« la position de la Cour de cassation tient sans doute à la condition et à la fonction de la zone domaniale. Elle a historiquement fait partie du domaine public et les titres de propriété privée qui ont pu y fleurir n'ont pas une origine tout à fait normale. Aussi les diverses législations qui réglementent sont statut pour tenir compte à la fois de sa mission éminente d'intérêt général et des occupations plus ou moins tolérées qui s'y sont développées, sont interprétées principalement à partir de la défense de sa fonction et non des atteintes qui lui ont été apportées. La Cour de cassation dans le même registre [...] réduit le jeu de la prescription acquisitive sur celle-ci durant la courte période de son passage dans le domaine privé et ne reconnaît que les titres de propriété issus de l'État. Tant que dans les départements d'outre-mer subsistera la zone des cinquante pas géométriques, une telle position présentera une certaine cohérence. À terme toutefois la question de la conservation de la réserve domaniale elle-même ne pourra pas ne pas être posée ».

(C. Lavialle, « Les vicissitudes du droit de propriété sur la réserve domaniale aux Antilles », *RFDA*, 2006, p. 256.)

30. En outre, la loi du 30 décembre 1996 a prévu dans ces mêmes DOM des ***possibilités de cession de terrains après déclassement*** à des personnes publiques ou privées. Ces cessions sont réalisées à titre gratuit au profit des communes et des organismes ayant pour objet la réalisation d'opérations d'habitat social; elles le sont à titre onéreux pour les occupants de la zone des 50 pas qui y ont édifié, avant le 1er janvier 1995, des constructions à usage d'habitation principale ou à usage professionnel[38]. Ces possibilités ont d'ailleurs été étendues, non sans discussions, à la collectivité départementale de Mayotte par la loi n° 2007-224 du 21 février 2007 portant dispositions statutaires et institutionnelles relatives à l'outre-mer, dans les conditions posées par les articles L. 5331-6-2 à L 5331-6-5 du CGPPP (insérés par la loi).

31. On relèvera encore qu'en vertu de la loi du 30 décembre 1996, une « Agence pour la mise en valeur des espaces urbains de la zone dite des cinquante pas géométriques » a été créée (pour une durée de 15 ans, susceptible

---

36. Cet art. précise : « *Sous peine de forclusion, seuls les titres présentés dans un délai de deux ans à compter de la constitution de la commission départementale de vérification des titres sont examinés* ». Pour la Guyane, il faut se reporter à l'art. L. 5113-2 CGPPP.

37. Cass. civ., 16 nov. 2005, n° 04-16936, *Bull. civ.*, III, n° 221, p. 201.

38. Art. L. 5112-4 à L. 5112-6 CGPPP. Toutes ces cessions ne peuvent concerner que des terrains situés dans les espaces urbains et les secteurs occupés par une urbanisation diffuse, délimités conformément aux articles L. 5112-1 et L. 5112-2 du CGPPP.

d'être prolongée) dans chacun des départements de la Guadeloupe et de la Martinique (art. 4).

Ces établissements publics de l'État[39] « *constituent un instrument de coopération entre l'État et les communes* ». Ils « *établissent, après consultation de la (ou des) commune(s) concernée(s), un programme d'équipement des terrains ressortissant aux espaces urbains et aux secteurs occupés par une urbanisation diffuse, délimités selon les modalités prévues à l'article L. 89-1 du Code du domaine de l'État [art. L. 5112-1 CGPPP] et mis gratuitement à leur disposition par l'État* » (art. 5). Ces agences sont également « *consultées sur la compatibilité entre les projets de cession envisagés [...] et le programme d'équipement des terrains en voirie et réseaux divers qu'elles ont établi, dans le cadre de leur rôle de coordination avec les collectivités territoriales* » (art. 5).

32. Le bilan gouvernemental de la loi Littoral et des mesures en faveur du littoral de septembre 2007 contient des développements intéressants relatifs à cet espace domanial particulier[40]. L'ensemble de la zone des 50 pas représenterait 4 780 ha en Guadeloupe et 3 550 ha en Martinique.

33. Au final, il apparaît que les règles de la zone des 50 pas géométriques, complexes, ont bien du mal à réguler les conflits liés à ses occupations[41]. La juridiction administrative se prononce régulièrement dans le cadre de la police de la grande voirie, pour sanctionner les atteintes portées à cette dépendance du DPM (occupations sans titre, constructions illégales...)[42].

F. Les terrains réservés

34. Appartiennent enfin au DPM « *Les terrains réservés en vue de la satisfaction des besoins d'intérêt public d'ordre maritime, balnéaire ou touristique et qui ont été acquis par l'État* »[43]. Là encore, la source juridique applicable est désormais le CGPPP en non plus, la loi, abrogée, du 28 novembre 1963. Cette disposition constitue certainement un moyen intéressant pour l'administration de réaliser des projets d'intérêt général d'aménagement du littoral en bénéficiant de la protection offerte par la domanialité publique. On a fait remarquer qu'elle avait un intérêt particulier là où le rivage est exigu (comme en Méditerranée) et que l'affectation de ces terrains réservés devait être compatible avec leur destination légale[44].

---

39. Aux termes du D. n° 98-1081 du 30 nov. 1998 pris pour l'application des articles 4 à 7 de la loi, ces agences sont des établissements publics d'État à caractère industriel et commercial placés sous la tutelle des ministres chargés de l'urbanisme et de l'outre-mer (art. 1).
40. Bilan réalisé au titre de l'article 41 de la loi Littoral, p. 113 et s.
41. Voir. F. Poulain et M. Benzaglou, « La tolérance de l'habitat illégal sur le littoral », *EF*, mars-avr. 2004, p. 13 ; Dossier « Martinique, Guadeloupe et Guyane à l'aube du XXIe siècle », Terres d'Amérique n° 4, Géode Caraïbe, p. 13 et s.
42. CAA Bordeaux, 5 févr. 2001, M. *Jeanne*, n° 97BX31438 ; CAA Bordeaux, 15 oct. 2002, *M. Dabreton*, *DMF*, 2003, p. 807, note L. Bordereaux ; CAA Bordeaux, 21 avr. 2005, *M. Stéphane X et a.*, n° 01BX00566.
43. Art. L. 2111-4 5°.
44. F. et R. Rézenthel, « Domaine public maritime », *J. Cl. Propriétés publiques*, fasc. 44, n° 43 et s.

§2. La délimitation du domaine public maritime naturel

35. Tout empiètement sur le domaine public étant en principe sanctionné par une contravention de grande voirie, la délimitation présente un intérêt particulier pour les riverains des rivages de la mer puisqu'il s'agit de fixer (et de faire connaître) la limite séparant leurs propriétés du DPM. Le régime de cette délimitation diffère singulièrement du droit privé (l'action en bornage du Code civil est par exemple inapplicable au domaine public) et il revient au juge administratif d'en connaître le contentieux. On doit ajouter que la fixation des limites du rivage de la mer est une opération délicate car elle dépend de facteurs naturels évolutifs liés à l'action des flots.

A. Les caractères généraux de la délimitation

36. La délimitation du DPM naturel est dite ***unilatérale, déclarative (ou recognitive) et obligatoire***[45]. Le caractère unilatéral de la délimitation signifie matériellement qu'elle est unilatéralement opérée par l'administration compétente et que le projet de délimitation est ensuite approuvé par un acte administratif unilatéral. Elle ne peut donc s'effectuer par voie contractuelle[46].

37. Recognitive, la délimitation est fondamentalement liée à l'observation de phénomènes naturels; elle se traduit ainsi (selon une jurisprudence constante) par « *la constatation d'une situation de fait à un moment déterminé* »[47]. Sur le DPM naturel, il s'agit de constater la limite atteinte par le plus haut flot en l'absence de perturbations météorologiques exceptionnelles (arrêt *Kreitmann*; art. L. 2111-4 CGPPP). On sait qu'en pratique cette constatation n'est pas toujours évidente à opérer. Le juge administratif considère que les notions de « plus grand flot de l'année » et de « plus haute vague » peuvent en réalité avoir la même portée; on peut aussi se fonder sur la présence d'un dépôt d'algues de part et d'autre duquel est observée une différence très sensible de la granulométrie du sable[48]. Lorsque l'administration produit des photographies afin de démontrer qu'une implantation litigieuse est localisée sur le DPM, seule une datation certaine de ces documents est de nature à établir que les clichés ont été pris en dehors de conditions météorologiques exceptionnelles[49]. Ces dernières sont appréciées souverainement par les juges du

45. Voir R. Chapus, *Droit administratif général*, t. II, 15e éd., Montchrestien, 2001, no 544 et s.; R. Hostiou, « La notion de domaine public maritime naturel », *CJEG*, juin 1993, spéc. p. 310 et s.

46. CE, 20 juin 1975, *Sieur Leverrier*, *Rec.*, p. 382.

47. CE, 27 juill. 1988, *Bellay*, *Rec.*, p. 301.

48. CE, 26 janv. 1994, *Funel*, *Rec.*, p. 34; CE, 28 juill. 1995, *SCI « Face au large »*, *Rec.*, T., p. 780.

49. CE, 27 avr. 2007, M. *Gérard A*, no 291239.

fond (sauf dénaturation, sachant qu'elles peuvent être « difficiles » sans être exceptionnelles)[50].

Sur le plan scientifique, des études ont été réalisées sur les critères d'ordre morpho-sédimentaire et botanique à retenir en vue de la reconnaissance du niveau atteint par les plus hautes eaux[51].

L'acte déclaratif n'est pas en lui-même constitutif de la domanialité publique ; « *ses énonciations ne font [...] pas obstacle à ce que soit apportée la preuve que les parcelles en cause ne sont pas comprises dans les limites du domaine public maritime, telles qu'elles sont définies par ces phénomènes naturels* »[52].

38. La contingence de la délimitation se déduit du caractère déclaratif : s'appuyant sur des constatations de fait, l'administration peut procéder à une nouvelle délimitation du domaine naturel en cas de modifications de la situation précédemment observée[53]. Dans ces conditions, des terrains submergés par l'action des flots sont automatiquement incorporés au DPM sans qu'y fasse obstacle l'existence d'une ancienne délimitation[54].

39. Le caractère obligatoire de la délimitation résulte de la jurisprudence et du Code de l'urbanisme. Après avoir rappelé qu'il appartenait à l'autorité administrative d'opérer, sous le contrôle du juge, la délimitation du domaine public naturel, le Conseil d'État a jugé que « *les riverains sont en droit d'obtenir que cette autorité use de cette prérogative* »[55]. Ce caractère obligatoire de la délimitation ne semble bénéficier qu'aux riverains du DPM et non pas aux associations de protection de l'environnement[56]. Le droit à la délimitation du DPM a été consacré par le pouvoir réglementaire à l'article R. 160-10 du Code de l'urbanisme. Sur le plan contentieux, il faut savoir qu'en cas de refus illégal de délimiter, non seulement le refus en question peut être annulé[57] mais il peut, semble-t-il, être enjoint à l'administration d'y procéder, si le juge administratif compétent est saisi de conclusions en ce sens (art. L. 911-1, C. just. adm.). Cela étant, rien n'oblige l'administration à procéder à la déli-

50. CE, 26 janv. 1994, *Funel*; CE, 30 juin 1982, *Sté civile du platin de la jeune prise*, n° 16177.

51. C. Bonnot-Courtois et J.-E. Levasseur, *Reconnaissance de la limite terrestre du domaine public maritime*, Rapport au ministère de l'Equipement, CETMEF, mars 2002.

52. CE, 26 juill. 1991, *Consorts Lecuyer*, *Rec.*, p. 306.

53. CE, 11 juin 1909, *Servois*, *Rec.*, p. 572 ; CAA Lyon, 12 nov. 2003, *M. Favier*, n° 99LY01740.

54. CE, 18 juin 1976, *Sieur Ménard et dame Pujol*, *AJDA*, 1976, p. 201. Cette incorporation ne donne pas lieu à indemnisation, ce qui peut aujourd'hui sembler en délicatesse avec la Convention européenne des droits de l'homme.

55. CE, 5 janv. 1955, *Sieur Decloitre*, *Rec.*, p. 1, concl. Grévisse ; CE, 6 févr. 1976, *Secrétaire d'État aux transports c/ Sté civile immobilière « Villa Miramar »*, *Rec.*, p. 89.

56. CE, 13 févr. 2002, *Min. de l'équipement*, *LPA*, 31 mai 2002, p. 6, obs. J. Morand-Deviller.

57. Le refus opposé à une deuxième demande de délimitation n'a pas le caractère d'une décision confirmative et peut donc être attaqué : CE, 6 févr. 1976, *Villa Miramar*, *op. cit.*

mitation du DPM conformément à l'expertise réalisée par le géomètre expert engagé par le riverain[58].

40. Les riverains du DPM se trouvent dans une situation insécurisante (soumis au caprice des flots a-t-on dit) et les contestations ne sont pas rares en la matière[59].

Comme l'a constaté la DATAR en 2004, « *le DPM est loin d'être clairement délimité sur toutes les côtes françaises, et [...] la volonté de faire clairement coïncider une frontière juridique, que l'on souhaiterait immuable, avec une limite du rivage naturellement mouvante continue de poser problème* » (*Construire ensemble un développement équilibré du littoral*, Doc. fr., 2004, p. 13).

41. Un ***recours pour excès de pouvoir*** peut être formé devant le juge administratif compétent contre l'acte administratif approuvant la délimitation, lequel sera annulé, par exemple, en cas d'erreur de fait ou de vice de procédure. En outre, après le délai de recours, il résulte du caractère contingent de la délimitation que son exactitude « *peut être discutée à l'occasion de litiges concernant des mesures faisant application de celle-ci, sous réserve que des présomptions concordantes conduisent à supposer une modification de la situation de fait précédemment constatée* » (de simples allégations ne suffisent pas)[60].

La Cour administrative d'appel de Nantes a jugé, concernant l'estuaire de la Vilaine (où la limite de la mer a été fixée par un décret de 1856 entre les pointes de Scal et du Moustoir) que « *si la requérante soutient que cette définition est désormais contestable compte tenu de ce que la construction du barrage d'Arzal a sensiblement modifié les conditions de fonctionnement de l'estuaire de la Vilaine, elle n'assortit cette allégation d'aucune précision permettant de vérifier la survenance, à raison de cet ouvrage d'art, d'une modification de la situation de fait ayant présidé à la fixation de la limite litigieuse...* » (CAA Nantes, 14 mars 2006, *SARL Bel Air Référence*, n° 03NT01082).

42. Par ailleurs, en cas de délimitation irrégulière du rivage devenue définitive, deux voies de recours s'offrent au propriétaire riverain lésé : il peut saisir le juge judiciaire afin d'obtenir une indemnité de dépossession en application de la jurisprudence *Paris-Labrosse*[61] ou, depuis la loi « Littoral » du 3 janvier 1986, intenter une action en revendication de propriété sur le fondement de l'article L. 2111-5 du CGPPP[62]. Quelle que soit l'option choisie, seul le juge

58. TA de la Réunion, 4 nov. 1998, M. *Théodore*, n° 9500880.

59. CE, 27 mars 2000, *Min. de l'équipement c/ M. Sinigaglia*, *RFDA*, 2000, p. 701 ; CE, 20 janv. 2005, *Cne de Saint-Cyprien*, n° 276475 ; CAA Bordeaux, 16 nov. 1999, *M. Guy Marot*, n° 96BX02385.

60. CE, 30 janv. 1980, *Min. de l'équipement c/ Cne de Mortagne-sur-Gironde*, *Rec.*, p. 56 ; *AJDA*, 1980, p. 427, note J. Lemasurier. Voir G. BACHELIER, « Contentieux du domaine public », in *Pratique du contentieux administratif*, Dalloz, n° 510.85.

61. T. confl., 11 janv. 1873, *De Paris-Labrosse*, *Rec.*, sér. 2, p. 26, concl. David.

62. « *Les revendications de propriété sur les portions de rivage ainsi délimitées se prescrivent*

administratif est compétent pour apprécier la légalité d'un acte de délimitation du domaine public.

B. La procédure de délimitation

43. Sur la base de l'article 26 de la loi « Littoral » (devenu l'article L. 2111-5, CGPPP)[63], elle est aujourd'hui fixée par le décret n° 2004-309 du 29 mars 2004 relatif à la procédure de délimitation du rivage de la mer, des lais et relais de la mer et des limites transversales de la mer à l'embouchure des fleuves et rivières[64]. Cette procédure de délimitation est conduite par le service de l'État chargé du DPM, sous l'autorité du préfet de département (art. 1er). Les DDE étaient donc particulièrement concernées, avant la mise en place des directions départementales des territoires. Le service compétent établit un ***dossier de délimitation*** comprenant un plan de situation, un projet de tracé et une notice « *exposant tous les éléments contribuant à déterminer la limite, et notamment le résultat des observations opérées sur les lieux **ou** les informations fournies par des procédés scientifiques* » (art. 2)[65]. Le décret mentionne, au titre des procédés scientifiques, le traitement de données topographiques, météorologiques, marégraphiques, houlographiques, morpho-sédimentaires, botaniques, zoologiques ou historiques. On voit donc qu'il n'y a toujours pas de méthode obligatoire et que l'administration, en fonction des circonstances, dispose d'une liberté de choix appréciable quant à la technique à mettre en œuvre sur le terrain. Autrement dit, la bonne vielle méthode du piquetage sur le parcours de la ligne des plus hautes eaux, évoquée dans la circulaire *Bignon* du 14 février 1920 portant instruction sur les opérations délimitatives du rivage de la mer (prise sur le fondement du décret abrogé du 21 février 1852), reste mobilisable. Les considérations financières ne seront pas les dernières, les opérations de délimitation du DPM étant traditionnellement à la charge de l'État (art. 10).

44. Toujours aux termes du décret n° 2004-309 du 29 mars 2004, « *Le dossier de délimitation est transmis pour avis au maire des communes sur le territoire desquelles a lieu la délimitation* »[66] puis est soumis à enquête publique dans les formes prévues aux articles R. 11-4 à R. 11-14 du Code de l'expropriation

par dix ans à dater de la publication. Le recours contentieux à l'encontre de l'acte de délimitation suspend ce délai ». Voir H. Coulombié et J.-P. Redon, *Le droit du littoral*, Litec, 1992, n° 404. Sur l'articulation, controversée, de ces deux actions, voir : F. Beignon, *La notion de domaine public maritime naturel*, thèse, Université de Nantes, 1998, p. 326 et s. ; N. Calderaro et J. Lacrouts, *Le littoral*, Le Moniteur, 2005, p. 79.

63. « *Les limites du rivage sont constatées par l'État en fonction des observations opérées sur les lieux à délimiter ou des informations fournies par des procédés scientifiques. [...]* ».

64. Ce texte abroge l'art. 2 du décret du 21 févr. 1852.

65. Ce dossier comprend en outre la liste des propriétaires riverains en cas de délimitation du rivage et de lais et relais de la mer et, dans ce dernier cas, la situation domaniale antérieure.

66. L'art. 3 du D. précise qu'« *Qu'en cas de délimitation du rivage de la mer ou de ses limites transversales à l'embouchure des fleuves et rivières, le préfet consulte le préfet maritime...* ».

(enquête de droit commun) et selon les prescriptions des articles 5 et 6 du décret. Ainsi, l'arrêté d'ouverture de l'enquête publique fixe la date à laquelle ***une réunion sur les lieux*** est organisée (ou plusieurs), à laquelle les services intéressés, les maires et propriétaires concernés, ainsi que le commissaire enquêteur, sont convoqués (art. 5). La convocation des propriétaires ne concerne que les opérations de délimitation du rivage ou de lais et relais (et non celles liées à la limite transversale de la mer dans les estuaires).

Cette « *réunion contradictoire de l'article 5 a été étroitement articulée sur le terrain procédural et chronologique avec l'enquête publique sans être confondue avec cette procédure* » (voir D. Burguburu et Y. Jégouzo, « Les nouvelles procédures de délimitation du domaine public maritime naturel », *AJDA*, 7/2005, p. 363).

Le projet de délimitation est approuvé par arrêté préfectoral ou par décret en Conseil d'État si l'avis du commissaire enquêteur est défavorable (art. 7). L'acte de délimitation est publié au recueil des actes administratifs de la préfecture, et au Journal officiel s'il s'agit d'un décret; il est « *notifié au maire de chaque commune intéressée qui procède à son affichage pendant un mois* » (art. 8)[67].

45. Les prérogatives de l'administration en matière de délimitation ne font pas obstacle à la compétence de la juridiction administrative dans ce domaine. On sait en effet qu'il appartient aux juges du fond de déterminer les limites du DPM dans le cadre d'un contentieux (notamment de grande voirie)[68], et de se fonder, le cas échéant, sur des analyses marégraphiques et des documents cartographiques ou sur le résultat d'observations précises et formelles *in situ*[69].

46. ***À la Réunion***, on notera que la reconnaissance des limites de la zone des 50 pas géométriques s'opère conformément aux plans de délimitation établis au XIXe siècle sur la base de l'arrêté gubernatorial du 4 mai 1876[70]. Ces plans sont toujours considérés comme une référence incontournable même si leur utilisation soulève parfois des contestations[71].

C. La réserve des droits des tiers

47. Les actes administratifs de délimitation du domaine public naturel précisent bien que les droits des tiers sont réservés. Il s'agit d'aborder ici la délicate question des ***droits fondés en titre***.

67. Voir également les dispositions de l'art. 9 du D. : « *En cas de délimitation du rivage de la mer et de lais et relais de la mer, l'arrêté préfectoral ou le décret constatant la délimitation est* ***publié au bureau des hypothèques*** *de la situation des immeubles et notifié à la chambre départementale des notaires. [...]* ».
68. CE, 27 mai 1988, *Consorts Brisse*, n° 67114.
69. CE, 8 avr. 1998, M. *Espagnet*, n° 181563; CAA Lyon, 28 mai 1996, *M. Font*, n° 95LY00958; CAA Marseille, 10 janv. 2005, *M. Lanfranchi*, n° 01MA02701, *DMF*, 2005, p. 761, note L. Bordereaux.
70. E.-P. Luce, « La réserve domaniale dite des cinquante pas géométriques », *op. cit.*, p. 237.
71. CAA Bordeaux, 21 avr. 2005, *M. Jacques X et a.*, n° 01BX01587.

48. Ces droits correspondent essentiellement à des titres de propriété antérieurs à l'édit de Moulins de 1566 (pour les pêcheries, la date de référence est 1544), à des ventes de biens nationaux pendant la période révolutionnaire, ou encore à des concessions d'endigage translatives de propriété (régulières)[72]. Lorsqu'existe un droit fondé en titre, celui-ci fait échec à l'incorporation d'un terrain dans le DPM qui devrait normalement en relever, à condition que la submersion du terrain en cause par l'action des flots soit antérieure à son aliénation[73]. Il appartient à la juridiction administrative de se prononcer sur la validité de ces droits fondés en titre[74]. Il ressort de ses décisions que l'on a opté pour une conception restrictive de ces titres, lesquels doivent être d'authentiques droits de propriété et être suffisamment précis pour primer sur l'appartenance au DPM. Ainsi, si certains titres ont été reconnus valables par le juge[75], dans bien des cas, on estime que le droit fondé en titre n'est pas établi. C'est ce qu'il faut retenir, par exemple, des affaires des salins du Midi ou des prés salés de la Teste-de-Buch en Gironde[76]. Comme le montrent les décisions rendues par le juge administratif à propos des îles Chausey (Manche) et Saint-Honorat (Alpes-Maritimes), les rivages insulaires n'échappent pas à cette appréciation[77]. Le commissaire du gouvernement Orengo, dans ses conclusions sur l'affaire de l'île Saint-Honorat, a mis en exergue les problèmes de traduction du latin médiéval et de déchiffrage de la calligraphie. En tout état de cause, comme l'a rappelé la Cour de cassation au sujet de la zone des cinquante pas géométriques des petites Antilles françaises, on ne saurait assimiler un simple privilège d'exploitation à un droit de propriété[78]. Ajoutons qu'en la matière, le Conseil d'État n'hésite pas, en cassation, à rejeter l'admission de la requête si le pourvoi n'est fondé sur aucun moyen sérieux[79]. Le CGPPP a consacré l'existence de ces droits fondés en titre.

72. Voir R. Chapus, *Droit administratif général*, t. 2, Montchrestien, 2001, n° 550-551.

73. CE, 29 nov. 1978, *Bessière*, *Rec.*, p. 478; CE, 29 nov. 1978, *Salle*, *Rec.*, p. 479.

74. CE, 20 mars 1852, *Cne de Penestin*, *Rec.*, p. 47.

75. CAA Nantes, 14 oct. 2003, *M. Y. Louer*, *AJDA*, 2003, p. 2318, concl. J.-F. Coënt.

76. Pour l'affaire des prés salés de la Teste-de-Buch : CE, 13 oct. 1967, *Sieur Cazeaux*, *Rec.*, p. 368; CE, 26 mars 1982, *SA Marine Côte d'Argent*, *Rec.*, p. 133; CAA Bordeaux, 15 janv. 1996, *M. Guy Couach et a.*, n° 93BX00901. Pour l'affaire des salins du Midi : CE, 9 mars 1984, *Min. du budget*, *Rec.*, p. 95.

77. CE, 2 mai 1884, *Min. de la Marine et sieurs Lecardonnel et a.*, *Rec.*, p. 329; TA Nice, 15 avr. 2003, *Sté Trans Côte d'Azur et a.*, *DMF*, 2003, p. 1018, note L. Bordereaux et S. Ségala.

78. Cass. civ., 7 juill. 2004, *Consorts Carreau-Gaschereau et a.*, *Bull. civ*, III, n° 148.

79. CE, 10 nov. 1999, *M. Le Blouch*, n° 181589.

Article L. 3111-2, CGPPP

Le domaine public maritime et le domaine public fluvial sont inaliénables sous réserve des droits et des concessions régulièrement accordés avant l'édit de Moulins de février 1566 et des ventes légalement consommées de biens nationaux.

D. La délimitation du DPM à l'embouchure des fleuves

49. Le particularisme et la difficulté de la délimitation du DPM à l'embouchure des fleuves doivent être soulignés.

« *La variété des faits qui se produisent sur l'étendue considérable des côtes de la France, et qui tient à la nature et à la configuration où les fleuves et les rivières viennent se jeter dans la mer, a conduit à des solutions qui, dans certains cas, paraissent contradictoires* » (L. Aucoc, *De la délimitation du rivage de la mer et de l'embouchure des fleuves et rivières*, Alcan/Dunod, 1887, p. 1. V. aussi le *Répertoire Léon Béquet de droit administratif*, 1892, t. XI (Domaine), n° 800 et s.).

La fixation de la limite transversale de la mer dans les estuaires a été opérée au XIXe siècle dans la majorité des cas (D. du 26 août 1857 pour l'estuaire de la Gironde, D. du 8 nov. 1854 pour l'estuaire de la Loire et D. du 24 févr. 1869 pour l'estuaire de la Seine) ; plusieurs décisions du Conseil d'État ont été rendues à ce sujet[80]. L'administration est cependant susceptible de procéder aujourd'hui à une nouvelle délimitation, en fonction des circonstances de fait qui lui sont soumises, ou à une première délimitation, comme en témoigne le décret du 25 février 2005 portant délimitation transversale de la mer sur la rivière de Crac'h (Morbihan). Il n'existait pas, traditionnellement, de méthode obligatoire en la matière ; plusieurs éléments ont pu être pris en compte.

Une circulaire du 23 mars 1852 (relative aux limites de la mer à l'embouchure des cours d'eau) affirmait que cette limite devait être « *fixée au point où les eaux cessent d'être salées d'une manière sensible; où l'on ne remarque plus de dépôts marins; où l'influence des eaux sur la végétation n'est nuisible ni délétère; où l'on ne rencontre plus d'herbe marine, ni aucun fait géologique prouvant une action puissante de la mer* ».

Le Conseil d'État, dans un avis du 4 mars 1785 a insisté sur le point où le lit du cours d'eau « *s'élargit de manière à former une baie qui se confond avec la mer* ».

50. Actuellement, la technique dite du faisceau d'indices s'impose, dans le cadre d'une appréciation *in concreto*. Elle n'est pas tout à fait nouvelle et a déjà été utilisée, par exemple, en baie de Seine.

80. S'agissant de l'embouchure de la Canche, voir CE, 27 mai 1863, *Drillet de Lannigou*, *Rec.*, p. 470.

Il a été jugé en 1882 que son caractère maritime résultait « *à la fois de la configuration physique de ladite baie, de la nature des eaux qui l'occupent, et de la nature des atterrissements qui s'y forment* » (CE, 10 mars 1882, *Sieurs et dames Duval et a., Rec.*, p. 245, concl. Le Vavasseur de Précour).

Dans un arrêt important, la Haute juridiction administrative a affirmé que « ***la délimitation de la mer à l'embouchure des cours d'eau repose sur l'observation combinée de plusieurs indices****, tels que la configuration des côtes et notamment l'écartement des rives, la proportion respective d'eaux fluviales et d'eaux de mer, l'origine des atterrissements, le caractère fluvial ou maritime de la faune et de la végétation* », sachant que « *la part relative de chacun de ces indices dont se dégage l'influence prépondérante ou non de la mer, doit être appréciée en fonction des circonstances propres à chaque espèce* » (CE, 26 mars 2008, *Assoc. pour la défense et la protection du site de la rivière de Crac'h et a.*, n° 279917). Dans cette affaire, le décret attaqué du 25 février 2005 a exactement qualifié les faits en fixant la limite transversale de la mer sur la rivière de Crac'h (Morbihan) aux deux digues des moulins de Becquerel et de Kergoc'h (eu égard, notamment, à la prépondérance des eaux marines ainsi qu'à la nature des atterrissements, de la faune et de la flore).

Contrairement à ce qui pouvait ressortir de la jurisprudence du XIXe siècle[81], il est clair aujourd'hui qu'un acte de délimitation fixant la limite de la mer dans un estuaire est un acte susceptible de faire grief par lui-même et d'être attaqué par voie d'action, indépendamment de la délimitation du rivage au droit des propriétés riveraines en aval de cette limite (délimitation dite latérale).

51. Si aucune limite transversale de la mer n'a été définie par l'administration à l'embouchure d'un cours d'eau, le juge peut estimer, dans le cadre d'un litige, qu'elle « *repose sur la prépondérance de l'action naturelle de la mer, sans qu'il y ait lieu de tenir compte de l'influence que pourrait avoir sur cette action la présence d'ouvrages construits* »[82].

52. La fixation des limites de la mer dans les estuaires n'est certainement pas une opération anodine ; ***plusieurs enjeux y sont attachés***. D'abord, le statut et le régime des atterrissements qui se forment de part et d'autre de la limite sont différents : les alluvions qui se forment en amont de la limite de la mer profitent par accession aux propriétaires riverains (art. 556 du Code civil)[83] ; les lais et relais qui se forment en aval s'incorporent de plein droit au DPM (art. L. 2111-4, CGPPP). Ensuite, il faut savoir que les bords de l'estuaire situés en aval de la limite de la mer sont soumis de plein droit à l'ensemble des dispositions de la loi « Littoral »[84] ; en amont, il faut se référer aux dispositions du décret n° 2004-311 du 29 mars 2004[85]. Enfin, concernant la naviga-

81. CE, 4 août 1876, *Courage Du Parc, Rec.*, p. 782 ; CE, 4 avr. 1879, *Labbé et Jouy, Rec.*, p. 312.

82. CAA Nantes, 18 juin 2002, *M. et Mme Beaupère*, n° 98NT01294.

83. CE, 22 févr. 1978, *d'Herbes, Rec.*, p. 101.

84. CAA Nantes, 31 déc. 2001, *Préfet du Finistère*, n° 99NT01477.

85. D. fixant la liste des communes riveraines des estuaires et des deltas considérées comme littorales en application de l'article L. 321-2 du Code de l'environnement et la liste des

tion et la police de la circulation en zone maritime[86], on sait que la limite de la mer intervient pour déterminer la limite des pouvoirs de police du préfet maritime[87]. Surtout, il faut rappeler l'existence du décret n° 54-668 du 11 juin 1954, dont l'article 4 pose le principe d'interdiction de naviguer en mer pour les bateaux fluviaux. Nonobstant les dérogations prévues par ce texte[88], cette disposition est susceptible de poser problème pour les armements de transport fluvial desservant très régulièrement des sites portuaires situés en aval de la limite de la mer (on pense à l'estuaire de la Loire). Afin de contourner la rigueur du dispositif décrétal, on a parfois projeté de déplacer la limite de la mer de quelques centaines de mètres vers l'aval pour permettre un accès permanent des barges fluviales aux sites portuaires maritimes[89]. Toutefois, sur le plan juridique, une telle demande reste très délicate au regard des règles gouvernant la délimitation du domaine public naturel, lesquelles s'articulent entièrement autour de l'idée de phénomènes naturels observés. Ainsi, même soutenu par toute une communauté fluvio-maritime, un projet de redélimitation du DPM à l'embouchure d'un fleuve fondé exclusivement sur des intérêts économiques paraît très problématique.

53. Dans l'estuaire de la Seine, où l'on n'a pas envisagé, semble-t-il, de modifier la limite de la mer, plusieurs arrêtés (du 10 janvier 2007, du 30 août 2007 et du 19 septembre 2007) ont été pris concernant les modalités de la navigation des bateaux fluviaux en mer pour la desserte de Port 2000 (port autonome du Havre) et le pilotage de ces bateaux.

Section 2 L'État législateur et planificateur

§1. L'État législateur

54. C'est à travers la grande loi n° 86-2 du 3 janvier 1986, dite loi Littoral, et ses modifications, qu'il faut principalement appréhender le cadre national de l'aménagement des zones côtières et l'action législative de l'État. On rappellera cependant qu'avant le vote de cette loi fondamentale, plusieurs textes de valeur infra-législative se sont préoccupés d'aménagement du littoral, comme les circulaires des 26 novembre 1973 et 4 août 1976, sans oublier bien sûr le décret du 25 août 1979 approuvant la directive dite d'Ornano[90].

---

estuaires les plus importants au sens du IV de l'article L. 146-4 du Code de l'urbanisme. Voir *infra*, n° 169 et s.

86. J. PUJOL, *La spécificité des navigations dans les estuaires*, mémoire de DEA, Université de Nantes, 2002.

87. CAA Nantes, 5 déc. 2006, *Fédération française motonautique et a.*, n° 05NT01881.

88. Des dérogations peuvent être accordées aux bateaux fluviaux dont la construction et l'armement sont jugés suffisants par l'administration des affaires maritimes (art. 4 du D.).

89. N. S., « Limite maritime : l'action de l'UMFO », *Navigation, ports & industries*, 15 févr. 2002, p. 78.

90. J.-M. BÉCET, *L'aménagement du littoral*, PUF, Que sais-je ?, 1987, n° 2363, pp. 6-8.

A. L'équilibre originel de la loi Littoral

55. Cette loi a été largement reprise dans le Code de l'urbanisme, y insérant un chapitre consacré aux « *Dispositions particulières au littoral* » (Livre I, titre IV, chap. VI). Dans les communes littorales définies par la loi[91], ces dispositions sont applicables :

Article L. 146-1 du Code de l'urbanisme

« à toute personne publique ou privée pour l'exécution de tous travaux, constructions, défrichements, plantations, installations et travaux divers, la création de lotissements et l'ouverture de terrains de camping ou de stationnement de caravanes, l'établissement de clôtures, pour l'ouverture de carrières, la recherche et l'exploitation de minerais. Elles sont également applicables aux installations classées pour la protection de l'environnement ».

56. Sur le fond, la présentation de la loi du 3 janvier 1986 relative à l'aménagement, la protection et la mise en valeur du littoral procède d'une entreprise bien délicate, tant cette loi suscite passions et controverses. Instrument de sanctuarisation du littoral devant être assoupli pour certains, elle s'est manifestement révélée insuffisante à enrayer le mouvement continu d'urbanisation du bord de mer pour d'autres, qui appellent à son renforcement. Les quelques positions des candidats à la présidentielle de 2007 témoignent bien des différentes perceptions de ce texte majeur du droit français de l'urbanisme et de l'environnement[92]. Pour ne pas céder à la tentation de simplifier à l'excès, il faut sans doute rappeler le contenu de ***l'article L. 321-1 du Code de l'environnement*** (issu de l'art. 1er de la loi), lequel exprime une politique de conciliation entre protection et développement et de coordination de l'action des grands acteurs du littoral.

Article L. 321-1 du Code de l'environnement

« I. - Le littoral est une entité géographique qui appelle une politique spécifique d'aménagement, de protection et de mise en valeur.

II. – La réalisation de cette politique d'intérêt général implique une coordination des actions de l'État et des collectivités locales, ou de leurs groupements, ayant pour objet :

1° La mise en œuvre d'un effort de recherche et d'innovation portant sur les particularités et les ressources du littoral;

2° La protection des équilibres biologiques et écologiques, la lutte contre l'érosion, la préservation des sites et paysages et du patrimoine;

3° La préservation et le développement des activités économiques liées à la proximité de l'eau, telles que la pêche, les cultures marines, les activités portuaires, la construction et la réparation navales et les transports maritimes;

4° Le maintien ou le développement, dans la zone littorale, des activités agricoles ou sylvicoles, de l'industrie, de l'artisanat et du tourisme ».

91. Voir *infra*, n° 169 et s.

92. Voir *Le marin*, dossier spécial, *Présidentielle. Et la mer ?*, 13 avr. 2007, p. 22.

57. Le législateur n'a donc pas programmé la désertification du littoral en fixant des principes protecteurs forts tels que l'inconstructibilité de la bande des 100 mètres ou des espaces remarquables. ***On voit bien que cette loi s'inscrit avant l'heure dans une logique conciliatrice de développement durable***[93]. N'oublions pas que toutes les interdictions de construire posées par la loi sont assorties d'exceptions (cf. *infra*, n° 528 et s.).

Il ne s'agit pas pour autant de faire de la loi Littoral un texte mythique exempt de toute critique : on a déjà souligné, par exemple, que la plasticité et le flou de certaines notions de la loi, comme celle d'activité exigeant la proximité immédiate de l'eau, étaient source d'interprétations contradictoires, que l'utilisation de concepts très généraux devait s'appliquer différemment en fonction des contextes littoraux ou encore que l'absence de volet financier était problématique[94]. Dans une même perspective critique, on doit ajouter, entre autres, que la loi Littoral est un texte incomplet dans la mesure où il manque des développements importants sur les ports et sur l'économie littorale en général[95]. Mais encore faut-il faire la part des choses : un niveau de précision plus pointu concernant les activités et les espaces en cause aurait pu générer davantage de difficultés que le recours à la méthode des « standards juridiques ».

> « *Dès lors que le choix d'une législation nationale était fait, la modalité d'intervention utilisée par le législateur était sans doute la plus adéquate : établir des dispositifs contraignants lorsqu'il faut arrêter l'urbanisation du littoral dans des espaces jugés sensibles ou menacés en modulant la norme au gré des contraintes nécessaires, mais limiter le nombre et l'intensité des règles afin de pouvoir prendre en compte les situations locales. [...] sa mise en œuvre impliquait le recours à toute une série de montages conceptuels ou notionnels dont la sémantique reste plus proche de la géographie et de l'écologie que de ceux familiers aux juristes (ce qui explique sans doute un certain malaise à les manier). Ce sont ces concepts ou notions qui permettent de déterminer les niveaux d'intervention appropriés et les contraintes applicables* » (Y. Tanguy, « La loi littoral en questions. Entre simplismes et complexité », *AJDA* 7/2005, p. 354).

Autrement dit, un cadrage national cohérent de l'aménagement des zones côtières doit pouvoir s'inscrire dans la durée et se donner les moyens de s'adapter à la diversité des problèmes de terrain, sans céder à la facilité des prescriptions détaillées qui ne peuvent jamais tout prévoir en toutes circonstances.

---

93. INEA/IFEN, Observatoire Littoral et Montagne, *Indicateurs de suivi de la loi Littoral*, doc. final, mars 2003, p. 9. Rappelons que certains travaux parlementaires afférents à la loi Littoral montrent bien cette volonté d'arbitrer entre des exigences contradictoires, et si possible de les dépasser : Rapport législatif (AN) n° 3084 de M. Jean Lacombe sur le projet de loi n° 2947 relatif à l'aménagement, la protection et la mise en valeur du littoral.

94. H. COULOMBIÉ et J.-P. REDON, *Le droit du littoral*, Litec, 1992, n° 73 ; P. Godfrin, « La loi du 3 janvier 1986 relative à l'aménagement, la protection et la mise en valeur du littoral », *AJDA* 1986, p. 359.

95. A.-H. Mesnard, « La loi littoral : nature et portée », *RFDA* 1986, p. 677.

En outre, si la loi Littoral borne incontestablement les capacités d'action des pouvoirs locaux, on ne saurait véritablement la présenter comme une loi de recentralisation. Il appartient aux communes (et à leurs groupements), dans le cadre des documents d'urbanisme (PLU, SCOT) de prendre en compte les principes de protection qui s'imposent à elles et de mettre en place des stratégies de développement respectueuses de l'environnement en adéquation avec leurs particularités géographiques et socio-économiques. Cet indispensable relais des collectivités territoriales n'était pas absent des préoccupations du législateur de 1986[96].

Enfin, on ajoutera, d'une part, qu'on ne saurait imputer à la loi les carences du pouvoir réglementaire (on pense notamment à la délimitation du DPM et aux estuaires)[97] et, d'autre part, que vu la multiplicité des visions et des usages de l'espace littoral, les pressions économiques et démographiques dont il est l'objet, on ne pouvait pas demander à la loi de pacifier un secteur où s'expriment tant de revendications contradictoires. Dans ces conditions, plus de vingt ans après son adoption (à l'unanimité après réunion d'une commission paritaire), la loi Littoral n'a évidemment pas pu être à la hauteur de toutes les attentes et on a souvent souligné dans la presse spécialisée son bilan mitigé[98], les bilans officiels étant plutôt rares[99]. Elle reste quoi qu'il en soit le grand texte de référence et a largement contribué à la protection des espaces littoraux. La croissance du niveau d'artificialisation du littoral étant déjà préoccupante[100], imaginons un instant l'état des côtes françaises sans la loi du 3 janvier 1986…

B. Un équilibre rompu ?

58. Il s'agit d'évoquer ici les différentes modifications apportées par le législateur au texte de 1986. Dépendant d'un faisceau de circonstances évolutives, notamment politiques, plusieurs dispositions législatives, parfois discrètes, sont venues assouplir ce que l'on a présenté comme des rigidités de la loi Littoral[101]. Un rapide panorama de l'action législative en la matière permet de bien cerner le sens de ces mesures successives.

---

96. J. LACOMBE, « Une législation pour le littoral. Pourquoi ? Pour quels objectifs ? », in *La loi « littoral »*, Economica, 1987, p. 19.

97. Sur les carences du pouvoir réglementaire, voir J. Le Guen, *Rapport d'information sur l'application de la loi littoral*, juill. 2004, AN, n° 1740, p. 35 et s.

98. L. Madoui, « Loi littoral. Un bilan mitigé », *La gazette des communes*, 9 janv. 2006, p. 20.

99. Nonobstant les dispositions de l'art. 41 de la loi, affirmant aujourd'hui que « *Le gouvernement dépose tous les trois ans devant le Parlement un rapport établi en concertation avec le Conseil national du littoral sur l'application de la présente loi et sur les mesures spécifiques prises en faveur du littoral* ». Le premier bilan fut présenté en 1999.

100. IFEN, « Le littoral, entre nature et artificialisation croissante », *le 4 pages*, n° 120, oct. 2007.

101. Voir entre autres Y. PITTARD, « Peut-on construire sur le littoral ? », in *L'homme, ses territoires, ses cultures*, LGDJ, 2006, p. 85 et s.

59. Suite à l'affaire de la station d'épuration du cap Sicié[102], la loi n° 94-112 du 9 février 1994 portant diverses dispositions en matière d'urbanisme et de construction est venue ajouter un alinéa à l'article L. 146-8 du Code de l'urbanisme.

Article L. 146-8 du Code de l'urbanisme

« *À titre exceptionnel, les stations d'épuration d'eaux usées, non liées à une opération d'urbanisation nouvelle, peuvent être autorisées conjointement par les ministres chargés de l'urbanisme et de l'environnement...* ».

60. L'intervention de la loi d'orientation agricole du 9 juillet 1999 a permis, sous conditions, de déroger au principe de l'extension en continuité de l'urbanisation pour les constructions liées aux activités agricoles ou forestières.

61. L'article 12 de la loi n° 2002-92 du 22 janvier 2002 relative à la **Corse**, très controversé[103], permet au plan d'aménagement et de développement durable de Corse de fixer les conditions d'implantation de paillotes dans la bande protégée des 100 mètres (art. L. 4424-10 II, CGCT).

62. Dans cette même bande littorale et suite au contentieux de la plage de Pampelonne, l'article 42 de la loi n° 2000-1208 du 13 décembre 2000, dite loi SRU, a permis aux communes de déroger aux grands principes de la loi Littoral en élaborant un schéma d'aménagement de plage (art. L. 146-6-1, C. urb.).

63. On ne saurait clore cet aperçu sans évoquer certaines dispositions de la ***loi relative au développement des territoires ruraux en date du 23 février 2005*** (loi DTR) :

– d'abord, il est prévu que les dispositions des articles L. 146-4 II. (extension limitée de l'urbanisation des espaces proches du rivage) et L. 146-4 III. (inconstructibilité de la bande des 100 mètres) du Code de l'urbanisme « *ne s'appliquent pas aux* ***rives des étiers et des rus****, en amont d'une limite située à l'embouchure et fixée par l'autorité administrative dans des conditions définies par un décret en Conseil d'État* » (art. L. 146-4 V, C. urb.). Cet allègement significatif du dispositif protecteur de la loi Littoral concernant les rives de ces petites embouchures sur la mer peut sembler regrettable et témoigne bien du lobbying efficace que peuvent exercer les élus locaux en certaines circonstances. Mais, à partir du moment où l'on avait opté pour une application à géométrie variable de la loi Littoral dans les estuaires, on a estimé qu'il était difficile de retenir une application pleine et entière de la loi pour les rus et les étiers. Certains assouplissements en appellent d'autres... ;

102. CE, 19 mai 1993, *Assoc. « Les Verts Var »*, *JCP G*, 1993, IV, n° 1834, obs. M.-C. Rouault.

103. Voir : J.-L. Andreani, « Désaccords autour des dérogations à la loi de 1986 », *Le monde*, 7 nov. 2001 ; *Littoral de Corse*, ouvrage collectif, DCL éd., 2001, spéc. p. 63 (« Non au démantèlement de la loi Littoral »).

– ensuite, s'agissant des ***grands lacs de montagne*** (comme les lacs d'Annecy, de Serre-Ponçon ou du Bourget), après les assouplissements introduits par l'article 37 de la loi n° 2003-590 du 2 juillet 2003 (urbanisme et l'habitat)[104], l'article 187 de la loi DTR est intervenu afin d'échapper aux contraintes de la superposition de la loi Montagne et de la loi Littoral.

Article L. 145-1 du Code de l'urbanisme

« *...autour des lacs de montagne d'une superficie supérieure à 1 000 hectares, un décret en Conseil d'État délimite, après avis ou sur proposition des communes riveraines, en tenant notamment compte du relief, un secteur dans lequel les dispositions particulières au littoral figurant au chapitre VI du présent titre s'appliquent seules. Ce secteur ne peut pas réduire la bande littorale de 100 mètres définie au III de l'article L. 146-4. Dans les autres secteurs des communes riveraines du lac et situées dans les zones de montagne mentionnées au premier alinéa, les dispositions particulières à la montagne figurant au présent chapitre s'appliquent seules* ».

Remarque : sur le fondement de la Charte constitutionnelle de l'environnement (qui confère au législateur un rôle de premier plan), le D. n° 2006-993 du 1er août 2006 relatif aux lacs de montagne pris pour l'application de l'art. L. 145-1, C. urb. a été annulé car « *pris par une autorité incompétente* » : CE, Ass., 3 oct. 2008, *Cne d'Annecy*, *AJDA*, 2008, p. 1852.

Nul doute que cette évolution législative contestée aura des conséquences sur l'urbanisation de ces espaces montagnards[105].

64. Au final, si toutes ces modifications ne peuvent pas être placées sur le même plan et s'il faut admettre que certaines évolutions se sont montrées nécessaires (s'agissant de l'activité agricole par exemple)[106], on assiste à une véritable remise en cause des principes protecteurs de la loi Littoral, dont a bien souligné les dangers[107]. ***Le Comité français de l'Union mondiale de la nature,*** dans son bilan des vingt ans de la loi, s'est particulièrement inquiété de ces révisions successives qui érodent les fondamentaux de la loi et modifient donc sa cohérence et son équilibre[108]. Le rapport du Groupe Poséidon sur la politique maritime de la France affirme qu'il est « *urgent de l'appliquer, et non de la modifier* ». Les menaces liées au démantèlement progressif de la loi de 1986 ont sans doute fait prendre conscience du danger de ce processus et on a pu observer une réorientation de la doctrine administrative de l'État : une ***circulaire interministérielle du 20 juillet 2006***, adressée aux préfets,

104. Art. L. 146-7 al. 2, C. urb. concernant les nouvelles routes de transit. V. *infra*, n° 581 et s.

105. P. Hocreitère, « L'abrogation partielle de la loi littoral autour des lacs de montagne de plus de 1 000 hectares », *AJDA* 35/2006 », p. 1930.

106. H. Coulombié, « Pour un toilettage de la loi littoral », *DMF* 2004, pp. 175-176.

107. N. Calderaro, « Faut-il vraiment modifier la loi Littoral ? », *BJDU*, 5/2003, p. 317 ; B. Busson, « Loi littoral : les menaces de féodalisation », *Rev. jur. env.*, n° spéc. *Le juge administratif et l'environnement*, 2004, p. 39.

108. C. Martinez, *1986-2006 : 20 ans de loi Littoral. Bilan et propositions pour la protection des espaces naturels*, Comité français de l'UICN, 2006.

affirme qu'il est « *fondamental de veiller à une stricte application des dispositions de la loi littoral, garante de la richesse et de l'attractivité du littoral métropolitain et d'outre-mer* »[109]. Le représentant de l'État dans le département est très clairement appelé à se montrer vigilant en la matière.

Quant au ***second bilan gouvernemental de la loi Littoral*** et des mesures en faveur du littoral (septembre 2007), s'il souligne à juste titre les profondes évolutions des territoires côtiers (pression démographique, artificialisation des sols, diminution des terres agricoles...) et la nécessité de mieux prendre en compte leur dimension maritime, ses conclusions sont claires sur la loi de 1986.

Le bilan proposé « *justifie [...] : de poursuivre, avec détermination, la mise en œuvre de la loi Littoral; d'engager une réflexion sur les modalités d'une communication visant à mieux faire connaître la loi Littoral et de veiller notamment à son strict respect par les documents d'urbanisme; d'envisager des actions de formation afin de sensibiliser les Français aux enjeux de la protection du littoral, de leur expliquer la loi Littoral; d'engager une réflexion pour une meilleure anticipation des sujets émergents comme les risques naturels littoraux* » (p. 123). S'agit-il d'une réorientation durable ?

§2. L'État planificateur

65. L'action planificatrice de l'État en zone littorale s'exprime essentiellement au moyen de deux instruments : les directives territoriales d'aménagement et les schémas de mise en valeur de la mer. Cette action s'inscrit dans le cadre d'une politique de gestion intégrée des zones côtières, laquelle doit être rappelée.

A. L'expression d'une politique de gestion intégrée des zones côtières

66. La notion de gestion intégrée des zones côtières (GIZC) s'est progressivement installée dans les discours d'aménagement du littoral et le champ juridique. Si sa mobilisation se fait de plus en plus prégnante, il convient de remarquer qu'il ne s'agit pas là d'une notion totalement nouvelle puisqu'elle apparaît dans plusieurs textes des années 1970. C'est avec la Conférence des Nations unies sur l'environnement et le développement[110] qu'elle devient véritablement la pierre angulaire des stratégies de développement de l'espace côtier. Sur le plan communautaire, plusieurs initiatives importantes ont été

109. Circ. relative à la protection de l'environnement et du littoral, *BOMT*, 2006-16, 1087.

110. Sommet de la Terre, Rio, juin 1992. La gestion intégrée et le développement durable des zones côtières et marines (y compris la ZEE) constituent l'un des domaines d'activité (17 A) du fameux programme Action 21 adopté dans le cadre de cette conférence internationale. Sur le sujet, voir O. Lozachmeur, « Le concept de gestion intégrée des zones côtières en droit international, communautaire et national », *DMF* 2005, p. 259.

prises en la matière, dont le vote par le Parlement européen de la Charte européenne du littoral, élaborée en 1981 par la Conférence des régions périphériques maritimes d'Europe[111].

67. Plus récemment, on retiendra la publication d'une ***recommandation du Parlement européen et du Conseil du 30 mai 2002*** relative à la mise en œuvre d'une stratégie de gestion intégrée des zones côtières en Europe[112]. Dans ce document, les instances communautaires prennent acte des menaces pesant sur l'équilibre écologique et social des zones côtières, liées aux effets des changements climatiques, à l'expansion démographique et au développement économique.

> *« Il est essentiel de mettre en œuvre une gestion des zones côtières qui soit écologiquement durable, économiquement équitable, socialement responsable et adaptée aux réalités culturelles, et qui préserve l'intégrité de cette ressource importante tout en tenant compte des activités et des usages locaux traditionnels qui ne représentent pas une menace pour les zones naturelles sensibles et pour l'état de préservation des espèces sauvages de la faune et de la flore côtières ».*

Une telle stratégie de gestion doit se fonder sur plusieurs principes : une approche globale, une perspective à long terme, une gestion adaptative liée aux connaissances scientifiques, la prise en compte des spécificités locales et de la diversité des littoraux européens, le respect des écosystèmes, l'association de toutes les parties concernées, l'implication de toutes les administrations compétentes sur le plan national, régional et local ainsi qu'une bonne articulation des politiques publiques. L'impératif de GIZC a été réaffirmé dans le ***Livre vert de la Commission*** de Bruxelles pour une vision européenne des océans et des mers (7 juin 2006)[113].

> *« Les liens qui existent entre les questions côtières et maritimes au niveau de l'interface terre/mer font d'une stratégie maritime globale de l'Union européenne un enjeu de taille dans la réussite de la GIZC ».*

68. Il faut aujourd'hui souligner l'importance du ***Protocole de Madrid*** relatif à la gestion intégrée des zones côtières du 21 janvier 2008[114].

111. Résolution du Parlement européen sur la Charte européenne du littoral, *JOCE*, n° C-182 du 19 juill. 1982.
112. Recommandation 2002/413/CE, *JOCE*, n° L 148 du 6 juin 2002, p. 24.
113. COM (2006) 275 final, p. 33.
114. M. PRIEUR, « La gestion intégrée des zones côtières : le défi méditerranéen », in *Confluences*, Montchrestien, 2007, p. 901.

Les parties contractantes (parties à la Convention sur la protection du milieu marin et du littoral de la Méditerranée, adoptée à Barcelone le 16 février 1976, telle que modifiée le 10 juin 1995) considèrent « *que les zones côtières de la mer Méditerranée constituent un patrimoine commun naturel et culturel des peuples de la Méditerranée qu'il convient de préserver et d'utiliser judicieusement au profit des générations présentes et futures* ». Elles se déclarent également « *Préoccupées par l'accroissement de la pression anthropique sur les zones côtières [...] menaçant leur fragilité et désireuses de stopper et d'inverser le processus de dégradation de ces zones et de réduire, de façon significative, la perte de biodiversité des écosystèmes côtiers* ».

Dans ce cadre, et s'appuyant sur un large champ d'application géographique (allant jusqu'à la limite extérieure des mers territoriales concernées) susceptible d'avoir des répercussions sur les droits internes[115], la GIZC est ainsi définie (art. 2 *f*) :

Définition de la GIZC

« *processus dynamique de gestion et d'utilisation durables des zones côtières, prenant en compte simultanément la fragilité des écosystèmes et des paysages côtiers, la diversité des activités et des usages, leurs interactions, la vocation maritime de certains d'entre eux, ainsi que leurs impacts à la fois sur la partie marine et la partie terrestre* ».

69. En France, la volonté politique d'adopter une approche de GIZC au plan national est récente (comité interministériel de l'aménagement et du développement du territoire de juillet 2001), comme le montre le *Rapport français d'application de la Recommandation du Parlement européen et du Conseil du 30 mai 2002 relative à la mise en œuvre d'une stratégie de GIZC en Europe*[116]. Selon ce rapport, la stratégie française de GIZC doit s'appuyer sur un nouveau cadrage national.

DIX GRANDES MESURES SERAIENT SUSCEPTIBLES D'INSPIRER LA TRAME D'UN NOUVEAU CONTRAT SOCIAL POUR LES LITTORAUX FRANÇAIS :

- *Donner aux collectivités territoriales les moyens d'une maîtrise foncière globale;*
- *Renforcer les moyens de l'action locale pour la sauvegarde du Tiers Sauvage;*
- *Mettre en réseau les dispositifs scientifiques d'observation, de recherche et de formation et d'information;*
- *Affirmer le patrimoine littoral, support majeur d'une identité vivante;*
- *Valoriser l'économie maritime et littorale;*
- *Donner à l'agriculture et à la conchyliculture littorales un privilège foncier contre des obligations d'excellence;*
- *Arrimer résolument la politique portuaire aux atouts du littoral;*
- *Faire le choix d'une politique à forte valeur ajoutée pour la filière nautique et d'une politique coordonnée du tourisme et des loisirs;*
- *Renouveler le cadre de la gouvernance pour le littoral;*
- *Créer le Conseil national du littoral.*

115. N. Calderaro, « Le protocole de Madrid et la loi Littoral », *BJDU*, 3/2008, p. 157.
116. DIACT, 2 mai 2006, spéc. p. 39 et s.

70. Sans grande précision, la GIZC a été intégrée dans les dispositions relatives à la mer et au littoral du « ***Grenelle de l'environnement*** ».

> « *Une vision stratégique globale, fondée sur une gestion intégrée et concertée de la mer et du littoral, sera élaborée en prenant en compte l'ensemble des activités humaines concernées, la préservation du milieu marin et la valorisation et la protection de la mer et de ses ressources dans une perspective de développement durable. Cet engagement s'appuiera sur une nouvelle gouvernance et une planification stratégique prenant en compte les responsabilités des usagers vis-à-vis de la mer, l'intégration et l'évaluation des services rendus par les écosystèmes, ainsi que les dimensions socio-économiques et environnementales des activités humaines. Les principes et les orientations de cette planification seront définis à l'échelle nationale en s'appuyant sur une concertation institutionnelle. Les prescriptions et objectifs, déclinés à une échelle géographique et éco-systémique adaptée, seront arrêtés en associant tous les acteurs concernés* » (Loi de programmation relative à la mise en œuvre du Grenelle de l'environnement – « Grenelle 1 »).

Dans la logique du projet de loi portant engagement national pour l'environnement soumis au Conseil des ministres le 7 janvier 2009 (dit « Grenelle 2 »), et dans le sillage de la directive 2008/56/CE « Stratégie pour le milieu marin » du 17 juin 2008, une « Stratégie nationale pour la mer » et des « Documents stratégiques de façade » devraient constituer les grands cadres de référence pour la gestion intégrée des espaces marins et côtiers et atteindre l'objectif européen du bon état écologique des eaux marines. Il faut attendre (prudemment) les éventuels apports du « Grenelle de la mer », lancé le 27 février 2009, dont l'un des axes est de « *favoriser le développement harmonieux du littoral en améliorant l'interface terre-mer* » (un groupe de travail a été consacré à cette thématique).

71. Dans sa réponse au Livre vert, la ***Conférence des régions périphériques maritimes*** considère que si la GIZC constitue certainement une voie d'avenir, il faut veiller à ce que les collectivités locales y soient bien associées. Il est dit par ailleurs que « *la nécessité de mettre en place un nouveau mode de développement doit impérativement s'accompagner d'une perspective claire que seul un instrument contraignant est à même de fournir* »[117]. L'idée d'une directive communautaire « GIZC » pourrait sembler séduisante. Toutefois, la très grande variété des espaces côtiers en Europe et les difficultés des textes généraux à poser des règles claires et adaptées à cette diversité doivent inciter à la prudence, ce qui n'empêche pas de proposer utilement un *Modèle de loi sur la gestion durable des zones côtières* et un *Code de conduite européen des zones côtières* (« *en tant que source d'inspiration pour les législations et pratiques nationales* » – Conseil de l'Europe, 1999). Au-delà des objectifs et des principes, qui ont été relayés sur le plan national dans plusieurs rapports[118], il est surtout essentiel que la notion de GIZC irrigue l'action planificatrice des pouvoirs publics, en s'exprimant dans les différents instruments d'aménagement du territoire.

117. Avis de la CRPM, réponse au Livre Vert de la Commission européenne « Vers une politique maritime de l'Union », réf. CRPMPPP060042 CO, 26 oct. 2006, p. 13 (*www.crpm.org/*).

118. V. le rapport du groupe Poséidon (Centre d'analyse stratégique/Secrétariat général de la mer), *Une ambition maritime pour la France*, déc. 2006, spéc. p. 114.

B. Les directives territoriales d'aménagement

72. Nous nous situons ici dans le cadre des dispositions législatives antérieures à celles prévues par le « Grenelle 2 » de l'environnement. Créées par la loi n° 95-115 du 4 février 1995 d'orientation pour l'aménagement et le développement du territoire, les directives territoriales d'aménagement (DTA) ont ainsi été définies :

> **Article L. 111-1-1 du Code de l'urbanisme**
>
> « *Des directives territoriales d'aménagement peuvent fixer, sur certaines parties du territoire,* ***les orientations fondamentales de l'État en matière d'aménagement et d'équilibre entre les perspectives de développement, de protection et de mise en valeur des territoires****. Elles fixent les principaux objectifs de l'État en matière de localisation des grandes infrastructures de transport et des grands équipements, ainsi qu'en matière de préservation des espaces naturels, des sites et des paysages. Ces directives peuvent également préciser pour les territoires concernés les* ***modalités d'application des dispositions particulières aux zones de montagne et au littoral*** *figurant aux chapitres V et VI du titre IV du présent livre, adaptées aux particularités géographiques locales* ».

73. Élaborées sous la responsabilité de l'État, en association avec les collectivités territoriales, les projets de DTA sont soumis à enquête publique et approuvés par décret en Conseil d'État. En application du principe dit de la compatibilité limitée, les schémas de cohérence territoriale et, en leur absence, les plans locaux d'urbanisme et les cartes communales doivent être compatibles avec les DTA (art. L. 111-1-1)[119], dont les précisions afférentes au littoral sont applicables à toute personne publique ou privée pour l'exécution de tous travaux et constructions (art. L. 146-1, C. urb.) et sont directement opposables aux demandes de permis de construire[120]. L'intérêt de ces instruments d'aménagement du territoire en zone côtière est certain : conçus à l'échelle d'un territoire cohérent sur le plan géographique et socio-économique, ils permettent de préciser les modalités d'application de la loi Littoral en fonction des réalités du terrain, étant entendu (comme l'a rappelé le Conseil constitutionnel) qu'il ne saurait être question de méconnaître les dispositions de la loi et que tout intéressé peut « *faire prévaloir, le cas échéant, par le moyen de l'exception d'illégalité, des dispositions législatives sur des documents ayant valeur réglementaire* »[121].

---

119. J.-M. Bécet, « Directives territoriales d'aménagement et loi littoral », *DMF*, 1997, spéc. p. 313 et s. ; *Dictionnaire juridique des ports maritimes et de l'environnement littoral*, PUR, 2004, p. 102). Sur l'articulation des différents outils d'aménagement du territoire, voir aussi A.-H. Mesnard, « Aménagement du territoire et planification urbaine – quelle cohérence ? –, *EF*, mars-avr. 2004, p. 21.

120. CE, 29 juin 2001, *SCI Vetricella*, n° 208015 et 208281 ; CAA Marseille, 18 mars 1999, *Ministre de l'équipement, des transports et du logement*, n° 98MA00851 et 98MA00625.

121. Cons. const., 26 janv. 1995, déc. n° 94-358 DC.

74. Ce faisant, les DTA ont pu être présentées comme des outils d'aménagement à même de réduire le sentiment d'insécurité juridique généré par les formulations générales de la loi Littoral, sachant qu'elles doivent trouver le bon équilibre (« *la bonne épaisseur de trait* ») entre un degré de précision trop élevé pour laisser de la liberté d'action aux communes et un cadre trop lâche pour atteindre l'objectif de sécurisation souhaité[122]. Plusieurs DTA ont été adoptées concernant l'espace littoral, comme la DTA des Alpes-Maritimes (D. n° 2003-1169 du 2 décembre 2003), les DTA de l'estuaire de la Seine (D. n° 2006-834 du 10 juillet 2006) et de l'estuaire de la Loire (D. n° 2006-884 du 17 juillet 2006), puis celle des Bouches-du-Rhône (D. n° 2007-779 du 10 mai 2007).

75. La carte « Littoral » de la DTA *Alpes-Maritimes*, par exemple, permet de localiser les principaux espaces remarquables devant faire l'objet d'une stricte protection et les espaces proches du rivage au sens de l'article L. 146-4-II du Code de l'urbanisme[123], même si l'échelle retenue (1/60 000e) empêche l'identification précise de tous les espaces visés par la loi Littoral. Suite à un recours associatif tendant à l'annulation de la DTA *Alpes-Maritimes*, le juge administratif a eu l'occasion de préciser les conditions d'appréciation de la légalité de ce type d'acte réglementaire.

> *« la légalité de la directive territoriale d'aménagement au regard des articles L. 146-1 et suivants du Code de l'urbanisme doit s'apprécier à l'échelle du territoire qu'elle couvre et compte tenu de l'ensemble de ses orientations et prescriptions »* (CE, 27 juill. 2005, *Comité de sauvegarde du Port Vauban, vieille-ville et Antibes-Est, AJDA* 2006, p. 432, note P.-P. Danna).

Ces critères d'appréciation laissent incontestablement aux DTA une marge de manœuvre bienvenue dans la territorialisation de la loi Littoral, qui a conduit la juridiction administrative en l'espèce à considérer que les dispositions de cette dernière n'ont pas été méconnues.

76. On évoquera également la DTA *estuaire de la Loire* de juillet 2006, qui s'efforce de concilier le développement industrialo-portuaire avec la nécessité de protéger les milieux naturels, souvent très riches en milieu estuarien. Elle comporte un volet sur les modalités d'application de la loi Littoral, consistant d'une part à identifier les espaces remarquables et les parcs boisés significatifs, et, d'autre part, à identifier des coupures d'urbanisation ainsi que les espaces devant être regardés comme proches du rivage. S'agissant des espaces remarquables, la DTA « *recense de façon exhaustive les espaces, sites et paysages qui doivent être regardés comme remarquables ou caractéristiques du littoral, ainsi que les milieux nécessaires au maintien des équilibres biologiques, sur le territoire des 24 communes concernées* »[124]. Les cartes relatives à l'application

122. J. Daligaux, « La DTA en recherche d'équilibre », *EF*, juill.-août 2003, p. 32.

123. J.-M. Bécet, « À propos de la première directive territoriale d'aménagement, la DTA *Alpes-Maritimes* », *DMF* 2005, p. 83.

124. DTA *estuaire de la Loire*, titre III, 4.1.

de la loi Littoral permettent de visualiser de manière satisfaisante les 36 sites remarquables de la DTA. Chaque site fait l'objet d'un argumentaire de remarquabilité au regard des critères de l'article R. 146-1 du Code de l'urbanisme. Ces espaces remarquables sont surtout des estrans, des zones de marais, des côtes rocheuses ou encore des lacs (Grand-Lieu) et des étangs; ils peuvent être visualisés grâce à des documents cartographiques de qualité (annexe 4 de la DTA, cartes à l'échelle 1/50000e).

77. S'agissant de la DTA de l'estuaire de la Seine (juillet 2006), le bilan gouvernemental de la loi Littoral de septembre 2007 affirme :

> « [elle] *énonce des objectifs et des orientations prescriptives concernant une part significative du littoral normand qui se caractérise par l'existence d'un estuaire important, la Seine, avec la présence du port du Havre. Elle vise le maintien et le développement de la fonction touristique, des activités stratégiques portuaires et la sauvegarde de la richesse des milieux et des paysages. Elle prescrit des orientations dans les secteurs stratégiques des estuaires et au titre de l'application de la loi Littoral* » (Voir pp. 102-103 du bilan).

78. Documents d'urbanisme d'État ne pouvant viser que certaines portions de territoire, dans les secteurs où l'État juge essentiel de définir les grandes orientations d'aménagement, les DTA constituent bien un outil œuvrant pour la GIZC mais ne sont pas appelées à couvrir l'ensemble du littoral français. Quant à l'argument selon lequel elles seraient un vecteur de pacification, il semble bien discutable tant l'adaptation de prescriptions nationales de protection aux particularités géographiques est un sujet complexe et controversé[125].

Quoi qu'il en soit, les dispositions prévues dans le cadre du « Grenelle 2 » de l'environnement modifient sensiblement, semble-t-il, la vocation et le régime des DTA. On peut (déjà) douter de l'efficience et de l'intérêt du nouveau dispositif, surtout en matière de protection de l'environnement littoral.

C. Les schémas de mise en valeur de la mer

79. Il s'agit d'aborder ici les schémas de mise en valeur de la mer (SMVM) d'État, et non les volets littoraux des schémas de cohérence territoriale valant SMVM[126]. Les SMVM ont été institués par l'article 53 de la loi n° 83-8 du 7 janvier 1983 relative à la répartition des compétences entre les communes, les départements, les régions et l'État. L'article 53 de cette loi de décentralisation, modifié par la loi Littoral (art. 18) et par la loi DTR du 23 février 2005 (art. 235), est venu créer un document d'urbanisme d'État spécialement dédié aux zones côtières :

125. Pour un regard critique sur les DTA, voir K. Paszkier, *Loi « Montagne » et loi « Littoral » : des lois d'aménagement et d'urbanisme aux dispositions particulières. Illustrations du phénomène de territorialisation du droit*, thèse, Université de Nice Sophia-Antipolis, 2001, p. 27 et s.; G. Houist, « Les directives territoriales d'aménagement et la loi Littoral », *Rev. jur. env.*, 1997, n° spéc. *Les dix ans de la loi Littoral*, p. 17.

126. Sur ce sujet, voir *infra*, n° 223 et s.

Article 53 de la loi n° 83-8 du 7 janvier 1983 relative à la répartition des compétences entre les communes, les départements, les régions et l'État

« *Dans les zones côtières peuvent être établis des schémas de mise en valeur de la mer.* ***Ces schémas fixent les orientations fondamentales de l'aménagement, de la protection et de la mise en valeur du littoral.***

À cet effet, ***ils déterminent la vocation générale des différentes zones*** *et notamment les zones affectées au développement industriel et portuaire, aux cultures marines et aux activités de loisirs.* ***Ils précisent les mesures de protection du milieu marin.***

Ils déterminent également les vocations des différents secteurs de l'espace maritime et les principes de compatibilité applicables aux usages correspondants, ainsi que les conséquences qui en résultent pour l'utilisation des divers secteurs de l'espace terrestre qui sont liés à l'espace maritime. Ils peuvent, en particulier, édicter les sujétions particulières intéressant les espaces maritime, fluvial ou terrestre attenant, nécessaires à la préservation du milieu marin et littoral [...] ».

80. Les SMVM sont des instruments d'aménagement de la bande côtière comportant un véritable volet maritime ; ils sont susceptibles de mettre en œuvre, à l'échelle d'un territoire pertinent (et donc supra-communal), le concept de GIZC. Ils ont été conçus comme des outils de gestion globale du littoral, intégrant donc un espace proprement maritime, l'interface terre/mer et les zones rétro-littorales. Alors que de plus en plus d'activités en développement (comme l'aquaculture, les sports nautiques et la plaisance) ont du mal à cohabiter, les orientations des SMVM abordent clairement la question de la compatibilité des nombreux usages de l'espace littoral.

81. Le décret n° 86-1252 du 5 décembre 1986[127], modifié par celui du 8 novembre 2007 relatif aux SMVM[128], affirme :

un SMVM « *porte sur une partie du territoire qui constitue une unité géographique et maritime et présente des intérêts liés, concurrents ou complémentaires, au regard de l'aménagement, de la protection et de la mise en valeur du littoral* » (art. 1er). Il comporte trois pièces essentielles : ***un rapport, des documents graphiques et des annexes***.

82. Le ***rapport*** est fondamental et dépasse la fonction descriptive de la situation existante dans le périmètre du schéma.

Il « *définit les orientations retenues en matière de développement, de protection et d'équipement* » et est donc amené à déterminer la vocation des différentes zones ainsi que « *les conditions de la compatibilité entre les différents usages de l'espace maritime et littoral* » (art. 3).

De même, le rapport « *mentionne les projets d'équipement et d'aménagement liés à la mer tels que les* ***créations et extensions de ports*** *et les installations industrielles et de loisirs, en précisant leur nature, leurs caractéristiques et leur localisation ainsi que les normes et prescriptions spéciales s'y rapportant* ».

127. D. relatif au contenu et à l'élaboration des SMVM, *JO* du 9 déc. 1986.

128. D. n° 2007-1586 relatif aux SMVM et modifiant le décret du 5 déc. 1986 ainsi que le Code de l'urbanisme et le Code de l'environnement, *JO* du 10 nov. 2007.

83. Toujours aux termes du décret de 1986, les ***documents graphiques*** ont pour fonction de décrire les caractéristiques du milieu marin, l'utilisation des espaces maritimes et terrestres, la vocation des différents secteurs, les espaces bénéficiant d'une protection particulière et l'emplacement des équipements existants et prévus (art. 4). Ces documents sont d'un intérêt certain puisqu'ils permettent de représenter dans l'espace les choix opérés dans le rapport. Là encore, les questions d'échelle doivent être bien pensées, de même que la mobilisation des systèmes d'information géographique (SIG). On conçoit bien que les SMVM appellent une collaboration harmonieuse entre les approches politique, juridique et géographique (que les cartes doivent refléter...). Même s'il peut être judicieux que les documents graphiques représentent les zones littorales à fort enjeu stratégique comme les espaces proches du rivage, le décret de 1986 n'impose pas de localiser les secteurs proches du rivage destinés à être urbanisés[129].

84. Les ***annexes*** comprennent la liste des études réalisées dans le cadre de l'élaboration du schéma, une note sur la qualité des eaux et une note sur l'érosion marine (art. 5).

85. Jusqu'à la loi DTR du 23 février 2005, les SMVM devaient être approuvés par décret en Conseil d'État. La lourdeur de ce processus d'approbation (cumulée à la longueur et à la difficulté des négociations sur le plan local) explique, en partie, le peu de succès du SMVM d'État. Seuls trois schémas ont été adoptés dans le cadre de la procédure traditionnelle : le schéma du bassin de Thau (décret du 20 avril 1995)[130], le schéma du bassin d'Arcachon (décret n° 2004-1409 du 23 décembre 2004) et celui du bassin Trégor-Goëlo (décret du 3 décembre 2007). Pour le schéma du bassin d'Arcachon, on observe que son approbation n'a pas empêché des divergences d'interprétation, notamment sur certaines questions d'équipement portuaire[131]. Quoi qu'il en soit, on pouvait s'attendre, dans un contexte politico-administratif de plus en plus marqué par la décentralisation, à ce que la formule du SMVM d'État ne rencontre pas un grand succès auprès des élus locaux. Beaucoup de projets ont ainsi été abandonnés ou, parfois achevés, n'ont jamais été approuvés (comme le SMVM du littoral de Charente-Maritime)[132]. Cela étant, malgré un bilan évidemment décevant, il faut retenir que ces projets, dans le cadre de la concertation mise en place par les services de l'État (DDE en tête) avec les acteurs locaux (groupes de travail, comités de pilotage), ont souvent

129. CE, 3 mars 2008, *Mme Laporte et a.* (à propos du bassin d'Arcachon), *BJDU* 3/2008, p. 162, concl. F. Lenica.

130. A.-H. Mesnard, « Le premier SMVM : le bassin de Thau et sa façade maritime », *DMF* 1996, p. 529.

131. L. Fabrègues, « Bassin d'Arcachon. Le Schéma de mise en valeur de la mer contesté », *Le marin*, 4 févr. 2005.

132. Voir J.-M. BÉCET, *Le droit de l'urbanisme* littoral, PUR, 2002, p. 228 et s. ; et A.-H. MESNARD, « Schémas de mise en valeur de la mer », in *Droits maritimes*, Dalloz Action, 2008, chap. 521.

permis à tout le moins d'échanger sur la GIZC et de mieux comprendre les préoccupations des uns et des autres. On ne peut donc pas réduire le bilan de ces instruments d'aménagement du territoire au seul nombre de schémas adoptés.

86. ***La loi DTR du 23 février 2005 ainsi que le décret du 8 novembre 2007 apportent des précisions et des modifications importantes sur la procédure d'élaboration et d'approbation des SMVM :***

– l'arrêté préfectoral fixant la liste des communes incluses dans le périmètre du schéma est « *pris après accord du préfet maritime* » et est « *précédé de la consultation des conseils municipaux de ces communes et, le cas échéant, des organes délibérants des groupements de communes compétents en matière de schéma de cohérence territoriale ou de plan local d'urbanisme situés dans le même périmètre, des conseils municipaux des communes limitrophes, des conseils généraux et des conseils régionaux concernés* » ;

– une concertation est organisée par le préfet : outre les services de l'État compétents et le préfet maritime, les acteurs locaux sont associés à la procédure (collectivités publiques concernées) avec, le cas échéant, les organes de gestion des parcs naturels en place, ainsi (à leur demande) que les professionnels de la mer (organisations liées à la pêche et aux cultures marines notamment), les établissements publics (CCI, CELRL...) et les associations agréées concernés (art. 10 modifié du décret du 5 décembre 1986) ;

– le SMVM doit désormais faire l'objet d'une évaluation environnementale au titre de l'article L. 122-4 du Code de l'environnement ;

– le projet de schéma est communiqué pour avis aux conseils municipaux, généraux et régionaux intéressés, aux organes délibérants des groupements de communes compétents ainsi qu'aux établissements publics, chambres consulaires, organisations professionnelles (sections régionales conchylicoles...) et parcs concernés (D. du 5 déc. 1986 modifié, art. 11) ;

– le projet est ensuite soumis à enquête publique par le préfet (assorti des avis requis, de l'accord du préfet maritime et du rapport environnemental) suivant les modalités prévues par les articles L. 123-1 et suivants du Code de l'environnement (D. du 5 déc. 1986 modifié, art. 12) ;

– l'article 235-IX de la loi du 23 février 2005 simplifie enfin la procédure d'approbation des SMVM : après avoir été communiqués pour avis et soumis à enquête, les SMVM « ***élaborés par l'État sont [...] approuvés par le préfet*** »[133] ;

– cet article ajoute que les SMVM « *font l'objet d'une révision dans un délai de dix ans à compter de leur approbation* ».

---

133. « *Toutefois, ces schémas sont approuvés par décret en Conseil d'État en cas d'avis défavorable des deux tiers au moins des communes intéressées représentant plus de la moitié de la population totale de celles-ci ou de la moitié au moins des communes intéressées représentant les deux tiers de la population totale de celles-ci* » (art. 235 IX, loi DTR).

87. *Le SMVM du golfe du Morbihan*, approuvé en décembre 2005 par arrêté préfectoral, a pu bénéficier de l'assouplissement procédural prévu par la loi DTR[134]. À titre informatif, on notera de manière générale qu'il s'attache à préserver la richesse des milieux naturels du golfe, à stabiliser les surfaces exploitées pour les cultures marines et à contenir le développement de la plaisance. À contre-courant d'une tendance générale au développement des équipements nautiques, le SMVM du golfe du Morbihan affirme qu'il faut favoriser les pratiques de plaisance légère et que seuls des aménagements mineurs sont possibles dans les ports de plaisance existants, sans possibilité d'en créer de nouveaux.

88. ***Le décret du 8 novembre 2007 tient compte de la législation sur les parcs.***

> *« Lorsque la charte d'un parc national ou d'un parc naturel régional est approuvée après l'approbation d'un schéma de mise en valeur de la mer, ce dernier doit, si nécessaire, être rendu compatible dans un délai de trois ans avec les objectifs de protection définis par la charte du parc national pour le cœur de parc et avec les orientations et les mesures de la charte du parc naturel régional concerné »* (ajout d'un article 15 au D. de 1986).

89. ***La loi DTR et la jurisprudence viennent également renouveler les débats sur les effets juridiques du SMVM***[135]. Si ces derniers s'imposent clairement aux plans locaux d'urbanisme dans le cadre d'un rapport de compatibilité (art. L. 123-1, C. urb.), la question des effets du SMVM à l'égard des autorisations d'occupation du sol a connu des évolutions. On avait déduit de l'ancienne rédaction de l'article 57 de la loi de décentralisation du 7 janvier 1983 (issue de la loi n° 95-115 du 4 février 1995), selon laquelle les SMVM avaient les mêmes effets que les DTA, qu'ils s'imposaient directement aux demandes de permis de construire pour leurs dispositions précisant les conditions d'application de la loi Littoral (art. L. 146-1 et s., C. urb.)[136]. Avec la réécriture de l'article 57 par la loi DTR, il n'y a plus aucune référence faite aux DTA[137]. Aujourd'hui, il semble que l'on ait davantage mis l'accent sur le caractère programmatif et stratégique des SMVM (qu'ils soient d'État ou intégrés à un SCOT).

---

134. Les modifications apportées par la loi DTR du 23 févr. 2005 s'appliquent aux SMVM qui, à la date de la publication de la loi, n'ont pas fait l'objet d'une mise à disposition du public.

135. E. Le Cornec, « L'opposabilité des schémas de mise en valeur de la mer », *DMF* 1996, p. 1180 ; J. LE GUEN, *Rapport d'information sur l'application de la loi littoral*, juill. 2004, AN, n° 1740, pp. 56-57.

136. CE, 29 juin 2001, *SCI Vetricella*, n° 208015 et 208281.

137. Voir H. Jacquot et F. PRIET, *Droit de l'urbanisme*, Précis Dalloz, 2008, n° 357, p. 390.

Sur le plan jurisprudentiel, le Conseil d'État, dans un arrêt rejetant le recours formé contre le décret d'approbation du SMVM du bassin d'Arcachon, rappelle « *qu'en raison tout à la fois de leurs conditions d'élaboration, de leur contenu et de leurs effets, les schémas de mise en valeur de la mer sont des documents d'urbanisme* » ; « *à ce titre, ils doivent se conformer aux dispositions particulières au littoral figurant au chapitre VI du titre IV du livre Ier du Code de l'urbanisme, alors même que l'approbation de tels schémas peut avoir pour effet de dispenser les plans locaux d'urbanisme de se référer aux critères fixés par le II de l'article L. 146-4 du Code de l'urbanisme pour justifier une urbanisation des espaces proches du rivage* » (CE, 3 mars 2008, *Mme Laporte et a.*, n° 278168, *op. cit.*).

La Haute juridiction affirme dans cette même affaire qu'eu égard à l'échelle et à l'objet du SMVM, les orientations qu'il fixe en matière d'urbanisation d'un secteur n'ont pas à définir les conditions de cette urbanisation, lesquelles relèvent des schémas de cohérence territoriale (SCOT), des plans locaux d'urbanisme (PLU) et des cartes communales.

90. Quoi qu'il en soit, c'est surtout dans le cadre de l'élaboration et de la révision des SCOT que la question des SMVM sera désormais abordée[138]. En effet, même s'il faut encore en souligner l'intérêt, il semble peu probable que les dispositions de la loi DTR puissent véritablement relancer le SMVM d'État, tant les attentes se concentrent autour des dispositions littorales des SCOT.

91. On notera par ailleurs qu'on peut trouver en outre-mer des outils spécifiques d'aménagement et de gestion intégrée d'un espace lagonaire ou d'une façade maritime, comme les Plans de Gestion des Espaces Maritimes en Polynésie française[139].

D. Les plans de prévention des risques naturels prévisibles

92. L'IFEN constatait en 2006 que « *Le quart du littoral métropolitain (24 %) subit l'érosion et recule, soit 1 720 km de côtes, alors que 44 % sont stables et seulement 10 % sont en extension* »[140]. Certaines grandes opérations comme les travaux de restauration du lido de Sète à Marseillan (Hérault) donnent la mesure des problèmes liés à l'érosion du trait de côte. À l'heure où l'on prend pleinement conscience de cette situation et des risques liés aux changements climatiques et au réchauffement de la planète, la question des plans de prévention des risques en zone littorale est centrale et suscite bien des débats[141].

138. Pour l'exemple du bassin de Thau, voir H. Scheffer, « Urbanisme et vocation maritime sont-ils encore conciliables ? », *Le marin*, 4 janv. 2008, p. 8.

139. J.-C. HÉLIN, « Le plan de gestion des espaces maritimes de l'île de Moorea : un exemple de planification intégrée et concertée en Polynésie française », in *L'homme, ses territoires, ses cultures*, LGDJ, 2006, p. 69.

140. IFEN, *le 4 pages*, n° 113, sept. 2006, p. 1. V. aussi, sur la prévention des risques naturels et la lutte contre l'érosion, les développements du bilan gouvernemental de la loi Littoral (sept. 2007), p. 49 et s.

141. I. Verbaere et L. Madoui, « Risques naturels. Les PPR s'attirent les foudres des élus », *La gazette des communes*, 7 mai 2007, p. 20.

La circulaire interministérielle du 20 juillet 2006 relative à la protection de l'environnement et du littoral insiste sur l'importance d'une bonne gestion des risques en zone littorale et recommande de bien exploiter les possibilités offertes par l'article L. 146-4-III du Code de l'urbanisme, lequel permet d'élargir la bande littorale des 100 mètres pour des motifs tenant à la sensibilité des milieux ou à l'érosion côtière. Elle rappelle aussi le caractère incontournable des plans de prévention des risques naturels prévisibles (PPRN).

> *« À cet égard, les plans de prévention multirisques devront être développés, permettant de traiter à la fois des thématiques inondation (dont : submersion marine) et mouvement de terrains (dont : érosion côtière) ».*

De nombreux PPRN ont été ainsi adoptés dans les territoires sujets aux risques naturels (à des degrés divers), comme par exemple en Charente-Maritime (Îles de Ré, Oléron, Aix, presqu'île d'Arvert)[142] ou à la Réunion[143].

93. ***L'objet de ces PPRN*** est défini à l'article L. 562-1 du Code de l'environnement :

Article L. 562-1 du Code de l'environnement

*« I. - **L'État élabore et met en application des plans de prévention des risques naturels prévisibles** tels que les inondations, les mouvements de terrain, les avalanches, les incendies de forêt, les séismes, les éruptions volcaniques, les tempêtes ou les cyclones.*

II. – Ces plans ont pour objet, en tant que de besoin :

*1° De délimiter les zones exposées aux risques, dites **zones de danger**, en tenant compte de la nature et de l'intensité du risque encouru, d'y interdire tout type de construction, d'ouvrage, d'aménagement ou d'exploitation agricole, forestière, artisanale, commerciale ou industrielle ou, dans le cas où des constructions, ouvrages, aménagements ou exploitations agricoles, forestières, artisanales, commerciales ou industrielles pourraient y être autorisés, prescrire les conditions dans lesquelles ils doivent être réalisés, utilisés ou exploités;*

*2° De délimiter les zones, dites **zones de précaution**, qui ne sont pas directement exposées aux risques mais où des constructions, des ouvrages, des aménagements ou des exploitations agricoles, forestières, artisanales, commerciales ou industrielles pourraient aggraver des risques ou en provoquer de nouveaux et y prévoir des mesures d'interdiction ou des prescriptions telles que prévues au 1°;*

*3° De définir les **mesures de prévention, de protection et de sauvegarde** qui doivent être prises, dans les zones mentionnées au 1° et 2°, par les collectivités publiques dans le cadre de leurs compétences, ainsi que celles qui peuvent incomber aux particuliers;*

4° De définir, dans les zones mentionnées au 1° et au 2°, les mesures relatives à l'aménagement, l'utilisation ou l'exploitation des constructions, des ouvrages, des espaces mis en culture ou plantés existants à la date de l'approbation du plan qui doivent être prises par les propriétaires, exploitants ou utilisateurs [...] ».

---

142. En 2006, 48 communes étaient dotées d'un PPRN approuvé, dont 13 en cours de révision, et des PPRN étaient en cours d'élaboration pour 35 communes (source : DDE 17).

143. Voir P. Balland et *alii*, *Expertise relative à la prévention des inondations sur l'île de la Réunion et à la programmation des travaux de protection*, Ministère de l'écologie et du développement durable, juill. 2006.

94. Le PPRN est une servitude d'utilité publique devant être annexée au plan local d'urbanisme (art. L. 562-4, C. env.). Le fait de construire dans une zone interdite par un tel plan ou de ne pas respecter ses prescriptions est puni des peines prévues à l'article L. 480-4 du Code de l'urbanisme (art. L. 562-5, C. env.). Toute transaction immobilière relative à un bien situé dans une zone couverte par un PPRN prescrit ou approuvé doit s'accompagner d'une information sur l'existence de ces risques à l'attention de l'acquéreur ou du locataire (art. L. 125-5, C. env.).

95. Le ***juge administratif*** est régulièrement saisi en matière de PPRN. Cet acte réglementaire est considéré comme un document d'urbanisme dont les dispositions sont susceptibles de fonder l'octroi ou le refus d'une autorisation d'occupation ou d'utilisation du sol et relève du champ d'application des articles L. 600-1 et L. 600-2 du Code de l'urbanisme[144].

Il est dans « *la nature même de ce document d'urbanisme qu'est le plan de prévention des risques naturels de distinguer et de délimiter des zones exposées à des risques naturels à l'intérieur desquelles s'appliquent des contraintes d'urbanisme importantes et des zones où le degré d'exposition auxdits risques ne nécessite pas de telles contraintes; [...] dès lors que [...] cette délimitation ne repose pas sur une appréciation manifestement erronée, elle ne porte pas d'atteinte illégale au principe d'égalité des citoyens devant la loi* » (CAA Bordeaux, 30 juin 2008, *SA Parc de la Côte Sauvage*, n° 05BX01243); V. aussi CAA Bordeaux, 31 mars 2009, n° 08BX00051).

Le Conseil d'État a également apporté des précisions sur le contenu des PPRN en considérant que :

la circonstance qu'un plan « *comporte, outre des prescriptions particulières à certaines zones en fonction du risque, des prescriptions communes à toutes les zones, sans distinction de l'intensité de l'aléa, n'est pas de nature à le rendre illégal dès lors que ces dernières prescriptions sont relatives à des ouvrages spécifiques dont l'exigence de sécurité est indépendante du niveau de risque et exige, par suite, une application indifférenciée* » (CE, 14 févr. 2007, *Communauté de communes de Blangy Pont-l'Évêque intercom*, n° 290327).

Par ailleurs, on a pu estimer (s'agissant du PPRN de l'île d'Oléron) que l'existence d'une digue de 4,15 mètres de hauteur ne suffisait pas à entacher le classement de parcelles en zone de risque (submersible) d'erreur manifeste d'appréciation, « *compte tenu de l'absence d'éléments précis relatifs tant aux caractéristiques de cet ouvrage qu'à ses modalités d'entretien et à sa pérennité* »[145].

144. CE, Avis, 12 juin 2002, *Préfet de la Charente-Maritime*, *AJDA* 16/2002, p. 1080, note J.-P. Lebreton; CAA Bordeaux, 31 août 2006, *Sté Arboricole et fruitière de l'Agenais*, n° 04BX00807. On rappellera qu'aux termes de l'art. L. 600-1, C. urb., « *L'illégalité pour vice de forme ou de procédure d'un schéma directeur, d'un schéma de cohérence territoriale, d'un plan d'occupation des sols, d'un plan local d'urbanisme, d'une carte communale ou d'un document d'urbanisme en tenant lieu ne peut être invoquée par voie d'exception, après l'expiration d'un délai de six mois à compter de la prise d'effet du document en cause. [...]* ».

145. TA Poitiers, 23 juin 2005, *M. et Mme Thierry Jacquemin*, n° 0401678.

Le pouvoir d'appréciation de l'administration dans l'établissement du PPRN existe bien, mais il est clair qu'il doit être tenu compte de la réalité du risque (sous peine d'annulation du classement retenu)[146].

Concernant les problèmes d'indemnisation des servitudes créées par un PPRN, il a été jugé qu'elles ne pouvaient être regardées comme instituées par application du Code de l'urbanisme au sens de l'article L. 160-5.

> « ... *le législateur a entendu faire supporter par le propriétaire concerné l'intégralité du préjudice résultant de l'inconstructibilité de son terrain nu résultant des risques naturels le menaçant, sauf dans le cas où ce propriétaire supporterait une charge spéciale et exorbitante hors de proportion avec l'objectif d'intérêt général poursuivi* » (CE, 29 déc. 2004, *Sté d'aménagement des coteaux de Saint-Blaine, AJDA* 8/2005, p. 423. V. aussi CAA Marseille, 13 avr. 2006, *Min. de l'écologie*, n° 04MA00265).

96. ***Sur le plan formel***, on relèvera qu'aux termes du décret n° 95-1089 du 5 octobre 1995 (modifié), un PPRN se compose d'une note de présentation afférente au secteur géographique concerné et aux risques en cause, d'un ou plusieurs documents graphiques délimitant les différentes zones du plan et d'un règlement précisant les mesures prises (mesures d'interdiction, de prévention, prescriptions applicables).

97. Il existe ***une doctrine de l'État*** en matière de PPRN, qui s'exprime dans plusieurs documents. Un *guide méthodologique des PPRN littoraux* a été réalisé en 1997[147], soulignant l'importance de ces outils et la nécessité de les élaborer dans la transparence et la concertation avec les élus locaux. S'agissant des méthodes d'analyse et de cartographie des risques, il mentionne, entre autres, la difficulté d'appréciation du niveau de sécurité des ouvrages côtiers (épis, digues...) du fait de la multiplicité des critères de référence (dimensionnement, pérennité de l'ouvrage vis-à-vis des sollicitations de la houle et du déchaussement des fondations, ancienneté des ouvrages et de leur entretien)[148]. S'agissant des mesures de prévention, de protection et de sauvegarde du règlement, le guide méthodologique des PPRN littoraux rappelle que « *Les mesures de protection sont normalement de la compétence des propriétaires riverains au titre de la défense contre la mer* »[149] (lesquels peuvent se regrouper en associations syndicales). On sait en effet qu'il résulte de la loi du 16 septembre 1807 relative au dessèchement des marais et de la jurisprudence que les riverains des rivages de la mer et des cours d'eau ne sau-

146. CAA Nancy, 2 août 2007, *Marcel X*, *Environnement*, déc. 2007, p. 30, note J.-M. Février.

147. Ministère de l'aménagement du territoire et de l'environnement, Ministère de l'équipement, des transports et du logement, *Plans de prévention des risques littoraux*, guide méthodologique, Doc. fr., 1997.

148. *Ibid.*, p. 29.

149. *Ibid.*, p. 44.

raient exiger des collectivités publiques qu'elles les protègent de l'action des eaux[150].

98. Ce vieux principe n'exclut pas d'éventuelles subventions de l'État (dont la procédure d'attribution est déconcentrée aux préfets)[151] et ne fait pas obstacle à l'éventuelle mise en jeu de la responsabilité de l'administration lorsque des ouvrages publics mal entretenus (digues laissées à l'abandon) ou des travaux publics (construction d'une digue par les pouvoirs publics, dragages) sont à l'origine d'une submersion marine. Dans ce cas, un recours indemnitaire peut être formé par le propriétaire d'un terrain littoral submergé (entraînant l'extension du DPM à son détriment et/ou la dégradation d'immeubles demeurant privés), sur le fondement de la théorie des dommages de travaux publics[152], étant entendu que seul le juge judiciaire sera compétent s'il apparaît que les rapports entre les parties au litige s'analysent comme des rapports de droit privé[153]. Dans la mesure où la responsabilité du fait des travaux publics peut être mobilisée, il s'agit d'une responsabilité pour faute présumée lorsque la victime peut être qualifiée d'usager de l'ouvrage public et d'une responsabilité sans faute lorsqu'elle est tiers à l'opération de travail public ou à l'ouvrage.

99. ***Une circulaire interministérielle du 30 avril 2002***[154] destinée aux préfets réaffirme clairement l'objectif d'interdiction des implantations humaines dans les zones les plus dangereuses ; « *l'urbanisation et le développement des collectivités territoriales doivent être recherchés hors zones soumises au risque de submersion marine ou d'inondation* ». Elle insiste aussi, à juste titre, sur l'intérêt des dispositions de l'article L. 211-7 du Code de l'environnement et de son décret d'application, « *qui apportent une clarification et une sécurité juridique aux possibilités d'intervention des collectivités territoriales en matière de défense contre la mer et de protection contre les inondations* »[155]. Les collectivités locales doivent articuler leurs actions. La surveillance et l'entretien courant des digues peuvent être assurés par les communes concernées ou leurs groupements tandis que les départements peuvent jouer un rôle très actif en matière de financement.

150. CE, Ass., 17 mai 1946, *Min. des travaux publics c/ Cne de Vieux-Boucau*, *Rec.*, p. 135 ; CE, 23 févr. 1973, *Min. de l'équipement et du logement c/ SA des garages Tomine*, *Rec.*, p. 168. Voir J.-M. Bécet, « Le droit face au problème de l'érosion marine », *DMF*, 1996, p. 666.

151. « Note sur le rôle de l'État en matière de défense contre la mer », *DTMPL*, mai 2004.

152. CE, 19 nov. 1986, *Min. de l'équipement c/ Sté foncière « Biarritz Anglet »*, *RFDA*, 1987, p. 472.

153. T. confl., 24 mai 2004, *SCI du port des Engraviers*, *DMF* 2004, p. 1065.

154. Circ. relative à la politique de l'État en matière de risques naturels prévisibles et de gestion des espaces situés derrière les digues de protection contre les inondations et les submersions marines.

155. V. les dispositions de l'art. L. 211-7-I, C. env. (qui permettent aux collectivités territoriales et à leurs groupements d'intervenir en matière de ***défense contre les inondations et contre la mer***).

100. Pour conclure sur la problématique des risques naturels, on mentionnera l'existence d'une procédure d'expropriation pour risque naturel majeur, issue de la loi n° 95-101 du 2 février 1995 et codifiée aux articles L. 561-1 et suivants du Code de l'environnement. Cette procédure, financée par un fonds spécial de prévention des risques naturels majeurs, a par exemple été utilisée sur le territoire de la commune de Criel-sur-Mer (Seine-Maritime) concernant un risque de mouvement de terrain affectant une falaise littorale.

§3. L'assistance du Conseil national du littoral

101. Dans sa fonction législative et planificatrice, l'État bénéficie désormais de l'assistance du Conseil national du littoral (CNL). Créé par l'article 235 de la loi DTR du 23 février 2005, sur le modèle du Conseil national de la montagne, il a un large rôle de consultation, de proposition et d'impulsion :

> *« Le conseil national est consulté dans le cadre de la rédaction des décrets relatifs à la* ***gestion du domaine public maritime****.*
>
> *Le conseil a un rôle de proposition auprès du Gouvernement qui peut le saisir pour avis de* ***tout sujet relatif au littoral****. Il contribue par ses avis et propositions à la coordination des actions publiques dans les territoires littoraux. Il définit les objectifs et précise les actions qu'il juge nécessaires pour l'aménagement, la protection et la mise en valeur du littoral, dans une perspective de gestion intégrée des zones côtières. Il est associé au suivi de la mise en œuvre de la présente loi [Littoral] et des textes pris pour son application et des contrats initiés par l'Union européenne et intéressant le littoral.*
>
> *Il est consulté sur les priorités d'intervention et les conditions générales d'attribution des aides d'État. Il peut être consulté sur les projets définis en application des contrats passés entre l'État et les régions ainsi que sur tout projet législatif ou réglementaire intéressant le littoral.*
>
> *Il participe aux travaux de prospective, d'observation et d'évaluation conduits sur le littoral aux niveaux européen, national et interrégional ».*

102. Présidé par le Premier ministre (ou, par délégation, par le ministre chargé de l'aménagement du territoire), le CNL comprend des parlementaires, des représentants des collectivités territoriales (de métropole et d'outre-mer), des représentants des établissements publics intéressés, des milieux socio-professionnels et d'activités associatives. Il a logiquement été perçu comme un organe consultatif à même de rassembler les nombreux acteurs du littoral et destiné à jouer un rôle de premier plan dans la définition des politiques du littoral[156]. ***La composition et le fonctionnement du* CNL** sont précisés par le décret n° 2005-1426 du 18 novembre 2005. Le CNL comprend 72 membres, désignés par arrêté du Premier ministre pour une période de 5 ans : 5 députés et 5 sénateurs, 25 élus représentants des collectivités territoriales ou de leurs groupements, 10 représentants des syndicats patronaux et

156. S. Le Briéro, « Les modifications apportées par la loi sur le développement des territoires ruraux au droit du littoral », *Environnement*, juin 2005, p. 9.

salariés, 8 représentants d'organisations et d'activités professionnelles liées au littoral (conchyliculture, pêche maritime, transport maritime, ports, industries nautiques et hôtellerie), 7 représentants d'activités associatives (dont le président de Rivages de France et 3 représentants d'association de protection de l'environnement), 6 représentants des établissements publics (Conservatoire du littoral, Ifremer, chambres consulaires) et 6 personnalités qualifiées (dont le président de l'association nationale des élus du littoral). Il ressort de cette composition que les élus locaux et les professionnels du littoral sont largement représentés.

103. Le CNL se réunit au moins une fois par an sur convocation de son président (art. 4 du décret). Il peut entendre les ministres intéressés par les affaires inscrites à l'ordre du jour et toute personne dont l'audition est jugée utile (art. 4). Afin de mieux répondre à la diversité des enjeux des territoires littoraux, le CNL peut créer des groupes de travail par façade maritime et par thème (art. 6).

COMMISSION PERMANENTE DU CNL

Le CNL comporte une commission permanente comprenant 21 membres (la commission permanente élit en son sein son président et son vice-président), qui « *se réunit en tant que de besoin, et au moins une fois entre deux réunions du conseil national du littoral, sur convocation du président du conseil ou de son président* » (art. 9). Son rôle est tout à fait important : elle « *assiste le conseil dans la définition de son programme de travail et d'intervention* » ; elle est « *associée à la préparation des réunions plénières* » et « *peut proposer l'inscription de tout sujet à l'ordre du jour des séances plénières* » ; « *Elle prépare les travaux et suit la mise en œuvre des recommandations et avis du conseil* » (art. 10). Le secrétariat du CNL est assuré par la DIACT (Délégation interministérielle à l'aménagement et à la compétitivité des territoires, qui a succédé à la DATAR), avec l'appui du Secrétariat général de la Mer.

104. La GIZC, l'urbanisme, l'application de la loi Littoral, la gestion des risques naturels, la prévention des pollutions, la pression démographique sur le littoral, les outils d'aménagement et les énergies renouvelables marines font partie des grands thèmes de réflexion du CNL[157]. Sans sous-évaluer l'intérêt de la structure de concertation mise en place, le CNL doit faire preuve de vigilance afin de ne pas apparaître comme l'instance où se préparent les futurs assouplissements du droit du littoral. Installé le 13 juillet 2006, le CNL a vocation, selon les propos tenus alors par le Premier ministre D. de Villepin, à constituer un lieu de veille, d'échanges et de propositions, permettant d'apporter des réponses concrètes aux grands enjeux du littoral français. Le Grenelle de la mer pourrait faire évoluer cette institution en intégrant la problématique des bassins hydrographiques.

Enfin, on rappellera qu'en dehors du CNL, la réflexion sur les enjeux du littoral français et la GIZC peut également être menée dans le cadre des travaux

157. S. Le Roux, « Les débuts du "parlement" du littoral », *Les Echos / Le marin*, n° spéc. du 5 déc. 2006, p. 14.

du ***Secrétariat général de la Mer***. Cette « *structure administrative légère* », créée en 1995 et placée sous l'autorité du Premier ministre, a été présentée comme « *l'instance permanente de la coordination de l'action de l'État en mer à l'échelon central* »[158]. C'est dans sa mission de contrôle, d'évaluation et de prospective en matière de politique maritime (à l'occasion de la réponse de la France au Livre vert européen sur la mer par exemple) qu'elle peut aborder les problèmes de gestion du littoral. ***L'Ifremer*** doit également apporter sa contribution en la matière[159].

Bibliographie

BECET (J.-M.), « Réflexions à propos du dixième anniversaire de la loi littoral », *DMF*, 1996, p. 1061 ; « Directives territoriales d'aménagement et loi littoral », *DMF*, 1997, p. 308 ; « À propos de la première directive territoriale d'aménagement, la D.T.A. *Alpes-Maritimes* », *DMF*, 2005, p. 83.

BILLET (Ph.), « La mer à la montagne, ou la nouvelle application de la loi littoral aux abords des lacs de montagne – À propos du décret n° 2006-993 du 1er août 2006 relatif aux lacs de montagne pris pour l'application de l'article L. 145-1 du Code de l'urbanisme », *JCP A*, 11 sept. 2006, n° 1203.

BURBUGURU (D.) et JEGOUZO (Y.), « Les nouvelles procédures de délimitation du domaine public maritime naturel », *AJDA*, 7/2005, p. 360.

BUSSON (B.), « Loi littoral : les menaces de féodalisation », *Rev. jur. env.*, 2004, n° spéc. *Le juge administratif et l'environnement*, p. 39.

CAILLOSSE (J), « Plaidoyer pour le domaine public maritime naturel », *Rev. jur. env.*, 4/1990, p. 483.

CALDERARO (N.), « Faut-il vraiment modifier la loi Littoral ? », *BJDU*, 5/2003, p. 317 ; « Le protocole de Madrid et la loi Littoral », *BJDU*, 3/2008, p. 157.

CALDERARO (N), PASKOFF (R.), CLUS-AUBY (C.), « Les lais et relais de la mer », *EF*, sept.-oct. 2005, p. 17.

CAZALET (B.), « Droit des lagons de Polynésie française », *Rev. jur. env.*, 4/2008, p. 391.

CHARBONNEL (N.) et MORABITO (M.), « Les rivages de la mer : droit romain et glossateurs », *Rev. historique de droit français et étranger*, janv.-mars 1987, p. 23.

COULOMBIE (H.), « Pour un toilettage de la loi littoral », *DMF*, 2004, p. 169 ; « Littoral : le retour vers l'équilibre », *BJDU*, 1/2006, p. 2 ; *BJDU*, 2/2006, p. 82.

DELVOLVE (P.), « Les modifications du domaine public maritime », *RDI*, 1981, p. 291.

DOUENCE (J.-C.), « La loi littoral dans les départements d'outre-mer », in *La loi « littoral »*, Economica, 1987, p. 37.

DUFAU (J.), « La zone des 50 pas géométriques dans les DOM », *AJDA*, 1990, p. 444.

FEVRIER (J.-M.), « Précisions réglementaires sur les schémas de mise en valeur de la mer », *Environnement*, janv. 2008, p. 25.

158. A. Boyer et J.-G. Branger, *Rapport d'information sur l'action de l'État en mer*, Sénat, n° 418, p. 9. *www.sgmer.gouv.fr/*

159. V. *Les nouvelles de l'Ifremer*, juill. 2008, n° 103 : « Mer et littoral : un nouveau regard ».

GODFRIN (Ph.), « La loi du 3 janvier 1986 relative à l'aménagement, la protection et la mise en valeur du littoral », *AJDA*, 1986, p. 359.

GRABOY-GROBESCO (A.), « Les schémas de mise en valeur de la mer. Retour sur certains aspects juridiques et pratiques d'un instrument de planification intégrée en zone côtière », *ADMO*, t. XXVI, Université de Nantes, 2008, p. 123.

HELIN (J.-C.), « Le plan de gestion des espaces maritimes de l'île de Moorea : un exemple de planification intégrée et concertée en Polynésie française », in *L'homme, ses territoires, ses cultures*, Mél. offerts à André-Hubert Mesnard, LGDJ, 2006, p. 69.

HOCREITERE (P.), « L'abrogation partielle de la loi littoral autour des lacs de montagne de plus de 1 000 hectares », *AJDA*, 35/2006, p. 1930.

HOSTIOU (R.), « Le domaine public maritime naturel : consistance et délimitation », *Rev. jur. env.*, 4-1990, p. 469 ; « La notion de domaine public maritime naturel », *CJEG*, juin 1993, p. 306.

HOUIST (G.), « Les directives territoriales d'aménagement et la loi littoral », *Rev. jur. env.*, 1997, n° spéc. *Les dix ans de la loi littoral*, p. 17.

JEGOU (B.), « Politique : un Grenelle pour la mer », *Le marin*, 6 mars 2009, p. 6.

LAVIALLE (C.), « Existe-t-il un domaine public naturel ? », *CJEG*, mai 1987, p. 627 ; « Les vicissitudes du droit de propriété sur la réserve domaniale aux Antilles », *RFDA*, 2006, p. 251.

LE BRIERO (S.), « Les modifications apportées par la loi sur le développement des territoires ruraux au droit du littoral », *Environnement*, juin 2005, p. 9.

LE CORNEC (E.), « La loi relative à l'aménagement, la protection et la mise en valeur de la zone des 50 pas géométriques dans les départements d'outre-mer », *DMF*, 1997, p. 418.

LOZACHMEUR (O.), « Le concept de gestion intégrée des zones côtières en droit international, communautaire et national », *DMF*, 2005, p. 259.

MATTEI-DAWANCE (G.), « Les travaux de défense contre la mer », in *La loi « littoral »*, Economica, 1987, p. 255.

MESNARD (A.-H.), « La loi littoral : nature et portée », *RFDA*, 1986, p. 677 ; « Le premier SMVM : le bassin de Thau et sa façade maritime », *DMF*, 1996, p. 529 ; « Maîtrise du littoral et activités touristiques », *DMF*, 1997, p. 194.

PRIET (F.), « Le nouveau régime de la zone des cinquante pas géométriques dans les départements d'outre-mer », *RFDA*, 1997, p. 1166.

PRIEUR (M.), « La gestion intégrée des zones côtières : le défi méditerranéen », in *Confluences*, Mél. en l'honneur de Jacqueline Morand-Deviller, Montchrestien, 2007, p. 901.

KEIRIN (M.), « Le rivage de la mer ou la difficulté d'être légiste », *EDCE*, t. 25, 1972, p. 75.

REZENTHEL (R.), « Les communes face à l'érosion marine », *BJCL*, 2003, n° 11, p. 794 ; « Colbert victime de la modernisation du droit », *Les Annales de la Voirie*, juin 2006, p. 111.

ROCHETTE (J.), « L'Emilie-Romagne : un modèle de politique régionale en faveur des zones côtières », *DMF*, 2007, p. 667.

TANGUY (Y.), « La loi littoral en questions – Entre simplismes et complexité », *AJDA*, 7/2005, p. 354.

Chapitre 2

Les services déconcentrés et les établissements publics nationaux

Plan du chapitre

RÉSUMÉ

105. Les services déconcentrés de l'État les plus impliqués dans la gestion des territoires littoraux étaient traditionnellement les Directions régionales et départementales de l'équipement, les Directions régionales de l'environnement ainsi que les Directions régionales et départementales des affaires maritimes (ces administrations étant en cours de restructuration). Aujourd'hui, une grande attention doit être portée aux établissements publics de l'État (notamment au Conservatoire de l'espace littoral et des rivages lacustres). La spécificité juridique de ces institutions et la nature de leurs missions justifient bien évidemment des développements particuliers.

106. Toutes ces administrations ne sauraient être mises sur le même plan. Juridiquement et sociologiquement, la distinction des services déconcentrés de l'État et des établissements publics de l'État est incontournable. On admettra sans peine qu'il existe une différence fondamentale entre un service dépourvu de personnalité juridique, représentant un ministère dans une circonscription administrative donnée, et un établissement public national qui, bien que rattaché à l'État, constitue une personne morale de droit public bénéficiant de l'autonomie administrative et financière (tout en étant soumise au principe de spécialité).

Section 1 L'administration déconcentrée en zone littorale *(avant la réorganisation des services déconcentrés de l'État)*

107. Sans prétendre à l'exhaustivité, on retiendra que les services déconcentrés de l'équipement, de l'environnement et des affaires maritimes ont joué un rôle très important dans la gestion et la protection des espaces littoraux[1]. Ils relèvent aujourd'hui du grand ministère de l'écologie, de l'énergie, du développement durable et de l'aménagement du territoire (D. n° 2007-995 du 31 mai 2007) et sont en pleine restructuration. L'exercice des missions de ces administrations complémentaires est très « contextualisé » et évolue notamment en fonction des avancées de la décentralisation et de l'intercommunalité, ainsi que des diverses étapes de la révision générale des politiques publiques.

§1. Les services de l'équipement et la gestion du DPM

108. Jusqu'à la refonte de l'organisation territoriale de l'État annoncée en 2008, on constate que les textes relatifs aux attributions des services déconcentrés de l'équipement (DDE et services régionaux) sont assez pauvres et ne rendent pas compte de l'importance du rôle des DDE. Le décret n° 67-278 du 30 mars 1967[2], modifié par le décret n° 71-918 du 10 novembre 1971 et par le décret n° 2006-305 du 16 mars 2006, affirme fort rapidement que :

> « *Les services extérieurs du ministère de l'équipement sont chargés de l'application de la politique d'équipement arrêtée par le Gouvernement...* » et que « *Dans chaque département, il est créé une direction départementale de l'équipement qui reçoit les attributions précédemment dévolues au service départemental des ponts et chaussées et à la direction départementale de la construction* ».

1. Dans un domaine et un cadre différents, la ***gendarmerie maritime*** a également une mission importante, définie par l'Arr. du 10 oct. 1997 relatif à l'organisation et au service de la gendarmerie maritime.
2. D. relatif à l'organisation et aux attributions des services départementaux et régionaux du ministère de l'équipement, *JO* du 2 avr. 1967, p. 3232.

109. Au-delà de la lettre du décret de 1967 et nonobstant les évolutions de leurs missions (avec la décentralisation), les DDE ont été largement impliquées dans l'aménagement des zones côtières. Sous l'autorité du préfet, elles sont intervenues dans la politique de protection des territoires contre les risques naturels, notamment à travers l'élaboration des PPRN, dont on a souligné l'importance (voir *supra* n° 92 et s.). Début 2009, elles instruisaient encore bien souvent les demandes d'autorisation d'urbanisme pour le compte des communes et étaient chargées, dans le cadre du contrôle de légalité des actes administratifs locaux, d'examiner leur conformité aux lois et règlements[3]. À ce titre, les services compétents des DDE (services liés au droit des sols) devaient s'assurer du respect des grandes règles protectrices de la loi Littoral (inconstructibilité de la bande des 100 mètres et des espaces remarquables, extension limitée des espaces proches du rivage...), de la loi sur l'eau et de la domanialité publique. Pour autant, ce contrôle ne se fait pas dans l'abstrait en ce sens où le contexte local (socio-économique, géographique et politique) constitue un élément d'appréciation non négligeable et favorise les approches pragmatiques. Au titre du suivi des documents d'urbanisme locaux (plans locaux d'urbanisme, schémas de cohérence territoriale)[4] et de la procédure du « porter à connaissance », les DDE (demain les directions départementales des territoires...), lors de l'élaboration ou de la révision de ces documents, ont pu parfois œuvrer pour que la planification locale se fasse dans le respect du principe de GIZC. La confrontation des points de vue entre les services techniques de l'État et les élus locaux peut tout à fait se traduire par une évolution positive des politiques d'aménagement du territoire.

110. On retiendra encore que les services déconcentrés de l'équipement ont été appelés à intervenir dans le cadre de la lutte contre les pollutions maritimes, s'agissant des produits pollués et des polluants récupérés.

> En effet, aux termes de l'instruction du 11 janvier 2006 portant adaptation de la réglementation relative à la lutte contre la pollution du milieu marin (POLMAR).
>
> « *Les services maritimes de l'équipement lorsqu'ils existent ou les DDE dans les autres cas organisent le transfert des produits polluants et des matériaux pollués vers les sites de stockage intermédiaire ou de regroupement des bennes ainsi que de ces sites vers les stockages lourds ou les installations d'élimination définies par la DRIRE* ».

111. ***La gestion du DPM*** est une fonction ancienne des services de l'équipement, étant entendu qu'avec la décentralisation des ports d'intérêt national (loi n° 2004-809 du 13 août 2004, voir n° 353 et s.), cette fonction est devenue

3. F. Priet, « Le contrôle de légalité par le préfet », Rapport de synthèse, in *État de droit et urbanisme*, Les Cahiers du GRIDAUH, 2004, n° 11, Doc. fr., p. 41.
4. N'oublions pas qu'en vertu de l'article L. 123-7, C. urb. : « *À l'initiative du maire ou à la demande du préfet, les services de l'État sont associés à l'élaboration du projet de plan local d'urbanisme* ».

fondamentalement liée au domaine maritime naturel. Les demandes d'occupation privative de cet espace domanial sont classiquement instruites par un service spécialisé de la DDE (service maritime ou littoral). Il s'agit, en dehors des concessions de cultures marines (relevant de la compétence des affaires maritimes), des demandes d'AOT[5], des concessions d'utilisation du DPM en dehors des ports (décret n° 2004-308 du 29 mars 2004) ou encore des concessions de plage (décret n° 2006-608 du 26 mai 2006). On a déjà évoqué le rôle prépondérant des DDE dans la procédure de délimitation du DPM, sur le fondement actuel du décret n° 2004-309 du 29 mars 2004 (voir *supra*, n° 43 et s.).

112. Certaines compétences exercées traditionnellement par les DDE ont parfois relevé d'un service maritime spécialisé de l'État, rattaché au ministère de l'équipement. On évoquera par exemple le service maritime et de navigation du Languedoc-Roussillon ou celui de Boulogne-sur-Mer/Calais. Ces services ont pu exercer des missions variées comprenant la signalisation maritime (phares et balises), la gestion du DPM, la police portuaire, le contrôle de la qualité des eaux ou encore l'entretien et l'exploitation de canaux. Ces administrations ont toutefois été directement touchées par la restructuration des services déconcentrés de l'équipement. Ainsi, les activités du service maritime et de navigation du Languedoc-Roussillon ont été largement revues (à la baisse) par un arrêté ministériel du 15 décembre 2006[6], qui a transféré à la direction régionale de l'équipement et aux DDE de cette région les missions portuaires relevant de l'État au titre du Code des ports maritimes et après transfert des ports d'intérêt national de Sète et de Port-la-Nouvelle, l'environnement et la prévention des risques littoraux ou encore la gestion du DPM. Plusieurs missions exercées auparavant par le service maritime des ports de Boulogne-sur-Mer et de Calais (mise en œuvre de la politique de signalisation maritime et de gestion des centres interdépartementaux de stockage et d'intervention POLMAR, gestion du DPM...) ont été confiées à la DDE de la Seine-Maritime ou à celle du Pas-de-Calais (arrêté ministériel du 10 décembre 2007 attribuant des compétences dans le domaine maritime à certains services déconcentrés de l'équipement).

113. Avant même la refonte des services déconcentrés de l'État, les étapes successives de la décentralisation ont conduit à une réorganisation et à une restructuration des DDE, département par département, en fonction des caractéristiques des territoires[7]. De manière générale, les services départe-

5. Autorisation d'occupation temporaire du domaine public.

6. Arr. attribuant des compétences en matière maritime et de navigation à certains services déconcentrés de l'équipement, *JO* du 29 déc. 2006.

7. Dès le grand mouvement de décentralisation issu des lois de 1982-1983, on a pu constater que la « ... *réorganisation opérée [...] et le transfert des compétences en matière d'urbanisme littoral aux collectivités territoriales ont engendré un éclatement de leur structure et une certaine déstabilisation* » : voir J.-B. Dubrulle et M. GHÉZALI, in *Gestion intégrée des zones*

mentaux de l'équipement ont cherché à s'adapter à l'évolution des enjeux territoriaux et de la carte administrative locale. Par exemple, en Charente-Maritime, on a clairement opté pour une organisation territoriale s'articulant sur les pays. Trois services d'aménagement territorial ont ainsi été créés, le « portage » des politiques publiques de l'État sur le littoral et la gestion du DPM ayant été confiés à un service central *Eau et Littoral* couvrant l'ensemble du département[8]. En Bretagne, on a désigné la DDE du Finistère pour exercer des missions dans le domaine maritime (signalisation, police portuaire...) précédemment exercées par les DDE d'Ille-et-Vilaine, du Morbihan et des Côtes d'Armor (arrêté ministériel du 10 décembre 2007).

114. Au final, s'il faut encore insister sur l'importance des actions menées par les DDE littorales traditionnelles, ces administrations d'État auront connu de lourdes et difficiles restructurations (notamment pour les personnels) liées au développement de la décentralisation et de l'intercommunalité.

§2. Les DIREN et l'environnement littoral

115. Confrontées également à la nouvelle politique de déconcentration (voir n° 124 avec les DREAL), les Directions régionales de l'environnement (DIREN) ont joué un rôle très important dans la préservation des espaces naturels du littoral[9].

116. ***En métropole***, leurs missions ont été fixées par un décret du 4 novembre 1991[10]. Placée sous l'autorité du préfet de région, la DIREN s'est vue d'abord attribuer une large fonction liée aux connaissances environnementales.

MISSIONS DE LA DIREN

Elle « *organise, coordonne et, le cas échéant, assure le recueil, le regroupement, l'exploitation et la diffusion de l'ensemble des données et des connaissances relatives à l'environnement* » (art. 5).

Elle est également intervenue dans le domaine de la planification puisqu'elle « *contribue à la prise en considération de l'environnement dans les documents de planification locale* » (art. 6). L'eau n'a pas échappé à sa compétence : elle « *est chargée, sous réserve des attributions des autres services déconcentrés de l'État et des établissements publics de l'État compétents, de l'évaluation des besoins en eau et de l'élaboration et du suivi des documents de planification dans le domaine des eaux superficielles et souterraines et des milieux aquatiques* » (art. 6).

---

côtières : outils et perspectives pour la préservation du patrimoine naturel, Muséum national d'histoire naturelle, 2002, p. 122.

8. Ce service *Eau et Littoral* a été chargé de la police des eaux marines, de la prévision des crues, de la gestion du littoral et des phares et balises, ainsi que de l'ingénierie maritime.

9. Sur les DIREN, voir M. Prieur, *Droit de l'environnement*, Précis Dalloz, 5e éd., 2004, n° 311 ; R. Romi, *Droit et administration de l'environnement*, 6e éd., 2007, Montchrestien, p. 203.

10. D. n° 91-1139 relatif à l'organisation et aux missions des DIREN, *JO* du 5 nov. 1991.

On soulignera enfin le caractère incontournable de l'action normative de la DIREN, liée à l'application des lois et des règlements concernant l'environnement au sens large ainsi qu'à l'instruction et au suivi des procédures relevant de sa compétence[11].

117. ***Dans les DOM***, il faut se référer au décret n° 94-37 du 12 janvier 1994, qui prend en compte la spécificité des écosystèmes de ces territoires.

Ainsi, la DIREN y est chargée de veiller « *...à la conservation des milieux naturels remarquables, caractéristiques de la région, tels que, notamment, les différentes formations végétales primaires, les zones humides et les récifs coralliens, et donne son avis sur les projets susceptibles de leur porter atteinte ; elle est également associée à l'élaboration de documents de planification et de gestion locales lorsqu'ils concernent de tels milieux* » (art. 6).

118. On a bien montré que la mise en œuvre de ces missions était largement dépendante du contexte territorial en cause. Ainsi, plusieurs profils de DIREN ont pu être distingués, en fonction du poids des associations de protection de l'environnement et de la sensibilité des élus, de la qualité des liens avec les autres services de l'État (parfois avec le préfet lui-même !) et des modes de coopération avec les pouvoirs locaux[12]. Cela étant, nonobstant les difficultés liées à l'exercice de leurs missions (parfois simplement en raison d'un manque de moyens humains et/ou financiers), les DIREN littorales ont porté une attention particulière aux zones côtières, où les milieux naturels doivent faire l'objet d'une grande vigilance[13]. C'est bien dans le cadre de cette préoccupation littorale et marine qu'à la suite du naufrage de l'*Erika*, on a souhaité organiser les DIREN par façade maritime, en cohérence avec les trois grandes zones maritimes de l'action de l'État en mer. C'est ainsi, par exemple, qu'une Lettre – circulaire du ministre de l'écologie et du développement durable en date du 7 avril 2005[14] est venue confier au directeur régional de l'environnement de la Basse-Normandie la responsabilité de la coordination des DIREN sur le thème de la mer (de Couesnon à la frontière belge), et l'a nommé à cet effet délégué de la façade maritime Manche – mer du Nord.

11. Art. 7 du D. du 4 nov. 1991.
12. Voir P. Lascoumes et J.-P. Le Bourhis, *L'environnement ou l'administration des possibles – La création des Direction Régionales de l'Environnement*, L'Harmattan, 1997.
13. La Diren Poitou-Charentes, par exemple, a mobilisé l'ensemble des outils de préservation du littoral (sites classés, réserves naturelles, arrêtés de biotope) concernant des zones à forts enjeux environnementaux comme les îles et les marais littoraux. La politique foncière (en relation bien sûr avec le Conservatoire du littoral et le Conservatoire régional des espaces naturels) et le suivi des documents d'urbanisme relèvent également de cette stratégie de protection du littoral charentais (source : P. Marion, Diren Poitou-Charentes).
14. Lettre-circulaire relative à la mission déléguée de façade maritime Manche – mer du Nord, *BOMEDD*, n° 11/2005 du 15 juin 2005.

Ce délégué de façade maritime fut chargé, entre autres, d'animer « *la réflexion des DIREN en vue de la définition et de la mise en œuvre de stratégies communes de la façade sur des problématiques maritimes et littorales partagées (rejets de dragages portuaires, gestion des accidents maritimes, éoliennes, extraction de granulats...)* », et d'appuyer « *la réflexion des DIREN dans la mise en œuvre des politiques du MEDD liées à la mer et aux zones littorales (Natura 2000 en mer, gestion intégrée des zones côtières, espaces protégés...)* ».

119. De plus, notamment au titre des inventaires ZNIEFF, de la GIZC et de la mise en place du réseau Natura 2000, les DIREN littorales ont été des acteurs de premier ordre dans la *Stratégie nationale pour la biodiversité* et dans le *Plan d'actions stratégique du ministère de l'écologie pour les milieux marins*.

§3. Les services déconcentrés des Affaires maritimes et les gens de l'estran

120. L'administration territoriale des affaires maritimes n'échappe pas à la réforme des services de l'État. Toutefois, au 1er semestre 2009, elle relevait encore d'un schéma classique. En vertu du décret n° 97-156 du 19 février 1997 (modifié)[15], ces services déconcentrés sont constitués par les 14 Directions régionales des affaires maritimes (DRAM), les 20 Directions départementales des affaires maritimes (DDAM), les 5 Directions interdépartementales des affaires maritimes et les 6 Services des affaires maritimes (Polynésie française, Nouvelle-Calédonie, Wallis-et-Futuna, Saint-Pierre-et-Miquelon, Mayotte et TAAF). Ils relèvent de la direction des affaires maritimes du ministère chargé de la mer (elle est aujourd'hui rattachée au ministère de l'écologie, de l'énergie, du développement durable et de l'aménagement du territoire). Le plan d'actions 2006-2008 de cette direction comprenait six grands axes : améliorer la sécurité et la sûreté maritimes, agir en faveur de l'emploi maritime et de l'attractivité du secteur, faciliter le développement de la navigation de plaisance et des loisirs nautiques, adapter l'administration de la mer, développer et gérer des systèmes d'information performants, et enfin accompagner les activités de la direction dans leurs dimensions européenne et internationale.

121. Les services déconcentrés des affaires maritimes ont essentiellement été placés sous l'autorité des préfets terrestres, mais opèrent également pour le compte du préfet maritime au titre de l'action de l'État en mer. Les fonctions qui leur ont été dévolues sont très variées[16]. De manière générale, les DRAM et les DDAM exercent des compétences en matière de pêche et de cultures marines, de droit social des gens de mer, de lutte contre la pollution marine, de contrôle des navires et de sécurité maritime.

---

15. D. portant organisation des services déconcentrés des affaires maritimes.

16. Sur l'administration déconcentrée des affaires maritimes, voir N. Le Pennec, *Les affaires maritimes et la protection de l'espace maritime et littoral*, thèse, Université de Nantes, 2006, spéc. p. 81 et s.

COMPÉTENCES DES DRAM ET DDAM (EXEMPLES)

Décret n° 99-489 du 7 juin 1999 : « *Les directions interdépartementales et les directions départementales des affaires maritimes comprennent des services chargés de l'inspection du travail maritime du ministère chargé des gens de mer* ».

Décret n° 97-156 du 19 février 1997 *portant organisation des services déconcentrés des affaires maritimes* (dispositions relatives aux missions du directeur départemental et du directeur régional des affaires maritimes). On notera que le directeur régional « *exerce les attributions relatives au pilotage et au contrôle de l'activité et de la gestion des comités régionaux des pêches maritimes et des sections régionales de la conchyliculture. Il est également chargé de promouvoir le développement économique des activités liées au transport maritime, à la pêche, aux cultures marines et à la navigation de plaisance* » (art. 3-II). Voir aussi les précisions de l'art. 4 de ce décret (sauvegarde de la vie humaine en mer, habitabilité à bord des navires, prévention de la pollution, organisation des secours).

Dans le domaine de la lutte contre la pollution marine, l'instruction du 11 janvier 2006[17] a confié aux directeurs départementaux des affaires maritimes l'organisation de l'accueil et du déchargement des polluants récupérés en mer dans les dispositifs de stockage à quai.

122. Souvent présentés comme une administration de proximité et de synthèse, les services déconcentrés des affaires maritimes ont donc regroupé « *un ensemble de compétences dans les domaines administratifs, économiques et sociaux et correspondent à une diversité de services publics intéressant la population maritime* »[18]. Sur la base de cette architecture traditionnelle, dans le cadre des services « Actions interministérielles Mer et Littoral » des DDAM, les unités littorales des affaires maritimes (ULAM) disposent de moyens nautiques pour exercer leurs missions de police, de contrôle et d'information. ***Sur l'estran***, on relèvera l'importance du rôle des affaires maritimes dans le domaine des cultures marines et de la pêche à pied (voir *infra*, n° 422 et s. et 440 et s.). Elles sont ainsi amenées à proposer l'interdiction préfectorale du ramassage de coquillages au vu des résultats des tests sanitaires effectués par l'Ifremer et à instruire les demandes d'autorisation d'exploitation de cultures marines pour le compte du préfet de département (des délégations de signature sont souvent accordées au directeur départemental). En Charente-Maritime et dans la Manche (notamment), elles ont même pu œuvrer pour la délivrance d'autorisations domaniales en vue de l'utilisation et de l'entretien de pêcheries fixes du littoral, encore appelées écluses à poissons.

123. On notera par ailleurs qu'au 1er juillet 2008, il y avait environ 160 unités assurant l'autorité de l'État en mer (Affaires maritimes/Douane/Gendarmerie

---

17. Instruction portant adaptation de la réglementation relative à la lutte contre la pollution du milieu marin (POLMAR), préc.
18. J.-M. BÉCET et D. LE MORVAN (dir.), *Le droit du littoral et de la mer côtière*, Economica, 1991, p. 20.

maritime), « *allant du patrouilleur de plus de 50 mètres à la vedette d'une dizaine de mètres* », dont 18 de plus de 30 mètres (outre-mer compris)[19].

§4. Architecture de la réorganisation des services déconcentrés de l'État

124. Après quelques expérimentations, plusieurs textes ont décrit les grandes lignes de cette réorganisation, comme l'instruction du Premier ministre du 19 mars 2008 concernant la réforme des services déconcentrés de l'État à l'échelon régional et l'instruction du 7 juillet 2008 relative à l'organisation de l'administration départementale de l'État (suivie par la circulaire n° 5359/SG du 31 décembre 2008). Le niveau régional devient le niveau de droit commun du pilotage des politiques publiques (avec un renforcement du rôle du préfet de région), le niveau départemental étant chargé de la mise en œuvre de ces politiques. On cherche à regrouper les services en un nombre restreint de structures administratives et à procéder à des mutualisations (s'agissant des achats, des fonctions support et des implantations immobilières). Le principe de modularité implique que l'organisation des services dans le département se fasse à partir d'un diagnostic territorial prenant en compte des facteurs d'ordre géographique, démographique, sociologique, économique et institutionnel.

Pour ce qui intéresse la gestion intégrée des zones côtières, la nouvelle organisation territoriale repose sur les ***Directions régionales de l'environnement, de l'aménagement et du logement*** (DREAL)[20] et sur les ***Directions départementales des territoires*** (DDT), ces dernières rassemblant les services départementaux de l'équipement et de l'agriculture ainsi que les services « environnement » des préfectures. Après les consultations prévues, la nouvelle organisation départementale doit entrer en vigueur le 1er janvier 2010. Le décret n° 2009-235 du 27 février 2009 est relatif à l'organisation et aux missions des DREAL (qui sont notamment chargées de la gestion et de la protection du littoral et des milieux marins) ; ses dispositions prennent effet au plus tard le 1er janvier 2011. Quant à la restructuration des services en charge des missions maritimes, elle devrait notamment se traduire pas la création de ***Directions de façade maritime*** (voir la circ. du 15 juin 2009 sur la réforme de l'administration territoriale de la mer et du littoral).

C'est donc dans ce nouveau cadre institutionnel que les politiques littorales de l'État devront s'exercer dans les régions et départements. Il a pour but de « *traduire des priorités de regroupement fonctionnel et de faciliter les relations entre les structures* » (circ. préc. du 31 décembre 2008). S'il semble *a priori* pouvoir

19. Cf. « La flotte de commerce française au 1er juillet 2008 », *Le marin*, 5 sept. 2008, p. 27.
20. A. Delmolino, « Adieu DRIRE, DIREN... Vive les DREAL ! », *Environnement magazine*, n° 1669, p. 20.

favoriser une approche plus transversale des questions d'aménagement et de protection des zones côtières (avec les DREAL et les DDT), son efficience dépendra notamment des moyens alloués par l'État.

Section 2 L'établissement public national : acquéreur et protecteur des espaces naturels côtiers

125. La formule de l'établissement public d'État est largement répandue en France pour la gestion des grands services publics (à caractère administratif ou industriel et commercial). Dans le domaine de l'environnement littoral, on doit accorder une attention toute particulière au Conservatoire du littoral. Centrée principalement sur la mer côtière, l'Agence nationale des aires marines protégées, créée par la loi n° 2006-436 du 14 avril 2006, est la structure administrative de référence en matière de préservation et de mise en valeur du patrimoine naturel maritime[21].

§1. Le Conservatoire de l'espace littoral et des rivages lacustres (CELRL)

126. Figure emblématique de la protection du littoral français, le CELRL est un établissement public administratif de l'État. Il a été créé par la loi n° 75-602 du 10 juillet 1975 – un peu sur le modèle britannique du *National Trust*[22] – et est placé sous la tutelle du ministre chargé de la protection de la nature (art. L. 322-1 et R. 322-1, C. env.)[23]. Son siège est à Rochefort; il dispose de dix délégations régionales (Manche-Mer du Nord, Normandie, Bretagne, Centre-Atlantique, Aquitaine, Languedoc-Roussillon, PACA, Corse, Outre-mer et Lacs).

127. Concernant l'administration du CELRL, on retiendra qu'elle est assurée par un ***conseil d'administration***.

21. Sans y consacrer de développements particuliers, on mentionnera le rôle de ***l'Ifremer*** au titre des missions fixées par le D. n° 84-428 du 5 juin 1984 (modifié par le D. n° 2002-380 du 14 mars 2002). Les missions de cet établissement public industriel et commercial de l'État sont destinées à :
« *1° Connaître, évaluer et mettre en valeur les ressources des océans et permettre leur exploitation durable; 2° Améliorer les méthodes de surveillance, de prévision, d'évolution, de protection et de mise en valeur du milieu marin et côtier; 3° Favoriser le développement socio-économique du monde maritime* » (art. 3).
22. Voir H. BULLER, « Le National Trust et le littoral anglais », in *Le littoral – Entre nature et politique*, L'Harmattan, 1997, p. 127.
23. Pour une approche générale, voir notamment : P. Tavernier, « La création du Conservatoire de l'espace littoral et des rivages lacustres », *AJDA*, 1976, p. 331.

Il est « *composé en nombre égal de représentants de l'État et de personnalités qualifiées, d'une part, de membres du Parlement ainsi que de membres des assemblées délibérantes des collectivités locales concernées [...], d'autre part* » (art. L. 322-11, C. env.).

Il est précisément constitué de 30 membres dont les 9 présidents des conseils de rivages, 2 représentants du ministre chargé de la protection de la nature, 3 personnalités qualifiées choisies par ce ministre (2 parmi les responsables des associations de protection de la nature et 1 parmi les représentants des collectivités et organismes gestionnaires d'espaces naturels littoraux – art. R. 322-17 I., C. env. Le président du conseil d'administration (traditionnellement un député ; actuellement Jérôme Bignon) et les deux vice-présidents sont élus par ce conseil (en son sein) à la majorité absolue. Le conseil d'administration se réunit au moins deux fois par an sur convocation de son président (art. R. 322-21 et R. 322-22, C. env.). Il « *règle [...] les affaires de l'établissement public et définit l'orientation de la politique à suivre* » (art. R. 322-26-I., C. env.). Ses délibérations « *sont exécutoires à l'expiration d'un délai de huit jours si le ministre chargé de la protection de la nature n'a pas fait d'observations* » (art. R. 322-28, al. 1, C. env. ; v. les précisions des al. 2 et 3). Quant au directeur du CELRL, il est nommé par décret ; il gère le budget et le personnel, conclut et signe les conventions (il peut déléguer sa signature), nomme les délégués des rivages de l'établissement, le représente en justice et est responsable des marchés (art. 322-37, C. env.).

128. Le CELRL comprend des ***conseils de rivage***.

Ils sont « *composés de membres élus en leur sein par les assemblées délibérantes des collectivités locales* » (art. L. 322-13, C. env.). On en dénombre 9 : *rivages de Nord – Pas-de-Calais – Picardie, rivages de Normandie, rivages de Bretagne – Pays de la Loire, Rivages de Centre-Atlantique, rivages de la Méditerranée, rivages de la Corse, rivages français d'Amérique (départements de Guadeloupe, Martinique et Guyane, collectivité territoriale de Saint-Pierre-et-Miquelon), rivages français de l'océan Indien (département de la Réunion, collectivité départementale de Mayotte), rivages des lacs* (art. R. 322-30-I., C. env.).

Les conseils de rivage « *proposent des opérations d'acquisitions et ils sont consultés sur les opérations envisagées par le conseil d'administration de l'établissement public* »[24].

129. Dans le sillage du rapport réalisé par Louis Le Pensec[25], le gouvernement et le législateur ont opté pour un élargissement de la compétence territoriale et des missions du CELRL, ainsi que pour un renforcement de ses moyens. La loi n° 2002-276 du 27 février 2002 relative à la démocratie de proximité et le décret n° 2003-839 du 29 août 2003[26] rénovent considérablement le cadre juridique de l'action du CELRL.

---

24. Art. L. 322-13 al. 2, C. env. L'art. 163 de la loi sur la démocratie de proximité est venue compléter l'art. L. 322-13 par l'alinéa suivant : « *Ils font en particulier au conseil d'administration toute proposition relative aux conditions d'aménagement et de gestion du patrimoine de l'établissement public et aux accords de partenariat entre le Conservatoire et les collectivités territoriales [...]* ».
25. *Vers de nouveaux rivages – Sur la refondation du Conservatoire du littoral*, Rapport au Premier ministre, Doc. fr., 2002.
26. D. modifiant diverses dispositions relatives au CELRL, *JO* du 3 sept. 2003.

A. La compétence territoriale du CELRL

130. Elle est définie à l'article L. 322-1 du Code de l'environnement, aux termes duquel le CELRL exerce d'abord une compétence de plein droit :

Article L. 322-1 du Code de l'environnement

« 1° Dans les cantons côtiers délimités au 10 juillet 1975;

2° Dans les communes riveraines des mers, des océans, des étangs salés ou des plans d'eau intérieurs d'une superficie supérieure à 1 000 hectares;

3° Dans les communes riveraines des estuaires et des deltas lorsque tout ou partie de leurs rives sont situées en aval de la limite de salure des eaux ».

131. On retrouve là quelques critères connus puisqu'ils ont également été retenus s'agissant du champ d'application dans l'espace de la loi Littoral du 3 janvier 1986. C'est clairement sur ces territoires que l'établissement public national exerce l'essentiel de sa mission de protection du littoral. Les milieux estuariens et les marais littoraux entrent bien dans le champ d'action du CELRL, où il intervient régulièrement[27]. Pour des raisons tenant aux spécificités des zones lacustres ainsi qu'aux limites des moyens humains et financiers du CELRL, l'intervention sur les rives des grands lacs s'avère assez difficile. Cependant, depuis 1976, le CELRL a tout de même acquis une superficie de plus de 3 300 ha. Le lac Léman, où la pression foncière est très forte, est concerné par cette politique.

Par exemple, « *Le Conservatoire a acquis la propriété Corzent (Thonon), avec le soutien financier du Conseil Général de Haute-Savoie (25 %) et de la ville de Thonon (20 %). Avec ses 4,8 ha et 500 m linéaires de berge, cette propriété constitue un des rares ensembles peu artificialisés susceptibles d'être ouverts au public sur les rives thononaises du lac Léman* »[28]. S'agissant du lac de Grand Lieu (Pays de la Loire), le CELRL a acquis un espace d'une superficie de 814000 m² en mai 2007.

132. En deux grandes étapes récentes, ***le législateur est venu élargir le champ de la compétence territoriale du Conservatoire***. D'abord, on relèvera que la loi n° 2002-276 du 27 février 2002 comprend tout un titre (VII) sur le CELRL[29]. Son article 160 dispose qu'il peut exercer ses missions sur le DPM qui lui est affecté ou confié, et ce dans le but de promouvoir une gestion plus intégrée des zones côtières (art. L. 322-1-II., C. env.). Cette extension, clairement encouragée par le pouvoir exécutif à l'occasion des 30 ans de l'établissement public, est particulièrement bienvenue car elle permet désormais au

27. Voir entre autres le rapport annuel 2003 du CELRL (acquisition de 302 ha de marais en bordure de l'estuaire de la Gironde; acquisition de 248 ha de prairies humides dans l'estuaire de la Seine).

28. Source : Rapport annuel 2005 du CELRL, pp. 29-30. V. aussi la *Stratégie à long terme du Conservatoire du littoral (2005-2050)*, juill. 2005, p. 232.

29. L. Le Corre, « Apports de la loi du 27 février 2002 relative à la démocratie de proximité à la protection et à la gestion de la nature », *Environnement*, juin 2002, p. 8.

CELRL de concevoir et d'organiser des liens entre le littoral terrestre et des espaces côtiers immergés. Ensuite, l'article 133 de la loi n° 2005-157 du 23 février 2005 (développement des territoires ruraux) permet au Conservatoire d'intervenir sur le territoire de communes qui ne sont pas considérées comme littorales au sens du Code de l'environnement.

Article L. 322-1-III du Code de l'environnement

« Son intervention peut être étendue par arrêté préfectoral et après avis de son conseil d'administration à des secteurs géographiquement limitrophes des cantons et des communes mentionnés au I et constituant avec eux une unité écologique ou paysagère ainsi qu'aux zones humides situées dans les départements côtiers ».

Là encore, il faut souligner l'intérêt de ces possibilités (notamment s'agissant des zones humides[30]), au service d'une gestion globale et cohérente des espaces naturels.

133. Au final, le champ d'action dans l'espace du CELRL est très large. Couvrant la métropole et l'Outre-Mer (DOM et collectivités de Mayotte et de Saint-Pierre-et-Miquelon)[31], il concerne 22 régions, 46 départements, 2 collectivités d'Outre-Mer et 1 140 communes.

B. Les missions du CELRL

134. Elles sont globalement énumérées à l'article L. 322-1-I. du Code de l'environnement. Il en ressort que les missions du Conservatoire sont diversifiées et s'exercent dans un cadre négocié avec les collectivités locales (lequel a été renforcé par la loi du 27 février 2002) : « ***Le Conservatoire de l'espace littoral et des rivages lacustres [...] a pour mission de mener, après avis des conseils municipaux et en partenariat avec les collectivités territoriales intéressées, une politique foncière de sauvegarde de l'espace littoral et de respect des sites naturels et de l'équilibre biologique*** ». On voit donc que si le CELRL est un établissement public de l'État, il est fortement tenu compte des pouvoirs locaux tant dans la composition de ses organes que dans l'exercice de ses missions. Cette particularité est en général un facteur de réussite et d'acceptation des politiques du Conservatoire; elle peut parfois constituer une source d'immobilisme.

135. Le cœur de la mission du CELRL est incontestablement ***l'acquisition de terrains*** côtiers ou lacustres par voie de négociation amiable, de préemp-

30. Aux termes de l'art. L. 211-1-I. C. env., « *[...] ; on entend par zone humide les terrains, exploités ou non, habituellement inondés ou gorgés d'eau douce, salée ou saumâtre de façon permanente ou temporaire; la végétation, quand elle existe, y est dominée par des plantes hygrophiles pendant au moins une partie de l'année* ». La préservation et la gestion durable de ces zones humides sont d'intérêt général.

31. V. par ex le D. n° 95-372 du 5 avr. 1995 étendant à la collectivité territoriale de Mayotte, modifiant et complétant les dispositions du Code rural relatives au Conservatoire de l'espace littoral et des rivages lacustres. Concernant Saint-Pierre-et-Miquelon, le CELRL a acquis une zone de 362 500 m2 en 2006 aux abords de l'étang du Grand Barachois.

tion ou encore d'expropriation. Le Conservatoire se présente ainsi comme un grand propriétaire public au service de la protection du littoral[32]. S'il est au centre de la politique foncière de protection du littoral, il faut relever qu'il peut, éventuellement, agir en liaison avec un établissement public foncier à compétence régionale : le décret n° 2008-645 du 30 juin 2008 portant création de l'Établissement public foncier de Poitou-Charentes permet par exemple à cet EPIC de l'État, sur le territoire de la région considérée, de mener ses activités pour le compte du Conservatoire.

136. La légitimité sociale de l'action du CELRL repose sur les vertus du modèle français de l'appropriation publique, présenté comme un gage de protection pérenne des espaces naturels menacés et un remède à l'insuffisance des servitudes environnementales existantes[33]. Sans nier l'intérêt des procédures d'acquisition publique et la déclinaison environnementale du droit de la domanialité publique (qui irrigue le régime des propriétés acquises par le CELRL), cette philosophie n'exonère pas la puissance publique d'une réflexion juridique et sociologique approfondie sur les techniques susceptibles d'être mobilisées pour mieux associer les propriétaires privés d'espaces sensibles à la protection de l'environnement. Le Conservatoire admet d'ailleurs lui-même que l'appropriation publique n'a pas à être systématique.

> *« Lorsque les propriétaires sont prêts à assurer eux-mêmes la protection et la gestion active de leurs terrains, l'utilisation de servitudes de protection consenties au profit du Conservatoire, assorties d'une convention de gestion, peut offrir des garanties suffisantes de pérennité à un coût moins élevé »* (CELRL, *Stratégie à long terme*, *op. cit.*, p. 11).

L'établissement public est attentif aux évolutions possibles du concept civiliste de servitude conventionnelle et l'utilise en fonction des circonstances : début 2008, près de 180 servitudes conventionnelles étaient signées concernant des propriétés riveraines du domaine du Conservatoire[34]. Il s'agit dans cette optique de reconnaître qu'eu égard à la complexité des systèmes littoraux, la réglementation unilatérale et la propriété publique « *sont loin de couvrir le champ du possible* »[35].

137. Les réflexions actuelles sur la variété et l'articulation des outils de protection du littoral ne sauraient remettre en cause l'efficacité et le prestige du Conservatoire, qui poursuit sa politique de maîtrise foncière. Le grand ***contrat d'objectifs*** 2006-2008 conclu en juillet 2006 entre l'établissement public et le

32. B. GÉRARD, « Le Conservatoire du littoral, un propriétaire public au service de la protection du littoral », in *Droits de propriété, économie et environnement : le littoral*, Bruylant, 2003, p. 405.
33. Voir : R. Hostiou, « Protection de l'espace littoral et droit de l'environnement : à propos de la politique d'acquisition foncière du Conservatoire », *Rev. jur. env.*, 1997, n° spéc., p. 83 ; V. INSERGUET-BRISSET, *Droit de l'environnement*, PUR, 2005, p. 149 et s. ; A. RÉBILLARD, *Les servitudes environnementales*, thèse, Université de La Rochelle, 2005, p. 411 et s.
34. B. Gérard, « Eléments de réponse du Conservatoire du littoral », *Rev. jur. env.*, 1/2008, spéc. p. 56.
35. M. Falque, « Une boîte à outils pour la protection et la gestion des espaces littoraux », *EF*, janv.-févr. 2005, p. 33.

ministère chargé de la nature exprimait sans détour la nécessité de maintenir un rythme soutenu d'acquisition.

« *L'ambition retenue par la stratégie à long terme, adoptée en 2005 (270 000 ha à l'horizon 2050) implique un rythme annuel soutenu d'opérations liées à l'intervention foncière* ». Avec un rythme moyen d'acquisition oscillant entre 2 000 et 3 000 ha par an (par exemple : 2 580 ha acquis en 2003, 1 707 ha acquis en 2005 et 4 023 ha en 2008), l'objectif est bien de parvenir au fameux « tiers sauvage » : « *Ces chiffres s'inscrivent dans la lignée de l'objectif politique de la sauvegarde du tiers du linéaire côtier [...], communément exprimé sous le terme de tiers sauvage ou de tiers naturel [...]. En ajoutant au domaine relevant du CELRL les espaces définitivement protégés par les forêts domaniales, le Parc national de Port-Cros et les sites acquis par les départements au titre des espaces naturels sensibles, le pourcentage total devrait s'élever à un peu plus de 30 %* » (contrat d'objectifs, p. 10).

138. Au 1er janvier 2007, le domaine relevant du CELRL était de 103 000 ha (ce qui représentait 880 km de linéaire côtier)[36]. En janvier 2009, le domaine terrestre et maritime sous protection du Conservatoire s'élevait à plus de 123 000 ha, soit 1 000 km de linéaire côtier répartis sur environ 600 sites naturels[37]. La plupart des terrains acquis le sont par négociation amiable avec les propriétaires (à plus de 80 %). De manière générale, il apparaît qu'entre 1977 et 2006, l'évolution du prix moyen d'acquisition par le Conservatoire suit globalement celle du marché des terres et prés libres non-bâtis, avec toutefois un décalage depuis 2002 lié à l'augmentation du prix des terres agricoles en zone littorale[38].

139. *Il existe quatre grands critères justifiant l'intervention foncière du* CELRL :

« *Lorsque le terrain fait l'objet de pressions en faveur de l'urbanisation mettant en échec la réglementation existante (vente par parcelles, construction sans permis, installation durable de caravanes, cabanes...), ou de menaces d'artificialisation irréversible du milieu (comblement de zones humides, drainage, extraction de matériaux, enrochements) [...] ;*

Lorsque le terrain connaît un processus de dégradation qui appelle une gestion patrimoniale pour restaurer la biodiversité et les paysages ;

Lorsque le terrain est inaccessible et que son ouverture au public est souhaitable ;

Lorsque la maîtrise foncière permet d'assurer la pérennité d'activités économiques traditionnelles garantes d'un paysage caractéristique ou d'équilibres écologiques remarquables. [...] » (*Stratégie à long terme du Conservatoire du littoral (2005-2050)*, juill. 2005, pp. 9-10.). Le CELRL tient également compte de la sensibilité de la zone côtière immédiate, de l'équilibre dans la répartition des acquisitions, de l'importance de certains grands sites nationaux et « *des interactions entre les espaces concernés et leur environnement* » (*Ibid.*, p. 10).

36. Source : *www.conservatoire-du-littoral.fr/*. Au 1er janv. 2002, ce domaine représentait 65 587 ha.

37. Dont : 74 810 ha de terrains acquis, propriété du Conservatoire ; 29 160 ha de propriétés de l'État affectées au Conservatoire ; 18 793 ha d'espace terrestre et maritime remis en gestion au Conservatoire (source CELRL).

38. Source CELRL/Terres d'Europe (d'après Safer). Pour des informations plus fines tenant compte de la diversité régionale des marchés fonciers, voir Y. Gérard, « Trente ans d'action du Conservatoire », *EF*, janv.-févr. 2008, spéc. pp. 38-39.

140. ***L'aménagement des terrains acquis et la restauration des habitats et des paysages*** relèvent également des missions du CELRL. Cette fonction est essentielle pour le CELRL car il ne s'agit pas d'acquérir des terrains dans une perspective de protection passive, c'est-à-dire sans projet de territoire. Elle s'avère en pratique d'une grande richesse dans la mesure où il s'agit de penser un aménagement dans le respect des écosystèmes et des paysages, de l'histoire culturelle du site et en prenant en considération la fréquentation du public[39]. L'accueil d'activités économiques traditionnelles du littoral (saliculture, élevage de prés salés, conchyliculture) est également régulièrement envisagé, comme en Charente-Maritime ou en Gironde. S'agissant des grands sites prestigieux, le travail réalisé sur la Pointe des Poulains à Belle-Ile ou dans les jardins du Rayol (corniche des Maures) constitue sans aucun doute un modèle exemplaire d'aménagement du patrimoine naturel et culturel. L'expérience montre que cette mission se traduit par des dépenses importantes pour l'établissement public, qui ne peut assumer seul la charge d'aménager la totalité de son domaine[40]. Le chantier de la restauration de l'abbaye de Beauport, dans les Côtes-d'Armor a bien montré les nécessités de pouvoir transférer la maîtrise d'ouvrage de certains aménagements lourds à des tiers[41].

Des partenariats sont souhaitables en la matière et encouragés par le législateur (loi n° 2002-276 du 27 février 2002) :

– « *L'aménagement et la réalisation des travaux portant sur des immeubles relevant du Conservatoire de l'espace littoral et des rivages lacustres peuvent être confiés, en vue d'assurer la conservation, la protection et la mise en valeur des biens, à l'une des personnes publiques ou privées désignées à l'article L. 322-9 dans le cadre d'une convention d'occupation n'excédant pas trente ans. Les missions confiées doivent être conformes à la mission poursuivie par le conservatoire. Cette convention peut habiliter le bénéficiaire à accorder des autorisations d'occupation non constitutives de droits réels d'une durée n'excédant pas celle de la convention* » (art. L. 322-10, al. 1, C. env.) :

– dans ce cadre, la loi DTR du 23 février 2005 permet même d'envisager des financements mixtes (Conservatoire – partenaire) puisqu'elle autorise l'établissement public d'État à « *prendre en charge une partie du coût des missions visées au premier alinéa dès lors que celle-ci est inférieure à celle du bénéficiaire de la convention, selon des modalités précisées par celle-ci* » (art. L. 322-10 al. 3). Le contrat d'objectifs 2006-2008 s'est intéressé à l'intégration du bâti dans la restauration et l'aménagement des sites et a invité le Conservatoire à poursuivre sa réflexion sur le partenariat privé.

141. *L'aménagement et la restauration doivent être dissociés de la* **gestion** *des propriétés du Conservatoire, laquelle est confiée à des* ***partenaires publics ou privés***.

---

39. B. Kalaora, « Le Conservatoire du littoral ou l'invention d'une autre raison patrimoniale », *LPA*, 2 janv. 1995, p. 14.
40. L. Madoui, « Aménagement. Un poste de plus en plus lourd », Dossier Littoral, trente ans de partenariat avec le Conservatoire, *La Gazette des communes*, 11 juill. 2005, p. 26.
41. N. Hachache, « Le Conservatoire du littoral réclame plus de moyens », *Mon. TP*, 20 juill. 2001, p. 36.

L'article L. 322-9 al. 2 du Code de l'environnement apporte des précisions à ce sujet

« Les immeubles du domaine relevant du Conservatoire de l'espace littoral et des rivages lacustres peuvent être gérés par les collectivités locales ou leurs groupements, ou les établissements publics ou les fondations et associations spécialisées agréées qui en assurent les charges et perçoivent les produits correspondants. Priorité est donnée, si elles le demandent, aux collectivités locales sur le territoire desquelles les immeubles sont situés. Les conventions signées à ce titre entre le conservatoire et les gestionnaires prévoient expressément l'usage à donner aux terrains, cet usage devant obligatoirement contribuer à la réalisation des objectifs définis à l'article L. 322-1 ».

Le CELRL bénéficie d'une longue expérience de partenariat avec les acteurs locaux, et en particulier avec les collectivités territoriales. Cette expérience a été confortée par l'action législative et réglementaire pour organiser au mieux les conditions de la gestion locale des propriétés du Conservatoire, assurée très largement par les collectivités territoriales[42]. Dans sa *Stratégie à long terme (2005-2050)*, le CELRL relève que « *Dans certains cas, la gestion est assurée par les collectivités locales ou leurs groupements mais s'appuie sur une association de protection de la nature ou un organisme technique à qui ils confient une partie des tâches* »[43]

Le conseil d'administration du CELRL a élaboré en 2001 une convention type globale de gestion définissant les droits et obligations des parties contractantes et s'articulant autour de 4 chapitres (principes généraux de la gestion, dispositions particulières en cas de gestion par un exploitant agricole, dispositions particulières relatives à l'affectation des bâtiments et dispositions d'exécution). Il est notamment indiqué dans cette convention type que les contrats de gestion des sites domaniaux du CELRL ne sont pas soumis au régime des baux commerciaux et ne sauraient être assimilés à des baux ruraux, que les activités commerciales non directement liées à la mission du Conservatoire sont interdites, de même que les compétitions sportives et les activités de campement et de caravanage. Il est également précisé, en application de l'article L. 322-9 du Code de l'environnement, que le domaine du Conservatoire est ***ouvert au public*** « *dans des conditions compatibles avec la préservation du site* ». La convention type traite encore des ***plans de gestion*** propres à chaque site, établis conformément à l'article R. 322-13 du Code de l'environnement. Les conventions de gestion conclues par le CELRL relèvent de la famille des contrats administratifs (occupation du domaine public et participation directe au service public de la protection de la nature) ; ils relèvent en cas de litige de la compétence du tribunal administratif territorialement

---

42. L. Madoui, « Gestion. Les collectivités à l'œuvre sur le terrain », Dossier Littoral, trente ans de partenariat avec le Conservatoire, *op. cit.*, p. 28.

43. *Stratégie à long terme du CELRL, op. cit.*, p. 13. Le CELRL rappelle l'importance de l'échelon départemental, « *seul à bénéficier de ressources affectées spécifiquement à la gestion de sites naturels* », et le rôle essentiel des communes et de leurs groupements.

compétent. Elles sont accordées à titre gracieux (eu égard aux charges incombant au gestionnaire) ou moyennant une redevance annuelle d'occupation. Le Conservatoire peut y mettre fin avant le terme prévu « *soit dans des conditions prévues par la convention, soit pour inexécution par le bénéficiaire de ses obligations, soit pour des motifs d'intérêt général* » (art. R. 322-12, C. env.). Toutes ces conventions contribuent à la réflexion générale menée sur l'intérêt du recours aux contrats dans la préservation de l'environnement[44].

142. ***L'intervention du CELRL sur le DPM***, depuis la loi relative à la démocratie de proximité du 27 février 2002, est devenue une mission importante pour le conservatoire (consacrée dans le contrat d'objectifs 2009-2011). Il s'agit bien, comme l'affirme le *plan d'action Mer de la Stratégie Nationale pour la Biodiversité* (novembre 2005), de s'inscrire dans une démarche de GIZC « *favorisant la synergie issue de l'interpénétration des milieux terrestres et maritimes* ». On rappellera cependant qu'avant cette loi, l'intervention domaniale du Conservatoire était possible dans le cadre de l'article L. 51-1 du Code du domaine de l'État (devenu l'article L. 2123-2, CGPPP), ou par un transfert de gestion au titre de l'article L. 35 du Code du domaine de l'État (ex dans l'estuaire de la Loire en avr. 2000).

Elle a été rénovée et renforcée par le législateur, qui a organisé deux types de transfert au bénéfice du CELRL : ***l'affectation*** par arrêté interministériel (devant *a priori* plutôt s'appliquer au DPM « sec » ou « émergé ») et l'attribution par ***convention*** :

– d'abord, aux termes de l'actuel article L. 322-6 du Code de l'environnement, « *Le Conservatoire de l'espace littoral et des rivages lacustres peut être affectataire, à titre gratuit, d'immeubles dépendant du domaine public ou privé de l'État* ». C'est par exemple au visa de cet article qu'un arrêté du 7 septembre 2006 « *portant affectation définitive au profit du CELRL d'un ensemble immobilier domanial dénommé Sémaphore de Bénat* » (Var) a été pris. Un arrêté du 5 mars 2008 affecte à titre définitif au CELRL divers espaces domaniaux dénommés « Mangroves de la route de l'Anse » en Guyane (ces espaces, d'une superficie totale de 17 350 000 m^2 dépendent du domaine privé de l'État, du DPM et du domaine public lacustre). Cinq arrêtés du 9 juillet 2008 ont également été édictés concernant des immeubles domaniaux constitués d'anciens sites militaires du Finistère et du Var. L'arrêté du 14 octobre 2008 affecte au CELRL des dépendances relevant du domaine public fluvial naturel dans l'estuaire de la Gironde en Charente-Maritime (1 599 ha) ; celui du 31 décembre 2008 vise le « Fort Larron » à Noirmoutier en Vendée (relevant du DPM) ;

– ensuite, l'article L. 322-6-1 de ce même code (issu de l'article 3-VI de l'ordonnance n° 2006-460 du 21 avril 2006) dispose que « *Pour la réalisation des objectifs fixés à l'article L. 322-1, le Conservatoire [...] peut se voir attribuer par*

44. M.-P. Lavoillotte, « La contribution de la technique contractuelle à l'émergence de l'ordre public écologique », in *L'ordre public écologique*, Bruylant, 2005, p. 293 ; C. Giraudel (dir.), *La protection conventionnelle des espaces naturels*, PULIM, 2000.

convention des immeubles relevant du domaine public de l'État pour une durée n'excédant pas trente ans » (le renouvellement se faisant dans les mêmes formes). C'est sur ce fondement, appelé à être régulièrement mobilisé, qu'a été conclue le 21 mars 2007 une convention d'attribution du DPM des îles Chausey (Manche) pour une durée de douze ans. Le Conservatoire s'est vu confier la gestion de 5 000 ha de DPM dans le respect des principes suivants : conservation du domaine ; respect du site naturel et de l'équilibre écologique ; ouverture au public, dans la limite de la vocation et de la fragilité du site ; valorisation économique dans une optique de développement durable (art. 4.1. de la convention). Une convention a été également conclue en sept. 2008 pour 30 ans concernant le site de la pointe d'Arçay en Vendée (367 ha de DPM). On pense encore aux mangroves de Mayotte (pour 417 ha).

143. L'intervention sur le DPM a donné lieu à de riches réflexions sur les possibilités d'intervention du CELRL en la matière. ***Des partenariats ont été noués afin d'organiser de manière optimale cette nouvelle compétence*** :

– dans cette optique, ***une convention cadre*** a été signée le 18 avril 2007 entre le Conservatoire et l'Ifremer. Reconnaissant avoir un domaine commun d'investigation et des missions complémentaires, les deux établissements ont souhaité s'associer pour mieux répondre à leurs missions ;

> Pour le CELRL, « *Il s'agit donc de :*
> *– trouver auprès de l'Ifremer un appui scientifique sur la connaissance, le suivi et l'évaluation du milieu intertidal et marin ;*
> *– mettre en œuvre une évaluation commune de l'état des milieux littoraux et de leur potentialité biologique, dans une perspective de gestion durable des ressources naturelles ;*
> *– trouver un appui technique et opérationnel, dans le respect de la mise en concurrence, dans la conduite de travaux de génie écologique au service de la gestion du littoral ;*
> *– trouver un appui partenarial et méthodologique pour les projets développés au sein du programme GIZC* ».

– ***une Charte partenariale*** entre le CELRL, le Comité national de la conchyliculture et le ministère de l'Agriculture et de la Pêche a également été signée le 22 février 2007. En marge de la loi fixant les compétences du Conservatoire, l'établissement public accepte de définir les conditions d'intervention sur le DPM en tenant compte des intérêts des exploitants de cultures marines.

> Il s'agit d'« *assurer aux conchyliculteurs les conditions d'un développement durable de leur activité sur le domaine public maritime qui pourrait être attribué ou affecté au Conservatoire* ». Il est dit que « *Les parties conviennent que l'intervention du Conservatoire sur le DPM est exclue, sauf demande ou accord de la Section Régionale de la Conchyliculture (SRC) concernée, sur les secteurs où l'activité conchylicole est prédominante ou susceptible de l'être à court terme* » (la charte précise qu'« *En cas de désaccord entre le Conservatoire et la SRC, sur le caractère prédominant des activités de cultures marines, il est demandé l'arbitrage du Comité National de la Conchyliculture (CNC)* »).

Ainsi, suite aux craintes de certains professionnels et tirant les conséquences stratégiques d'un certain manque de légitimité historique sur le DPM, le CELRL a contractualisé avec les gens de l'estran les compétences qu'il tient de la loi. Sur un mode plus coopératif, la Charte stipule que « *Dans les sites où sont identifiées des concessions de cultures marines, le plan de gestion intègre les dispositions des schémas des structures et ses mises à jour éventuelles* » et que « *Dans tous les cas d'affectation ou d'attribution du DPM au Conservatoire, les SRC sont intégrées dans les comités de gestion dès lors que des enjeux de cultures marines [...] seront identifiés sur un site* » ;

– ***une importante circulaire interministérielle du 20 février 2007*** est relative à l'intervention du CELRL sur le DPM et propose des éléments de stratégie nationale et géographique fixant le cadre de cette intervention[45]. Elle rappelle d'abord les compétences de l'État et des collectivités locales demeurant inchangées (pouvoirs de police, délivrance des concessions d'utilisation du DPM...) et les biens domaniaux pouvant être attribués ou affectés (le DPM naturel tel que défini à l'article L. 2111-4 CGPPP). Ensuite, la circulaire retient quatre grands critères d'action du Conservatoire : le critère de continuité (avec un site relevant du CELRL), le critère écologique (richesse écologique ou nécessité d'une intervention), le critère lié aux activités économiques (le CELRL n'ayant pas vocation à agir sur le DPM là où s'exercent de manière prédominante des activités économiques) et le critère lié à la gestion du trait de côte. Enfin, s'agissant de la stratégie d'intervention du CELRL sur le DPM, on retiendra qu'elle est qualifiée de complémentaire de sa mission traditionnelle. Il ne s'agit pas d'étendre le champ d'action du Conservatoire à l'ensemble du DPM :

> « *L'établissement public privilégiera les secteurs littoraux où ses procédures d'administration concertées et partenariales pourront utilement contribuer à une meilleure gestion intégrée* ». Ainsi, « *Il est proposé que l'intervention du Conservatoire sur le domaine public maritime constitue un prolongement de sa mission première, qu'appelle la solidarité biologique et paysagère des espaces terrestres et maritimes de chaque côté de la ligne de rivage, qui vient en complément de celle-ci, et ne soit pas en tant que tel un champ autonome d'action* » (« *En cohérence avec cette approche complémentaire de sa mission terrestre, l'intervention du Conservatoire sur le domaine public maritime se fera donc en priorité sur les espaces, présentant un intérêt patrimonial ou nécessitant des interventions de restauration et/ou d'aménagement dans une logique de gestion intégrée incluant l'écosystème marin (zones de frayères ou de nourrisserie, étapes migratoires pour l'avifaune marine ou terrestre), se situant au droit d'un de ses terrains et formant avec lui une unité écologique ou une unité de gestion du fait des interférences entre les deux types d'espaces* ») – Circ. préc. du 20 févr. 2007.

La priorité pour le CELRL reste donc, semble-t-il, la maîtrise de la partie terrestre du littoral. Concernant son action en mer, on a bien souligné (Grenelle de la mer) qu'elle devait s'articuler avec la politique de l'Agence des aires marines protégées (une charte partenariale liant les deux établissements publics a été signée le 13 juin 2009).

45. Circ. n° 2007-17, *BOMETL*, 2007/4, 257.

144. Parmi les ***autres missions*** exercées par le CELRL, il faut mentionner le rôle de ***conseil*** auprès des collectivités publiques, notamment territoriales : « *Il peut présenter aux collectivités publiques toutes suggestions en rapport avec sa mission* » et « *peut notamment proposer les mesures propres à éviter toute construction des terrains contigus au domaine public maritime* » (art. L. 322-1-II., C. env.). À ce titre, le CELRL peut par exemple attirer l'attention sur la préservation de l'écosystème des plages ou faire entendre sa voix à l'occasion de l'élaboration ou de la révision des documents d'urbanisme (sans doute avec prudence).

Le CELRL joue encore un rôle concernant la ***zone des 50 pas géométriques*** dans les DOM.

Article L. 322-6-2 du Code de l'environnement

« *Les dispositions relatives à la remise en gestion au Conservatoire [...] d'espaces naturels situés dans la zone des cinquante pas géométriques sont énoncées aux articles L. 5112-8 et L. 5113-1 du Code général de la propriété des personnes publiques* ».

Le bilan gouvernemental de la loi Littoral et des mesures en faveur du littoral de septembre 2007 affirme que « *la remise en gestion effective est quasiment achevée pour les Antilles* » (p. 114).

Le contrat d'objectifs 2006-2008 mentionne encore ***l'action internationale*** du Conservatoire (sa réussite en fait incontestablement une référence notamment pour certains pays méditerranéens[46]) et sa fonction ***d'expertise scientifique***[47].

C. Les moyens du CELRL

145. ***Les moyens d'acquisition*** dont dispose le CELRL sont la négociation amiable d'actes de vente, la préemption et l'expropriation. L'acquisition amiable des terrains convoités par le CELRL est très largement privilégiée ; elle demande du temps et de la diplomatie sans pouvoir toujours triompher du contexte socio-économique (et politique) en cause[48].

Renforcé par le législateur, respectant la volonté d'aliéner du propriétaire, l'exercice du ***droit de préemption*** est considéré par le Conservatoire comme une procédure souple présentant un intérêt certain :

– en premier lieu, l'établissement public peut « *exercer, à défaut du département, le droit de préemption prévu à l'article L. 142-3 du Code de l'urbanisme* »

46. Ex. du Conservatoire des côtes de Sardaigne : T. Scovazzi et J. Rochette, « Les nouvelles dispositions juridiques applicables aux zones côtières de la région Sardaigne (Italie) », *DMF*, 2007, p. 276.
47. Rappelons qu'« *Un conseil scientifique, composé de dix personnalités, est placé auprès du directeur* » du CELRL (art. R. 322-29, C. env.).
48. M. Deuff, « 3 500 hectares suspendus à un plan social dans les salines », *Le marin*, 27 avr. 2007.

(art. L. 322-4, C. env.)[49]. Quelle que soit l'option finalement retenue, il se montre très attentif à la politique de préemption des départements :

« *Des zones de préemption sont aujourd'hui déterminées sur une part importante des secteurs littoraux de la plupart des départements. Le contrôle du marché foncier y est alors facilité. Le Conservatoire conserve la latitude d'opter pour un rôle actif (démarchage, réunions publiques, information des notaires...) ou de se contenter, en fonction des priorités, d'une observation du marché foncier, sans intervention systématique. Les propriétaires admettent mieux l'intervention publique, même si elle s'accompagne d'une révision de prix, lorsqu'ils ont eux-mêmes décidé de mettre en vente que lorsqu'elle leur est imposée dans le cadre d'une expropriation* » (CELRL, *Stratégie à long terme*, *op. cit.*, p. 11).

Cela étant, les contentieux ne sont pas à exclure et le CELRL doit être vigilant sur le respect de la procédure en cas de désaccord sur le prix de vente de la parcelle en cause[50] et sur la motivation de ses décisions au regard des dispositions de l'article L. 142-1 du Code de l'urbanisme et de la loi du 11 juillet 1979 relative à la motivation des actes administratifs[51] ;

Sur le fond, on rappellera qu'il a été jugé que si « *les délibérations par lesquelles le conseil d'administration du Conservatoire [...] décide d'acquérir des terrains situés dans une zone de préemption définie par le département sur le fondement de l'article L. 142-3 du Code de l'urbanisme doivent répondre aux objectifs de la politique prévue par l'article L. 142-1 [...]* », « *elles ne sont pas subordonnées à la condition que les terrains en cause fassent l'objet d'une menace directe d'atteinte au site* » (CE, 20 déc. 2006, *Conservatoire de l'espace littoral et des rivages lacustres*, n° 279217).

– en second lieu, le Conservatoire peut mettre en œuvre le droit de préemption qu'il tient de la loi « démocratie de proximité ». Rappelons à ce sujet que le rapport de Louis Le Pensec a bien montré les limites du droit de préemption de second rang[52] et a suggéré que le CELRL soit doté d'un droit de préemption propre. Le législateur a repris cette propo-sition dans l'article 165 II. de la loi n° 2002-276 du 27 février 2002 :

Article L. 142-3 al. 9 du Code de l'urbanisme

« *Lorsqu'il est territorialement compétent, le Conservatoire [...] peut prendre l'initiative de l'institution de zones de préemption à l'extérieur des zones délimitées par le département [...], des zones urbaines ou à urbaniser délimitées par les plans d'urbanisme locaux et des zones constructibles délimitées par les cartes communales* ».

49. L'art. L. 142-3, al. 8, C. urb. dispose en effet qu'« *Au cas où le Conservatoire de l'espace littoral et des rivages lacustres est territorialement compétent, celui-ci ou, à défaut, la commune, peut se substituer au département si celui-ci n'exerce pas le droit de préemption* ». V. aussi *infra* (ENS), n° 251.

50. Cass. civ., 22 juin 2005, n° 04-70064.

51. TA Poitiers, 23 juin 2005, *Sté Grainocéan c/ CELRL*, n° 0401423.

52. *Vers de nouveaux rivages. Sur la refondation du Conservatoire du littoral*, Doc. fr., 2002, spéc. p. 31.

La loi a donc pris soin d'organiser ce nouveau droit de préemption du CELRL en cohérence avec celui exercé par les départements au titre des espaces naturels sensibles[53]. On observe qu'aux termes de cet article, si le Conservatoire a bien l'initiative de l'institution de zones de préemption, le périmètre est délimité par le préfet, après avis du département et de la commune ou de l'établissement public de coopération intercommunale compétent[54]. Il ressort de la *Stratégie à long terme* du CELRL que le recours à ce dispositif « *n'est envisagé qu'à titre subsidiaire et en concertation étroite avec les Départements* ». Par arrêté préfectoral du 26 juin 2006, une zone de préemption de 500 ha a été approuvée sur le territoire de la commune de Saint-Tropez (arrière de la plage de Pampelonne).

En dernier recours, ***l'expropriation pour cause d'utilité publique*** peut être envisagée, sachant qu'elle représente un très faible pourcentage des acquisitions foncières (4 % des opérations en 2008) et qu'elle peut donner lieu à des contentieux (une dizaine en cours en 2007 par ex.). En tant qu'établissement public, le CELRL est tout à fait habilité à y recourir, comme l'affirment la jurisprudence et l'article L. 322-4 du Code de l'environnement. Le juge administratif, compétent pour contrôler la légalité des déclarations d'utilité publique prises en la matière, se montre plutôt bienveillant à l'égard des opérations d'expropriation menées par le Conservatoire[55].

Dans l'affaire bretonne de l'île *Tristan*, la Haute juridiction a en effet estimé que l'acquisition de l'île, « *alors même que les parcelles en cause font l'objet d'une protection en raison de la législation sur la protection des sites et du Code de l'urbanisme, présente un caractère d'utilité publique au regard des objectifs poursuivis par le Conservatoire...* » (CE, 12 avr. 1995, *Conservatoire de l'espace littoral et des rivages lacustres, Rec.*, p. 162).

Dans ces opérations d'expropriation liées à la protection de l'environnement littoral, l'atteinte à la propriété privée s'apprécie compte tenu des limitations qui lui sont déjà apportées au titre de la législation existante (classement du PLU, loi Littoral, législation sur les sites...). Cette application de la théorie du bilan, qui n'est pas sans soulever quelques critiques (puisqu'on pourrait considérer qu'un immeuble déjà soumis à plusieurs niveaux de protection juridique n'a pas à être exproprié au nom de l'environnement), semble devoir s'imposer si l'on veut bien considérer que l'acquisition par le CELRL offre une protection définitive par un opérateur unique disposant d'une expérience incomparable dans la préservation des espaces littoraux. C'est donc la thèse de l'appropriation publique en tant que facteur de protection décisif qui s'est imposée. Dans ces conditions, il n'est pas étonnant que la juridiction administrative ait reconnu

53. Voir R. HOSTIOU et J.-F. STRUILLOU, *Expropriation et préemption*, Litec, 2007, n° 352.

54. L'art. L. 142-3, al. 9, C. urb. précise : « *[...]. En cas d'avis défavorable de la commune ou de l'établissement public de coopération intercommunale compétent, il ne peut être délimité que par décret en Conseil d'État* ».

55. R. HOSTIOU, « L'utilisation de la procédure d'expropriation par le Conservatoire du littoral : bilan contentieux », in *Droits de propriété, économie et environnement : le littoral*, Bruylant, 2003, p. 71.

sans difficulté l'utilité publique de l'expropriation d'un espace dunaire fragile[56] ou de zones humides et boisées menacées d'un étang[57].

146. ***Des donations*** sont également possibles et permettent ainsi d'enrichir le domaine de l'établissement public (on pense par exemple aux 83 ha boisés des « Collines de Cavalière » dans le Var cédés en 2006 au CELRL pour un euro symbolique par le groupe Pernod Ricard, et au legs ayant permis l'achat de l'île d'Ilur dans le golfe du Morbihan).

147. ***Les moyens humains*** du Conservatoire sont relativement limités (on notera par ex. qu'en 2009, 148 emplois étaient affectés au CELRL). Le rapport Le Pensec a bien souligné l'intérêt qu'il y avait à les renforcer. Ces personnels (fonctionnaires ou contractuels) sont répartis entre le siège et les différentes délégations régionales.

La loi n° 2002-276 du 27 février 2002 comporte des dispositions bienvenues sur le rôle des ***gardes du littoral***[58] :

GARDES DU LITTORAL

« *Les personnes physiques chargées par les gestionnaires visés à l'article L. 322-9 d'assurer la garderie du domaine administré par le Conservatoire [...] constituent les gardes du littoral* » (art. L. 322-10-1, al. 1, C. env.). Employés le plus souvent par les collectivités territoriales gestionnaires (ou les syndicats mixtes), ils sont tout à fait susceptibles d'exercer des pouvoirs de police pour lesquels ils doivent être commissionnés par le préfet (sur proposition du directeur du CELRL), puis assermentés.
Ils « *constatent par procès-verbal les contraventions aux arrêtés municipaux ou préfectoraux relatifs à l'accès aux terrains concernés ou à leurs usages, ainsi qu'à ceux pris en application des articles L. 2213-2, L. 2213-4, L. 2213-23, L. 2215-1 et L. 2215-3 du Code général des collectivités territoriales, lorsqu'ils concernent le domaine administré par le Conservatoire de l'espace littoral et des rivages lacustres* » (art. L. 322-10-1 al. 3).
Ils constatent encore les contraventions aux dispositions du titre II (littoral) du livre III (espaces naturels) du Code de l'environnement et peuvent également constater les atteintes portées au domaine public du Conservatoire (art. L. 322-10-4, C. env. : « *Sans préjudice des sanctions pénales encourues, toute atteinte à l'intégrité et à la conservation du domaine public relevant du Conservatoire [...], ou de nature à compromettre son usage, constitue une contravention de grande voirie constatée, réprimée et poursuivie par voie administrative. [...] Les personnes condamnées sont tenues de réparer ces atteintes et encourent les amendes prévues pour les contraventions de cinquième classe et les cas de récidive. [...]* »).
Sur le terrain, on observe que les gardes du littoral ont des formations très diverses et exercent des tâches variées (surveillance, gestion, accueil, entretien...) dont l'importance pour la préservation des sites et l'accueil du public est indiscutable. Leur statut au sein des cadres d'emploi de la fonction publique territoriale reste à clarifier et demeure source de réflexion (L. Madoui, « Les gardes. Au chevet des grands espaces, à l'étroit dans la FPT », Dossier Littoral, trente ans de partenariat avec le Conservatoire, *La Gazette des communes*, 11 juill. 2005, p. 30).

56. CE, 18 juin 2003, *Assoc. foncière urbaine des terrains ensablés du Cap-Ferret*, n° 224761 ; CAA Bordeaux, 18 déc. 2003, *Conservatoire de l'espace littoral et des rivages lacustres*, *Environnement*, mars 2004, comm. n° 22, note L. Benoit.

57. CE, 27 févr. 1998, M. *Thomassin*, *LPA*, 18 nov. 1998, p. 19, note J. Morand-Deviller.

58. Voir J.-M. BÉCET, « Le Conservatoire de l'espace littoral et des rivages lacustres après la loi du 27 février 2002 », in *Perspectives du droit public*, 2004, spéc. p. 29-30. *www.rivagesdefrance.org/*

148. Les ***moyens financiers*** sont essentiels vu l'ampleur de la mission de sauvegarde du littoral dévolue au CELRL. À titre d'exemple, le budget annuel de cet établissement public s'élevait environ à 39 M € en 2004 et 2005 ; il était de 47,4 M € au 1er mars 2009.

L'article R. 322-38 du Code de l'environnement affirme que :

« Les ressources du Conservatoire comprennent notamment :
1° Une dotation annuelle de l'État ;
2° Les subventions, avances, fonds de concours ou participations qui lui seront apportés par l'État, les collectivités territoriales et leurs groupements, les établissements publics et les sociétés nationales ainsi que par toutes les personnes morales ou physiques ;
3° Le produit des emprunts ou souscriptions autorisés ;
4° Les subventions qu'il pourra obtenir au lieu et place des collectivités territoriales et de leurs groupements, des établissements publics et sociétés, en exécution de conventions passées avec eux ;
5° Les revenus nets de ses biens meubles et immeubles ;
6° Le produit de la vente de ses biens meubles et immeubles ;
7° Les dons et legs ;
8° Le produit de la taxe sur les passagers maritimes prévue à l'article 285 quater du Code des douanes ».

Afin d'améliorer les moyens financiers du CELRL, le président de la République annonçait en juillet 2005, à l'occasion des 30 ans de l'établissement, l'affectation d'une ressource pérenne constituée par la taxe de francisation des navires. C'est ainsi que l'article 59 de la loi de finances n° 2005-1719 pour 2006 est venu affecter au Conservatoire 80 % du montant du produit du droit de francisation et de navigation (à l'exception du produit perçu au profit de la collectivité territoriale de Corse)[59]. L'article 43 de la loi de finances n° 2006-1666 pour 2007 affecte la totalité du produit de la taxe. Cette affectation de recette doit être saluée, étant entendu qu'elle n'exonère pas l'État de toute subvention au bénéfice du Conservatoire et qu'il faut dorénavant se montrer vigilant sur l'assiette du droit de francisation[60].

149. Pour conclure sur ***les moyens juridiques*** du CELRL, on soulignera le rôle fondamental joué par le droit domanial dans la mesure où le statut et le régime des espaces littoraux Conservatoire sont dominés par la domanialité publique.

59. Art. 224. – 1 du Code des douanes.
60. P. Billet, « Principales dispositions financières et fiscales en matière d'environnement issues de la loi de finances rectificative pour 2006 et de la loi de finances pour 2007 », *Environnement*, janv. 2007, p. 12.

En vertu de l'article L. 322-9 du Code de l'environnement (issu de la loi démocratie de proximité de 2002), ses biens immobiliers relèvent clairement du domaine public

« Le domaine relevant du Conservatoire [...] comprend les biens immobiliers acquis ainsi que ceux qui lui sont affectés, attribués, confiés ou remis en gestion par l'État. Le domaine propre du Conservatoire est constitué des terrains dont il est devenu propriétaire et qu'il décide de conserver afin d'assurer sa mission définie à l'article L. 322-1. ***Le domaine relevant du Conservatoire [...] est du domaine public*** *à l'exception des terrains acquis non classés dans le domaine propre. Dans la limite de la vocation et de la fragilité de chaque espace, ce domaine est ouvert au public ».*

Concernant le régime applicable aux biens immobiliers du CELRL, on remarque qu'il est marqué par la rigueur protectrice des grands principes domaniaux (comme l'inaliénabilité)[61] tout en offrant des éléments de souplesse permettant de mieux associer les différents partenaires locaux du Conservatoire à la gestion de ses propriétés. En un sens, l'évolution du droit des biens de cette institution publique singulière contribue à relativiser la distinction entre le domaine public naturel et artificiel.

§2. L'Agence des aires marines protégées (AAMP)

150. L'AAMP est un tout jeune établissement public administratif de l'État, créé par l'article 18 de la loi n° 2006-436 du 14 avril 2006 relative aux parcs nationaux, aux parcs naturels marins et aux parcs naturels régionaux. Elle est placée sous la tutelle du ministre chargé de la protection de la nature ; son siège est à Brest. Cette agence s'est vue confier par le législateur des missions d'une grande importance, à l'heure où l'on prend pleinement conscience des enjeux qui s'attachent à la préservation de l'environnement côtier et marin :

Article L. 334-1-II du Code de l'environnement

« L'agence anime le réseau des aires marines protégées françaises et contribue à la participation de la France à la constitution et à la gestion des aires marines protégées décidées au niveau international.

À cette fin, elle peut se voir confier la gestion directe d'aires marines protégées. Elle apporte son appui technique, administratif et scientifique aux autres gestionnaires d'aires marines protégées et suscite des projets d'aires marines protégées afin de constituer un réseau cohérent. ***Elle contribue ainsi à la mise en œuvre des engagements internationaux de la France en faveur de la diversité biologique marine et côtière****.*

Elle peut en outre être chargée pat l'État de toute action en rapport avec ses missions statutaires ».

151. La gestion des parcs naturels marins est assurée par l'AAMP, dans les conditions spécifiques fixées par la loi du 14 avril 2006 (art. L. 334-4-I,

61. Art. L. 322-3, C. env. : « ... *les aliénations d'immeubles de son domaine propre ne peuvent être consenties qu'après autorisation donnée par décret en Conseil d'État, pris sur proposition du conseil d'administration statuant à la majorité des trois quarts des membres présents ou représentés* ».

C. env.)[62]. Eu égard à la diversité des aires marines protégées[63], on mesure l'ampleur de la tâche attribuée à l'AAMP, appelée à jouer un rôle de premier plan dans la politique de protection de la biodiversité marine. C'est bien ce qui a été soutenu par N. Olin dans son discours d'installation du conseil d'administration de l'AAMP du 14 décembre 2006.

> « *La protection de la mer constitue l'un des plus vastes défis écologiques mondiaux des prochaines décennies* ». Le rôle de l'Agence a été fort logiquement relié aux grands objectifs du *plan d'actions stratégique du ministère de l'Écologie pour les milieux marins* de juillet 2005 (création de parcs naturels marins, mise en œuvre du réseau Natura 2000 en mer, prise en compte des spécificités ultra-marines comme la protection des mangroves et des récifs coralliens...)[64].

N. Kosciusko-Morizet, lors du premier colloque national sur les aires marines protégées qui s'est tenu à Boulogne-sur-Mer le 20 novembre 2007, n'a pas dit autre chose en présentant l'Agence comme une structure « *entièrement dédiée à la création et à la gestion durable des espaces protégés marins* », qui « *saura être le bras armé de l'État* » en la matière. L'AAMP est donc l'instrument phare de la stratégie nationale pour la création d'aires marines protégées. ***Dans sa Note de doctrine de novembre 2007***, l'État rappelle que la stratégie proposée répond aux engagements internationaux de la France et « *à l'objectif décidé dans ce cadre d'avoir un réseau complet, représentatif et cohérent d'aires marines protégées sur les océans d'ici 2012* ».

> La note affirme clairement que l'État est incontournable en la matière au titre de sa compétence en mer et définit ainsi la notion d'aire marine protégée : « *De façon générique, une aire marine protégée est un espace délimité en mer au sein duquel un objectif de protection de la nature à long terme a été défini, objectif pour lequel un certain nombre de mesures de gestion sont mises en œuvre : suivi scientifique, programme d'actions, chartes de bonne conduite, protection du domaine public maritime, réglementations, surveillance, information du public... Dans une conception large qui est celle retenue ici, l'objectif de protection n'est pas exclusif d'autres objectifs, notamment de développement économique maîtrisé (utilisation et exploitation durables)* ».

152. Reflétant la volonté d'associer au mieux l'ensemble des acteurs concernés (publics et privés), l'article L. 334-2-I. du Code de l'environnement (issu de la loi du 14 avril 2006) est relatif à la composition du conseil d'administration de l'AAMP :

---

62. Sur les parcs naturels marins et leur gestion, voir *infra*, n° 641 et s.
63. Elles comprennent les parcs nationaux, les réserves naturelles, les sites Natura 2000 et les arrêtés de biotope ayant une partie maritime, les parcs naturels marins et les parties maritimes du domaine relevant du CELRL (art. L. 334-1-III, C. env.).
64. Voir le t. 2 (Fiches « action ») du *Plan d'actions stratégique du MEDD pour les milieux marins*, juill. 2005, fiches n° 3.1 et 3.2 (*www.ecologie.gouv.fr/Plan-d-actions-strategique-mer-du.html*). F. Tubiana, « Natura 2000 prend le large », *Environnement Magazine*, juin 2007, p. 33 ; *L'aire marine* (AAMP), juill. 2008, n° 1.

> « *L'agence est administrée par un conseil d'administration composé de représentants de l'État pour deux cinquièmes au moins, d'un député et d'un sénateur désignés par leur assemblée respective, de représentants des gestionnaires des différentes catégories d'aires marines protégées ou de leurs conseils ou comités de gestion, de collectivités territoriales intéressées et de leurs groupements compétents, d'un représentant du ou des parcs naturels régionaux intéressés, de représentants des organisations représentatives des professionnels, d'organisations d'usagers, d'associations de protection de l'environnement, des établissements publics de l'État compétents pour la recherche en mer, d'un représentant des organisations syndicales du personnel représentatives au plan national, ainsi que de personnalités qualifiées* ».

153. ***Le décret nº 2006-1266 du 16 octobre 2006 relatif à l'AAMP et aux parcs naturels marins***[65] détermine précisément la composition du conseil d'administration de l'Agence, ses attributions, son fonctionnement, les prérogatives du directeur, le rôle du conseil scientifique et comprend enfin des dispositions financières et comptables. S'agissant du conseil d'administration, on retiendra qu'outre les représentants des différents ministères, le secrétaire général de la Mer et les préfets maritimes siègent dans le collège des représentants de l'État. Dans l'autre collège, on trouve notamment 2 parlementaires, 3 représentants des collectivités locales et de leurs groupements (désignés respectivement par l'Association des maires de France, l'Association des départements de France et l'Association des régions de France), les présidents des conseils de gestion de chaque parc naturel marin, le président du CELRL, 2 représentants d'associations de protection de l'environnement agréées, 2 représentants du secteur des pêches maritimes et de la conchyliculture et le directeur général de l'IFREMER[66].

> Parmi ses nombreuses tâches (art. R. 334-8, C. env.), le conseil d'administration doit « *définir les politiques, notamment en matière internationale, permettant à l'agence de remplir les missions qui lui sont confiées et les principaux moyens mis en œuvre à cette fin* ». Il a également pour attribution « *De donner son avis sur le projet de création d'un parc naturel marin et, pour chaque parc naturel marin, d'approuver le règlement intérieur du conseil de gestion, le plan de gestion ainsi que le rapport annuel d'activité et de décider les moyens mis à disposition et les délégations consenties au conseil de gestion* ». Il se réunit au moins deux fois par an sur convocation de son président (élu en son sein) qui fixe l'ordre du jour ; ses délibérations sont adoptées à la majorité des membres présents ou représentés (art. R. 334-11, C. env.).
>
> Le directeur de l'AAMP est nommé par décret. En dehors des fonctions classiques liées à la direction d'un établissement public (budget, personnel, représentation...), on relèvera qu'« *Il est assisté, pour la gestion des parcs naturels marins, de délégués placés auprès du conseil de gestion de chacun de ces parcs* » (art. R. 334-15, C. env.). Le décret nº 2009-377 du 3 avril 2009 relatif aux parcs nationaux ajoute que « *Le directeur assure la publicité de tous les actes réglementaires pris par l'agence, notamment des délégations [...]* ».

154. Concernant les dispositions financières, il est clair que l'AAMP relève du régime financier et comptable applicable aux établissements publics de l'État à caractère administratif (art. R. 334-18, C. env.), ce qui ne l'empêche

---

65. *JO* du 17 oct. 2006. S. Mabile, « Outil et institution en faveur des espaces naturels », *Dr. env.*, déc. 2006, p. 387.

66. Art. R. 334-4, C. env.

pas de pouvoir bénéficier de ressources variées[67]. Un arrêté ministériel du 25 janvier 2008 habilite le directeur à instituer des régies d'avances et des régies de recettes auprès de l'Agence.

155. L'AAMP comprend un conseil scientifique composé de 10 personnalités qualifiées nommées par le ministre chargé de la protection de la nature (art. R. 334-16, C. env.)[68]. Son rôle est essentiel dans la mesure où l'instauration d'un réseau pertinent d'aires marines protégées doit d'abord procéder d'une démarche de connaissance et de protection de la biodiversité (et non de communication), notamment s'agissant de la Haute mer[69].

N° 156 à 165 réservés.

Bibliographie

BECET (J.-M.), « Le Conservatoire de l'espace littoral et des rivages lacustres a vingt ans », *DMF*, 1996, p. 57; « Le conservatoire de l'espace littoral et des rivages lacustres après la loi du 27 février 2002 », in *Perspectives du droit public*, Mél. offerts à Jean-Claude Hélin, Litec, 2004, p. 23.

FALQUE (M.), « Une boîte à outils pour la protection et la gestion des espaces littoraux », *EF*, janv.-févr. 2005, p. 33.

GERARD (Y.), « Trente ans d'action du Conservatoire », *EF*, janv.-févr. 2008, p. 36.

GIRAUDEL (C.), « La gestion contractuelle pour la protection des espaces littoraux », in *Droits de propriété, économie et environnement : le littoral*, Bruylant, 2003, p. 585.

HOSTIOU (R.), « L'utilisation de la procédure d'expropriation par le Conservatoire du littoral : bilan contentieux », in *Droits de propriété, économie et environnement : le littoral*, Bruylant, 2003, p. 71.

KALAORA (B.), « Le Conservatoire du littoral ou l'invention d'une autre raison patrimoniale », *LPA*, 2 janv. 1995, p. 14.

LEFEBVRE (C.), « Éléments de stratégie pour un conservatoire du littoral en Nouvelle-Calédonie », *Rev. jur. env.*, spéc. 2007 (*Le droit de l'environnement en Nouvelle-Calédonie*), p. 95.

LOPEZ (E.), « Le conservatoire de l'espace littoral et des rivages lacustres : pourquoi et pourquoi faire ? », *Environnement*, oct. 2008, p. 43.

TAVERNIER (P.), « La création du Conservatoire de l'espace littoral et des rivages lacustres », *AJDA*, 1976, p. 331.

TRUCHET (C.), « Réintégrer le propriétaire privé dans l'environnement littoral », *Rev. jur. env.*, 1/2008, p. 39.

67. Art. R. 334-20, C. env. : « *Les ressources de l'agence prévues par le II de l'article L. 334-2 sont notamment constituées par : 1° Les subventions de l'État, des collectivités publiques ou d'organismes publics ou privés et les recettes du mécénat; 2° Les produits des contrats et conventions; 3° Le produit de la vente de publications et documents sur quelque support que ce soit; 4° Le produit des cessions et participations; 5° Les revenus des biens meubles et immeubles; 6° Les dons et legs; 7° Le produit financier du résultat des placements de ses fonds; 8° Le produit des aliénations; 9° D'une manière générale, toutes les recettes autorisées par les lois et règlements* ».

68. Ses missions sont énumérées à l'art. R. 334-17, C. env.

69. Voir *Haute mer – Biodiversité, ressources et enjeux*, dossier spécial *Le marin / AAMP*, 12 déc. 2008.

Titre 2

Entre résistance et adaptations : l'importance des collectivités territoriales

166. De plus en plus impliquées dans la gestion et l'aménagement des espaces côtiers, les collectivités territoriales jouent un rôle essentiel en droit du littoral, qui n'a pas été oublié par les institutions de l'Union européenne : « *C'est à l'échelon régional et local que les solutions concrètes aux problèmes d'aménagement et de gestion des côtes peuvent être élaborées de manière optimale* »[1]. Les communes et les établissements publics de coopération intercommunale sont particulièrement concernés au travers de l'élaboration et de la révision des documents d'urbanisme (plans locaux d'urbanisme et schémas de cohérence territoriale). Cela étant, les régions et les départements s'investissent parfois très activement dans la protection et la mise en valeur du littoral avec la mise en place de parcs naturels régionaux et de schémas d'aménagement ou la conduite de politiques liées aux espaces naturels sensibles. De manière générale, si les collectivités territoriales ont pu apparaître parfois réfractaires aux contraintes juridiques nationales protégeant le littoral, elles sont aujourd'hui davantage conscientes des potentialités et de l'importance de leurs missions dans l'aménagement des territoires littoraux.

1. Livre Vert de la Commission européenne, 7 juin 2006, *Vers une politique maritime de l'Union : une vision européenne des océans et des mers*, COM(2006) 275 final, p. 33.

Chapitre

1

Les communes littorales

Plan du chapitre

RÉSUMÉ

167. Les communes littorales doivent assurément être qualifiées d'acteurs majeurs du droit du littoral. Nombreuses en raison de l'approche voulue par le législateur, elles doivent respecter, dans les plans locaux d'urbanisme (PLU), les exigences de la loi Littoral. Par ailleurs, elles peuvent être amenées à engager leur responsabilité au titre des compétences qu'elles exercent en zone littorale.

Section 1 La notion juridique de commune littorale

168. Issue de la loi, la notion de commune littorale a été précisée par le pouvoir réglementaire dans les estuaires et deltas, lesquels demeurent une source d'interrogations juridiques.

§1. Les dispositions législatives et la jurisprudence administrative : le problème des communes littorales dans les estuaires

169. C'est une acception large de la notion de commune littorale qui a été retenue par le législateur (loi Littoral du 3 janvier 1986).

> **Article L. 321-2 du Code de l'environnement**
>
> *« Sont considérées comme communes littorales, au sens du présent chapitre [protection et aménagement du littoral], les communes de métropole et des départements d'outre-mer :*
>
> *1° Riveraines des mers et océans, des étangs salés, des plans d'eau intérieurs d'une superficie supérieure à 1 000 hectares;*
>
> *2° Riveraines des estuaires et des deltas lorsqu'elles sont situées en aval de la limite de salure des eaux et participent aux équilibres économiques et écologiques littoraux. La liste de ces communes est fixée par décret en Conseil d'État, après consultation des conseils municipaux intéressés ».*

170. ***On distingue ainsi deux grandes catégories de communes littorales*** : les communes littorales de plein droit – les plus nombreuses – et les communes riveraines des estuaires et des deltas considérées comme littorales au sens de l'article L. 321-2 du Code de l'environnement. Le bilan gouvernemental de la loi Littoral et des mesures prises en faveur du littoral de septembre 2007 constate que la loi du 3 janvier 1986 s'applique aux communes suivantes :

> *« • 884 communes riveraines de la mer ou d'un océan en métropole et Outre-mer (juin 2006), dont :*
> *– 98 communes sur un estuaire en aval de la limite transversale de la mer (LTM);*
> *– 53 communes riveraines d'un étang salé.*
>
> *• 87 communes riveraines d'un estuaire ou d'un delta, dont la liste a été fixée par le décret n° 2004-311 du 29 mars 2004, qui se divisent entre :*
> *– 46 communes riveraines d'un grand estuaire (Seine, Loire, Gironde), et pour lesquelles toutes les dispositions d'urbanisme de la loi Littoral s'appliquent;*
> *– 41 communes riveraines des autres estuaires, qui ne sont pas concernées par les dispositions relatives à la bande des cent mètres et aux espaces proches du rivage.*
>
> *• 150 communes riveraines d'un lac de plus de 1 000 hectares.*
>
> *• 94 communes littorales dans les départements d'Outre-mer »*[1].

Le territoire des communes littorales maritimes représente 22 250 km² (soit 4,05 % du territoire métropolitain)[2].

---

1. Voir aussi : DATAR, *Construire ensemble un développement équilibré du littoral*, Doc. fr., 2004, p. 13.
2. DIACT, *Rapport français d'application de la Recommandation du Parlement européen et du Conseil du 30 mai 2002 relative à la mise en œuvre d'une stratégie de GIZC*, 2 mai 2006, p. 3.

171. ***La détermination des communes estuariennes littorales a longtemps posé problème, l'enjeu fondamental en cause étant l'application des dispositions de la loi Littoral dans les estuaires***[3]. À ce sujet, on ajoutera qu'en vertu de l'article L. 146-4-IV du Code de l'urbanisme, les dispositions des paragraphes II et III de ce même article[4] « *s'appliquent aux rives des estuaires les plus importants, dont la liste est fixée par décret en Conseil d'État* ».

172. La liste des communes estuariennes considérées comme littorales et des estuaires les plus importants, essentielle, doit donc être établie par décret en Conseil d'État, lequel est intervenu 18 ans après l'adoption de la loi Littoral. Quelles que furent les difficultés à établir cette liste, de nature politique et scientifique[5], on ne pouvait que déplorer la lenteur excessive du pouvoir réglementaire en la matière. Cette absence d'intervention a engendré une situation confuse, d'où il ressortait très certainement un déficit de protection juridique des zones estuariennes[6].

173. Les études portant sur les estuaires soulignent bien la complexité de ces espaces de rencontre entre l'eau douce et l'eau salée[7]. L'analyse juridique peine incontestablement à rendre compte de la subtilité des problématiques marquant ces territoires spécifiques. On estime schématiquement qu'en aval de la limite transversale de la mer, les communes sont « riveraines des mers et océans » et donc littorales de plein droit ; en amont, elles sont « riveraines des estuaires » et la question des décrets d'application prévus en la matière par la loi du 3 janvier 1986 devient essentielle[8].

174. Rappelons qu'il a été jugé (avant la publication du décret n° 2004-311 du 29 mars 2004) que faute de décret d'application, les dispositions des articles L. 146-4-II et III du Code de l'urbanisme ne pouvaient s'appliquer aux rives des estuaires (zones non constitutives du rivage de la mer)[9]. La problématique de la loi Littoral dans les estuaires s'est alors focalisée autour

---

3. Rappelons que l'art. L. 146-1 al. 1, C. urb. affirme que les dispositions du chapitre VI du titre IV de ce Code (dispositions particulières au littoral) déterminent les conditions d'utilisation des espaces terrestres, maritimes et lacustres dans les communes littorales définies à l'article 2 de la loi n° 86-2 du 3 janv. 1986.
4. Respectivement relatifs à l'extension limitée des espaces proches du rivage et à l'inconstructibilité de la bande des 100 mètres.
5. Nombre d'élus locaux n'ont pas caché leur hostilité à l'application de la loi Littoral aux estuaires. En outre, la détermination des critères permettant d'établir qu'une commune estuarienne participe aux équilibres économiques et écologiques littoraux est loin d'être simple.
6. J.-M. Bécet, *Le droit de l'urbanisme littoral*, Presses Universitaires de Rennes, 2004, p. 32 et s. ; Le Corre, *Le traitement juridique des zones humides estuariennes*, thèse, Université de Nantes, 1999.
7. Conseil Général des Ponts et Chaussées / Inspection générale de l'environnement, *La gestion des estuaires dans une approche communautaire*, Rapport, mai 2006.
8. En ce sens, voir *JO* Ass. nat., *Q*, 9 juill. 2001, p. 4021.
9. CE, 20 nov. 1995, *Assoc. « L'environnement à Concarneau »*, *Rec.*, p. 419 ; CE, Avis, 5 oct. 1998, n° 196957, *BJDU*, 6/1998, p. 415, concl. C. Maugüé, obs. L. Touvet.

des limites du DPM à l'embouchure des fleuves et des rivières, la limite transversale de la mer devenant ainsi un critère incontournable[10].

175. Cela étant, on a sans doute surévalué le rôle de la limite du DPM, au détriment de la cohérence de la protection juridique de ces milieux de transition vers les eaux marines. Ce problème concerne notamment les communes dont le territoire borde à la fois les rivages de la mer et les rives d'un estuaire ou d'une ria (ce qui n'est pas rare en Bretagne). Il semble bien résulter de la jurisprudence administrative qu'une commune bordée même en partie par une baie (et comportant donc un rivage au sens de la jurisprudence *Kreitmann*) doit être considérée comme riveraine de la mer[11]. Mais, une commune littorale de plein droit comprenant un estuaire peut-elle ne pas être soumise à l'intégralité de la loi Littoral s'agissant des rives situées en amont de la limite de la mer ? Dans cette optique, en fonction de la localisation de l'espace en cause par rapport à cette limite, une telle commune est susceptible d'échapper à certaines dispositions de la loi Littoral (art. L. 146-4-II et III, C. urb.). Dans une affaire bretonne concernant les bords de l'estuaire de l'Aber Wrac'h, la Cour administrative d'appel de Nantes a bien souligné le rôle central des limites fluvio-maritimes :

> *« il résulte des dispositions [...] de l'article 2 de la loi du 3 janvier 1986, que la limite amont d'un estuaire est déterminée, pour l'application de ladite loi, par la limite de salure des eaux [...] ; que si la loi précitée ne définit pas la limite aval d'un estuaire, il y a lieu de se référer, pour la détermination de cette limite, aux décrets qui ont été pris en application dudit décret-loi du 21 février 1852 aux fins de fixer la limite transversale de la mer et de déterminer la jonction entre les domaines publics maritime et fluvial »* (CAA Nantes, 31 déc. 2001, *Préfet du Finistère*, n° 99NT01477, *Rev. jur. env.*, 3/2002, p. 453, concl. R. Lalauze)[12].

En l'espèce, le terrain d'assiette des travaux autorisés par le permis contesté était situé à l'embouchure de l'Aber Wrac'h, précisément en aval de la limite de la mer, fixée par un décret de 1884 ; il était donc soumis à l'inconstructibilité de la bande des cent mètres. La logique du raisonnement tenu conduit clairement à scinder le territoire de la commune :

> *« si l'absence d'intervention du décret prévu par le IV de l'article L. 146-4 du Code de l'urbanisme fait obstacle, sur le territoire de la commune littorale de Plouguerneau, à une éventuelle application des dispositions du III dudit article L. 146-4 aux rives de l'estuaire de l'Aber Wrac'h, ces dernières dispositions sont, en revanche, opposables aux constructions projetées sur une bande de cent mètres à compter du rivage de la mer ».*

10. E. Le Cornec, « ...De l'impossible notion juridique d'estuaire », *DMF*, 1999, p. 169 ; C. Maugüé, concl. préc., p. 417 ; L. Prieur, *Droit et littoral : recherches sur un système juridique*, thèse, Université de Bretagne Occidentale, 2001, p. 63 et s.

11. CAA Nantes, 29 juin 2001, *Cne de Loperhet*, n° 99NT00899 (baie de Daoulas).

12. En ce sens, voir aussi CAA Nantes, 26 déc. 2003, *SCI Les Hauts de Vilaine*, n° 03NT01231 ; CAA Nantes, 14 mars 2006, *Cne de Pénestin*, n° 03NT01416. On sait que la détermination de la limite de la mer dans les estuaires s'opère aujourd'hui sur le fondement du décret n° 2004-309 du 29 mars 2004.

176. ***Quel doit être le traitement juridique des terrains situés en amont de la limite de la mer?*** On a pu écrire « *qu'une commune bordée ne serait-ce que pour une faible partie par la mer et riveraine d'un estuaire, était par définition une commune littorale de droit voyant dès lors la loi s'appliquer sur son territoire* »[13] ? La thèse de l'application de toute la loi Littoral sur l'ensemble du territoire des communes riveraines de la mer comportant un estuaire est séduisante pour les environnementalistes ; d'aucuns diront qu'elle n'a pas été *a priori* écartée par la juridiction administrative. Il n'est pas aisé de trouver une réponse claire et générale à la question posée : rappelons en effet que les juges du fond répondent au problème juridique qui leur est soumis dans les limites des moyens soulevés devant eux par les parties, et motivent leurs décisions dans cette mesure. Nombre d'affaires sont directement liées à la localisation de parcelles aux fins d'application de telle ou telle règle du droit de l'urbanisme littoral à un permis de construire. Il peut donc sembler difficile de dégager un principe intangible d'application de la loi du 3 janvier 1986 dans les estuaires ou les rias qui ne reposerait que sur la recherche d'une limite transversale de la mer dont les effets seraient absolus.

Les appréciations géographiques globales de la situation du territoire communal par rapport à la mer ne sauraient être exclues et ne sont d'ailleurs pas étrangères aux représentations jurisprudentielles, ce qui invite plutôt (de prime abord) à appliquer « généreusement » la loi Littoral. C'est ainsi que la commune de Theix, bordée par le golfe du Morbihan, a été globalement considérée comme riveraine de la mer, située « *non le long des rives d'un estuaire mais le long du rivage de la mer* » (tel que défini, certes, par un arrêté préfectoral de délimitation), et que les dispositions de la loi Littoral ont été jugées « *applicables sur son territoire* »[14]. Il en va de même dans l'affaire de la commune (voisine) de Séné, également riveraine du golfe du Morbihan et dont le PLU est révélateur de sa dimension maritime. La Haute juridiction administrative a considéré que la commune de Séné, « *bordée au sud par le golfe du Morbihan* », était bien riveraine de la mer au sens des dispositions de l'article L. 321-2 du Code de l'environnement. Les parcelles litigieuses, « *situées aux abords de la ria de Noyalo* », « *devaient, eu égard à leur localisation et à la topographie des lieux, être regardées comme des espaces proches du rivage* »[15].

Il faut cependant admettre que certaines dispositions de la loi Littoral ne sont pas systématiquement applicables sur l'ensemble du territoire estuarien des communes riveraines de la mer. Il résulte bien de la loi de 1986 que les règles sur la bande des 100 mètres et les espaces proches du rivage sont cantonnées aux « rives des estuaires les plus importants ». Cela conduit bien à distinguer,

13. J.-F. Coënt, « Ombres et lumières jurisprudentielles sur la loi littoral et philosophie du juge administratif », *Rev. jur. env.*, n° spéc. 2004, p. 43.

14. CAA Nantes, 14 mars 2006, *Cne de Theix*, n° 04NT00197.

15. CE, 12 déc. 2007, *Cne de Séné*, n° 290312. Une ria est une vallée fluviale envahie par la mer.

dans tous les autres estuaires, les rivages de la mer des rives du cours d'eau, aux fins d'application de ces règles de protection. On a vu que cette distinction s'opérait en jurisprudence sur la base de la limite transversale de la mer. La liste des estuaires les plus importants au sens de l'article L. 146-4 IV du Code de l'urbanisme a été fixée par le décret n° 2004-311 du 29 mars 2004 :

> *« Pour l'application des dispositions des paragraphes II et III de l'article L. 146-4 du Code de l'urbanisme sur le territoire des communes littorales sont classés comme estuaires les plus importants au sens du IV dudit article* ***les estuaires de la Seine, de la Loire et de la Gironde*** *»*[16].

On comprend ainsi que les communes littorales de plein droit comportant des estuaires n'échappent pas à cette application différenciée de la loi Littoral, en fonction des limites de la mer. Dans cette optique, prenant acte des précisions du décret et du juge, elles se répartissent en deux catégories : d'une part, les communes riveraines de la mer et de la Seine, de la Loire ou de la Gironde, où s'appliquent les dispositions sur la bande des 100 mètres et les espaces proches du rivage tout le long de l'estuaire de ces communes; d'autre part, les communes littorales de plein droit riveraines des autres estuaires, où l'on applique ces dispositions qu'à partir de ce qui est constitutif du rivage de la mer (à l'exclusion donc des rives de l'estuaire en amont de la limite transversale de la mer).

Quoi qu'il en soit, entre une logique textuelle et jurisprudentielle complexe (issue du jeu des articles L. 321-2 du Code de l'environnement et L. 146-4-IV du Code de l'urbanisme) et une recherche de cohérence géographique dans la mise en œuvre des règles de protection[17], la question de l'application du droit des espaces proches du rivage et de la bande des 100 mètres dans les estuaires des communes littorales de plein droit demeure complexe et débattue. Aujourd'hui, elle se pose indiscutablement dans le cadre du décret « estuaires » du 29 mars 2004, tout comme pour les communes estuariennes considérées comme littorales, situées en amont de la limite transversale de la mer et en aval de la limite de salure des eaux.

§2. Le décret du 29 mars 2004 et les communes estuariennes considérées comme littorales

177. La Haute juridiction administrative, saisie par un recours associatif, a annulé la décision implicite du Premier ministre refusant d'édicter les mesures

16. Si ces trois estuaires assurément figurer dans la liste des « grands », on peut regretter l'absence de quelque autres (dont la Charente...).

17. Le découpage du territoire communal en fonction de la limite de la mer, aux fins d'application des dispositions des II et III de l'art. L. 146-4, C. urb., n'est pas particulièrement convaincant du point de vue de la protection des zones estuariennes.

prévues par la loi Littoral[18]. Rappelant que l'intervention du décret est une condition nécessaire à l'application de la loi aux rives des estuaires, le Conseil d'État a considéré « *qu'en dépit des difficultés rencontrées par l'administration [...], son abstention [...] s'est prolongée très largement au-delà d'un délai raisonnable* ». Il a même été enjoint au Premier ministre, sur le fondement de la loi n° 95-125 du 8 février 1995 (art. L. 911-1, C. just. adm.), d'édicter les mesures en cause (l'injonction ayant été assortie d'une astreinte prononcée contre l'État).

178. Le décret n° 2004-311 du 29 mars 2004 a enfin fixé la liste des communes riveraines des estuaires et des deltas considérées comme littorales en application de l'article L. 321-2 du Code de l'environnement et la liste des estuaires les plus importants au sens du IV de l'article L. 146-4 du Code de l'urbanisme[19].

179. S'agissant des communes estuariennes considérées comme littorales, le décret comprend une liste de 87 communes situées dans 15 départements. Certains départements sont particulièrement concernés : on compte sur la liste 20 communes estuariennes littorales dans le département de la Charente-Maritime, 18 en Gironde et 10 en Loire-Atlantique. Les départements du Finistère et du Morbihan n'en comprennent que 5 à eux deux. En marge de la recherche objective des communes participant aux équilibres économiques et écologiques littoraux (situées en aval de la limite de salure des eaux) au sens de l'article L. 321-2 du Code de l'environnement, nul doute que les choix opérés par le pouvoir réglementaire reflètent également le résultat d'un compromis politique qui fut bien laborieux, où l'avis des communes consultées a clairement pesé[20].

180. Au final, on observe que l'application de la loi Littoral sur le territoire des 87 communes mentionnées dans le décret du 29 mars 2004 est à géométrie variable. Précisément, deux catégories de communes estuariennes considérées comme littorales doivent être distinguées : celles qui sont situées sur les rives des trois grands estuaires retenus (Seine, Loire ou Gironde) pour lesquelles les dispositions d'urbanisme de la loi Littoral s'appliquent intégralement[21], et celles bordant les nombreux autres estuaires pour lesquelles la loi Littoral s'applique hormis les dispositions des paragraphes II et III de l'article L. 146-4 du Code de l'urbanisme (relatives à l'extension limitée de l'urbanisation des espaces proches du rivage et à l'inconstructibilité de la bande des

18. CE, 28 juill. 2000, *Assoc. France Nature Environnement*, *Rec.*, p. 323.
19. *JO* du 30 mars 2004. J.-M. Bécet, « Quelques réflexions à propos de quatre nouveaux décrets sur le littoral », *DMF* 2004, spéc. p. 463 et s. ; B. Busson, « Décret "estuaires" : le dernier épisode du feuilleton n'est pas terminé », *Dr. env.*, juill.-août 2004, p. 132.
20. On trouve cependant des communes ayant émis un avis défavorable qui figurent sur la liste du décret (ex des communes de Soubise et Saint-Laurent de la Prée en Charente-Maritime).
21. Hormis celles relatives aux routes littorales (art. L. 146-7, C. urb.), qui ne s'appliquent pas aux rives des estuaires : CE, 9 juill. 2007, *Assoc. « Vivre bien en Aunis »*, n° 285014.

100 mètres) ainsi que celles concernant les routes littorales. Ces dernières communes doivent donc notamment respecter, dans l'élaboration et la révision de leurs plans locaux d'urbanisme (et à l'occasion de la délivrance de permis de construire), les impératifs de protection des espaces remarquables du littoral et la règle de l'extension en continuité de l'urbanisation (art. L. 146-6 et L. 146-4-I, C. urb.).

Modalités d'application de certaines dispositions de la loi « littoral » sur le territoire des communes littorales dans les estuaires

	Communes estuariennes considérées comme Littorales (D. n° 2004-311 ; art. R. 321-1, C. env.)		**Communes littorales de plein droit** riveraines d'un estuaire	
	Riveraines de la Seine, de la Loire ou de la Gironde	Riveraines des autres estuaires	Riveraines de la Seine, de la Loire ou de la Gironde	Riveraines des autres estuaires
Application de L. **146-4 II** du Code de l'urbanisme Extension limitée des espaces proches du rivage	OUI	NON	OUI	En aval de la LTM*
Application de **L. 146-4 II**I du Code de l'urbanisme Inconstructibilité de la bande des 100 m	OUI	NON	OUI	En aval de la LTM*
Application de L. **146-7** du Code de l'urbanisme Interdiction des nouvelles routes de transit à moins de 2 km du rivage de la mer	NON	NON	En aval de la LTM*	En aval de la LTM*

* LTM : Limite transversale de la mer

Section 2 PLU et espaces littoraux

§1. La dimension littorale et marine des PLU

181. On sait qu'en application des principes généraux communs aux SCOT, aux PLU et aux cartes communales, les documents d'urbanisme locaux doivent respecter un équilibre entre aménagement et protection.

> Ils « *déterminent les conditions permettant d'assurer [...] L'équilibre entre le renouvellement urbain, un développement urbain maîtrisé, le développement de l'espace rural, d'une part, et la préservation des espaces affectés aux activités agricoles et forestières et la protection des espaces naturels et des paysages, d'autre part, en respectant les objectifs du développement durable* » (art. L. 121-1, C. urb.)[22].

182. Ce principe d'équilibre revêt une importance particulière dans les zones côtières, particulièrement soumises aux pressions d'ordre économique, démographique et foncière[23]. Document de base de la planification urbaine, les PLU ont une fonction planificatrice et réglementaire incontournable qui ne concerne pas seulement les parties terrestres des communes. Longtemps négligée, la dimension littorale et marine des PLU s'est progressivement affirmée au gré des évolutions de la jurisprudence administrative.

183. D'abord, il est clairement admis que ***le territoire des communes littorales se prolonge en mer***, jusqu'à la limite extérieure de la mer territoriale. C'est bien ce qui ressort de la jurisprudence du Conseil d'État[24], même s'il faut admettre que les compétences communales sur l'espace littoral et marin relevant de leur territoire sont difficiles à apprécier et soulèvent à tout le moins de nombreuses questions. Comme il a été souligné :

> « *Les attributions des communes existent indépendamment du régime juridique de l'espace concerné. Ainsi, le maire exerce la police de la salubrité sur les plages faisant partie du domaine public maritime de l'État, ou la police de la sécurité publique dans les ports maritimes, y compris dans ceux relevant de la compétence de l'État* » (R. Rézenthel, « La stabilité du territoire des communes littorales », *DMF*, 2007, p. 75).

Au sujet des pouvoirs de police du maire, on rappellera que les plans d'eau des ports situés à l'intérieur de leurs limites administratives relèvent du champ territorial de la compétence générale de police du maire[25].

184. Ensuite, il a été jugé, dans un arrêt célèbre relatif à une concession d'endigage, que les opérations d'aménagement du DPM devaient être compa-

---

22. Sur les fonctions des PLU, voir notamment : H. Jacquot et F. PRIET, *Droit de l'urbanisme*, Précis Dalloz, 2008, n° 196 et s. ; P. SOLER-COUTEAUX, *Droit de l'urbanisme*, Dalloz, 2008, n° 388 et s.
23. DATAR, *Construire ensemble un développement équilibré du littoral*, Doc. fr., 2004.
24. CE, 20 févr. 1981, *Cne de Saint-Quay-Portrieux*, *Rec.*, p. 96. Sur les justifications d'un territoire communal en mer : J.-M. Bécet et D. Le Morvan (dir.), *Le droit du littoral et de la mer côtière*, Economica, 1991, pp. 104-105.
25. CE, Avis, 28 janv. 2003, n° 365548, *AJDA*, 22/2003, p. 1167, note H. Blanc.

tibles avec les dispositions des plans d'urbanisme : « *Aucun travail public ou privé à entreprendre dans le périmètre auquel s'applique le plan d'urbanisme ne peut être réalisé que s'il est compatible avec ce plan* »[26]. La concession des installations d'un port de plaisance ne peut être autorisée au mépris des règles d'urbanisme fixées par le PLU[27]. La Haute juridiction administrative a eu l'occasion de préciser, s'agissant des zones portuaires, que « *l'appartenance de terrains au domaine public ne constitue pas en soi un obstacle à ce qu'ils fassent l'objet de prévisions et de prescriptions édictées par un plan d'occupation des sols* », sachant qu'un PLU qui soumettrait des terrains relevant du domaine public d'un port à des prescriptions incompatibles avec l'affectation qui leur est effectivement donnée pour le service public portuaire serait entaché d'erreur manifeste d'appréciation[28]. Villes et ports sont donc clairement appelés à communiquer et à concevoir l'aménagement de l'espace en tenant compte des besoins urbains et des choix portuaires.

185. En dehors des questions portuaires et des aménagements touristiques, il faut aujourd'hui prêter attention aux cultures marines et aux projets d'installation de sources d'énergie renouvelable (on pense notamment aux éoliennes) sur le DPM ou sur le littoral terrestre (espaces proches du rivage par exemple). De tels projets ne sauraient être menés en contradiction avec les règles locales d'urbanisme.

186. Ainsi, il appartient donc aux communes de tirer toutes les conséquences du volet littoral et marin des PLU en engageant les procédures de révision ou de modification qui s'imposent en matière d'aménagement littoral et en édictant des règles locales d'urbanisme qui ne méconnaissent pas les impératifs de protection de la loi Littoral.

§2. La prise en compte des impératifs de la loi Littoral

187. Ces impératifs concernent bien évidemment les communes littorales au sens de l'article L. 321-2 du Code de l'environnement, dont les plans et autorisations d'urbanisme sont directement confrontés à la loi[29], mais sont aussi (un jour) susceptibles de s'appliquer à des communes qui ne sont juridiquement pas considérées comme littorales, dans les conditions prévues à l'article L. 146-1 al. 1 du Code de l'urbanisme. Cet article vise en effet, aux fins d'application des dispositions d'urbanisme particulières au littoral, « *les communes qui participent aux équilibres économiques et écologiques littoraux, lorsqu'elles en font la demande auprès du représentant de l'État dans le département* ».

26. CE, Ass., 30 mars 1973, *Min. de l'aménagement du territoire, de l'équipement, du logement et du tourisme c/ sieur Schwetzoff et a.*, *Rec.*, p. 264 ; CE, 18 oct. 1978, *Min. de l'équipement c/ Assoc. « Les amis des chemins de ronde »*, *Rec.*, p. 378.
27. CE, 2 févr. 2004, *Assoc. des Cinq-Cantons La Barre*, n° 215763.
28. CE, 28 juill. 2000, *Port autonome de Nantes-Saint-Nazaire*, *Rec.*, p. 334.
29. CE, 29 juill. 1994, *Cne de Frontignan*, *Rec.*, p. 409.

La liste de ces communes est fixée par décret en Conseil d'État après avis du Conservatoire du littoral. On attend toujours l'édiction d'un tel décret...

A. La nécessaire vigilance des services de l'État

188. Le respect des dispositions de la loi Littoral par les documents d'urbanisme constitue l'une des préoccupations de la circulaire du 20 juillet 2006 relative à la protection de l'environnement et du littoral[30], laquelle affirme la nécessité pour les communes littorales de mettre leur PLU en conformité avec les exigences de la loi. La doctrine administrative de l'État est ferme en la matière et demande aux préfets de faire preuve de vigilance, dans le cadre du contrôle de légalité ou du « porter à connaissance ». La circulaire du 20 juillet 2006 ne laisse pas de place au doute sur la position de l'État concernant la prise en compte des espaces remarquables par les PLU et des autres dispositions protectrices de la loi Littoral :

> « ***Vous veillerez avec fermeté à la prise en compte effective des principes visant à la préservation de ces espaces lors de l'élaboration ou de la révision des documents d'urbanisme et exercerez, si nécessaire, le contrôle de légalité***.
>
> *D'une façon générale, les communes littorales devant mettre leur document d'urbanisme en conformité avec la loi littoral, nous vous demandons d'inciter celles qui ne l'auraient pas encore fait à engager cette démarche sans plus tarder* ».

C'est sur la base de ces directives que certains départements (comme la Charente-Maritime) ont mobilisé la DDE pour mener une étude sur le problème de l'intégration des dispositions de la loi Littoral dans les PLU, en prenant en considération la spécificité des communes estuariennes littorales au sens du décret n° 2004-311 du 29 mars 2004. Au-delà des questions littorales, la démarche participe d'une volonté de mieux prendre en compte la protection de l'environnement dans les documents d'urbanisme[31].

189. On rappellera que :

> **Article L. 121-2 du Code de l'urbanisme**
>
> « *Le préfet porte à la connaissance des communes ou de leurs groupements compétents les informations nécessaires à l'exercice de leurs compétences en matière d'urbanisme* » ; il « *fournit notamment les études techniques dont dispose l'État en matière de prévention des risques et de protection de l'environnement, ainsi qu'en matière d'inventaire général du patrimoine culturel* ».

Par ailleurs, la révision ou la modification du PLU peut intervenir à l'initiative du préfet, notamment afin que le document d'urbanisme respecte les impératifs de la loi Littoral :

30. *BOME*, 2006-16, 1087. L. Bordereaux, « Une circulaire sur la protection de l'environnement littoral », *Dr. env.*, nov. 2006, p. 342.
31. Voir par exemple : P. HÉRISSON et L. ALTHAPE, *Rapport d'information sur la réforme du droit de l'urbanisme à mi-parcours*, Sénat N° 18, 2000.

Article L. 123-14 du Code de l'urbanisme

« Lorsqu'un plan local d'urbanisme doit être révisé ou modifié pour être rendu compatible, dans les conditions prévues par l'article L. 111-1-1, avec les directives territoriales d'aménagement ou avec les dispositions particulières aux zones de montagne et au littoral, ou pour permettre la réalisation d'un nouveau projet d'intérêt général, le préfet en informe la commune ».

Enfin, de manière plus négociée et en fonction du contexte politico-administratif, l'État peut jouer un rôle non négligeable dans le cadre de l'association à la procédure d'élaboration du PLU[32]. Quoi qu'il en soit, toutes ces dispositions confèrent au représentant de l'État des responsabilités importantes quant à la bonne application par les communes de la loi du 3 janvier 1986.

B. Composantes du PLU et loi Littoral

190. Concrètement, l'ensemble des composantes du PLU (cf. art. R. 123-1, C. urb.) doit ***refléter une bonne maîtrise de la loi Littoral*** : le rapport de présentation, le projet d'aménagement et de développement durable, ainsi que le règlement et les documents graphiques du PLU doivent intégrer les contraintes de la loi (et être par ailleurs compatibles avec les exigences de la domanialité publique maritime[33]). Les règles afférentes aux espaces remarquables du littoral et aux espaces boisés significatifs (art. L. 146-6, C. urb.), aux espaces proches du rivage (art. L. 146-4-II, C. urb.), à l'extension en continuité de l'urbanisation (art. L. 146-4-I, C. urb.), à la bande des 100 mètres (art. L. 146-4-III, C. urb.), aux coupures d'urbanisation (art. L. 146-2, C. urb.) ou encore à l'aménagement et l'ouverture de terrains de camping et de caravaning (art. L. 146-5, C. urb.), s'imposent aux communes[34]. Afin de mieux organiser l'urbanisme littoral et de prévenir les contentieux, l'État incite les communes à délimiter les espaces remarquables et proches du rivage : la circulaire précitée du 20 juillet 2006 sur la protection de l'environnement littoral, celle du 14 mars 2006 relative à l'application de la loi Littoral[35], ainsi que les documents de communication issus des administrations centrales insistent sur ce point[36].

191. ***S'agissant des espaces proches du rivage***, la doctrine administrative de l'État est la suivante :

32. Art. L. 123-7, C. urb. : sur initiative locale ou à la demande du préfet, les services de l'État sont associés à l'élaboration du PLU.

33. CE, 26 juin 1985, *Assoc. trinitaine de défense de la pêche à pied et de l'environnement*, *Rec.*, p. 207.

34. Pour un ex. lié à l'art. L. 146-4-I, C. urb. : CE, 19 mars 2008, *Cne de Saint-Cast-le-Guildo*, n° 296504. Sur l'analyse des dispositions protectrices de la loi Littoral, cf. *infra*, n° 528 et s.

35. Circ. UHC/DU1 n° 2006-31, *BOME*, 2006-8, 522.

36. *Planifier l'aménagement, la protection et la mise en valeur du littoral*, ministère des transports, de l'équipement, du tourisme et de la mer/ministère de l'écologie et du développement durable, juill. 2006.

il faut « *qu'un soin tout particulier* » soit apporté à leur délimitation, « *en veillant à éviter le double écueil d'une délimitation trop restrictive, qui ne permettrait pas de protéger les espaces les plus proches des côtes ou d'une délimitation trop large, qui aboutirait à interdire l'urbanisation rétro littorale, ce qui serait contraire à l'esprit de la loi. Il appartient aux collectivités locales, dans le cadre de l'élaboration de leur schéma de cohérence territoriale ou de leur plan local d'urbanisme, de procéder à cette délimitation* » (Circ. du 14 mars 2006).

Notons que le juge administratif souligne également le rôle des documents locaux d'urbanisme par rapport au SMVM, concernant les conditions d'urbanisation de ces espaces :

« *dans l'hypothèse où le schéma de mise en valeur de la mer ne précise pas les modalités de l'urbanisation des espaces proches du rivage de la mer, il appartient aux schémas de cohérence territoriale, aux plans locaux d'urbanisme et aux cartes communales de respecter les dispositions dudit schéma tout en se référant aux critères fixés par le II de l'article L. 146-4 du Code de l'urbanisme* » (CE, 3 mars 2008, *Mme Laporte*, n° 278168, *Environnement*, avr. 2008, p. 47, note J.-M. Février).

192. ***S'agissant des espaces remarquables*** au sens de l'article L. 146-6 du Code de l'urbanisme :

il est dit qu'« *Il appartient en premier lieu aux communes d'identifier et de délimiter les espaces remarquables lors de l'élaboration ou de la révision de leur plan local d'urbanisme (PLU). Pour autant l'État doit avoir sa propre vision des espaces à qualifier de remarquables afin de pouvoir exercer pleinement son rôle, dans les réunions d'association notamment* » (Circ. du 20 juill. 2006).

Ajoutons que la rédaction de l'article R. 146-1 du Code de l'urbanisme, issue du décret n° 2004-310 du 29 mars 2004, implique clairement les documents d'urbanisme en la matière : « *Lorsqu'ils identifient des espaces ou milieux relevant du présent article, les documents d'urbanisme précisent, le cas échéant, la nature des activités et catégories d'équipements nécessaires à leur gestion ou à leur mise en valeur notamment économique* ». Le bilan gouvernemental de la loi Littoral et des mesures en faveur du littoral de septembre 2007 a relevé une traduction parfois incomplète et tardive ainsi qu'un zonage pas toujours adapté.

193. L'article R. 123-2 du Code de l'urbanisme fait du ***rapport de présentation*** une pièce très importante.

Article R. 123-2 du Code de l'urbanisme

« *Il expose le diagnostic prévu au premier alinéa de l'article L. 123-1* » ; « *Analyse l'état initial de l'environnement* » ; « *Explique les choix retenus pour établir le projet d'aménagement et de développement durable* » ; « *expose les motifs de la délimitation des zones, des règles qui y sont applicables et des orientations d'aménagement* » ; « *justifie l'institution des secteurs des zones urbaines où les constructions ou installations d'une superficie supérieure à un seuil défini par le règlement sont interdites en application du a de l'article L. 123-2* » ; « *Évalue les incidences des orientations du plan sur l'environnement et expose la manière dont le plan prend en compte le souci de sa préservation et de sa mise en valeur* ».

Les dispositions de la loi Littoral doivent très certainement être prises en compte ; elles devraient même constituer l'un des points cardinaux du rapport de présentation. Il a été jugé qu'un rapport de présentation ne pouvait se borner à affirmer que la loi Littoral a été prise en considération ; il devait justifier de la compatibilité du plan d'urbanisme avec les dispositions de la loi[37].

Le ***projet d'aménagement et de développement durable*** « *définit les orientations générales d'aménagement et d'urbanisme retenues pour l'ensemble de la commune* » (art. L. 123-1, C. urb.). Si, depuis la loi Urbanisme et Habitat du 2 juillet 2003, le PADD n'est plus directement opposable aux autorisations d'urbanisme, « *il appartient à l'autorité compétente de prendre en compte les orientations d'un tel projet, dès lors qu'elles traduisent un état suffisamment avancé du futur plan local d'urbanisme, pour apprécier si une construction serait de nature à compromettre ou rendre plus onéreuse l'exécution de ce plan* »[38]. Le PADD « *ne peut se résumer à un document de communication* » ; il doit être en cohérence avec les autres composantes du PLU et à tout le moins compatible avec les objectifs énoncés à l'article L. 121-1 du Code de l'urbanisme, dont le respect de l'environnement (art. R. 123-3, C. urb.)[39].

S'agissant du ***règlement*** :

Article L. 123-1 du Code de l'urbanisme

« *il fixe, en cohérence avec le projet d'aménagement et de développement durable, les règles générales et les servitudes d'utilisation des sols permettant d'atteindre les objectifs mentionnés à l'article L. 121-1, qui peuvent notamment comporter l'interdiction de construire, délimitent les zones urbaines ou à urbaniser et les zones naturelles ou agricoles et forestières à protéger et définissent, en fonction des circonstances locales, les règles concernant l'implantation des constructions* ».

Il ne saurait substituer ses propres dispositions à celles de la loi Littoral. Si l'application des règles gouvernant les espaces remarquables peut s'avérer délicate dans certaines zones littorales (notamment où sont implantées des activités aquacoles), le règlement du PLU ne peut les contourner en organisant un régime plus souple que celui issu des articles L. 146-6 et R. 146-2 du Code de l'urbanisme. Il en va de même dans les espaces non urbanisés de la bande des 100 mètres, qui ne peuvent accueillir que des constructions ou installations exigeant la proximité immédiate de l'eau (art. L. 146-4-III, C. urb.)[40].

Les ***documents graphiques*** (opposables) font apparaître les zones U, AU, A et N (art. R. 123-11, C. urb.) ainsi, entre autres, que les espaces boisés classés et les secteurs à protéger (comme les espaces remarquables). L'expression graphique des choix d'urbanisme doit être suffisamment précise pour

37. CE, 28 juill. 2004, *Cne de Capbreton*, n° 256843. V. aussi CE, 6 nov. 2006, *Communauté de communes du pays de Honfleur*, *BJDU*, 6/2006, p. 419, concl. Y. Aguila.

38. CE, 1er déc. 2006, *Sté GFLBI*, n° 296543, *AJDA*, 2006, p. 2313, obs. E. Royer.

39. L. Molinero, « Considérations sur les effets contentieux du projet d'aménagement et de développement durable du plan local d'urbanisme », in *L'homme, ses territoires, ses cultures*, LGDJ, 2006, p. 181.

40. Voir par ex. : CAA Douai, 30 nov. 2006, *Préfet du Nord*, n° 06DA00629 ; TA Caen, 29 avr. 2008, *Assoc. Manche Nature et a.*, n° 0600228.

ne pas laisser au juge administratif le soin d'interpréter un zonage peu clair en fonction de l'intention des auteurs du plan[41].

194. Il ressort de l'ensemble de ces dispositions que les espaces remarquables du littoral doivent être préservés dans les documents d'urbanisme et sont donc normalement classés en zone naturelle (N), au titre de l'article R. 123-8 du Code de l'urbanisme[42]. Un classement en zone d'urbanisation future (zone AU – à urbaniser – depuis la loi SRU) est illégal[43]. Un classement en zone agricole (A) peut éventuellement être retenu, y compris en cas d'activité conchylicole, dès lors que les espaces en cause sont protégés et que les règles impératives du Code de l'urbanisme ne sont pas écartées[44]... Si un coefficient d'occupation des sols est fixé (déterminant la densité de construction admise) dans les espaces proches du rivage (zones U ou AU), il doit être en adéquation avec la règle de l'extension limitée de l'urbanisation. Le classement des parcelles doit être cohérent au regard des orientations fixées par le PADD[45].

C. Un contentieux complexe

195. La bonne appréhension des dispositions de la loi Littoral par les PLU est importante pour la ***sécurité juridique*** de ces documents et des autorisations d'urbanisme. L'annulation d'un PLU a pu rejaillir sur la légalité des permis de construire accordés et le jeu de l'exception d'illégalité a pu conduire, dans les limites de l'article L. 600-1 du Code de l'urbanisme, à déclarer illégal un PLU à l'occasion d'un recours en annulation dirigé contre un permis de construire[46] :

– notons d'abord que dans le cadre de la jurisprudence *Gepro*, le juge administratif a considéré que si l'annulation d'un PLU n'entraînait pas de plein droit celle d'un permis de construire délivré sous l'empire de ce plan (le permis n'étant pas un acte d'application de la réglementation d'urbanisme), un permis délivré à la faveur d'une disposition illégale du PLU pouvait être annulé par voie de conséquence de l'annulation du document d'urbanisme[47] ;

– ensuite, par la voie de l'exception, des requérants ont pu soulever l'illégalité d'un PLU dont les dispositions méconnaissaient par exemple la législation relative aux espaces remarquables ou aux espaces proches du rivage[48] ;

41. CE, 10 nov. 2006, *Cne de Planguenoual*, *BJDU*, 1/2007, p. 60, concl. C. Verot.
42. CAA Marseille, 20 sept. 2007, *SCI Cap Agrumes*, *DMF* 2008, p. 92.
43. CE, 14 janv. 1994, *Cne du Rayol-Canadel*, n° 127025 ; CE, 28 juill. 2000, *Féd. pour les espaces naturels de l'environnement catalan*, *Rec.*, p. 363.
44. TA Poitiers, 7 juill. 2005, *SPPIO*, *Dr. env.*, oct. 2005, p. 227, note L. Bordereaux.
45. CAA Bordeaux, 10 mars 2008, *M. Antonio P.*, n° 06BX00635 (*impl.*).
46. N. Chauvin, *L'illégalité du plan d'occupation des sols*, Litec, 1996, spéc. n° 1576 et s.
47. CE, 12 déc. 1986, *Sté Gepro*, *Rec.*, p. 282 ; CE, 28 janv. 1987, *Assoc. « Comité de défense des espaces verts »*, Rec., p. 20 ; CE, 21 juill. 1989, *ministre de l'Urbanisme, du Logement et des Transports*, *Rec.*, p. 166 ; CAA Paris, 8 mars 2007, *Cne de Meudon*, *AJDA*, 23/2007, p. 1254, concl. B. Bachini.
48. CAA Marseille, 12 avr. 2007, *Assoc. FRENE 66*, n° 04MA00468 (espaces remarquables) ; TA Caen, 7 juin 2007, *Assoc. Manche Nature*, n° 0601351 (espaces proches du rivage).

– la Cour administrative d'appel de Bordeaux, à propos d'une affaire liée à la loi Littoral, a rappelé les limites généralement admises de ces actions :

> « *la constatation par le juge de l'illégalité d'un plan d'occupation des sols n'entraînerait pas de plein droit celle d'un permis de construire qui a été délivré sous l'empire de ce plan à l'exception des cas où cette illégalité affecterait une disposition ayant pour objet de rendre possible l'octroi du permis* » (CAA Bordeaux, 10 mars 2008, *Assoc. pour la protection du littoral rochelais*, n° 06BX00203).

– cela étant, en raison de plusieurs facteurs tenant aux solutions diverses offertes par l'interprétation des normes de référence et au rôle (corrélatif) du juge, les rapports liant les PLU aux autorisations d'urbanisme sont complexes et évolutifs. On sait que les effets d'une exception d'illégalité (ou d'une annulation) d'un PLU sont définis dans le Code de l'urbanisme :

> **Article L. 121-8 du Code de l'urbanisme**
>
> « L'annulation ou la déclaration d'illégalité d'un schéma de cohérence territoriale, d'un plan local d'urbanisme, d'une carte communale, d'un schéma directeur ou d'un plan d'occupation des sols [...] a pour effet de remettre en vigueur le schéma de cohérence territoriale, le schéma directeur ou le plan local d'urbanisme, la carte communale ou le plan d'occupation des sols ou le document d'urbanisme en tenant lieu immédiatement antérieur ».

Sur cette base, on observe que le Conseil d'État a dégagé, semble-t-il, un ***nouvel équilibre*** entre les exigences de la sécurité juridique et celles de la légalité.

> « *Il peut être utilement soutenu devant le juge qu'un permis de construire a été délivré sous l'empire d'un document d'urbanisme illégal [...] à la condition que le requérant fasse* **en outre** *valoir que ce permis méconnaît les dispositions pertinentes ainsi remises en vigueur* » (CE, 7 févr. 2008, *Cne de Courbevoie*, *AJDA*, 2008, p. 586).

Il faudra tirer toutes les conséquences de cette évolution jurisprudentielle[49].

– Par ailleurs, on doit considérer que l'exception tirée de l'illégalité d'un SCOT n'est pas opérante à l'appui d'un recours dirigé contre un PLU[50].

§3. Les multiples enjeux des PLU côtiers

196. ***L'évaluation environnementale des documents d'urbanisme***, issue de l'ordonnance de transposition n° 2004-489 du 3 juin 2004[51], n'est bien sûr pas sans lien avec les impératifs de protection de la loi Littoral. Ne fournit-elle pas aux autorités communales l'occasion de mieux appréhender la question de la préservation des espaces naturels littoraux ?

---

49. P. Soler-Couteaux, « L'arrêt *Commune de Courbevoie* : une occasion manquée ? », *RDI*, juin 2008, p. 240.
50. CE, 15 oct. 2007, *Féd. départementale de l'hôtellerie de plein air de Charente-Maritime*, n° 269301.
51. Y. Jégouzo, « L'évaluation des incidences sur l'environnement des plans et programmes », *AJDA*, 2005, p. 2100.

Article R. 123-2-1 du Code de l'urbanisme

On observera que le rapport de présentation des PLU relevant du champ d'application de la procédure d'évaluation environnementale[52] doit, entre autres, expliquer « *les choix retenus pour établir le projet d'aménagement et de développement durable, au regard notamment des objectifs de protection de l'environnement établis au niveau international, communautaire ou national* ».

Il ressort de la législation applicable qu'en tout état de cause, le contrôle de cette évaluation par les services de l'État ne saurait se borner, par exemple, à l'analyse du projet d'aménagement et de développement durable du PLU. Centré sur le rapport de présentation (lequel doit satisfaire aux exigences de l'article R. 123-2-1, C. urb.), ce contrôle semble nécessairement lié à l'ensemble du contenu des PLU relevant du champ d'application de la loi, puisqu'aux termes de l'article R. 121-15 du Code de l'urbanisme, le préfet est consulté « *sur l'évaluation environnementale contenue dans le rapport de présentation et sur la prise en compte de l'environnement par le projet de document d'urbanisme* ».

La circulaire du 6 mars 2006 relative à l'évaluation des incidences de certains documents d'urbanisme sur l'environnement affirme fort justement que la nouvelle procédure « *modifie profondément le contenu du rapport de présentation des documents concernés* » et « *est aussi un moyen d'enrichir et d'améliorer les projets constitutifs des SCOT et des PLU* » (Circ. UHC/PA2 n° 2006-16, *BOME* 2006-5, 310).

197. ***On ajoutera que les PLU côtiers doivent être attentifs à la délicate question du « camping – caravaning – mobile homes »***. Cette préoccupation, souvent très sensible dans les îles, dépasse largement le cadre des dispositions de l'article L. 146-5 du Code de l'urbanisme.

Article L. 146-5

« *L'aménagement et l'ouverture de terrains de camping ou de stationnement de caravanes en dehors des espaces urbanisés sont subordonnés à la délimitation de secteurs prévus à cet effet par le plan local d'urbanisme. Ils respectent les dispositions [...] relatives à l'extension de l'urbanisation et ne peuvent, en tout état de cause, être installés dans la bande littorale définie à l'article L. 146-4 [bande des 100 mètres]* ».

Il faut également se référer au décret n° 2007-18 du 5 janvier 2007 pris pour l'application de l'ordonnance du 8 déc. 2005 et à l'arrêté du 28 septembre 2007 « relatif à l'implantation des habitations légères de loisirs, à l'installa-

52. Art. L. 121-10, C. urb. : « *Font l'objet d'une évaluation environnementale [...] : 1° Les directives territoriales d'aménagement; 2° Le schéma directeur de la région d'Ile-de-France; 3° Les schémas de cohérence territoriale; 4° Les plans locaux d'urbanisme susceptibles d'avoir des effets notables sur l'environnement compte tenu dfe la superficie du territoire auxquels ils s'appliquent, de la nature et de l'importance des travaux et aménagements qu'ils autorisent et de la sensibilité du milieu dans lequel ceux-ci doivent être réalisés. [...]* ». V. aussi le D. n° 2005-608 du 27 mai 2005 relatif à l'évaluation des incidences des documents d'urbanisme sur l'environement et modifiant le Code de l'urbanisme (art. R. 121-14 et s., C. urb.).

tion des résidences mobiles de loisirs et des caravanes et au camping ». Le juge administratif a précisé qu'en application du Code de l'urbanisme, les auteurs d'un POS (ou d'un PLU) pouvaient tout à fait réglementer l'installation des habitations légères de loisirs et « *en particulier prévoir une interdiction de telles installations dans certaines zones à protéger* »[53]. Prenant acte du nouveau dispositif en vigueur, la doctrine ministérielle observe que les règles d'urbanisme permettent à un PLU de réglementer ou d'interdire l'implantation des habitations légères de loisirs et des mobile-homes[54]. Les dispositions du PLU devront alors être compatibles avec celles du SCOT en vigueur[55].

198. ***Au final***, on retiendra donc que les communes littorales ont encore des efforts à fournir afin d'acquérir une véritable « culture » de la loi Littoral, loi qui ne saurait être systématiquement perçue comme une source de blocages des projets d'aménagement. L'élaboration et la révision des PLU doivent constituer des occasions, dans une démarche prospective, de territorialiser au mieux des intérêts locaux les dispositions de la loi du 3 janvier 1986, en accordant une attention particulière aux espaces remarquables et proches du rivage. Le choix des bureaux d'études doit ainsi s'orienter en fonction de ces enjeux juridiques. De manière plus générale, le développement communal doit être pensé en harmonie avec le droit de l'aménagement, de l'environnement et du tourisme, ce qui inclut notamment le respect de la concertation.

Toutes ces questions devront être appréhendées dans le cadre des dispositions du « Grenelle 2 » de l'environnement.

Section 3 Les communes littorales et leurs responsabilités

199. Il s'agit là d'un sujet d'une grande actualité, toujours délicat pour les communes. La responsabilité de ces dernières est notamment susceptible d'être engagée dans le domaine de l'urbanisme ainsi qu'en matière de baignades et activités nautiques.

§1. La responsabilité communale du fait de l'urbanisme littoral

200. Les communes littorales au sens de l'article L. 321-2 du Code de l'environnement peuvent voir leur responsabilité engagée du fait d'une décision prise en méconnaissance de la loi Littoral du 3 janvier 1986. La Haute juri-

53. CE, 15 oct. 2007, *Féd. départementale de l'hôtellerie de plein air de Charente-Maritime*, n° 269302.
54. *JO* Sénat, *Q*, 6 mars 2008, rép. min. à la QE n° 2443, p. 442.
55. TA Poitiers, 6 déc. 2007, *Assoc. SPPIO c/ Cne de Saint-Pierre-d'Oléron*, n° 0602240.

diction administrative, dans un arrêt important du 7 mai 2007, en a précisé le cadre[56], sachant que cette hypothèse de responsabilité communale a déjà alimenté le contentieux administratif (on pense par exemple à l'affaire varoise de la ZAC de la Tessonnière)[57].

201. S'agissant d'une société immobilière ayant acquis (en 1989) des parcelles pour 67 millions de francs en vue d'y réaliser un important programme immobilier (opérations d'hôtellerie, de para-hôtellerie et d'habitations collectives), les juges du Palais-Royal, réglant l'affaire au fond (art. L. 821-2, C. just. adm.) et annulant les décisions rendues par le Tribunal administratif et la Cour administrative d'appel[58], ont considéré que la délivrance de certificats d'urbanisme incomplets au regard des exigences de la loi Littoral et d'un permis de construire illégal pour violation de cette même loi (non-respect de la règle de l'extension limitée des espaces proches du rivage)[59] étaient de nature à engager la responsabilité de la commune basque en cause. La société immobilière requérante était donc fondée à demander la réparation du préjudice direct et certain résultant de la fourniture de renseignements erronés et de l'octroi du permis illégal. Toutefois, eu égard aux circonstances de l'espèce et à la qualité de professionnel de l'immobilier du requérant, le Conseil d'État a estimé que ce dernier avait commis une imprudence fautive exonérant la commune de sa responsabilité à hauteur d'un tiers. On sait en effet que la faute de la victime titulaire d'une autorisation d'urbanisme permet d'atténuer la responsabilité de la puissance publique[60].

202. Les ***préjudices indemnisés*** dans cette affaire ont été la baisse de la valeur vénale du terrain du fait de la réduction de la surface constructible en application de l'article L. 146-4-II du Code de l'urbanisme, les frais d'architecte directement liés à cette réduction et les frais divers résultant de l'impossibilité de vendre les appartements construits et de leur inoccupation prolongée entre l'annulation définitive du premier permis de construire et la délivrance d'un nouveau permis. Le manque à gagner invoqué par la société (lié au projet initial) ne pouvait donner lieu à indemnisation dans la mesure où « *le bénéfice qu'elle aurait pu retirer de la construction envisagée serait résulté d'une opération elle-même illégale* »[61]. La demande d'appel en garantie de l'État, présentée par la commune de Bidart, a été rejetée : la responsabilité de l'État ne peut être engagée envers les communes au titre du concours qu'il apporte à l'élaboration des documents d'urbanisme et à l'instruction des demandes d'occupation des sols « *que lorsqu'un de ses agents commet une faute en refusant ou en négli-*

56. CE, 7 mai 2007, *Sté immobilière de la banque de Bilbao et de Viscaya d'Ilbarritz*, n° 282311.
57. CAA Marseille, 6 nov. 2006, *SCI GEREMI*, n° 04MA01382.
58. TA Pau, 24 janv. 2002 ; CAA Bordeaux, 9 mai 2005, n° 02BX00545.
59. CE, 27 sept. 1999, *Cne de Bidart*, n° 178866, 178869.
60. CE, 2 oct. 2002, *Min. de l'équipement, des transports et du logement c/ M. et Mme Grondin*, n° 232720 (terrain exposé aux crues d'un cours d'eau).
61. En ce sens, voir CE, 1er juill. 1987, *SCI « La Résidence »*, n° 58395.

geant d'exécuter un ordre ou une instruction du maire », ce qui n'était pas le cas en l'espèce[62]. Au total, la commune de Bidart a été condamnée à verser à la société immobilière une somme de 1586543 euros, sans compter les intérêts moratoires au taux légal et leur capitalisation ! On comprend que la décision du 7 mai 2007 a de quoi inquiéter les communes, même si le juge administratif rappelle régulièrement que toute illégalité n'engage pas leur responsabilité[63].

203. Il a été jugé qu'en dehors du coût proprement dit d'une démolition,

> « *les* ***frais*** *utilement exposés par le bénéficiaire d'une autorisation individuelle d'urbanisme à l'occasion d'une instance judiciaire engagée par des tiers et à l'issue de laquelle le juge judiciaire ordonne, à raison de l'illégalité de cette autorisation, la démolition d'une construction ainsi que l'indemnisation des préjudices causés aux tiers par celle-ci, sont susceptibles d'être pris en compte dans le préjudice résultant de l'illégalité fautive de l'autorisation, mais à l'exclusion de ceux relatifs aux astreintes prononcées, le cas échéant, pour pallier une carence dans l'exécution de la décision juridictionnelle* » (CE, 8 oct. 2008, *Sté Rand Kar et M. Laskar*, n° 295343).

204. En tout état de cause, un permis de construire illégal n'engagera la responsabilité de l'autorité communale que s'il existe un préjudice indemnisable, lequel doit procéder directement du comportement fautif de l'administration[64].

> Le préjudice résultant de l'impossibilité de construire sur un lot du fait d'un classement au POS en zone naturelle à préserver peut très bien trouver son origine exclusive dans le comportement imprudent d'un professionnel : en laissant s'écouler un délai de six ans « *entre l'acquisition des parcelles et la demande d'un nouveau certificat d'urbanisme, la société d'habitations à loyer modéré de la Réunion ne pouvait ignorer en sa qualité de professionnel de l'immobilier qu'elle s'exposait à une modification des possibilités de construire sur lesdits terrains, notamment au regard des dispositions de l'article L. 146-6 du Code de l'urbanisme* » (CAA Bordeaux, 22 janv. 2009, *Cne de l'Étang Salé*, n° 08BX00033).

La nature et l'étendue des réparations incombant à une collectivité publique du chef d'un dommage dont la responsabilité lui est imputée sont déterminées par la juridiction administrative compte tenu des règles afférentes à la responsabilité des personnes publiques[65]. En dehors des hypothèses de permis de construire illégal ou de certificat d'urbanisme incomplet ou erroné, il faut savoir qu'un retard non justifié dans la délivrance d'une autorisation d'urbanisme est susceptible d'engager la responsabilité d'une commune[66].

---

62. Sur cette responsabilité : CE, 27 oct. 2008, *Cne de Poilly-lez-Gien*, *AJDA*, 2008, p. 2458.
63. CE, 30 sept. 2002, M. *Dupuy*, *AJDA*, 9/2003, p. 445, note N. Albert.
64. CAA Bordeaux, 3 juill. 2003, *Cne de Saint-Denis de la Réunion*, *AJDA*, 2003, p. 1437, chron. A. Bec.
65. CE, 14 mars 1990, *Min. de l'équipement, du logement, de l'aménagement du territoire et des transports*, n° 88591 ; CAA Marseille, 29 mai 2006, *Cne de Fréjus*, n° 03MA01629.
66. CAA Nancy, 15 janv. 2004, M. *Milandri*, n° 98NC01361. Sur la responsabilité administrative liée à l'urbanisme, voir R. Noguellou, « Responsabilité en matière d'urbanisme », *Répertoire de responsabilité de la puissance publique*, Encycl. Dalloz; I. Cassin, « Le contentieux de la responsabilité pour faute en matière d'urbanisme : quels risques financiers pour les collectivités publiques ? », *BJDU*, 4/1999, p. 246.

205. On rappellera que cette responsabilité administrative, communale, doit être distinguée de la responsabilité que peut encourir l'État s'agissant d'une décision préfectorale illégale prise au titre de l'article L. 146-4-II du Code de l'urbanisme.

En effet, lorsqu'une extension de l'urbanisation dans un espace proche du rivage est autorisée avec l'accord du représentant de l'État (faute d'être justifiée dans le PLU, conforme à un SCOT ou compatible avec un SMVM), « *eu égard à la nature des compétences ainsi conférées au préfet par les dispositions [...] de la loi relative à l'aménagement, la protection et la mise en valeur du littoral, afin de veiller au respect de ces dispositions par les autorisations d'urbanisme,* ***la responsabilité de l'État peut être engagée*** *pour toute faute commise dans l'exercice de ces compétences, et pas seulement en cas de faute lourde* » (CE, 7 févr. 2003, *Secrétaire d'État au logement*, n° 223882).

Cela étant, le juge administratif peut, en fonction des circonstances, procéder à un partage de responsabilités entre l'État et la commune en cause et les déclarer solidairement responsables des préjudices subis[67].

206. Quant à la responsabilité de l'État du fait du contrôle de légalité exercé par le préfet sur les actes des collectivités locales, sur le fondement de l'article L. 2131-6 du Code général des collectivités territoriales, elle ne peut être retenue qu'en cas de faute lourde[68].

Ainsi, il a été jugé qu'en délivrant des permis de construire illégaux au regard de la loi Littoral, un maire a commis une faute engageant la responsabilité de sa commune, « *sans pour autant que celle-ci puisse s'exonérer même partiellement de cette responsabilité en faisant valoir que le préfet [...] s'était abstenu de déférer ces permis de construire au tribunal administratif [...], dès lors que la faute ainsi commise par les services de l'État ne revêt pas le caractère d'une faute lourde* » (CE, 7 févr. 2003, *Secrétaire d'État au logement*, n° 223882).

207. Il faut donc constater que les sources de la responsabilité communale en zone littorale sont multiples : responsabilité du fait de la police municipale générale ou du fait de la police des baignades (cf. *infra*), responsabilité du fait des travaux et des ouvrages publics concernant les ports de plaisance[69], responsabilité du fait de décisions prises en violation de la loi Littoral. Les conséquences financières peuvent être particulièrement lourdes pour les communes, ce qui pose en filigrane la question de l'assurance des collectivités territoriales[70].

---

67. CAA Marseille, 31 mars 2005, *Sté X SA*, n° 00MA00685 ; CAA Marseille, 6 nov. 2006, *SCI du 1 Rayol Park*, n° 04MA01495.

68. CE, 21 juin 2000, *Min. de l'équipement, des transports et du logement*, *Rec.*, p. 236 ; CE, 6 oct. 2000, *Min. de l'intérieur*, *Rec.*, p. 395.

69. CE, 26 juill. 2006, *MAIF*, *DMF*, 2007, p. 269, note L. Bordereaux.

70. J.-M. Pontier, « Quelle assurance pour les collectivités territoriales ? », *AJDA*, 2003, p. 409.

§2. La responsabilité communale du fait de la police des baignades et des activités nautiques

208. La loi Littoral comprend des dispositions importantes concernant les pouvoirs de police du maire, codifiées dans le Code général des collectivités territoriales (CGCT) :

– d'abord, aux termes de l'article L. 2212-3 de ce code, « *La police municipale des communes riveraines de la mer s'exerce sur le rivage de la mer jusqu'à la limite des eaux* », ce qui implique que le maire a le pouvoir de prévenir les troubles à l'ordre, à la tranquillité et à la salubrité publics sur une partie du domaine public maritime[71]. Comme l'écrit J.-Y. Faberon, « *La loi littoral établit désormais clairement que la police générale des maires ne s'exerce que sur la zone terrestre : elle s'arrête, sur le rivage, à la limite des eaux. Même si le problème de la variabilité de cette limite en fonction des marées subsiste, la distinction de la zone de police municipale générale est donc nette* »[72]. Au titre de son pouvoir de police générale, un maire a pu ainsi légalement limiter en un point unique du rivage de la commune la mise à l'eau des scooters de mer pendant la période estivale, aux fins de prévenir les troubles de la tranquillité publique (nuisances sonores) et de la circulation (stationnement désordonné des remorques), sans porter une atteinte excessive à la liberté du commerce et de l'industrie des loueurs de jet-skis[73] ;

– ensuite, la loi du 3 janvier 1986 innove en venant créer une police municipale spéciale concernant les baignades et les activités nautiques pratiquées à partir du rivage :

Article L. 2213-23 CGCT :

« ***Le maire exerce la police des baignades et des activités nautiques pratiquées à partir du rivage avec des engins de plage et des engins non immatriculés. Cette police s'exerce en mer jusqu'à une limite fixée à 300 mètres à compter de la limite des eaux.***

Le maire réglemente l'utilisation des aménagements réalisés pour la pratique de ces activités. Il pourvoit d'urgence à toutes les mesures d'assistance et de secours.

Le maire délimite une ou plusieurs zones surveillées dans les parties du littoral présentant une garantie suffisante pour la sécurité des baignades et des activités mentionnées ci-dessus. Il détermine des périodes de surveillance. Hors des zones et des périodes ainsi définies, les baignades et activités nautiques sont pratiquées aux risques et périls des intéressés.

Le maire est tenu d'informer le public par une publicité appropriée, en mairie et sur les lieux où elles se pratiquent, des conditions dans lesquelles les baignades et les activités nautiques sont réglementées, ainsi que des résultats des contrôles de la qualité des eaux de ces baignades accompagnés des précisions nécessaires à leur interprétation »[74].

71. CE, 14 mars 1979, M. *Auclair*, *Rec.*, p. 112.
72. *Les polices des activités maritimes*, LGDJ, 1993, p. 26.
73. CAA Bordeaux, 3 juin 2008, *Sté Dolphin Jet School*, *AJDA*, 2008, p. 1725, concl. M.-P. Viard.
74. CAA Bordeaux, 3 juin 2008, Sté Dolphin Jet School, AJDA, 2008, p. 1725, concl. M.-P. Viard.

– la circulaire n° 86-204 du 19 juin 1986 est relative à la surveillance des plages. Elle apporte des précisions importantes sur le cadre juridique applicable, la prévention (classement des baignades, organisation de la surveillance, signalisation et balisage, personnels) et l'organisation des secours (dispositions matérielles d'organisation et d'activation d'un poste de secours, évacuation et ranimation des accidentés).

209. Le préfet maritime reste compétent pour réglementer la circulation de tous les engins de navigation au-delà de la zone des 300 mètres et, dans cette zone, de ceux qui n'appartiennent pas aux catégories visées par l'article L. 2213-23 du CGCT (le maire n'est compétent qu'à l'égard des engins de plage et des engins non immatriculés)[75]. Des arrêtés du préfet maritime viennent donc compléter le dispositif municipal s'agissant de la circulation des navires et autres embarcations (interdiction d'évoluer et de mouiller dans la zone de baignade, vitesse maximale de 5 nœuds dans les chenaux balisés à travers la bande des 300 mètres par exemple)[76].

De même, on a pu dire que « *L'élaboration des plans de balisage illustre la volonté autant que la nécessité d'une collaboration des services municipaux avec les services placés sous l'autorité du préfet maritime* » (M.-F. Delhoste, *La sécurité dans la bande littorale des 300 mètres*, éd. du Papyrus, 2001, p. 52). Sur la réglementation du balisage, Voir le D. du 7 sept. 1983 fixant les règles à suivre pour le balisage des côtes de France et l'Arr. du 27 mars 1991 relatif au balisage et à la signalisation des 300 mètres).

210. L'exercice de cette police municipale spéciale des zones côtières, même réduite à 300 mètres, est difficile à assumer pour les exécutifs des communes littorales et de leurs groupements, tant pour des raisons liées aux moyens humains, financiers et matériels qu'elle implique que pour des raisons juridiques liées aux actions en responsabilité susceptibles d'être exercées.

Sur les moyens humains, le ministre délégué aux collectivités territoriales a rappelé en 2007 qu'il fallait s'attendre à un désengagement des services de la police nationale et que le maire pouvait recourir à des agents contractuels, à des membres d'associations agréées (comme la SNSM) ou à des sapeurs-pompiers : *JO* Sénat, *Q*, 31 janv. 2007, p. 631. Sur les moyens matériels, on notera qu'il a été précisé que l'emploi de véhicules nautiques à moteur de type jet ski pouvait être utilisé en tant qu'engin de sauvetage dans la bande des 300 mètres : *JO* Sénat, *Q*, 15 févr. 2007, rép. min. n° 21939, p. 355.

Qu'il s'agisse d'une insuffisance de signalisation et de prévention ou d'un dysfonctionnement dans l'exécution d'une opération de secours, la responsabilité encourue est une responsabilité pour faute simple[77].

---

75. CAA Marseille, 30 janv. 2006, *M. Bernard X*, n° 04MA01346.
76. M.-F. DELHOSTE, *La sécurité dans la bande littorale des 300 mètres*, *op. cit.*, p. 22 et s.
77. CE, 13 mars 1998, *Améon*, *Rec.*, p. 82 (opération de secours en mer sous la responsabilité de l'État). M. Kaczmarek, « La police des baignades et des activités nautiques », *La Gazette des communes*, 26 avr. 2004, p. 53.

211. ***Dans les zones spécialement aménagées pour la baignade***, où le maire est habilité à interdire toute autre activité nautique relevant de sa compétence (planche à voile, pédalo, surf, kayak...), il est clair que toutes les mesures appropriées doivent être prises pour assurer la sécurité des baigneurs. Aux abords de ces zones de baignades aménagées, un chenal traversier exclusivement réservé aux engins de secours peut être institué par arrêté municipal.

La circulaire du 19 juin 1986 énonce à juste titre que « *Tout aménagement spécial constitue une incitation à la baignade imposant par voie de conséquence à la collectivité locale compétente de mettre en œuvre les moyens de surveillance nécessaires à la sécurité du public* ».

En cas de dommage, la jurisprudence administrative retient régulièrement la responsabilité communale pour tout manquement à cette obligation de sécurité. Il a été jugé par exemple que pendant les périodes de surveillance, le maire devait faire procéder à « *l'enlèvement des objets décelables susceptibles de blesser les baigneurs, dans la partie proche du rivage où ils peuvent reprendre pied* »[78]. S'agissant des périodes de surveillance, la responsabilité d'une commune peut être engagée en cas d'accident si une plage très fréquentée dès le mois de juin n'est surveillée qu'à partir du 1er juillet[79].

Cela étant, même dans ce cadre très strict, une imprudence grave de la victime peut être de nature, au vu des circonstances de l'affaire, à exonérer totalement la responsabilité encourue par une commune[80].

Par ailleurs, le juge administratif a récemment rappelé à propos d'un plan d'eau artificiel « *qu'aucune disposition législative ou réglementaire n'interdit d'inclure dans les limites d'une baignade surveillée des zones où un enfant n'a pas pied* » (CAA Bordeaux, 26 juin 2008, M. *Jean-Luc Y et a.*, n° 06BX01705).

Lorsque la plage en cause fait l'objet de sous-traités d'exploitation, les délégations de service public consenties aux plagistes ne sauraient exonérer les communes de la responsabilité qu'elles encourent du fait de la police municipale générale ou du fait de la police des baignades[81].

212. ***En dehors des lieux de baignade surveillés***, les maires doivent faire preuve d'une grande vigilance. La circonstance qu'une commune « *ait institué une zone spéciale de surveillance des bains ne saurait par elle-même avoir pour effet de la dégager de toute responsabilité à l'égard des accidents survenus en dehors de cette zone* »[82].

78. CAA Lyon, 8 juill. 1993, *Cne du Pradet*, *Rec.*, T., p. 656.
79. CAA Bordeaux, 19 mai 1993, *Époux Neis*, *LPA*, 31 juill. 1996, p. 46, note J.-P. Amadéi.
80. CAA Nantes, 29 déc. 1990, *Boisaubert*, *Rec.*, T., p. 981 (plongeon particulièrement dangereux).
81. CE, 4 oct. 1961, *Dame Verneuil*, *Rec.*, p. 533.
82. CE, 9 févr. 1966, *Ville du Touquet – Paris Plage*, *Rec.*, p. 91.

Non seulement les dangers excédant ceux contre lesquels les intéressés doivent normalement se prémunir doivent être signalés (CE, 30 janv. 1980, *Quiniou*, n° 12928), mais « *il incombe au maire des communes sur le territoire desquelles sont situés des lieux de baignade qui, sans avoir été aménagés à cet effet, font l'objet d'une fréquentation régulière et importante, fut-ce de manière saisonnière, de prendre les mesures nécessaires destinées à assurer l'information, la sécurité et le sauvetage des baigneurs, en cas d'accident* » (CAA Nantes, 21 mars 1990, *Mmes Olivier et Marchetti*, *Rec.*, p. 426 ; CAA Marseille, 13 févr. 2006, *Cne de Bonifacio*, n° 04MA00249 ; CAA Marseille, 3 mars 2008, *M. Stéphane X*, n° 06MA02048).

Ainsi, une plage d'une fréquentation régulière et importante où la baignade est particulièrement dangereuse en raison de forts rouleaux ou courants doit faire l'objet d'une signalisation claire et précise au bon endroit[83]. La conduite de la victime peut toutefois exonérer (totalement ou partiellement) la commune de sa responsabilité[84]. Le heurt, par un scooter des mers, d'un apnéiste connaissant les lieux et l'interdiction de se baigner dans une zone réservée aux engins de sport nautique révèle une faute de la victime de nature à exonérer totalement la responsabilité de la commune[85].

Sur ces plages très fréquentées, l'autorité municipale doit « *prendre les mesures nécessaires à l'intervention rapide des secours en cas d'accident* » ; l'absence à proximité des lieux de baignade de tout moyen permettant d'alerter rapidement les secours constitue une faute engageant la responsabilité de la commune[86].

213. ***S'agissant des usagers de sports nautiques***, la jurisprudence semble moins sévère à l'égard de l'administration communale que pour les accidents de baignade. Il a été jugé que la noyade d'un surfer expérimenté et connaissant les lieux, « *alors que les mauvaises conditions météorologiques rendaient la mer particulièrement dangereuse* », n'était due qu'à l'imprudence de l'intéressé, et ce quand bien même le filin reliant le pied du surfer à sa planche se serait enroulé autour d'une bouée de délimitation.

D'une part, la responsabilité administrative ne peut être recherchée (en l'espèce) sur le fondement de la responsabilité du fait des ouvrages publics, ladite bouée, non fixée au sol, ne présentant pas de caractère immobilier. **D'autre part**, « *la circonstance que l'autorité municipale n'a pas fait procéder au retrait des bouées litigieuses dès le 31 août 1998, date limite fixée par un arrêté du 3 juin 1998 pour la surveillance de la baignade sur la plage des Génerelles, n'a pu constituer un comportement fautif de sa part, de nature à engager la responsabilité de la commune, dès lors que lesdites bouées ne présentaient pas, par elles-mêmes, le caractère*

83. CE, 25 juin 2008, *M. Efoé Valérie A*, n° 295849 ; CAA Nantes, 23 mars 2004, *Cne de Plérin-sur-Mer*, n° 00NT01827.

84. CE, 28 juill. 1993, *Consorts Dubouloz*, *Rec.*, p. 250.

85. CAA Bordeaux, 23 févr. 2007, *Fonds de garantie des victimes des actes de terrorisme et d'autres infractions*, n° 03BX00837.

86. CE, 13 mai 1983, *Mme Lefebvre*, *Rec.*, p. 194 ; CAA Nantes, 21 mars 1990, *Olivier et Marchetti*, *op. cit.*

d'un obstacle ou d'un objet dangereux qu'il eût été nécessaire d'enlever immédiatement, et ne subordonnaient pas, eu égard à leur emplacement facilement repérable, l'usage du domaine public maritime à une prise de risque particulière, notamment de la part des pratiquants du surf » (CAA Nantes, 25 juin 2004, *Mme Stéphanie X*, n° 02NT01756).

Il faut ajouter par ailleurs (dans ce registre des usagers des sports nautiques), que le heurt d'un plongeur par une embarcation de type « zodiac » ou par une planche à voile sera réglé sur le plan de la responsabilité civile conformément aux dispositions du Code civil (art. 1384 al. 1 relatif à la responsabilité du fait des choses) et certainement pas selon la loi maritime du 7 juillet 1967 sur les événements de mer. Et en tout état de cause, la survenue d'un plongeur en période estivale dans la zone des 300 mètres ne saurait constituer une faute de la victime présentant les caractères d'imprévisibilité et d'irrésistibilité de nature à exonérer le gardien de sa responsabilité[87].

214. On rappellera encore qu'en matière d'accidents de baignade, la responsabilité de la commune est engagée de plein droit à l'égard des personnes bénévoles tentant de porter secours à des baigneurs en péril, sur le fondement de la théorie des ***collaborateurs occasionnels*** du service public[88].

En outre, des actions en responsabilité pénale ne sont pas inenvisageables, notamment dans le cadre de la loi n° 2000-647 du 10 juillet 2000 sur la définition des délits non intentionnels[89], qui « *a pour but d'apaiser l'inquiétude des maires* » (sur le plan pénal...)[90].

215. ***Enfin, les problèmes sanitaires liés à la qualité des eaux de baignade*** doivent faire l'objet d'une grande attention, dans le cadre du droit interne et communautaire (loi n° 2006-1772 du 30 décembre 2006 sur l'eau et les milieux aquatiques; directive 2006/7/CE du 15 février 2006 concernant la gestion de la qualité des eaux de baignade et abrogeant la directive 76/160/ CEE).

Article L. 1332-5 du Code de la santé publique (CSP) :

« *L'évaluation de la qualité, le classement de l'eau de baignade et le contrôle sanitaire sont effectués par le représentant de l'État dans le département, notamment sur la base des analyses réalisées* ». Le préfet peut prononcer l'interdiction de l'utilisation d'une eau de baignade « *si les conditions matérielles d'aménagement ou de fonctionnement portent atteinte à la santé ou à la sécurité des utilisateurs ainsi qu'à l'hygiène ou à la salubrité publique* » (art. L. 1332-4 CSP)[91].

87. Cass. civ. 2, 14 déc. 2000, n° 99-12741; CA Montpellier, ch. 01, 7 mars 1991, *Juris-Data* n° 0976.

88. CE, 25 sept. 1970, *Cne de Batz-sur-Mer et dame veuve Tesson*, *Rec.*, p. 540.

89. Art. 121-3 du Code pénal.

90. Voir J.-M. Garrigou-Lagrange, « Les élus locaux et les infractions non intentionnelles trois ans après la loi du 10 juillet 2000 », in *Perspectives du droit public*, Litec, 2004, p. 303.

91. CE, 30 juill. 1997, *Assoc. « Nos enfants et leur sécurité »*, n° 150740.

Cela étant, il ressort du Code de la santé publique que les communes, en tant que responsables d'eaux de baignade, sont de plus en plus impliquées dans le dispositif lié à la qualité de ces eaux (art. L. 1332-3).

> L'alinéa 2 de l'art. L. 1332-4 **du Code de la santé publique**, issu de la loi sur l'eau du 30 déc. 2006, affirme :
> « *Le responsable de l'eau de baignade et le maire par avis motivé peuvent décider de la fermeture préventive et temporaire du site de baignade en cas de danger susceptible d'affecter la santé des baigneurs, sous réserve d'informer le public des causes et de la durée de la fermeture* ».

L'exercice des compétences locales n'exclut pas, le cas échéant, l'engagement de la responsabilité de l'État du fait de sa carence fautive (on pense par exemple à la pollution nitratée des eaux à l'origine du phénomène des marées vertes en Bretagne)[92].

La directive du Parlement européen et du Conseil en date du 15 février 2006 fixe des dispositions concernant la surveillance et le classement de la qualité des eaux de baignade, sa gestion et l'information du public. Elle met en place un nouveau classement de l'état qualitatif des eaux de baignade : qualité « insuffisante », « suffisante », « bonne » ou « excellente » (art. 5-1.).

> Son article 5-3. affirme que « *Les États membres veillent à ce que, à la fin de la saison balnéaire 2015 au plus tard, toutes les eaux de baignade soient au moins de qualité "suffisante". Ils prennent les mesures réalistes et proportionnées qu'ils considèrent comme appropriées en vue d'accroître le nombre d'eaux de baignade dont la qualité est "excellente" ou "bonne"* ».

Des évaluations devront être réalisées pour chaque eau de baignade, à l'issue de chaque saison balnéaire[93].

Cette importante directive complète celle du 23 octobre 2000 (n° 2000/60/CE) établissant un cadre pour une politique communautaire dans le domaine de l'eau, laquelle a notamment pour objectif de parvenir à un bon état écologique et chimique des masses d'eau côtières à l'horizon 2015[94].

Bibliographie

BECET (J.-M.), « Décentralisation et urbanisme littoral », *Rev. jur. env.*, 1993/4, p. 531 ; « Quelques réflexions à propos de quatre nouveaux décrets sur le littoral », *DMF* 2004, spéc. p. 463 ; « Responsabilité de la commune littorale : des conséquences de la mauvaise application de la loi littoral sur les finances communales », *DMF*, 2009, p. 72.

92. TA Rennes, 25 oct. 2007, *Assoc. « Halte aux marées vertes » et a., Environnement*, mars 2008, p. 13.
93. « *sur la base de l'ensemble des données relatives à la qualité des eaux de baignade recueillies pour cette saison balnéaire et au cours des trois saisons balnéaires précédentes, et... conformément à la procédure décrite à l'annexe II* » (art. 4-2.).
94. P. Thieffry, « La directive-cadre sur l'eau : transposition encadrée, mise en œuvre au fil de... l'eau », *AJDA*, 2007, p. 1177.

BERSANI (C.), « Le maire, la plage et la loi », *EF*, hiver 1999-2000, p. 10.

BORDEREAUX (L.), « Une circulaire sur la protection de l'environnement littoral », *Dr. env.*, nov. 2006, p. 342 ; « Regard sur la notion de commune littorale en zone estuarienne », *DMF*, 2008, p. 373.

BUSSON (B.), « Décret "estuaires" : le dernier épisode du feuilleton n'est pas terminé », *Dr. env.*, juill.-août 2004, p. 132.

CALDERARO (N.), « Comment identifier aujourd'hui les risques de contentieux relatifs à l'application de la loi littoral ? », *Dr. env.*, oct. 2005, p. 237.

CECCARELLI-LE GUEN (L.), « L'évaluation environnementale d es documents d'urbanisme », *EF*, janv.-févr. 2008, p. 41.

DEFFIGIER (C.), « L'obligation pour le gouvernement de prendre les règlements d'application de la loi Littoral », *RFDA*, 2003, p. 116.

GENEVOIS (B.), « La police du littoral », in *La loi « littoral »*, Economica, 1987, p. 201.

GOLIARD (F.), « Monsieur le maire, ce que vous risquez (la responsabilité administrative des communes en matière de baignade) », *Tourisme & Droit*, juin 2008, p. 12.

HELIN (J.-C.), « La loi littoral et les pouvoirs de police des maires », *RFDA*, 1986, p. 730.

JEGOUZO (Y.), « L'évaluation des incidences sur l'environnement des plans et programmes », *AJDA*, 2005, p. 2100.

KACZMAREK (M.), « La police des baignades et des activités nautiques », *La Gazette des communes*, 26 avr. 2004, p. 53.

LE CORNEC (E.), « ...De l'impossible notion juridique d'estuaire », *DMF*, 1999, p. 169.

LE DUFF (A.), « Bande littorale : trouver un nouvel équilibre », dossier spéc. « Les sauveteurs en mer », *Le marin*, 10 avr. 2009, p. 16 ; « Plages : une surveillance par différents acteurs », *ibid.*, p. 18.

MAUGÜE (C.) « Comment distinguer les rives d'un estuaire du littoral marin ? », *BJDU*, 6/98, p. 415.

REZENTHEL (R.) et CAUBERT (A.), « De l'application des documents d'urbanisme sur le domaine public maritime naturel », *D.*, 1982, chron. XV, p. 99.

REZENTHEL (R.), « La stabilité du territoire des communes littorales », *DMF*, 2007, p. 74.

TRAORE (S.), « La nouvelle évaluation environnementale des documents d'urbanisme », *Environnement*, avr. 2006, p. 9.

VATNA (L.), « La responsabilité des communes du fait des mesures de police visant la prévention des catastrophes naturelles », *AJDA*, 2009, p. 628.

Chapitre 2

L'intercommunalité et ses outils d'aménagement

Plan du chapitre

RÉSUMÉ

216. L'aménagement du littoral et la gestion intégrée des zones côtières (GIZC) sont indiscutablement liés aux schémas de cohérence territoriale (SCOT) et aux pays maritimes. À l'heure du Grenelle de la mer, les SCOT doivent jouer aujourd'hui un rôle de premier plan.

Section 1 Les SCOT littoraux

217. Présentés comme une innovation majeure de la loi SRU du 13 décembre 2000, les SCOT sont aujourd'hui au cœur des débats sur le renouvellement de la politique du littoral. Clairement incitées par la loi à mobiliser cet outil intercommunal de la planification stratégique[1], il semble que les communes

1. Art. L. 122-2, C. urb. : « *Dans les communes qui sont situées à moins de quinze kilomètres de la périphérie d'une agglomération de plus de 50 000 habitants au sens du recensement général de la population,* ***ou à moins de quinze kilomètres du rivage de la mer****, et qui ne sont pas couvertes par un schéma de cohérence territoriale applicable, le plan local d'urbanisme ne peut être modifié ou révisé en vue d'ouvrir à l'urbanisation une zone à urbaniser délimitée après le 1er juillet 2002 ou une zone naturelle* ». Il peut être dérogé à cette règle, notamment avec l'accord du préfet. Cf. J.-J. Helluin, « Les effets de la règle des 15 km sur la maîtrise de l'étalement urbain », *EF*, mars-avr. 2006, p. 28.

littorales ont bien compris son intérêt majeur (qui devra là encore s'apprécier en tenant compte des apports du « Grenelle de la mer » et du « Grenelle 2 » de l'environnement).

§1. Cadre général

218. Le SCOT est élaboré par un établissement public de coopération intercommunale ou par un syndicat mixte (art. L. 122-4, C. urb.), à l'initiative des communes ou de leurs groupements compétents (art. L. 122-3-I, C. urb.).

Article L. 122-3-II. du Code de l'urbanisme

Son périmètre, déterminé par les communes ou leurs groupements puis publié par arrêté préfectoral, « *délimite un territoire d'un seul tenant et sans enclave. Lorsque ce périmètre concerne des établissements publics de coopération intercommunale compétents en matière de schémas de cohérence territoriale, il recouvre la totalité du périmètre de ces établissements* ».

Article L. 122-3-IV al. 2 du même code

« *Lorsque le schéma de cohérence territoriale englobe une ou des communes littorales et dans le cas où l'établissement public mentionné à l'article L. 122-4 décide d'élaborer un chapitre individualisé valant schéma de mise en valeur de la mer, le préfet est consulté sur la compatibilité du périmètre de ce schéma avec les enjeux d'aménagement, de protection et de mise en valeur du littoral* ».

219. Sur les éléments composant les SCOT, on rappellera qu'ils comprennent un rapport de présentation, un projet d'aménagement et de développement durable ainsi qu'un document d'orientations générales et des documents graphiques (art. R. 122-1, al. 1, C. urb.). Les PLU et les cartes communales (entre autres) doivent être compatibles avec le document d'orientations et les documents graphiques (art. R. 122-1 al. 2, C. urb.)[2].

220. Sur la procédure, on sait que le projet de SCOT est soumis à enquête publique par le président de l'établissement public en cause avant d'être approuvé par l'organe délibérant de ce dernier (art. L. 122-10 et 11, C. urb.).

221. Concernant les ***objectifs*** de ces documents d'urbanisme, il ressort de l'article L. 122-1 du Code de l'urbanisme que les SCOT « *fixent, dans le respect des équilibres résultant des principes énoncés aux articles L. 110 et L. 121-1* », les grandes orientations intercommunales et les équilibres en matière d'aménagement, d'urbanisme, de développement, d'équipement et de protection de l'environnement.

222. Les évolutions législatives ont permis aux SCOT de prendre en compte les nouveaux développements du droit des parcs et de l'eau. D'abord, ils doivent être compatibles avec les chartes des parcs naturels régionaux et des parcs nationaux.

2. Sur l'opposabilité des SCOT, voir : BÉCET (J.-M.), *Le droit de l'urbanisme littoral*, PUR, 2002, pp. 214-215.

Article L. 122-1 al. 8 du Code de l'urbanisme

Ensuite, ils doivent être également compatibles avec « *les orientations fondamentales d'une gestion équilibrée de la ressource en eau et les objectifs de qualité et de quantité des eaux définis par les schémas directeurs d'aménagement et de gestion des eaux en application de l'article L. 212-1 du Code de l'environnement ainsi qu'avec les objectifs de protection définis par les schémas d'aménagement et de gestion des eaux en application de l'article L. 212-3 du même code* ».

L'échelle d'un SCOT étant bien souvent plus appropriée que celle d'un PLU en matière de politiques territoriales, toutes ces dispositions sont d'un intérêt certain pour les zones côtières et permettent une réelle prise en compte des préoccupations environnementales[3]. Toutefois, il faut admettre qu'elles n'ont pas été pensées, dans le cadre de la loi SRU, comme un véritable outil de GIZC.

§2. L'intérêt particulier des SCOT littoraux depuis la loi « DTR »

223. C'est avec la loi n° 2005-157 du 23 février 2005 relative au développement des territoires ruraux (art. 235) que ***les SCOT sont appelés à investir de manière significative le champ de l'aménagement intégré du littoral***.

Article L. 122-1 al. 7 du Code de l'urbanisme

« *Lorsqu'ils comprennent une ou des communes littorales, ils peuvent comporter un chapitre individualisé valant schéma de mise en valeur de la mer tel que défini par l'article 57 de la loi n° 83-8 du 7 janvier 1983 relative à la répartition des compétences entre les communes, les départements, les régions et l'État, à condition que celui-ci ait été approuvé selon les modalités définies au présent chapitre* ».

Cette nouvelle dimension des SCOT est destinée à prendre le relais des SMVM d'État, dont le bilan est décevant (cf. *supra*, n°s 79 et s.) :

« *En permettant aux collectivités de faire elles-mêmes le lien avec les documents d'urbanisme qu'elles adoptent à terre, cet outil, que l'État seul n'a jamais réussi à imposer, peut être un bon instrument de gestion de la bande côtière, support de l'interface terre/mer voulue par tous* », même s'il « *ne peut apporter une solution globale à la question de la planification des activités et des usages en mer* » (*Une ambition maritime pour la France*, Rapport du Groupe Poséidon, Centre d'analyse stratégique/Secrétariat général de la mer, déc. 2006, p. 116).

224. Le législateur a donc souhaité que les pouvoirs locaux (communes et EPCI) s'emparent du concept de GIZC en le traduisant à l'échelle d'un territoire pertinent. Un volet littoral valant SMVM a en effet le grand mérite de pouvoir fixer des choix d'aménagement de l'espace littoral sur le territoire de plusieurs communes et de préciser les conditions d'application de la loi

3. R. Bavay, « Introduire l'environnement dans les SCOT », *EF*, juill.-août 2005, p. 28.

Littoral en tenant compte des caractéristiques locales, géographiques et socio-économiques[4]. Il permet de cadrer les politiques communales s'exprimant dans les PLU et de définir à une échelle *a priori* cohérente un équilibre entre protection et développement.

Article 235 IX de la loi DTR,
réécrivant l'article 57 de la loi n° 83-8 du 7 janvier 1983

Dans le domaine portuaire, l'intérêt de ce volet littoral est incontournable : « *en l'absence de schéma de mise en valeur de la mer ou de chapitre individualisé valant schéma de mise en valeur de la mer au sein du schéma de cohérence territoriale,* ***les décisions de création et d'extension de port sont prises par le préfet sur proposition de la collectivité territoriale intéressée et après avis du ou des conseils régionaux concernés*** ».

En matière de protection et d'encadrement des opérations d'urbanisme, le volet littoral d'un SCOT est amené à jouer un rôle de premier plan s'agissant notamment des espaces proches du rivage (art. L. 146-4-II, C. urb.) et remarquables (art. L. 146-6, C. urb.), en les identifiant et en organisant leurs aménagements conformément aux exigences de la loi Littoral et de la jurisprudence administrative[5].

225. Tradition jacobine oblige, la loi DTR a toutefois placé l'élaboration de ce volet spécifique sous le contrôle du représentant de l'État.

Article L. 122-8-1 du Code de l'urbanisme

« *Les dispositions du chapitre individualisé valant schéma de mise en valeur de la mer et relatives aux orientations fondamentales de protection du milieu marin, à la gestion du domaine public maritime et aux dispositions qui ne ressortent pas du contenu des schémas de cohérence territoriale tel qu'il est défini par l'article L. 122-1* ***sont soumises pour accord au préfet*** *avant l'arrêt du projet* ».

Dans le même sens, « *À l'issue de l'enquête publique, le chapitre individualisé valant schéma de mise en valeur de la mer ne peut être modifié qu'avec l'accord du préfet* » (art. L. 122-11, al. 2). Propriétaire du DPM et surtout garant de la cohérence de la planification stratégique des zones côtières, on voit donc que l'État garde un pouvoir important en la matière. L'attente du décret d'application prévu par la loi et, semble-t-il, les réticences de certains élus locaux associées aux enjeux politiques du « SMVM décentralisé » ont fait que les

4. Voir J. Daligaux, « La loi Littoral à l'épreuve des SCOT », *EF*, juill.-août 2005, spéc. p. 35.

5. La circulaire précitée du 14 mars 2006 relative à l'application de la loi Littoral souligne également l'importance du SCOT en matière d'urbanisme : « *L'élaboration de schémas de cohérence territoriale permettra d'analyser à une échelle convenable la question de la capacité d'accueil des communes littorales, en précisant les objectifs de développement et de protection des espaces naturels et agricoles. Ainsi, des opérations d'aménagement qui, envisagées au seul niveau du plan local d'urbanisme, ne sauraient être considérées comme ayant un caractère limité, peuvent être autorisées par le SCOT dès lors que celui-ci, à son échelle, les a prévues dans une politique globale d'équilibre entre le développement et la protection* ».

communes et leurs groupements ne se sont pas précipités sur ce nouvel outil d'aménagement... Mais, la loi DTR a suscité des débats et des réflexions intéressantes quant au rôle des collectivités territoriales dans le domaine de la GIZC ; les futures révisions de SCOT devraient être l'occasion d'aller plus loin, aujourd'hui dans le cadre du ***décret nº 2007-1586 du 8 novembre 2007 relatif aux schémas de mise en valeur de la mer*** (voir *supra* n°s 86 et s., à propos des SMVM).

226. Ce texte apporte des précisions cadrant l'élaboration d'un chapitre individualisé valant SMVM.

Article R. 122-3, dernier al. du Code de l'urbanisme

Ce dernier « *porte sur une partie du territoire qui constitue une unité géographique et maritime et présente des intérêts liés, concurrents ou complémentaires, au regard de l'aménagement, de la protection et de la mise en valeur du littoral. Il mentionne les orientations relatives aux cultures marines et aux activités de loisirs. Il précise* ***dans une perspective de gestion intégrée de la zone côtière****, les vocations des différents secteurs de l'espace maritime, les conditions de la compatibilité entre les différents usages de ces derniers, et les conséquences qui en résultent pour l'utilisation des diverses parties du littoral qui sont liées à cet espace. Il précise les mesures de protection du milieu marin. Il définit les orientations et principes de localisation des équipements industriels et portuaires, s'il en est prévu* ».

En d'autres termes, le « SMVM local » est bien un vrai SMVM ! Il revient au rapport de présentation du SCOT de décrire « *les conditions de l'utilisation de l'espace marin et terrestre du littoral* », d'indiquer « *les perspectives d'évolution de ce milieu* » et d'expliquer « *les orientations retenues, en matière de développement, de protection et d'équipement* » (art. R. 122-2, dernier alinéa, C. urb.). Sur le plan procédural, il est dit que « *les avis ou accords du préfet prévus [...] sont précédés de la consultation du préfet maritime* » (art. R. 122-3-1, C. urb.). La loi DTR règle encore la question de l'articulation d'un SCOT comportant un chapitre valant SMVM avec un SMVM d'État existant : « *Le cas échéant, le chapitre individualisé [...] se substitue à la partie d'un schéma de mise en valeur de la mer existant qui concerne son territoire* » (art. L. 122-11 al. 4, C. urb.). Le choix, essentiellement politique, entre le SMVM d'État et le SMVM local peut s'avérer bien délicat (comme en témoigne l'exemple du bassin de Thau)[6].

227. Au-delà de la « territorialisation » des principes de la loi du 3 janvier 1986, il résulte d'un arrêt du Conseil d'État (rendu à propos du schéma directeur de l'île de Ré) que le SCOT peut également prendre position sur la délicate question de ***l'encadrement des activités touristiques comme le camping et le caravaning***, dans le respect des compétences des communes.

6. H. Scheffer, « Thau – Les professionnels préfèrent le schéma de mise en valeur de la mer », *Le marin*, 25 avr. 2008, p. 7.

« ... les auteurs d'un schéma directeur peuvent légalement se fonder sur l'importance de certaines activités sur le territoire couvert par le schéma pour prévoir des prescriptions spécifiques de nature à orienter leur développement et à assurer leur compatibilité avec le respect d'autres objectifs assignés par la loi, à la condition que ces prescriptions ne soient pas en contradiction avec l'application d'autres réglementations ou procédures administratives et n'interfèrent pas, par leur précision, avec celles qui relèvent des documents locaux d'urbanisme et, en particulier, des plans locaux d'urbanisme » (CE, 10 janv. 2007, *Féd. départementale de l'hôtellerie de plein air de Charente-Maritime*, *BJDU*, 1/2007, p. 54, concl. C. Verot, obs. J.-C. Bonichot).

Ainsi, le schéma directeur de l'île de Ré a pu légalement encadrer les activités de camping et de caravaning en prévoyant que les terrains d'accueil avaient vocation à être classés parmi les espaces naturels à protéger, qu'ils ne pouvaient pas être transformés en parcs résidentiels de loisirs et que le nombre de résidences mobiles y serait limité. À l'heure où certains espaces littoraux (comme l'île d'Oléron) sont particulièrement touchés par ce phénomène, on aurait tort de sous-évaluer les potentialités du SCOT.

228. Il va sans dire que les SCOT, tout comme les autres documents d'urbanisme, ne sauraient méconnaître les dispositions de la loi Littoral sans s'exposer à la censure du juge administratif. En cas de violation de la loi, un SCOT peut directement faire l'objet d'un recours en annulation (le recours, formé dans les délais, est dirigé contre l'acte administratif d'approbation du schéma ou de sa révision), les juges du fond appréciant souverainement si la disposition illégale attaquée a un caractère divisible ou non du reste du schéma[7]. Un SCOT peut aussi être déclaré illégal (en tout ou partie) par la voie de l'exception d'illégalité, comme l'a rappelée l'affaire rochelaise de la « ZAC de Bongraine » (non-respect de l'extension limitée des espaces proches du rivage)[8].

229. Là encore, les exigences de l'évaluation environnementale du SCOT (art. L. 121-10, C. urb.) et de la concertation avec le public doivent être respectées[9] ; elles ont une réelle importance (notamment s'agissant de la GIZC) même si l'on sait bien que la question de la prise en compte de l'avis du public dans le processus décisionnel est une autre affaire[10].

230. En dehors des volets littoraux des SCOT, on notera qu'aux termes de l'article L. 4424-12 du Code général des collectivités territoriales, le plan d'aménagement et de développement durable élaboré par la collectivité territoriale de **Corse** *« vaut, pour les secteurs qu'il détermine, schéma de mise en valeur de la mer au sens de l'article 57 de la loi n° 83-8 du 7 janvier 1983 »*[11].

7. CE, 22 févr. 2002, *Assoc. du camp de César*, n° 224624.
8. CAA Bordeaux, 29 déc. 2006, *Communauté d'agglomération de La Rochelle*, n° 04BX00081.
9. Art. L. 300-2, C. urb.
10. Voir A. Delauney, « Y a-t-il un droit de la concertation en urbanisme ? », *EF*, janv.-févr. 2006, p. 27.
11. Il en est de même du schéma d'aménagement régional en outre-mer (cf. *infra*, n° 238 et s.).

Section 2 Les pays maritimes

231. Les pays sont des espaces de projets intercommunaux dont la construction juridique est issue de la loi n° 95-115 du 4 février 1995 (d'orientation pour l'aménagement et le développement du territoire), de la loi n° 99-533 du 25 juin 1999 (d'orientation pour l'aménagement et le développement durable du territoire) et de la loi n° 2003-590 du 2 juillet 2003 (urbanisme et habitat). Cette dernière est venue simplifier la procédure d'élaboration des pays et les inscrit clairement dans la dynamique des établissements publics de coopération intercommunale[12]. Les pays connaissent un succès incontestable puisqu'une grande partie du territoire est couverte par un pays reconnu ou en formation, sachant que les enjeux financiers liés à la signature des contrats de pays sont très importants.

232. L'article 22 de la loi du 4 février 1995 (modifié par la loi du 2 juillet 2003) définit la notion de pays et fixe son cadre juridique :

> « *Art. 22 – I. - Lorsqu'un territoire présente une cohésion géographique, culturelle, économique ou sociale, à l'échelle d'un bassin de vie ou d'emploi, les communes ou les établissements publics de coopération intercommunale à fiscalité propre qui le composent ont vocation à se regrouper en pays.*
>
> *II. –* ***Le pays exprime la communauté d'intérêts économiques, culturels et sociaux de ses membres****. Il constitue le cadre de l'élaboration d'un projet commun de développement durable destiné à développer les atouts du territoire considéré et à renforcer les solidarités réciproques entre la ville et l'espace rural.* ***Ce projet prend la forme d'une charte de développement du pays****.*
>
> *III. – Les établissements publics de coopération intercommunale à fiscalité propre ou les communes organisent librement un conseil de développement, comprenant notamment des représentants des milieux économiques, sociaux, culturels et associatifs du pays.*
>
> *Le conseil de développement est associé à l'élaboration de la charte de développement du pays et à son suivi. [...]* ».

233. Les potentialités des pays ont fait naître beaucoup d'attentes. Ils constituent des espaces de projets et de réflexion sur l'action territoriale des acteurs locaux (pouvant déboucher sur des programmes d'action et de financement) et doivent agir en harmonie avec les prérogatives des autres institutions locales[13]. À cet égard, la loi UH du 2 juillet 2003 a le mérite de tenir compte des limites et compétences des EPCI et des SCOT existants[14]. Elle n'a pas non plus négligé les problèmes d'articulation éventuels

12. J.-L. Pissaloux, « Vers le renouveau des pays », *JCP A*, 2003, 2105 ; Combette-Murin (C.), *Les pays*, Doc. fr., 2005.
13. Voir Fouché (A.), *Rapport d'information sur l'avenir des pays*, Sénat, juin 2006, n° 430.
14. « *Le périmètre du pays doit respecter les limites des établissements publics de coopération intercommunale à fiscalité propre* ».

avec les parcs naturels régionaux, auxquels la loi n° 2006-436 du 14 avril 2006 est venue ajouter les parcs nationaux.

Article 22-IV modifié de la loi du 4 févr. 1995

Ainsi, « *Lorsque le périmètre d'un pays inclut des communes situées dans un parc naturel régional ou un parc national, la charte de développement du pays doit être compatible avec la charte du parc naturel régional ou du parc national sur le territoire commun. L'organisme de gestion du parc assure la cohérence et la coordination des actions menées au titre du pays et qui relèvent des missions du parc sur le territoire commun* ».

Ces questions sont loin d'être théoriques quand on sait que de nombreux pays chevauchent le territoire d'un parc.

« *Près d'un tiers des pays chevauche [en 2006] un parc naturel régional (PNR) et 35 PNR sur 44 sont intéressés par au moins une démarche de pays. [...]. Dans le pays des Landes de Gascogne, par exemple, sur le territoire commun, 24 communes (sur 111) appartiennent aussi au PNR des Landes de Gascogne, créé en 1970. Les relations entre les deux structures sont régies par une convention qui a ainsi réparti les missions sur le territoire commun : les pays sont chefs de file dans les domaines du développement économique et de la politique sociale; les PNR sont chefs de file dans ceux de l'environnement, de la culture et du tourisme* » (voir A. Fouché, Rapport préc., pp. 7-8).

234. Dans les débats relatifs à la définition et à la vocation des pays, des géographes ont pu proposer d'identifier la notion de pays maritime (on pense par exemple au pays de Lorient). Il s'agit de reconnaître la spécificité des enjeux de la mer côtière dans la structuration des politiques d'aménagement du territoire (importance de la ville-port, des transports maritimes et de la pêche, du patrimoine naturel et culturel...). Le pays maritime serait dans cette perspective « *un espace mobilisateur à la base d'un autre concept d'aménagement* »[15].

Concrètement, on peut penser que ces pays dits maritimes, dont les limites territoriales peuvent s'affranchir des découpages administratifs traditionnels (pays interdépartementaux et interrégionaux), ont un rôle particulier en matière de GIZC et de patrimoine littoral (notamment culturel). Ces thématiques doivent bien sûr associer les travaux du conseil de développement, garant d'une véritable démarche participative de la société civile. Rappelons que le Comité Interministériel d'Aménagement et de Développement du Territoire (CIADT) tenu à Limoges le 9 juillet 2001 a déjà relevé l'intérêt des pays maritimes, lesquels « *constituent en effet un cadre de réflexion et d'aménagement spécifiquement adapté au renforcement des solidarités entre bandes côtières et arrière-pays littoraux* ».

15. Sur ce sujet, voir LEBAHY (Y.) (dir.), *Le pays maritime – Un espace projet original*, PUR / Université Bretagne Sud, 2001, spéc. pp. 9-16.

Bibliographie

DALIGAUX (J.), « La loi littoral à l'épreuve des SCOT », *EF*, juill.-août 2005, p. 33.

LEBAHY (Y.) (dir.), *Le pays maritime — Un espace projet original*, PUR/Université Bretagne Sud, 2001.

LE BRIERO (S.), « Les modifications apportées par la loi sur le développement des territoires ruraux au droit du littoral », *Environnement*, juin 2005, p. 10.

Chapitre

3

L'échelon régional et départemental

Plan du chapitre

RÉSUMÉ

235. Sans être les acteurs de premier plan du droit du littoral, les régions et les départements peuvent jouer un rôle non négligeable dans la mise en valeur et la protection des espaces côtiers. On remarquera que leur action n'est pas nécessairement liée à la mise en œuvre d'un instrument spécifique d'aménagement. Elle peut par exemple s'exercer dans le cadre d'une politique de soutien à la recherche dédiée au secteur maritime, d'une constitution de partie civile suite à un préjudice écologique affectant leur territoire (art. L. 142-4, C. env. issu de la loi n° 2008-757 relative à la responsabilité environnementale), ou encore dans le cadre d'une réflexion sur la gestion intégrée des zones côtières et se traduire alors par l'adoption d'une charte destinée à cadrer et dynamiser les politiques territoriales du littoral[1]. Cela étant, les schémas d'aménagement régionaux des DOM, les parcs naturels régionaux et les espaces naturels sensibles des départements revêtent une importance particulière. Il est clair que les collectivités territoriales n'ont pas toutes les mêmes ambitions en la matière. Quoi qu'il en soit, comme l'écrivent J.-M. Bécet et R. Rézenthel, « *la réforme du 28 mars 2003 relative à l'organisation décentralisée de la République pourrait, dans l'avenir, servir à tester avec pragmatisme*

1. Voir notamment Euzenes (P.) et Le Foll (F.), *Pour une gestion concertée du littoral en Bretagne*, Conseil économique et social de la Région Bretagne, juin 2004.

des solutions innovantes pour la gestion du littoral »[2]. Par ailleurs, avec l'acte II de la décentralisation, les compétences portuaires des collectivités territoriales doivent faire l'objet d'une étude particulière[3].

Section 1 Schémas d'aménagement régionaux des DOM et parcs naturels régionaux

236. Si ces deux moyens de l'action régionale en zone littorale sont privilégiés, ils n'épuisent pas pour autant le sujet. Ainsi, on mentionnera à titre informatif les dispositions de l'article 40-A de la loi Littoral[4] relatives au schéma interrégional du littoral (dans le cadre de la compétence planification/aménagement des régions) :

« *Les conseils régionaux des régions littorales limitrophes peuvent coordonner leurs politiques du littoral et élaborer un schéma interrégional du littoral. Ce schéma veille à la cohérence des projets d'équipement et des actions de l'État et des collectivités territoriales qui ont une incidence sur l'aménagement ou la protection du littoral...* ».

Ces dispositions n'ont pas eu, semble-t-il, un grand succès pratique[5]. La mise en place d'un dispositif régional d'observation et de communication relatif à l'environnement littoral et marin, pouvant être lié à un schéma régional d'aménagement et de développement du territoire (SRADT), paraît plus réaliste[6].

Le SRADT « *fixe les orientations fondamentales, à moyen terme, du développement durable du territoire régional [...]* » ; il « *définit notamment les principaux objectifs relatifs [...] à la réhabilitation des territoires dégradés et à la protection et la mise en valeur de l'environnement, des sites, des paysages et du patrimoine naturels et urbains [...]* » (art. 34 modif. de la loi n° 83-8 du 7 janv. 1983 – D. n° 2000-908 du 19 sept. 2000 relatif au SRADT). Voir J.-M. Bécet, *Le droit de l'urbanisme littoral*, PUR, 2002, p. 220 et s.

Le SRADT de la région Basse-Normandie (déc. 2007) vise par exemple la mise en place d'une gestion intégrée des zones côtières, incluant le tourisme durable, la gestion des risques côtiers et de l'interface terre-mer (vol. 2 du schéma).

237. Dans un autre registre, il faut relever le rôle des régions côtières au sein de la Conférence des Régions Périphériques Maritimes d'Europe[7] ainsi que

2. *Dictionnaire juridique des ports maritimes et de l'environnement littoral*, PUR, 2004, p. 285.
3. Voir *infra*, n°s 353 et s.
4. Dispositions issues de la loi n° 95-115 du 4 févr. 1995.
5. Le Guen (J.), *Rapport d'information sur l'application de la loi littoral*, juill. 2004, AN n° 1740, p. 59.
6. V. *La gestion du patrimoine naturel côtier : quel rôle pour les élus ? Quelles perspectives ?*, Actes des Journées d'études de l'ANEL, Merlimont, 9-11 sept. 2004, p. 5 (exemple de la région Nord – Pas-de-Calais).
7. Voir l'avis de la CRPM du 26 oct. 2006 sur « La stratégie thématique pour la protection et la conservation du milieu marin » et « Quel projet européen après 2013 ? » (21 déc. 2007), *www.crpm.org/*

l'action de certaines d'entre elles (on pense à l'Association Interrégionale Ouest Littoral Solidaire), à l'occasion du procès pénal de l'*Erika*, dans la difficile reconnaissance du préjudice écologique[8]. De manière plus générale, les liens entre une région et la mer dépendent de facteurs historiques, socio-économiques et culturels.

§1. Les schémas d'aménagement régionaux dans les DOM

238. Les quatre départements d'outre-mer sont dotés d'un schéma d'aménagement régional (SAR) approuvé[9]. Ces schémas constituent un élément essentiel du droit de l'aménagement dans les DOM en raison des effets qui leur sont attachés[10].

239. L'article L. 4433-7 du Code général des collectivités territoriales affirme :

> « *Les conseils régionaux de Guadeloupe, de Guyane, de Martinique et de la Réunion adoptent un schéma d'aménagement qui fixe les orientations fondamentales à moyen terme en matière de développement durable, de mise en valeur du territoire et de protection de l'environnement [...]* ».
> Ce schéma est « *élaboré à l'initiative et sous l'autorité du conseil régional selon une procédure conduite par le président du conseil régional et déterminée par décret en Conseil d'État* » (art. L. 4433-9 CGCT).

Il doit aujourd'hui faire l'objet d'une évaluation environnementale. S'il est adopté par délibération du conseil régional après l'accord du préfet de région sur le chapitre valant SMVM et l'accomplissement des formalités requises (avis, mise à la disposition du public...), il est approuvé (classiquement) par décret en Conseil d'État[11]. Afin de mieux s'assurer de l'adéquation du SAR avec l'évolution du territoire, le conseil régional doit procéder, dans un délai de dix ans à compter de son approbation, à son analyse « *notamment du point de vue de l'environnement* », et délibérer « *sur son maintien en vigueur ou sur une mise en révision complète ou partielle* » (art. L. 4433-7, al. 3, CGCT)[12]. Même si l'État garde le contrôle de la procédure d'approbation du schéma, les autorités régionales d'outre-mer disposent bien là d'un outil majeur en matière de politique d'aménagement et d'urbanisme, dont on a souligné les conséquences négatives en cas d'adoption tardive[13].

8. L. Madoui, « Les régions font valoir le préjudice écologique », *La gazette des communes*, 12 févr. 2007, p. 22 ; D. Guihal, « L'affaire de l'Erika devant le juge pénal », *Rev. jur. de l'économie publique*, avr. 2008, p. 11.
9. D. nº 95-1169 du 6 nov. 1995 portant approbation du SAR de la Réunion ; D. du 23 déc. 1998 (SAR de la Martinique) ; D. nº 2001-16 du 5 janv. 2001 (SAR de la Guadeloupe) ; D. nº 2002-745 du 2 mai 2002 (SAR de la Guyane).
10. Pour une approche générale des dispositions spécifiques aux DOM, voir : J.-M. Bécet, *op. cit.*, p. 175 et s.
11. Sur la procédure, V. les articles R. 4433-1 et s. CGCT.
12. « *À défaut d'une telle délibération, le schéma d'aménagement régional devient caduc* ».
13. Douence (J.-C.), « La loi littoral dans les départements d'outre-mer », in *La loi « littoral »*, Economica, 1987, pp. 51-52 ; J.-M. Breton, « Urbanisme touristique littoral et environnement.

240. L'intérêt des SAR en matière de gestion et d'aménagement du littoral est indiscutable.

Il ressort clairement de l'article L. 4433-15 du Code général des collectivités territoriales « ***Dans les régions de Guadeloupe, de Guyane, de Martinique et de la Réunion, le schéma d'aménagement mentionné à l'article L. 4433-7 vaut schéma de mise en valeur de la mer*** *[...], notamment en ce qui concerne les orientations fondamentales de la protection, de l'aménagement et de l'exploitation du littoral. Les dispositions correspondantes sont regroupées dans un chapitre individualisé au sein du schéma d'aménagement régional* ».

Comme l'écrit J.-F. Auby, « *Le fait que le schéma de mise en valeur de la mer dans les départements d'Outre-Mer soit intégré dans le schéma d'aménagement régional s'explique par la spécificité des départements d'Outre-Mer. Les quatre départements d'Outre-Mer ont une vocation fortement maritime, trois sont des îles au territoire relativement exigu. Compte tenu du poids de l'économie des activités maritimes dans ces départements, il n'eut pas été cohérent de dissocier l'élaboration de ces documents et c'est à juste titre que la loi fait des SMVM des documents annexes au schéma d'aménagement régional* » (cf. « Les schémas de mise en valeur de la mer en Outre-Mer », in La mer outre-mer, L'Harmattan, 2001, p. 241).

Le SAR pourra donc, notamment, prévoir les modalités d'application de la loi Littoral afin de prendre en compte les spécificités ultramarines. Il a d'ailleurs les mêmes effets que les DTA. Mais, il est clair qu'il ne saurait méconnaître « *Les règles générales d'aménagement et d'urbanisme à caractère obligatoire prévues par le Code de l'urbanisme* » et la législation relative aux sites, paysages et monuments historiques (art. L. 4433-8 CGCT).

241. ***Le Code de l'urbanisme renforce le rôle des SAR ultramarins.***

Dans les espaces proches du rivage (où les enjeux sont particulièrement importants dans les DOM), il est précisé que « *l'extension de l'urbanisation n'est admise que dans les secteurs déjà occupés par une urbanisation diffuse* » et que « *des opérations d'aménagement ne peuvent être autorisées que si elles ont été préalablement prévues par le chapitre particulier du schéma régional valant schéma de mise en valeur de la mer* »[14].

Le juge administratif, dans des affaires intéressant la Réunion et la Martinique, a clarifié certains points relatifs au contenu et à la portée des SAR. D'abord, il résulte logiquement des dispositions combinées de l'article L. 4433-8 du Code général des collectivités territoriales et de l'article L. 111-1-1 (DTA) du Code de l'urbanisme qu'en l'absence de schémas directeurs ou de SCOT, les PLU et les documents d'urbanisme en tenant lieu doivent être compatibles avec les SAR. Ensuite, si les opérations d'aménagement dans les espaces

---

Entre fait et droit : enjeux et limites de la démarche normative (le cas de la Guadeloupe) », *Rev. jur. env.*, 1/2003, spéc. p. 67.

14. Art. L. 156-2, C. urb., lequel précise : « *En l'absence d'un schéma régional approuvé, l'urbanisation peut être réalisée à titre exceptionnel avec l'accord conjoint des ministres chargés de l'urbanisme, de l'environnement et des départements d'outre-mer. [...]* »

proches du rivage doivent bien être prévues dans le chapitre particulier du SAR valant SMVM, l'article L. 156-2 du Code de l'urbanisme n'a ni pour objet ni pour effet d'imposer qu'il comporte leur forme juridique, le contenu de leur programme ou leur superficie exacte[15]. Enfin, sur le fondement des mêmes normes de référence, il a été jugé que les dispositions d'un SAR précisant les conditions dans lesquelles peuvent être autorisées l'extension de l'urbanisation et la réalisation d'opérations d'aménagement dans les espaces proches du rivage s'appliquaient directement aux demandes de permis de construire et qu'un requérant ne pouvait se prévaloir directement de la méconnaissance, par un permis de construire, des dispositions de l'article L. 146-4-I du Code de l'urbanisme et de celles de l'article L. 156-2 (dont les dispositions se substituent dans les DOM à celles de l'article L. 146-4 II et III)[16].

242. Les périodes de révision des SAR sont d'une grande importance : conçus en fonction de données démographiques et socio-économiques évolutives pour un territoire aux enjeux multiples et géographiquement contraint, les SAR doivent pouvoir s'adapter aux changements. Les révisions sont notamment l'occasion de faire le point sur la question des coupures d'urbanisation, des espaces naturels remarquables et des espaces proches du rivage, au cœur du compromis entre protection et développement du littoral. De manière générale, on peut noter, par exemple, l'importance stratégique du problème de la délimitation des espaces proches du rivage et d'une identification pérenne des espaces remarquables (un éventuel déclassement devrait être, pour le moins, très argumenté).

Le bilan gouvernemental sur la loi Littoral et les mesures prises en faveur du littoral de septembre 2007 comprend un bilan des SAR.

> Voir par exemple l'analyse du **SAR de la Réunion** (SAR-SMVM 1995) : « ... *Le SAR identifie également une quarantaine d'espaces naturels remarquables de 35 ha [Ravine des chèvres, Bésave] à 1 400 ha [L'Étang Salé les Bains] pour un total de 9 950 ha (soit 5 % de la surface des communes littorales). La modestie relative des surfaces protégées doit être analysée au regard de la surface importante des communes littorales de la Réunion dont certaines s'étendent sur plusieurs kilomètres de profondeur jusqu'à des altitudes maximales de plus de 3 000 m. Dans les faits, un cinquième du linéaire côtier est ainsi concerné par des coupures d'urbanisation, et près des deux tiers par des espaces remarquables. Il faut également noter la protection forte apportée à la zone récifale et la mise en place d'une politique d'accompagnement ayant abouti par un décret de février 2007 à la création de la réserve marine de la Réunion. [...]* » [la mise en révision du SAR a été décidée en nov. 2004], p. 108 et s.

15. CE, 18 oct. 2006, *Min. de l'intérieur c/ M. Bègue, Cne de Saint-Leu*, n° 264292.
16. CAA Bordeaux, 18 déc. 2006, *Cne de Vauclin*, n° 05BX01343; CAA Bordeaux, 28 déc. 2006, *Assoc. pour la défense de l'environnement à la Possession*, n° 02BX00529.

§2. Les parcs naturels régionaux

243. Les parcs naturels régionaux (PNR)[17] ne sont bien sûr pas spécifiques aux zones côtières ni même particulièrement bien implantés dans ces espaces. Mais on a pu soutenir, à juste titre, qu'ils pouvaient y jouer un rôle plus important[18], s'agissant de territoires marqués par la pluriactivité et « l'impératif de conciliation ». S'ils ne sont certainement pas garants d'une forte protection de l'environnement, les PNR peuvent être un vecteur de gestion intégrée du littoral.

Le bilan gouvernemental de la loi Littoral (préc.) apporte quelques éléments d'information en la matière :

> « *Sur les 45 PNR existants, 11 ont une façade littorale ou estuarienne : Corse, Camargue, Narbonnaise en Méditerranée (80 000 ha), Landes de Gascogne, Brière, Armorique, Marais du Cotentin et du Bessin (140 000 ha), Boucles de la Seine Normande, Caps et Marais d'Opale (130 000 ha), ainsi que les parcs de Guyane et de Martinique. Parmi ceux-là, seuls 4 ont été créés depuis la loi Littoral* » (p. 65).

244. Aux termes de l'article L. 333-1 du Code de l'environnement :

Article L. 333-3 du Code de l'environnement

« *Les parcs naturels régionaux concourent à la politique de protection de l'environnement, d'aménagement du territoire, de développement économique et social et d'éducation et de formation du public. Ils constituent un cadre privilégié des actions menées par les collectivités publiques en faveur de la préservation des paysages et du patrimoine naturel et culturel* ». **Leur gestion est confiée à un syndicat mixte.**

Article L. 333-1 al. 2 du Code de l'environnement

La charte du parc est essentielle : elle « *détermine pour le territoire du parc naturel régional les orientations de protection, de mise en valeur et de développement et les mesures permettant de les mettre en œuvre. Elle comporte un plan élaboré à partir d'un inventaire du patrimoine indiquant les différentes zones du parc et leur vocation. La charte détermine les orientations et les principes fondamentaux de protection des structures paysagères sur le territoire du parc* »[19].

La nature juridique et la portée de la charte de PNR ont suscité bien des débats. On retiendra que pour le juge administratif, elle ne constitue pas un document d'urbanisme ; cet acte d'orientation n'a pas pour vocation de fixer des règles d'occupation des sols opposables aux tiers[20]. Cela étant, il existe

17. Pour une approche globale, voir « Les parcs naturels régionaux et le droit », *Rev. jur. env.*, n° spéc. 2006.
18. M. Deuff, « Les PNR, acteurs méconnus dans la bande littorale », *Le marin*, 13 oct. 2006, p. 7.
19. Art. L. 333-1, al. 3 : « *Le projet de charte constitutive est élaboré par la région avec l'ensemble des collectivités territoriales concernées, en concertation avec les partenaires intéressés. Il est soumis à enquête publique, puis approuvé par les collectivités territoriales concernées et* ***adopté par décret portant classement du territoire en parc naturel régional pour une durée de douze ans au plus*** ».
20. CE, 27 févr. 2004, *Centre régional de la propriété foncière de Lorraine-Alsace*, *AJDA*, 23/2004, p. 1256, note J.-Ph. Brouant et Y. Jégouzo.

bien une obligation de compatibilité des documents d'urbanisme avec les orientations et mesures de la charte d'un PNR (art. L. 333-1, al. 5, C. env., art. L. 123-1 et L. 122-1, C. urb. relatifs aux PLU et aux SCOT).

Et il revient « *aux différentes collectivités publiques intéressées de prendre les mesures et de mener les actions propres à assurer la réalisation des objectifs de cette charte et de mettre en œuvre les compétences qu'elles tiennent des différentes législations, dans toute la mesure où elles leur confèrent un pouvoir d'appréciation, dans un souci de cohérence qui est une condition de leur légalité* » (CE, 10 juill. 2006, *Assoc. [...] pour la protection du lac de Sainte-Croix...*, n° 289274).

L'importante circulaire du 15 juillet 2008, relative au classement et au renouvellement de classement des parcs naturels régionaux et à la mise en œuvre de leurs chartes, rappelle quelle est la portée juridique des chartes de PNR (de manière générale et en matière d'urbanisme). Elle souligne également le rôle clé des régions dans la procédure de classement ou de renouvellement.

245. L'intérêt de l'outil PNR est particulièrement mis en exergue par le législateur dans les massifs de montagne (art. L. 333-2, C. env.). Pour autant, il ne saurait être étranger aux espaces littoraux, ce que reconnaît d'ailleurs l'article 12 du décret n° 2007-673 du 2 mai 2007 portant diverses dispositions relatives aux parcs naturels régionaux et aux parcs nationaux.

Article R. 333-14-II du Code de l'environnement

Le syndicat mixte de gestion du PNR « ***peut participer à un programme d'actions en mer contribuant à la réalisation des orientations retenues par la charte pour les zones littorales du parc****. Les modalités de cette participation sont définies par une convention passée avec les autorités de l'État compétentes* ».

On observera en outre que le schéma de mise en valeur de la mer et le schéma directeur d'aménagement et de gestion des eaux (entre autres) font partie des documents devant être soumis pour avis au syndicat mixte de gestion du PNR (art. R. 333-15-I, C. env.).

246. Plusieurs exemples de PNR littoraux illustrent l'adéquation de cet instrument de mise en valeur du territoire aux zones côtières[21]. Ainsi, le PNR de Guyane, créé en 1991, couvre dans le cadre de la révision de sa charte constitutive (2007-2019) une grande partie du littoral guyanais (sur deux pôles) ; il comprend plusieurs réserves naturelles et un espace marin élargi dont la limite peut aller jusqu'à se confondre avec celle des eaux territoriales (12 milles). Il s'affiche comme une instance pertinente dans le domaine de la gestion intégrée des zones côtières. Le PNR d'Armorique, créé en 1969, dispose également d'une réelle dimension littorale (dorénavant jusqu'à la limite haute du rivage) avec de grands sites comme la presqu'île de Crozon ou l'estuaire de

21. *www.parcs-naturels-regionaux.fr/*

l'Aulne. Sa charte 1997-2007 lui octroyait une vaste étendue de mer (60 000 ha d'espace maritime jusqu'à l'isobathe – 30 mètres), qui relève désormais de la compétence du parc marin d'Iroise (la révision de la charte en prend acte). On mentionnera enfin le PNR de la Narbonnaise en Méditerranée, créé en 2003 (30 km de littoral, 8 000 ha de zones humides, 300 ha de plages et dunes, 20 000 ha de mer et 740 ha de salins)[22]. On notera que le projet de PNR du golfe du Morbihan est en gestation depuis une dizaine d'années. Les chartes de ces parcs insistent sur les grands axes suivants : protection et mise en valeur du patrimoine naturel et culturel, développement et aménagement durables, promotion de l'image et de l'identité du parc, sensibilisation et éducation du public, collecte et diffusion des connaissances sur la faune et la flore.

247. Espace d'incitations plus que de contraintes, territoire de projets[23], le PNR est tout à fait à même de faire émerger et partager une perception globale du littoral, en veillant cependant à ce qu'il y ait une bonne coordination avec les autres institutions locales (comme les pays)[24].

Section 2 La politique départementale des espaces naturels sensibles

248. Constitutive d'un véritable service public local de la protection de l'environnement[25], elle trouve aujourd'hui son point d'ancrage dans le Code de l'urbanisme.

Article L. 142-1 du Code de l'urbanisme

« *Afin de préserver la qualité des sites, des paysages, des milieux naturels et des champs naturels d'expansion des crues et d'assurer la sauvegarde des habitats naturels selon les principes posés à l'article L. 110, le département est compétent pour élaborer et mettre en œuvre une politique de protection, de gestion et d'ouverture au public des espaces naturels sensibles, boisés ou non* ».

249. ***La charte des espaces naturels sensibles*** (ENS), validée en 2006 par l'Assemblée des Départements de France et proposée à l'adhésion de chaque conseil général, affirme que la définition des ENS est précisée par chaque conseil général en fonction de ses caractéristiques territoriales et de ses prio-

22. Pour le PNR des Marais du Cotentin et du Bessin, on signalera que le D. n° 2008-191 du 27 févr. 2008 prolonge son classement jusqu'au 13 mars 2010.

23. Ph. Billet, « Les parcs naturels régionaux au risque des territoires », *Rev. jur. env.*, n° spéc. 2006, p. 11. V. aussi J.-M. Février, « Le droit des parcs aujourd'hui », *ibid.*, p. 29.

24. Sur la possibilité d'un syndicat mixte commun PNR-SCOT, voir les dispositions de l'art. L. 122-4-1, C. urb.

25. T. confl., 22 oct. 2007, *Melle Doucedame*, *Environnement*, avr. 2008, p. 55, note J.-M. Février.

rités politiques de protection, sachant que la politique des ENS « *vise à préserver, reconquérir et valoriser des espaces qui présentent des fonctions écologiques et/ou paysagères remarquables et/ou sont menacées* » (art. 2 de la charte). De manière générale, cette charte insiste sur l'importance du département en la matière, perçu comme un acteur de premier plan dans le domaine de la protection et de l'aménagement du patrimoine naturel.

Elle évoque également la nécessité d'une vision stratégique d'une telle politique : « *Sur la base d'un état des lieux des richesses naturelles et paysagères du Département, le Conseil général définit les critères relatifs à sa politique et établit un schéma départemental des Espaces Naturels Sensibles qui définit les objectifs et moyens d'intervention à court et long terme* » (art. 4).

L'approche stratégique est fondamentale en zone littorale, eu égard aux nombreux intérêts en jeu et à la diversité des modes d'intervention et de protection possibles.

250. L'action du département en matière d'ENS, qui doit notamment être compatible avec les orientations des SCOT et les DTA (dans les conditions fixées à l'article L. 142-1, al. 2, C. urb.), s'appuie sur l'institution de zones de préemption (art. L. 142-3, C. urb.) et, fiscalement, sur la taxe départementale des espaces naturels sensibles (TDENS).

Article L. 142-2 du Code de l'urbanisme

« *Pour mettre en œuvre la politique prévue à l'article L. 142-1, le département peut instituer, par délibération du conseil général, une taxe départementale des espaces naturels sensibles. [...]. Cette taxe est perçue sur la totalité du territoire du département. Elle est établie sur la construction, la reconstruction, l'agrandissement des bâtiments et sur les aménagements définis par décret en Conseil d'État. [...]* ».

En zone côtière, les ressources affectées par les conseils généraux à la sauvegarde des espaces naturels peuvent éventuellement être complétées, dans certains cas, par la taxe sur les passagers maritimes à destination d'espaces naturels protégés et par le droit départemental de passage dû pour chaque véhicule terrestre à moteur empruntant les ouvrages d'art reliant les îles au continent (art. L. 321-11 et 12, C. env.).

251. On rappellera que le droit de préemption des départements peut être délégué « *à l'occasion de l'aliénation d'un bien soumis à ce droit ou sur un ou plusieurs secteurs de la zone de préemption au* **Conservatoire de l'espace littoral et des rivages lacustres**, *lorsque celui-ci est territorialement compétent* » (art. L. 142-3, al. 11, C. urb.). Cet établissement public peut également se substituer (là encore s'il est territorialement compétent) au département si celui-ci n'exerce pas son droit (art. L. 142-3, al. 8, C. urb.)[26]. Il a été jugé à cette occasion que le Conservatoire du littoral pouvait demander à la juri-

26. Sur l'action du Conservatoire du littoral et le droit de préemption qui lui est propre, V. *supra*, n° 145.

diction civile l'annulation d'un bail emphytéotique qui aurait été conclu pour faire échapper un bien au droit de préemption[27]. On sait également que ce droit peut être exercé, par substitution ou délégation, par l'établissement public en charge d'un parc naturel (national ou régional) ou par la commune, dans le cadre établi à l'article L. 142-3 du Code de l'urbanisme.

252. Le juge administratif se montre vigilant sur les conditions de création des zones de préemption et sur la motivation des décisions de préemption. La politique menée au titre de l'article L. 142-1 du Code de l'urbanisme doit être fondée sur la protection des espaces visés, accompagnée de leur ouverture ultérieure au public. Un conseil général ne saurait instituer une zone de préemption dans le seul but de préserver l'agriculture pour maintenir un équilibre économique[28] ou de rétablir un accès aux berges d'une rivière au profit des promeneurs et des pêcheurs[29]. Concernant l'exigence d'ouverture du site au public, la Haute juridiction a précisé que des motifs liés à la sécurité ou à la fragilité du milieu pouvaient justifier que la parcelle en cause ne soit pas rendue accessible au public[30]. L'articulation des décisions rendues montre que l'objectif de protection de l'environnement est fondamental. L'administration doit également respecter les règles de forme et de procédure, notamment en matière de motivation et de notification de la décision de préemption[31].

253. Le rôle de la politique départementale des ENS en matière de maîtrise foncière environnementale ainsi que la dimension sociale de l'institution (liée à l'accueil du public) ne sont plus à démontrer[32]. ***Les conseils généraux côtiers, de manière générale, ont attaché une grande importance aux ENS des zones littorales.***

Certaines politiques départementales les ont même très largement privilégiés (c'est le cas, par exemple, des Côtes d'Armor, de la Charente-Maritime et de la Gironde). « Historiquement », cette attention particulière s'explique essentiellement par les menaces d'urbanisation pesant sur les espaces littoraux restés naturels (le département des Côtes d'Armor compte par ex de nombreux sites littoraux ENS, représentant un front de mer protégé d'environ 40 km). Cela étant, les départements côtiers portent de plus en plus leur regard vers « l'intérieur des terres », en s'intéressant, entre autres, aux espaces boisés, aux marais, aux étangs et aux bords de rivières (comme le montre notamment la carte ENS de la Vendée et de la Loire-Atlantique).

27. Cass. civ., 28 mars 2007, n° 06-11350, *Environnement*, juill. 2007, p. 22, note J.-M. Février.
28. CE, 16 juin 1995, *Préfet des Yvelines*, n° 140022.
29. CE, 22 févr. 2002, *Assoc. de riverains pour la gestion et la sauvegarde du bassin hydrographique du Trieux*, *Collectivités Territoriales – Intercommunalité*, mai 2002, p. 20, note Th. Célérier.
30. CE, 7 juin 2006, *Département du Var*, *Environnement*, juill. 2006, p. 20, note J.-M. Février.
31. CE, 14 nov. 2007, *SCI du marais*, n° 305620.
32. B. Drobenko, « Le droit de préemption des espaces naturels sensibles comme technique de maîtrise foncière environnementale », *Rev. jur. env.*, 2/2006, p. 125 ; F. Bouin, « Les conditions d'ouverture au public dans les espaces naturels sensibles », *ibid.*, p. 163.

Dans cette perspective, la politique d'acquisition des ENS s'articule avec l'action du Conservatoire du littoral (comme le souligne l'exemple finistérien) sachant que ses effets sur la protection de l'environnement s'apprécient en prenant en considération toute une série d'éléments, notamment juridiques, dont l'application de la loi Littoral.

254. Les questions liées à la gestion des sites et à l'accueil du public sur le littoral sont essentielles. Le cadre juridique en est fixé à l'article L. 142-10 du Code de l'urbanisme.

Article L. 142-10 du Code de l'urbanisme

Les aménagements doivent être compatibles avec la sauvegarde des sites, des paysages et des milieux naturels : « *Seuls des équipements légers d'accueil du public ou nécessaires à la gestion courante des terrains ou à leur mise en valeur à des fins culturelles ou scientifiques peuvent être admis sur les terrains acquis [...] à l'exclusion de tout mode d'occupation du sol de nature à compromettre la conservation ou la protection de ces terrains en tant qu'espaces naturels* ».

Le Conseil d'État a précisé que ces dispositions protectrices n'ont toutefois pas pour objet ou pour effet de conférer au département des pouvoirs aussi étendus que ceux dévolus à l'État à l'intérieur d'une réserve naturelle[33].

255. ***La politique des ENS en zone côtière peut tout à fait trouver une expression privilégiée dans l'aménagement de sentiers littoraux assortis de « pôles nature »*** dédiés à la protection ainsi qu'à la découverte du patrimoine naturel et culturel et à la sensibilisation du public[34]. Elle est alors, dans cette hypothèse, intimement liée à la politique départementale des itinéraires de promenade et de randonnée[35].

256. Au final, vu les enjeux sociaux, environnementaux et touristiques des ENS, les stratégies d'acquisition doivent s'accompagner d'une réflexion sur les modes de gestion des sites en cause (gestion directe ou déléguée accompagnée d'un projet de mise en valeur), sur les partenaires potentiels des conseils généraux (communes, associations...) et sur les objectifs à atteindre.

33. CE, 14 juin 2006, *Assoc. syndicale du canal de la Gervonde*, n° 294060.

34. Concernant la Charente-Maritime : T. Thomas, « Estuaire de la Gironde. La revalorisation écotouristique de la rive droite », *Mon. TP*, 9 sept. 2005, p. 50.

35. Sur les plans départementaux des itinéraires de promenade et de randonnée (PDIPR), voir P. Le Louarn, *Le droit de la randonnée pédestre*, Victoires éditions, 2002, p. 72 et s. On relèvera que le produit de la TDENS peut être utilisé pour l'acquisition, l'aménagement et la gestion de sentiers figurant au PDIPR (art. L. 142-2 C. urb.). Sur l'évolution des emplois de la TDENS, voir P. Balland et *alii*, *La contribution des départements à la politique de protection des espaces naturels*, Rapport de l'Inspection générale de l'environnement, mars 2003, p. 17 et s.

L'article L. 142-10 al. 2 du Code de l'urbanisme est assez laconique sur la gestion déléguée.

Il affirme que « *La personne publique propriétaire est responsable de la gestion des terrains acquis* », qu'« *elle s'engage à les préserver, à les aménager et à les entretenir dans l'intérêt du public* », et qu'« *Elle peut éventuellement confier la gestion des espaces aménagés à une personne publique ou privée y ayant vocation* ».

La Charte des ENS oriente l'action des départements en matière de gestion des espaces acquis :

« *Sur les sites suffisamment étendus ou à forte valeur patrimoniale, le gestionnaire met en place un plan de préservation, de gestion et d'interprétation. Le gestionnaire effectue un suivi et une évaluation régulière des actions menées. Pour les Départements qui subventionnent des tiers, il est nécessaire de disposer d'une convention, qui fait office de charte de qualité, où il est fait référence aux moyens mis en œuvre pour atteindre les objectifs, conformes à la loi, de préservation, de gestion et de valorisation et garantissant le bon usage de la subvention. La définition des objectifs de préservation, de gestion et d'aménagement des sites fait l'objet, dans la mesure du possible, d'une concertation avec les partenaires intéressés au devenir du site* » (art. 5).

Nos 257 à 262 réservés.

Bibliographie

AUBY (J.-F.), « Les schémas de mise en valeur de la mer en Outre-Mer », in *La mer outre-mer*, L'Harmattan, 2001, p. 229.

BRETON (J.-M.), « Urbanisme touristique littoral et environnement. Entre fait et droit : enjeux et limites de la démarche normative (le cas de la Guadeloupe) », *Rev. jur. env.*, 2003/1, p. 61.

DOSSIER « Espaces naturels sensibles », *Rev. jur. env.*, 2/2006, p. 125 et s.

DOSSIER « Les parcs naturels régionaux et le droit », *Rev. jur. env.*, n° spéc. 2006.

ROMI (R.), « Départements et environnement », « Régions et environnement », *J. Cl. Environnement*, fasc. 2620 et 2630.

Titre

3

Associations et juridictions : les sentinelles du droit du littoral

263. Le mouvement associatif français se caractérise notamment (par rapport à ses homologues anglo-saxons) par la faiblesse de sa structuration. Les associations sur le littoral, peut-être plus qu'ailleurs, sont aussi nombreuses que dispersées et presque toujours locales. Pourtant, le droit leur offre d'importantes prérogatives, notamment des facilités pour saisir le juge tant administratif que judiciaire. Un régime d'agrément administratif, relativement facile à obtenir, permet à certaines associations de protection de l'environnement de bénéficier de droits supplémentaires, qui ne doivent toutefois pas être surévalués. Le diptyque associations requérantes – juge administratif est particulièrement bien identifié s'agissant des contestations liées à l'urbanisation du littoral que la loi de 1986 a à peine freinées, ce qui justifie pleinement l'image de « sentinelles » que ce tandem joue à sa façon. Il faut cependant ajouter en périphérie de ce tableau le juge judiciaire, certes moins saisi, mais au potentiel important, et les associations d'élus et de professionnels, peu enclines à saisir le juge, mais influentes sur l'état du droit par leur lobbying parfois efficace.

Chapitre 1

Le phénomène associatif sur l'espace littoral

Plan du chapitre

RÉSUMÉ

264. Le régime de l'association de la loi de 1901 est tellement ouvert – seul le caractère désintéressé, entendu largement, le caractérise – qu'il est inévitablement utilisé par des organismes d'une très grande hétérogénéité. En ce qui concerne le littoral, les associations de protection de l'environnement viennent immédiatement à l'esprit. Il ne faut pas pour autant négliger l'existence d'associations d'élus et de professionnels. Les premières bénéficient d'un régime juridique spécifique et cohérent, mais manquent cruellement de moyens humains – particulièrement de cadres – et financiers. Leur influence sur le droit est avant tout liée à l'usage de l'outil contentieux. Les secondes vivent, dans des cadres juridiques plus dissemblables, grâce à l'aimable financement du contribuable ou des professionnels. Elles influencent le droit moins par leur activité contentieuse que par des actions de lobbying.

Section 1 Les associations de protection de l'environnement

265. Leur importance est très largement surestimée par le grand public, l'administration, les élus, les acteurs économiques. L'heure n'est plus, depuis longtemps, à la mobilisation collective dans le cadre du bénévolat.

> Il est vrai que localement, et généralement de façon limitée dans le temps, de « petites » associations peuvent apparaître avec une forte capacité de mobilisation. Ce sont plus des associations de défense du cadre de vie que de l'environnement et des milieux naturels, moins désintéressées et moins, voire pas du tout, expertes scientifiquement. En raison de leurs ambitions environnementales limitées, elles ne jugent généralement pas utiles de solliciter l'agrément administratif prévu par les articles L. 141-1 et suivants du Code de l'environnement.

De leur côté, les grandes associations – historiquement – de protection de l'environnement sont généralement encore dotées d'un bon niveau de réflexion et d'expertise. Même si tout cela reste relatif et en déclin, cette capacité d'expertise est souvent supérieure à celle de nombreuses collectivités territoriales, et parfois à celle des administrations d'État et des établissements publics. La plupart de ces associations bénéficient depuis longtemps du régime de l'agrément administratif. Mais, sauf exceptions, ces associations n'ont pas pu, ou pas su, renouveler leurs cadres et se retrouvent, humainement plus encore que financièrement, exsangues.

§1. Les associations de droit commun

266. Le droit du littoral permet, comme les autres composantes du droit de l'environnement et de l'urbanisme, la participation des associations de protection de l'environnement. Relevons à cet égard que l'article R. 322-17 du Code de l'environnement prévoit que deux sièges sont réservés à des « *responsables d'associations de protection de la nature* » au conseil d'administration du Conservatoire du littoral, sans plus de précision, en particulier sans exigence pour ces associations de bénéficier d'un agrément. Cette ouverture aux associations non agréées est contraire à la logique même du mécanisme de l'agrément consistant à valoriser les associations les plus représentatives.

Il faut ajouter que le même article précise que ces responsables sont choisis par le ministre chargé de la protection de la nature, alors que les parlementaires sont désignés par leur assemblée.

> Les associations n'ont donc pas la maîtrise de la désignation de leurs représentants, ce qui permet à l'autorité administrative de choisir librement ses interlocuteurs associatifs, notamment en fonction du discours qu'elle souhaite entendre de la part des associations au sein de cet organisme.

Le nombre d'organismes décisionnels et consultatifs propres au droit du littoral reste en tout état de cause assez réduit, et c'est essentiellement par l'usage du contentieux que les associations mettent en œuvre le droit du littoral.

A. Un accès aisé au contentieux de l'annulation

267. Le Conseil d'État a toujours eu une jurisprudence libérale en matière d'accès au juge dans le cadre du recours pour excès de pouvoir. Il a, de longue date, reconnu la recevabilité d'un recours invoquant la défense d'un intérêt collectif[1]. Aujourd'hui, la possibilité pour une association de protection de l'environnement, même non agréée, et même non déclarée[2] de saisir le juge administratif d'un recours pour excès de pouvoir est étendue, mais elle n'est pas pour autant sans limites. Le juge administratif fixe un cadre certes ouvert, que les associations doivent toutefois intégrer pour éviter les décisions d'irrecevabilité. Le législateur est pour sa part plus réticent et tente d'intégrer divers obstacles à la recevabilité des recours associatifs.

I – Le cadre jurisprudentiel

268. C'est dans l'appréciation de l'intérêt donnant qualité pour agir que le rôle du juge est le plus déterminant. Il apprécie que cet intérêt soit personnel, direct et certain. Le caractère ***personnel*** de l'intérêt, pour une association, s'apprécie exclusivement au regard de l'objet statutaire de l'association (l'intérêt personnel peut alors être désintéressé et même altruiste[3]), et non de ses activités effectives (en particulier lorsqu'il y a un décalage entre objet théorique et activités effectives). Le juge apprécie si l'exécution de la décision contestée léserait ledit objet statutaire.

Une association dont l'objet statutaire vise, même de façon relativement générale, la ***protection de l'environnement***, des milieux naturels, du cadre de vie se voit reconnaître un intérêt à contester toute décision administrative autorisant ou planifiant (document d'urbanisme notamment) un aménagement modifiant l'état des lieux. Cet objet protecteur doit toutefois figurer dans les buts statutaires et non seulement dans les moyens (CAA Nantes, 17 févr. 1999, *Assoc. familiale de Douvres*, n° 97NT00158).

Encore faut-il que l'association considérée ait explicitement pour objet la protection de l'environnement, et pas uniquement pour mission de « *rassembler tous les organismes concernés par la protection de l'environnement* »[4], « *coordonner* »[5], « *informer… étudier* »[6] « *réaliser des études… proposer des mesures… participer* »[7]. Ce n'est qu'exceptionnellement que l'intérêt d'une association dont l'objet est de « *rassembler les associations ayant pour but la sauvegarde de l'environnement* » a pu être admis, en l'espèce à l'encontre d'un POS littoral[8].

1. CE, 28 déc. 1906, *Syndicat des patrons coiffeurs de Limoges*, *Rec.*, p. 977 ; *GAJA* n° 18.
2. CE, 16 oct. 1985, *Ministre de l'agriculture c/ Sté des courses de Questembert*, n° 53759.
3. Voir Boré (L.), *La défense des intérêts collectifs par les associations devant les juridictions administratives et judiciaires*, LGDJ, Bibl de droit privé, 1997, p. 106 et s.
4. CE, 10 mars 1989, *Regroupement des organismes de sauvegarde de l'Oise*, *Rec.*, T., p. 982.
5. CE, 24 oct. 1994, *Cne de la Tour du Meix*, *Rec.*, p. 462.
6. CE, 29 janv. 2003, *Union des propriétaires pour la défense des Arcs*, *Dr. adm.*, mars 2003, p. 41.
7. TA St Denis de la Réunion, 7 mai 1997, *SREPEN*, n° 97-24.
8. CE, 10 mars 1995, *UDVN 83*, n° 128290.

269. L'intérêt doit toutefois être direct, ce qui implique que la décision contestée ***lèse directement*** l'environnement objet de la mission statutaire de l'association.

Sauf précision spéciale des statuts, une association n'aura pas intérêt à contester une décision relative au financement d'une opération d'aménagement, un contrat de plan État-région intégrant l'extension d'un port (CE, 25 oct. 1996, *Assoc. Estuaire Écologie*, *Rec.*, p. 1072), un permis de démolir (CE, 11 janv. 1985, *Assoc. ouest-varoise de protection de l'environnement*, n° 36738), un transfert de gestion domaniale (CE, 26 nov. 1986, *Assoc. contre les nuisances*, n° 4052), une décision modificative du tracé d'une servitude de passage sur le littoral (TA Caen, 16 mars 1993, *Les amis du littoral coutançais*, n° 91448)...

Le caractère direct de l'intérêt implique également une ***adéquation géographique*** suffisante entre la portée de la décision contestée et le ressort territorial de l'association[9]. Une association nationale, ou même régionale, n'a donc pas intérêt à contester une décision de portée locale[10]. Les associations locales sont par contre recevables à contester des projets d'envergure non seulement locale, mais encore régionale ou nationale, dès lors qu'ils sont situés dans leur ressort territorial. Elles ne sont donc en principe pas pénalisées par ce contrôle.

Une importante nuance doit toutefois être apportée à cette observation : le juge ne se fie là encore qu'aux dispositions statutaires, et, en l'absence de toute précision sur le ressort géographique, il en déduit que l'association a une vocation nationale, même lorsque tel n'est manifestement pas le cas (CE, 23 févr. 2004, *Cté de communes du pays loudunais*, n° 250482, *JCP A*, 26 juill. 2004, p. 1055).

270. Concernant les ***fédérations*** d'associations, il fut longtemps jugé que celles-ci étaient irrecevables à engager un recours contre une décision qu'une association membre aurait elle-même eu intérêt à contester[11]. Cette jurisprudence fort discutable (entre autre du fait que les dirigeants de la fédération ne dictent pas leurs décisions aux dirigeants des associations membres) est aujourd'hui abandonnée[12].

II – Les modestes obstacles législatifs

271. Les tentatives du législateur pour faire obstacle au recours associatif ont été nombreuses, visant particulièrement le domaine de l'urbanisme littoral. Le cumul des mandats facilite l'accès des revendications des élus locaux au Parlement.

9. CE, 26 juill. 1985, *URDEN Franche-Comté*, *Rec.*, p. 251 ; *AJDA*, 1985, p. 741 ; *Rev. jur. env.*, 1985, p. 473.
10. Une association régionale n'a pas intérêt à contester un permis de construire des gîtes et un restaurant sur l'île de Chausey : CAA Nantes, 16 juill. 1993, *Ville de Granville*, n° 93NT00161.
11. CE, 31 mai 1996, *FNE*, n° 116641.
12. CE, 3 déc. 2003, *FNAUT*, n° 243830, *Annales de la voirie*, n° 85, avr. 2004, p. 61.

On mentionnera, parmi bien d'autres, la tentative sénatoriale de soumettre les recours pour excès de pouvoir des associations dans le domaine de l'urbanisme à consignation (*JO*, débats, Sénat, 11 mars 1999, p. 1403). La plupart de ces tentatives se sont heurtées à des principes constitutionnels tels que le principe d'égalité ou le droit d'agir en justice (Cons. const., 9 avr. 1996, n° 373 DC (statut de la Polynésie française), voire à la convention d'Aarhus du 23 juin 1998.

On peut toutefois relever deux dispositions législatives effectivement adoptées, qui ont intégré le Code de l'urbanisme, pour tenter de juguler les recours en la matière. L'effet de ces dispositions est de conduire à un grand nombre de décisions d'irrecevabilité, mais hélas nullement d'améliorer la légalité des décisions en matière d'urbanisme. Tout au contraire, celles-ci sont mises à l'abri des contrôles juridictionnels. La question posée par le Conseiller d'État Roland Vandermeeren, à propos du contentieux des droits de préemption d'urbanisme, « *excès de recours ou excès d'illégalités ?* »[13] est parfaitement adaptée à l'ensemble du contentieux de l'urbanisme.

L'article R. 600-1 du Code de l'urbanisme, issu d'une loi du 9 février 1994 et ultérieurement « déclassé » a été réécrit par un décret du 5 janvier 2007. Il impose à l'auteur d'un recours administratif ou contentieux dirigé contre une autorisation d'urbanisme de le notifier dans les 15 jours au bénéficiaire et à l'auteur de la décision sous peine d'irrecevabilité. Cette règle constitue un véritable nid à contentieux à en juger par la très abondante jurisprudence à laquelle il a donné lieu. Son utilité n'a jamais été démontrée, dans la mesure où cette information du bénéficiaire et de l'auteur de la décision était (et est toujours) effectuée par les greffes des tribunaux dans des délais comparables. Il faut ajouter que si la nouvelle rédaction de l'article R. 600-1 n'impose pas la notification des recours dirigés contre les documents d'urbanisme, l'article R. 411-7 du Code de justice administrative, pourtant code « suiveur » n'a pas été modifié en conséquence et prévoit toujours une telle obligation tant pour les autorisations que les règlements d'urbanisme.

L'article L. 600-1-1 qui a également vocation à rejoindre les dispositions réglementaires est, lui, spécifiquement dirigé contre le recours associatif.

Article L. 600-1-1 du Code de l'urbanisme

« *Une association n'est recevable à agir contre une décision relative à l'occupation ou l'utilisation des sols que si le dépôt des statuts de l'association en préfecture est intervenu antérieurement à l'affichage en mairie de la demande du pétitionnaire* ».

Il institue une nouvelle règle d'irrecevabilité pour empêcher le recours des associations spécialement créées pour tenter de s'opposer à une opération d'urbanisme. En effet, pour être recevable contre une autorisation d'urbanisme, une association doit non seulement avoir été créée, mais encore avoir été déclarée en préfecture avant l'affichage en mairie de la demande du pétitionnaire. Ce sont bien entendu les associations de riverains et non les associations « histo-

13. *AJDA*, 14 avr. 2008, p. 734.

riques » de protection de l'environnement qui sont visées par cette disposition. Il n'en reste pas moins que cette disposition législative vise à réduire le contrôle juridictionnel des autorisations d'urbanisme et donc à favoriser la délivrance d'autorisations illégales d'urbanisme, notamment sur le littoral.

B. Un accès plus difficile aux autres procédures juridictionnelles

272. Accessoire souvent indispensable du recours pour excès de pouvoir, le ***référé suspension*** reste globalement très difficile d'accès pour les associations de protection de l'environnement[14]. En matière littorale toutefois, les associations voient cet inconvénient limité par deux constats. D'une part, le permis de construire est l'un des domaines de prédilection du référé suspension, pour lequel le juge admet une quasi-présomption d'urgence qui facilite grandement la suspension en temps utile. D'autre part, concernant les plans d'urbanisme, les associations peuvent en règle générale se passer du recours en référé, les tribunaux statuant en principe sur le recours en annulation avant que l'urbanisation des zones en litige ne se réalise. Il n'en reste pas moins que l'obtention d'une suspension en référé, sur le littoral comme ailleurs, d'une autorisation d'installation classée – pour se limiter à cet exemple – reste quasi-impossible[15].

Signalons toutefois un cas exceptionnel d'octroi d'une suspension en référé d'une autorisation d'extension d'un port de plaisance, par le Tribunal administratif de Nice, qui a été confirmé en cassation par le Conseil d'État (CE, 30 déc. 2002, *Cne de Six-fours-les-plages*, n° 24562, *Rec.*, T. p. 861 ; *JCP A*, 2003, p. 776).

273. L'association des amis des chemins de ronde avait, dès 1979, ouvert la voie à l'utilisation du ***contentieux de la grande voirie*** au service de la protection du littoral[16]. Force est de constater que cette procédure est assez peu utilisée par les associations. Il ne faut pas oublier qu'elle n'est pas ouverte aux associations, et ce n'est que par des voies détournées, impliquant des délais particulièrement longs, que celles-ci peuvent espérer sa mise en œuvre. En outre, le recours à la procédure pénale devant le juge judiciaire est souvent également possible, généralement plus simple et tout aussi efficace.

274. Le contentieux de la ***responsabilité*** est, à juste titre, peu utilisé par les associations, car il leur est en pratique très largement fermé. Sa finalité est de permettre la réparation des préjudices causés par l'action ou l'inaction fautive de l'administration. Son potentiel semble important, les décisions administratives illégales en matière d'urbanisme sont particulièrement nombreuses

14. X. Braud « Les impacts négatifs du référé-suspension sur la protection de l'environnement » *Rev. jur. env.*, 2003/2, pp. 193-212.
15. CE, 15 févr. 2007, *Ministre de l'écologie*, n° 294186 (considère que le démarrage des travaux de construction de l'installation classée n'est pas de nature à établir l'urgence à suspendre l'autorisation !).
16. Voir développements sur la contravention de grande voirie, n°s 299 et s.

dans les communes littorales et l'on sait que toute décision illégale constitue une faute. Le préjudice moral peut être réparé, notamment l'atteinte à l'objet statutaire de l'association, préjudice qui ne se différencie pas vraiment, en pratique, du préjudice écologique. Tout semble donc réuni pour que cette procédure recueille l'intérêt des associations.

Tel n'est pourtant pas le cas, le juge administratif se montrant frileux tant dans les ***modalités de la réparation*** que dans les montants de dommages-intérêts alloués. Le juge administratif utilise quasi exclusivement l'octroi de dommages-intérêts pour réparer les préjudices moraux, négligeant la possibilité d'ordonner des mesures de réparation en nature correspondant mieux aux attentes des associations. À notre connaissance, le seul contre-exemple résulte d'une affaire dans laquelle la Cour administrative d'appel de Nantes avait ordonné, à titre de réparation au bénéfice d'une association, la démolition d'une cale d'accès à la mer construite en infraction à la loi littoral[17] par une Communauté de communes.

Quant au ***niveau de la réparation pécuniaire***, il est difficile de trouver des jugements et arrêts statuant sur des demandes d'associations en matière de littoral. Un Tribunal a toutefois accordé 1 500 € de dommages-intérêts à une association[18] pour l'installation par une personne publique d'un équipement lourd sur un espace remarquable du littoral en violation de l'article L. 146-6 du Code de l'urbanisme, afin de réparer son préjudice moral. Un tel niveau d'indemnisation reste très modeste et traduit la faible considération apportée par le juge pour le préjudice moral résultant de l'atteinte à l'environnement littoral.

Encore faut-il souligner qu'en d'autres domaines environnementaux, le niveau des indemnisations est encore sensiblement plus faible, et relève couramment de l'euro symbolique (X. Braud « Responsabilité administrative, l'indemnisation d'une association », *Dr. env.*, sept. 2002, p. 210).

Ces niveaux sont à comparer aux montants accordés à des personnes publiques[19], des entreprises privées[20], ou de simples particuliers[21] qui sont, dans tous les cas, considérablement plus élevés.

17. CAA Nantes, 18 avr. 2006, *Manche-Nature*, n° 04NT00362 ; *AJDA*, 23 oct. 2006, p. 1954 ; *Rev. jur. env.*, 2008/2, p. 235 (au surplus infirmé par CE, 13 févr. 2009, *Cté de communes du canton de St Malo-de-la-Lande*, n° 295885).
18. TA Caen, 20 janv. 2004, *Manche-Nature*, *AJDA*, 2004, p. 1776.
19. La renonciation par l'État à la construction du barrage de Chambonchard justifie l'octroi de 6,9 M€ à l'établissement public constitué pour sa réalisation : CAA Nantes, 30 déc. 2005, *EPALA*, n° 04NT00123, *BJCP*, n° 46, p. 210.
20. TA Rennes, 2 mai 2001, *Sté Suez-Lyonnaise des eaux*, *AJDA*, 2001, p. 593 (accorde 500 000 F à l'entreprise requérante pour le préjudice moral résultant d'une atteinte à son image, à la suite de distribution par elle d'eau polluée en raison d'une faute de l'État).
21. CE, 20 janv. 1989, *Ministre de l'environnement c/ Arbet*, n° 83623 (accorde 20 000 F de dommages-intérêts pour préjudice moral, au riverain qui, faute d'organisation d'une enquête publique, a été privé de la possibilité de s'y exprimer) ; CE, 5 juill. 2004, *Lescure*, n° 243801, *AJDA*, 21 mars 2005, p. 610 (accorde 23 000 € au riverain en raison de l'inaction de l'administration pour lutter contre les nuisances sonores qu'il subit).

275. S'agissant du ***juge judiciaire***, l'accès des associations non agréées est fort limité. Celles-ci peuvent potentiellement demander réparation d'un préjudice, devant le juge civil ou pénal, résultant d'une faute, le cas échéant pénale, issue notamment d'une infraction aux dispositions de la loi Littoral. Ces associations sont soumises au droit commun et ne pourront voir réparer qu'un préjudice direct et certain, qu'il soit matériel ou moral. L'association gestionnaire d'un espace naturel altéré pourrait aisément demander réparation de ce préjudice direct.

Pour le reste, le simple dommage environnemental résultant d'une atteinte à l'objet statutaire n'est traditionnellement pas considéré comme un préjudice direct. Le juge judiciaire semble toutefois assouplir progressivement sa position, et peut qualifier de préjudice direct un préjudice environnemental dès lors que l'objet statutaire est particulièrement précis et circonscrit. Cette solution est toutefois encore fragile, et l'on n'en trouve pas d'exemples en matière de littoral.

Dès 1982, la 1re chambre civile de la Cour de cassation a admis un tel préjudice direct pour une association ornithologique en cas de destruction de rapaces (Cass. civ. 1re, 17 nov. 1982, *CORA*, n° 81-15.550), décision restée longtemps isolée.

En 2006, la chambre criminelle semble ouvrir un peu plus largement cette possibilité (Cass. crim., 12 sept. 2006, *André X*, n° 05-86958 ; Cass. civ. 2e, 5 oct. 2006, *Assoc. de défense des riverains de la carrière de Luché*, n° 05-17602, *Environnement*, avr. 2007, p. 17) en admettant la constitution de partie civile d'une association généraliste de protection de l'environnement relativement à une infraction d'urbanisme. Le raisonnement est aisément transposable aux infractions littorales.

§2. Les associations agréées

276. Le législateur a introduit dès 1976 un régime d'agrément administratif des associations de protection de l'environnement, dans le but d'identifier des interlocuteurs privilégiés des pouvoirs publics. Ce régime d'agrément concerne toutes les associations de protection de l'environnement, et n'est évidemment pas propre aux associations agissant sur le littoral.

Il ne s'agit pas à proprement parler de sélectionner les associations les plus représentatives, notion qui n'a guère de sens au regard du but désintéressé poursuivi par celles-ci, mais les plus légitimes. Cette légitimité doit être fondée sur d'autres critères que la représentativité – en particulier le nombre d'adhérents – qui constitue une fausse bonne idée.

Plus une association aura un caractère désintéressé, spécialisé, moins elle fournira de services (animations, sorties...), et moins elle aura d'adhérents. Elle ne sera pas moins légitime pour autant, bien au contraire. De même, moins son objet sera « facile » (la défense des cloportes, des araignées et des vipères, plutôt que des phoques, des dauphins et des baleines) moins elle aura d'adhérents. Elle ne sera pas pour autant moins légitime.

Mais il apparaît très vite difficile d'identifier des critères de légitimité objectifs pour éviter la critique du tri politique entre le bon grain et l'ivraie. Les associations bénéficiant de l'agrément se verront alors reconnaître un certain nombre de prérogatives supplémentaires par rapport aux associations simplement déclarées.

A. L'accès à l'agrément

277. Les conditions permettant de bénéficier de l'agrément ont été revues en 1995 dans un sens légèrement plus restrictif, afin de tenter de mettre un terme à la délivrance excessivement large de ces agréments, aboutissant à une dévalorisation de celui-ci.

Tant les dispositions législatives (art. L. 141-1, C. env.) que les dispositions réglementaires (art. R. 141-2) énoncent les critères permettant aux associations d'obtenir l'agrément. Cette lecture combinée des textes est parfois redondante ou confuse, mais il en résulte, en tenant compte de la hiérarchie des normes, que les conditions permettant de bénéficier de l'agrément sont les suivantes :

- L'association doit avoir fait l'objet d'une déclaration administrative au titre de la loi du 1er juillet 1901.
- L'association doit avoir été créée depuis plus de trois ans.
- L'objet statutaire de l'association doit être principalement consacré à la protection de l'environnement.
- Les activités effectives de l'association doivent être principalement consacrées à la protection de l'environnement.
- Le fonctionnement de l'association doit être conforme à ses statuts.
- L'association doit disposer de garanties suffisantes d'organisation.

Les deux premières conditions sont très simples à constater et n'appellent ici pas de commentaire particulier.

Les deux suivantes le sont relativement également, mais l'administration peut être conduite à porter une appréciation tant sur le caractère « principal » des activités, que sur la nature, la consistance et les limites de la « protection de l'environnement ». Ainsi, si une fédération de chasseurs exerce des activités de protection de l'environnement, ce n'est pas son activité principale[22]. Contrairement à l'appréciation portée par l'administration, l'association dont l'objet porte sur les questions d'aménagement et d'urbanisme sur le littoral a bien une activité principale consacrée à la protection de l'environnement[23]. Inversement, la promotion de l'agriculture raisonnée, même si cette dernière prétend prendre en compte la préservation de l'environnement, n'est pas en soi une activité de protection de l'environnement[24]. Toutefois, mais la marge est étroite, l'administration n'a pas à porter une appréciation sur la nature des actions de protection de l'environnement. Elles peuvent relever de l'information, de la sensibilisation, de la recherche scientifique, comme de l'action contestataire[25].

22. CAA Nantes, 30 déc. 2003, *Assoc. Manche-Nature*, n° 00NT02011, *AJDA*, 2004, p. 551, note C. Cans; *Rev. jur. env.*, 2004/3, p. 281, note B. Busson.
23. CAA Nantes, 30 mai 2003, *Assoc. Qualité de la vie à Larmor-Baden*, n° 99NT00528, *Dr. env.*, 2003, n° 114, p. II.
24. TA Paris, 16 déc. 2004, *Environnement 56 et a.*, *Dr. env.*, avr. 2005, p. II.
25. Il a pu être jugé, curieusement d'ailleurs, que la lutte contre l'industrie nucléaire n'est pas un objet portant principalement sur la protection de l'environnement, mais non pas que

Enfin, les deux dernières conditions restent relativement mystérieuses, dans la mesure où l'on ne connaît guère de décisions motivées de l'administration portant une appréciation sur l'existence ou l'absence de ces conditions. Encore moins le juge n'a-t-il été amené à interpréter ces conditions[26].

En définitive, l'agrément est délivré aux associations déclarées et existant depuis au moins trois ans et exerçant leur activité principale dans le domaine de la protection de l'environnement.

278. Le préfet saisi de la demande procède à un nombre limité de consultations, prévues par l'article R. 141-9 du Code de l'environnement. L'agrément est ensuite délivré ou refusé, selon le champ territorial pour lequel il est sollicité, par le préfet ou le ministre. Dans tous les cas, la décision est motivée (art. R. 141-14 et R. 141-16, C. env.) ; une motivation stéréotypée (« *Cons. que l'association remplit les conditions pour être agréée* ») entraîne l'annulation de l'agrément[27]. Un refus ne peut, bien entendu, être motivé que par le non-respect d'au moins une des conditions sus-évoquées[28].

L'agrément est délivré sans limite de durée, et l'idée un temps retenue par le ministère chargé de l'environnement d'adopter le modèle de l'agrément des associations de consommateurs, valable 5 ans et renouvelable, a été abandonnée.

279. Par contre, l'agrément peut être « retiré » dans les conditions prévues par l'article R. 141-20. Il faut en réalité considérer qu'il s'agit d'une abrogation et non d'un retrait. On imagine mal en effet que celui-ci soit rétroactif, rendant ainsi illégales toutes les décisions administratives rendues après avis d'un organisme où un représentant d'une association alors agréée aurait siégé.

Le « ***retrait*** » est possible dans deux cas. D'abord lorsque l'association ne remplit pas son obligation de transmission à l'administration de ses rapports moral et financier, ensuite lorsque l'association ne répond plus aux conditions permettant de bénéficier de l'agrément. Il pourrait en être ainsi lorsqu'une association a élargi son domaine d'action et ne saurait plus être considérée comme exerçant ses activités « principalement » dans le domaine de la protection de l'environnement.

Sur le plan procédural, la seule exigence consiste à recueillir préalablement les observations de l'association et à publier la décision de « retrait », selon

---

l'approche contestataire de l'association « Tchernoblaye » justifiait le refus de l'agrément : TA Bordeaux, 23 févr. 2006, *Assoc. Tchernoblaye*, *AJDA*, 2006, p. 885 note C. Cans (motif implicitement infirmé en appel : CAA Bordeaux, 7 févr. 2008, n° 06BX00814).

26. Le seul arrêt relatif aux insuffisantes garanties d'organisation se contente en réalité de constater que l'association n'a d'activités que dans un seul département et non dans l'ensemble de la région : CAA Bordeaux, 7 févr. 2008, *op. cit.*

27. TA Paris, 22 mai 2003, *Assoc. FNE, Dr. env.*, 2003, n° 114, p. 247, note X. Braud.

28. Ainsi le refus motivé par le fait que la défense de l'environnement est déjà parfaitement (sic) assurée par les services publics est illégal : CE, 25 sept. 1995, *APROVAM*, n° 129728.

les cas (ressort territorial de l'agrément) au recueil de la préfecture ou au Journal officiel.

Force est de constater que l'administration n'use de cette possibilité de retrait qu'avec une extrême parcimonie. En effet, alors que cette possibilité a été introduite en 1995 par le législateur, les premières décisions prononçant, à fort juste titre, des abrogations et non des retraits d'agrément, sont intervenues en 2009 (Arr. ministériels du 7 mai 2009, *JO* du 20 mai 2009).

B. Les droits conférés par l'agrément

280. L'agrément n'apporte que des prérogatives supplémentaires par rapport à celles dont bénéficient les associations ordinaires ou déclarées. Il en résulte que tout ce qui a été dit *supra* sur les associations non agréées concerne également les associations agréées.

Le bénéfice de l'agrément confère, à la lecture des textes, de nombreux droits supplémentaires. En réalité, nombre d'entre eux sont d'un intérêt extrêmement limité. Il faut donc se concentrer sur les deux principaux et se contenter d'en évoquer rapidement quelques autres.

281. La loi énonce d'abord que les associations agréées ont ***vocation à participer*** à l'action de certains organismes publics.

Article L. 141-2 du Code de l'environnement

« Les associations de protection de l'environnement agréées au titre de l'article L. 141-1 ainsi que les associations mentionnées à l'article L. 433-2 sont appelées, dans le cadre des lois et règlements en vigueur, à participer à l'action des organismes publics concernant l'environnement ».

Ces organismes publics sont principalement les nombreux organismes consultatifs spécialisés, mais également quelques conseils d'administration d'établissements publics. Les textes propres à ces organismes en fixent la composition et prévoient généralement qu'un ou plusieurs sièges est réservé à des représentants d'associations agréées. Il faut toutefois regretter que près de la moitié de ces textes spéciaux omettent de réserver cette représentation associative à des associations « agréées ».

Ainsi, comme on l'a dit, la représentation des associations au conseil d'administration du Conservatoire du littoral n'est pas réservée à une association agréée (art. R. 322-17-I-14°, C. env.), alors que c'est le cas au conseil d'administration de l'ADEME (art. L. 131-4-4°, C. env.) ou des agences de l'eau (art. L. 213-8-1, C. env.). Parmi les organismes consultatifs, ***les commissions départementales des sites, de la nature et des paysages*** incluent au moins deux représentants d'associations agréées (art. R. 341-17-3°, C. env.). Celles-ci sont appelées à émettre des avis sur des projets d'aménagement affectant les communes littorales.

En effet l'article L. 146-4-II du Code de l'urbanisme prévoit leur consultation obligatoire préalablement à l'accord du préfet en cas d'extension de l'urbanisation dans les espaces proches du rivage si celle-ci n'est pas justifiée dans le PLU selon les critères prévus par ce texte ou conforme à un SCOT (voir *infra*, n°s 612 et s.).

Encore faut-il relever, qu'à la notable exception des représentations aux conseils d'administration des agences de l'eau, toutes les désignations de représentants d'associations sont effectuées par l'autorité administrative qui dispose pour ce faire d'un pouvoir discrétionnaire. Autrement dit, à la différence des représentants d'autres organismes, les associatifs sont considérés comme des mineurs incapables de désigner eux-mêmes leurs représentants. Cela permet en pratique à l'autorité administrative d'éviter de désigner des représentants d'associations qu'elle jugerait trop contestataires à son goût. La discussion est évidemment plus simple avec des associations dociles.

282. En second lieu, ***l'accès à la justice des associations agréées est facilité***. C'est essentiellement ***devant le juge judiciaire*** que la différence est importante pour les associations agréées. En effet, dès lors qu'elles bénéficient de l'agrément, elles peuvent demander réparation, que ce soit devant le juge pénal ou le juge civil[29], non plus seulement d'un préjudice direct, mais également d'un préjudice indirect (art. L. 142-2, C. env.), qui est admis dès lors que les intérêts défendus par l'association sont atteints[30].

Autrement dit, dès lors qu'un préjudice environnemental est constaté, à condition qu'il y ait une certaine adéquation entre l'objet statutaire et le préjudice, l'association agréée pourra demander et obtenir réparation. Il s'agit d'une forme parmi d'autres de préjudice moral.

Il ne faut toutefois pas oublier que la possibilité d'une telle réparation est conditionnée à l'existence d'une infraction pénale environnementale à l'origine du dommage, ce qui résulte de la rédaction même de l'article L. 142-2 du Code de l'environnement.

Cette habilitation législative permet en outre à l'association agréée, comme à toute victime, de déclencher l'action publique devant le juge pénal, notamment en cas d'inertie du Parquet, par la voie de la citation directe. Elle peut également, dans les conditions du droit commun, saisir le juge d'instruction (pour les délits seulement) après saisine infructueuse du Parquet (art. 85, C. pr. pén.).

L'habilitation législative permet également aux associations de saisir le juge des référés civils pour faire cesser un trouble manifestement illicite ou prévenir un dommage imminent (Cass. civ. 3e, 2 févr. 2005, n° 03-1916).
Pour un exemple en matière de littoral, le juge civil des référés a ainsi ordonné l'interruption d'un chantier d'extension d'un golf sur les dunes de Bréville-sur-mer pour trouble manifestement illicite (CA Caen, 6 sept. 1994, *GRAPE, Dr. env.*, n° 28, p. 13 ; *Rev. jur. env.*, 1995, p. 121).

29. Cass. civ. 2e, 7 déc. 2006 n° 05-20297, *Environnement*, avr. 2007, p. 17.
30. Cass. crim., 1er oct. 1997, *Bourelly*, n° 96-86001.

Les effets de l'agrément ***devant le juge administratif*** sont beaucoup plus limités dans la mesure où l'accès au prétoire administratif est déjà largement ouvert aux associations même en l'absence d'agrément. Pour apprécier le caractère direct de l'intérêt pour agir d'une association, le juge administratif exige comme on l'a dit (voir *infra*, n° 269) une certaine adéquation géographique entre la portée de la décision contestée et le ressort territorial de l'association[31]. Une association régionale est ainsi irrecevable à contester un permis de construire pour une opération immobilière sur l'île Chausey, dès lors que cette opération est considérée comme n'ayant qu'une portée locale[32]. Les associations agréées sont toutefois dispensées de justifier de cette adéquation géographique, en vertu de l'article L. 142-1, 2e al. du Code de l'environnement.

Ainsi, une fédération départementale d'associations, dès lors qu'elle est agréée, est recevable à contester le permis de construire délivré pour la reconstruction d'un bâtiment en vue d'y aménager neuf logements à proximité du littoral sur la commune de Binic (CE, 8 févr. 1999, *FAPEN*, n° 176779, *Rec.*, p. 20).

283. De façon beaucoup plus accessoire, les associations agréées bénéficient, dans le cadre de certaines procédures, d'un ***droit à consultation*** sur demande de leur part. C'est principalement le cas de l'élaboration et de la révision des PLU et des SCOT. L'article L. 121-5 du Code de l'urbanisme permet aux associations qui en font la demande d'être consultées sur le projet. Pour ce faire, elles peuvent bénéficier de la communication du projet de PLU ou de SCOT, mais là encore, une mesure vexatoire à l'égard des associations précise (même article) qu'une copie du projet leur sera fournie à leurs frais. Surtout, cette obligation consultative ne doit pas faire illusion. Il n'est pas dans la culture des communes aménageuses et soucieuses de développement, d'accorder une réelle importance aux observations d'associations préoccupées par le maintien de la biodiversité, pourtant indispensable à la survie de l'humanité.

Enfin on évoquera une dernière prérogative, apparemment intéressante mais qui a aujourd'hui perdu une grande partie de son intérêt. Les associations agréées peuvent bénéficier d'une copie du ***dossier d'enquête publique*** à leurs frais (art. L. 123-8, C. env.) pour toutes les enquêtes relevant du régime dit démocratisé c'est-à-dire des articles L. 123-1 et suivants du Code de l'environnement. Cette disposition présentait un intérêt dans la mesure où ces dossiers sont considérés comme des documents « préparatoires » à une décision administrative, et de ce fait non communicables au public (hors consultation sur place pendant les heures de permanence) avant intervention de la

31. CE, 26 juill. 1985, *URDEN Franche-Comté*, *Rec.*, p. 251 ; *AJDA*, 1985, p. 741 ; *Rev. jur. env.*, 1985, p. 473.
32. CAA Nantes, 16 juill. 1993, *Ville de Granville*, n° 93NT00161.

décision administrative prise postérieurement à l'enquête. Mais depuis un arrêt du Conseil d'État[33] qui est revenu sur cette incommunicabilité des documents préparatoires en matière d'information environnementale, ce dossier d'enquête publique est devenu communicable à toute personne. Ce ne serait que pour les dossiers d'enquête qui, alors même qu'ils relèveraient du régime du Code de l'environnement, seraient considérés comme ne contenant pas (seulement) des informations environnementales, que cette disposition pourrait continuer de présenter un intérêt pour les associations agréées. Ce n'est pas exclu pour les enquêtes publiques en matière d'urbanisme.

Section 2. Les associations d'élus et de professionnels

284. Il convient bien entendu de mentionner ici les associations d'élus et les organisations professionnelles, qui défendent le plus souvent des choix opposés à ceux des associations de protection de l'environnement. Leur discrétion n'est pas synonyme d'inefficacité tout au contraire. Par nature pour les premières, par poids économique pour les secondes, ces associations sont proches des lieux de décisions et savent se faire entendre sans nécessairement faire de bruit. Les pratiques de ces associations sont bien plus proches de celles du « lobbying », non encadré par le droit, que de toute procédure juridique, et notamment contentieuse, ce qui justifie que le propos soit, dans le cadre du présent manuel juridique, beaucoup plus bref. En outre, ces associations ne se voient pas appliquer, à quelques exceptions près, de régime juridique particulier.

§1. Les associations d'élus

285. Les associations généralistes d'élus, notamment de maires, sont sans aucun doute les plus structurées et actives sur de nombreux sujets, y compris sur la loi Littoral dans les départements concernés. Certaines associations départementales de maires s'expriment en particulier pour regretter les aspects selon elles trop contraignants de la loi du 3 janvier 1986. En revanche les associations spécialisées d'élus sont peu nombreuses, et c'est principalement l'association nationale des élus du littoral qui doit retenir notre attention.

A. L'association nationale des élus du littoral

286. L'ANEL a vu le jour en 1978 et se veut un lieu d'échanges d'expériences entre élus, un laboratoire d'idées, une force de propositions. Ses activités les plus visibles consistent en l'organisation de journées d'études. Peu d'entre

33. CE, 6 août 2007, *Assoc. des habitants du littoral du Morbihan*, n° 266668, *AJDA*, 2007 p. 1563 ; *JCP A*, 10 déc. 2007 p. 19 ; *BJDU*, 2007/4 p. 273 ; *Environnement*, oct. 2007, p. 30.

elles abordent des thématiques juridiques. Notons toutefois l'édition 1996 sur les « *10 ans de loi littoral, bilan et perspectives* ». Elle publie une lettre d'information « Liaisons littorales » à la parution très irrégulière.

Elle est représentée en tant que telle dans de nombreux organismes consultatifs (Conseil national du tourisme, Comité national de l'eau, Comité pour le développement des capacités d'accueil de la plaisance...). Le Conseil National du littoral (voir *supra*, n°s 101 et s.), pour la création duquel l'ANEL s'est fortement mobilisée, offre en outre une large place aux élus locaux qui y disposent quasiment d'une majorité absolue, sa commission permanente est composée pour un tiers d'administrateurs de l'ANEL.

Présidée par M. Yvon Bonnot, maire de Perros-Guirec, on trouve parmi les dirigeants de cette association plusieurs maires de communes (Le Lavandou, Merlimont...) dont les noms sont associés à de nombreux contentieux urbanistiques liés à la loi Littoral dont la plupart ont abouti à l'annulation d'autorisations d'urbanisme. Cela contribue à expliquer une certaine mobilisation pour l'obtention d'assouplissements à la loi Littoral, sous couvert de lutte contre une « *insécurité juridique* » qui résulterait de son application[34].

Plusieurs des administrateurs de l'association sont des parlementaires, ce qui facilite grandement la tâche de « lobbying » pour le dépôt d'amendements visant à alléger les contraintes de la loi littoral.

287. L'association affiche ses partenariats avec de grosses entreprises, telles que Veolia-environnement ou Suez-environnement ou encore, le « *club français du littoral* », association d'entreprises « *concernées par le développement du littoral* ».

La protection de la biodiversité qui caractérise de nombreux espaces littoraux ne fait pas partie des préoccupations de l'association, tout juste le « *patrimoine littoral et maritime* » retient-il son attention dès lors qu'il constitue un « *levier du développement économique des territoires* »[35]. La journée d'étude « *Le maire et la plage* »[36] a été l'occasion de présenter du matériel de nettoyage des plages, mais non de s'étendre sur les espèces fréquentant celles-ci, qui peuvent notamment être gravement atteintes par les opérations de nettoyage. Une certaine mobilisation de l'ANEL a pu être observée à la suite du naufrage de l'*Erika*. Cette pollution a porté atteinte à la biodiversité, mais surtout à la fréquentation touristique des communes littorales.

34. Voir notamment le rapport d'activités 2003 de l'ANEL, point 2-4
35. *Le patrimoine littoral et maritime, levier du développement économique des territoires*, thème des journées nationales d'études de l'ANEL, 17-19 sept. 2008, Toulon.
36. Journées d'études organisées en sept. 2003 au Lavandou, voir rapport d'activités ANEL 2003, point 1-2.

B. L'association nationale des élus des zones humides

288. C'est à l'initiative de Jean-François Legrand, Sénateur et Président du Conseil Général de la Manche, que l'ANEZH a vu le jour en 1998. Elle a toujours son siège dans ce département. Son objet n'est pas strictement centré sur le littoral à la différence de l'ANEL, mais on peut l'évoquer ici, tant nombre des plus importantes zones humides sont plus ou moins directement liées aux milieux littoraux (Camargue, Mont St Michel, Marais du Cotentin...).

L'ANEZH se propose de regrouper les élus locaux des collectivités territoriales des zones humides, afin notamment de « *faire pleinement reconnaître l'identité des zones humides et renforcer la solidarité nationale à l'égard des zones humides* »[37]. Comme son aînée l'ANEL, elle organise bien entendu des journées d'études. Elle se propose également d'être un relais entre les pouvoirs publics et les élus ou les collectivités, traduisant ainsi sa vocation de groupe de pression.

Parmi ses revendications « juridiques », on relèvera un intérêt marqué pour une adaptation de la fiscalité aux zones humides sous forme de diverses défiscalisations avec contreparties environnementales. Elle soutient même l'idée de la création d'une dotation spécifique, liée à l'effort de protection et de valorisation des zones humides, qui s'inspirerait de la dotation de développement rural. À cet égard, l'ANEZH n'est pas étrangère aux préoccupations environnementales.

§2. Les associations professionnelles

289. Les syndicats ostréicoles, parfois mytilicoles, et plus généralement conchylicoles, sont nombreux au niveau local des bassins de production, sous forme d'associations relevant de la loi du 1er juillet 1901. Ces syndicats professionnels, dont le régime n'est pas encadré par une loi spéciale, adhèrent à sept sections régionales de la conchyliculture, organismes créés par la loi du 2 mai 1991 relative à l'organisation interprofessionnelle des pêches maritimes et des élevages marins et à l'organisation de la conchyliculture (voir infra, n° 426) qui prévoit également la création d'un Comité national de la conchyliculture.

La loi, précisée par un décret[38], encadre fortement ces organismes auxquels l'adhésion est obligatoire pour les professionnels. Ce ne sont d'ailleurs pas seulement des syndicats de professionnels, leurs missions étant déterminées plus largement par la loi[39]. Le régime législatif prévoit notamment que leurs

---

37. *Zones humides infos*, n° 31, 1er trim. 2001 p. 6.
38. Décret n° 91-1276 du 19 décembre 1991.
39. Voir les missions de ces organismes, déterminées à l'art. 8 de la loi du 2 mai 1991.

dirigeants sont nommés par l'administration[40] et qu'ils peuvent produire des délibérations « *rendues obligatoires* »[41] devenant ainsi de véritables actes administratifs unilatéraux réglementaires. Ces organismes sont expressément placés sous la tutelle[42] du ministre chargé de la pêche maritime et des cultures marines, et la loi se garde bien de les qualifier tant d'associations que d'établissements publics.

Les professionnels de la pêche maritime doivent également obligatoirement adhérer à des organismes comparables, dont le régime est fixé par la même loi. Mais s'agissant de la pêche maritime, la loi inclut, en plus des comités régionaux et du comité national, la création de comités locaux, soumis au même régime spécifique.

On ne doit pas oublier les autres activités professionnelles qui s'exercent sur les territoires littoraux, et particulièrement l'activité agricole, souvent refoulée par l'urbanisation galopante. L'élevage, notamment ovin constitue une activité fréquemment exercée sur les propriétés du Conservatoire du littoral. Ces professionnels ont leurs organisations syndicales bien connues de tous, que l'on peut mentionner ici, la FNSEA pour le syndicalisme majoritaire, et la Confédération paysanne, second syndicat agricole.

Bibliographie

BORE (L.), *La défense des intérêts collectifs par les associations devant les juridictions administratives et judiciaires*, LGDJ Bibl. de droit privé, 1997.

BRAUD (X.), *Protection de l'environnement, guide juridique à l'usage des associations*, éd. Yves Michel, 2002.

BRAUD (X.) « Associations de protection de l'environnement », in *Dictionnaire permanent environnement et nuisances*, Éd. Législatives.

BUSSON (B.) « Le mauvais procès des recours des associations : faux arguments et vraies menaces » *Rev. jur. env.*, 2001, p. 59.

CANS (C.) « Associations agréées de protection de l'environnement », *J.-Cl. Environnement*, fasc. 240.

LEOST (R.) « Les compétences des associations agréées en matière d'urbanisme », *AJPI*, 1996 p. 1006.

40. Loi du 2 mai 1991, art. 8.
41. Loi du 2 mai 1991, art. 11.
42. Loi du 2 mai 1991, art. 16.

Chapitre 2

L'intervention des juridictions dans les conflits affectant l'espace littoral

Plan du chapitre

RÉSUMÉ

290. Il n'est pas totalement inconcevable d'imaginer la création d'une juridiction spécialisée du littoral ; certaines juridictions ont des spécialités encore plus précises, tels que les tribunaux paritaires des baux ruraux. Il faut pour l'heure se contenter de mentionner le tribunal international du droit de la mer (pour les espaces marins)[1], dont l'activité est particulièrement réduite, même au sein de son domaine de compétence, et un embryon de spécialisation au sein des juridictions répressives sur lequel nous reviendrons.

Pour le reste, c'est-à-dire la quasi-totalité des contentieux littoraux, ce sont les juridictions généralistes, de l'ordre administratif et de l'ordre judiciaire, qui se trouvent saisies de litiges de nature très variée.

1. Pour en savoir plus sur cette juridiction, voir notamment T. Treves « Le règlement du tribunal international du droit de la mer, entre tradition et innovation », *AFDI*, 1997, p. 341.

Section 1 Les fonctions de la juridiction administrative

291. Seront abordées successivement les deux principales procédures contentieuses organisées devant la juridiction administrative, le recours pour excès de pouvoir et le contentieux de la responsabilité. Mais il convient également d'examiner le contentieux dit de la grande voirie, marginal pour le juge administratif, mais qui présente une grande importance pour le littoral.

§1. Le recours pour excès de pouvoir

292. Un rappel sommaire de ses caractéristiques générales suffira à faire comprendre qu'il offre des potentialités considérables d'application sur le littoral, notamment dans de nombreux litiges relatifs à la protection de ces espaces sensibles.

A. Un recours particulièrement ouvert

293. Le recours pour excès de pouvoir consiste à soumettre à l'examen du juge la question de la légalité de la décision qui lui est déférée. Si elle est illégale, elle sera annulée, dans le cas inverse, le recours sera rejeté.

Toutes les décisions administratives émanant de l'État, des collectivités locales et des Etablissements publics (qualifiées d'actes administratifs unilatéraux) sont susceptibles d'un tel recours, et ce quelle que soit la forme de la décision. Elle peut résulter d'un support formellement encadré (arrêté, délibération...), d'une simple lettre, ou encore du silence de l'administration (non-réponse à une demande valant en principe refus implicite). Une décision peut même se déduire de l'existence d'un comportement (des travaux engagés par une personne publique, même sans décision formalisée, impliquent l'intervention d'une décision)[2].

> Si, en principe, seules les décisions unilatérales peuvent être contestées, le recours est possible contre les « actes détachables » des contrats, principalement la décision de signer ou d'approuver le contrat. Et en cas d'annulation de cet acte détachable, le requérant peut obtenir que le juge enjoigne à la personne publique de saisir le juge du contrat afin que soit prononcée la résiliation du contrat (CE, 7 oct. 1994, *Époux Lopez, Rec.*, p. 430).

294. Toute personne, physique ou morale, dont les intérêts seraient lésés par l'exécution d'une décision administrative est recevable à saisir le juge de l'excès de pouvoir. Elle doit toujours invoquer une qualité (riverain, professionnel, contribuable...) permettant d'identifier un intérêt lésé par l'exécution de la décision administrative contestée. S'agissant des personnes morales, on a vu à propos des associations que leur intérêt s'appréciait essentiellement au

2. CE, 12 mars 1986, *Ministre de la culture c/ Cusenier, AJDA*, 20 mai 1986, p. 258.

regard de leur objet statutaire. Il en est de même pour les autres personnes morales, qu'elles soient des sociétés ou des Etablissements publics (leur objet peut alors résulter non de « statuts » mais de la loi ou du règlement les ayant créés). Quant aux collectivités territoriales, leur intérêt est plus délicat à identifier, mais il est largement entendu au regard des territoires et compétences qui sont les leurs.

Une personne, l'État, se voit reconnaître à cet égard un statut particulier. Lors de la suppression de la tutelle de l'État sur les collectivités locales, un « contrôle de légalité » a été institué en contrepartie, par la loi du 2 mars 1982. Le préfet est ainsi chargé de déférer au contrôle du juge administratif les actes des collectivités locales qu'il considérerait comme illégaux, dans des conditions somme toute assez proches de celles des autres personnes. Il peut toutefois contester directement les contrats. Ce contrôle de légalité est particulièrement important en matière d'urbanisme, compétence décentralisée, surtout dans les communes littorales qui bénéficient d'un encadrement législatif spécial. Pourtant, il suffit de parcourir la très abondante jurisprudence relative à l'urbanisme littoral pour constater que les préfets ne déferent qu'une infime partie des actes illégaux des collectivités locales. Cette inaction laisse ainsi la porte ouverte aux recours associatifs ou, pire encore, au développement durable... de l'urbanisation illégale.

Le recours pour excès de pouvoir peut être accompagné d'une demande en suspension en référé, dans les conditions prévues par les articles L. 521-1 et suivants du Code de justice administrative. Toutefois, en dehors du cas des permis de construire, la suspension est extrêmement rarement accordée[3].

B. Les diverses missions du juge de l'excès de pouvoir

295. Le recours pour excès de pouvoir permet d'abord au juge de ***veiller au plein épanouissement de la réglementation*** à tous les niveaux. S'agissant de la réglementation nationale, cette mission du juge s'est notamment manifestée par une annulation de la décision de refus du Premier Ministre de prendre les décrets d'application de la loi littoral relatifs aux estuaires, accompagnée d'une injonction sous astreinte d'édicter ces décrets[4]. Ce n'est donc que grâce à l'intervention du juge administratif qu'a ainsi été édicté le décret du 29 mars 2004 fixant la liste des communes riveraines des estuaires.

Concernant la réglementation locale, c'est principalement dans le cadre des contrôles des règlements d'urbanisme (PLU) que s'exerce cette mission, qui contribue notamment à la mise en œuvre effective de la loi Littoral par les règlements locaux. Les règlements de police plus classiques, relatifs par

3. X. Braud, « Les impacts négatifs du référé-suspension sur la protection de l'environnement », *Rev. jur. env.*, 2003/2, p. 193.

4. CE, 28 juill. 2000, *France-Nature-Environnement*, *Rec.*, p. 322 ; *RFDA*, 2003, p. 116 ; *BJDU*, 2000/5, p. 306.

exemple aux conditions de circulation sur les plages des véhicules motorisés utilisés par les pêcheurs à pied sont parfois soumis au juge administratif[5] qui assure ainsi l'effectivité d'une réglementation relativement restrictive d'accès au rivage des véhicules motorisés.

Quantitativement, le juge de l'excès de pouvoir est néanmoins beaucoup plus saisi de ***décisions individuelles*** à commencer par des autorisations d'urbanisme. Ce sont surtout les permis de construire et permis d'aménager (lotissements), octrois comme refus, qui alimentent les tribunaux administratifs.

D'autres types d'autorisations, ne relevant pas du Code de l'urbanisme, et pouvant concerner le littoral, sont également susceptibles d'être soumis au juge administratif : autorisation de défrichement[6], autorisation d'installation classée, autorisation d'aménager un bassin ostréicole[7]... C'est aussi le cas de diverses décisions relatives à l'occupation du domaine public, maritime[8] ou portuaire[9], que ce soit pour y installer des exploitations conchylicoles ou y réaliser des travaux de défense contre la mer.

Rares encore sont les contentieux relatifs à des « actes détachables » de ***contrats***. Quelques conventions conclues entre une commune et le Conservatoire du littoral ont donné lieu à des recours[10]. Ces autorisations d'occupation du domaine public peuvent revêtir une forme contractuelle. On pourrait donc imaginer que le juge administratif soit saisi de nombreux recours de tiers attentifs à la protection du littoral. Tel n'est pourtant pas le cas.

296. L'apport jurisprudentiel du juge consiste essentiellement à ***interpréter*** de nombreuses notions, ou, plus prosaïquement, les termes et expressions des dispositions législatives et réglementaires qu'il applique. On a vu à propos de la loi Littoral, que les expressions telles que « espaces proches du rivage », « espaces urbanisés », « aménagements légers » etc. étaient suffisamment ouvertes pour nécessiter une œuvre interprétative conséquente. L'interprétation du juge n'est certes pas la seule, il faut mentionner entre autres les interprétations administratives. Ce peut être la « doctrine administrative » des services de l'État, où les interprétations potentiellement très diverses des collectivités locales dans leur mise en œuvre du droit de l'urbanisme. Mais force est de constater que, tranchant les litiges portés devant lui, c'est le juge administratif qui a le dernier mot.

5. CAA Nantes, 20 févr. 2007, *M. Bertrand X*, n° 06NT00663.

6. TA Pau, 18 nov. 1992, *SEPANSO Landes c/ Cne de Sanguinet*, n° 92-0791.

7. TA Rennes, 25 sept. 2003, *Assoc. Les Amis de Locqmiquel*, n° 992664.

8. TA Caen, 12 juillet 2007, *Manche-Nature*, n° 0401746, *Environnement*, janv. 2008, p. 26 (autorisation d'occupation en vue de l'aménagement d'un enrochement).

9. TA Montpellier, 27 mars 1986, *Préfet des Pyrénées orientales*, n° 01428 (juge ainsi que le domaine public portuaire ne saurait être occupé par une thalassothérapie).

10. TA Nice, 14 avril 1991, *Bret*, n° 901889; TA Nice, 15 mai 1997, *Assoc. Les amis de St Raphaël*, n° 92-229 (annulent des délibérations du conseil municipal de Fréjus approuvant la convention conclue entre la commune et le Conservatoire du littoral en tant qu'elle prévoit des parkings dans un espace remarquable).

La fonction interprétative du législateur est extrêmement réduite. Par contre, celui-ci peut tout à fait, réfutant les interprétations du juge administratif, modifier les dispositions législatives dans le sens souhaité. Cette opération ne relève plus de l'interprétation.

D'un point de vue opérationnel, l'interprétation administrative ne présente donc d'intérêt que pour les questions non tranchées par le juge. Les interprétations qui s'en écartent, courantes dans l'exercice des compétences d'urbanisme par les collectivités locales, sont une source puissante d'insécurité juridique pour les bénéficiaires d'autorisations, tant le risque d'annulation par le juge est alors élevé.

§2. Le contentieux de la responsabilité

297. C'est essentiellement le contentieux le plus classique, de la responsabilité pour faute, qui est de nature à être soumis au juge administratif en matière littorale. Cette branche du contentieux de la responsabilité se distingue assez peu du mécanisme de la responsabilité civile devant le juge judiciaire, si ce n'est que sont ici en cause des personnes publiques. Toute faute d'une personne publique qui cause à autrui un préjudice autorise cette victime à en demander réparation devant le juge administratif de la responsabilité. Il convient d'insister sur le fait que toute décision illégale est constitutive d'une faute de nature à engager la responsabilité de l'administration.

Les ***bénéficiaires d'autorisations d'urbanisme illégales*** qui auraient été annulées peuvent ainsi recourir à cette procédure pour obtenir réparation du préjudice tiré de l'obligation de renoncer à leur projet d'aménagement. La faute est essentiellement celle de la collectivité locale ayant délivré l'autorisation[11], mais elle peut aussi être partagée avec l'État si le préfet a donné son accord au titre de l'article L. 146-4-II du Code de l'urbanisme[12], voire relever exclusivement de l'État[13]. Mais l'aménageur peut aussi voir sa part de responsabilité reconnue, s'il ne s'est pas assuré de la régularité de son projet au regard de la loi littoral[14] ou s'il a fourni un dossier incomplet qui a contribué à la commission de l'illégalité, réduisant ainsi son droit à indemnisation. Le préjudice, essentiellement matériel, est aisément évaluable en argent, il résulte notamment des frais engagés pour l'achat de terrains, des frais liés à la demande de permis de construire[15].

11. CE, 30 avril 2008, *Cne de St Tropez*, n° 292257.
12. CE, 7 févr. 2003, *Secrétaire d'État au logement c/ SNC Empain-Graham*, *Rev. jur. env.*, 2003/4, p. 506.
13. CE, 6 févr. 2006, *Sté d'aménagement de Port-Léman*, n° 268973.
14. CAA Lyon, 6 juin 2000, *SNC Empain-Graham c/ Cne de Rayol-Canadel*, n° 95LY01661.
15. CAA Marseille, 6 nov. 2006, *SCI Geremi*, n° 04 MA01382. V. aussi *supra*, n°s 200 et s.

Du fait de la conscience de cette co-responsabilité, ou de la volonté de ne pas envenimer les situations, force est de constater que cette responsabilité reste encore rarement engagée par les promoteurs. Un usage plus décomplexé de cette procédure pourrait pourtant utilement conduire les collectivités locales et l'État à appliquer avec plus de rigueur le droit de la protection du littoral.

298. La mission du juge de la responsabilité est tout à fait adaptée aux aménageurs subissant un préjudice matériel. Elle l'est beaucoup moins aux ***défenseurs de la nature***, notamment les associations, dont le préjudice, moral, qui ne se distingue pas vraiment du préjudice écologique[16], est difficile à évaluer. Comme on l'a vu plus haut, le juge administratif se montre peu généreux à l'égard des associations.

Si rien ne s'oppose à la réparation de ce préjudice par des mesures restitutives comme la démolition ou remise en état des lieux (CAA Nantes, 18 avr. 2006, *Manche-Nature*, n° 04NT00362, *AJDA*, 23 oct. 2006, p. 1954 ; *Rev. jur. env.*, 2008/2, p. 23), force est de constater que celles-ci ne sont quasiment jamais prononcées.

§3. Le contentieux de la grande voirie

299. Marginal par rapport aux deux grandes branches du contentieux administratif, le contentieux de la grande voirie joue un rôle qui est loin d'être négligeable sur le littoral. Son objet est d'assurer la protection de l'intégrité ou de l'utilisation du domaine public comme le prévoit l'article L. 2132-2 du Code général de la propriété des personnes publiques. Il est plus particulièrement utilisé sur le domaine public maritime.

Reprenant des textes anciens (ordonnance du 3 août 1681, décret du 16 décembre 1811), les articles L. 2132-3 et 4 du même code interdisent toute construction ou aménagement sur le domaine public maritime sous peine de démolition, confiscation des matériaux et amende. Les dépôts, extractions et autres dégradations son également prohibés, sauf autorisation d'occupation du domaine public.

Outre cette protection qui vise essentiellement le domaine public « naturel », le domaine public artificiel est également concerné à travers les ports maritimes. Les contraventions de grande voirie les concernant sont fixées par le titre III du livre III du Code des ports maritimes (voir *infra*, n°s 402 et s.).

Le juge administratif dispose ici d'une procédure qu'il est d'usage de qualifier de mi-pénale et mi-civile. Mais c'est l'aspect civil (au sens de réparateur) qui l'emporte en pratique, dans la mesure où le juge est en principe tenu d'ordonner la remise en état des lieux (que l'auteur de la contravention soit une personne privée ou une personne publique) alors que la sanction ne dépasse pas le montant des amendes prévues pour les contraventions de 5e classe.

16. X. Braud, note sous TA Caen, 13 nov. 2001, *Dr. env.*, n° 101, p. 210.

300. Deux particularités importantes doivent en outre être abordées. En premier lieu, l'action réparatrice est ***imprescriptible*** même lorsque l'action publique est, elle, éteinte[17]. Ce qui permet de revenir sur des situations parfois très anciennes. Ainsi, rien ne s'oppose à ce qu'une construction édifiée en 1909 voie sa démolition ordonnée près d'un siècle plus tard[18] (sur les règles de protection du DPM, voir *infra*, nos 492 et s.).

En second lieu, le préfet est ***tenu d'engager les poursuites***, à la différence de l'opportunité des poursuites prévalant devant le juge judiciaire au bénéfice du Procureur de la République. Dans le cas, loin d'être exceptionnel, du refus d'un préfet de constater la contravention, le plaignant, qui peut être une association, ne peut pas saisir le Tribunal administratif pour engager les poursuites. Il peut cependant obtenir l'annulation du refus préfectoral, assortie d'une injonction de constater l'infraction et saisir le juge de la grande voirie, le cas échéant sous astreinte[19].

Le Préfet ne peut donc pas refuser d'engager les poursuites pour des raisons de simple convenance administrative. Cette obligation ne trouve sa limite que dans les autres intérêts généraux dont il a la charge, tels que l'ordre public[20]. Une route qui ne dessert qu'une entreprise ostréicole ne répond pas à un intérêt général, le préfet sera donc tenu de dresser procès-verbal[21]. Par contre, le dépôt de gravats et matériaux sur lequel va être implanté un ouvrage public dont la déclaration d'utilité publique est en cours n'aura pas à faire l'objet de poursuites[22].

Un arrêt du Conseil d'État semble atténuer cette obligation de poursuite, en rejetant, dans l'affaire de l'*Erika*, un recours dirigé contre un refus préfectoral de constater une contravention de grande voirie au motif que « *c'est sans erreur manifeste d'appréciation que le préfet, qui pouvait légalement retenir un tel motif d'intérêt général [...] a ainsi pu refuser de faire droit à la demande de M. Cacheux* » (CE, 30 sept. 2005, M. *Cacheux*, n° 263442, *AJDA*, 2005, p. 2473, concl. P. Collin).

La référence à l'erreur manifeste est certes consubstantielle au contrôle minimum ; cette solution, justement critiquée (Caudal-Sizaret (S.), « Actualité des contraventions de grande voirie en matière de protection de l'environnement », in *Mél. en l'honneur de J. Morand-Deviller*, Montchrestien, 2007, p. 738) paraît cependant constituer un cas d'espèce isolé qui ne remet pas en cause le principe de l'obligation des poursuites.

301. Matériellement, des ***aménagements très divers*** pourront relever de la contravention de grande voirie. Il en va ainsi bien entendu des constructions, mais encore, parmi bien d'autres, de la réalisation de travaux d'assainissement

17. CE, avis, 23 avr. 1997, *Préfet de la Manche*, n° 183689, *Rec.*, p. 153.
18. CE, 6 mars 2002, *Mme Triboulet*, n° 217646, *Rec.*, p. 76 ; *RFDA*, 2003, p. 60, note R. Hostiou.
19. CAA Nantes, 14 févr. 2006, *Ministre de l'Equipement c/ Assoc. Env. 56*, n° 05NT00752, *Les annales de la voirie*, sept. 2006, p. 154.
20. CE, 23 février 1979, *Assoc. des amis des chemins de ronde*, *Rec.*, p. 75 ; *AJDA*, mai 1979, p. 83 ; *Rev. jur. env.*, 1979/3, p. 208, concl. Bacquet.
21. TA Rennes, 17 mars 2005, *Env. 56*, n° 0201185.
22. TA Rennes, 24 juin 1998, *Dufour et Lassus*, *Rev. jur. env.*, 1999/1, p. 84.

affectant une plage, de l'installation de pontons et enrochements, d'une décharge et son chemin d'accès, du remblaiement d'un marais, de l'étalement de bancs de sable[23].

Seule ***l'existence d'une autorisation*** d'occupation du domaine public (dont les conditions sont respectées) fait obstacle à la procédure de grande voirie. Une autorisation à un autre titre n'efface pas l'infraction[24], et la contravention est caractérisée dès l'expiration de l'autorisation d'occupation, (si elle n'est pas renouvelée), en cas de maintien de l'aménagement[25]. En outre, le principe de l'intangibilité des ouvrages publics est aujourd'hui inopposable[26] en la matière.

Section 2. La contribution du juge judiciaire

302. Le juge judiciaire est saisi de litiges de nature différente tout aussi susceptibles de se rencontrer sur le littoral. Il concerne principalement les personnes privées, mais les personnes publiques n'en sont pas exclues pour autant, notamment en matière de responsabilité pénale.

§1. Le contentieux répressif

303. Le juge pénal (de proximité, de police ou correctionnel) a vocation à réprimer l'ensemble des infractions pénales définies non seulement par le Code pénal lui-même, mais également par de nombreuses dispositions dispersées dans la plupart des autres codes.

À la différence du juge administratif, le juge pénal n'est généralement pas directement saisi par les parties lésées par les conséquences de l'infraction. C'est principalement le Procureur de la République qui saisit le Tribunal de poursuites. Or celui-ci bénéficie du principe de l'opportunité des poursuites, de sorte que, même saisi d'une plainte, il peut toujours, ce qu'il fait le plus souvent, classer sans suite l'affaire. Cet élément, conjugué à l'absence de volontarisme des services administratifs disposant d'agents verbalisateurs, explique pour une large part, la faiblesse du contentieux pénal « du littoral ».

Le contentieux pénal du littoral est à la vérité extrêmement dispersé. On a déjà dit que la violation des dispositions de la ***loi Littoral*** codifiées au Code de l'urbanisme était pénalement sanctionnée. C'est sans doute le droit pénal du littoral par excellence, car le plus spécial. Mais force est de constater qu'il

23. Respectivement CAA Bordeaux, 14 mai 2002, *Egata Patche*, n° 98BX00902 ; CAA Marseille, 11 déc. 2006, *SCI du Cap*, n° 06MA01836 ; TA Rennes, 8 juill. 1981, *Assoc. Les amis du Pays Mes-Vilaine*, n° 20-1451 ; TA Rennes, 15 févr. 1983, *Assoc. Paysages de France*, n° 81-638 ; TA Rennes, 9 juin 1993, *Préfet d'Ille et Vilaine c/ Cne de St Benoît*, n° 93449

24. CE, 27 juill. 1984, *Mme Galli*, *AJDA*, 1985, p. 47 ; CAA Nantes, 30 déc. 1996, *Guerhic*, n° 94NT01284.

25. CE, 27 févr. 1995, *Secrétaire d'État à la mer c/ Torre*, *RFDA*, 1996, p. 1127.

26. CAA Nantes, 14 févr. 2006, *Ministre de l'Equipement c/ Assoc. Env. 56*, n° 05NT00752, *op. cit.*

est extrêmement marginal, notamment au regard du contentieux administratif relatif aux mêmes dispositions.

304. Les infractions relatives aux ***rejets polluants des navires*** (art. L. 218-10 et s., C. env.) sont, elles, beaucoup plus fréquemment sanctionnées, alors même que leur constat est infiniment plus délicat. Car il y a là une véritable mobilisation des pouvoirs publics et de l'institution judiciaire qui fait ailleurs défaut. L'exception se poursuit dans le constat d'un niveau élevé des sanctions pénales effectivement prononcées[27]. Cela s'explique en grande partie par le fait qu'il existe un regroupement de ces contentieux auprès de trois TGI seulement[28] : Le Havre, Brest et Marseille, et avec même une véritable, quoique partielle, « spécialisation » de ces juridictions. L'article 706-107 dernier al. du Code de procédure pénale prévoit en effet la création dans ces tribunaux d'une section de Parquet et de formations d'instructions et de jugement spécialisées.

C'est en cette matière qu'une des affaires les plus retentissantes du droit de l'environnement est intervenue à propos de l'*Erika* (TGI Paris, 16 janv. 2008, *AJDA*, 2008, p. 934, note A. Van Lang; *BDEI*, juill. 2008, p. 33). C'est d'ailleurs surtout l'aspect relatif à l'indemnisation des victimes qui a retenu l'attention des commentateurs). Hors norme, cette affaire n'est évidemment absolument pas représentative du droit pénal de l'environnement, notamment sur le montant des amendes effectivement prononcées, comme s'agissant des montants des dommages-intérêts accordés aux associations.

305. S'agissant du droit pénal non spécial au littoral, mais exercé sur le littoral, c'est bien entendu le ***droit pénal de l'urbanisme*** qui donne lieu au plus grand nombre (tout en restant modéré) de poursuites pénales. Les infractions de construction sans permis de construire, de violation des dispositions d'un plan local d'urbanisme sont les plus courantes. L'une comme l'autre peuvent avoir des applications très spécifiques au littoral. Le délit de construction sans permis de construire est ainsi constitué pour une Communauté de communes ayant aménagé une cale d'accès à la mer sans permis de construire[29]. De même que celui de violation du plan d'urbanisme pour le propriétaire ayant construit en zone ND (et sur le domaine public maritime) une digue et une cale privée[30].

27. À titre d'illustration : TGI Brest, 4 nov. 2003 (prononce des peines atteignant 200 000 € d'amende), *DMF*, févr. 2004, p. 113, note M. Rémond-Gouilloud (niveau d'amende d'ailleurs fréquemment atteint au Havre). Le TGI de Marseille (6 sept. 2004, *Zuberi et a.*, n° 5426) prononce même une peine d'amende de 485 000 € et une peine de prison de 12 mois avec sursis.
28. Depuis la loi n° 2001-380 du 3 mai 2001, codifiée à ce sujet aux art. L. 218-29, C. env. et 706-107, C. pr. pén. Mise en œuvre à l'art. R. 312-11, C. org. jud.
29. CA Caen, 13 oct. 2003, *Perrodin*, n° 03-688, *Rev. jur. env.*, 2004/1, p. 37 note X. Braud; *Dr. env.*, n° 100, p. 181.
30. CA Caen, 27 oct. 2008, *Robledo*, n° 08-701.

Dans une affaire immobilière exceptionnelle au Cap d'Antibes, le promoteur immobilier Christian Pellerin, son architecte et une fonctionnaire de l'Équipement ont été condamnés à de lourdes peines, incluant, fait exceptionnel, une peine de prison ferme, pour construction sans permis de construire, violation du POS, obtention frauduleuse de documents administratifs. Deux passionnants arrêts de la Cour d'appel d'Aix-en-Provence exposent en détail ce qu'ils qualifient de « méthode de grand banditisme » (CA Aix-en-Provence, 21 mars 2000, 7e ch., *Baccard et autres*; 13 juin 2000, 7e ch., *Pellerin et autres*).

Le juge pénal n'hésite pas, à titre de peine ou de réparation civile[31], à ordonner la ***démolition*** des constructions irrégulières. Le prononcé de la démolition à titre de peine complémentaire peut néanmoins être rendu délicat par de strictes exigences procédurales prévues à l'article L. 480-5 du Code de l'urbanisme et tenant aux observations écrites du maire ou de l'agent de l'État compétent. Au contraire, s'agissant de la démolition à titre de réparation civile, le juge répressif n'est pas lié par ces exigences et semble même tenu de la prononcer[32].

306. Le ***droit pénal de la chasse,*** s'applique probablement avec une acuité particulière sur le littoral, dans la mesure où la chasse au gibier d'eau connaît des conflits particulièrement durables, notamment sur les dates d'ouverture et de fermeture. Les opérations de braconnage, pénalement sanctionnées, dans les périodes suivant immédiatement la fermeture de la chasse sont, selon les régions, plus ou moins courantes.

Dans les Landes, des chasseurs au gibier d'eau sont ainsi condamnés pour avoir exercé leur loisir après la date de fermeture résultant d'une décision de la juridiction administrative (Cass. crim., 18 nov. 2003, n° 03-80174, *Droit pénal*, avr. 2004, p. 13).

L'infraction de destruction d'espèce protégée trouve également à s'appliquer aux mêmes faits d'armes le cas échéant.

307. Pour le reste, le ***droit pénal de la protection de la nature*** a particulièrement vocation à s'appliquer sur le littoral, en raison de la forte pression humaine qui s'y exerce et de la relative densité des dispositifs protecteurs tels que les sites classés ou les réserves naturelles. Bien qu'assez courantes, les infractions pénales d'altération de site classé, de non-respect des prescriptions d'une réserve naturelle, de destruction d'espèce protégée ou d'altération de milieu d'espèce protégée, ou même de circulation de véhicule motorisé sur espace naturel, font extrêmement rarement l'objet de poursuites, en particulier sur le littoral.

Mentionnons toutefois la condamnation de trois motards à des peines de 500 à 1 000 € d'amende pour la contravention de circulation sur espace naturel (art. L. 362-1, C. env.) sur les dunes littorales de Biville, sur une propriété du Conservatoire du Littoral, ce dernier ayant obtenu 2 000 € de dommages-intérêts[33].

31. Voir pour illustration Cass. crim., 1er févr. 2000, *Costantini*, *Rev. jur. env.*, 2001/3, p. 550.
32. Cass. crim. 15 janv. 1997, *Marchiani*, n° 96-82264, *Dr. adm.* juin 1997, p. 29.
33. Tribunal de police de Caen, 23 janv. 2009, *Leconte, Martragny et Coquard*, n° 2009-2.

La réalisation d'un fossé drainant dans un marais à Belle-Île pour les besoins d'un Golf a été réprimée au titre du délit de modification de site classé sans autorisation (CA Rennes, 7 oct. 1994, *Brunet*, n° 1267-94). Des travaux comparables d'aménagement d'un golf sur les dunes littorales de Bréville-sur-mer, sont, eux réprimés pour, outre violation du POS, destruction d'espèce protégée (CA Caen, 4 sept. 1995, *Malherbe*, *Dr. env.*, n° 36, p. 12).

§2. Le contentieux civil

308. Là encore, on ne trouve pas de réelles particularités littorales, mais de nombreux cas de figure dans lesquels le juge civil est appelé à traiter d'affaires littorales au sens large.

A. La responsabilité civile

309. Toutes les infractions pénales commises sur le littoral sont susceptibles de n'être soumises par les victimes qu'au seul juge de la responsabilité civile. Les infractions peuvent être amnistiées ou prescrites, des considérations d'opportunité (pas de volonté d'obtenir une « punition ») peuvent également justifier ce choix. Mais le principal intérêt du recours au juge civil est que celui-ci, par nature plus attentif au sort des victimes qui le saisissent, est donc plus enclin encore que le juge pénal à prononcer des remises en état des lieux pour réparer les préjudices invoqués.

En matière d'urbanisme en particulier, dès lors qu'une construction est érigée en violation d'une règle d'urbanisme, la personne qui subit un préjudice du fait de cette construction est en droit d'obtenir du juge civil la destruction de l'ouvrage en cause[34], alors que c'est au contraire une simple faculté pour le juge pénal[35].

310. Le Code de l'urbanisme (art. L. 480-13) organise en outre une procédure spécifique d'action civile en démolition des tiers, qui peuvent être des voisins ou des associations, s'appliquant aux constructions illégales, et qui donne lieu à un certain nombre d'applications sur le littoral.

Une association de protection de l'environnement obtient ainsi la démolition d'un immeuble construit sur des dunes conformément à un permis de construire ultérieurement annulé pour violation de l'art. L. 146-4-III, C. urb., dès lors que ses intérêts défendus sont lésés et sans que l'association n'ait invoqué un éventuel agrément (TGI des Sables-d'Olonne, 12 novembre 2003, *Assoc. Vivre l'île 12 sur 12*, n° 00-01215).

Cette procédure a été sensiblement affaiblie par la loi du 13 juillet 2006 portant engagement national pour le logement. Jusqu'alors l'action était ouverte dans les 5 ans à compter de l'achèvement des travaux, dans le cas où le permis de construire avait été annulé par le juge administratif, ou déclaré illégal au fond

34. Cass. civ. 1re, 1er mars 1965, *Bull. civ.*, I, n° 158; Cass. civ. 3e, 30 sept. 1998, *Tripodi*, *Dr. env.*, juin 1999, n° 69, p. 11.
35. Cass. crim., 23 nov. 1994, *Beau*, *Droit pénal*, 1995, n° 72, note J.-H. Robert.

par voie de question préjudicielle. Aujourd'hui, cette action n'est plus ouverte qu'en cas d'annulation du permis de construire par le juge administratif et se prescrit par deux ans à compter de l'intervention de la décision définitive du juge administratif. Dans le cadre de cette procédure particulière, le juge civil est bien entendu également tenu d'ordonner la démolition, dès lors qu'il constate que le demandeur a subi un préjudice du fait de la construction illégale.

Une procédure similaire devant le juge civil a en outre été ouverte par cette même loi du 13 juillet 2006, au bénéfice du préfet (art. L. 600-6, C. urb.) qui aurait obtenu l'annulation d'un permis de construire par la voie du déféré, dans les mêmes conditions que pour les tiers. Il ne semble pas qu'elle soit utilisée.

Par ailleurs, le champ de la responsabilité civile est plus étendu que celui de la responsabilité pénale.

Ainsi, la fédération départementale des chasseurs de la Somme, en donnant des renseignements erronés à ses membres sur la date effective de fermeture de la chasse au gibier d'eau commet-elle une faute civile (mais non une infraction pénale) causant un préjudice à la Ligue pour la protection des oiseaux (TGI Amiens, 17 janv. 2007, *LPO c/FDC de la Somme*, n° 01055 : octroie 7 500 € de dommages-intérêts à la LPO pour « *perte d'une chance de voir respectée la date de fermeture de la chasse* »).

B. Le référé civil

311. Les troubles manifestement illicites que le juge des référés civil a vocation de faire cesser, peuvent bien entendu être liés à l'espace littoral.

Des travaux de nature très diverse ont pu être interrompus sur le littoral par le juge des référés.

Ainsi des travaux d'extension d'un golf (CA Caen, 6 sept. 1994, *GRAPE, Dr. env.*, n° 28, p. 13 ; *Rev. jur. env.*, 1995, p. 121) à Bréville-sur-mer, en raison de l'atteinte à une espèce protégée inféodée au milieu dunaire ou des travaux de rehaussement d'un bâtiment (Cass. civ. 3e, 2 févr. 2005, *Sté Campin nouvelle Floride*, n° 03-19163) en zone littorale inconstructible, ou même de construction d'un incinérateur à Fos-sur-mer (TGI Aix-en-Provence, 2 août 2006, *FARE sud c. SAS Evere, Rev. jur. env.*, 2007/2, p. 215 – cette ordonnance a été infirmée par CA Aix, 26 sept. 2006, au motif que ces travaux étaient constitutifs de travaux publics).

Le juge des référés, outre l'injonction d'interrompre un chantier, peut également interdire l'accès à celui-ci[36], ou encore ordonner une remise en état des lieux[37], alors même qu'il est juge du provisoire.

Mais le trouble manifestement illicite ne se caractérise pas nécessairement par la réalisation d'aménagements. Le fait, pour une fédération de chasseurs, d'encourager par voie de presse à ne pas respecter la date de fermeture de la

36. CA Caen, 6 sept. 1994, préc.

37. Cass. civ. 3e, 2 févr. 2005, préc.

chasse au gibier d'eau constitue également un tel trouble auquel il peut être mis fin par une publication dans la presse[38].

N° 312 à 320 réservés.

Bibliographie

BENOIT (L.), COËNT-BOCHARD (E.) et LARROUMEC (P.), « La loi Littoral devant les cours administratives d'appel », *AJDA*, juill.-août 2002, p. 600.

CAUDAL-SIZARET (S.), « Actualité des contraventions de grande voirie en matière de protection de l'environnement », *Confluences*, in Mél. en l'honneur de Jacqueline Morand-Deviller, Montchrestien, 2007, p. 735.

GUIHAL (D.), *Droit répressif de l'environnement*, Economica, 2008.

HERMON (C.), *Le juge administratif et l'environnement*, thèse Nantes, 1996.

HOSTIOU (R.), « De Colbert à Ségolène Royal : marine, domanialité et environnement, contraventions de grande voirie et protection pénale du littoral », ADMA, t. XII, Université de Nantes, 1993, p. 221.

LEOST (R.), *Droit pénal de l'urbanisme*, Le Moniteur, 2001.

LE ROUX (M.), « De Colbert à Nelly Olin : la contravention de grande voirie promue instrument de sauvegarde des espaces naturels », in *Études offertes au professeur René Hostiou*, Litec, 2008, p. 339.

PITTARD (Y.), « Le juge administratif : un juge vert ? », *Rev. jur. env.*, n° spéc. 1995, p. 27.

Rev. jur. env., n° spécial : « Le juge administratif et l'environnement », octobre 2004.

38. TI Rennes, 13 févr. 1992, *SEPNB c/ Fédération départementale des chasseurs*. Dans le même sens (mais pas sur le littoral), voir Cass. civ., 23 sept. 2004, *Daillant*, *AJDA*, 1er nov. 2004, p. 2070; *Rev. jur. env.*, 2005/3, p. 299.

Partie 2

Le droit d'un espace pluriel

321. Le littoral est incontestablement perçu comme un espace fragile à protéger. C'est bien dans cette optique que sont appliquées toute une série de règles relevant de la loi Littoral ou du droit de la domanialité publique. Le droit des zones côtières n'est-il pas régulièrement critiqué ou défendu pour les contraintes qu'il fixe en matière d'urbanisation et de développement ? Cette approche générale du littoral, dès lors qu'elle n'ignore pas la complexité des problèmes posés, qu'elle intègre la nécessité d'une gestion concertée avec les usagers et au plus près des réalités locales, ne doit pas être remise en cause. Quelques éléments de droit comparé montrent que cette vision fondamentale n'est certainement pas propre à la France, même si ses déclinaisons sont éminemment variables d'un pays à l'autre[1]. Pour autant, il serait simpliste de réduire les zones côtières à un seul domaine de sauvegarde. D'abord, la diversité des patrimoines naturels et culturels en présence conduit à envisager des dispositifs de protection très variés, qu'il convient d'articuler. Ensuite, les nombreuses activités économiques qui s'exercent sur l'espace littoral (traditionnelles et nouvelles) doivent trouver un cadre juridique adapté, à même de concilier développement et impératifs de préservation. Cela étant, le discours juridique n'est pas uniforme ; il tient comte des spécificités des activités et des enjeux en présence.

Du point de vue du droit positif, il faut notamment tenir compte du statut domanial des espaces en cause, de la particularité des questions portuaires et différencier les activités de l'estran et de la mer côtière (cultures marines, pêche à pied, exploitation des plages, énergies renouvelables, récifs artificiels, extractions).

1. Pour une approche générale, voir N. Calderaro, « Droit et littoral en Europe », *Études rurales*, n° 133-134 (*Littoraux en perspective*), p. 59. Voir aussi, pour l'Irelande : Scannell (Y.), *Environmental and Land use law*, Thomson round hall, Dublin, 2005, § 7.8.1 et s. Pour le Royaume-Uni : J. Gibson, *Coastal zone law*, cours universitaire, Faculté de droit et des sciences politiques de Nantes (CDMO), 1993, 50 p. ; Dumashie (D. A.), « Gestion stratégique du littoral : vers un partenariat », in *Droits de propriété, économie et environnement : le littoral*, Bruylant, 2003, p. 377. Pour l'Espagne : D. Cambon, « L'Europe à la rescousse pour sauver le littoral valencien », *Le Figaro*, 14 déc. 2005. Pour les États-Unis : D.M. Whitelaw & G.R. Visgilio (dir.), *America's Changing Coasts*, Edward Elgar Publishing, 2005, 248 p.

Titre

1

La recherche du développement économique en zone portuaire

322. On ne peut que prendre acte du poids de l'économie littorale (activités portuaires, pêche, filière nautique, tourisme, aquaculture...)[1]. La réussite des ports français est un sujet d'intérêt national. Les ports de commerce, de pêche et de plaisance sont essentiels pour l'économie d'un pays et pour les collectivités locales[2]. C'est notamment à partir des zones portuaires que se nouent de nombreux réseaux d'échanges et que doivent s'envisager certains axes majeurs de la politique d'aménagement du territoire. Cette quête du résultat économique et de la compétitivité des ports guide incontestablement (mais non sans contradictions) l'action du législateur, par la recherche d'institutions et de règles adaptées à un environnement concurrentiel.

1. Voir le rapport de la DATAR, *Construire ensemble un développement équilibré du* littoral, Doc. fr., 2004, spéc. p. 32 et s.; R. Kalaydjian (dir), *Les données économiques maritimes françaises 2005*, éd. Ifremer, 2006.
2. Voir A. Vigarié, *Ports de commerce et vie littorale*, Hachette, 1979; E. Tierny, *Le port maritime : lieu d'un pari libéral pour un enjeu régalien*, thèse droit, Université de Nantes, 2003.

Chapitre 1

La recherche d'institutions adaptées à la gestion portuaire

Plan du chapitre

RÉSUMÉ

323. l'évolution contemporaine des institutions portuaires est marquée par la réforme des ports autonomes et la politique de décentralisation. Les plus grands ports de commerce, sous compétence étatique, ont ainsi été transformés en « grands ports maritimes ». Dans le même temps, les collectivités territoriales ont vu leur champ d'action s'élargir considérablement.

324. Les questions institutionnelles, en matière portuaire, conduisent à évoquer successivement la situation des ports relevant de la compétence de l'État et celle (très importante aujourd'hui) des ports décentralisés. Le Code des ports maritimes[1], dans sa rédaction issue de la loi n° 2004-809 de décentralisation du 13 août 2004 et de la loi n° 2008-660 du 4 juillet 2008 portant réforme portuaire (titre préliminaire : organisation portuaire et grands ports maritimes)[2] reprend clairement cette distinction.

Article L. 100-1 du Code des ports maritimes

« Les ports maritimes de commerce et de pêche sont classés selon les catégories suivantes :

1° Les grands ports maritimes [...] ;

2° Les ports autonomes [...] ;

3° Les ports maritimes relevant des collectivités territoriales et de leurs groupements;

4° Dans les départements d'outre-mer et à Saint-Pierre-et-Miquelon, les ports maritimes relevant de l'État;

5° Le port de Port-Cros, relevant pour son aménagement, son entretien et sa gestion, du parc national de Port-Cros ».

S'agissant des ports relevant de la compétence de l'État, il est indiscutable que le passage du statut de port autonome à celui de grand port maritime constitue une étape majeure du droit portuaire et le point d'orgue d'une longue évolution des rapports public/privé.

Section 1 Des ports autonomes aux grands ports maritimes : l'évolution des rapports public/privé dans l'espace portuaire

§1. Statut et missions des ports autonomes dans le cadre de la loi du 29 juin 1965

325. La loi n° 65-491 du 29 juin 1965 sur les ports maritimes autonomes a longtemps été le grand texte de référence concernant les ports de commerce jugés les plus importants (en métropole, 7 ports ont relevé de la catégorie des ports autonomes[3]). Reprise dans le Code des ports maritimes (C. ports. mar.), elle affirme que « *Les ports autonomes sont des établissements publics de l'État, dotés de la personnalité civile et de l'autonomie financière, placés sous la tutelle du ministre chargé des ports maritimes et soumis au contrôle économique et financier*

1. Le Code des ports maritimes a permis de codifier toute une série de textes législatifs et réglementaires mais ne comprend pas l'ensemble des règles applicables aux ports. Pour une analyse critique : R. Rézenthel, « Le Code des ports maritimes, un exemple d'archaïsme juridique », *ADMO*, t. XVIII, 2000, p. 321.

2. Ainsi que de la loi n° 2006-10 du 5 janv. 2006 relative à la sécurité et au développement des transports.

3. Marseille, Le Havre, Dunkerque, Nantes/Saint-Nazaire, Bordeaux, Rouen et La Rochelle. Notons que le port autonome de La Rochelle a été créé tardivement (D. n° 2004-1378 du 20 déc. 2004).

de l'État » (art. L. 111-1, C. ports. mar.)[4]. Sous l'empire de la loi de 1965, ces établissements publics nationaux sont créés par décret en Conseil d'État, leur circonscription étant également déterminée, après enquête, par décret en Conseil d'État (art. L. 111-3, C. ports. mar.). Ils sont administrés par un conseil d'administration, assisté d'un directeur nommé par décret en conseil des ministres (art. L. 112-1 et L. 112-3, C. ports. mar.), lequel a notamment compétence, sur le fondement du règlement général de police des ports maritimes (annexé à l'article R. 351-1, C. ports. mar.), pour agréer le personnel ainsi que le matériel du remorquage et du lamanage (dans le cadre fixé par le règlement particulier de police approuvé par le préfet de département)[5].

326. De manière générale, le cadre juridique de ces grandes entreprises publiques (ayant la forme juridique de l'établissement public) reflète bien l'importance qu'elles revêtent pour le pouvoir exécutif. Dans le cadre de la loi de 1965, leurs missions ont ainsi été définies :

Article L. 111-2 du Code des ports maritimes

« Le port autonome est chargé, à l'intérieur des limites de sa circonscription [...] des travaux d'extension, d'amélioration, de renouvellement et de reconstruction, ainsi que de l'exploitation, de l'entretien et de la police, au sens des dispositions du livre III du présent code, du port et de ses dépendances et de la gestion du domaine immobilier qui lui est affecté ».

327. La jurisprudence du Conseil d'État est venue préciser la nature des missions exercées par les ports autonomes, lesquels étaient bien ce qu'il est convenu d'appeler des établissements publics à double visage : ils assuraient traditionnellement et concurremment une mission de service public à caractère administratif, en ce qui concerne notamment l'aménagement, l'entretien et la police des aménagements et accès du port, et une activité de nature industrielle et commerciale, en ce qui concerne en particulier l'exploitation des outillages du port[6]. Cette analyse des missions du port autonome a régulièrement été reprise[7] même s'il faut admettre, sur le plan doctrinal, que la distinction entre les services publics à caractère administratif et les services

4. Sur les ports autonomes dans le cadre de la loi du 29 juin 1965 : A. de Laubadère, « Le régime des ports maritimes autonomes », *AJDA*, 1965, p. 516; E. Langavant, « Les ports autonomes. La loi du 29 juin 1965 », *DMF*, 1966, pp. 259 et 324. Sur les aspects financiers de la gestion portuaire, voir : GROSDIDIER DE MATONS (J.), *Les régime administratif et financier des ports maritimes*, LGDJ, 1969; *Droit, économie et finances portuaires*, Presses de l'École nationale des ponts et chaussées, 1999.

5. TA Rouen, 31 juill. 2001, *SNRH*, *DMF*, 2001, p. 1051, note B. Vendé et R. Rézenthel.

6. CE, 17 avr. 1959, *Sieur Abadie*, *Rec.*, p. 239, concl. M. Henry.

7. CE, 26 juin 1974, *Port autonome de Marseille*, *Rec.*, p. 370; CE, 26 juill. 1982, *Min. du budget c/ Port autonome de Bordeaux*, *Rec.*, p. 293; T. confl., 11 déc. 1972, *Sieur Spathis c/ Port autonome de Bordeaux*, *Rec.*, p. 950; T. confl., 12 janv. 1987, *Sté navale des chargeurs Delmas-Vieljeux c/ Port autonome de Dunkerque*, *D.*, 1987, J., p. 207, note R. Rézenthel; Cass. civ. 1re, 13 janv. 1982, n° 80-16461.

publics à caractère industriel et commercial doit être relativisée[8]. On sait d'ailleurs que les activités de police portuaire, par exemple, sont loin d'être sans lien avec les questions économiques[9]. C'est dire si celles-ci sont absolument au cœur de toute réflexion sur les grands ports français. La législation portuaire, dans le cadre d'une évolution plus globale (s'inscrivant dans le champ du droit public économique), s'est efforcée d'en prendre acte.

328. Quoi qu'il en soit, la ***dichotomie SPIC/SPA*** (qui vaut pour les ports non autonomes[10]) a entraîné des conséquences importantes quant au ***régime juridique applicable***, que ce soit concernant le personnel[11] ou encore les dommages causés aux usagers des outillages publics portuaires. Ce dernier point est particulièrement important et donne lieu à un contentieux régulier relevant en principe de la compétence du juge judiciaire puisqu'il existe des liens de droit privé entre les services publics industriels et commerciaux et leurs usagers[12].

Il a par exemple été jugé que la réparation du préjudice né de la grève des agents chargés de manœuvrer les engins appartenant à l'outillage public d'un port autonome ressortissait de la compétence du juge judiciaire : « ... *les actions relatives à la réparation des dommages causés aux usagers d'un service public industriel et commercial par l'interruption ou les irrégularités du service intéressent nécessairement, eu égard à leur objet, les rapports entre le service et ses usagers pris en cette qualité; ... elles relèvent par suite, quelle que soit la cause des perturbations, de la compétence des tribunaux judiciaires* » (CE, 24 juill. 1987, *Sté Carfos, Rec.*, p. 274).

Il faut bien comprendre qu'avec la loi n° 2008-660 du 4 juillet 2008 portant réforme portuaire, l'exploitation des outillages ne fait plus partie des missions des grands ports maritimes (cf. *infra*, n° 343).

329. On voit donc que l'analyse des missions dévolues aux ports s'opère traditionnellement au prisme de la notion de service public. Si cette qualification juridique fondamentale en droit administratif paraît incontournable s'agissant de la plupart des activités relevant de la compétence de l'administration portuaire, la nature juridique des activités portuaires exercées par les entreprises privées est beaucoup plus complexe et délicate (eu égard aux conséquences qui y sont attachées)[13]. En tout état de cause, il est impératif de prendre de la distance avec quelques constructions doctrinales et jurisprudentielles appartenant au passé, comme la théorie du service public virtuel, laquelle avait par exemple érigé la manutention portuaire en élément « *du*

8. B. Seiller, « L'érosion de la distinction SPA-SPIC », *AJDA*, 2005, p. 417.

9. VENDÉ (B.), *Les polices dans les ports maritimes*, Presses universitaires d'Aix-Marseille, 2005.

10. CE, 23 mai 1960, *CCI de La Rochelle*, *Rec.*, p. 356.

11. T. confl., 3 juin 1996, *Mme Le Gac c/ CCI de Saint-Malo*, *Rec.*, p. 540; CE, 15 déc. 1967, *Sieur Level*, *Rec.*, p. 501.

12. T. confl., 22 janv. 1921, *Sté commerciale de l'Ouest africain*, *Rec.*, p. 91.

13. BORDEREAUX (L.), *Service public et manutention portuaire*, thèse, Université de Nantes, 1999.

service public à l'exécution duquel le domaine public est normalement destiné »[14]. Il faut aujourd'hui intégrer les évolutions de la jurisprudence administrative relatives à l'identification du service public dans l'activité des personnes privées (on sait notamment que les concessions domaniales ne sont pas nécessairement des délégations de service public)[15], sans oublier bien sûr les analyses du droit communautaire (cf. *infra*, n° 352).

330. Si l'on a beaucoup discuté des questions de gouvernance des ports autonomes et d'aménagements institutionnels, il est clair que la réglementation applicable aux ports peut évoluer en dehors de toute réforme « organique ». Les activités des établissements publics portuaires peuvent par exemple s'étoffer, dans le cadre prévu par le Code des ports maritimes et dans le respect du principe de spécialité.

Article R. 111-12 du Code des ports maritimes

Rappelons d'abord que des évolutions décrétales sont intervenues pour permettre au port autonome de se charger, « *sur la demande du conseil d'administration, de la gestion de certains services publics connexes à ceux du port, tels que remorquage, éclairage, balisage, dispositifs d'aide à la navigation, à l'intérieur des limites du port autonome ou pour ses accès, services sanitaires, de sauvetage ou d'incendie, police et surveillance des quais* ».

Dans le même sens, le ministre chargé des ports maritimes pouvait confier au port la gestion d'un service maritime ou d'un service de navigation.

Ensuite, le décret n° 99-782 du 9 septembre 1999 modifiant le Code des ports maritimes est venu permettre aux ports autonomes, dans le respect de la législation en vigueur, de créer des filiales ou de prendre des participations dans des organismes, sociétés ou groupements qui, eu égard à leur objet complémentaire ou connexe à leurs missions, sont de nature à concourir à son développement. Le régime des ***voies ferrées portuaires*** a également été modifié, dans le but de favoriser le développement des dessertes ferroviaires des ports (cf. *infra*, n°s 417 et s.).

331. Cela étant, de nombreux acteurs du secteur portuaire, dont quelques rapports officiels se sont fait l'écho, ont plaidé pour un changement significatif de la gouvernance des ports autonomes, au nom de la compétitivité de ces derniers. ***La Cour des comptes a consacré des développements importants à la politique portuaire et a orienté l'action du législateur***.

---

14. CE, 5 mai 1944, *Cie maritime de l'Afrique orientale*, *Rec.*, p. 129 ; *D.*, 1944, J., p. 164, concl. B. Chenot. Sur le remorquage portuaire, voir P. Pestel-Debord, « Un service commercial minimum est-il dû en cas de grève des personnels du remorquage portuaire ? », *DMF*, 1999, p. 444.

15. CE, 13 juin 1997, *Sté des transports pétroliers par pipe-line*, *AJDA*, 1997, p. 794, concl. C. Bergeal ; CE, 12 mars 1999, *Ville de Paris c/ Sté Stella Maillot-Orée du* Bois, *AJDA*, 1999, p. 439, note M. Raunet et O. Rousset ; CE, 5 oct. 2007, *Sté UGC-Ciné-Cité*, *AJDA*, 2007, p. 2260, note J.-D. Dreyfus. « Comment distinguer la délégation de service public et la convention d'occupation domaniale ? », concl. de F. Ho Si Fat sur TA Versailles, 6 oct. 2003, *Assoc. pour l'académie d'art équestre de Versailles*, *AJDA*, 2004, p. 2274.

Dans un rapport de 1999[16], elle recommandait déjà d'adopter des réformes de fond pour redresser la situation des ports français.

« Le jeu de la concurrence a bouleversé les quasi-monopoles organisés dans un cadre national protégé. Dès lors, l'État doit d'abord définir les missions de service public qu'il entend remplir seul et les distinguer de celles qui relèvent des collectivités territoriales, d'une part, et des entreprises privées, d'autre part. Cette répartition des rôles doit conduire à déterminer à qui incombe la charge des différentes fonctions relatives à l'investissement, au fonctionnement, à l'entretien, et à l'exploitation des places portuaires et des sites dans lesquels elles se trouvent. [...]. Enfin, l'État doit choisir les formes juridiques que doivent revêtir les établissements portuaires et les modes d'organisation les mieux adaptés aux objectifs retenus et à l'exécution des actions qui en découlent ».

Dans son rapport public thématique de 2006 sur les ports français[17], la Cour des comptes a poursuivi sa réflexion en la matière. Elle considère que le statut uniforme des ports autonomes doit être revu dans le but de fixer « *un cadre de gouvernance suffisamment souple pour prendre en compte la réalité économique de chaque port* » (p. 140). Quant au régime de financement de l'État, il doit être diversifié. Soulignant l'archaïsme du régime financier des ports autonomes maritimes dans le cadre de la loi du 29 juin 1965 et le décalage problématique entre la lettre du Code des ports maritimes et la réalité des financements de l'État, la Cour dresse (en 2005-2006) un constat sévère de la situation :

« En effet, alors que les règles communautaires en matières d'aides publiques conduisent à accorder une attention croissante aux financements versés par l'État à ses opérateurs, les ports autonomes maritimes sont éligibles à un niveau de concours financier théorique substantiel, qui, en pratique, n'est pas atteint. Tandis que, par ailleurs, l'État acquitte avec retard ses engagements budgétaires vis-à-vis des ports autonomes maritimes et que la transparence de l'allocation des crédits budgétaires n'est pas garantie... » (p. 141).

La Cour insiste sur la nécessité d'une nouvelle définition du rôle de la puissance publique en matière portuaire. Elle plaide pour une distinction claire entre les missions de service public incombant à l'État et aux administrations portuaires et les activités commerciales relevant du secteur privé.

Il s'agit de maintenir des « *structures publiques chargées des fonctions d'autorité portuaire, tels la stratégie des ports, la propriété des sols et le financement des accès et des équipements lourds* », ce recentrage des autorités portuaires s'accompagnant « *de leur désengagement s'agissant des fonctions opérationnelles de gestion des terminaux* » (p. 148).

Ces travaux auront largement balisé l'action de l'État dans sa volonté de changer les rapports public/privé en zone portuaire, la possibilité d'une privatisation des ports autonomes ou d'une transformation de ces derniers en sociétés anonymes à capitaux publics ayant été écartée[18]. En dépit des vents

16. *La politique portuaire française*, Rapport public particulier, oct. 1999, spéc. p. 224.

17. *Les ports français face aux mutations du transport maritime : l'urgence de l'action*, juill. 2006.

18. Pour une approche en ce sens, voir J. Dupuydauby, *Une volonté portuaire pour une ambition maritime*, Rapport au ministre de l'aménagement du territoire, de l'équipement et des transports, 30 sept. 1995.

de libéralisation, la France portuaire n'a pas rompu les amarres du « libéral-colbertisme », pour reprendre une expression d'H-G. Hubrecht[19].

§2. L'évolution des rapports public/privé dans l'espace portuaire avant la réforme de 2008

332. Les rapports public/privé en zone portuaire s'expriment de façon très diversifiée. Toutefois, c'est notamment dans le domaine des ***outillages et de la manutention***[20] que ces rapports sont les plus complexes. Le problème de la gestion des grands outillages portuaires (grues, portiques à conteneurs...) servant au passage de la marchandise du quai au navire et du navire au quai (ainsi qu'à son stockage) et de la répartition des rôles entre les secteurs public et privé s'est posé bien avant l'annonce de la réforme des ports autonomes par le Président de la République en juillet 2007.

A. L'évolution textuelle

333. Deux textes (de nature et de portée très différentes) doivent être mentionnés : ***l'ordonnance du 17 juin 2004 sur les contrats de partenariat*** (modifiée par la loi du 28 juillet 2008 relative aux contrats de partenariat ainsi que par celle du 17 février 2009 pour l'accélération des programmes de construction et d'investissement)[21] et surtout ***le décret du 9 septembre 1999 modifiant le Code des ports maritimes***. Ils reflètent les étapes et les diverses approches de la recomposition du rôle des acteurs portuaires dans un secteur stratégique d'une économie mondialisée.

334. L'ordonnance n° 2004-559 du 17 juin 2004 affirme (concernant les contrats de partenariat de l'État et de ses établissements publics) que :

> *« Le contrat de partenariat est un contrat administratif par lequel l'État ou un établissement public de l'État confie à un tiers, pour une période déterminée en fonction de la durée d'amortissement des investissements ou des modalités de financement retenues, une mission globale ayant pour objet la construction ou la transformation, l'entretien, la maintenance, l'exploitation ou la gestion d'ouvrages, d'équipements ou de biens immatériels nécessaires au service public, ainsi que tout ou partie de leur financement à l'exception de toute participation au capital* » (art. 1-I).

C'est le cocontractant de l'administration qui assure la maîtrise d'ouvrage des travaux; sa rémunération fait l'objet d'un paiement par la personne publique

19. *Droit public économique*, Dalloz, 1997, n° 17.
20. On distingue classiquement, dans le domaine portuaire, les infrastructures des superstructures, auxquelles appartiennent les outillages. Dans le cadre d'une approche de type économique, voir Grosdidier de Matons (J.), *Droit, économie et finances portuaires*, *op. cit.*, pp. 6-7 et 10.
21. F. Lichère, « Les contrats de partenariat. Fausse nouveauté ou vraie libéralisation dans la commande publique? », *RDP*, 6-2004, p. 1547; J.-F. Brisson, « L'adaptation des contrats administratifs aux besoins de l'investissement immobilier sur le domaine public. Les aspects domaniaux des contrats de partenariat », *AJDA*, 2005, p. 591.

pendant toute la durée du contrat et est liée à des objectifs de performance (art. 1-II). Par ailleurs, lorsqu'il y a occupation du domaine public, le contrat vaut autorisation domaniale et il est considéré comme étant constitutif de droits réels sur les ouvrages et équipement réalisés (art. 13). Le contrat de partenariat est parfaitement envisageable dans les ports, mais la formule de la convention d'exploitation de terminal a été clairement préférée, car elle permet aux acteurs portuaires de sortir du champ du service public (et de ses obligations...).

335. ***Le décret nº 99-782 du 9 septembre 1999 modifiant le Code des ports maritimes a adopté des dispositions importantes sur la gestion des outillages.*** Il a remplacé l'article R. 115-7 du Code des ports maritimes par les dispositions suivantes :

> *« Art. R. 115-7 – I. - La réalisation et l'exploitation d'outillages mis à disposition du public sont assurées par le port autonome lui-même ou font l'objet d'une concession ou d'un contrat d'affermage qui peuvent être conclus avec des collectivités publiques, des établissements publics ou des entreprises privées.*
>
> *II. – Des outillages mis en place par une entreprise et nécessaires à ses propres besoins font l'objet d'une autorisation d'outillage privé avec obligation de service public.*
>
> *III. – Le port autonome peut également conclure avec une entreprise une convention d'exploitation de terminal. Cette convention porte exclusivement sur la gestion et, le cas échéant, la réalisation d'un terminal spécifique à certains types de trafics et comprenant les terre-pleins, les outillages et les aménagements nécessaires aux opérations de débarquement, d'embarquement, de manutention et de stockage liées aux navires. Le recours à ce mode de gestion, qui ne peut concerner qu'une partie du domaine portuaire, doit être compatible avec le maintien en nombre suffisant d'outillages publics ou d'outillages privés avec obligation de service public ».*

336. Ce décret, avec la convention d'exploitation de terminal, est venu élargir le choix des modes de gestion dans le domaine des outillages portuaires.

Rappelons d'abord qu'en dehors du procédé traditionnel de la gestion directe (en régie), les outillages publics du port autonome étaient susceptibles de faire l'objet d'une délégation de service public (en concession ou en affermage).

> La loi MURCEF du 11 décembre 2001 (art. 3) définit ainsi la délégation de service public : il s'agit « *d'un contrat par lequel une personne morale de droit public confie la gestion d'un service public dont elle a la responsabilité à un délégataire public ou privé, dont la rémunération est substantiellement liée aux résultats de l'exploitation du service. Le délégataire peut être chargé de construire des ouvrages ou d'acquérir des biens nécessaires au service* ».

Ce procédé, dans les ports autonomes, n'a jamais vraiment convaincu les entreprises de manutention, en raison de plusieurs facteurs d'ordre économique et juridique (lourdeur de la procédure de la ***concession d'outillage public***, pouvoirs importants de l'administration lors de l'exécution de ce contrat administratif et bien sûr respect des obligations de service public pesant sur tout délégataire)[22].

22. La procédure applicable à la concession d'outillage public (convention, cahier des charges, instruction...) a été précisée dans la partie réglementaire du Code des ports maritimes.

Ensuite, la procédure de ***l'autorisation d'outillage privé avec obligation de service public*** (la fameuse AOP-OSP) a régulièrement été mise en œuvre dans les ports autonomes. Elle a pu s'installer en raison du flou des contours du service public portuaire et de sa « respectabilité sociale » (les syndicats des personnels chargés des engins de manutention ont montré leur grande vigilance face à ce qu'ils considèrent souvent comme une privatisation rampante du service public). Il est assez difficile de justifier, conceptuellement, l'AOP-OSP. Il faudrait démontrer en quoi l'exploitant d'un outillage privé doit être soumis à des obligations de service public (comme la continuité) sans que son activité constitue pour autant une mission de service public. L'argument tiré de l'exercice de cette activité sur le domaine public portuaire conduirait à exhumer la vieille théorie du service public virtuel[23]. Une autorisation domaniale classique, négociée entre une entreprise et l'autorité portuaire, ne pouvait-elle pas, dans le cadre du décret de 1999, permettre l'installation et l'exploitation d'un outillage privé ? On sait que les pratiques portuaires se sont parfois orientées vers le seul droit domanial alors même qu'on pouvait avoir des doutes, au regard du droit administratif français, sur le caractère de service public de l'activité gérée par l'entreprise.

Finalement, en marge du droit des services publics, lorsque l'importance de l'outillage en cause pour le port n'était pas en adéquation avec une simple Autorisation d'Occupation Temporaire du domaine public (AOT), on a su se tourner vers d'autres formules juridiques, comme la ***convention d'exploitation de terminal***.

337. C'est assurément la grande innovation du décret n° 99-782 du 9 septembre 1999, laquelle est venue consacrer une pratique de la communauté portuaire dunkerquoise[24]. Ce procédé contractuel relativement souple ***a permis aux ports autonomes de confier la réalisation et/ou l'exploitation d'un terminal spécialisé (comme un terminal à conteneurs) à un opérateur unique***, lequel peut être constitué d'une grande entreprise de manutention associée à un grand groupe de transport maritime. La notion de terminal portuaire n'est pas juridiquement définie.

> Il s'agit d'abord « *d'un concept technique pour désigner un ensemble d'ouvrages (ex : quais, terre-pleins, silos, hangars...) et d'outillages (portiques, grues, passerelles de manutention horizontale...) dans un périmètre portuaire déterminé et affectés au transit de trafics spécialisés (conteneurs, céréales, charbons et minerais, hydrocarbures, gaz, produits sidérurgiques, passagers...)* » (R. Rézenthel, « Le régime d'exploitation des terminaux portuaires », *JMM*, 8 oct. 1999, p. 2076).

23. Sur le domaine public portuaire, voir *infra*, n° 382 et s.
24. « Dunkerque : jusqu'au bout de la logique de la réforme portuaire », *Navigation, ports & industries*, 30 janv. 1998, p. 31.

La convention d'exploitation de terminal a été utilisée par plusieurs ports autonomes, notamment s'agissant des grands projets de terminaux à conteneurs au Havre (« port 2000 ») et à Marseille (Fos 2XL)[25]. Elle a également pu être mobilisée pour d'autres types de trafics (comme les vracs). Si la passation et l'exécution des conventions d'exploitation de terminal s'inscrivent clairement dans le champ du droit de la concurrence, elles n'ont pas été considérées par les acteurs portuaires (y compris l'administration) comme des délégations de service public soumises à la loi « Sapin » du 29 janvier 1993 relative à la prévention de la corruption et à la transparence de la vie économique et des procédures publiques[26]. Dans le cadre du décret n° 99-782 du 9 septembre 1999, cette question du service public est loin d'être simple : si l'on veut bien admettre qu'il ressort de la logique du dispositif décrétal que les conventions d'exploitation de terminal n'ont pas été conçues comme des délégations de service public, ces contrats portuaires se sont trouvés en délicatesse avec la jurisprudence classique du Conseil d'État relative au secteur portuaire ainsi qu'avec (jusqu'à une période récente) la conception globalisante des notions de service public et d'outillage public portuaires.

Même la Cour des comptes n'a pas été en mesure de clarifier totalement la situation.

Sur les mêmes bases juridiques, elle estime en 1999 qu'il faut « *savoir s'il n'y aurait pas lieu de considérer ces futurs contrats d'exploitation comme une délégation de service public* »[27] et considère en 2006 que la clarification du statut juridique de l'utilisation des outillages « *pourrait contribuer à éviter l'assimilation entre, d'une part, la nature de service public d'une activité et son nécessaire exercice par un opérateur public (qui n'est en rien une obligation), d'autre part, l'inexacte qualification de mission de service public de toutes les activités d'exploitation des outillages, qu'ils soient publics ou privés, affectés à un usage exclusif* » (*Les ports français face aux mutations du transport maritime : l'urgence de l'action*, rapport préc., p. 148).

L'environnement européen, les revendications des professionnels en faveur de la libéralisation portuaire et le primat de l'économique (compétition portuaire, montant des investissements, concentration des opérateurs...) auront sans doute pesé dans l'évolution du commentaire juridique. Le décret n° 2000-682 du 19 juillet 2000 a approuvé la convention type d'exploitation de terminal dans les ports autonomes maritimes. Celle-ci est venue donner des

25. R. Goasguen, « A qui les postes à quai et quel mode opératoire ? », *Le marin*, hors série Le Havre, oct. 2002, p. 7 ; Arr. du 14 mai 2008 approuvant une CET entre le port autonome du Havre et la Sté TNMSC.

26. L. Bordereaux, « Remarques relatives à l'application de la loi Sapin sur le domaine public maritime », *ADMO*, t. XXI, 2003, Université de Nantes, p. 287.

27. *La politique portuaire française*, rapport préc., p. 178.

précisions sur le contenu de ces contrats. Elle stipule que l'entreprise choisie est responsable de l'exploitation technique et commerciale du terminal.

À ce titre, l'entreprise « *a la responsabilité de toutes les opérations de débarquement, d'embarquement, de manutention et de stockage liées au navire et à la marchandise* » ; « *Elle est tenue de mettre en place les moyens en personnel et les moyens techniques appropriés* » (art. 3.1.). C'est également l'entreprise qui « *construit les aménagements, outillages et, le cas échéant, les terre-pleins nécessaires au maintien et au développement de l'activité* » (*ibid.*), sachant (caractère personnel de l'exploitation) qu'elle « *est tenue d'occuper elle-même et sans discontinuité les biens immobiliers dans l'emprise du terminal* » (art. 3.2.)[28].

Le cocontractant de l'administration portuaire n'est pas titulaire d'un monopole (ce qui serait contraire au droit de la concurrence) mais bénéficie normalement (sauf cas de force majeure ou motifs de sécurité notamment) « *d'une priorité permanente d'usage du ou des quais* » (art. 3.4.). Concernant les moyens mis à disposition par le port, il s'agit essentiellement de terrains et terre-pleins relevant du domaine public ou privé et, le cas échéant, d'aménagements et d'outillages (art. 5). La convention type affirme encore que l'entreprise choisie est susceptible de bénéficier des dispositions de la loi du 25 juillet 1994 relative à la constitution de droits réels sur le domaine public[29] et qu'au terme de la convention, les biens immobiliers réalisés par l'entreprise « *deviennent de plein droit et gratuitement la propriété du port, francs et quittes de tous privilèges et hypothèques* » (art. 17.3.)[30]. La dernière touche du pouvoir réglementaire en matière de convention d'exploitation de terminal (dans le cadre du régime traditionnel de l'autonomie portuaire) est issue du décret n° 2005-1796 du 28 décembre 2005. Il a précisé, dans une logique de rentabilité économique sous contrôle public, que la convention « *fixe notamment les objectifs de trafic du terminal et les sanctions, pouvant aller jusqu'à la résiliation sans indemnité de la convention, au cas où ces objectifs ne seraient pas atteints* ». Il a aussi permis de déroger à la convention type, l'approbation nécessitant alors un arrêté interministériel. Malgré l'encouragement donné à l'investissement privé, on voit que ces dispositions demeurent bien ancrées dans la culture des contrats publics. Quelles que furent les difficultés conceptuelles liées à la naissance des conventions d'exploitation de terminal, ces dernières ont constitué un jalon important dans le processus de la réforme des ports autonomes. Aujourd'hui, les conventions de terminal sont régies par le décret n° 2008-1032 du 9 octobre 2008 pris pour l'application de la loi du 4 juillet 2008 portant réforme portuaire (voir *infra*, n° 345).

28. « *Toutefois elle pourra, après accord du port, confier à un tiers l'exécution d'une partie des opérations liées à l'exploitation du terminal* » (art. 3.2.).

29. Sur cette loi et sa codification, voir *infra*, n° 387 et s.

30. Les terre-pleins et aménagements réalisés par l'entreprise que le port ne souhaite pas conserver « *doivent être démolis, soit par l'entreprise, soit à ses frais* ».

B. Les racines intellectuelles d'une réforme

338. La problématique de la réforme des ports autonomes trouve ses racines intellectuelles dans deux grands rapports : le rapport (précité) de la Cour des comptes sur *Les ports français face aux mutations du transport maritime* de juillet 2006 et le rapport conjoint de l'Inspection générale des Finances et du Conseil général des Ponts et Chaussées sur *La modernisation des ports autonomes* (juillet 2007). Sur un plan plus global, la thématique de la réforme portuaire ne peut être dissociée des réflexions contemporaines sur l'évolution des services publics et des politiques publiques, sachant que la création d'un cadre clair et transparent pour le financement des investissements portuaires est un point important de la politique européenne actuelle[31]. Le *Livre vert de la Commission européenne relatif aux Ports et aux Infrastructures Maritimes* (1997) contenait déjà des développements conséquents sur cette question[32].

Le rapport sur la modernisation des ports autonomes[33] expose les grands principes de la réforme. Il semble exprimer la volonté de nombreux acteurs et professionnels (Union Nationale des Industries de la Manutention, Institut Français de la Mer, Cluster Maritime Français, Fédération des entreprises de Transport et Logistique de France...), les syndicats de travailleurs portuaires ayant pour leur part rappelé leur attachement au caractère public des ports[34].

Ce rapport, après avoir dressé un constat plutôt sombre de la situation des grands ports français en 2007 (manque de compétitivité par rapport aux grands ports européens concurrents, manque de fiabilité, désengagement de l'État, inadaptation de l'administration portuaire...) défend une politique de recentrage des ports autonomes sur :

> *« – les missions d'autorité publique (accès maritimes et écluses, réception et accueil des navires, police, sécurité, sûreté);*
> *– le développement, l'aménagement et la gestion du domaine portuaire (grandes infrastructures, affectation des terminaux, valorisation des terrains);*
> *– le développement et la promotion de la place portuaire et des interfaces mer/terre et port/terre, le port autonome devant être un acteur du transfert modal;*
> *– la définition par le port autonome d'un cadre général de régulation des activités portuaires »* (Synthèse du rapport, pp. 1-2).

---

31. V. notamment M. Simons, *La politique portuaire commune au sein de l'UE*, mars 2007, Comité économique et social européen, avis TEN/258 – CESE 1346/2006 fin.
32. Notons que le Livre vert de la Commission du 7 juin 2006, *Vers une politique maritime de l'Union : une vision européenne des océans et des mers* (COM 2006, 275 final), ne remet pas en cause cette approche portuaire, tout en cherchant à établir « *un juste équilibre entre les dimensions économique, sociale et environnementale du développement durable* » (p. 5). Il en va de même s'agissant du Livre bleu de 2007.
33. Rapport établi par A. Bolliet, R. Genevois, C. Gressier et M. Laffitte, IGF (n° 2007-M-031-01) / CGPC (n° 005126-01), juill. 2007.
34. UNIM, *Livre blanc de la manutention portuaire*, juin 2005; H. Deiss, « Modernisation des ports autonomes. Un projet mobilisateur », *JMM*, 25 janv. 2008, p. 14.

Le transfert de l'exploitation des terminaux portuaires aux entreprises de manutention (avec mise en place d'une période transitoire) constitue sans doute l'axe majeur du rapport ; il doit permettre de réaliser des gains de productivité et vise aussi bien les équipements de manutention que les personnels qui y sont attachés[35]. Le problème de l'unité de commandement des personnels des terminaux portuaires a déjà été soulevé[36] ; il fut l'un des points d'achoppement entre les partenaires sociaux lors de la conclusion des conventions d'exploitation de terminal au Havre. Traditionnellement, les agents de conduite des grues et portiques servant au chargement et au déchargement des marchandises étaient des salariés du port autonome alors que les dockers sont embauchés par les entreprises de manutention[37]. D'un point de vue managérial, on conçoit bien, dans l'optique d'un véritable transfert de l'activité d'outillage portuaire au secteur privé, que les personnels liés à la manutention doivent relever d'une même autorité, dans les conditions fixées par le droit commun du travail (ce qui n'empêche pas l'existence d'aménagements sociaux).
On évoque très clairement la « *privatisation des terminaux portuaires* », sans remettre en cause la formule de la convention d'exploitation de terminal et en prenant soin de distinguer, dans les solutions proposées, les grands terminaux (rentables) des terminaux plus modestes (susceptibles de ne pas intéresser le secteur privé). Concernant le statut des ports autonomes, le rapport plaide pour le maintien de leur qualité d'établissement public assorti d'une contractualisation solide des objectifs et des moyens avec l'État et de la révision – à l'aune des impératifs communautaires – de leur fiscalité. Enfin, s'agissant de la forme juridique à même d'organiser ces grands changements, le rapport affirme qu'il faut inscrire la réforme portuaire dans un nouveau cadre législatif.

339. C'est sur ces bases que s'est engagée l'action du Gouvernement début 2008, qui a bien souligné (par la voix de son secrétaire d'État aux Transports D. Bussereau) l'importance de la concertation locale, l'existence de marges de manœuvre pour les acteurs locaux et la nécessité de mieux représenter les collectivités territoriales dans les grands ports maritimes.

§3. La loi du 4 juillet 2008 portant réforme portuaire ou la création de « grands ports maritimes »

340. La loi n° 2008-660 du 4 juillet 2008 a été présentée comme la consécration de cette longue maturation en faveur d'un changement significatif dans l'organisation et la politique portuaires, exigé par l'environnement

35. Pour les auteurs du rapport, il fallait « *supprimer toute référence à la notion d'outillage public dans le Code des ports maritimes* ».
36. M. Le Tallec, « Terminaux à conteneurs : le rapport Smagghe pour un commandement unique sur les quais », *Le marin*, 8 nov. 2002, p. 4.
37. Sur les régimes de travail dans les ports autonomes (aujourd'hui GPM), voir *infra*, n° 408 et s.

concurrentiel des ports français[38]. Elle met en place une nouvelle gouvernance portuaire, jugée *a priori* plus efficiente, et organise le passage de la formule « port autonome » (dont on pensait avoir atteint les limites) à celle de « grand port maritime ». Même s'il est toujours très réducteur de vouloir s'attacher à des modèles types de management portuaire, on a pu écrire que cette évolution reflétait l'abandon du modèle du « port outil » au bénéfice de l'adoption de celui de « port propriétaire », « *caractérisé par une distinction nette entre l'autorité portuaire publique, qui gère les infrastructures, l'aménagement et la politique tarifaire, et le secteur privé, chargé des services portuaires en général* »[39]. ***Le décret n° 2008-1032 du 9 octobre 2008 a été pris en application de cette loi.***

341. ***La grande novation institutionnelle de la réforme portuaire est la possibilité, pour l'État, de créer des grands ports maritimes*** :

Article L. 101-1 du Code des ports maritimes

« *Lorsque l'importance particulière d'un port le justifie au regard des enjeux du développement économique et de l'aménagement du territoire, l'État peut instituer, par décret en Conseil d'État, un organisme appelé "grand port maritime"* ».

Comme les ports autonomes, les grands ports maritimes sont des établissements publics de l'État (art. L. 101-2, C. ports mar.), et non pas des sociétés anonymes à capitaux publics. Ils sont placés sous la tutelle du ministre chargé des ports maritimes et sont soumis au contrôle général économique et financier de l'État (art. R. 101-1 et R. 104-1, C. ports mar.). Un commissaire du Gouvernement et une autorité chargée du contrôle économique et financier sont désignés (art. R. 102-29, C. ports mar.). Leur circonscription, délimitée par arrêté du préfet de région après avis du préfet maritime (art. R. 101-2, C. ports mar.) « *comprend les accès maritimes et peut englober des ports desservis par ces accès* », sachant que « *Les conditions de délimitation à terre et en mer, après enquête, des circonscriptions des grands ports maritimes sont définies par décret en Conseil d'État* » (art. L. 101-4, C. ports mar.). Ces dispositions valent pour l'avenir en cas de modification de la circonscription portuaire ; lors de son institution, un grand port maritime conserve la même circonscription que le port autonome auquel il se substitue (art. L. 101-6-II, C. ports mar.). Six décrets du 9 octobre 2008 sont venus transformer les ports autonomes de La Rochelle, Bordeaux, Marseille, Dunkerque, Le Havre et Nantes/Saint-Nazaire en « Grands Ports Maritimes » (voir le D. n° 2008-1146 du 6 nov. 2008 instituant le grand port maritime de Rouen).

38. REVET (C.), *Rapport sur le projet de loi portant réforme portuaire*, Sénat n° 331, mai 2008 ; BESSELAT (J.-Y.), *Rapport sur le projet de loi portant réforme portuaire*, AN n° 954, juin 2008.

39. Voir le rapport de C. Revet, *ibid.*, p. 20.

A. Une nouvelle gouvernance

342. Les grands ports maritimes sont dirigés par un directoire, sous le contrôle d'un conseil de surveillance de 17 membres dont la composition ne néglige pas les collectivités locales (art. L. 102-1 et L. 102-2, C. ports mar.)[40].

Article L. 102-3 du Code des ports maritimes

– Le **conseil de surveillance** « *arrête les orientations stratégiques de l'établissement et exerce le contrôle permanent de sa gestion* », il effectue à tout moment « *les vérifications et les contrôles qu'il juge opportuns et peut se faire communiquer les documents qu'il estime nécessaires à l'accomplissement de sa mission* ».

Le décret d'application n° 2008-1032 du 9 octobre 2008 précise quels sont les actes et opérations devant être soumis à son approbation préalable, comme l'état prévisionnel des recettes et des dépenses, les prises, cessions ou extensions de participation financière, les déclassements de biens du domaine public, les conditions générales de passation des conventions et marchés ou les cessions et transactions dont le montant dépasse un certain seuil (art. R. 102-12, C. ports mar.).

Les prérogatives du conseil de surveillance encadrent donc et équilibrent celles du ***directoire***, qui « *assure la direction de l'établissement et est responsable de sa gestion* » (art. L. 102-5, C. ports mar.). À ce titre, le directoire doit, entre autres, proposer au conseil de surveillance les orientations générales de la politique de l'établissement, lui soumettre le compte financier et le projet stratégique du port, préparer et mettre en œuvre ce projet ainsi qu'assurer la gestion domaniale (art. R. 102-17, C. ports mar.). Il est responsable de l'exécution des décisions du conseil (art. R. 102-18, C. ports mar.) et doit établir tous les trois ans un plan de réception et de traitement des déchets d'exploitation des navires et des résidus de cargaison qui sera approuvé par le préfet de département (art. R. 101-12, C. ports mar.). La nomination gouvernementale du président du directoire est très encadrée puisqu'il est nommé par décret après avis conforme du conseil de surveillance (art. L. 102-4, C. ports mar.). Il exerce les attributions dévolues au directeur du port autonome maritime et porte le titre de directeur général (art. L. 106-2 et R. 102-16, C. ports mar.)[41].

En dehors de la composition du conseil de surveillance et un peu à l'image des pays, la participation des acteurs locaux est assurée par le ***conseil de développement***.

40. Art. L. 102-2, C. ports mar. : « *Le conseil de surveillance est composé comme suit : 1° Cinq représentants de l'État; 2° Quatre représentants des collectivités territoriales et de leurs groupements dont au moins un représentant de la région et un représentant du département; 3° Trois représentants du personnel de l'établissement public [...]; 4° Cinq personnalités qualifiées nommées par l'autorité compétente de l'État, dont un représentant élu de chambre consulaire et un représentant du monde économique [...]* ». V. aussi l'art. R. 102-1, C. ports mar.

41. Sur les fonctions du président du directoire (s'agissant du personnel, de la représentation du port, des transactions...), voir l'art. R. 102-20, C. ports mar.

Article L. 102-6 du Code des ports maritimes

« *Dans chaque grand port maritime, les milieux professionnels, sociaux et associatifs ainsi que les collectivités territoriales et leurs groupements sont représentés dans un conseil de développement qui est consulté sur le projet stratégique et la politique tarifaire du grand port maritime. Il peut émettre des propositions et demander que des questions soient inscrites à l'ordre du jour d'une réunion du conseil de surveillance* ».

Le décret n° 2008-1032 du 9 octobre 2008 apporte des précisions sur ce conseil de développement, dont le nombre de membres, fixé par le décret instituant le port, peut varier entre 20 et 40. Il est composé de 4 collèges : les représentants de la place portuaire (30 % des membres du conseil), les représentants des personnels des entreprises du port (10 %), les représentants des collectivités territoriales ou de leurs groupements (30 %) et le collège des personnalités qualifiées à hauteur de 30 % (art. R. 102-24 et s., C. ports mar.).

Par ailleurs, la loi du 4 juillet 2008 entend favoriser la création de structures de coordination et de coopération portuaires, visant d'une part à « *assurer la cohérence des actions de grands ports maritimes [...] s'inscrivant dans un même ensemble géographique [...]*[42] et, d'autre part, à « *mettre en commun des moyens et poursuivre des actions communes* »[43].

Le décret n° 2008-1031 du 9 octobre 2008 fixe la durée des mandats du président du conseil de surveillance et des membres du directoire des grands ports maritimes (5 ans renouvelable).

B. Missions des GPM et mise en œuvre de la réforme

343. Les missions des grands ports maritimes ont été sensiblement redéfinies :

Article L. 101-3-I du Code des ports maritimes

« *Dans les limites de sa circonscription, le grand port maritime veille à l'intégration des enjeux de développement durable dans le respect des règles de concurrence et est chargé, selon les modalités qu'il détermine, des missions suivantes :*

1° La réalisation, l'exploitation et l'entretien des accès maritimes;

2° La police, la sûreté et la sécurité, au sens des dispositions du livre III, et les missions concourant au bon fonctionnement général du port;

3° La gestion et la valorisation du domaine dont il est propriétaire ou qui lui est affecté;

4° La gestion et la préservation du domaine public naturel et des espaces naturels dont il est propriétaire ou qui lui sont affectés; il consulte le conseil scientifique d'estuaire, lorsqu'il existe, sur ses programmes d'aménagement affectant les espaces naturels;

42. V. les dispositions de l'art. L. 102-7, C. ports mar., permettant la création par décret d'un Conseil de coordination interportuaire.

43. V. les dispositions de l'art. L. 106-1, C. ports mar., permettant aux grands ports maritimes ainsi qu'aux collectivités territoriales et à leurs groupements compétents en matière portuaire de créer des groupements d'intérêt public « *pour conduire, pendant une durée déterminée, des activités de promotion commerciale et d'entretien des accès maritimes* ».

5° *La construction et l'entretien de l'infrastructure portuaire, notamment des bassins et terre-pleins, ainsi que des voies et terminaux de desserte terrestre, notamment ferroviaire et fluviale;*

6° *La promotion de l'offre de dessertes ferroviaires et fluviales en coopération avec les opérateurs concernés;*

7° *L'aménagement et la gestion des zones industrielles ou logistiques liées à l'activité portuaire;*

8° *Les actions concourant à la promotion générale du port* ».

On voit qu'il serait inexact de parler d'appauvrissement des missions de ces établissements publics de l'État. Les grands ports maritimes ont notamment un rôle essentiel en matière d'aménagement du territoire portuaire et d'impulsion des politiques portuaires. En tant qu'aménageurs, les grands ports maritimes peuvent constituer des réserves foncières (l'article L. 221-1 du Code de l'urbanisme a été modifié en ce sens). Ils peuvent acquérir à l'amiable ou par voie d'expropriation les immeubles nécessaires à leur développement, après consultation du service des domaines (art. R. 103-12, C. ports mar.).

Article L. 101-3-III du Code des ports maritimes

Ils peuvent également, dans le respect des principes posés par la loi et de la spécialité des établissements publics, « *exercer, notamment par l'intermédiaire de prises de participations dans des personnes morales, des activités ou réaliser des acquisitions dont l'objet est de nature à concourir [...] au développement ou à la modernisation du port ou de la place portuaire* » (voir J.-Y. Besselat, rapport AN préc., p. 15).

Leurs missions concernent encore la gestion des espaces naturels (on pense surtout aux ports d'estuaire), dans une logique de développement durable clairement mentionnée par le législateur et ancrée dans la Charte constitutionnelle de l'environnement (art. 6). L'article 16 de la loi portant réforme portuaire affirme d'ailleurs qu'il est créé un conseil scientifique d'estuaire pour la Seine, la Loire et la Gironde, « *afin de mobiliser l'expertise sur les milieux naturels et leur fonctionnement* » (le D. n° 2009-68 du 19 janvier 2009 est relatif à la composition et au fonctionnement des conseils scientifiques d'estuaires). Cette compétence dans le domaine de l'environnement (délicate eu égard à la vocation économique des ports) a été précisée par la loi n° 2008-757 du 1er août 2008 sur la responsabilité environnementale, qui permet la coopération avec le Conservatoire du littoral tout en donnant la priorité à l'institution portuaire[44].

Mais il est clair que les grands ports maritimes n'ont plus pour mission d'exploiter les outillages, sauf à titre exceptionnel, en fonction des circonstances socio-économiques propres à chaque port (ce qui laisse tout de même de réelles marges de manœuvre).

44. Art. 14 de la loi n° 2008-757.

C'est bien ce qui ressort des articles 1er et 7 de la loi :

« *Le grand port maritime ne peut exploiter les outillages utilisés pour les opérations de chargement, de déchargement, de manutention et de stockage liées aux navires que dans les cas et conditions prévus à l'article L. 103-2 [*C. ports. mar.*]* » (art. L. 101-3-II, C. ports. mar.).

« *Sous réserve des cas prévus à l'article L. 103-2 du Code des ports maritimes, les grands ports maritimes cessent d'exploiter les outillages mentionnés au II de l'article L. 101-3 du même code dans un délai qui ne peut excéder* **deux ans** *à compter de l'adoption de leur projet stratégique* » (art. 7 al. 1 de la loi)[45].

344. La loi du 4 juillet 2008 pose les principes gouvernant ***la vente des outillages portuaires*** afférents à la manutention et au stockage des marchandises au secteur privé : « *La propriété de ces outillages ou, s'ils sont immobiliers, les droits réels qui leur sont attachés, sont cédés à des opérateurs de terminaux dans les conditions définies à l'article* 9 » (art. 7 al. 2). L'article 9 de la loi a distingué trois situations, liées à l'existence ou non d'opérateurs ayant déjà réalisé des investissements sur le terminal en cause ou y ayant déjà traité un trafic significatif en qualité d'utilisateurs réguliers des outillages. L'architecture du transfert va ainsi de la négociation directe avec les entreprises présentes volontaires au lancement d'un appel à candidatures (dans le cadre d'un procédure transparente et non discriminatoire), sans exclure l'exercice de l'activité par une filiale du grand port maritime en cas d'échec de l'appel à candidatures et lorsque le projet stratégique le prévoit (dans ce cas, le port doit tous les cinq ans lancer un nouvel appel; il n'a donc pas vocation, *a priori* et sous réserve des exceptions prévues dans le Code des ports maritimes, à exploiter durablement des outillages). Le législateur a prévu la création d'une commission composée de personnalités indépendantes afin de veiller au bon déroulement et à la transparence de la procédure de transfert; elle doit aussi donner un avis (public) sur l'évaluation des biens et droits réels avant leur cession. La composition et les modalités de fonctionnement de cette commission sont fixées par décret en Conseil d'État (art. 9-III). L'article 6 du décret n° 2008-1032 du 9 octobre 2008 a ainsi institué une commission nationale d'évaluation de 4 membres, nommés pour 5 ans et astreints au secret professionnel (son président est désigné parmi les magistrats de la Cour des comptes). Cette commission est

45. Art. L. 103-2, C. ports. mar. : « *Le grand port maritime peut,* ***à titre exceptionnel****, si le projet stratégique le prévoit et après accord de l'autorité administrative compétente, exploiter les outillages mentionnés au II de l'article L. 101-3 dans les cas suivants : 1° En régie ou par l'intermédiaire de filiales, à condition qu'il s'agisse d'activités ou de prestations accessoires dans l'ensemble des activités d'outillage présentes sur le port; 2° Par l'intermédiaire de filiales pour un motif d'intérêt national; l'autorité administrative notifie au grand port maritime la liste des activités ou des outillages dont le maintien doit être prévu pour ce motif dans le projet stratégique; 3° Par l'intermédiaire d'une* ***filiale****, après échec d'un appel à candidatures […];*

4° En détenant des participations minoritaires dans une personne morale de droit privé ». Sur le 2°, V. l'Arr. interministériel du 9 mars 2009 (terminaux pétroliers).

saisie par le président du directoire « *avant toute opération de cession des outillages* ».

345. ***La cession des outillages portuaires au secteur privé ne saurait cependant tout à fait s'analyser comme une rupture radicale avec la situation antérieure***. Il s'agit plutôt d'une évolution significative dans un cadre législatif devenu clair. D'une part, il est dit que « *par dérogation [...], les concessions en vigueur sont maintenues jusqu'à leur terme sauf accord des parties* » (art. 9-IV) ; on accepte donc, si nécessaire, qu'il y ait des transitions. D'autre part, la loi demeure dans le sillage de deux grands axes du droit portuaire que sont les conventions d'exploitation de terminal (assez récentes) et le droit de la domanialité publique (très ancien). En effet, au terme de la négociation menée par le grand port maritime avec les candidats (deuxième cas de figure prévu par la loi), « *le grand port maritime choisit l'opérateur avec lequel une convention de terminal est conclue. Cette convention, qui vaut autorisation d'occupation du domaine public, peut prévoir des objectifs de trafic* » (art. 9-I 2°). L'ancrage domanial reste fort et la formule de la convention d'exploitation de terminal (créée par le décret n° 99-782 du 9 septembre 1999) demeure pour le législateur un référent important même si elle devait évoluer avec la réforme portuaire (« impératif » de réussite économique).

Les conventions de terminal sont redéfinies ainsi par le décret n° 2008-1032 du 9 octobre 2008 :

Article R. 105-2 al. 2 du Code des ports maritimes

« Ces conventions qui valent autorisation d'occuper le domaine public sont passées avec le ou les opérateurs retenus. Elles portent sur l'exploitation et, le cas échéant, la réalisation d'un terminal comprenant les outillages et les aménagements nécessaires aux opérations de débarquement, d'embarquement, de manutention et de stockage liés aux navires. Elles peuvent aussi comprendre la réalisation de quais ou d'appontements pour ce terminal. Elles peuvent prévoir des objectifs de développement du trafic et des sanctions, pouvant aller jusqu'à la résiliation sans indemnité de la convention, dans le cas où ces objectifs ne seraient pas atteints. Des indicateurs de suivi permettent de définir si les objectifs fixés sont atteints ».

Les conventions de terminal doivent respecter les exigences d'une saine concurrence : elles « *sont conclues à l'issue d'une procédure ouverte, transparente et non discriminatoire* » (mais il est dorénavant clair que ce ne sont pas des délégations de service public au sens de la loi « Sapin ») et leur attribution « *ne doit pas avoir pour effet d'altérer les conditions de la concurrence* » (art. R. 105-2 al. 1 et R. 105-3, C. ports mar.)[46].

46. Art. R. 105-4, C. ports mar. : « *Un arrêté des ministres chargés des ports maritimes et de l'économie précise les points qui doivent figurer dans la convention de terminal* » (Arr. du 20 mars 2009). Par ailleurs, les conventions d'exploitation de terminal qui ont été conclues sur le fondement du D. n° 1999-782 du 9 sept. 1999 « *restent en vigueur et valent convention de terminal* » (art. 9 du D. n° 2008-1 032).

Concernant les aspects domaniaux, la loi du 4 juillet 2008 distingue les outillages meubles et immeubles :

> « *Par dérogation à l'article L. 3211-17 du Code général de la propriété des personnes publiques, les outillages de caractère mobilier, notamment les grues, les portiques, les bigues et les bandes transporteuses,* **sont cédés aux opérateurs en pleine propriété** *dans les conditions définies aux I et III du présent article [9].*
>
> *Sauf s'il y renonce, l'opérateur de terminal bénéficie, dans les conditions définies aux deuxième et troisième alinéas de l'article L. 2122-6 du Code général de la propriété des personnes publiques, de droits réels sur les outillages de caractère immobilier, notamment les hangars, dont il assure l'exploitation à la suite du transfert opéré en application du I du présent article* » (art. 9-II).

Ces dispositions sont riches d'enseignements : rompant avec une certaine approche globalisante des biens publics portuaires (en application de laquelle les grues et portiques de l'établissement public auraient pu être considérés comme des éléments tant de l'ouvrage public que du domaine public), le législateur fait passer ces équipements lourds de manutention dans le champ du domaine privé mobilier pour mieux organiser leur cession (ce qui laisse beaucoup de souplesse aux acteurs portuaires). Quant aux outillages constituant incontestablement des biens immeubles (comme les hangars), on s'en tient à l'application traditionnelle de la théorie des droits réels administratifs sur le domaine public, telle qu'elle a été formulée par la loi n° 94-631 du 25 juillet 1994 (art. L. 2122-6 et s. CGPPP – voir *infra* n° 387 et s.). En la matière, il faudra donc s'accommoder des contraintes inhérentes au régime repris dans le CGPPP.

346. Pour l'exercice des missions dévolues aux grands ports maritimes, un ***projet stratégique*** détermine pour chaque port « *ses grandes orientations, les modalités de son action et les dépenses et recettes prévisionnelles nécessaires à sa mise en œuvre* » ; ce projet stratégique « *comporte des documents graphiques indiquant les différentes zones et leur vocation, notamment les zones ayant des enjeux naturels* » (art. L. 103-1 al. 1 et 2, C. ports mar.).

> Il « *fixe, d'une part, le périmètre de chaque terminal et, d'autre part, la liste des outillages associés à céder. Il comprend un programme d'évolution de l'exploitation des terminaux et détermine, pour chaque terminal, le cadre de la négociation mentionnée à l'article 9* » (art. 8 al. 2 de la loi du 4 juillet 2008).

Ses modalités d'élaboration et de révision sont fixées, là encore, par le décret n° 2008-1032 du 9 octobre 2008, qui précise :

Article R. 103-1 du Code des ports maritimes

le projet stratégique traite notamment « *du positionnement stratégique et de la politique de développement de l'établissement* », « *des aspects économiques et financiers* », « *des modalités retenues pour l'exploitation des outillages et du recours à des filiales* », « *de la politique d'aménagement et de développement durable du port* », et « *des dessertes du port et de la politique du grand port maritime en faveur de l'intermodalité* ».

Article R. 103-2 du Code des ports maritimes

Ce plan doit être révisé au moins tous les 5 ans.

Article L. 103-1 al. 4 du Code des ports maritimes

En outre, « *Le grand port maritime conclut un contrat pluriannuel avec l'État et, le cas échéant, avec les collectivités territoriales intéressées ou leurs groupements, qui a pour objet de préciser les modalités de mise en œuvre du projet stratégique dans leurs domaines de compétences respectifs. Ce contrat porte également sur la politique de dividendes versés à l'État* ».

Chaque grand port maritime devait adopter son projet stratégique dans les trois mois suivant son institution ; le non-respect de ce délai était censé enclencher une procédure dissuasive organisant, après mise en demeure infructueuse, l'intervention conjointe des ministres chargés des ports maritimes et de l'économie s'agissant de la vente des outillages du port au secteur privé (art. 8 al. 3 de la loi). On pouvait s'attendre à ce que cette étape importante de la réforme portuaire donne lieu à des mouvements de contestation et nécessite davantage de temps[47]. Le GPM de La Rochelle a été le premier à adopter son projet stratégique, le 27 mars 2009.

347. La loi du 4 juillet 2008 comprend encore des dispositions relatives à la « ***substitution d'un grand port maritime à un port maritime relevant de l'État*** », permettant la continuité et la sécurité juridiques du passage au régime du grand port maritime :

Article L. 101-6-I du Code des ports maritimes

« *Lorsqu'un grand port maritime est substitué à un port maritime relevant de l'État, l'État et, le cas échéant, le port autonome ou l'établissement public délégataire lui remettent les biens immeubles et meubles nécessaires à l'exercice de ses missions autres que ceux relevant du domaine public maritime naturel et du domaine public fluvial naturel. Cette remise est gratuite et ne donne lieu à paiement d'aucune indemnité, ni d'aucun droit, taxe, salaire ou honoraires* »[48].

Par ailleurs, toujours dans une logique de continuité, il est précisé que « *Les textes applicables aux ports autonomes maritimes, à l'exception du titre Ier du livre Ier, s'appliquent également aux grands ports maritimes pour autant qu'il n'y est pas dérogé par des dispositions spéciales* » (art. L. 106-2, C. ports mar.).

348. *Concernant les aspects financiers et comptables*, la loi nouvelle renvoie à l'article L. 111-4 du Code des ports maritimes concernant le régime financier des grands ports maritimes, aux termes duquel :

---

47. H. Deiss, « Un accouchement difficile des projets stratégiques », *JMM*, 27 mars 2009, p. 13.

48. L'art. L. 101-6-I, C. ports mar. ajoute : « *Sous réserve des dispositions de l'article L. 101-5, le grand port maritime est substitué de plein droit à l'État et, le cas échéant, au port autonome ou à l'établissement public délégataire, dans tous les droits et obligations attachés aux biens remis et aux activités transférées, en particulier dans le service des emprunts contractés par le port autonome [...].* ». Sur les dispositions réglementaires, voir le D. n° 2008-1032 du 9 oct. 2008 (art. R. 101-7 et s., C. ports mar.).

Article L. 101-5 du Code des ports maritimes

« ***L'État supporte les frais*** *de l'entretien et de l'exploitation des écluses d'accès, de l'entretien des chenaux d'accès maritimes, de la profondeur des avant-ports, des ouvrages de protection contre la mer. Il supporte, dans les mêmes conditions, pour l'exécution de ces travaux, les dépenses relatives aux engins de dragage dont le régime de propriété et les conditions d'exploitation sont fixés par décret en Conseil d'État. Le programme et le montant des dépenses de ces opérations sont arrêtés chaque année par décision de l'autorité compétente* »[49].

On se reportera également à l'article R. 111-6 du Code des ports maritimes (engins de dragage) ainsi qu'aux articles R. 101-5 (projet d'investissement à la demande de l'État, d'une collectivité territoriale, d'un groupement de collectivités territoriales ou d'un organisme public local ou national) et R. 103-4 et suivants (gestion financière et comptable) du Code des ports maritimes, ces derniers étant issus du décret d'application n° 2008-1032 du 9 octobre 2008.

Rappelons que le régime des droits de port, perçus « *à raison des opérations commerciales ou des séjours des navires* » (art. L. 211-1, C. ports mar.) est défini aux articles R. 211-1 et suivants du Code des ports maritimes.

Enfin, la loi du 4 juillet 2008 comporte un volet attractif et attendu sur la fiscalité locale de la manutention portuaire (art. 5 de la loi ; art. 1518 A *bis* et 1464 J du Code général des impôts).

349. Cette réforme portuaire de poids, si elle n'est pas exempte de toute ambiguïté et difficulté (on pense à l'application du droit de la domanialité publique et à la protection des espaces naturels), n'en constitue pas moins le nouveau cadre juridique destiné à hisser les grandes places portuaires françaises au plus haut niveau de la concurrence mondiale. Pragmatique, elle doit permettre de tenir compte des spécificités de chaque port en ne posant pas de principe absolu.

On conviendra cependant qu'« *Il ne suffit pas de créer une nouvelle structure pour développer la productivité et améliorer une position concurrentielle, encore faut-il faire preuve d'un savoir-faire efficace* » (R. Rézenthel, « L'outil et le savoir-faire », *JMM*, 18 juill. 2008, p. 9).

L'amélioration de la compétitivité et de la desserte multimodale (ferroviaire et fluviale) des ports français est inscrite dans les principes législatifs du « Grenelle de l'environnement ».

§4. Remarques conclusives sur le respect de la concurrence

350. L'évolution des rapports public-privé dans l'espace portuaire souligne bien le caractère prédominant des enjeux économiques et financiers, lesquels ne sauraient échapper aux règles de concurrence.

49. Voir M. Neumeister, « Que l'État respecte ses obligations de financement des accès maritimes », *JMM*, 27 févr. 2009, p. 10.

351. On rappellera, ***sous l'angle du droit interne***, l'importance des règles posées par l'ordonnance du 1er décembre 1986 sur la liberté des prix et de la concurrence. Quelle que soit la nature juridique de l'opérateur et les formes choisies pour l'organisation des services, les activités économiques portuaires (dont la manutention bien sûr) sont directement concernées par l'article L. 410-1 du Code de commerce : le droit de la concurrence s'applique « *à toutes les activités de production, de distribution et de services, y compris celles qui sont le fait de personnes publiques, notamment dans le cadre de conventions de délégation de service public* ». Les opérateurs portuaires (publics et privés), notamment s'agissant de l'activité d'outillage, peuvent donc être sanctionnés du fait d'une pratique anticoncurrentielle comme l'abus de position dominante. Les décisions rendues en la matière par le Conseil de la concurrence (aujourd'hui l'Autorité de la concurrence) sont parfaitement claires[50], étant entendu que des difficultés peuvent subsister concernant la détermination de la compétence juridictionnelle, le juge administratif étant seul compétent pour apprécier la légalité d'un acte administratif, y compris au regard des règles issues de l'ordonnance du 1er décembre 1986[51].

De manière plus générale et au-delà de la sanction des pratiques anticoncurrentielles, les questions portuaires sont particulièrement liées à l'évolution du droit public de l'économie. Il faut ainsi retenir que si les personnes publiques entendent « *prendre en charge une activité économique, elles ne peuvent légalement le faire que dans le respect tant de la liberté du commerce et de l'industrie que du droit de la concurrence* »[52]. On sait que cette prise en compte des impératifs de concurrence concerne également la gestion du domaine public (voir *infra*, n° 390). Par ailleurs, s'il est aujourd'hui acquis qu'un acte de droit public comme une délégation de service public ne peut légalement avoir pour effet de placer une entreprise dans une situation où elle contreviendrait aux règles de concurrence[53].

Il faut également noter « *qu'il ne peut être utilement invoqué un principe général de protection du concessionnaire contre la concurrence par le concédant, indépendamment de toute clause contractuelle posant une telle obligation à ce dernier* » (CE, 10 oct. 2007, *Sté SPS Tarbes*, n° 255213).

Finalement, la vie portuaire (on pense par ex au conflit havrais autour du remorquage, lié à l'implantation bien difficile d'un concurrent de l'opérateur

50. Cons. conc., 13 sept. 2007, décision n° 07-D-28 relative à des pratiques mises en œuvre par le port autonome du Havre, la Cie industrielle des pondéreux du Havre, la Sté havraise de transport et la Sté Havre manutention.
51. Y. Laidié, « Contrats de droit public et droit de la concurrence : clarifications récentes et incertitudes persistantes », *La gazette des communes*, 20 sept. 1999, p. 49 ; Ph. Terneyre, « La compétence du juge administratif », *AJDA*, 2000, p. 697 ; *Collectivités publiques et concurrence*, Rapport public du Conseil d'État pour 2002, Doc. fr., spéc. p. 244 et s.
52. CE, Ass., 31 mai 2006, *Ordre des avocats au barreau de Paris*, *Rec.*, p. 272.
53. CE, 3 nov. 1997, *Sté Million et Marais*, *Rec.*, p. 406.

historique) et le droit y afférent soulignent bien la prégnance de l'environnement concurrentiel.

352. ***Sous l'angle du droit communautaire***, il faut insister sur l'application au secteur portuaire des règles de concurrence issues du Traité instituant la Communauté européenne (TCE)[54], remplacé par le Traité sur le fonctionnement de l'Union européenne (TFUE) dans le cadre de l'adoption du Traité « modificatif » de Lisbonne du 13 décembre 2007.

Si « *Les traités ne préjugent en rien le régime de la propriété dans les États membres* », ceux-ci et l'Union « *agissent dans le respect du principe d'une économie de marché ouverte où la concurrence est libre* » (art. 295 et 98 TCE – TFUE).

Les grandes libertés économiques communautaires, comme la liberté d'établissement, de circulation (des travailleurs, des marchandises et des capitaux) et de prestation des services, ainsi que les règles de concurrence prohibant les ententes et les abus de position dominante, s'appliquent bien évidemment aux activités portuaires, de même que les dispositions relatives aux aides accordées par les États. Les occasions d'appliquer le droit communautaire aux ports n'ont pas manqué, comme en témoignent les décisions rendues par la Commission[55] ou les arrêts de la Cour de Justice des Communautés Européennes (CJCE – CJUE dans le cadre du Traité de Lisbonne)[56]. L'organisation et le fonctionnement des services et infrastructures portuaires français doivent impérativement prendre en considération l'ordre juridique européen, et ce quelle que soit la forme des partenariats public/privé mis en place[57]. Il a déjà été jugé, en dehors du droit dérivé afférent aux marchés publics (directives 2004/17/CE et 2004/18/CE du 31 mars 2004, dont le champ d'application est large), que les délégations de service public qui ne relevaient pas de la législation européenne sur les marchés devaient respecter les règles fondamentales du TCE. Les exigences de transparence impliquent « *un degré de publicité adéquat permettant une ouverture du marché des services à la concurrence ainsi que le contrôle de l'impartialité des procédures d'adjudication* »[58].

54. Voir : GUEGUEN-HALLOUËT (G.), *L'application du droit communautaire aux ports maritimes*, thèse, Brest, 1999.

55. Pour la Commission : décision n° 94/119/CE du 21 déc. 1993 relative au refus d'accès aux installations du port danois de Rodby, *JOCE*, n° L 55 du 26 févr. 1994, p. 52; décision n° 94/210/CE du 29 mars 1994 relative à une procédure d'application de l'article 86 du traité CE, aff. IV/34.689, *Sea Containers c/ Stena Sealink*, *JOCE*, n° L 15 du 18 janv. 1994, p. 8.

56. V. par ex. : CJCE, 29 avr. 1999, *Eric Ciola et Land Vorarlberg*, aff. C-224/97, *DMF*, 1999, p. 449, note R. Rézenthel, pt 19; CJCE, 11 janv. 2007, *Commission c/Grèce*, aff. C-269/05, *Rev. de droit des transports*, mars 2007, com. 37, note L. Grard.

57. Commission européenne, *Livre vert sur les partenariats public-privé et le droit communautaire des marchés publics et des concessions*, COM (2 004) 327 final, 30 avr. 2004, pt 8.

58. CJCE, 7 déc. 2000, *Telaustria Verlags GmbH*, aff. C-324/98, *Rec.*, I-10745, pt 62. V. aussi : CJCE, 21 juill. 2005, *Coname*, aff. C-231/03, *Rec.*, I-7310.

Cela étant, l'acception communautaire de la notion de service d'intérêt général est plus riche qu'il n'y paraît et n'est pas uniforme[59].

Le Protocole du Traité de Lisbonne sur les services d'intérêt général affirme « *le rôle essentiel et la grande marge de manœuvre des autorités nationales, régionales et locales pour fournir, faire exécuter et organiser les services d'intérêt économique général d'une manière qui réponde autant que possible aux besoins des utilisateurs* ».

Il souligne également la diversité de ces services. Même sous l'angle communautaire, la notion d'intérêt général peut tout à fait être mobilisée en matière portuaire, mais elle ne saurait justifier, sauf exceptions, la mise à l'écart du droit de la concurrence.

Ainsi, « *Les États membres, en ce qui concerne les entreprises publiques et les entreprises auxquelles ils accordent des droits spéciaux ou exclusifs, n'édictent ni ne maintiennent aucune mesure contraire aux règles des traités* » (art. 86-1 TCE – TFUE).

Concernant les entreprises chargées de la gestion d'un service d'intérêt économique général, elles sont « *soumises aux règles des traités, notamment aux règles de concurrence, dans les limites où l'application de ces règles ne fait pas échec à l'accomplissement en droit ou en fait de la mission particulière qui leur a été impartie. Le développement des échanges ne doit pas être affecté dans une mesure contraire à l'intérêt de l'Union* » (art. 86-2 TCE – TFUE).

Plusieurs arrêts expriment une réelle prise en compte d'obligations de service public dans la problématique des services d'intérêt économique général (dans le sillage des célèbres jurisprudences *Paul Corbeau* et *Commune d'Almelo*). Le domaine maritime et portuaire n'est certainement pas étranger à ces préoccupations[60], qui peuvent parfois justifier une entorse aux règles de concurrence lorsque la sécurité portuaire est en jeu[61]. Mais l'approche communautaire est subtile : s'il a été jugé que l'aménagement et l'exploitation d'un port pouvaient constituer un service d'intérêt économique général[62], une telle qualification ne saurait être retenue, mécaniquement, en toutes circonstances : il ne résulte pas de la jurisprudence de la Cour que « *l'exploitation de tout port de commerce relève de la gestion d'un service d'intérêt économique général ni que, en particulier, l'ensemble des prestations fournies dans un tel port relève d'une telle mission* »[63]. On sait que la manutention portuaire n'est pas constitu-

59. S. Rodrigues, « Les qualifications concurrentes des activités d'intérêt général en droit communautaire », *AJDA*, 2006, p. 84.

60. CJCE, 20 févr. 2001, *Analir e.a.*, aff. C-205/99, *Rec.*, I-1295 ; CJCE, 9 mars 2006, *Commission c/ Espagne*, aff. C-323/03, *Rec.*, I- 2161.

61. CJCE, 18 juin 1998, *Corsica Ferries France SA*, aff. C-266/96, *Rec.*, I-3949. La Cour a reconnu, s'agissant des lamaneurs des ports de Gênes et de La Spezia, qu'ils étaient « *tenus de fournir à tout moment et à tout usager un service universel de lamanage, et ce pour des raisons de sécurité dans les eaux portuaires* » (pt 45).

62. CJCE, 14 juill. 1971, *Muller e.a.* (Port luxembourgeois de Mertert), aff. 10/71, *Rec.*, p. 723.

63. CJCE, 17 juill. 1997, *GT-Link*, aff. C-242/95, *Rec.*, I-4453, pt 52.

tive d'un service d'intérêt économique général[64]. Et il faut insister sur le fait que la reconnaissance d'un tel service ne remet pas en cause l'interdiction des pratiques anticoncurrentielles, dans les conditions fixées à l'article 86-2.

Quoi qu'il en soit, eu égard au large champ d'application du droit communautaire de la concurrence, lequel s'applique à « *toute entité exerçant une activité économique, indépendamment du statut juridique de cette entité et de son mode de financement* »[65], on mesure bien l'importance de ces règles pour les grands ports maritimes et les collectivités territoriales.

Section 2 La décentralisation portuaire

353. Plusieurs textes sont venus marquer les grandes étapes de la décentralisation portuaire, jusqu'à la mise en œuvre de la loi n° 2004-809 du 13 août 2004 relative aux libertés et responsabilités locales.

§1. Les étapes de la décentralisation portuaire

A. Le premier mouvement

354. ***La loi n° 83-663 du 22 juillet 1983***, complétant la loi n° 83-8 du 7 janvier 1983 relative à la répartition des compétences entre les communes les départements, les régions et l'État, fixe les nouvelles attributions des collectivités locales dans le cadre du premier mouvement de décentralisation portuaire :

> *« Art. 5. – La région est compétente pour créer des canaux et des ports fluviaux et pour aménager et exploiter les voies navigables et les ports fluviaux qui lui sont transférés par décret en Conseil d'État sur proposition du conseil régional intéressé. [...].*
>
> *Art. 6 – Le département est compétent pour créer, aménager et exploiter les ports maritimes de commerce et de pêche [...].*
>
> *La commune est compétente pour créer, aménager et exploiter les ports autres que ceux visés ci-dessus et qui sont affectés exclusivement à la plaisance ».*

355. Les compétences locales, s'agissant des ports maritimes, s'exercent bien sûr dans le respect du Code des ports maritimes et des prescriptions des SMVM. Ce premier acte de la décentralisation portuaire est très encadré : le législateur précise bien que les ports autonomes, les ports d'intérêt national[66] et les ports contigus aux ports militaires (avec l'intégralité de leurs équipements portuaires) demeurent de la compétence de l'État. En outre, « *Dans l'intérêt des personnes ou*

64. CJCE, 10 déc. 1991, *Merci convenzionali porto di Genova SpA*, aff. C-179/90, *Rec.*, I-5889.
65. CJCE, 23 avr. 1991, *Höfner*, aff. C-41/90, *Rec.*, I-1979.
66. Le D. n° 83-1149 du 23 déc. 1983 a fixé à l'époque la liste des ports maritimes civils non autonomes relevant de la compétence de l'État : on y trouve 17 ports de métropole et 6 ports d'outre-mer. On y trouve par ex. Sète, Bayonne, Calais, Cherbourg, Brest, Concarneau, Lorient, Port Réunion, Saint-Pierre-et-Miquelon.

des biens, l'État fixe les règles relatives à la sécurité du transport maritime et des opérations portuaires » ; il est notamment responsable de la police des eaux pour tous les ports ; il fixe les règles relatives à la protection sociale des personnels portuaires et à l'organisation de la main-d'œuvre (dockers) dans les entreprises de manutention portuaire (art. 6, 7 et 10 de la loi).

356. La loi n° 83-663 du 22 juillet 1983 fut suivie du décret n° 84-941 du 24 octobre 1984 relatif à l'utilisation du domaine public portuaire mis à la disposition des départements et des communes[67], ainsi que d'une circulaire du 2 février 1984 relative au transfert de compétence en matière de ports maritimes civils.

Sur le fondement de cette loi de 1983, il a été jugé que le fait qu'un port « *ait été créé et soit géré par une société civile immobilière ou que l'usage de ses installations soit réservé aux porteurs de parts de cette société et aux propriétaires du lotissement dont la société civile immobilière est une émanation, ne pouvait légalement justifier l'exclusion dudit port du transfert opéré par la loi* » (CE, 4 déc. 1995, *Cne d'Hyères*, n° 224977).

Le Conseil d'État est ainsi venu souligner, après la doctrine, l'importance de ce premier mouvement de décentralisation portuaire (qui a organisé le transfert d'environ 350 ports), mais il est clair que ce dernier demeure limité : d'une part, il ne règle pas la question des ports dits mixtes, qui ont une activité plaisance sans être exclusivement affectés à la plaisance, d'autre part et surtout, les ports les plus importants, sur le plan économique (en raison du volume et de la valeur de leur trafic), restent sous compétence étatique (ports autonomes et ports d'intérêt national).

357. ***La loi n° 2002-92 du 22 janvier 2002 relative à la Corse*** (art. 15) franchit un pas important en matière de décentralisation portuaire en affirmant que « *la collectivité territoriale de* Corse *est compétente pour créer, aménager, entretenir, gérer les ports maritimes de commerce et de pêche et, le cas échéant, pour en étendre le périmètre* » (art. L. 4424-22, CGCT)[68]. Il est précisé que les biens appartenant à l'État des ports d'Ajaccio et de Bastia sont transférés dans le patrimoine de la collectivité territoriale de Corse.

358. ***La loi n° 2002-276 du 27 février 2002*** relative à la démocratie de proximité a tenté une politique de régionalisation portuaire. Dans le cadre de l'expérimentation, elle avait prévu que « *l'État transfert aux régions qui en font la demande ses compétences pour aménager, entretenir et exploiter les ports d'intérêt national* » (art. 104), l'État restant compétent dans le domaine de la police portuaire et pour la mise en œuvre des dispositions du Livre V du Code

67. R. Rézenthel, « L'utilisation des ports maritimes départementaux et communaux après les lois de décentralisation », *RFDA*, 1985, p. 374.

68. Voir MARTINETTI (J.), « Le transfert des deux ports d'intérêt national d'Ajaccio et de Bastia à la collectivité territoriale de Corse », in *Les ports dans l'acte II de la décentralisation*, L'Harmattan, 2007, p. 25.

des ports maritimes (régime du travail dans les ports maritimes). Si cette possibilité n'a pas été expérimentée, elle aura à tout le moins stimulé les réflexions sur le rôle des collectivités territoriales en matière portuaire. L'article 104 de la loi « démocratie de proximité » a été abrogé par la loi « libertés et responsabilités locales » (art. 30-IX).

B. La loi du 13 août 2004 relative aux libertés et responsabilités locales

359. La loi n° 2004-809 du 13 août 2004 relative aux libertés et responsabilités locales constitue aujourd'hui le grand texte de référence de la décentralisation portuaire[69]. Elle intervient peu de temps après la loi constitutionnelle du 28 mars 2003 relative à l'organisation décentralisée de la République. Deux grands axes peuvent être identifiés : les modalités du transfert des ports qualifiés d'intérêt national et la fixation de principes de répartition des compétences portuaires par catégories de collectivités territoriales.

360. ***Concernant les modalités de l'acte II de la décentralisation portuaire,*** la loi du 13 août 2004 (art. 30) a fixé le cadre suivant :

> « I. - *La propriété, l'aménagement, l'entretien et la gestion des ports non autonomes relevant de l'État sont transférés, au plus tard au 1er janvier 2007 et dans les conditions fixées par le Code des ports maritimes et au présent article, aux collectivités territoriales ou à leurs groupements dans le ressort géographique desquels sont situées ces infrastructures.*
>
> *II. – Toute collectivité territoriale ou groupement de collectivités territoriales peut demander, jusqu'au 1er janvier 2006, à exercer les compétences prévues au I pour chacun des ports situés dans son ressort géographique pour la totalité ou pour une partie du port, individualisable, d'un seul tenant et sans enclave. Cette demande est notifiée simultanément à l'État ainsi qu'aux autres collectivités et groupements intéressés.*
>
> *Au cas où, pour un port déterminé, aucune autre demande n'a été présentée dans un délai de six mois suivant cette notification, le transfert est opéré au profit de la collectivité ou du groupement pétitionnaire.*
>
> *Si plusieurs demandes sont présentées pour le même port, le représentant de l'État dans la région organise entre les collectivités et groupements intéressés une concertation, dont il fixe la durée, en s'efforçant d'aboutir à une demande unique. Si un accord intervient sur une candidature unique, il désigne la collectivité ou le groupement concerné comme bénéficiaire du transfert.*
>
> *En l'absence d'accord au terme de la concertation ou de demande de transfert à la date du 1er janvier 2006, le représentant de l'État dans la région désigne avant le 31 décembre 2006 les bénéficiaires du transfert des ports dont l'activité dominante est le commerce ou la pêche, pour leur totalité ou une partie individualisable, d'un seul tenant et sans enclave.*
>
> *Les collectivités bénéficiaires sont désignées entre la région et les départements sur le territoire desquels sont situés les ports ou les parties individualisables des ports à transférer [...]* ».

69. Voir BRAS (J.-Ph.) et ORANGE (G.) (dir.), *Les ports dans l'acte II de la décentralisation, op. cit.*; R. Rézenthel, « La loi du 13 août 2004 et l'extension de la décentralisation en matière portuaire », *DMF*, 2004, p. 868; « La décentralisation et la place du secteur public en matière portuaire », *BJCL*, n° 3/07, p. 146.

Le législateur a ainsi opté pour un processus complexe et subtil de transfert[70] puisqu'il s'est appuyé à la fois sur l'initiative des différentes collectivités locales (et de leurs groupements), leur mise en concurrence et le rôle régulateur du représentant de l'État (préfet de région). La ***circulaire du 2 août 2005***, relative à la mise en œuvre des transferts de compétences portuaires[71], a pu apporter aux préfets concernés les précisions nécessaires afin de mener au mieux la concertation prévue par la loi en cas de pluralité de demandes ou désigner l'attributaire en l'absence de candidature.

La circulaire insiste sur la souplesse du processus décentralisateur : « *L'unique exigence pour qu'une collectivité soit éligible au transfert d'un port maritime d'intérêt national [...] est qu'elle soit géographiquement compétente* ». Mais elle a rappelé qu'« *En cas de désaccord ou d'absence de candidature, la collectivité désignée [...] par le préfet de région est nécessairement la région ou le département (art. 30-II, 5e alinéa)* ».

18 ports ont été transférés sur le fondement de la loi du 13 août 2004 : Bayonne, Boulogne-sur-Mer, Calais, Brest, Saint-Malo, Lorient, Caen-Ouistreham, Cherbourg, Concarneau, Dieppe, Port-la-Nouvelle, Sète, Chef-de-Baie à La Rochelle (pêche), Nice, Toulon, Le Larivot (Guyane) ainsi que Le Fret et Roscanvel (en rade de Brest). Le décret n° 2006-330 du 20 mars 2006 fixe la liste des ports des départements d'outre-mer exclus du transfert (il s'agit de Port-Réunion, Fort-de-France et Dégrad-des-Cannes). Les régions ont été les principales bénéficiaires du transfert portuaire (notamment la région Bretagne avec les ports de Brest, Saint-Malo et Lorient) suivies par quelques départements (Finistère, Charente-Maritime, Alpes-Maritimes)[72]. La formule du syndicat mixte n'a pas été totalement absente, comme le montre l'exemple du syndicat mixte des ports de Caen-Ouistreham et Cherbourg; elle permet, lorsque l'environnement politique s'y prête, d'éviter des concurrences inutiles et de dégager des stratégies plus globales de développement portuaire. La circulaire précitée du 2 août 2005 note que « *Si plusieurs collectivités de niveau différent sont candidates, le recours à un syndicat mixte est un moyen de les associer à l'exercice des compétences portuaires sans recourir au découpage du port* ». On a pu assister à quelques conflits entre collectivités territoriales candidates au transfert; ce fut le cas entre le département des Alpes-Maritimes et la région Provence-Alpes-Côte d'Azur pour le port de Nice[73]. La décision du 9 mai 2006 par laquelle le préfet de la région PACA a attribué ce port au conseil général a d'ailleurs été annulée pour irrégularité de la procédure de concertation (le préfet n'ayant pas pris les initiatives nécessaires pour tenter d'aboutir à une candi-

70. Voir J.-Ph. Bras, « Le transfert des ports d'intérêt national : quel nouvel ordre territorial ? », in *Les ports dans l'acte II de la décentralisation*, *op. cit.*, spéc. p. 5.

71. Circ. n° 2005-51, *BO Equipement* n° 2005-16, 1314.

72. A. Simoneau, « Ports : les régions ont pris le pouvoir », *Le marin*, 2 janv. 2009, p. 2 et s.

73. P. Graves, « Le transfert de propriété du port de Nice contesté par la région », *Le marin*, 4 janv. 2008. Pour un autre ex., cf. D.G., « Cherbourg dans la tempête », *La gazette des communes*, 5 sept. 2005, p. 29.

dature unique)[74]. Certains ports, jugés peu attractifs sur le plan économique, n'ont suscité aucune candidature. Ce fut le cas du port de pêche de Chef de Baie (La Rochelle), qui fut logiquement transféré au département de la Charente-Maritime. Le port de commerce de La Pallice (La Rochelle), ancien port d'intérêt national, aurait dû être décentralisé. Le gouvernement alors en place a préféré, pour des raisons diverses (y compris politiques...), le transformer en port autonome (donc en établissement public de l'État !) par le décret n° 2004- 1378 du 20 décembre 2004 (aujourd'hui GPM de La Rochelle). Cet exemple surprenant se situe à rebours de la politique de décentralisation.

En dehors de la désignation des collectivités bénéficiaires des ports transférés, les conditions de la décentralisation ont été fixées par la loi. On retiendra que les modalités du transfert sont normalement déterminées par convention conclue entre l'État et l'attributaire.

« *Les dépendances du domaine public de ces ports sont transférées à titre gratuit aux collectivités territoriales ou groupements de collectivités territoriales compétents et ne donnent lieu au paiement d'aucune indemnité, droit, taxe, salaire ou honoraire* » (art. 30-III)[75].

La circulaire du 2 août 2005 a précisé cette procédure de transfert des biens (annexe III.1) : le périmètre transféré est celui des limites administratives du port ; le patrimoine concerné comprend les terrains du domaine public portuaire avec les ouvrages et installations édifiés, ainsi que les meubles spécialement affectés au port maritime. Cela étant, certaines situations ont pu appeler un examen spécifique : cas des emprises situées à l'intérieur des limites du port mais non affectées au service public portuaire, qui n'ont pas vocation à être transférées ; cas inverse des emprises affectées au service portuaire mais situées en dehors des limites du port qui, elles, ont vocation à être transférées. L'objectif, dans la mesure du possible, fut « *de veiller à ne pas laisser subsister d'enclave non transférée au sein du port* ».

Il faut également souligner, s'agissant des biens, que la loi du 13 août 2004 a permis d'approfondir la décentralisation portuaire menée sur le fondement de la loi du 22 juillet 1983 (laquelle avait simplement mis à disposition des collectivités locales le domaine portuaire de l'État) : « *Lorsque le transfert de compétences relatif à un port a été réalisé avant la publication de la présente loi, l'État procède, à la demande de la collectivité, au transfert à titre gratuit des dépendances du domaine public portuaire* » (art. 30-X ; la circ. du 2 août 2005 affirme que les procédures domaniales correspondantes relèvent du préfet de département). Cette disposition n'est pas restée lettre morte (ex. du port de plaisance

74. TA Nice, 15 janv. 2008, *Région PACA*, *AJDA*, 2008, p. 1041, note G. Merland.

75. L'alinéa 4 de l'art. 30-III de la loi du 13 août 2004 ajoute que « *La convention, ou à défaut l'arrêté, précise les conditions dans lesquelles le bénéfoicoare met gratuitement à la disposition de l'État les installations et aménagements nécessaires au fonctionnement des services chargés de la police et de la sécurité* ».

de La Rochelle). Elle permet aux collectivités locales une véritable maîtrise du foncier portuaire et aux communes d'envisager pour l'avenir des évolutions de l'affectation des sols en modifiant, éventuellement, les limites administratives du port (elle soulève aussi des questions liées au statut domanial des terrains transférés).

361. ***Concernant les compétences de principe fixées par la loi du 13 août 2004***, il faut se référer au nouvel article L. 601-1 du Code des ports maritimes :

Article L. 601-1 du Code des ports maritimes

« I. - ***La région ou la collectivité territoriale de Corse, ou les groupements dont elles font partie, sont compétents pour créer, aménager et exploiter les ports maritimes de commerce.*** *Elle est compétente pour aménager et exploiter les ports maritimes de commerce et de pêche qui lui ont été transférés en application de la loi n° 2004-809 du 13 août 2004 relative aux libertés et responsabilités locales ou de la loi n° 2002-92 du 22 janvier 2002 relative à la Corse.*

II. – ***Le département est compétent pour créer, aménager et exploiter les ports maritimes de pêche.*** *Il est compétent pour aménager et exploiter les ports maritimes de commerce et de pêche qui lui ont été transférés par la loi n° 83-663 du 22 juillet 1983 [...] et en application de la loi n° 2004-809 du 13 août 2004 précitée.*

III. – ***Les communes ou, le cas échéant, les communautés de communes, les communautés urbaines ou les communautés d'agglomération, sont compétentes pour créer, aménager et exploiter les ports maritimes dont l'activité principale est la plaisance.*** *Elles sont également compétentes pour aménager et exploiter les ports de commerce et de pêche qui leur ont été transférés en application de la loi n° 2004-809 du 13 août 2004 précitée* ».

Cette clé de répartition des compétences est claire dans son schéma : les ports de commerce relèvent de la compétence des régions (ou de la collectivité territoriale de Corse), les ports de pêche relèvent de la compétence des départements et les ports de plaisance de la compétence des communes ou de leurs groupements. Mais, elle a pu apparaître en contradiction avec les modalités d'exercice de l'acte II de la décentralisation portuaire puisque toutes les catégories de collectivités territoriales pouvaient présenter leur candidature aux fins de bénéficier du transfert des ports d'intérêt national de pêche et de commerce. Il faut comprendre que les principes de répartition des compétences portuaires ont été fixés pour l'avenir, sans se priver d'une grande souplesse dans les modalités du transfert des ports non autonomes relevant de l'État[76]. L'objectif fut d'épouser au mieux la diversité des circonstances locales et de respecter les situations constituées antérieurement à la loi du 13 août 2004, tout en posant un cadre général d'exercice des compétences.

76. C'est ce qui ressort de la Circ. n° 2005-51 du 2 août 2005.

Article L. 601-1-III al. 2 du Code des ports maritimes

C'est bien dans cet esprit qu'il est précisé que « *les compétences exercées à la date de promulgation de la loi [...] par d'autres collectivités territoriales [...] sur les ports maritimes dont l'activité principale est la plaisance ne peuvent être transférées aux communes ou, le cas échéant, aux communautés [...] sans l'accord exprès de ces autres collectivités territoriales [...]* ».

Article L. 601-1-III al. 3 du Code des ports maritimes

Par ailleurs, « *Le département ou un syndicat mixte peut également, à la demande d'une commune ou, le cas échéant, d'une communauté de communes, créer, aménager et exploiter un port maritime dont l'activité principale est la plaisance* ».

S'agissant encore des « ports maritimes dont l'activité principale est la plaisance »[77], on observe que les dispositions de la loi du 13 août 2004 ont été de nature à relancer le processus de décentralisation concernant certains ports mixtes (pêche/conchyliculture/plaisance) mais à dominante plaisance, qui ne relevaient pas encore de la compétence des communes. Ainsi, en Charente-Maritime, plusieurs de ces ports sous compétence départementale et concédés aux communes ont récemment fait l'objet d'un transfert de compétence (les aspects financiers d'un tel transfert sont importants pour les communes). La situation juridique des biens complique parfois l'opération : lorsque ces ports comprennent des enclaves d'État, il faut d'abord obtenir leur transfert de propriété dans le patrimoine du département avant de les céder (à titre gratuit) à la commune. Une convention de transfert de compétence est conclue entre le département et la commune, assortie d'un arrêté du président du Conseil général transférant la propriété des installations portuaires en cause. Pour autant, toutes les situations n'ont pas été réglées par la loi : on a pu trouver des petits ports à dominante plaisance relevant de la circonscription et de la compétence d'un port d'État (cas de la rive droite de l'estuaire de la Gironde). Ces ports, dont l'exploitation est concédée aux communes, sont susceptibles de leur être transférés, ou à défaut au département[78].

362. Enfin, il faut souligner ***l'importance du volet humain et financier*** de la décentralisation portuaire. Sur le plan financier, le cadre constitutionnel et législatif des conditions de la décentralisation n'a pas empêché les collectivités bénéficiaires de relever les défaillances des investissements de l'État en matière portuaire[79]. Les articles 119 et 121-I de la loi du 13 août

77. Notion consacrée par la loi dans le sillage de la jurisprudence : CE, 25 oct. 2002, *Cne d'Hyères*, n° 214428.

78. La question de la décentralisation de ces ports mixtes d'estuaire, alors sous compétence du port autonome de Bordeaux (GPM), n'est pas nouvelle : déjà envisagée dans le cadre de l'acte I de la décentralisation, elle s'était heurtée à l'époque à un refus de l'État au nom de l'unité de gestion de l'estuaire et de ses rives.

79. D. Gerbeau et *alii*, « Ports. Les collectivités locales prennent la barre », *La gazette des communes*, 15 janv. 2007, p. 10.

2004 posent les principes de la compensation financière. La circulaire du 2 août 2005 apporte des précisions en distinguant les crédits de fonctionnement des crédits d'investissement[80]. S'agissant des personnels, le transfert des ports a eu pour pendant, après une phase de mise à disposition, le transfert de personnels d'État aux collectivités (non sans difficultés). Plusieurs décrets ont été pris à ce sujet, dont le décret n° 2007-1616 du 15 novembre 2007[81].

§2. De nouvelles responsabilités pour les collectivités territoriales et leurs groupements

363. ***Sur le plan managérial,*** la loi du 13 août 2004 met en exergue la responsabilité des collectivités territoriales en matière de ***gouvernance***. Si les questions de gouvernance conduisent avant tout à adopter une stratégie locale de développement portuaire[82], il s'agit ici de rappeler les deux grands modes de gestion portuaire envisageables : la régie ou la gestion déléguée. La régie n'est pas le modèle dominant pour le commerce et la pêche, mais elle peut être choisie pour un grand port décentralisé (on pense à la régie dotée de la personnalité morale et de l'autonomie financière – ex. de la régie municipale du port de plaisance de La Rochelle et de « Port-Camargue » au Grau-du-Roi). De manière générale, l'exploitation des ports relevant de la compétence des collectivités territoriales est souvent confiée à un délégataire. Le premier acte de la décentralisation portuaire permettait déjà à ces dernières de concéder l'aménagement et l'exploitation des ports transférés à des personnes publiques (notamment des Chambres de commerce et d'industrie – CCI) ou privées (notamment des sociétés d'économie mixte). On sait que cette faculté a largement été utilisée sans que cette tendance soit infirmée par l'acte II de la décentralisation : la gestion de ports de plaisance par des sociétés de droit privé est courante (la *Sagemor*, par ex., gérait en 2008 9 ports dans le Morbihan)[83], tout comme la gestion de ports de commerce et de pêche par les CCI. Notons d'ailleurs, s'agissant de ces derniers ports, que la loi du 13 août 2004 (art. 30 IV) a organisé une phase de transition en prévoyant les conditions dans lesquelles les concessions portant sur les ports transférés devaient être prorogées (des avenants aux

80. À titre informatif, on retiendra que « *Le montant annuel du droit à compensation financière résultant, pour les collectivités territoriales ou leurs groupements, du transfert des ports, en application des dispositions de l'article 30 de la loi du 13 août 2004 susvisée, est constaté à : 1 959 855 en valeur 2005 pour les ports transférés en 2006; 14 874 338 en valeur 2006 pour les ports transférés en 2007* » (Arr. du 2 mai 2007).

81. D. relatif au transfert à certaines collectivités territoriales ou à leurs groupements. V. aussi : D. n° 2007-1617 du 15 nov. 2007 (transfert à certains départements).

82. Voir Viala (G.) et Guillemot (B.), *Pour une stratégie portuaire dans une région maritime*, Conseil économique et social de la région Bretagne, janv. 2006.

83. La Féd. fr. des ports de plaisance (créée en 1979) relevait toutefois en 2008 que 48 % des ports de plaisance français étaient sous « Régie publique » (*www.ffports-plaisance.com/).*

concessions CCI ont été conclus pour préciser, conformément à la loi, les modalités de reprise par le nouveau concédant des droits et obligations afférents à la concession).

364. La déclinaison juridique du choix du mode gestion est importante : les conventions d'exploitation et d'aménagement portuaires (dont l'objet est comparable aux anciennes concessions d'outillages publics) susceptibles d'être conclues par les communes, les départements et les régions, doivent respecter les exigences du Code des ports maritimes (tout comme les travaux d'aménagement portuaire décidés par ces collectivités[84]).

Article R. 631-3 du Code des ports maritimes

« Les concessions d'établissement ou d'exploitation d'infrastructures ou de superstructures portuaires ne peuvent être consenties pour une durée supérieure à cinquante ans ».

Elles doivent également être qualifiées de délégation de service public selon une jurisprudence constante[85]. Il en résulte notamment l'application de la ***loi « Sapin » du 29 janvier 1993*** relative à la prévention de la corruption et à la transparence de la vie économique et des procédures publiques, laquelle s'inscrit dans un ensemble plus vaste relevant du droit public de l'économie et concerne particulièrement les collectivités territoriales[86]. La loi « Sapin » soumet les délégations de service public à une procédure de publicité permettant la présentation de plusieurs offres concurrentes (art. L. 1411-1 et s., CGCT). Si l'on a pu hésiter sur son applicabilité aux CCI (sur la base des dispositions combinées de l'article L. 1411-12 *b)* CGCT et de l'article 15 de la loi sur les CCI du 9 avril 1898), son application s'est vite généralisée sous la pression des impératifs de transparence et de concurrence du droit communautaire[87]. Les collectivités territoriales peuvent donc être amenées à retenir un délégataire qui ne serait pas une CCI mais une personne morale de droit privé, même si les chambres consulaires restent *a priori* bien placées en raison de leur expérience en matière de gestion portuaire. Quoi qu'il en soit, c'est bien en respectant les règles de publicité et de concurrence de la loi « Sapin » qu'ont été, par exemple, passées les délégations de service public pour la gestion des ports de commerce de Cherbourg, Brest, Lorient et Rochefort.

84. TA Caen, 21 juin 2005, *Assoc. pour la promotion des ports de Granville*, n° 0301721.

85. CE, 20 déc. 2000, *CCI du Var*, *Contrats et marchés publics*, mars 2001, Jur. n° 74, note F. Llorens; T. confl., 18 oct. 1999, *Mme Martinetti*, *Rec.*, p. 468; TA Nice, 31 mars 1998, *SARL Quelart Marine et a.*, *DMF*, 1998, p. 634. V. aussi : TA Marseille, 11 juin 2008 (ord. réf.), *Sté Nigel Burgess Ltd*, n° 0803537.

86. F. Souty, *Les collectivités locales et le droit de la concurrence*, Imprimerie nationale, 2003.

87. L.Bordereaux, « Remarques relatives à l'application de la loi Sapin sur le domaine public maritime », *ADMO*, t. XXI, 2003, spéc. p. 298.

Le contrat rochefortais (décembre 2007), par lequel le département de la Charente-Maritime délègue à la CCI de Rochefort et de Saintonge l'exploitation commerciale de l'outillage public et l'aménagement du port de commerce de Rochefort[88], a été conclu pour une durée de 14 ans. Il comprend 11 chapitres relatifs à l'économie générale du contrat (objet, durée...), aux moyens alloués par le concédant (régime des biens de retour, de reprise et propres), au développement stratégique du port, aux travaux et acquisitions, à l'exploitation du service (règlements d'exploitation, occupations du domaine public portuaire...), aux clauses financières (rémunération du délégataire, tarifs d'utilisation des biens), au contrôle du concédant, aux responsabilités et assurances, aux sanctions, à la fin de la convention et aux clauses particulières.

L'article 16 rappelle notamment que « *Le délégataire dispose, sans préjudice du droit de contrôle reconnu à la collectivité, d'une liberté totale pour l'organisation de son exploitation, sous réserve toutefois du strict respect des principes d'égalité des usagers, de continuité du service, ainsi que de toutes les prescriptions que la collectivité pourrait à tout moment imposer en considération de la préservation de l'intérêt public* ».

365. La délégation de service public est parfois suivie de la conclusion, par le délégataire, d'un sous-traité d'exploitation (avec l'accord du concédant)[89].

366. La loi n° 2006-10 du 5 janvier 2006 relative à la sécurité et au développement des transports devait permettre en outre la création de ***sociétés portuaires***.

« *La collectivité territoriale propriétaire d'un port visé au I de la loi no 2004-808 du 13 août 2004 [...] peut, à la demande du concessionnaire du port, autoriser la cession ou l'apport de la concession à une société portuaire dont le capital initial est détenu entièrement par des personnes publiques, dont la chambre de commerce et d'industrie dans le ressort géographique de laquelle est situé ce port. Un nouveau contrat de concession est alors établi entre la collectivité territoriale et la société portuaire pour une durée ne pouvant excéder quarante ans. Ce contrat précise notamment les engagements que prend la société portuaire en termes d'investissements et d'objectifs de qualité de service* » (art. 35-II)[90].

La loi déroge expressément à la procédure de publicité et de mise en concurrence des délégations de service public (art. 35-III). Quoi qu'il en soit, la création de telles sociétés portuaires, limitée par la loi aux ports transférés sur le fondement de la loi du 13 août 2004, doit respecter les dispositions du Code du travail (on pense notamment au transfert des contrats de travail) et le droit communautaire de la concurrence. Parfois envisagée (comme à Sète ou pour une gestion commune des ports de Calais et Boulogne), la création

88. Rappelons que le port de commerce de Rochefort avait déjà été concédé par l'État à la CCI, avant les lois de décentralisation de 1983 (en 1927).

89. Ex du port départemental de pêche de Chef-de-Baie (La Rochelle), dont la gestion a été confiée à un syndicat mixte constitué de la CCI concessionnaire et de la communauté d'agglomération de La Rochelle.

90. La loi n° 2006-10 affirme également que « *Par dérogation aux articles L. 2253-1, L. 3231-6, L. 4211-1 et L. 5111-4 du Code général des collectivités territoriales, les collectivités territoriales et leurs groupements peuvent prendre des participations dans les sociétés dont l'activité principale est d'assurer l'exploitation commerciale d'un ou plusieurs ports visés au I de l'article 30 de la loi n° 2004-809 du 13 août 2004 (...)* » (art. 35-I).

de sociétés portuaires n'a pas vraiment suscité d'engouement particulier au lendemain du vote de la loi du 5 janvier 2006. L'objectif du législateur a été de développer les partenariats dans la gestion de certains ports.

367. Sur un plan plus ***contentieux***, il faut insister sur les ***responsabilités encourues*** par les collectivités territoriales ou leurs concessionnaires du fait des dommages causés par l'exploitation portuaire.

Il s'agit là d'une source courante de responsabilité ; l'exploitation des outillages et ouvrages portuaires peut être à l'origine de préjudices divers, économiques ou corporels. Sans être exhaustif, il faut rappeler qu'en zone portuaire, les fondements des actions en responsabilité sont variés. On a vu que les litiges liés aux dommages causés aux usagers des services publics industriels et commerciaux relevaient de la compétence du juge judiciaire (cf. *supra*, n° 328). Le contentieux des préjudices occasionnés *par* les outillages publics portuaires échappe ainsi largement au juge administratif[91]. S'agissant du contentieux des dommages causés *aux* ouvrages portuaires (notamment par les navires à l'occasion de leurs manœuvres), c'est le juge administratif qui est compétent dès lors qu'il s'agit de statuer en matière de contravention de grande voirie (procédure afférente aux atteintes au domaine public). Mais de tels dommages n'excluent pas la possibilité d'actions en responsabilité civile devant le juge judiciaire lorsque le litige en cause fait ressortir des rapports de droit privé[92].

Cela étant, il faut également retenir que les dommages causés *par* certains ouvrages portuaires sont une source potentielle de responsabilité administrative : dans le cadre de la jurisprudence *Spathis*, on doit considérer, de manière générale, que les ouvrages utilisés aux fins d'accostage et de stationnement des navires (quais et appontements publics) sont liés à l'exercice d'une mission de service public à caractère administratif[93] ; ils sont donc susceptibles d'engager la responsabilité du gestionnaire de l'ouvrage devant le juge administratif, sur le fondement de la théorie des dommages de travaux publics (qui s'applique aux ouvrages publics)[94]. Le champ d'application de la responsabilité du fait de l'ouvrage public portuaire n'est pas mince dans la mesure où les quais portuaires et les appontements sont traditionnellement qualifiés d'ouvrages publics[95], dès lors qu'ils répondent aux critères classiquement exigés (biens aménagés de nature immobilière et affectés à l'utilité

91. T. confl., 12 janv. 1987, *Sté navale chargeurs Delmas-Vieljeux*, *D.*, 1987, J., p. 207, note R. Rézenthel.

92. Cass. com., 7 janv. 2003, *Cie industrielle maritime*, *DMF*, 2003, p. 788, note J.-L. Goutal ; Cass. com., 13 mars 2007, *Cie industrielle maritime*, n° W 06-11704.

93. T. confl., 11 déc. 1972, *Spathis*, *JCP G*, 1974, II., 17669, note F. Moderne.

94. L. Bordereaux, « L'affaire du *Saint Roch* devant le juge administratif : le contentieux des dommages afférents au navire accostant ou à quai », *ADMO*, t. XXII, 2004, p. 347.

95. CE, 6 mai 1936, *Chambre de commerce de Bayonne*, *Rec.*, p. 509 ; CE, 25 nov. 1994, *Cne de Bouillante*, n° 116148 ; CAA Nantes, 31 mai 2000, *Sté BAI Brittany Ferries*, n° 99NT00521.

publique)[96]. Les dommages qu'ils occasionnent aux usagers seront réparés en faisant appel à la théorie dite du défaut d'entretien normal : il s'agit d'un régime de responsabilité pour faute présumée qui pèse sur le responsable de l'ouvrage, lequel doit apporter la preuve de l'entretien normal de l'ouvrage pour s'exonérer de toute responsabilité.

En matière portuaire cette théorie peut s'appliquer à des situations très variées : défaut de dragage et de déroctage d'un chenal ou d'un bassin, quai inadapté à l'accostage des navires ou dont les défenses sont insuffisantes pour assurer la sécurité des navires en cas de tempête, vice de conception ou dangerosité de l'ouvrage portuaire[97]. Elle peut également s'appliquer aux dégâts causés aux navires par les quais et appontements au cours d'une tempête. Le défaut d'entretien normal sera retenu si, ***comme dans l'affaire du port de plaisance du Driasker***, le juge estime que le contrôle régulier des installations portuaires n'est pas établi et qu'elles présentent un vieillissement prématuré (ce à quoi peut s'ajouter un défaut de conception)[98].

Le responsable de l'ouvrage peut tenter d'invoquer une cause exonératoire de responsabilité admissible : la faute de la victime ou le cas de force majeure. La faute de la victime peut consister en un amarrage défectueux ou dangereux du navire en cause[99]. La force majeure est rarement retenue, ses éléments constitutifs faisant l'objet d'une interprétation restrictive (notamment l'imprévisibilité).

Ainsi, dans l'affaire précitée, la tempête qui s'est abattue dans la nuit du 19 au 20 décembre 1998 sur le port de plaisance du Driasker n'a pas été « *regardée comme présentant un caractère imprévisible eu égard au sinistre qui s'était produit six ans auparavant sur les mêmes lieux dans des conditions comparables, avec des vents à dominante nord dépassant les 110 km/h* » (la commune en cause a ainsi été condamnée à indemniser les nombreux dommages matériels occasionnés aux navires).

Le juge administratif affirme régulièrement qu'une violente tempête n'est pas constitutive d'un événement de force majeure, surtout lorsqu'existent des précédents connus dans la région concernée[100].

96. Un appontement installé par un particulier et affecté à son activité commerciale n'est pas un ouvrage public : CAA Lyon, 6 oct. 1998, *M. Paul de Rocca Serra*, n° 95LY01603.

97. CE, 2 mars 1979, *Min. de l'équipement*, n° 02413 ; CE, 11 juin 1982, *Min. des transports c./ Sté British Railways Board*, *Rec. Lebon*, p. 232 ; CAA Bordeaux, 3 févr. 2004, navire *Saint Roch*, n° 01BX01273, *DMF* 2004, p. 591 ; CE, 8 mars 1991, *SA Union Sidérurgique du Nord et de l'Est*, n° 70216 ; CAA Bordeaux, 23 juillet 1992, *CCI de La Rochelle*, n° 89BX01991 ; CAA Nantes, 23 déc. 1993, *Sté Sealink*, n° 92NT00033.

98. CE, 26 juill. 2006, *MAIF*, *DMF*, 2007, p. 269, note L. Bordereaux.

99. CAA Nantes, 31 déc. 1993, *Département du Morbihan*, n° 92NT00083.

100. CE, 19 nov. 1954, *Sté d'armement Gautier et Cie*, *Rec.*, p. 610 ; CE, 19 juin 1992, *Ville de Palavas-les-Flots*, n° 66925 ; CAA Bordeaux, 17 juin 1993, *Min. de l'équipement*, n° 90BX00706.

En fonction du mode de gestion choisi, c'est la responsabilité de la collectivité territoriale exerçant la compétence portuaire ou, le cas échéant, celle de son délégataire qui sera engagée[101]. On voit donc que les questions de responsabilité ne sauraient être ignorées des débats sur la décentralisation portuaire.

Bibliographie

BRAS (J.-Ph.), « Le transfert des ports d'intérêt national : quel nouvel ordre territorial ? », in *Les ports dans l'acte II de la décentralisation*, L'Harmattan, 2007, p. 3.

BOURDEAU (N.), « Les ports de plaisance : enjeux juridiques et touristiques », *Tourisme & Droit*, juin 2006, p. 20.

FEDI (L.) et REZENTHEL (R.), « L'exploitation des terminaux portuaires face aux enjeux maritimes du XXIe siècle », *DMF*, 2007, p. 828.

FEDI (L.), « La notion de terminal : entre incertitudes *de jure* et certitudes *de facto* », *DMF*, 2008, p. 455.

GALLANTI (G.), « Le rôle du port dans l'aménagement du territoire métropolitain », in *Ville portuaire, acteur du développement durable*, L'Harmattan, 2003, p. 31.

GERBEAU (D.) et *alii*, « Ports. Les collectivités locales prennent la barre », *La gazette des communes*, 15 janv. 2007, p. 10.

ISEMAR, « Gouvernance et décentralisation portuaires : où en est-on dans l'Hexagone ? », *Le marin*, 21 nov. 2008, p. 34.

ISEMAR, « Les enjeux territoriaux des grands ports français », *Le marin*, 6 févr. 2009, p. 16.

JOUFFROY (B.), « Décentralisation portuaire et responsabilité du fait des ouvrages publics portuaires : un aspect méconnu des conséquences de la décentralisation », *Les annales de la voirie*, mars 2008, p. 9.

LE GARREC (M.-Y.), « La responsabilité de l'autorité portuaire en raison de l'accueil des navires dans les ports », *DMF*, 1996, p. 856.

LE GARREC (M.-Y.), « La responsabilité de l'autorité portuaire en sa qualité de gestionnaire des ouvrages portuaires », *DMF*, 1996, p. 942.

MIRIBEL (S.) et REZENTHEL (R.), « Création et extension des ports de plaisance : un soutien à la liberté de naviguer », *DMF*, 2007, p. 1021.

ORANGE (G.), « La gestion déléguée des ports : entre risque concurrentiel et quête de performance », in *Les ports dans l'acte II de la décentralisation*, L'Harmattan, 2007, p. 185.

REZENTHEL (R.), « La délégation de service public et les concessions portuaires », *DMF*, 1998, p. 619.

REZENTHEL (R.), « La décentralisation et la place du secteur public en matière portuaire », *BJCL*, n° 3/2007, p. 146.

REZENTHEL (R.), « Une nouvelle stratégie pour le développement des grands ports maritimes français », *DMF*, 2008, p. 943 et p. 1060.

VANTORRE (F.) et REZENTHEL (R.), « Les sociétés portuaires et aéroportuaires et le droit communautaire », *DMF*, 2006, p. 637.

101. CE, 26 nov. 2007, *M. Migliore*, *AJDA*, 2008, p. 210, note J.-D. Dreyfus.

Chapitre

2

La recherche de règles adaptées à la vocation économique des ports

Plan du chapitre

RÉSUMÉ

368. On a vu que l'évolution contemporaine du droit portuaire était largement liée aux enjeux économiques et aux velléités d'accroître la compétitivité des ports français. Ainsi, le droit domanial, les polices portuaires et les régimes de travail (notamment) ont connu de profondes mutations. Celles-ci doivent pourtant composer avec certains impératifs qui s'imposent aux acteurs portuaires.

Section 1 Les impératifs : la sûreté, la sécurité, l'environnement et le débat public

§1. Sûreté et sécurité portuaires

369. On recense toute une série de textes d'origine supra-nationale ou de droit interne relatifs à la sûreté et à la sécurité portuaires. Concernant la sûreté, le premier d'entre eux est bien sûr le ***Code international pour la sûreté des navires et des installations portuaires (ISPS)***, adopté à Londres en 2002 sous l'égide de l'Organisation Maritime Internationale, directement lié à la lutte contre le terrorisme et aux événements du 11 septembre 2001. Ce code international a été publié par le décret n° 2004-290 du 26 mars 2004[1] ; il a modifié les conditions d'exécution des opérations portuaires, et contribué, sur un plan plus sociologique, à isoler encore un peu plus les zones portuaires du reste du territoire communal. Il a également donné lieu à des débats critiques sur le coût et le financement de sa mise en œuvre[2]. La partie A du Code ISPS comprend les prescriptions obligatoires concernant les dispositions du chapitre XI-2 de la convention internationale de 1974 pour la sauvegarde de la vie humaine en mer (modifiée). Il s'agit notamment, au titre des prescriptions fonctionnelles, d'empêcher l'accès non autorisé aux navires et aux installations portuaires, l'introduction non autorisée d'armes, de moyens incendiaires ou d'explosifs et d'exiger des dispositifs de sûreté et de formation adéquats (art. 1.3.). Les articles 14 et 15 sont relatifs à la sûreté de l'installation portuaire et à son évaluation.

> *« Une installation portuaire est tenue de prendre des mesures correspondant aux niveaux de sûreté établis par le Gouvernement contractant sur le territoire duquel elle est située. Les mesures et procédures de sûreté doivent être appliquées dans l'installation portuaire de manière à entraîner le minimum de perturbations ou de retards pour les passagers, le navire, le personnel du navire et les visiteurs, les marchandises et les services »* (art. 14.1.).

370. Dans ce sillage, plusieurs textes importants ont été adoptés, dont le règlement n° 725/2004 du Parlement européen et du Conseil du 31 mars 2004 relatif à l'amélioration de la sûreté des navires et des installations portuaires.

1. D. portant publication des amendements à l'annexe à la convention internationale de 1974 pour la sauvegarde de la vie humaine en mer, ensemble un Code international pour la sûreté des navires et des installations portuaires (Code ISPS), adoptés à Londres le 12 décembre 2002, *JO* du 28 mars 2004.
2. P. Polère, « Sûreté maritime : Bilan et perspectives du Code ISPS », *DMF*, 2006, p. 275.

Son principal objectif « *est d'instaurer et de mettre en œuvre des mesures communautaires visant à améliorer la sûreté des navires utilisés dans le commerce international et le trafic national et des installations portuaires associées, face à des menaces d'actions illicites intentionnelles* » (art. 1-1); il « *vise en outre à fournir une base pour l'interprétation et la mise en œuvre harmonisées, ainsi que le contrôle communautaire des mesures spéciales pour renforcer la sûreté maritime adoptée par la Conférence Diplomatique de l'OMI le 12 décembre 2002* » (art. 1-2).

Ce règlement a été suivi par la directive 2005/65/CE du 26 octobre 2005 relative à l'amélioration de la sûreté des ports.

Les droits internes ont pris acte de ces évolutions; la partie législative du Code des ports maritimes français comprend tout un titre consacré à la sûreté portuaire (titre II du livre III), issu de l'ordonnance n° 2005-898 du 2 août 2005 portant actualisation et adaptation des livres III et IV du Code des ports maritimes. Aux termes de l'article L. 321-1 de ce même code, une zone portuaire de sûreté est délimitée par l'autorité administrative (arrêté préfectoral), comprenant « *le port dans ses limites administratives et les zones terrestres contiguës intéressant la sûreté des opérations portuaires* ». Dans cette zone et pour des raisons de sûreté, des mesures restrictives visant les navires, bateaux ou engins flottants peuvent être décidées (art. L. 321-2, C. ports mar.); les officiers de police judiciaire et les agents des douanes peuvent procéder à des visites préventives[3]. En outre, l'autorité portuaire élabore un plan de sûreté portuaire; « *Pour chacune des installations portuaires figurant sur une liste établie par l'autorité administrative, la personne responsable de l'installation élabore un plan de sûreté, qui doit être compatible avec le plan de sûreté portuaire* » (art. L. 321-4, C. ports mar.). Ces plans sont approuvés par le préfet. S'agissant des missions liées à l'évaluation et au contrôle de la sûreté maritime et portuaire, il est précisé qu'elles peuvent être confiées à des organismes habilités à cet effet (art. L. 321-6, C. ports mar.).

Il faut également se référer aux dispositions du décret n° 2007-476 du 29 mars 2007 relatif à la sûreté du transport maritime et des opérations portuaires (modifiant la partie réglementaire du Code des ports maritimes). Il traite du groupe interministériel de sûreté du transport maritime et des opérations portuaires, des comités locaux de sûreté portuaire, des organismes de sûreté habilités, des plans de sûreté portuaire et des installations portuaires et de leurs évaluations, des mesures applicables dans les ***zones d'accès restreint***, de la sûreté des plans d'eau portuaires ainsi que des mesures d'exécution et sanctions (administratives et pénales).

3. Art. L. 321-5, C. ports mar.

Article R. 321-31 al. 3 du Code des ports maritimes

« *Une zone d'accès restreint est, sauf impossibilité technique avérée, créée dans toute installation portuaire dédiée à l'accueil de navires à passagers, à l'accueil de navires porte-conteneurs ou à l'accueil de navires pétroliers, gaziers ou transportant des marchandises dangereuses. [...]* ».

V. aussi : Arr. du 20 mai 2008 fixant la liste des équipements et systèmes intéressant la sûreté portuaire et maritime mis en œuvre dans ces zones; Arr. du 4 juin 2008 relatif aux conditions d'accès et de circulation en zone d'accès restreint des ports et des installations portuaires et à la délivrance des titres de circulation.

Un arrêté du 22 avril 2008 définit les modalités d'établissement des évaluations et des plans de sûreté portuaires, ainsi que des installations portuaires (on trouve par ex. en annexe 3 le « plan type du plan de sûreté portuaire » comprenant 11 points : organisation générale, protection des plans d'eau, accès et circulation, audits et contrôles, formations et exercices...). Un arrêté du 2 juin 2008 détermine les conditions d'organisation des exercices et entraînements de sûreté dans les ports et les installations portuaires.

Les arrêtés du 10 avril 2007 et du 3 mars 2008 fixent la liste des ports soumis aux dispositifs de sûreté portuaire du Code ISPS (49 ports sont concernés en métropole et en outre-mer). On ajoutera encore que ce code international n'a pas été sans conséquences sur la question des pièces d'identité des gens de mer[4].

371. ***Concernant la sécurité***, on retiendra sommairement qu'il existe des dispositions particulières s'agissant du chargement et du déchargement des navires vraquiers (directive 2001/96/CE du 4 déc. 2001; art. L. 344-1 et s. et art. R. 326-1 et s., C. ports mar.), du transport et de la manutention des matières dangereuses dans les ports maritimes[5], ainsi que de la sécurité des ouvrages maritimes portuaires (art. L. 155-1 et R. 155-1 et s., C. ports mar.).

§2. Le respect des impératifs environnementaux

372. Quels que soient les modes de gestion et l'affectation du port, ces impératifs doivent être pris en compte par les responsables portuaires. Certains projets, comme celui de « Donges-est » dans l'estuaire de la Loire, ont bien

4. P. Chaumette, « Pièce d'identité des gens de mer », 2e colloque international sur la sûreté maritime (Nantes, 27-28 sept. 2007), *Neptunus* (revue électronique), vol. 14, 2008/1, Université de Nantes (CDMO).

5. Cf. Arr. du 28 janv. 2008 portant modification de l'arrêté du 18 juill. 2000 modifié réglementant le transport et la manutention des matières dangereuses dans les ports maritimes; Arr. du 9 mai 2008 fixant la liste des ouvrages des ports intérieurs et des ports maritimes soumis aux dispositions du D. n° 2007-700 du 3 mai 2007 relatif aux études de dangers des ouvrages d'infrastructures de stationnement, chargement ou déchargement de matières dangereuses portant application de l'art. L. 551-2 du Code de l'environnement.

montré la complexité et l'importance des questions environnementales en matière portuaire. Les organisations portuaires y sont de plus en plus sensibles, comme en témoignent les réflexions de l'ESPO (European Sea Ports Organisation) et de l'UPACCIM (Union des Ports Autonomes et des Chambres de Commerce et d'Industrie Maritimes, actuelle Union des Ports Français) sur la politique environnementale dans les ports, ou encore (au plan local) le plan d'aménagement et de développement durable de Fos.

A. Les dispositions communautaires

373. On doit d'abord souligner le cadre européen des enjeux liés à la protection de l'environnement en zone portuaire. Les directives du 2 avril 1979 et du 21 mai 1992 relatives au réseau écologique Natura 2000 ne sauraient être bafouées[6]. La CJCE a eu plusieurs fois l'occasion d'affirmer l'importance de l'application du dispositif Natura 2000 alors même que des intérêts portuaires étaient en cause; les enjeux écologiques qui s'attachent au respect de ces directives ne sauraient être subordonnés à des considérations économiques et récréatives[7].

Concernant la France, il a par exemple été jugé, en 1999, qu'« *En omettant de classer en zone de protection spéciale une superficie suffisante dans l'estuaire de la Seine et d'adopter des mesures visant à conférer à la zone de protection spéciale classée un statut juridique suffisant, la République française a manqué aux obligations qui lui incombent en vertu de l'article 4, paragraphes 1 et 2, de la directive 79/409/CEE du Conseil, du 2 avril 1979, concernant la conservation des oiseaux sauvages* » (CJCE, 18 mars 1999, *Commission c/France*, aff. C-166/97, *Rec.*, p. I-1719).

Dans le cadre du grand projet d'extension du port autonome du Havre « Port 2000 », des mesures compensatoires significatives ont été mises en place dans l'estuaire de la Seine (d'un montant d'environ 46 M €), notamment d'intérêt ornithologique (reposoirs pour l'avifaune, réhabilitation de vasières)[8]. La réserve naturelle de l'estuaire de la Seine a également été étendue (D. n° 2004-1187 du 9 nov. 2004).

374. ***La directive 2000/59/CE sur les installations de réceptions portuaires pour les déchets d'exploitation des navires et les résidus de cargaison*** doit également être respectée[9]. Elle met en place un dispositif dont l'objectif est de prévenir les déversements volontaires illicites de substances nocives en mer. Les États membres ont du adopter dans les délais requis les mesures de

6. Sur Natura 2000, voir *infra*, n° 664 et s.
7. CJCE, 28 févr. 1991, *Commission c/ Allemagne*, aff. C-57/89, *Rec.*, p. I-883; CJCE, 2 août 1993, *Commission c/ Espagne*, aff. C-355/90, *Rec.*, p. I-4221.
8. Voir Ph. Huet et *alii*, *L'estuaire de la Seine*, rapport CGPC/IGE, 28 oct. 2004, p. 16 et s. Concernant l'estuaire de la Loire (Donges-est), voir B. Jégou, « L'Europe demande plus de mesures compensatoires », *Le marin*, 20 juin 2008, p. 8.
9. M. Bourrel, « La réception portuaire des déchets d'exploitation des navires et des résidus de cargaison », *DMF*, 2007, p. 251.

transposition qui s'imposent, sous peine de faire l'objet d'une procédure en manquement[10].

L'article L. 343-1 du Code des ports maritimes pose le principe suivant :

« *Les capitaines de navire faisant escale dans un port maritime sont tenus, avant de quitter le port, de déposer les déchets d'exploitation et résidus de cargaison de leur navire dans les installations de réception flottantes, fixes ou mobiles existantes. Les officiers de port, officiers de port adjoints ou surveillants de port agissant au nom de l'autorité investie du pouvoir de police portuaire peuvent interdire la sortie du navire qui n'aurait pas déposé ses déchets d'exploitation et résidus de cargaison dans une installation de réception adéquate, et subordonner leur autorisation à l'exécution de cette prescription* ».

L'obligation concerne les navires de commerce, de pêche et de plaisance (quel que soit leur pavillon) ; sa violation est punissable d'une amende. Des plans de réception et de traitement adéquats doivent être établis par les autorités portuaires afin de répondre aux besoins des navires (art. R. 111-15 et R. 611-4, C. ports mar.). Dans le cadre du « Grenelle 2 de l'environnement », des dispositions tendant à assurer l'adoption de tels plans dans les ports maritimes décentralisés devraient être prises.

B. Les dispositions nationales

375. Sur le plan du droit interne, il faut bien sûr respecter les dispositions pertinentes de la ***loi Littoral du 3 janvier 1986***, en observant cependant qu'elle cherche à ménager les intérêts portuaires. On remarque, par exemple, que le principe d'interdiction de porter atteinte à l'état naturel du rivage de la mer ne s'applique pas aux zones portuaires et industrialo-portuaires (art. L. 2124-2, CGPPP ; art. 27 de la loi Littoral)[11]. Ainsi, si une opération d'extension portuaire peut être soumise à la procédure définie à l'article L. 2124-1 du Code général de la propriété des personnes publiques (art. 25 de la loi Littoral) en cas de changement substantiel d'utilisation du DPM[12], elle ne nécessite pas la déclaration d'utilité publique prévue à l'article L. 2124-2[13].

Dans le même sens, en application de l'article L. 146-8 du Code de l'urbanisme, « *Les installations, constructions, aménagements de nouvelles routes et ouvrages nécessaires [...]* ***au fonctionnement des aérodromes et des services publics portuaires autres que les ports de plaisance*** *ne sont pas soumis aux dispositions du présent chapitre [dispositions particulières au littoral – art. L. 146-1 et s., C. urb.] lorsque leur localisation répond à une nécessité technique impérative* ».

10. CJCE, 6 déc. 2007, *Commission c/ France*, aff. C-106/07 ; CJCE, 13 mars 2008, *Commission c/ Grèce*, aff. C-81/07 ; CJCE, 25 sept. 2008, *Commission c/ Italie*, aff. C-368/07.
11. CAA Marseille, 16 mai 2007, *Assoc. de défense de l'environnement de Bormes et du Lavandou*, n° 03MA01954.
12. Art. L. 2124-1 al. 2, CGPPP : « *Sous réserve des textes particuliers concernant la défense nationale et des besoins de la sécurité maritime, tout changement substantiel d'utilisation de zones du domaine public maritime est préalablement soumis à enquête publique [...]* ».
13. CE, 29 déc. 1993, *Ville de Royan*, n° 148567.

Quelle que soit la souplesse du juge, la mise en œuvre de cette dérogation ne saurait être automatique : encore faut-il démontrer, s'agissant par exemple d'un projet d'extension portuaire affectant un site remarquable, que le projet considéré répond bien à une nécessité technique impérative. Il a été jugé à propos du bassin d'Arcachon, vu les précautions prises par le SMVM, que l'implantation d'un bassin de décantation répondant à la nécessité d'assurer le fonctionnement d'un port à vocation ostréicole pouvait ainsi être envisagée dans un espace remarquable au sens de l'article L. 146-6 du Code de l'urbanisme[14].

Les ports de plaisance sont confrontés aux règles protectrices de la loi Littoral, comme le respect des espaces remarquables du littoral ou de l'extension limitée des espaces proches du rivage[15]. Il faut ajouter qu'aux termes de l'article L. 321-3 du Code de l'environnement (art. 20 de la loi Littoral), « *L'accueil des navires de plaisance est organisé de manière à s'intégrer aux sites naturels et urbains dans le respect des normes édictées par les schémas de mise en valeur de la mer [...]* »[16]. Le respect de ces dernières dispositions s'apprécie, semble-t-il, dans le cadre d'un contrôle restreint (limité à la censure de l'erreur manifeste d'appréciation)[17]. On a vu quel pouvait être l'intérêt du SMVM, notamment en matière portuaire (cf. *supra*, n°s 79 et s). Ce document d'urbanisme peut prévoir et justifier des extensions portuaires, dans le respect de la loi Littoral et sous le contrôle du juge administratif.

Concernant le bassin d'Arcachon, le Conseil d'État a considéré qu'eu égard aux circonstances (saturation...), « *en prévoyant l'extension du bassin du port de La Vigne par création de 80 anneaux supplémentaires et agrandissement du plan d'eau, les auteurs du schéma contesté n'ont [...] ni commis d'erreur manifeste d'appréciation ni édicté des mesures incompatibles avec les dispositions de l'article L. 146-6 du Code de l'urbanisme* » (CE, 3 mars 2008, *Mme Laporte et a., op. cit.*).

Au-delà de la problématique des SMVM, on rappellera que les projets d'extension portuaire doivent tenir compte des dispositions issues des documents d'urbanisme locaux[18]. À l'heure où l'on souligne les problèmes d'accueil des navires de plaisance[19], les gestionnaires de ports doivent accorder une impor-

---

14. CE, 3 mars 2008, *Mme Laporte et a.*, n° 278168, *Environnement*, avr. 2008, p. 47, note J.-M. Février.
15. CE, 30 déc. 2002, *Cne de Six-Fours-Les-Plages*, n° 245621 (art. L. 146-6, C. urb.); CE, 10 mai 1996, *Sté du port de Toga SA et a., Rec.*, p. 174 (art. L. 146-4 II, C. urb.).
16. En outre, « *L'autorité concédante d'un port de plaisance accorde la concession en imposant, s'il y a lieu, la reconstitution d'une surface de plage artificielle ou d'un potentiel conchylicole ou aquacole équivalent à ce qui aura été détruit par les travaux de construction* » (art. L. 321-4, C. env. ; art. 21 de la loi Littoral).
17. CE, 10 déc. 1990, *GADSECA*, n° 97119.
18. CE, 2 févr. 2004, *Assoc. des cinq cantons La Barre*, n° 215763.
19. Dossiers « ports de plaisance » : *Le marin*, 11 avr. 2008, p. 17 et s. ; *Le marin*, 30 mai 2008, p. 15 et s.

tance toute particulière aux questions environnementales, bien au-delà de la quête des certifications (ISO...)[20]. La Charte d'engagement et d'objectifs pour le développement durable des ports de plaisance, signée le 5 décembre 2008 entre le MEEDDAT, la Fédération française des ports de plaisance et l'Association nationale des élus du littoral, ne contient pas un mot sur le respect de la loi du 3 janvier 1986 et des règles de la domanialité publique.

376. Si le juge administratif peut reconnaître le caractère d'intérêt général de la réalisation d'un port de plaisance (eu égard, notamment, à la saturation et au manque d'accessibilité des structures existantes)[21], de nombreuses règles et procédures doivent être respectées. Il faut insister ici sur l'importance de la législation relative aux ***études d'impact, aux enquêtes publiques et à l'eau*** en matière de travaux portuaires[22].

On rappellera à ce sujet qu'il résulte de la combinaison des articles R. 122-5 à R. 122-9 du Code de l'environnement que les travaux de création ou d'extension portuaires d'un coût total égal ou supérieur à 1,9 M € sont soumis à la procédure de l'étude d'impact, de même que les travaux et ouvrages de défense contre la mer d'une emprise totale supérieure à 2000 m^2.

Il a été jugé que l'opération globale consistant « *outre l'aménagement d'un épi, dans l'extraction de sable à l'entrée du Havre de Blainville à raison de 14000 m^3, et dans le dépôt de ce sable à fin de rechargement de la plage entre la cale et l'épi* » exigeait une véritable étude d'impact et non une simple notice (TA Caen, 12 juill. 2007, *Assoc. Manche Nature, JCP A*, 24 sept. 2007, 2236, note L. Bordereaux).

En dehors de ces situations, il faut appliquer les dispositions de l'article R. 122-9 du Code de l'environnement :

Les « *Travaux ou aménagements d'un coût total inférieur à 1900000 euros réalisés sur le domaine public fluvial ou maritime sous le régime de la concession prévu à l'article L. 64 du Code du domaine de l'État [art. L. 3211-15 du CGPPP], ainsi que les travaux de création ou d'extension d'un port de plaisance* » nécessitent l'élaboration d'une notice d'impact (idem pour les travaux et ouvrages de défense contre la mer d'une emprise totale < à 2000 m^2).

Le contenu de l'étude d'impact (art. R. 122-3, C. env.) doit être en relation avec l'importance du projet et avec ses incidences prévisibles sur l'environnement. Une étude d'impact ne peut se limiter à un examen sommaire des nuisances créées ou à quelques rapides indications; les effets du projet doivent

20. Sur le cadre juridique des ports de plaisance, voir notamment : N. Bourdeau, « Les ports de plaisance : enjeux juridiques et touristiques », *Tourisme & Droit*, juin 2006, p. 20; S. Miribel et R. Rézenthel, « Création et extension des ports de plaisance : un soutien à la liberté de naviguer », *DMF*, 2007, p. 1021.

21. CAA Bordeaux, 20 oct. 2005, *Assoc. de défense des propriétaires de la ZAD de la pointe de Roux d'Aytré*, n° 01BX02288.

22. CAA Nantes, 4 mai 2006, *ADRULF*, n° 00NT02032; TA Rennes, 26 déc. 2005 (ord. réf.), *EARL « Les coquillages du phare de l'île Wrac'h »*, *DMF*, 2006, p. 257.

faire l'objet d'une analyse suffisamment précise et concrète ; l'étude doit comprendre si nécessaire les résultats d'une recherche hydrobiologique ; les méthodes utilisées doivent être analysées et les mesures compensatoires envisagées faire l'objet d'une estimation financière[23]. S'agissant de l'extension d'un port de plaisance, l'impact lié à l'augmentation de la fréquentation du site devra être pris en compte. Pour les sites Natura 2000, il faut prendre acte des dispositions des articles R. 414-19 et suivants du Code de l'environnement : lorsqu'un projet doit faire l'objet d'une évaluation de son incidence au regard des objectifs de conservation d'un site Natura 2000, l'étude d'impact tient lieu du dossier d'évaluation d'incidences si elle satisfait aux prescriptions de l'article R. 414-21 (art. R. 414-22, C. env.).

Quant à la législation sur les enquêtes publiques, la liste des catégories d'aménagements, d'ouvrages ou de travaux portuaires et littoraux devant être précédés d'une enquête publique en application de l'article L. 123-1 du Code de l'environnement est définie à l'annexe I de l'article R. 123-1 du Code de l'environnement (ancien D. n° 85-453 du 23 avr. 1985). Les travaux de création de ports maritimes de commerce, de pêche et de plaisance y sont notamment soumis (rubr. 14° et 15°)[24].

En outre, les projets portuaires doivent également se montrer vigilants quant au respect du droit de l'eau[25], dans le cadre de l'ordonnance n° 2005-805 du 10 juillet 2005 (portant simplification, harmonisation et adaptation des polices de l'eau et des milieux aquatiques, de la pêche et de l'immersion des déchets – art. L. 214-1 et s., C. env.) ainsi que des articles R. 214-1 et suivants du Code de l'environnement (anciens décrets modifiés n° 93-742 et 93-743 du 29 mars 1993 : procédures d'autorisation et de déclaration prévues par l'article 10 de la loi sur l'eau ; nomenclature IOTA). La nomenclature des installations, ouvrages, travaux et activités soumis à autorisation ou à déclaration figure au tableau annexé à l'article R. 214-1. Le titre IV concerne les impacts sur le milieu marin, lequel est notamment constitué des eaux des ports maritimes et des eaux côtières du rivage jusqu'à la limite extérieure de la mer territoriale. Plusieurs rubriques sont relatives aux travaux de création et d'aménagement portuaires ainsi qu'au dragage et/ou rejet y afférent en milieu marin (rubr. 4.1.1.0., 4.1.2.0, 4.1.3.0.). Les projets visés sont soumis à autorisation ou à déclaration en fonction de la nature des opérations et des seuils de référence (par ex, la création d'un port ou

23. CE, 7 mars 1986, *Min. de l'industrie et de la recherche*, *Rec.*, p. 66 ; CE, 9 déc. 1988, *Entreprise de dragage et de travaux publics*, *Rec.*, p. 434 ; CAA Nancy, 10 janv. 2005, *Sté GSM*, n° 01NC00991 ; CAA Marseille, 27 janv. 2005, *Cne de Montbrun-des-Corbières*, n° 00MA02734.

24. V. également la rubr. 16° (travaux réalisés sur le rivage, le sol ou le sous-sol de la mer en dehors des ports) et la rubr. 31° (concernant les espaces et milieux littoraux faisant l'objet d'une protection particulière).

25. Pour une approche générale : DROBENKO (B.), *Droit de l'eau*, Gualino éditeur, 2007.

d'un chenal d'accès nécessite une autorisation au titre de la police de l'eau, de même que les travaux d'aménagement portuaires d'un montant ≥ 1,9 M €).

Concernant le problème délicat des ***boues de dragage***[26], l'ordonnance du 10 juillet 2005 a simplifié la procédure en substituant à l'ancien régime du permis d'immersion des déblais « *une procédure unique à travers l'application de la loi sur l'eau* » (cf. rapport au Président de la République relatif à l'ordonnance n° 2005-805 du 18 juillet 2005). Ainsi, par dérogation à l'article L. 218-43 du Code de l'environnement[27], les immersions de déblais de dragage peuvent être autorisées dans le cadre des dispositions des articles L. 214-1 et suivants; ces opérations doivent se faire dans le respect du droit européen de l'eau et des déchets. Une circulaire du 4 juillet 2008 est relative à la procédure concernant la gestion des sédiments lors de travaux ou d'opérations impliquant des dragages ou curages maritimes et fluviaux. Elle contient des précisions sur les notions de dragage et de curage, le droit applicable aux techniques de remise en suspension et/ou d'immersion, la possibilité de commercialiser les matériaux excédentaires et les procédures applicables lorsqu'une gestion à terre doit être envisagée. Elle rappelle que « *Les volumes dragués en France représentent chaque année environ 50 millions de m*^{3}, *dont 90 % concernent les dragages maritimes des ports estuariens* », les techniques de remise en suspension et/ou d'immersion étant largement privilégiées. Le groupe de travail interprofessionnel « Géode » (groupe d'études et d'observation sur le dragage et l'environnement) s'efforce d'établir des normes techniques et des guides référentiels compatibles avec les exigences environnementales.

377. Dans les cas où les projets d'extensions portuaires affectent un site classé au titre de la loi du 2 mai 1930, il faudra encore respecter la législation y afférente (sur le droit des sites classés, voir *infra*, n°s 659 et s.)[28].

378. Dans ces conditions restrictives, il paraît souhaitable, autant que faire ce peut, de se tourner vers d'autres types d'aménagements, comme les ports à sec (avec intégration paysagère) et les ***zones de mouillage***. Cette dernière possibilité est d'un intérêt certain, sans pour autant constituer une panacée, comme le montre l'exemple du bassin d'Arcachon.

26. Le dragage, lié à la maîtrise des accès nautiques, peut être un poste de dépenses important (notamment dans les ports d'estuaire).

27. « *L'immersion de déchets ou d'autres matières, telle qu'elle est définie à l'article 1er du protocole du 7 novembre 1996 à la convention de Londres de 1972 sur la prévention de la pollution des mers résultant de l'immersion de déchets, est interdite* ».

28. Voir par ex. *Le marin*, 22 sept. 2006, p. 8 (extension du port de pêche d'Erquy).

Aux termes de l'article L. 2124-5 du Code général de la propriété des personnes publiques :

« Des autorisations d'occupation temporaire du domaine public peuvent être accordées à des personnes publiques ou privées pour l'aménagement, l'organisation et la gestion de zones de mouillages et d'équipement léger lorsque les travaux et équipement réalisés ne sont pas de nature à entraîner l'affectation irréversible du site. Ces autorisations sont accordées par priorité aux communes ou groupements de communes ou après leur avis si elles renoncent à leur priorité ».

Le décret n° 91-1110 du 22 octobre 1991, relatif aux autorisations d'occupation temporaire concernant les zones de mouillages et d'équipements légers sur le domaine public maritime, fixe les conditions d'application de cet article. Ce texte pose un cadre strict, sensible à la protection de l'environnement et des paysages (et qui ne permet donc pas un accueil massif de navires de plaisance).

« En particulier, aucun ouvrage permanent n'est autorisé sur le sol de la mer, en dehors des équipements d'amarrage et de mise à l'eau. Seuls sont permis, sur le rivage et les lais et relais de la mer, des équipements et installations mobiles et relevables dont la nature et l'importance sont compatibles avec l'objet de l'autorisation, sa durée et l'obligation de démolition prévue à l'article 13 » (art. 2 du décret). V. aussi les dispositions de l'art. 3 sur le rapport de présentation accompagnant la demande d'autorisation.

Le régime de l'autorisation délivrée (par arrêté préfectoral pris conjointement avec le préfet maritime) obéit aux règles domaniales classiques : elle est limitée dans le temps (durée maximale de 15 ans, renouvelable) ; elle est précaire et révocable (elle peut être retirée moyennant indemnisation pour un motif d'intérêt général ou sans indemnisation et après mise en demeure en cas de faute de son titulaire, lequel est entendu) ; les installations établies doivent être démolies à la fin de l'autorisation et les lieux remis en l'état (sauf renouvellement ou intention contraire de l'administration). L'autorisation d'occupation délivrée « *fixe la période annuelle d'exploitation de la zone ainsi que la proportion des postes de mouillage réservés aux associations et aux navires ou bateaux de passage* » (cette dernière ne pouvant être inférieure à 25 %) ; elle « *ne vaut pas autorisation au titre de la police des eaux* » (art. 7).

379. En dehors de la question des zones de mouillages, on retiendra que la complexité et les enjeux liés à la création et à l'extension des ports de plaisance interpellent l'ensemble des pouvoirs publics (y compris l'État) et des acteurs privés (filière nautique, associations...). On conçoit bien qu'un ***tri important doit être opéré*** dans les nombreux projets dont les médias se font l'écho, notamment en fonction de critères techniques et juridiques[29]. Par ailleurs, s'il faut entendre les arguments en faveur du développement des ports de plaisance, il ne paraît guère envisageable d'en faire le pivot de la politique d'aménagement des zones côtières. C'est donc la demande (sociale

29. Voir le rapport d'Y. Gauthier, *Le développement des ports de plaisance*, CGPC, nov. 2006.

et économique) qui doit s'adapter à ce que peut raisonnablement offrir à la plaisance le patrimoine naturel littoral français[30].

§3. Le respect du débat public

380. Il s'agit d'évoquer très brièvement la procédure du débat public (issue de la loi « Barnier » du 2 février 1995 et de la loi « démocratie de proximité » du 27 février 2002) dans la mesure où elle est tout à fait susceptible de concerner les grands projets d'aménagement portuaire[31].

Article L. 121-1 du Code de l'environnement

« *La Commission nationale du débat public, autorité administrative indépendante, est chargée de veiller au respect de la participation du public au processus d'élaboration des projets d'aménagement ou d'équipement d'intérêt national de l'État, des collectivités territoriales, des établissements publics et des personnes privées, relevant de catégories d'opérations dont la liste est fixée par décret en Conseil d'État, dès lors qu'ils présentent de forts enjeux socio-économiques ou ont des impacts significatifs sur l'environnement ou l'aménagement du territoire.*

La participation du public peut prendre la forme d'un débat public. Celui-ci porte sur l'opportunité, les objectifs et les caractéristiques principales du projet.

La participation du public est assurée pendant toute la phase d'élaboration d'un projet, depuis l'engagement des études préliminaires jusqu'à la clôture de l'enquête publique [...].

La Commission nationale du débat public et les commissions particulières ne se prononcent pas sur le fond des projets qui leur sont soumis »[32].

381. La création ou l'extension d'infrastructures portuaires fait partie des catégories d'opérations devant donner lieu à saisine de la Commission nationale du débat public (CNDP), lorsque le coût du projet est supérieur à 150 M € ou lorsque sa superficie est supérieure à 200 ha (art. R. 121-2, C. env.). En-deçà, ces mêmes projets « *sont rendus publics par leur maître d'ouvrage ou par la personne publique responsable du projet, qui en publie les objectifs et caractéristiques essentielles* » lorsque leur coût est supérieur à 75 M € ou leur superficie supérieure à 100 ha (art. L. 121-8-II et R. 121-2, C. env.). Plusieurs projets de terminaux portuaires et d'extension ont été concernés[33].

---

30. Dans cette optique, le projet de création de port de plaisance de Brétignolles (Vendée) est-il raisonnable ? Cf J.-M. Le Provost, « Un port flambant neuf et 1000 places dans les cartons », *Le marin*, 30 mai 2008, p. 27.

31. Sur la jurisprudence administrative relative au débat public, voir : CE, 28 déc. 2005 (3 espèces), *AJDA*, 2006, p. 1664, note B. Delaunay; CE, 11 janv. 2008, *M. Lesage*, *Environnement*, mars 2008, p. 41, note P. Trouilly.

32. Art. L. 121-8-I : « *La Commission nationale du débat public est saisie de tous les projets d'aménagement ou d'équipement qui, par leur nature, leurs caractéristiques techniques ou leur coût prévisionnel, tel qu'il peut être évalué lors de la phase d'élaboration, répondent à des critères ou excèdent des seuils fixés par décret en Conseil d'État* ».

33. V. par ex. : CNDP, déc. n° 2007/15/TMV/1 du 4 avr. 2007 (projet de construction d'un terminal méthanier au Verdon); CNDP, déc. n° 2008/16/EPC/1 du 1er oct. 2008 (projet d'extension et de développement du port de Calais).

L'organisation d'un débat public peut s'inscrire dans un contexte local et politique difficile, comme l'a montré l'exemple de la perspective d'implantation d'un terminal méthanier au Verdon (estuaire de la Gironde). La Commission particulière du débat public mise en place à cette occasion a souligné dans son compte rendu de février 2008, après avoir relevé la forte participation de la population et les inquiétudes liées notamment à la qualité des eaux de l'estuaire, que « *l'acceptabilité sociale du terminal pose question* ».

Section 2 L'adaptation du droit domanial

382. Le droit du domaine public a connu ces dernières années des évolutions sensibles, lesquelles concernent particulièrement les espaces portuaires. Ces évolutions, notamment législatives, se traduisent de manière générale par une meilleure prise en compte de la situation des occupants privatifs du domaine public, et donc des intérêts des entreprises installées en zone portuaire.

§1. L'évolution de la définition du domaine public

383. Avant d'évoquer la question de l'assouplissement du régime domanial, il faut d'abord souligner l'apport du Code général de la propriété des personnes publiques de 2006 (CGPPP) concernant la ***définition générale*** (hors « domaines spéciaux » comme le domaine naturel ou mobilier) du domaine public immobilier. Cette dernière, issue d'une longue maturation doctrinale et jurisprudentielle qui conduisit au final à la consécration d'une approche extensive du domaine public[34], est désormais affirmée à l'article L. 2111-1 du CGPPP.

Article L. 2111-1 du CGPPP

« *Sous réserve de dispositions législatives spéciales, le domaine public d'une personne publique [...] est constitué des biens lui appartenant qui sont soit affectés à l'usage direct du public, soit affectés à un service public pourvu qu'en ce cas ils fassent l'objet d'un aménagement indispensable à l'exécution des missions de ce service public* ».

384. Cette définition législative, qui marque une volonté (modérée) de réduire le périmètre de la domanialité publique s'agissant des biens immobiliers (terrains, bâtiments) servant les besoins d'un service public[35], ne saurait être sans conséquence pour les ports.

---

34. V. notamment : Chapus (R.), *Droit administratif général*, t. 2, Montchrestien, 2001 ; Gaudemet (Y.), *Traité de droit administratif des biens*, LGDJ, 2008. Pour une approche conceptuelle du droit des propriétés publiques, voir : Yolka (Ph.), *La propriété publique – Eléments pour une théorie*, LGDJ, 1997 ; Chamard (C.), *La distinction des biens publics et des biens privés*, Dalloz, 2004.

35. Voir entre autres : Dossier « La codification du droit des propriétés des personnes publiques », *AJDA*, 2006, p. 1073 ; Dossier « Propriété publique – Domaine public », *RFDA*, 2006, p. 899 ; Ch. Ballandras-Rozet, « L'aménagement indispensable, un critère discutable de réduction du domaine public », *AJDA*, 2007, p. 571.

Il faut cependant la mettre en relation avec les dispositions ambiguës de l'article L. 2111-6 du CGPPPP, selon lesquelles :

> *« Le domaine public maritime artificiel est constitué : 1° Des ouvrages ou installations appartenant à une personne publique [...], qui sont destinés à assurer la sécurité et la facilité de la navigation maritime; 2° À l'intérieur des limites administratives des ports maritimes, des biens immobiliers, situés en aval de la limite transversale de la mer, appartenant à l'une des personnes publiques mentionnées à l'article L. 1 [l'État, les collectivités territoriales et leurs groupements et les établissements publics] et* ***concourant au fonctionnement d'ensemble des ports maritimes****, y compris le sol et le sous-sol des plans d'eau lorsqu'ils sont individualisables ».*

Ces dernières dispositions, en faisant référence aux biens immobiliers concourant au fonctionnement d'ensemble des ports, rappellent l'approche globalisante et extensive de la domanialité publique, dont les ports ont été l'un des théâtres privilégiés[36]. Cela étant, la volonté des auteurs du CGPPP et la cohérence des définitions adoptées exigent de ne pas exclure les espaces portuaires de cette tentative de réduction du périmètre domanial. Les évolutions du droit des services publics et des biens qui leur sont affectés invitent à une réflexion approfondie sur les mérites de la théorie du domaine public, dont les ports ne sauraient faire l'économie. Après quelques tentatives non suivies d'effet[37], il faut aujourd'hui s'attendre à un resserrement de leur domaine public sur les biens constituant les infrastructures incontournables du service public portuaire (comme les quais) et à un élargissement corrélatif du domaine privé pour les zones dites industrialo-portuaires (zones d'implantation des industries lourdes, de logistique...), où les règles de la domanialité privée peuvent sembler mieux adaptées aux enjeux économiques (on pense par ex. à la possibilité de recourir au bail à construction). Il s'agit là d'un enjeu particulièrement important des débats actuels sur les critères du domaine public. Critiquant les « *limites en matière de droits réels sur le domaine public portuaire* », le sénateur Ph. Marini envisageait déjà en 1998 de transférer des terrains au domaine privé, « *pourvu qu'ils soient suffisamment éloignés des plans d'eau* »[38].

§2. L'évolution du régime domanial en zone portuaire

385. Cette évolution suit, de manière générale, les assouplissements du régime juridique applicable au domaine public artificiel, une attention parti-

36. Le fameux critère de l'affectation à un service public, assorti de la condition de l'aménagement spécial, a été consacré puis confirmé s'agissant des ports : CE, 19 oct. 1956, *Sté Le Béton*, *Rec.*, p. 375; CE, 8 mars 1993, *MM. Villedieu*, *Rec.*, p. 759.
37. On se souvient d'un avant-projet de loi sur l'organisation des ports (déc. 1996) qui proposait de ne classer dans le domaine public que les dépendances *directement* affectées au service public portuaire et spécialement aménagées à cet effet.
38. Voir *La politique maritime et littorale de la France : les ports (3)*, Office parlementaire d'évaluation des politiques publiques, 1998, Doc. AN n° 771, Doc. Sénat n° 345, p. 130.

culière devant être accordée à la question des ***droits réels*** dont peuvent se prévaloir les occupants du domaine public.

A. La sécurisation des investissements privés sur le domaine portuaire

La codification du droit des propriétés publiques a clairement consacré les grands principes protecteurs de la domanialité publique.

Ainsi, on rappellera que « *Les biens des personnes publiques [...], qui relèvent du domaine public, sont inaliénables et imprescriptibles* » (art. L. 3111-1 CGPPP), que toute occupation privative est temporaire et nécessite une autorisation, laquelle « *présente un caractère précaire et révocable* » (art. L. 2122-1, L. 2122-2 et L. 2122-3 CGPPP). Ces dispositions ne sont pas propres à la métropole et aux DOM; le Code des ports maritimes de Polynésie française, par exemple, stipule également que « *L'autorisation d'occuper le domaine portuaire est temporaire et délivrée à titre personnel, précaire et révocable* » (art. D. 112-2-1.).

386. Le juge administratif veille au respect de ces principes[39]. Cependant, il faut bien mesurer l'évolution du statut des constructions réalisées par un occupant privatif du domaine public. Après un temps révolu où l'on a pu parfois opter pour la thèse civiliste de l'accession, qui conduisait à considérer que le domaine public « *avale en quelque sorte tout ce qu'on pose dessus* »[40], la théorie de la superposition de la propriété privée et du domaine public s'est progressivement imposée, dans l'optique d'une meilleure valorisation des espaces domaniaux « productifs » sur le plan économique[41]. Dans le sillage de quelques décisions plutôt laconiques[42], le Conseil d'État a fini par admettre clairement l'existence de propriétés privées sur le domaine public (dans un cadre restrictif) :

« *L'appropriation privative d'installations superficielles édifiées par le titulaire d'une autorisation d'occupation temporaire du domaine public n'est pas incompatible avec l'inaliénabilité de celui-ci, lorsque l'autorisation de l'occuper et d'y édifier des constructions n'a pas été accordée en vue de répondre aux besoins du service public auquel le domaine est affecté* » (CE, 21 avr. 1997, *Min. du budget c/Sté Sagifa*, *Dr. adm.*, oct. 1997, p. 15, note C. Lavialle).

387. Surtout, la loi n° 94-631 du 25 juillet 1994 relative à la constitution de droits réels puis le Code général de la propriété des personnes publiques sont

39. CE, 6 mai 1985, *Assoc. Eurolat Crédit foncier de France*, *Rec.*, p. 141; CE, 10 mai 1989, *M. Claude Munoz*, n° 73146; CE, 20 mars 1996, *M. Jean-Louis Veber*, n° 121601.

40. M. Querrien, « Domaine public. Protection, redéploiement, partenariat », *EF*, mars 1994, p. 13.

41. Y. Gaudemet, « La superposition des propriétés privées et du domaine public », *D.*, 1978, chron., XLXI, p. 293; « Les constructions en volume sur le domaine public », *CJEG*, oct. 1991, p. 297.

42. CE, 27 févr. 1995, *M. Torre*, *Rec.*, p. 109; CE, 23 juin 1993, *Sté industrielle de constructions et réparations*, n° 111569.

venus ***sécuriser les investissements*** sur le domaine public artificiel (notamment portuaire) en accordant sans ambiguïté aux occupants privatifs un droit réel sur les constructions qu'ils réalisent dans le cadre de leur occupation :

Article L. 2122-6 al. 1 et 2 du CGPPP

« Le titulaire d'une autorisation d'occupation temporaire du domaine public de l'État a sauf prescription contraire de son titre, un droit réel sur les ouvrages, constructions et installations de caractère immobilier qu'il réalise pour l'exercice d'une activité autorisée par ce titre. Ce droit réel confère à son titulaire, pour la durée de l'autorisation et dans les conditions et les limites précisées dans le présent paragraphe, les prérogatives et obligations du propriétaire ».

À défaut d'un régime de droit privé, ***ces dispositions sont d'un intérêt certain pour les acteurs portuaires***, qui disposent d'un dispositif juridique tout à fait acceptable aux fins d'organiser le financement privé d'équipements portuaires[43].

Comme l'a rappelé Y. Gaudemet, « *Ce qui importe pour le financement de l'investissement [...], c'est que l'occupant dispose de droits réels sur ce qu'il doit financer et conserver au moins pour la durée du titre d'occupation, c'est-à-dire les constructions que celui-ci l'invite à réaliser* » (« Les droits réels sur le domaine public », *AJDA*, 2006, p. 1097).

En cas d'éviction anticipée de l'occupant privatif pour un motif d'intérêt général, un droit à indemnisation lui est reconnu (art. L. 2122-9, al. 3, CGPPP). On admettra toutefois qu'il existe toujours un ***fort encadrement*** de cette libéralisation mesurée des conditions d'occupation du domaine public, justifié par la protection du service public. La durée d'un titre domanial constitutif de droits réels ne peut excéder 70 ans, renouvellement compris (art. L. 2122-6, al. 3, CGPPP)[44]. Le droit réel conféré et les ouvrages édifiés ne peuvent être cédés ou transmis qu'à une personne agréée par l'administration domaniale, « *pour la durée de validité du titre restant à courir* » et « *en vue d'une utilisation compatible avec l'affectation du domaine public occupé* » (art. L. 2122-7, CGPPP).

Les possibilités de recourir à l'hypothèque sont limitées à la garantie des « *emprunts contractés par le titulaire de l'autorisation en vue de financer la réalisation, la modification ou l'extension des ouvrages, constructions et installations de caractère immobilier situés sur la dépendance domaniale occupée* » (art. L. 2122-8).

Si les titulaires du droit d'occupation envisagent de recourir aux contrats de crédit-bail pour la réalisation des ouvrages projetés, « *Lorsque ces contrats concernent le financement d'ouvrages, de constructions et d'installations qui sont nécessaires à la continuité d'un service public, ils comportent des clauses permettant de préserver les exigences de ce service public* » (art. L. 2122-13). On reconnaîtra que cette rédaction, issue de la loi n° 2009-526 du 12 mai 2009, est bien moins restrictive que celle adoptée par le législateur de 1994.

43. J. Dufau, « Les ports face à la réforme de la domanialité publique », *DMF*, 1996, p. 208.
44. Cons. const., déc. n° 94-346 DC du 21 juill. 1994.

Quant au sort des biens immobiliers réalisés par l'occupant à l'issue du titre, c'est une règle très classique qui a été consacrée puisqu'ils sont démolis par le titulaire de l'autorisation (ou à ses frais) ou « *deviennent de plein droit et gratuitement la propriété de l'État, francs et quittes de tous privilèges et hypothèques* » (art. L. 2122-9). Le décret d'application n° 95-595 du 6 mai 1995 « *fixe les conditions de constitution, sur tout ou partie de la dépendance domaniale dont l'occupation est autorisée, du droit réel prévu [...] ainsi que les conditions de transmission totale ou partielle de ce droit* » (art. 1er).

388. Ces limites ne remettent pas en cause les avancées jugées favorables aux occupants privatifs du domaine public, lesquelles ont fait l'objet ***d'extension*** : initialement réservé au domaine public artificiel de l'État et de ses établissements publics (notamment les ports autonomes), le bénéfice de la loi du 25 juillet 1994 (cf. aujourd'hui les dispositions correspondantes du CGPPP) a été progressivement étendu.

Il a d'abord été étendu au domaine public de l'État compris dans les limites administratives des ports relevant de la compétence des départements et des communes mis à leur disposition ou ayant fait l'objet à leur profit d'un transfert de gestion (art. 56 de la loi n° 97-1051 du 18 nov. 1997 ; art. 104 de la loi n° 2002-276 du 27 févr. 2002 ; D. n° 2003-1054 du 30 oct. 2003 ; actuel art. L. 2122-17 CGPPP). Les ports décentralisés ont ainsi pu bénéficier, pour certaines occupations, de la faculté d'octroyer des titres constitutifs de droits réels.

Ensuite, s'agissant du domaine public des collectivités locales, le CGPPP de 2006, en dehors de la formule bien connue du bail emphytéotique administratif (BEA)[45], permet de « *délivrer des autorisations d'occupation constitutives de droit réel dans les conditions déterminées par les articles L. 1311-5 à L. 1311-8 du Code général des collectivités territoriales* » (art. L. 2122-20, CGPPP). Ces dernières dispositions, comparables aux règles afférentes à l'État et ses établissements publics, peuvent être de nature à favoriser l'exploitation économique du domaine public local, même si elles connaissent les mêmes limites de fond que les BEA.

Article L. 1311-5-I du CGCT

« Les collectivités territoriales peuvent délivrer sur leur domaine public des autorisations d'occupation temporaire constitutives de droits réels, en vue de l'accomplissement, pour leur compte, d'une mission de service public ou en vue de la réalisation d'une opération d'intérêt général relevant de leur compétence ».

En matière portuaire et aéroportuaire, cette condition ne saurait constituer un obstacle à la délivrance de telles AOT, l'article 3 de l'ordonnance n° 2006-460 du 21 avril 2006 (relative à la partie législative du CGPPP) ayant pris

45. Art. L. 1311-2 et s., CGCT.

soin de préciser que « *Dans les ports et les aéroports*, ***sont considérées comme satisfaisant à la condition d'intérêt public local*** *[...] les activités ayant trait à l'exploitation du port ou de l'aéroport ou qui sont de nature à contribuer à leur animation ou à leur développement* (art. L. 1311-5-II, CGCT).

389. Malgré les critiques et les déceptions dont les évolutions du statut de l'occupant privatif du domaine public ont pu faire l'objet (y compris dans le cadre du CGPPP)[46], et en dépit parfois des réticences de l'administration elle-même, les titres domaniaux constitutifs de droits réels doivent désormais (particulièrement dans les ports de commerce) être considérés comme le droit commun des occupations privatives. Cela étant, ***plusieurs points posent problème*** et appellent une réflexion sur les assouplissements qui pourraient accompagner la reconnaissance de droits réels. C'est notamment le cas de l'application sur le domaine public de la législation sur les baux commerciaux, exclue à l'heure actuelle, et de la délicate admission de fonds de commerce sur le domaine public (qui n'est pas proscrite par la jurisprudence administrative)[47].

B. La prise en compte du droit de la concurrence

390. En dehors de la question des droits réels, on retiendra que les occupations du domaine public portuaire sont directement concernées par le ***droit de la concurrence***, dans le cadre posé par la jurisprudence du Conseil d'État :

> « *s'il appartient à l'autorité administrative affectataire de dépendances du domaine public de gérer celles-ci tant dans l'intérêt du domaine et de son affectation que dans l'intérêt général, il lui incombe en outre lorsque, conformément à l'affectation de ces dépendances, celles-ci sont le siège d'activités de production, de distribution ou de services, de prendre en considération les diverses règles, telles que le principe de la liberté du commerce et de l'industrie ou l'ordonnance du 1er décembre 1986, dans le cadre desquelles s'exercent ces activités* » (CE, 26 mars 1999, *Sté EDA*, *Rec.*, p. 107 ; *AJDA*, 1999, p. 427, concl. J.-H. Stahl. Sur le sujet, voir G. Gonzalez, « Domaine public et droit de la concurrence », *AJDA*, 1999, p. 387 ; C. Vautrot-Schwarz, « La publicité et la mise en concurrence dans la délivrance des titres d'occupation domaniale », *AJDA*, 2009, p. 568).

Une autorisation domaniale (comme une convention d'exploitation de terminal) ne saurait donc être l'instrument d'un abus de position dominante au profit d'un opérateur portuaire et l'autorité administrative compétente est tout à fait fondée à édicter une mesure de police (modification préfectorale

46. E. FATÔME, « A propos de la réglementation de l'occupation du domaine public après le Code général de la propriété des personnes publiques », in *Juger l'administration, administrer la justice*, Dalloz, 2007, p. 329 ; Y. Gaudemet, « L'occupant privatif du domaine public à l'épreuve de la loi », in *L'État de droit*, Dalloz, 1996, p. 309.

47. CE, 8 janv. 1960, *Sieur Lafon*, *Rec.*, p. 15 ; CE, 29 juill. 1994, *Sté « La Main Noire »*, *Rec.* ; Cass. civ. 3e, 20 déc. 2000, no 99-10.896 (baux commerciaux). CE, 4 mars 1991, no 79528 ; CE, 20 janv. 2005, no 276475 (fonds de commerce). O. de David Beauregard-Berthier, « Fonds de commerce et domaine public », *AJDA*, 2002, p. 790.

d'un règlement portuaire par ex) « *justifiée par la nécessité de prendre en compte la liberté du commerce et de l'industrie et les règles de concurrence dans l'intérêt d'une meilleure utilisation des ouvrages publics du port* »[48]. En dehors de circonstances exceptionnelles (et donc limitativement entendues), il est clair qu'un monopole de l'usage du domaine portuaire ne peut être consenti aux entreprises investies d'une mission de service public de transport maritime (comme celles assurant la desserte des îles côtières)[49].

Cela étant, il appartient à la puissance publique, « dans des limites compatibles avec le respect des règles de concurrence et du principe de la liberté du commerce et de l'industrie, d'apporter aux armements chargés d'un tel service public l'appui nécessaire à l'exploitation du service et, le cas échéant, de leur accorder des facilités particulières pour l'utilisation du domaine public » (CE, 30 juin 2004, *Département de la Vendée*, *BJCL*, 2004, p. 629, concl. P. Collin).

Dans la mesure où l'on estime que les actes se rattachant à la gestion du domaine public requièrent l'usage de prérogatives de puissance publique, il revient à la juridiction administrative, et non à l'Autorité de la concurrence, d'apprécier leur légalité au regard des règles de concurrence[50]. On sait que ces dernières ne peuvent être écartées du seul fait de l'existence d'un droit spécial de la domanialité publique[51]. Ainsi, sans jeter par-dessus bord les prérogatives légitimes dont disposent les collectivités publiques dans la gestion de leur domaine public, il est certain qu'elles doivent intégrer les questions de concurrence dans les choix opérés[52]. Des actions en responsabilité sont envisageables lorsqu'une autorisation domaniale est délivrée en méconnaissance des règles de concurrence et qu'un préjudice indemnisable en est résulté[53].

C. Une souplesse offerte par le Code des propriétés publiques : la cession et l'échange entre personnes publiques

391. Le CGPPP de 2006 contient des dispositions bienvenues relatives à l'échange et à la cession de biens domaniaux entre personnes publiques[54].

---

48. CE, 10 avr. 2002, *SARL Somatour*, nº 223100.
49. CE, 9 oct. 1981, *CCI de Toulon et du Var*, *Rec.*, p. 366.
50. T. confl., 18 oct. 1999, *Aéroports de Paris*, *Rec.*, p. 469, concl. R. Schwartz; Cass. com., 16 mai 2000, *Chambre syndicale nationale de vente et services automatiques*, *Bull.* IV, 2000, nº 99.
51. CJCE, 24 oct. 2002, *Aéroports de Paris*, aff. C-82/01, *AJDA*, 2003, p. 436, note J.-Y. Chérot.
52. Voir *Collectivités publiques et concurrence*, EDCE nº 53, Doc. fr., p. 380.
53. CAA Paris, 4 déc. 2003, *SETIL*, *AJDA*, 2005, note S. Nicinski; TA Paris, 7 juin 2004, *Sté Amelot Roissy Hôtel*, *JCP A*, 22 nov. 2004, 1766, note J. Moreau.
54. Voir notamment : *Réflexions sur le Code général de la propriété des personnes publiques*, Actes du colloque de Lille du 29 nov. 2006, Litec, 2007, p. 61.

Article L. 3112-1 du CGPPP

On notera que « *Les biens des personnes publiques [...], qui relèvent de leur domaine public, peuvent être cédés à l'amiable, sans déclassement préalable, entre ces personnes publiques, lorsqu'ils sont destinés à l'exercice des compétences de la personne publique qui les acquiert et relèveront de son domaine public* ».

Des dispositions analogues concernent l'échange de biens domaniaux entre personnes publiques, afin « *de permettre l'amélioration des conditions d'exercice d'une mission de service public* » (art. L. 3112-2, CGPPP). Ces assouplissements importants peuvent trouver des applications intéressantes dans le domaine des relations villes/ports ; il s'agit dans cette optique de stimuler les stratégies territoriales des villes portuaires, de « faire la ville avec le port »[55]. Les collectivités territoriales et, le cas échéant, les établissements publics portuaires, peuvent redéployer une partie de leurs espaces domaniaux en fonction de l'évolution des besoins liés aux fonctions portuaires (commerce, pêche, défense, plaisance) et à l'aménagement du territoire. Le grand sujet de la reconversion des friches portuaires au bénéfice de la filière plaisance s'inscrit dans ce cadre.

D. La situation des ports de plaisance

392. S'agissant des ports de plaisance, le Code des ports maritimes comprend des dispositions particulières de nature à ne pas décourager l'investissement privé.

Article R. 631-4, al. 1 du Code des ports maritimes

Le principe est que « *La disposition privative de postes à quai destinés à des navires de plaisance ne peut être consentie pour une durée supérieure à un an, renouvelable chaque année dans les conditions définies par l'autorité compétente* ».

Article R. 631-4, al. 4 du Code des ports maritimes

Toutefois, on relèvera qu'« *Il peut être accordé des garanties d'usage de postes d'amarrage ou de mouillage pour une durée maximale de trente-cinq ans, en contrepartie d'une participation au financement d'ouvrages portuaires nouveaux constituant une dépendance du domaine public de l'État* ».

Article R. 631-4, al. 3 du Code des ports maritimes

En outre, « *Lorsque la disposition privative de postes à quai est consentie à des entreprises exerçant des activités de commerce et de réparation nautiques ou à des associations sportives et de loisirs, la durée fixée au premier alinéa [un an] est portée à cinq ans* ».

Le juge administratif a souligné les limites de ce dispositif : l'autorité compétente a toujours la faculté « *de ne pas approuver pour tout motif d'intérêt général lié à l'intérêt et à la bonne utilisation du domaine public, les contrats d'amodiation*

55. Collin (M.) (coord.), *Ville portuaire, acteur du développement durable*, L'Harmattan, 2003 ; *www.aivp.org/*

qui lui seraient soumis »[56]. Et le caractère personnel des titres domaniaux ne saurait être ignoré dans les ports de plaisance[57].

Quelle que soit la souplesse (relative) offerte par le Code des ports maritimes, le droit de la domanialité publique reste un référent de poids ! Les programmes immobiliers réalisés sur le domaine portuaire et les actes notariés établis à cette occasion doivent être conformes à ses principes (on pense notamment au principe d'inaliénabilité) ; « *il appartient au notaire d'assurer l'efficacité des actes qu'il établit et, pour ce faire, de vérifier la réalité des droits dont entend disposer le cédant, sans commettre d'erreur même au regard du droit administratif* »[58].

L'affectation normale du domaine public portuaire doit également être respectée : « *Il ne peut être établi, sur les dépendances du domaine public mentionnées à l'article R. 631-1, que des ouvrages, bâtiments ou équipements ayant un rapport avec l'exploitation du port ou de nature à contribuer à l'animation et au développement de celui-ci* » (art. R. 631-2, C. ports mar.). Dans ces conditions, si l'on peut tout à fait envisager l'implantation d'éoliennes en zone portuaire, on doit là encore se montrer prudent concernant les grands projets immobiliers et commerciaux liés aux ports de plaisance, étant entendu qu'un commerce « *de textile et accessoires de style essentiellement marin et bord de mer* » n'est pas incompatible avec l'affectation du domaine d'un port de plaisance (à l'animation duquel il contribue)[59].

Par ailleurs, « *Les bassins et plans d'eau destinés à l'accueil des navires de plaisance doivent être incorporés au domaine public, avec une bande bord à quai, reliée à la voirie publique, d'une largeur suffisante pour la circulation et l'exploitation des installations, avant d'être mis en communication avec la mer ou avec des bassins portuaires existants* » (art. 22 de la loi Littoral).

E. Le contentieux lié à l'occupation du domaine public portuaire

393. Il faut noter qu'il relève globalement du juge administratif, aujourd'hui sur le fondement de l'article L. 2331-1 du CGPPP.

> Le juge interprète largement cette compétence administrative, « *sous réserve de dispositions législatives spéciales, et sauf dans le cas de voie de fait ou dans celui où s'élève une contestation sérieuse en matière de propriété* », situations relevant classiquement du juge judiciaire (Cass. civ. 1re, 5 mars 2008, *Sté Chantier naval de Cap d'Ail*, n° 07-12.472 ; CE, 15 nov. 2006, *Min. des transports, de l'équipement, du tourisme et de la mer*, n° 293370).

56. CAA Marseille, 8 oct. 2007, *SA Yacht club international de Saint-Laurent-du-Var*, n° 05MA02277.
57. R. Rézenthel et G. Germani, « La garantie d'usage des postes d'amarrage dans les ports de plaisance », *DMF*, 2008, p. 753.
58. Cass. civ. 1re, 22 mai 2008, n° 04-20152.
59. TA Poitiers, 28 mai 2003, *Sté Marine Oléron*, *DMF*, 2003, p. 812.

L'administration portuaire peut demander au juge administratif des référés l'expulsion d'un occupant irrégulier du domaine public, sur le fondement des dispositions de l'article L. 521-3 du Code de justice administrative. Il lui appartiendra alors de rechercher si, au jour où il statue, cette demande présente un caractère d'urgence et ne se heurte à aucune contestation sérieuse[60]. Une telle demande d'expulsion risque d'être rejetée sur le fondement de l'article L. 521-2 du Code de justice administrative, dans la mesure où l'usage, par le juge des référés, des pouvoirs que lui confère cet article « *est subordonné à la condition qu'une urgence particulière implique qu'une mesure visant à sauvegarder une liberté fondamentale doive être prise dans les 48 heures* »[61]. On ajoutera d'ailleurs que la décision par laquelle il est mis fin au contrat d'occupation d'un poste d'amarrage dans un port de plaisance « *ne saurait, sauf circonstance particulière, créer une situation d'urgence au sens particulier de l'article L. 521-2 du Code de justice administrative* » ; le propriétaire du navire en cause ne peut donc obtenir du juge des référés le rétablissement du droit d'occupation[62].

En tout état de cause, les occupants privatifs demeurent soumis au principe de précarité des autorisations domaniales, sachant « *qu'il appartient au juge du contrat, saisi de conclusions en ce sens, de prononcer l'annulation de décisions illégales portant résiliation de conventions d'occupation du domaine public* » et qu'« *il peut être demandé au juge des référés de suspendre, sur le fondement de l'article L. 521-1 [...] [C. just. adm.], de telles décisions lorsqu'elles font l'objet d'un recours en annulation* » (CE, 9 juill. 2003, *Sté Midi Fruit*, n° 255980 ; voir aussi CAA Marseille, 7 janv. 2008, n° 04MA02134).

En cas d'éviction anticipée pour un motif d'intérêt général (non indemnisée par l'administration portuaire), une action en responsabilité est bien sûr envisageable, mais son issue dépend des dispositions législatives, réglementaires et contractuelles applicables à l'espèce[63].

Section 3 L'adaptation des polices portuaires

394. L'idée de police administrative dans les ports renvoie bien sûr aux différentes polices « supraportuaires » qui couvrent le territoire des ports sans leur être propres, telles que les polices de l'ordre public général (notamment celle dont le maire est titulaire au titre de l'article L. 2212-2 du CGCT[64]), de

60. CE, 30 déc. 2003, *EURL Sté de chantier naval*, *DMF*, 2004, p. 654. V. aussi CE, 4 oct. 2004, *SARL CHT*, *DMF*, 2005, p. 278.

61. CE, 12 mars 2007, *GIE Tahiti Tourisme*, n° 303395.

62. CE, 6 févr. 2004, *Sté Yacht club international de Saint-Laurent-du-Var*, n° 264169.

63. CAA Paris, 29 janv. 2009, n° 05PA04293 (port autonome de Papeete).

64. CE, Avis, 28 janv. 2003, n° 365548, *AJDA*, 2003, p. 1167, note H. Blanc : Les dispositions de l'article L. 2212-2 du CGCT « *s'appliquent sur l'ensemble du territoire communal dont aucune règle législative en vigueur n'exclut les ports, qu'il s'agisse de leur partie maritime ou de leur partie terrestre, et quelle que soit la collectivité dont ils relèvent* ».

l'eau, des installations classées... Mais il existe également toute une série de polices particulières ayant le port pour objet, comme la police du plan d'eau, les polices de la conservation et de l'exploitation du port, ou la police des marchandises dangereuses. Ces polices portuaires ont fait l'objet d'une réorganisation importante en 2005. Elles ne sauraient s'exercer indépendamment des enjeux économiques et financiers et des intérêts du secteur privé, comme le montre l'exemple de la police de la conservation du domaine public portuaire[65].

§1. La restructuration des compétences de police

395. Elle est issue de l'ordonnance n° 2005-898 du 2 août 2005 portant actualisation et adaptation des livres III et IV du Code des ports maritimes[66]. Ce texte important en matière de police portuaire accompagne l'acte II de la décentralisation organisé par la loi du 13 août 2004 relative aux libertés et responsabilités locales; il réorganise donc l'exercice de la police portuaire et réécrit certaines dispositions devenues périmées ou inadaptées (rapport au Président de la République relatif à l'ordonnance du 2 août 2005).

396. Dans ce cadre, ***l'État*** conserve un rôle de premier plan s'agissant des polices dites « sensibles » dans les ports maritimes. Il est responsable de la définition des mesures de sûreté portuaire; il détermine les règles afférentes à la sécurité du transport maritime et des opérations portuaires[67]; il fixe les règles relatives au transport et à la manutention des marchandises dangereuses (art. L. 302-1, C. ports mar.). C'est encore l'État qui est compétent pour déterminer les conditions d'accueil des navires en difficulté et qui est responsable de la police des eaux et de la signalisation maritime (art. L. 302-2 et L. 302-3, C. ports mar.).

397. L'ordonnance du 2 août 2005 introduit une distinction fondamentale entre ***l'autorité portuaire et l'autorité investie du pouvoir de police portuaire*** (art. L. 302-4, C. ports mar.).

Dans la catégorie des ports maritimes relevant de l'État, l'autorité portuaire est le directeur du port dans les ports ayant le statut d'établissement public (ports autonomes ou grands ports maritimes); c'est le représentant de l'État compétent pour les autres. Dans la catégorie des ports maritimes de commerce, de pêche et de plaisance relevant des collectivités territoriales et de leurs groupements, l'autorité portuaire est l'exécutif concerné (maire, président du Conseil général, régional ou du groupement compétent).

65. Sur le sujet, voir Vendé (B.), *Les polices dans les ports maritimes*, PUAM, 2005.

66. J. Dufau, « La réorganisation des compétences de police dans les ports maritimes », *AJDA*, 2005, p. 2459.

67. À ce titre, « *Les règlements généraux de police applicables aux ports de commerce, aux ports de pêche et aux ports de plaisance sont établis par décret* » (art. L. 302-1, C. ports mar.).

L'autorité investie du pouvoir de police portuaire est également le directeur du port ou le représentant compétent de l'État concernant les ports maritimes relevant de l'État. Dans les ports décentralisés, une distinction doit être opérée : l'autorité investie du pouvoir de police portuaire est le représentant de l'État pour les ports « *dont l'activité dominante est le commerce ou qui accueillent des marchandises dangereuses et qui figurent sur une liste arrêtée par l'autorité administrative* »[68] ; dans les autres ports, c'est « *l'exécutif de la collectivité ou du groupement compétent* » (art. L. 302-4, C. ports mar.).

398. Aux termes de l'article L. 302-5 du Code des ports maritimes, « ***L'autorité portuaire exerce la police de l'exploitation du port, qui comprend notamment l'attribution des postes à quai et l'occupation des terre-pleins. Elle exerce également la police de la conservation du domaine public portuaire*** ». Quant à l'autorité investie du pouvoir de police portuaire, elle exerce, outre la police des marchandises dangereuses, « *la police du plan d'eau qui comprend notamment l'organisation des entrées, sorties et mouvements des navires, bateaux ou engins flottants* »[69] (art. L. 320-6, C. ports mar.).

399. Ces dispositions subtiles ne vont pas sans provoquer des interrogations critiques sur le terrain, notamment chez les personnels en charge de la police portuaire, qui peuvent donc (en fonction des missions assurées) agir pour le compte de deux autorités différentes. Ces autorités doivent assurément exercer leurs compétences respectives dans la meilleure entente, comme les y invitent clairement les dispositions de l'article L. 311-1 du Code des ports maritimes :

> « *Sous réserve des dispositions de l'article L. 302-2, l'autorité investie du pouvoir de police portuaire qui n'a pas la qualité d'autorité portuaire ne peut autoriser l'entrée d'un navire, bateau ou engin flottant dans les limites administratives du port sans l'accord de l'autorité portuaire* ».

Les modalités de la concertation requise pour l'organisation des mouvements de navires sont précisées par convention[70].

400. Il existe ***deux catégories d'agents chargés de la police dans les ports maritimes*** : les officiers de port et officiers de port adjoints d'une part, les surveillants de port et auxiliaires de surveillance d'autre part.

68. Voir l'arrêté du 27 octobre 2006 (modifié) fixant la liste des ports maritimes relevant des collectivités territoriales et de leurs groupements où l'autorité investie du pouvoir de police portuaire est le représentant de l'État (29 ports en 2008).

69. Elle contribue encore « *au recueil, à la transmission et à la diffusion de l'information nautique* ».

70. V. encore les dispositions de l'art. L. 311-2, C. ports mar. : « *L'autorité portuaire fournit à l'autorité investie du pouvoir de police portuaire les informations nécessaires à l'exercice de ses pouvoirs, notamment les informations relatives à la situation des fonds dans les ports et ses accès et à l'état des ouvrages du port. [...]* ».

Les officiers de port et les officiers de port adjoints « *veillent au respect des lois et règlements relatifs à la police des ports maritimes* » ; ce sont des fonctionnaires de l'État qui « *prêtent serment devant le tribunal de grande instance de leur résidence administrative* » (art. L. 303-1, C. ports mar.). Les missions traditionnellement dévolues aux officiers de port (et officiers de port adjoints) sont susceptibles de connaître des évolutions avec la nouvelle répartition des compétences de police portuaire. S'ils restent les agents incontournables des missions liées à l'entrée et à la sortie des navires dans les ports et bassins, aux mouvements de navires et plus généralement à l'accomplissement des mesures touchant la sécurité portuaire, il résulte bien de la logique des nouvelles dispositions du Code des ports maritimes que les missions relevant de l'autorité portuaire pourraient être confiées à des personnels n'ayant pas le statut d'officier de port (on pense notamment à l'attribution des postes à quai).

Dans les ports décentralisés (ports de plaisance et de pêche notamment), lorsque l'exécutif local est à la fois l'autorité portuaire et l'autorité investie du pouvoir de police portuaire, l'ordonnance n° 2005-898 du 2 août 2005 affirme qu'il « *peut désigner, en qualité de surveillants de port, des agents qui appartiennent à ses services* » ; ils exercent alors les pouvoirs dévolus aux officiers de port au titre du livre III du Code des ports maritimes et des règlements pris pour son application (art. L. 303-3, C. ports mar.).

Concernant la mise en œuvre de la police de l'exploitation et de la conservation du domaine public (dans tous les ports relevant du livre III du Code des ports maritimes), « *l'autorité portuaire peut désigner, en qualité d'auxiliaires de surveillance, des agents qui appartiennent à ses services* » (art. L. 303-4, C. ports mar.).

Dans les ports décentralisés, il appartient aux conventions relatives aux relations entre les deux autorités de préciser sur le terrain le rôle des officiers de port, qui pourraient à terme ne plus exercer l'ensemble des tâches assurées auparavant. Dans la convention conclue en 2008 entre le préfet du Pas-de-Calais et le président du Conseil régional concernant les ports de Calais et de Boulogne-sur-Mer, on relève par exemple que les activités de police incombant à l'autorité portuaire sont confiées aux officiers de port (la convention est relative : aux modalités de concertation pour l'organisation des mouvements de navires, l'attribution des postes à quai et des terre-pleins, aux missions effectuées pour le compte de l'autorité portuaire par les officiers de port et officiers de port adjoints dans le cadre de la mise à disposition des services de l'État, et aux informations que l'autorité portuaire transmet à l'autorité investie du pouvoir de police portuaire pour l'exercice de ses missions).

Ces agents publics sont également particulièrement concernés par l'application du code ISPS et peuvent être désignés comme agents de sûreté, dans le cadre de l'article R. 321-22 du Code des ports maritimes.

Sur le plan réglementaire, il faut désormais se référer au décret n° 2009-876 du 17 juillet 2009 relatif à la police des ports maritimes ainsi qu'au décret n° 2009-877 du même jour portant règlement général de police dans les ports maritimes de commerce et de pêche.

401. On voit donc, notamment dans les ports décentralisés où l'exécutif local n'est pas investi du pouvoir de police portuaire, que l'articulation des compétences des différents agents chargés de la police est susceptible de poser problème, y compris en termes de gestion des ressources humaines. Il semble qu'un transfert global des compétences de police vers les collectivités territoriales soit envisageable, dès lors que l'on ne fait pas l'économie d'une réflexion sérieuse sur la formation, les statuts et l'avenir des personnels.

§2. La police de la conservation du domaine public et les intérêts privés en zone portuaire

402. L'étude des contraventions de grande voirie sanctionnant les atteintes au domaine public portuaire montre que les intérêts privés sont pris en compte dans la détermination des responsabilités, bien davantage, semble-t-il, que s'agissant des atteintes au domaine public naturel[71]. Ce faisant, la police de la grande voirie s'adapte au poids des enjeux économiques et financiers portuaires.

403. Aux termes de l'article L. 2132-4 du Code général de la propriété des personnes publiques, « *Les atteintes à l'intégrité ou à l'utilisation du domaine public maritime des ports maritimes sont définies au titre III du livre III du Code des ports maritimes* ». De manière générale, toute atteinte à la conservation du domaine public portuaire constitue une contravention de grande voirie réprimée dans les conditions fixées par le Code des ports maritimes (art. L. 331-1 al. 1).

On rappellera, entre autres, que « *Les propriétaires et armateurs des navires, bateaux ou engins flottants qui se trouvent hors d'état de naviguer ou de faire mouvement sont tenus de procéder à leur remise en état ou à leur enlèvement* » (art. L. 332-1, C. ports mar.) et que « *Nul ne peut porter atteinte au bon état et à la propreté du port et de ses installations* » (art. L. 332-2, C. ports mar.). L'art. L. 332-2 du Code des ports maritimes ajoute : « *Le fait de jeter dans les eaux du port tous déchets, objets, terre, matériaux ou autres, est puni d'une amende d'un montant égal à celui prévu pour les contraventions de la cinquième classe* ».

404. Comprenant classiquement un volet répressif (amende) et restitutif (remise en état du domaine), les contraventions de grande voirie sanctionnent ainsi les infractions diverses à la police de la grande voirie (en l'occurrence les atteintes à l'intégrité ou à l'affectation normale du domaine public portuaire)[72]. Il peut s'agir, par exemple, de la pollution d'un plan d'eau portuaire ou de la dégradation d'un ouvrage comme un duc d'Albe (pilotis d'amarrage) ou de l'abandon d'une épave[73]. La procédure à suivre est déter-

71. Sur les contraventions de grande voirie et le DPM naturel, voir n° 299 et s.

72. Voir notamment : DUFAU (J.), *Le domaine public*, Le Moniteur, 2001, p. 264 et s.

73. CE, 5 nov. 1954, *Sieur Renard*, *Rec.*, p. 576 (duc d'Albe); CE, 1er juill. 1983, *Lajarin*, *Rec.*, p. 297 (pollution); CE, 22 avr. 1988, *Sté Entreprise Dodin*, n° 59512 (abandon d'épave).

minée par le Code de justice administrative (art. L. 774-2 notamment) et, accessoirement, par le Code des ports maritimes[74]. Le préfet est en principe tenu de poursuivre le contrevenant devant le tribunal administratif du lieu de l'infraction (au besoin sur injonction du juge), sauf s'il existe un motif d'intérêt général justifiant de ne pas engager les poursuites (comme une nécessité d'ordre public ou, éventuellement, l'existence d'un accord amiable)[75].

405. Le régime des contraventions de grande voirie s'applique donc aux dégradations causées par les navires aux dépendances du domaine public portuaire, dont les quais font traditionnellement partie[76]. Ces dégradations peuvent être commises à l'occasion d'une manœuvre d'accostage, d'appareillage, ou au cours d'une tempête (heurts de la coque et du quai auquel le navire est amarré).

> La personne pouvant être poursuivie « *est, soit celle qui a commis ou pour le compte de laquelle a été commise l'action qui est l'origine de l'infraction, soit celle sous la garde de laquelle se trouvait l'objet qui a été la cause de la contravention* » (CE, 27 févr. 1998, *Min. de l'équipement, des transports et du logement*, *Rec.*, p. 66).

Il a été jugé qu'une personne qui n'était pas le propriétaire du navire et qui n'en avait pas la garde au moment des faits ne pouvait être poursuivie pour contravention de grande voirie[77], de même qu'il est exclu de condamner à la place du capitaine ou de l'armateur le consignataire du navire (auxiliaire du transport maritime, mandataire salarié de l'armateur en vertu de la loi n° 69-8 du 3 janvier 1969) pour des dommages causés aux quais[78].

406. ***Concernant la réparation des dommages*** causés aux quais par les navires, le juge administratif se montre enclin à atténuer la rigueur classique des contraventions de grande voirie en étant plus perméable aux intérêts privés qu'en matière d'atteintes portées au DPM naturel (où les préoccupations environnementales sont essentielles). Nonobstant les dispositions du Règlement général de police des ports maritimes de commerce et de pêche (qui insistent sur la responsabilité du capitaine en matière d'amarrage), il retient régulièrement l'existence d'une « faute de l'administration portuaire assimilable à un cas de force majeure » de nature à exonérer le contrevenant de sa responsabilité (totalement ou partiellement). C'est le cas lorsque l'ad-

74. Art. L. 331-3, C. ports mar. : « *Lorsqu'ils constatent une contravention en matière de grande voirie, les officiers de port, officiers de port adjoints, surveillants de port et auxiliaires de surveillance sont habilités à relever, dans les conditions définies à l'article L. 345-6, l'identité de l'auteur de la contravention* ».

75. CE, 23 févr. 1979, *Assoc. des amis des chemins de ronde*, *Rec.*, p. 75 ; CE, 6 févr. 1981, *Comité de défense des sites de la forêt de Fouesnant*, *Rec.*, p. 570 ; CE, 30 sept. 2005, *M. Cacheux*, *AJDA*, 2005, p. 2469.

76. CE, 19 nov. 1954, *Sté d'armement Gauthier et Cie*, *Rec.*, p. 610.

77. CAA Bordeaux, 10 sept. 2002, *M. Kerneis*, n° 01BX00711.

78. CE, 25 juill. 1975, *Sté Barry-Rogliano*, *Rec.*, p. 478 ; CE, 16 nov. 1981, *Sté Matrama*, *DMF*, 1982, p. 465, note R. Achard ; CAA Bordeaux, 3 févr. 2004, *Min. de l'équipement*, n° 99BX01067.

ministration coordonne mal les déplacements des navires dans le port, prescrit aux navires des consignes d'amarrage insuffisantes ou inadaptées compte tenu des circonstances de temps, de lieu et des caractéristiques du navire, ou assigne sans informations adéquates un poste d'amarrage présentant des risques[79].

Dans l'affaire rochelaise du navire *Saint Roch* (dégâts causés, au cours d'une tempête, à un quai portuaire auquel le navire était amarré), le Tribunal administratif avait considéré que l'insuffisance des défenses de l'ouvrage (boudins de caoutchouc) était assimilable à un cas de force majeure exonératoire de responsabilité (à hauteur de 90 % du montant des réparations), *« eu égard à la finalité même des installations portuaires censées offrir un abri sûr à tous les navires, y compris les bâtiments marchands qui doivent pouvoir y charger et décharger le fret en tous temps dans des conditions respectant les impératifs économiques »* (TA Poitiers, 11 mars 1999, *Préfet de la Charente-Maritime*, n° 971176).

La Haute juridiction administrative a réaffirmé en 2008 les termes de sa politique jurisprudentielle :

« les capitaines de navires sont tenus, dans l'exercice des manœuvres d'amarrage qu'ils effectuent, de se conformer aux consignes qui leur sont données par les autorités portuaires, sous la responsabilité de ces dernières » ; *« la carence de l'administration dans la transmission des consignes lors des opérations d'amarrage constitue, nonobstant l'expérience des capitaines et la connaissance qu'ils peuvent avoir des lieux d'appontement, une faute assimilable à un cas de force majeure, exonératoire de la responsabilité des capitaines »* (CE, 26 mars 2008, *M. Mamery A, Sté Pétromarine*, n° 291195).

407. Si l'on conçoit bien que la police de la conservation du domaine public puisse faire l'objet d'assouplissements en zone portuaire (en considération du rôle du secteur privé et de la vocation économique des ports)[80], il faut veiller cependant à ne pas anormalement alourdir la responsabilité qui pèse sur le service public portuaire au titre de sa mission d'accueil des navires. La tâche du juge administratif, tenant compte des spécificités portuaires (y compris les difficultés techniques du service public), doit parvenir à un juste équilibre dans la répartition des responsabilités.

Comme l'a écrit P. Poirier d'Ange d'Orsay, *« entre le navire et le port, il y a une solidarité inévitable et souhaitable, qui procède des liens commerciaux selon lesquels le navire paie ses services au port, tandis que le port permet au navire d'exercer son activité »* (voir « La responsabilité du propriétaire de navires au regard des dommages causés aux ouvrages portuaires », *ADMA*, t. II, Université de Nantes, 1975, p. 278).

79. CE, 22 juill. 1977, *Sieur Henri Gourlet*, *Rec.*, p. 373 ; CE, 19 juin 1974, *Sieur Hauan*, *Rec.*, p. 352 ; CE, 27 nov. 1985, *M. Joor*, *RFDA*, 1986, p. 188, note B. Pacteau ; CE, 14 janv. 1994, *Cie de navigation maritime Syg Bergesen*, *DMF*, 1994, p. 620, note M.-Y. Le Garrec.

80. Ce qui n'est pas nouveau : J. Grosdidier de Matons, « La contravention de grande voirie en matière portuaire », *DMF*, 1967, p. 135.

Section 4 L'adaptation des régimes de travail portuaire : dockers, grutiers et portiqueurs

§1. La réforme du statut des dockers

408. Acteurs incontournables du chargement et du déchargement des marchandises et dépositaires d'une riche histoire sociale, les dockers sont au cœur de l'activité des ports de commerce. L'organisation de leur profession a longtemps été régie par la loi du 6 septembre 1947, consacrant l'existence d'un véritable statut protecteur après des décennies de grande précarité.

La législation adoptée au lendemain de la seconde guerre mondiale était adaptée à son environnement socio-économique, notamment à l'irrégularité du trafic portuaire. Les opérations de chargement et de déchargement des navires s'effectuaient sous le régime dit de l'intermittence de l'emploi, les dockers étant embauchés en fonction des besoins pour un « shift » (à la journée) ou pour une vacation (à la demi-journée). Ensuite, « *le docker et l'employeur étaient réciproquement libérés de tout lien contractuel et le docker était à nouveau à la disposition de l'ensemble des entreprises de manutention* » (M.-Y. Le Garrec, *Les dockers – Contribution à l'étude du droit social*, thèse, Bordeaux, 1980, p. 14).

Le statut des dockers de 1947 reposait sur une forte intervention de la puissance publique : l'État fixait, pour chaque port, le nombre maximum d'ouvriers dockers professionnels, à qui était délivrée une carte professionnelle (dite carte « G »). Cette carte conditionnait l'exercice du métier de docker professionnel et permettait de bien le distinguer de la main-d'œuvre occasionnelle. Il était bien précisé que les dockers professionnels bénéficiaient, pour les travaux de manutention définis par décret, d'une priorité absolue d'embauche sur les dockers occasionnels (souvent titulaires en pratique d'une carte « O »). Enfin, la gestion du système d'emploi des dockers était confiée à des organismes tripartites, composés de représentants de l'État, de dockers et d'employeurs : les bureaux centraux de la main-d'œuvre (BCMO), organismes publics chargés de l'organisation de l'embauche, et la Caisse Nationale de Garantie des Ouvriers Dockers (CAINAGOD), assurant l'indemnisation de l'inemploi des dockers professionnels par le versement d'une indemnité de garantie.

De par la volonté du législateur des années quarante et du juge administratif, les grands éléments de ce régime spécial de travail (organisation de l'embauche, octroi et retrait de cartes, indemnisation de l'inemploi) correspondaient à une activité de service public[81]. En France et dans d'autres pays du sud de l'Europe (comme l'Italie et l'Espagne), l'organisation statutaire du

81. CE, Ass., 13 juill. 1967, *Allegretto*, *Rec.*, p. 315. L. Bordereaux, *Service public et manutention portuaire*, thèse, Université de Nantes, 1999.

travail portuaire s'inscrivait donc dans le champ du service public, pour des raisons économiques et sociales.

Les profondes mutations technologiques et économiques du secteur maritime et portuaire (on pense notamment à la conteneurisation et au développement des techniques modernes de manutention ainsi qu'à la concentration des entreprises), ajoutées à la crise d'un système corporatiste, ont fait apparaître la nécessité d'une réforme.

En novembre 1991, J.-Y. Le Drian, relayant une campagne de presse de l'Union Nationale des Industries de la Manutention (UNIM), annonçait son projet de réforme de la filière portuaire française, la manutention étant présentée comme un élément permettant de dynamiser les ports (avec la réforme du régime domanial).

A. La loi du 9 juin 1992 : entre droit commun et spécificité

409. Votée au nom de la compétitivité portuaire et pour mettre un terme à la profonde crise économique et sociale ayant affecté la manutention portuaire[82], ***la loi n° 92-496 du 9 juin 1992 a opté pour l'application du droit commun du travail***[83]. La réforme s'est accompagnée d'un large plan social permettant à la moitié des dockers professionnels de quitter la profession par des mesures d'âge et de reconversion (suivi à partir de 2000 d'un plan amiante). Le principe de base fut la mensualisation de la plupart des dockers professionnels au sein des entreprises de manutention par la conclusion de contrats de travail à durée indéterminée. Cette politique de mensualisation est encadrée par la loi :

Article L. 511-2-II du Code des ports maritimes

« *Les entreprises de manutention portuaire ou leurs groupements ont l'obligation de recruter les ouvriers dockers professionnels mensualisés en priorité et dans l'ordre parmi les ouvriers dockers professionnels intermittents puis parmi les ouvriers dockers occasionnels qui ont régulièrement travaillé sur le port au cours des douze mois précédents* ».

L'alignement sur le droit commun s'est poursuivi avec la convention collective nationale de la manutention portuaire du 31 décembre 1993 (visant l'ensemble des personnels des entreprises de manutention portuaire, et pas seulement les dockers).

82. Hislaire (L.), *Dockers, corporatisme et changement*, Transports Actualités (Groupe Usine Nouvelle), 1993, p. 109 et s.

83. Loi modifiant le régime du travail dans les ports maritimes, *JO* du 10 juin 1992. Th. Aubert-Monpeyssen, « La loi du 9 juin 1992 modifiant le régime du travail dans les ports maritimes », *Actualité Législative Dalloz*, 1993, comm. légis. p. 67 ; L. Bordereaux, « Manutention portuaire », *J. Cl. Travail*, fasc. 5-97.

Cette convention a été perçue, à juste titre, comme un « *nouveau pas vers le droit commun du travail* », ce qui n'a pas empêché des adaptations nécessaires (T. Teillard, « La manutention portuaire commence en 1994 avec une convention collective nationale de branche », *JMM*, 21 janv. 1994, p. 134). Elle a classé les personnels en niveaux et prévu toute une série de dispositions sur la mensualisation, la période d'essai, la rémunération, le contrat de travail, la durée du travail, les comités d'hygiène, de sécurité et des conditions de travail... ; elle a fait l'objet de nombreux avenants sur des points variés (champ d'application de la convention, salaires, formation, qualification professionnelle...).

Le nouveau régime mis en place sort l'organisation du travail portuaire du champ du service public ; les dockers mensualisés sont juridiquement des travailleurs subordonnés et relèvent désormais exclusivement de l'autorité de l'entreprise. La réforme de 1992 a toutefois institué un dispositif particulier en cas de licenciement économique (non suivi d'un reclassement) de dockers mensualisés titulaires de la carte professionnelle, en leur permettant de redevenir docker professionnel intermittent, et donc de dépendre à nouveau du BCMO et de la CAINAGOD (art. L. 511-2-II, C. ports mar.). Cette possibilité souvent critiquée a ainsi pu avoir pour conséquence de réactiver certains BCMO fermés (qui ne géraient pourtant plus de dockers intermittents). Un bon accord social peut être préféré à la réouverture d'un BCMO.

410. Au 1er janvier 2009, il y avait 1655 dockers professionnels (1836 au 1er janv. 2008), dont 1298 mensualisés[84]. Relèvent de la catégorie des dockers mensualisés les ouvriers ayant conclu un CDI avec une entreprise de manutention portuaire ou un groupement (groupement d'employeurs ou groupement d'intérêt économique (art. L. 511-2-II, C. ports mar.)[85]. Ces dockers constituent indiscutablement le cœur de l'activité de manutention portuaire (avec les grutiers et portiqueurs) ; ils évoluent désormais dans le cadre du droit social général.

411. La loi du 9 juin 1992 (qui modifie les dispositions du livre V du Code des ports maritimes) n'est pas, loin s'en faut, qu'une loi visant à soumettre la manutention portuaire au Code du travail. Elle a mis en place une longue ***période de transition*** maintenant l'ancien régime du travail portuaire (statut de 1947) pour les dockers professionnels restés (ou redevenus) intermittents.

Article L. 511-2-III du Code des ports maritimes

« *Relèvent de la catégorie des dockers professionnels intermittents les ouvriers dockers qui étaient titulaires de la carte professionnelle au 1er janvier 1992 et qui n'ont pas conclu de contrat de travail à durée indéterminée* ».

84. Source : CAINAGOD. Il y avait 2571 dockers mensualisés au 1er janv. 2004. On rappellera qu'au moment de la réforme de la manutention portuaire les dockers professionnels étaient plus de 8000.

85. La mensualisation au sein d'un groupement de manutentionnaires permet de pallier les inconvénients de l'irrégularité du trafic portuaire ; elle peut s'avérer intéressante dans les ports d'importance moyenne disposant de peu de lignes régulières.

Ces dockers relèvent toujours des BCMO et de la CAINAGOD mais leur nombre a considérablement été réduit : ils étaient 357 au 1er janvier 2009 (contre 486 au 1er janv. 2004), essentiellement localisés à Marseille. Il n'y avait plus à cette date que quelques BCMO « actifs » (c'est-à-dire comportant des dockers intermittents travaillant sur le port), dont Marseille-Est et Marseille-Ouest. La mission essentielle de la CAINAGOD est d'assurer le paiement de l'indemnité de garantie des dockers intermittents[86], laquelle est financée par une cotisation patronale perçue au bénéfice de la Caisse.

Article L. 521-6 du Code des ports maritimes

« Le taux de la cotisation imposée aux employeurs est fixé, pour chaque bureau central de la main d'œuvre, par arrêté interministériel pris après avis du conseil d'administration de la Caisse nationale de garantie des ouvriers dockers. Il est déterminé de façon à assurer l'équilibre financier annuel du compte ouvert par la caisse pour chaque bureau central de la main-d'œuvre ».

Le premier arrêté fixant les taux pour chaque port a été pris le 21 février 1994. On constate aujourd'hui que ces taux sont souvent nuls (voir par ex l'arrêté du 19 mai 2009 modifiant les taux de cotisation des employeurs de dockers à la CAINAGOD). Cette catégorie spéciale des dockers intermittents s'éteindra assez rapidement compte tenu de leur pyramide des âges et dans la mesure où aucune nouvelle carte professionnelle « loi de 1947 » ne peut être délivrée. Face au risque d'inemploi et privilégiant largement la mensualisation, la loi du 9 juin 1992 a prévu un dispositif permettant de limiter le nombre de dockers intermittents, avec des mesures de radiation (art. L. 521-8, C. ports mar.), qui n'ont pas eu de grandes incidences sur le terrain... Il a été jugé que le président du BCMO n'était pas en situation de compétence liée pour mettre en œuvre la procédure de radiation prévue à l'article L. 521-8 en cas de dépassement des limites fixées[87].

Le patronat de la manutention (UNIM) remet régulièrement en cause l'héritage du statut de 1947 et sa difficile articulation avec le droit commun : « *Sans doute est-il possible aujourd'hui d'aller encore plus loin et de rompre définitivement avec la phase transitoire initiée en 1992* » (UNIM, *Livre Blanc de la Manutention Portuaire*, juin 2005, p. 33).

B. La priorité d'embauche des dockers

412. Toujours au titre des héritages (ou scories) du statut de 1947, le législateur a également maintenu la fameuse priorité d'embauche des dockers pro-

86. Art. L. 521-1, C. port mar. : « *Un ouvrier docker professionnel intermittent n'ayant pas été embauché après s'être présenté régulièrement à l'embauche reçoit, après pointage, pour chaque vacation chômée, une indemnité dite « indemnité de garantie », dont le montant est fixé par un arrêté interministériel* ». Ce montant a été fixé à 19,06 euros par un arrêté du 1er sept. 2008.

87. CAA Bordeaux, 8 janv. 2008, *M. Larre*, n° 05BX02195, *AJDA*, 2008, p. 1100, concl. M.-P. Viard.

fessionnels (communément appelée « monopole des dockers »). Les syndicats de dockers en ont une interprétation extensive, comme l'ont montré, en 1999-2000, les conflits autour du « brouettage » à La Rochelle et des manutentions sur le parc logistique du pont de Normandie.

Aux termes de l'article L. 511-2-III alinéa 2 du Code des ports maritimes, « *Pour les travaux de manutention définis par décret, les employeurs, lorsqu'ils n'utilisent pas uniquement des dockers professionnels mensualisés, ont recours en priorité aux dockers professionnels intermittents puis, à défaut, aux dockers occasionnels* ».

Le champ d'application matériel de cette priorité résulte du décret d'application n° 92-1130 du 12 octobre 1992 (modifiant la partie réglementaire du livre V du C. ports mar.) : « *En application du dernier alinéa de l'article L. 511-2, dans les ports figurant sur la liste prévue à l'article L. 511-1* [88]*, les opérations de chargement et de déchargement des navires et des bateaux aux postes publics sont, sous les réserves indiquées à l'alinéa ci-après, effectuées par des ouvriers dockers appartenant à l'une des catégories définies à l'article L. 511-2. Il en est de même des opérations effectuées dans des lieux à usage public (terre-pleins, hangars ou entrepôts) situés à l'intérieur des limites du domaine public maritime, et portant sur des marchandises en provenance ou à destination de la voie maritime* » (art. R. 511-2 al. 1, C. ports mar.).

Cette réserve d'activité, toujours controversée, appelle plusieurs remarques :

– d'abord, il existe des dérogations permettant aux clients des entreprises de manutention (armateurs et chargeurs) d'échapper, le cas échéant, à l'obligation de recourir aux dockers professionnels pour effectuer certaines opérations de manutention[89] ;

– ensuite, il résulte de la volonté du législateur et de la jurisprudence que la priorité d'embauche étant une disposition exorbitante du droit commun venant limiter la liberté du commerce et de l'industrie, ***elle doit être interprétée restrictivement***.

C'est ce qu'affirme clairement la circulaire du secrétaire d'État à la mer (C. Josselin) du 20 janvier 1993 (Note relative à l'interprétation à donner aux modifications de l'art. R. 511-2, C. ports mar.). Elle précise, s'agissant des opérations effectuées dans des lieux à usage public, que seules sont visées les activités de manutention au sens strict; les autres travaux ne relèvent pas de la priorité. Quant aux « *opérations effectuées sur des terre-pleins, ou dans des hangars, ou dans des entrepôts à usage privé, le recours prioritaire aux dockers professionnels ne s'impose pas; il en est ainsi à l'intérieur d'implantations industrielles et, plus généralement, sur des terre-pleins ou dans des installations à usage privatif* ».

En théorie (la structure des relations sociales sur les quais joue un rôle déterminant), on doit considérer que le développement des postes et des zones à

88. Les ports maritimes de commerce de la métropole soumis à la loi du 9 juin 1992 sont désignés par arrêté interministériel. Voir la liste des 29 ports concernés fixée par l'Arr. du 25 sept. 1992.

89. L'article R. 511-2 al. 2, C. ports mar. énonce les opérations pouvant être effectuées sans avoir recours aux dockers (matériel de bord, déchargement du poisson...).

usage privatif conduit à restreindre le champ d'application de la priorité d'embauche des dockers.

Le juge a eu régulièrement l'occasion de se prononcer en la matière et considère, par exemple, que les activités de pointage des marchandises, de contrôle, de pesage, d'échantillonnage, de marquage des lots, d'ensachage et de conditionnement, ou encore de surveillance d'une opération de manutention, échappent à la priorité légale d'embauche des dockers[90]. Suite à une note ministérielle du 8 novembre 2003 invitant à la vigilance sur le contenu restrictif de la réserve d'activité, il a été jugé (conformément au C. ports mar.) que les opérations dites de brouettage, consistant à reprendre des marchandises entreposées sur terre-pleins ou sous hangars pour les déplacer dans des lieux situés en dehors du domaine public portuaire, n'entraient pas dans la catégorie des travaux réservés[91].

En outre, la question de la compatibilité de cette institution traditionnelle des ports maritimes de commerce (laquelle fait preuve d'une grande longévité et se retrouve encore, par ex, dans des pays comme la Belgique) avec les règles européennes se pose. Rappelons toutefois que les dockers ne peuvent être considérés comme une entreprise aux fins d'application du droit de la concurrence et que le projet de directive sur la libéralisation des services portuaires a été rejeté deux fois par le Parlement européen[92]. Cela étant, dans le cadre de leurs compétences, les institutions de l'UE pourront tout à fait être amenées à examiner la bonne application des principes du Traité sur le fonctionnement de l'Union européenne au marché des services portuaires[93].

Déjà, dans l'affaire *Raso*, la CJCE avait considéré que les règles du Traité CE faisaient « *obstacle à une disposition nationale qui réserve à une compagnie portuaire le droit de mettre de la main-d'œuvre temporaire à la disposition des autres entreprises opérant dans le port où elle est établie, lorsque cette compagnie est elle-même autorisée à exécuter des opérations portuaires* » (CJCE, 12 févr. 1998, *Procédure pénale c/Silvano Raso e.a.*, aff. C-163/96, *Rec.*, I-533 (pt 32); *DMF*, 1998, p. 855, note M.-Y. Le Garrec).

90. *J. Cl. Travail*, *op. cit.*, n° 60 et s.

91. CA Poitiers, 1re ch. civ., 3 févr. 2004, *SA Ets Chacqueneau c/ Syndicat CGT des Ports et Docks de La Rochelle-Pallice et* a., *DMF*, 2004, p. 396. Le « brouettage » est une notion très floue, dont le contenu peut varier d'un port à l'autre; elle est donc sujette à des interprétations très diverses.

92. CJCE, 16 sept. 1999, *Becu*, aff. C-22/98, *Rec.*, I-5665. Sur le projet de directive affirmant le principe d'auto-assistance et le libre choix du personnel par les fournisseurs de services portuaires, voir : E. Van Hooydonk, « Prospects after the rejection of the European Port Services Directive », *Il Diritto Marittimo*, 2004, p. 851.

93. Sur l'appréciation portée par la Commission, voir : TPICE, 20 mars 2001, *Compagnia Portuale Pietro Chiesa Soc. coop. rl*, aff. T-59/00, *Rec.*, II-1019; 17 juin 2003, *Coe Clerici Logistics SpA*, aff. T-52/00, *Rec.*, II-2123.

Dans les ports comme ailleurs, l'octroi de droits exclusifs ne doit pas conduire à l'abus de position dominante.

Finalement, s'il faut trouver aujourd'hui des justifications à la priorité d'embauche des dockers, c'est en la reliant à la problématique de la sécurité portuaire et aux compétences professionnelles requises lors du chargement et du déchargement des navires.

« *L'avenir de la profession passe évidemment davantage par des entreprises de manutention compétitives et choisies comme telles pour leur compétence à assurer toute l'interface terre/navire dans les ports, que par le repli frileux derrière des interventions réservées en délicatesse avec le droit européen* » (UNIM, *La manutention portuaire en 2001*, Rapport annuel d'activités, p. 26).

C'est dans cette optique que la profession, par un accord du 19 décembre 2006, a mis en place les certificats de qualification professionnelle dans la manutention portuaire (filière exploitation). Ces certificats sont des titres délivrés par la branche, attestant la maîtrise des connaissances et des techniques requises ; ils sont destinés aux dockers salariés en activité et aux futurs embauchés.

Pour l'UNIM, « *Il s'agit d'une démarche sans précédent dans l'Europe des ports* » ; « *C'est aussi, en affichant que la manutention portuaire correspond à des métiers à part entière, la réponse adaptée aux tenants d'une auto-assistance généralisée au mépris de la compétence et des qualifications* » UNIM, *La manutention portuaire en 2006*, Rapport annuel d'activités, p. 17).

En Belgique, la priorité d'embauche des dockers est organisée par la loi « Major » du 8 juin 1972 organisant le travail portuaire et l'arrêté royal du 5 juillet 2004 relatif à la reconnaissance des ouvriers portuaires.

C. *Les dockers occasionnels*

413. La question des dockers occasionnels a suscité des débats houleux et controversés.

Article L. 511-5 du Code des ports maritimes

Nonobstant les ambiguïtés des textes de 1992, on considère que « *l'ouvrier docker occasionnel n'appartient [...] pas à une catégorie spécifique pré-identifiée, mais constitue une main-d'œuvre dont la caractéristique est de n'être ni docker mensualisé ni docker intermittent* »[94]. La loi du 9 juin 1992 les qualifie de « *main-d'œuvre d'appoint* », *susceptible d'intervenir après l'emploi des dockers professionnels mensualisés et intermittents; ils* « *ne sont pas tenus de se présenter à l'embauche et peuvent aller travailler ailleurs que sur le port sans autorisation spéciale* ».

Si ces travailleurs peuvent (ou ont pu) jouer un rôle important dans les ports eu égard aux fluctuations du trafic, ils sont embauchés par CDD, la convention collective nationale de la manutention portuaire ayant précisé que l'ac-

94. DTMPL, *Rapport annuel au Parlement sur l'application du livre V de Code des ports maritimes sur l'évolution de la manutention dans les ports*, 1er juin 2001, p. 35.

tivité de manutention portuaire est un secteur où il est d'usage constant de recourir au CDD et qu'ils n'ont aucune garantie d'activité. Après quelques hésitations, la possibilité de requalifier les relations contractuelles des dockers occasionnels en CDI a été exclue : sauf à être embauchés par une entreprise de manutention en tant que dockers professionnels mensualisés, la Cour de cassation a jugé à propos d'une demande de requalification que les occasionnels « *ne pouvaient prétendre à la qualité d'ouvrier docker professionnel telle qu'elle résulte du statut spécifique applicable à cette catégorie de salariés* »[95]. Elle a toutefois précisé depuis (fort logiquement) les limites de cette exclusion : encore faut-il que « *les conditions concrètes d'exercice de leur activité* » ne les placent « *pas dans un lien de subordination de droit commun, contraire à la liberté attachée à la qualification de docker occasionnel* »[96].

414. ***Au final***, si la réforme du statut des dockers a bien été perçue comme un enjeu économique et social important, l'impact de cette étape phare du changement portuaire sur la compétitivité du passage de la marchandise du navire au quai et du quai au navire reste difficile à apprécier avec précision. Il faut reconnaître que tous les problèmes des ports français n'étaient pas liés, loin s'en faut, au régime d'emploi des dockers...

§2. Du transfert des grutiers et portiqueurs au secteur privé

415. Les conducteurs de grues et portiques, ainsi que les personnels chargés de leur maintenance, sont des acteurs indissociables de la manutention portuaire. Dans les airs, ils travaillent en étroite relation avec les dockers (à terre). La qualité et la compétitivité du passage portuaire dépendent largement de ces agents, qui étaient traditionnellement salariés de droit privé des ports autonomes et des Chambres de commerce et d'industrie concessionnaires (relevant de la convention collective des personnels des ports autonomes et des CCI maritimes, dite « convention verte UPACCIM »). En tant qu'agents du service public portuaire (fût-ce dans le cadre d'une mission à caractère industriel et commercial), il a été jugé que les grutiers et portiqueurs devaient respecter les dispositions relatives à l'exercice du droit de grève dans les services publics[97].

La question de leur transfert aux opérateurs privés de manutention n'a pas été abordée dans la loi sur le statut des dockers du 9 juin 1992, ce qui a été critiqué.

95. Cass. soc., 26 nov. 2002, *M. Daniel Guingueno et a.*, *DMF*, 2003, p. 408, note L. Bordereaux.
96. Cass. soc., 10 mars 2009, n° 07-41892.
97. Cass. soc., 16 juill. 1996, *Port autonome de Bordeaux*, *DMF*, 1997, p. 949, note M.-Y. Le Garrec.

« *Il est à noter que la réforme n'a pas abordé le cas du personnel grutier [...]. À terme, il sera difficile de justifier au moins dans les ports importants la coexistence sur les quais de deux métiers de la manutention très similaires et complémentaires [...]. Par ailleurs, les entreprises de manutention regrettent de ne pas avoir autorité sur un personnel qui travaille pour leur activité. Cela constitue également une cause de réticence de la part des entreprises privées pour investir en matériels de superstructure (grues et portiques), car elles veulent assurer la conduite et la maintenance de leurs équipements. De plus, les armateurs ont particulièrement montré leur intérêt pour des améliorations dans la coordination entre les prestations des manutentionnaires et celles de l'organe de la gestion de l'outillage portuaire (l'autorité portuaire). De façon plus précise, ils préconisent que ces deux services puissent être offerts de façon groupée par des opérateurs privés et intégrés. Au total, des solutions pragmatiques sont à trouver pour cette profession, qui pourraient passer par le chemin d'expérimentation au niveau local (GIE, détachements de personnels, exploitations directes par le privé...)* » (Ph. Marini, *La politique maritime et littorale de la France : les ports (3), op. cit.*, pp. 125-126).

La négociation (dans le cadre initial du décret n° 99-782 du 9 septembre 1999) des conventions d'exploitation de terminal a relancé la question du statut des grutiers et portiqueurs dans les ports autonomes. Dans le sillage d'exemples étrangers et de l'expérience dunkerquoise[98], des personnels ont été placés par des mises à disposition de longue durée sous l'autorité des grands opérateurs de manutention, qui ont plaidé pour un commandement unique sur les quais[99].

L'UNIM, dans son livre blanc de 2005, a clairement affirmé que « *le statu quo sur l'outillage n'est plus possible* » et que la « *scission entre le chantier de manutention et le chantier d'outillage fait qu'il n'y a pas réellement d'unité de commandement des opérations de manutention* » (p. 45).

416. *La loi n° 2008-660 du 4 juillet 2008 portant réforme portuaire*, en organisant le transfert au secteur privé des outillages de manutention dans les grands ports maritimes, ne pouvait éluder le devenir des personnels de conduite et de maintenance. Le conflit marseillais de 2007 autour d'un projet de terminal méthanier de Gaz de France a mis en exergue les tensions sociales liées à l'avenir de leurs emplois. Le gouvernement pouvait difficilement se contenter de renvoyer purement et simplement aux dispositions du Code du travail[100]. Ainsi, logiquement, la loi n° 2008-660 du 4 juillet 2008 a mis en place des mesures d'encadrement et d'accompagnement social fortes visant à

98. M. Rodriguez, « La réforme de la manutention à Barcelone », *JMM*, 15 avr. 1994, p. 1004. « Dunkerque : un opérateur unifié pour le terminal à conteneurs », *Navigation, ports & industries*, 30 avr. 2001, p. 252.

99. A. Thomas, « Les manutentionnaires veulent maîtriser leurs outillages », *Le marin*, 10 juin 2005, p. 2.

100. Rappelons qu'aux termes de l'actuel article L. 1224-1 du nouveau Code du travail (ex. art L. 122-12 al. 2), « *Lorsque survient une modification dans la situation juridique de l'employeur, notamment par succession, vente, fusion, transformation du fonds, mise en société de l'entreprise, tous les contrats de travail en cours au jour de la modification subsistent entre le nouvel employeur et le personnel de l'entreprise* ».

faire accepter un changement professionnel difficile pour ces travailleurs portuaires (comme en témoignent les mouvements de grève ayant accompagné le projet de loi). En janvier 2009, on estimait que ce transfert vers les entreprises de manutention concernait un peu moins de 2000 personnes.

D'abord, l'article 10 de la loi a prévu un dispositif relatif aux ***critères de transfert*** des personnels en cause :

Article 10

« *Dans les trois mois qui suivent l'institution d'un grand port maritime, une convention ou un accord collectif passé entre le président du directoire du grand port maritime et les organisations syndicales représentatives des salariés du port établit une liste de critères de transfert aux opérateurs de terminal des salariés du grand port maritime employés à l'exploitation ou à la maintenance des outillages mentionnés à l'article 8 [à céder au privé] ou d'outillages qui ne sont pas propriété du port. Ces critères comprennent notamment les souhaits du salarié, sa qualification professionnelle, son ancienneté de service dans le port, ses qualités professionnelles appréciées par catégorie ainsi que ses perspectives professionnelles. À défaut d'accord dans ce délai, la liste est établie par le président du directoire du grand port maritime.* ***Au regard des critères retenus, le président du directoire du grand port maritime fixe, après consultation des organisations syndicales représentatives des salariés du port, la liste des salariés qui restent affectés sur des emplois du grand port maritime et, pour chaque terminal, la liste des salariés dont les contrats se poursuivent avec l'opérateur du terminal*** *[...]* ».

Ensuite, le législateur a vivement incité les organisations professionnelles (entreprises/ports) et syndicales à signer un accord-cadre avant le 1er novembre 2008 « *précisant les modalités selon lesquelles les contrats de travail des salariés des ports autonomes mentionnés à l'article 10 se poursuivent avec les entreprises de manutention, les modalités d'accompagnement social de la présente loi et les modalités d'information des salariés* » (art. 11 al. 1).

L'accord-cadre tripartite devait notamment comprendre « *des mesures prises par le port afin de limiter pour le salarié les effets d'un éventuel licenciement économique par l'entreprise de manutention* » ainsi que des actions en vue du reclassement – interne et externe aux ports – des salariés, des actions de soutien à la création ou à la reprise d'activités, de formation, de validation d'acquis de l'expérience ou de reconversion (art. 11 al. 2). Des dispositions ont été prises pour pallier l'éventualité d'une absence d'accord[101], sachant qu'une fois la loi promulguée, la signature d'un tel accord semblait inéluctable car dans l'intérêt de toutes les parties. Si la Fédération Nationale des Ports et Docks (CGT) a manifesté son opposition au transfert systématique et généralisé des outillages et des personnels au secteur privé, elle a n'a pas refusé le principe d'un accord-cadre. Signé le 30 octobre 2008 entre les organisations syndicales représentatives des salariés, l'UNIM et l'UPF (l'Union des Ports de France), il opte pour la formule de la convention tripartite de détachement

101. Art. 12 sur le régime applicable au transfert à défaut d'accord cadre (ou en cas d'accord ne répondant pas aux exigences légales).

(établie entre le port, l'entreprise et le salarié) et offre de réelles garanties aux personnels transférés concernant les modalités de « retour » au grand port maritime, la rémunération et le maintien des droits.

L'accord-cadre sur la réforme portuaire « *souscrit à l'engagement que l'application de la loi n'engendrera aucun licenciement, et ce pour l'ensemble des travailleurs portuaires : personnels de ports autonomes ou salariés de la manutention portuaire* » (préambule).

Il affirme, s'agissant des salariés dont le contrat se poursuit chez un opérateur ou dans une filiale du GPM (sans perte de rémunération), qu'« *Il sera remis à chaque salarié concerné une* ***convention tripartite individuelle de détachement*** *liant le GPM, l'opérateur ou la filiale et le salarié et transposant le présent accord-cadre national à sa situation particulière* » (III.1.). Cette convention tripartite doit être conforme à la convention-type annexée à l'accord. On relèvera encore qu'« *En cas de suppression de son emploi consécutive à des motifs de nature à conduire à un licenciement économique et en l'absence de reprise de l'activité par une autre entreprise, dans la limite de 14 années suivant le détachement, le salarié sera réintégré à sa demande au sein du grand port maritime* » ; l'employeur verse alors au GPM « *une somme d'un montant égal à l'indemnité qui aurait été versée au salarié en cas de licenciement pour motif économique* » (III.8.).

Les dispositions de l'accord-cadre du 30 octobre 2008 ont été rendues obligatoires par décret aux grands ports maritimes, aux entreprises de manutention et aux salariés des ports (D. n° 2008-1240 du 28 novembre 2008), conformément à la volonté du législateur, qui avait laissé au gouvernement un important pouvoir de « recadrage »[102].

Enfin, la loi du 4 juillet 2008 a précisé qu'il fallait tenir compte des dispositions de l'article L. 2261-14 du nouveau Code du travail relatif au sort des conventions collectives en cas de cession[103]. En filigrane, le législateur rappelle l'importance de la négociation collective et de la réflexion sur le cadre conventionnel du droit du travail à l'issue des réformes portuaires. À ce sujet, après l'annonce gouvernementale d'un rapprochement des conventions collectives nationales « UPACCIM » et « Manutention Portuaire », un amendement sénatorial a conduit à programmer la négociation d'une nouvelle convention collective applicable à tous les personnels de la manutention portuaire.

Article 14

« *Pour prendre en compte les caractéristiques communes aux activités de manutention, d'exploitation d'outillages et de maintenance des outillages de quai, les organisations professionnelles représentant les entreprises de manutention, les organisations professionnelles représentant les ports, les organisations syndicales représentatives des salariés des ports et les organisations syndicales représentatives des salariés des entreprises de manutention engagent, dès l'entrée en vigueur de la présente loi, une négociation dont l'objet est de définir le champ d'application d'une* ***convention collective*** *en vue de sa conclusion avant le 30 juin 2009* ».

102. V. les dispositions de l'art. 11 de la loi du 4 juill. 2008.

103. Sur les questions de droit social liées au transfert des personnels, voir notamment le rapport préc. de C. Revet (Sénat n° 331), mai 2008, p. 60 et s.

Ces dispositions sont incontestablement le prélude d'un nouveau droit conventionnel du travail portuaire.

Section 5 L'adaptation du régime des voies ferrées portuaires

417. Le rapport au Président de la République relatif à l'ordonnance n° 2005-898 du 2 août 2005 (portant actualisation et adaptation des livres III et IV du C. ports mar.) souligne les enjeux économiques du rail en zone portuaire.

> « *Le développement des dessertes ferroviaires des ports maritimes est un enjeu essentiel, tant pour les ports maritimes eux-mêmes que pour la politique multimodale du transport de fret : du fait du caractère massifié du transport ferroviaire, bien adapté au transport maritime, la qualité de ces dessertes est une composante essentielle de la compétitivité des ports, en permettant d'approfondir leur hinterland. Elle permet aussi d'atténuer les nuisances liées au « tout routier » pour les dessertes terrestres de ces ports. Un facteur important pour la qualité des dessertes ferroviaires réside dans l'organisation des dessertes terminales, c'est-à-dire des voies ferrées portuaires* ».

Les ports relevant de la compétence de l'État et les ports décentralisés sont concernés par les évolutions du régime des voies ferrées portuaires.

418. ***L'ordonnance du 2 août 2005 consacre tout un titre aux voies ferrées portuaires ; elle affirme la compétence des autorités portuaires en la matière.***

> **Article L. 411-1 du Code des ports maritimes**
>
> « *L'autorité portuaire est habilitée à construire et gérer des voies ferrées à l'intérieur de la circonscription du port pour les ports autonomes [les grands ports maritimes depuis la réforme] ou à l'intérieur de leurs limites administratives pour les autres ports. Ces voies sont dénommées "voies ferrées portuaires"* »).

L'établissement public Réseau Ferré de France doit assurer le raccordement de ces voies au réseau ferré national; port par port, une convention conclue entre l'autorité portuaire et RFF fixe les conditions de ce raccordement (art. L. 411-3, C. ports mar.). S'il est dit que la police de ces voies est exercée par l'autorité portuaire, « *le règlement général de police des voies ferrées portuaires est fixé par l'autorité administrative [ministre chargé des transports]* » et « *Des règlements locaux d'application sont, en tant que de besoin, arrêtés pour chaque port par le préfet sur proposition de l'autorité portuaire* » (art. L. 411-7).

419. Le décret n° 2007-1867 du 26 décembre 2007 relatif aux voies ferrées portuaires et modifiant le Code des ports maritimes précise les modalités d'application de ces nouvelles dispositions législatives.

Il affirme notamment que « *L'autorité portuaire assure la gestion de la circulation ferroviaire sur les voies ferrées portuaires* » (art. R. 411-1, C. ports mar.)[104],

104. C'est l'autorité portuaire qui « *détermine parmi les voies ferrées relevant de sa compétence celles d'entre elles ayant le caractère de voies ferrées portuaires et, sous réserve qu'elles ne*

qu'elle assure à ce titre l'égal accès à ces voies et qu'elle « *établit, après consultation de l'autorité investie du pouvoir de police portuaire, un règlement de sécurité de l'exploitation des voies ferrées portuaires* », soumis à l'approbation de l'Établissement public de sécurité ferroviaire (art. R. 411-6, C. ports mar.)[105].

Quatre arrêtés du 20 février 2008 sont relatifs à la constitution du réseau des voies ferrées portuaires s'agissant des ports de Nantes/Saint-Nazaire, Rouen, Le Havre et La Rochelle. Les arrêtés des 26 février, 4 et 7 mars 2008 concernent respectivement les ports de Bordeaux, Dunkerque et Marseille. Les aspects techniques et financiers de cette réorganisation des compétences dans le domaine des voies ferrées portuaires ne se posent pas dans les mêmes termes pour les grands ports de commerce français et pour les ports décentralisés, ce qui n'a pas été pris en compte par la réforme. On comprend bien que la compétence ferroviaire dévolue aux places portuaires est lourde de conséquences. La disposition selon laquelle « *L'utilisation des voies ferrées portuaires peut donner lieu au versement de redevances à l'autorité portuaire ou à ses éventuels délégataires* » (art. L. 411-5, C. ports mar.) ne suffit pas à encourager les collectivités territoriales à investir dans la desserte ferroviaire de leurs infrastructures portuaires.

Article R. 411-3 du Code des ports maritimes

Toujours sur le plan financier, on notera que « *L'établissement, la modification ou la suppression d'un raccordement entre le réseau ferré national et les voies ferrées portuaires est financé par l'établissement public « Réseau ferré de France » dans les conditions fixées par l'article 4 du décret nº 97-444 du 5 mai 1997 relatif aux missions et aux statuts de Réseau ferré de France* ».

Cela étant, quelle que soit l'autorité portuaire en cause, le choix des partenaires susceptibles d'exercer cette nouvelle mission est essentiel[106].

Bibliographie

BORDEREAUX (L.), « Droit communautaire et manutention portuaire française. Une confrontation sans heurts », *ADMO*, t. XVIII, Université de Nantes, 2000, p. 47.

BORDEREAUX (L.), « Le droit comme instrument de régulation des conflits en zone portuaire. L'exemple de la priorité d'embauche des dockers », in *La violence et la mer dans l'espace atlantique*, Presses universitaires de Rennes, 2004, p. 413.

BORDEREAUX (L.), « L'affaire du *Saint Roch* devant le juge administratif : le contentieux des dommages afférents au navire accostant ou à quai », *ADMO*, t. XXII, Université de Nantes, 2004, p. 347.

soient pas indispensables à la circulation publique, celles ayant le caractère d'installations terminales embranchées au sens de l'article L. 411-2 » (art. R. 411-2, C. ports mar.).

105. V. aussi l'art. R. 411-5, C. ports mar. (établissement par l'autorité portuaire d'un document de référence exposant les caractéristiques du réseau des voies ferrées portuaires et les conditions permettant d'y accéder).

106. R. Rézenthel, « La réforme du régime des voies ferrées portuaires », *JMM*, 19 août 2005, p. 8.

BOURDEAU (N.), « Les ports de plaisance : enjeux juridiques et touristiques », *Tourisme & Droit*, juin 2006, p. 20.

BOURREL (M.), « La réception portuaire des déchets d'exploitation des navires et des résidus de cargaison », *DMF*, 2007, p. 251.

BRAJEUX (G.) et CADIET (H.), « Les disparités fiscales et sociales, freins à la compétitivité portuaire », *DMF*, 2002, p. 344.

CORRUBLE (Ph.), « Le droit communautaire de la concurrence appliqué aux ports européens », *DMF*, 2002, p. 68.

DUFAU (J.), « Les ports face à la réforme de la domanialité publique », *DMF*, 1996, p. 208.

DUFAU (J.), « La réorganisation des compétences de police dans les ports maritimes », *AJDA*, 2005, p. 2459.

GERMANI (G.) et REZENTHEL (R.), « La garantie d'usage des postes d'amarrage dans les ports de plaisance », *DMF*, 2008, p. 753.

GUEGUEN-HALLOUET (G.), « Les activités portuaires à l'épreuve des règles de concurrence », *DMF*, 2008, p. 280.

GUEGUEN-HALLOUET (G.), « L'accès aux services et infrastructures portuaires dans l'Union européenne », in *L'Europe des transports*, Actes du colloque d'Agen des 7 et 8 oct. 2004, Doc. fr., 2005, p. 359.

LACROUTS (J.), « Les évolutions récentes en matière de police portuaire », *DMF*, 2005, p. 926.

LAVIALLE (C.), « Services publics et entreprises privées industrielles et commerciales implantées sur le domaine public affecté aux transports en France », in *Les mutations du droit domanial et le régime des infrastructures de transport en France*, L'Harmattan/Presses universitaires de Perpignan, 2001, p. 13.

LE GARREC (M.-Y.), « L'exonération de la responsabilité du contrevenant en grande voirie : vers une remise en cause du contentieux de la matérialité », *DMF*, 1994, p. 611.

POLERE (P.), « Sûreté maritime : Bilan et perspectives du Code ISPS », *DMF*, 2006, p. 274.

REZENTHEL (R.), « L'exercice des pouvoirs de police dans les ports maritimes », *DMF*, 2004, p. 387.

REZENTHEL (R.), « La réforme du régime des voies ferrées portuaires », *JMM*, 19 août 2005, p. 8.

REZENTHEL (R.), « Le droit de propriété de l'occupant du domaine public », *DMF*, 2006, p. 83.

REZENTHEL (R.), « La gestion du domaine public portuaire dans une économie de marché et le droit de la concurrence », *DMF*, 2006, p. 905.

REZENTHEL (R.), « L'avenir des ports maritimes confronté à la protection de l'environnement », *DMF*, 2009, p. 64.

REZENTHEL (R.), « L'évolution du régime des services publics portuaires », *DMF*, 2009, p. 530.

Titre

2

Les activités économiques sur le domaine public maritime naturel

420. L'étude des activités économiques sur le DPM naturel peut conduire à distinguer, pour des raisons juridiques mais aussi socio-économiques et culturelles, les activités s'exerçant traditionnellement sur les rivages (l'estran) de la question du renouveau des usages du littoral et de la mer côtière. Mais, quelles que soient les distinctions faites entre les activités, leur localisation sur cet espace domanial fragile et protégé, en principe affecté à l'usage de tous, justifie l'application de régimes juridiques de conciliation entre l'intérêt économique en cause et les intérêts publics liés au DPM naturel. Cela étant, si les points cardinaux semblent toujours en place, la conception selon laquelle « *... le domaine public maritime obéit [...] à des règles propres qui reposent sur le principe fondamental et ancien du libre usage par le public pour la promenade, la baignade, la pêche à pied, ou l'échouage des bateaux* » (instruction du 22 oct. 1991 sur la protection et l'aménagement du littoral, art. 2.1.) n'a plus la même résonance aujourd'hui.

Chapitre

1

Les activités traditionnelles de l'estran

Plan du chapitre

RÉSUMÉ

421. Les cultures marines, la pêche à pied et l'exploitation des plages sont au cœur du sujet. La zone de balancement des marées est l'espace vital de ces activités, sachant qu'elles peuvent tout à fait « déborder » sur le sol de la mer territoriale (cultures marines) ou, côté terre, sur le domaine public non maritime ou le domaine privé.

Section 1 L'exploitation de cultures marines

422. Les cultures marines (et plus largement l'aquaculture marine) constituent un pôle incontournable de la réflexion sur les enjeux des zones côtières. Avec de grands centres de production (comme les bassins de Marennes-Oléron, Bas-Normand ou d'Arcachon, entre autres), leur dimension économique ne doit pas être marginalisée par rapport aux autres usages marchands du littoral.

« *C'est à l'importance de son secteur conchylicole que la France doit de compter parmi les premiers pays producteurs européens dans le domaine de l'aquaculture marine. L'ostréiculture française, qui représente près de 90 % de la production européenne d'huîtres, contribue pour la moitié du chiffre d'affaires de l'aquaculture marine française en 2004* » (R. Kalaydjian (dir.), *Données économiques maritimes françaises 2005*, Ifremer, 2006, spéc. p. 16).

423. Cette activité ancienne a très largement lieu sur le DPM, comme l'a rappelé le recensement national conchylicole pour 2002 ; elle donne lieu à des concessions d'exploitation dont le régime est défini par le pouvoir réglementaire. Cela étant, ***l'un des problèmes des exploitants est d'appréhender les nombreuses règles et procédures les concernant***, les sources du droit des cultures marines étant très diverses.

Comme l'a écrit J.-C. Hélin, « *Si l'activité aquacole, notamment l'activité de culture marine, est ancienne, la constitution d'un droit applicable à ce qui est devenu une activité économique à part entière est une préoccupation relativement contemporaine. Elle est très largement liée aux transformations rapides des conditions d'exercice d'une activité longtemps considérée comme une simple activité d'appoint, aux progrès considérables de la biotechnologie, ainsi qu'à ses perspectives de développement. Il s'agit pour l'essentiel d'un droit jeune, concret, mobile, très largement encore à la recherche de sa spécificité* » (« Le droit de l'aquaculture marine », *RFDA*, 1993, p. 549). Sur le sujet, voir notamment : G. Orfila, *Droit de la conchyliculture et de l'aquaculture marine*, éd. Bordessoules, 1990 ; M.-C. Miner, « L'aquaculture : le régime juridique de l'activité aquacole », in *Le droit du littoral et de la mer côtière*, Economica, 1991, p. 300 et s. ; G. Proutière-Maulion, « Les cultures marines », in *Droits maritimes*, Dalloz Action, 2008.

Confrontés aux impératifs sanitaires et au problème de la qualité des eaux (aujourd'hui dans le cadre de la directive européenne 2006/113/CE)[1] dont les médias se font régulièrement l'écho[2], ainsi qu'aux difficultés économiques de la profession, les « paysans de la mer » portent un regard volontiers

1. Dir. du 12 déc. 2006 relative à la qualité requise des eaux conchylicoles, abrogeant la dir. 79/923/CEE : « *La présente directive concerne la qualité des eaux conchylicoles et s'applique aux eaux côtières et aux eaux saumâtres désignées par les États membres comme ayant besoin d'être protégées ou améliorées pour permettre la vie et la croissance des coquillages (mollusques bivalves et gastéropodes) et pour contribuer ainsi à la bonne qualité des produits conchylicoles directement comestibles par l'homme* » (art. 1er).
2. L. Clavreul, « L'ostréiculture connaît sa crise la plus grave depuis 40 ans », *Le monde*, 17/18 août 2008.

critique sur la norme juridique. Par ailleurs, le développement des installations au-delà de la laisse de basse mer (en eaux profondes) renouvelle les problèmes de conflits d'usages et les questions de sécurité liées au balisage des concessions[3].

424. Quoi qu'il en soit, il faut être attentif à l'évolution du droit en la matière : « *Face à la menace de surexploitation des ressources halieutiques, le développement des cultures marines a semblé particulièrement porteur d'espoir en matière d'approvisionnement en produits de la mer* »[4]. À côté des filières « classiques » de l'ostréiculture et de la mytiliculture, l'élevage de poissons marins constitue une activité dont la croissance doit être canalisée par les logiques du développement durable et de la gestion intégrée des zones côtières[5]. H. Tanguy, dans son rapport de mission sur le développement de l'aquaculture (MEEDDAT/Ministère de l'agriculture et de la pêche, oct. 2008) plaide pour un nouvel essor de la filière; elle juge la réglementation trop complexe et recommande notamment l'élaboration d'un document stratégique national en la matière. La Commission européenne, dans une communication du 8 avril 2009 (COM (2009) 162/F), entend donner un nouvel élan à l'aquaculture européenne.

425. ***Le discours législatif est plutôt bienveillant à l'égard des cultures marines.*** On rappellera que la loi Littoral du 3 janvier 1986 affirme, d'une part, que la préservation et le développement des activités économiques liées à la proximité de l'eau constituent l'un des objets de la politique du littoral (art. 1er) et, d'autre part, que « *L'usage libre et gratuit par le public constitue la destination fondamentale des plages au même titre que leur affectation aux activités de pêche et de cultures marines* » (art. 30; art. L. 321-9, C. env.).

Quant à la loi n° 97-1051 du 18 novembre 1997 d'orientation sur la pêche maritime et les cultures marines, elle s'est donnée pour objectifs (entre autres) de « *promouvoir une politique de qualité et d'identification des produits* », de « *développer les activités de cultures marines, notamment en veillant à la qualité du milieu* » et « *d'assurer la modernisation et le développement d'activités diversifiées au bénéfice de l'économie des régions littorales* » (art. 1er).

---

3. Circ. du 14 mai 2007 relative au balisage des concessions individuelles et des zones collectives de concessions de cultures marines, *BOMETL*, 2008/1, 25 janv. 2008, 31.
4. G. Proutière-Maulion, *op. cit.*, n° 730-21 ; Ph. Urvois, « L'aquaculture prend le relais de la pêche », *Le marin*, 16 mars 2007.
5. MINER (M.-C.) et KEMPF (M.) (coord.), *Aquaculture et environnement : poissons marins*, Ifremer, 1999.

§1. L'organisation institutionnelle et professionnelle des cultures marines : l'exemple de la conchyliculture

426. La loi n° 91-411 du 2 mai 1991 (modifiée)[6] pose le cadre de référence.

Article 7

« Il est créé une organisation interprofessionnelle de la conchyliculture à laquelle adhèrent obligatoirement les membres des professions qui, quel que soit leur statut, se livrent aux activités de production, de distribution et de transformation des produits de la conchyliculture. L'organisation comprend un comité national et des comités régionaux dénommés sections régionales, dotés de la personnalité morale et de l'autonomie financière. Les sections régionales sont créées, dans des conditions précisées par décret en Conseil d'État, dans chaque bassin de production ».

Ces instances ont notamment pour mission de représenter, promouvoir et harmoniser les intérêts généraux des activités conchylicoles, d'entreprendre des actions économiques et sociales en faveur des professions concernées ainsi que de participer à la mise en œuvre d'une gestion équilibrée des ressources (art. 8). Elles ont donc bien intérêt et qualité pour agir aux fins de défendre et faire respecter les intérêts juridiques de la conchyliculture. Les modalités de la loi ont été précisées dans le décret n° 91-1276 du 19 décembre 1991 (modifié). Le nombre des ***sections régionales* (SRC)** est fixé à 7 : section régionale Normandie-mer du Nord; section régionale Bretagne-Nord; section régionale Bretagne-Sud; section régionale Pays de la Loire; section régionale Poitou-Charentes; section régionale Arcachon-Aquitaine; section régionale Méditerranée[7].

Il existe une Association européenne des producteurs de mollusques (AEPM) et une Fédération européenne des producteurs aquacoles (FEPA).

427. Le secteur de la conchyliculture relève de la direction des pêches maritimes et de l'aquaculture du ministère de l'Agriculture et de la Pêche.

Aux termes de l'article 3 de l'arrêté du 30 juin 2008 portant organisation et attributions de cette direction, « *La sous-direction de l'aquaculture et de l'économie des pêches est chargée de la définition de la politique de l'aquaculture et de la politique relative à l'économie des pêches maritimes, notamment dans le cadre des relations avec l'Union européenne et les organismes internationaux concernés, et veille à sa mise en œuvre. [...]. Elle détermine, en liaison avec l'Union européenne, la politique d'accompagnement du développement durable des zones dépendantes de la pêche et de l'aquaculture* ».

Cette sous-direction comprend un bureau de la conchyliculture et de l'environnement littoral.

6. Loi relative à l'organisation interprofessionnelle des pêches maritimes et des élevages marins et à l'organisation de la conchyliculture, *JO* du 7 mai 1991.

7. Voir les précisions de l'art. 15 du D. n° 91-1276 concernant les missions des SRC.

§2. Les concessions d'exploitation de cultures marines : entre rigueur juridique et pratiques sociales

428. Le cadre juridique classique des cultures marines est constitué par le ***décret n° 83-228 du 22 mars 1983 fixant le régime de l'autorisation des exploitations de cultures marines***, modifié par le décret n° 87-756 du 14 septembre 1987. Un décret modificatif est en préparation depuis plusieurs années. Il ne s'agit pas ici d'envisager un commentaire exhaustif de ce régime évolutif (qui mériterait toute une monographie), mais d'en rappeler les grands principes. Le décret (modifié) de 1987 cherche à concilier plusieurs objectifs : offrir un cadre juridique solide garantissant au mieux l'intérêt des exploitants de cultures marines (surtout envisagé, initialement, sous l'angle de l'entreprise familiale), tenir compte de l'environnement économique et de son évolution, préserver les prérogatives traditionnelles de l'administration sur le domaine public maritime.

429. Il détermine les conditions dans lesquelles les entreprises de cultures marines exercent leur activité (captage, élevage, affinage, traitement, entreposage, conditionnement, expédition) sur le DPM et dans la partie des fleuves, rivières, étangs et canaux où les eaux sont salées ; il vise également les prises d'eau de mer alimentant les cultures marines sur propriété privée (art. 1er du décret). L'exploitation de cultures marines est soumise à autorisation délivrée par arrêté du préfet de département (sur instruction de l'administration des affaires maritimes)[8]. La demande de concession fait l'objet d'une enquête administrative (dans le cadre de laquelle l'assentiment du préfet maritime et plusieurs avis sont requis, dont celui du représentant local de l'Ifremer) et d'une enquête publique (art. 8). L'acte de concession est complété par un cahier des charges conforme à un modèle établi par arrêté du ministre chargé des cultures marines[9]. Il fixe la durée de l'autorisation (qui ne peut excéder 35 ans, renouvelable), les conditions d'occupation et d'utilisation du DPM concédé (avec les aménagements projetés et les techniques utilisées), les modalités selon lesquelles les conditions fixées peuvent être modifiées en cours de concession, indique le montant de la redevance domaniale due à l'État[10], comporte l'obligation d'une déclaration annuelle de la production et indique s'il y a lieu le droit de passage (notamment pour la desserte des concessions voisines enclavées) (art. 2).

Le demandeur peut être une personne physique (de nationalité française ou ressortissant d'un État membre de l'Union européenne et justifiant de sa capacité professionnelle) ou une personne morale de droit privé (art. 5). Le

8. Et sur proposition du directeur départemental ou interdépartemental des affaires maritimes, lequel peut être titulaire d'une délégation de signature.
9. Arr. ministériel du 22 nov. 1983, *JO* du 29 déc. 1983.
10. Arr. modifié du 28 déc. 1983 relatif à l'application de l'art. 2 (3°) du décret du 22 mars 1983.

cadre familial de la conchyliculture est pris en compte puisqu'une demande en codétention peut être présentée par un groupe familial[11]. À certaines conditions, le demandeur peut être une personne publique ou une organisation professionnelle relevant de la loi n° 91-411 du 2 mai 1991 (art. 6). Le projet de réforme du décret de 1983 a clairement envisagé l'hypothèse d'une concession délivrée à une section régionale de la conchyliculture en vue de mettre en réserve des surfaces dans le cadre d'un plan de réaménagement des zones de cultures marines ou dans le but de favoriser l'installation de jeunes exploitants.

Aux termes de l'article L. 2124-29 du Code général de la propriété des personnes publiques (art. 29 de la loi Littoral), l'arrêté préfectoral portant autorisation d'exploitation de cultures marines vaut autorisation d'occuper le DPM. Il ne saurait être assimilé à un permis de construire; sa publication au recueil des actes administratifs de la préfecture est suffisante pour le rendre opposable aux tiers[12].

430. ***Les autorisations accordées peuvent être modifiées, suspendues ou retirées*** par arrêté motivé du préfet, sans indemnité, en cas de faute de l'exploitant (comme le non-paiement de la redevance domaniale ou en cas d'infraction aux règles générales des cultures marines ainsi qu'aux clauses du cahier des charges annexé à l'acte de concession), d'insuffisance d'exploitation ou d'insalubrité de l'emplacement; elles peuvent encore être retirées pour un motif d'intérêt général (moyennant indemnisation), notamment en cas de mise en œuvre d'un plan de réaménagement de zone (art. 15). L'arrêté ministériel du 16 août 1984 (modifié) précise les modalités d'application de ces dispositions[13]. Il affirme que le préfet met en demeure le titulaire de l'autorisation « *de se conformer aux prescriptions qui lui sont indiquées, faute de quoi, il sera procédé soit au retrait, soit à la suspension pour un temps déterminé, soit à la modification de son autorisation d'exploitation* ». Ces mesures sont prises sous le contrôle du juge administratif[14].

Il a été jugé, par exemple, qu'un « *surplus de cinq cents poches d'huîtres par rapport à la densité maximale définie par le schéma des structures des exploitations conchylicoles du département du Calvados* » justifiait (après une mise en demeure infructueuse) le retrait d'une concession ostréicole (CAA Nantes, 20 avr. 2006, *M. Philippe X*, n° 04NT00655).

431. Le décret comporte également des dispositions sur les ***commissions des cultures marines*** et les ***schémas des structures des exploitations de cultures marines***.

Une commission des cultures marines est instituée dans chaque circonscription (définie par arrêté du ministre chargé des cultures marines), sous la

11. Dans les conditions fixées à l'art. 5 du décret.
12. CAA Marseille, 15 mai 2001, *Assoc. information et défense de Cannes*, n° 98MA01039.
13. *JO* du 25 août 1984.
14. CAA Douai, 2 déc. 2004, *M. Jean-Claude Dangaly et a.*, n° 03DA00569.

présidence du préfet. Elle comprend des représentants des administrations d'État concernées (affaires maritimes, affaires sanitaires, concurrence et consommation...) et des collectivités territoriales (2 élus, c'est-à-dire assez peu) et une délégation professionnelle de 8 membres (art. 3). Cette commission est notamment chargée d'émettre des avis sur les demandes de concession (art. 8), sur toute mesure d'extension ou de diminution de l'affectation du DPM aux cultures marines, sur les projets de lotissement de cultures marines, d'aménagement ou de réaménagement de zones dans un secteur donné et sur le schéma des structures des entreprises de cultures marines (art. 4); elle est également consultée, entre autres, dans l'hypothèse d'un retrait de la concession (art. 15).

Le schéma des structures, arrêté par le préfet (au vu des propositions des sections conchylicoles), définit les points cardinaux de la politique locale en matière d'implantation des entreprises de cultures marines; il revêt, à l'heure de la gestion intégrée des zones côtières, une importance particulière.

Article 4-1

À partir de critères biologiques, économiques et démographiques, le schéma des structures fixe notamment une « *dimension de première installation que doit atteindre tout nouvel exploitant par l'attribution d'une concession ou de plusieurs concessions de manière concomitante* », une « *dimension minimale de référence* » correspondant à la surface dont devrait disposer dans le bassin en cause une exploitation familiale moyenne viable, et une « dimension maximale de référence »; il comprend encore, s'il y a lieu, « des dispositions propres à assurer une meilleure répartition des eaux salées nécessaires aux productions biologiques ».

Concrètement, le schéma des structures doit répondre au contexte socio-économique du bassin en cause ainsi qu'à la géomorphologie des sites et à la bathymétrie des parcs; il doit ainsi être régulièrement révisé. Il peut, en fonction des circonstances, privilégier certains sujets comme les règles de classement entre demandes de concession, les exploitations mixtes (ostréiculture/mytiliculture), la durée des concessions et les critères de l'insuffisance d'exploitation (en fonction du type d'élevage). Le préfet peut se fonder sur les dispositions du schéma des structures (visant par ex à protéger un secteur pour une période déterminée en l'érigeant en réserve foncière) pour refuser l'attribution d'une concession[15].

Les réflexions engagées au titre de la réforme du décret du 22 mars 1983 ont souligné la nécessité de raisonner par bassin de production et par type d'activité, en prenant également en considération des critères hydrologiques. Il s'agit aussi de s'appuyer sur la notion d'entreprise économiquement viable, d'œuvrer à la croissance des cultures marines, de lutter contre « l'enfrichement », d'envisager la mise en réserve de surfaces du DPM et de favoriser l'installation de jeunes exploitants, avec le soutien des sections régionales de la conchyliculture. Les révisions actuelles de plusieurs schémas des structures

15. CAA Nantes, 19 nov. 2002, *Min. de l'agriculture et de la pêche*, n° 01NT01363.

(bassins de Marennes-Oléron et d'Arcachon notamment) mettent en exergue le rôle majeur de ces documents pour la profession.

432. ***Le caractère personnel de la concession*** est clairement affirmé (art. 9), conformément aux règles de la domanialité publique. Il existe cependant toute une série de dispositions spécifiques aux cultures marines visant la transmission des exploitations, relayées par des pratiques sociales bien ancrées sur le DPM. Ces dispositions visent le cas où le concessionnaire est momentanément dans l'impossibilité d'exploiter la zone concédée (art. 9), l'échange de concessions (art. 13), les demandes de substitution et le transfert de la concession au conjoint et aux héritiers du titulaire de l'autorisation en cas de décès (art. 12 et 14)[16].

Article 12-5 du décret de 1983

On relèvera que la substitution s'accompagne d'une indemnité due par le nouveau concessionnaire à l'ancien : « *L'indemnité tient compte d'une part de la valeur des locaux d'exploitation, et des aménagements fonciers et hydrauliques réalisés par le concessionnaire sur le domaine public, d'autre part des améliorations de potentiel de production qu'il a apportées à sa concession* ».

433. ***La réforme du décret de 1983*** s'est amorcée il y a plusieurs années ; elle vise à adapter le régime des concessions de cultures marines aux enjeux actuels de l'exploitation du DPM naturel. Les questions socio-économiques sont essentielles, l'idée centrale étant d'assurer une meilleure reconnaissance de l'entreprise de cultures marines au sein d'un espace domanial très protégé. La question des droits réels n'a toujours pas été abordée de front, même si la profession conchylicole l'a clairement soulevée en souhaitant que les exploitants de cultures marines soient bien reconnus propriétaires des installations réalisées sur le DPM[17]. On en reste, en la matière, à une dichotomie classique entre le domaine public naturel et artificiel. Autrement dit, si l'évolution du droit a abouti sans équivoque à la reconnaissance de titres d'occupation constitutifs de droits réels s'agissant du domaine artificiel, beaucoup d'interrogations demeurent pour le domaine naturel, sur lequel, en tout état de cause, les dispositions codifiées (CGPPP) issues de la loi n° 94-631 du 25 juillet 1994 demeurent inapplicables (cf. *supra* sur les questions domaniales). Quoi qu'il en soit, les préoccupations des professionnels dépassent le cadre de la problématique des évolutions du décret de 1983, qui s'en tient à une approche plutôt restrictive de l'exploitation du DPM. Plus largement, les démarches et réflexions engagées sont liées, par exemple, au statut des conjoints collaborateurs des exploitants, à la recherche scientifique (l'Ifremer est ici un partenaire historique incontournable)[18] et au développement des élevages en eaux

16. R. Le Brun, « La transmission des exploitations de cultures marines », *Revue de droit rural*, mars 1993, p. 113.
17. « Décret de 1983 : la réforme s'engage », *L'ostréiculteur français*, mars 2002, p. 12.
18. Cf. « Ostréiculture. La recherche, partenaire de la filière », *Les nouvelles de l'Ifremer*, févr. 2007, n° 87.

profondes, à la qualité des eaux et aux problèmes sanitaires, à la pérennité des activités conchylicoles (confrontées aux conflits d'usages) et à l'installation des jeunes[19], au droit social (notamment dans le cadre de la convention nationale de la conchyliculture) ou sont encore relatives à la mise en place de Certifications Conformité Produit et d'Appellations d'Origine Contrôlée (on pense par ex aux moules de bouchot)[20].

434. ***Le poids des usages et des pratiques sociales*** doit être intégré dans l'appréhension du droit des cultures marines, ce dont témoigne notamment la richesse des approches sociologiques sur la conchyliculture[21]. Ces usages et pratiques peuvent s'inscrire en marge de la rigueur des textes et de leur interprétation juridictionnelle et bénéficier d'une certaine tolérance sur le terrain.

Ainsi que l'écrit F. Beignon dans sa thèse : « *Si l'administration est tenue par les grands principes domaniaux, elle dispose parfois d'une certaine marge d'appréciation. De cette marge, elle sait user de façon judicieuse, à l'avantage des professionnels, dans l'optique d'une bonne gestion du domaine public* » (*La notion de domaine public maritime naturel*, thèse, 1998, Université de Nantes, p. 487).

L'exemple de la dégustation d'huîtres sur le DPM, souvent pratiquée sans attirer les foudres des agents des affaires maritimes le montre bien. Le Tribunal administratif de Rennes a pourtant considéré (en 2004), sur la base d'une analyse bien stricte du décret du 22 mars 1983, que cette pratique courante n'était pas compatible avec ce cadre réglementaire traditionnel (dans cette affaire, le préfet du Morbihan avait mis en demeure l'exploitant d'enlever les tables et bancs de dégustation installés sur le terre-plein ostréicole concédé)[22]. On peut toutefois considérer, à la lumière d'une lecture de l'évolution des textes en bonne intelligence avec les usages sociaux du DPM, que la dégustation s'inscrit dans le prolongement de l'activité conchylicole (dès lors que les règles sanitaires sont respectées et que la dégustation ne se transforme pas en activité de restauration). Cependant, quel que soit le degré de tolérance de l'administration des affaires maritimes avec les professionnels de l'estran, elle est tout à fait en mesure d'engager des procédures de sanction en cas de faute avérée du titulaire de la concession, ce qui sera le cas, par exemple, d'un agrandissement des surfaces exploitées sans autorisation.

19. V. par ex. le D. nº 99-892 du 19 oct. 1999 relatif aux aides à l'installation.
20. Voir *L'Officiel de la conchyliculture* (Comité National de la Conchyliculture), spéc. les nº 62, 70 et 77. V. aussi le D. du 11 juill. 2006 relatif à l'appellation d'origine contrôlée « Moules de bouchot de la baie du Mont-Saint-Michel ».
21. P. Legué-Dupont, « L'évolution du foncier ostréicole dans le bassin de Marennes-Oléron », *EF*, nº 88, automne 2000, p. 29.
22. TA Rennes, 30 nov. 2004, *M. Eric Mallegol*, *DMF*, 2005, p. 458 (confirmé par CAA Nantes, 14 févr. 2006, nº 05NT00187).

§3. Les autres sources du droit des cultures marines : urbanisme, environnement et enquêtes publiques

435. On sait que les ***documents d'urbanisme locaux*** ne sont pas étrangers au domaine public maritime et à ses utilisations[23]. Les plans locaux d'urbanisme (PLU) littoraux peuvent ainsi cadrer l'exploitation des cultures marines sur le territoire communal et leur affecter des secteurs en zone naturelle ou agricole. Rappelons que les sections régionales de la conchyliculture sont associées à l'élaboration des SCOT et des PLU (art. L. 121-4, al. 2, C. urb.). On trouve fréquemment des parcelles classées NCo dans les PLU, qui correspondent à des zones naturelles protégées pouvant accueillir des activités ostréicoles ou aquacoles. On trouve également dans les règlements des dispositions selon lesquelles les bâtiments d'exploitation dédiés à ces activités sont admis sous réserve qu'ils soient compatibles avec la protection de la nature, des sites et paysages, ou affirmant (dans les espaces remarquables du littoral) que seules sont autorisées les occupations du sol mentionnées à l'article R. 146-2 du Code de l'urbanisme. La bonne prise en compte des questions conchylicoles dans les documents d'urbanisme est donc essentielle. L'établissement du zonage communal et la rédaction du règlement du PLU intéressent directement l'activité aquacole en général et, de manière plus ponctuelle, le problème du devenir des cabanons ostréicoles (que d'aucuns souhaiteraient voir transformés en résidences secondaires).

Sur le fondement de l'article 809 alinéa 1 du Code de procédure civile, la profession conchylicole (SRC) est susceptible d'intenter une action devant le juge civil des référés en cas de transformation d'un cabanon ostréicole en lieu d'habitation en méconnaissance du POS ou du PLU ; une telle transformation est constitutive d'un trouble manifestement illicite justifiant qu'il soit ordonné sous astreinte de débarrasser l'établissement ostréicole de tout meuble, objet et équipement pouvant servir à l'habitation[24]. Le cas des villages ostréicoles pittoresques (comme ceux du bassin d'Arcachon) doit être mis à part et trouver des solutions adéquates dans les documents d'urbanisme et les politiques domaniales. Ainsi, lorsqu'un village ostréicole joue un rôle de premier plan dans l'identité culturelle d'un territoire et participe à l'animation touristique locale, une convention de gestion d'ensembles immobiliers dépendant du DPM peut être conclue entre l'État et la commune intéressée (art. L. 2123-2, CGPPP).

Au-delà de la norme et du contentieux, qui représentent une vision nécessairement réductrice du sujet, les acteurs de la conchyliculture ont engagé une

23. Voir *supra*, n°s 182 et s. V. également L. Prieur, « La réservation des sites aquacoles par les documents d'urbanisme », in *Aquaculture et environnement*, Ifremer, *op. cit.*, p. 85.

24. TGI Rochefort, ord. réf., 28 sept. 2004, *Cne du Château d'Oléron*, *DMF*, 2005, p. 93.

réflexion sur leur patrimoine culturel et la préservation des espaces traditionnellement affectés à la profession.

Comme le relevait une note émanant d'une section régionale, « *Si le domaine public maritime exondé n'est plus le lieu principal de l'activité ostréicole à terre, sa maîtrise par les ostréiculteurs est essentielle pour l'accès à la mer, pour les espaces de stockage à proximité des appontements et pour l'occupation des cabanes existantes qui sont consacrées principalement à l'élevage* ».

Les schémas de mise en valeur de la mer (SMVM) ont très certainement un rôle particulier à jouer en la matière. On notera que les SMVM du bassin d'Arcachon (2004) et du golfe du Morbihan (2005) comprennent des développements intéressants sur les cultures marines, clairement prises en compte dans la détermination des vocations des différents secteurs de l'espace maritime et littoral. Le SMVM du golfe du Morbihan, par exemple, vise à maintenir le potentiel de production des cultures marines, tout en cherchant à sécuriser les zones concernées par un balisage adapté et à garantir un certain équilibre entre les différentes activités[25].

436. ***Les préoccupations environnementales*** sont aujourd'hui au cœur des débats sur l'avenir des cultures marines. À ce sujet, si le Code de l'environnement ne soumet pas à la procédure de l'étude d'impact les travaux et aménagements liés aux établissements conchylicoles et aquacoles sur le DPM (art. R. 122-5, rubr. 3° du tableau)[26], il faut notamment tenir compte des exigences des directives européennes relatives à ***Natura 2000*** (cf. *infra*, n°s 664 et s.). D'abord, on constate que les cultures marines sont souvent localisées au sein ou à proximité de zones de protection spéciale et de zones spéciales de conservation. Ensuite, on ne saurait exclure de manière *a priori* les cultures marines du champ de l'évaluation des incidences, nonobstant les dispositions de l'article L. 414-1-V alinéa 3 du Code de l'environnement selon lesquelles « *La pêche, les activités aquacoles [...] ne constituent pas des activités perturbantes ou ayant de tels effets* » ; la lecture de la transposition française des directives Natura 2000 ne peut se faire qu'à la lumière de la jurisprudence de la Cour de Luxembourg[27]. Enfin, malgré certaines craintes et réticences, la mise en place du réseau écologique européen invite clairement les professionnels de la mer à y participer, notamment lors de l'élaboration et du suivi des documents d'objectifs, des chartes et contrats Natura 2000. Le décret n° 2008-457 du 15 mai 2008 relatif aux sites Natura 2000 et

25. Sur le rôle des SMVM en la matière, voir J.-M. Bécet, « Schémas de mise en valeur de la mer et aquaculture », *Rev. de droit rural*, mars 1993, p. 101.
26. CAA Nantes, 12 nov. 1998, *Comité local des pêches maritimes et des élevages marins de Saint-Brieuc*, n° 97NT02728. La dispense ne s'applique pas aux établissements soumis à la réglementation des ICPE. Voir M.-C. Miner, « L'aquaculture marine face à la procédure des installations classées : rigueur du principe et pratique diversifiée », in *Aquaculture et environnement*, *op. cit.*, p. 123.
27. CJCE, 13 déc. 2007, *Commission c/ Irlande*, aff. C-418/04, *DMF*, 2008, p. 398 (spéc. pt 241).

modifiant le Code de l'environnement comprend des dispositions bienvenues en la matière puisqu'il permet l'adhésion à la charte Natura 2000 et la poursuite des engagements contractuels souscrits (contrat Natura 2000) par un nouvel exploitant en cas de changement du titulaire d'une concession de cultures marines (art. R. 414-12-1 II et R. 414-16, C. env.).

437. ***La loi Littoral du 3 janvier 1986*** constitue également un référent important[28]. On a vu qu'elle prenait en compte les activités traditionnelles liées à la mer, ce dont témoignent, entre autres, les articles L. 146-4-II du Code de l'urbanisme sur les espaces proches du rivage et L. 146-4-III sur la bande des 100 mètres, ainsi que la jurisprudence y afférente[29]. Cela étant, plusieurs dispositions limitent le cadre d'exercice de ces activités.

L'article L. 2124-1 al. 1 du Code général de la propriété des personnes publiques (art. 25, loi Littoral) dispose que :

> « *Les décisions d'utilisation du domaine public maritime tiennent compte de la vocation des zones concernées et de celles des espaces terrestres avoisinants, ainsi que des impératifs de préservation des sites et paysages du littoral et des ressources biologiques; elles sont à ce titre coordonnées notamment avec celles concernant les terrains avoisinants ayant vocation publique* ».

L'autorité administrative doit donc prendre en considération plusieurs facteurs, comme l'existence d'une activité de plaisance ou de baignade, ainsi que la valeur écologique et paysagère du site, pour apprécier la compatibilité du projet présenté avec ces dispositions. Il résulte de la jurisprudence administrative que le préfet, en accordant une concession aquacole, ne doit pas commettre d'erreur manifeste d'appréciation au regard des prescriptions de cet article. Il a été jugé qu'un préfet n'a pas commis une telle erreur en délivrant une autorisation d'exploitation de cultures marines « *sur une superficie de dix ares à proximité d'une section littorale que le plan d'occupation des sols [...] réserve aux activités nautiques et balnéaires* »[30].

> Dans le même sens, des travaux de création d'une cale et d'agrandissement d'un bassin ostréicole situés « *dans les limites d'un chantier ostréicole dont [...] l'exploitation remonte à 1945, et dans un secteur traditionnellement consacré à l'ostréiculture, ne sont pas constitutifs d'un changement substantiel d'utilisation de cette zone du domaine public maritime* » (CAA Nantes, 28 déc. 2006, *Assoc. « Les amis de Locmiquel et du golfe du Morbihan »*, n° 04NT00643).

28. Sur les dispositions d'urbanisme de la loi Littoral, voir *infra*, n° 524 et s.

29. CAA Bordeaux, 24 avr. 2003, *Cne d'Angoulins-sur-Mer*, n° 99BX00960 ; CAA Nantes, 7 avr. 1999, *Assoc. « Collectif de protection de la Pointe d'Agon »*, n° 97NT00926 et 97NT01105 ; TA Rennes, 24 mars 1994, *Mme Le Corre*, *Le Quotidien juridique*, 8 déc. 1994, n° 98, p. 5.

30. CE, 21 juin 1996, *SARL Aquamed*, n° 136044 et 137008. V. aussi TA Rennes, 23 avr. 2003, *Assoc. « Les amis de Locmiquel, de Baden et du golfe du Morbihan »*, *JCP A*, 28 juill./25 août 2003, 1730.

La combinaison des articles L. 146-6 et R. 146-2 du Code de l'urbanisme relatifs aux espaces remarquables du littoral a longtemps été redoutable pour les conchyliculteurs, qui ont vu toute une série d'autorisations annulées par le juge administratif lorsque de tels espaces étaient identifiés[31]. Leur activité, qui n'exclut pas la qualification d'espace remarquable dès lors que le site en cause répond aux critères de l'article L. 146-6[32], s'apprécie aujourd'hui dans le cadre du décret n° 2004-310 du 29 mars 2004 sur les aménagements légers admissibles dans les espaces remarquables et modifiant le Code de l'urbanisme. L'évolution du dispositif réglementaire leur est relativement favorable puisqu'il n'est plus fait référence à un seuil de surface de plancher.

Article R. 146-2 du Code de l'urbanisme

« Cet article vise désormais *dans les zones de pêche, de cultures marines ou lacustres, de conchyliculture, de saliculture et d'élevage d'ovins de prés salés, les constructions et aménagements exigeant la proximité immédiate de l'eau liés aux activités traditionnellement implantées dans ces zones, à la condition que leur localisation soit rendue indispensable par des nécessités techniques* ».

Cela étant, il est clair que dans les espaces remarquables au sens de l'article L. 146-6 du Code de l'urbanisme, les aménagements liés aux cultures marines doivent rester « légers »[33]; leur localisation et leur aspect doivent être en harmonie avec le site et toute forme d'hébergement est exclue[34].

438. En dehors des prescriptions de la loi Littoral, ***il faut encore tenir compte des dispositions de l'article L. 411-1 du Code de l'environnement*** relatif à la protection de la faune et de la flore.

« *Lorsqu'un intérêt scientifique particulier ou que les nécessités de la préservation du patrimoine biologique justifient la conservation d'espèces animales non domestiques ou végétales non cultivées, sont interdits : [...] 2° La destruction, la coupe, la mutilation, l'arrachage, la cueillette ou l'enlèvement de végétaux de ces espèces [...] ; 3° La destruction, l'altération ou la dégradation du milieu particulier à ces espèces animales ou végétales [...]* ».

Il a été jugé, à propos du littoral des îles Chausey, que le préfet de la Manche était tenu, sur ce fondement, de refuser une demande d'exploitation d'un parc à huîtres du fait de la présence d'algues marines (zostères) protégées sur la parcelle litigieuse[35].

31. TA Rennes, 25 avr. 2002, *Assoc. de la Baie de Bernon*, *JCP A*, 2002, 1129; TA Poitiers, 11 juill. 2002, *EARL La Vivaraise*, *DMF*, 2003, p. 213; TA Poitiers, 18 sept. 2003, *Préfet de la Charente-Maritime*, *DMF*, 2004, p. 399.
32. CAA Nantes, 24 nov. 1994, *M. Jacob et Mme Monchoix*, *Rec.*, p. 670.
33. L. Bordereaux, « La circulaire du 15 septembre 2005 sur les espaces remarquables du littoral », *DMF*, 2005, p. 1043.
34. Ces aménagements doivent en outre « *être conçus de manière à permettre un retour du site à l'état naturel* » (art. R. 146-2, C. urb.). Sur les espaces remarquables, voir *infra*, n° 551 et s.
35. CAA Nantes, 13 déc. 2005, *M. Louis X*, n° 03NT01008.

439. ***Le droit des enquêtes publiques*** doit également retenir l'attention : si le décret du 22 mars 1983 a organisé un régime particulier d'enquête publique (art. 8), les dispositions de la loi n° 83-630 du 12 juillet 1983 (relative à la démocratisation des enquêtes publiques et à la protection de l'environnement – art. L. 123-1 et s., C. env.) et de son décret d'application du 23 avril 1985 (art. R. 123-1, C. env.) doivent être respectées. Leur méconnaissance peut tout à fait fonder un recours juridictionnel, ce qui n'est pas rare du fait des conflits d'usages (on pense notamment à la cohabitation avec les plaisanciers dans le cadre des lotissements conchylicoles en pleine mer)[36]. Il résulte du tableau annexé à l'article R. 123-1 du Code de l'environnement que s'agissant des cultures marines, les travaux réalisés sur le rivage, le sol ou le sous-sol de la mer (en dehors des ports)[37] sont soumis à l'enquête publique « loi Bouchardeau » lorsque leur emprise est supérieure à 2000 m^2 (rubr. 16°).

La Cour administrative d'appel de Douai a considéré que la seule « *mise en place, dans les concessions, des bouchots servant à la culture des moules, n'est pas au nombre des travaux, notamment d'affouillements, visés par le 16° de l'annexe I à l'article R. 123-1 du Code de l'environnement* » (CAA Douai, 24 juill. 2008, *SCEA « Les Bouchots d'Opale »*, n° 07DA01325).

C'est également l'enquête publique « Bouchardeau » qui s'applique pour les aménagements situés dans la bande littorale des 100 mètres (art. L. 146-4-III, C. urb.) ou dans un espace remarquable du littoral (art. L. 146-6, C. urb.) dans deux situations : si leur emprise est supérieure à 2000 m^2, concernant les aménagements entièrement situés sur le DPM; si les travaux sont d'un montant supérieur à 160000 euros dans les autres cas (rubr. 31° *a*)[38]. La sous-évaluation du coût total de l'opération peut entraîner l'annulation de l'autorisation délivrée[39]. La complexité des procédures d'enquête publique a régulièrement été mise en cause par les professionnels, qui souhaitent une clarification en la matière.

Section 2 La pêche à pied professionnelle

440. Souvent méconnue (par rapport à la pêche à pied de loisir), la pêche à pied professionnelle est une activité ancienne, dont la réglementation trouve ses racines dans le décret-loi du 9 janvier 1852 sur la pêche maritime et dans les décrets impériaux du 4 juillet 1853 et du 10 mai 1862 relatifs à la pêche côtière (dans ce sillage, on se reportera aujourd'hui aux décrets n° 90-94 et

36. CAA Nantes, 19 nov. 2002, *Min. de l'agriculture et de la pêche*, n° 01NT00461 ; CAA Bordeaux, 30 oct. 2007, *Min. de l'agriculture et de la pêche*, n° 07BX00448 ; TA Poitiers, 18 janv. 2007, *Assoc. des plaisanciers de La Rochelle et a.*, n° 0501292.

37. Le texte mentionne les endigages, les exondements, les affouillements, les constructions, les ouvrages de défense contre la mer et la réalisation de plages artificielles.

38. CE, 7 mars 2008, *SNC Anse de Toulvern*, n° 297832.

39. CAA Nantes, 18 juill. 2007, *SNC Anse de Toulvern*, *Rev. jur. env.*, 1/2008, p. 91, obs. J.-C. H.

90-95 du 25 janvier 1990[40]). Elle intéresse plusieurs centaines de professionnels (aux origines diverses), notamment en Bretagne, dans les Pays de la Loire, en baie de Somme et dans la Manche. En 2004, le Comité national des pêches maritimes et des élevages marins (CNPMEM)[41], dont la commission « coquillages et pêche à pied » comprend un groupe de travail sur la pêche professionnelle, a lancé une étude permettant de dénombrer (approximativement) plus de 1 200 pêcheurs. Ces « gens de l'estran », soumis au contrôle de l'administration des affaires maritimes, dépendent largement de la capacité de production des gisements naturels de coquillage et de l'état sanitaire des sites, dont la surveillance relève des réseaux de contrôles de l'Ifremer (on pense notamment au REMI : réseau de contrôle microbiologique des zones de production de coquillages).

Comme pour les cultures marines, les sources des règles juridiques applicables sont très variées, étant entendu que le droit de l'Union européenne joue un rôle de première importance. À ce sujet, on pense notamment à la politique de conservation et d'exploitation durable des ressources (règlement nº 2371/2002 du 20 décembre 2002) ainsi qu'aux règles d'hygiène concernant les produits d'origine animale et plus spécialement les « mollusques bivalves vivants » (règlements nº 853/2004 et 854/2004 du 29 avril 2004).

441. Sur la base des dispositions combinées du décret nº 69-576 du 12 juin 1969 (modifiant le décret-loi du 9 janvier 1852) et du décret nº 82-635 du 21 juillet 1982 (relatif aux pouvoirs des préfets sur les services des affaires maritimes), le ***classement administratif des gisements naturels de coquillages*** se fait par arrêté du préfet de région. Ce dernier détermine l'étendue des gisements concernés par type de coquillages (coques, moules...) et fixe les conditions de leur exploitation (il y en a par exemple une quinzaine dans les Côtes-d'Armor). Une délégation de signature peut être donnée au directeur régional des affaires maritimes.

Quant au *classement sanitaire des zones de production* (A, B, C, D)[42], il faut se reporter aux articles R. 231-37 et suivants du Code rural (production de coquillages vivants) : « *Le classement de salubrité des zones de production,*

40. D. nº 90-94 du 25 janv. 1990 (modifié) pris pour l'application de l'art. 3 du décret du 9 janv. 1852 modifié fixant les conditions générales d'exercice de la pêche maritime dans les eaux soumises à la réglementation communautaire de conservation et de gestion ; D. nº 90-95 du 25 janv. 1990 (modifié) concernant les zones de pêche non couvertes par la réglementation communautaire de conservation et de gestion.

41. D. nº 92-335 du 30 mars 1992 (modifié) fixant les règles d'organisation et de fonctionnement du CNPMEM.

42. On rappellera que les zones A sont des « *zones dans lesquelles les coquillages peuvent être récoltés pour la consommation humaine directe* » et que les zones B sont des « *zones dans lesquelles les coquillages peuvent être récoltés mais ne peuvent être mis sur le marché pour la consommation humaine directe qu'après après avoir subi, pendant un temps suffisant, soit un traitement dans un centre de purification, associé ou non à un reparcage, soit un reparcage* » (art. R. 231-37, C. rural).

définies par leurs limites géographiques précises, est prononcé par arrêté du préfet du département concerné sur proposition du directeur départemental des affaires maritimes, après avis du directeur départemental des affaires sanitaires et sociales » (art. R. 231-38, C. rur.). Ce classement « *repose sur la mesure de la contamination microbiologique et de la pollution résultant de la présence de composés toxiques ou nocifs, d'origine naturelle ou rejetés dans l'environnement, susceptibles d'avoir un effet négatif sur la santé de l'homme ou le goût des coquillages* » (art. R. 231-37, C. rur.).

442. Concernant les conditions réglementaires d'exercice du métier, on se reportera au ***décret n° 2001-426 du 11 mai 2001*** relatif à l'exercice de la pêche maritime à pied à titre professionnel[43].

> Au sens de ce texte, la pêche maritime à pied professionnelle « *s'entend de celle dont l'action, en vue de la vente des animaux marins pêchés, s'exerce sur le domaine public maritime ainsi que dans la partie des fleuves, rivières, étangs ou canaux où les eaux sont salées telle que délimitée par la réglementation en vigueur* ».
>
> « *L'action de pêche proprement dite s'exerce : 1° Sans que le pêcheur cesse d'avoir un appui au sol; 2° Sans équipement respiratoire permettant de rester immergé* ».

Cette pêche est soumise à la délivrance d'un permis délivré par le préfet du département concerné (après instruction des affaires maritimes). Une même personne peut être titulaire de plusieurs permis sur plusieurs départements. Le permis est délivré pour une durée de 12 mois, renouvelable. L'autorité administrative se prononce au vu de plusieurs éléments, comme la validité du projet ou l'expérience du demandeur, son affiliation à un régime de protection sociale et les éventuelles restrictions de pêche définies par le préfet de région[44].

> **Article 4 du Décret n° 2001-426**
>
> Il est précisé que le demandeur s'engage à participer à des programmes de gestion de la ressource (art. 2). Les pêcheurs « *sont notamment soumis : 1° A l'obligation de déclaration statistique [...] ; 2° A l'obligation de commercialiser par l'intermédiaire d'un centre d'expédition les coquillages destinés à la consommation humaine [...] ; 3° A l'obligation de déclaration des mortalités anormales [...] ; 4° Au respect des conditions et interdictions de transport de coquillages et de crustacés édictées [...]* ».

Un arrêté ministériel du 11 juin 2001 détermine les conditions de délivrance du permis de pêche à pied professionnelle (la demande doit être adressée à la Direction départementale des affaires maritimes sur le littoral de laquelle la pêche doit être pratiquée, avec, entre autres, un justificatif d'affiliation à

43. Sur la pêche de loisir, on se reportera notamment au D. n° 90-618 du 11 juill. 1990 (modifié) relatif à l'exercice de la pêche maritime de loisir.

44. Sur les pouvoirs du préfet de région en la matière, voir l'art. 6 du D. n° 2001-426. Pour un ex. contentieux (DOM de la Réunion) : CAA Bordeaux, 3 avr. 2007, *Min. de l'agriculture*, n° 04BX00484.

la Mutualité Sociale Agricole ou à l'Établissement National des Invalides de la Marine).

La loi n° 97-1051 du 18 novembre 1997 d'orientation sur la pêche maritime et les cultures marines (art. 54) permet de rattacher les pêcheurs à pied professionnels au régime de la MSA (réserve faite des pêcheurs relevant de l'ENIM). Les questions afférentes à leur régime social sont complexes et appellent un examen approfondi[45]. Par ailleurs, une cotisation professionnelle est due au bénéfice du Comité national des pêches maritimes et des élevages marins, des comités régionaux et locaux.

La révision en cours du décret du 11 mai 2001 devrait renforcer encore la professionnalisation et l'encadrement du métier (formation, fichier national, suivi de l'activité...).

443. Enfin, en dehors de la pêche à pied des animaux marins, on signalera que le décret n° 90-719 du 9 août 1990 fixe les conditions de pêche, de récolte ou de ramassage des ***végétaux marins*** (classant les goémons en goémons de rive, en goémons poussant en mer et en goémons épaves[46]). L'article 3 de ce décret affirme que « *L'arrachage des goémons est interdit. Les instruments employés pour la récolte des goémons doivent être conçus et utilisés de manière à éviter l'arrachage des crampons ou bases de fixation* ». Il existe une Chambre syndicale nationale des algues et végétaux marins cherchant à promouvoir l'activité de goémonier, mais cette pêche bretonne très spécialisée (qui n'est pas sans débouchés) ne relève pas du décret de 2001 sur les pêcheurs à pied professionnels. On reste dans l'attente d'un texte réglementaire exprimant une vision globale des questions juridiques de la pêche à pied.

Section 3 L'exploitation des plages

444. Les concessions de plages passées entre l'État (propriétaire du DPM naturel) et les communes (le plus souvent) ainsi que les sous-traités d'exploitation conclus entre ces dernières et les divers professionnels de la plage sont nombreux[47] : rappelons qu'au 1er juillet 2000, l'ancienne Direction des transports maritimes, des ports et du littoral avait recensé 185 concessions de plages naturelles (101 en Manche-Atlantique, 84 en Méditerranée) et 1053

45. Voir A. Roy, « La pêche à pied professionnelle », *Neptunus* (revue juridique électronique), Université de Nantes (CDMO), 1996/vol. 2-3 ; C. Sallé, « Propos sur un décret en deçà des espérances », *ADMO*, t. XX, 2002, spéc. p. 260 et s.

46. « *Les goémons de rive sont ceux qui tiennent au sol et sont récoltés à pied soit sur le rivage de la mer, soit sur les îlots inhabités. Les goémons poussant en mer sont ceux qui tenant aux fonds ne peuvent être atteints à pied à la basse mer des marées d'équinoxe. Les goémons épaves sont ceux qui détachés par la mer dérivent au gré des flots ou sont échoués sur le rivage* » (art. 1er du D. n° 90-719).

47. J. Morand-Deviller, « Les concessions de plages naturelles », *AJDA*, 2002, p. 484.

sous-traités (322 en Manche-Atlantique, 731 en Méditerranée)[48]. De par leur ancrage historique (on pense notamment à l'article 2 de la loi de finances du 20 déc. 1872), ces concessions ont acquis une légitimité certaine et figurent bien au rang des utilisations traditionnelles du DPM. L'exploitation des plages en vue de l'accueil du public n'en demeure pas moi ns d'une grande actualité et se trouve au centre des interrogations sur les vocations du domaine maritime naturel. La consécration d'un service public balnéaire s'est accompagnée de la mise en place d'un régime spécifique d'occupation du DPM[49]. Les questions liées au droit des plages doivent être mises en relation avec le développement des enjeux économiques du tourisme balnéaire. Dans cette optique, force est de constater que la traditionnelle protection des plages offerte par le droit domanial et de l'environnement risque d'être revue à la baisse.

§1. L'existence d'un service public balnéaire

445. Historiquement, un tel service public évoque la période du Front populaire et la démocratisation des vacances à la mer. Il n'est donc pas étonnant que le juge administratif ait considéré en 1936 que la convention tendant à organiser l'exploitation de la plage de Juan-les-Pins, « *dans l'intérêt du développement de la station* », était un contrat de service public[50]. Cette vision de l'exploitation des plages aurait pu s'éroder avec le temps ; on conçoit bien aujourd'hui que le service public des bains de mer est l'expression d'une conception plutôt « généreuse » de l'idée de service public[51].

Elle a pourtant été réaffirmée par la Haute juridiction administrative en 2000 à propos d'un sous-traité d'exploitation de plage de la commune d'Antibes : ce contrat, « *s'il porte autorisation d'occupation du domaine public par le sous-traitant et présente ainsi le caractère d'une concession domaniale, tend également à organiser l'exploitation de la plage, dans l'intérêt du développement de la station balnéaire* » (CE, 21 juin 2000, *SARL Plage « Chez Joseph »*, *Rec.*, p. 282 ; *RFDA*, 2000, p. 797, concl. C. Bergeal).

Il faut noter que la mobilisation de la notion de service public en la matière n'est pas sans intérêt, comme l'a rappelé Mme Bergeal dans ses conclusions sur cette affaire : « *...le service public des bains de mer cache sous cette appellation désuète des aspects fort modernes et en particulier, la préservation et l'entretien du littoral, ainsi que le développement du tourisme dans les stations balnéaires, tout autant et au même titre que les casinos...* ».

On ajoutera que l'application de la loi « Sapin » du 29 janvier 1993 concernant les délégations de service public est de nature à contribuer à l'assainissement de l'économie de la plage.

48. À la même date, la DTMPL recensait 21 concessions de plages artificielles, essentiellement dans le sud de la France (Alpes-Maritimes et Var), et 141 sous-traités.
49. V. notamment A. Ondoua, « Concessions de plage », *J. Cl. Propriétés publiques*, fasc. 79-42.
50. CE, 18 déc. 1936, *Sieur Prade*, *Rec.*, p. 1124.
51. GODFRIN (Ph.) et DEGOFFE (M.), *Droit administratif des biens*, Sirey, 2007, pp. 99-100.

446. Ce service public particulier n'est pas pour autant tentaculaire : encore faut-il que l'activité en cause ait une certaine consistance pour retenir une telle qualification.

Ainsi, dans l'arrêt « *Chez Joseph* », le Conseil d'État a pris soin de relever les éléments constitutifs du service public : le concessionnaire était « *chargé de l'équipement, de l'entretien et de l'exploitation de la plage* » et devait « *également veiller à la salubrité de la baignade et au respect des mesures destinées à assurer la sécurité des usagers dans les conditions prévues par le sous-traité, sous le contrôle de la commune et sans préjudice des pouvoirs qui appartiennent à l'autorité de police municipale* ».

Dans le cadre de ce raisonnement, il semble que l'exercice d'activités purement commerciales par un plagiste (comme la vente de denrées ou la simple location de matériels de plage) soit exclu du champ du service public balnéaire, ainsi que l'a jugé le Tribunal administratif de Poitiers à propos de la commune de Royan.

Dans cette affaire, où des sous-traités d'exploitation de plages avaient été délivrés à des plagistes afin d'organiser des activités ludiques pendant l'été, le juge a considéré que les activités autorisées, nonobstant leur contribution au développement de la commune, n'avaient pas le caractère d'un service public compte tenu de leurs modalités d'exploitation (« ... *les autorisations déférées ne mettent à la charge des bénéficiaires aucune obligation particulière ni en ce qui concerne la conservation et l'entretien du domaine public maritime, ni en ce qui concerne la sécurité des usagers dudit domaine ainsi que des baigneurs* » (TA Poitiers, 2 mai 2002, *Préfet de la Charente-Maritime*, *Dr. adm.*, nov. 2002, p. 17, note R. Hostiou).

Il a été jugé dans le même sens, s'agissant du bois de Boulogne et d'une plage d'Antibes, qu'en dehors de circonstances spéciales, l'exploitation d'établissements de restauration ne présentait pas le caractère d'un service public délégable (CE, 12 mars 1999, *Ville de Paris*, *Bull. jur. des contrats publics*, 1999, p. 433, concl. C. Bergeal (bois de Boulogne); TA Nice, 23 févr. 2001, M. *Jean-Claude Crampé et a.*, n° 99-5334, 99-5335 (plage d'Antibes).

447. Le décret n° 2006-608 du 26 mai 2006 relatif aux concessions de plage consacre expressément l'existence du service public balnéaire.

« *L'État peut accorder sur le domaine public maritime des concessions ayant pour objet l'aménagement, l'exploitation et l'entretien de plages.* ***Le concessionnaire est autorisé à occuper une partie de l'espace concédé, pour y installer et exploiter des activités destinées à répondre aux besoins du service public balnéaire*** » (art. 1-I.).

On remarquera que le pouvoir réglementaire a opté, à juste titre et fût-ce sans précision extrême, pour une approche « par le haut » du service public balnéaire, qui ne saurait se réduire à quelques services marchands. Peut-on sérieusement soutenir que la seule location de matelas de plage est une activité de service public au sens de la jurisprudence et du décret ? Ce dernier, s'il est maintenu, devrait conduire à un tri sélectif des missions exercées par les plagistes sur le DPM et à rompre avec certaines tolérances du passé[52].

52. R.M., « L'État part à la reconquête du littoral », *Mon. TP.*, 11 avr. 2008, p. 51.

448. Enfin, s'agissant de la compétence organique pour assumer ce vieux « service public des bains de mer », on peut souligner le caractère local d'un tel service. L'accueil du public sur les plages des communes littorales ne constitue-t-il pas essentiellement une affaire locale ? Il paraît bien difficile de qualifier le développement et l'organisation du tourisme balnéaire de service public d'État et la seule qualité de propriétaire du DPM est inopérante en la matière. Les contrats passés entre l'État et les communes ne semblent donc relever que de la catégorie des concessions domaniales.

« ... le contrat de concession de plage de l'État à la commune ne constitue pas une délégation de service public de l'État. Il s'agit d'une concession domaniale, afin de permettre à la commune une bonne exécution d'un service public demeurant communal » (A. Anfosso, « Les plages, les plagistes, les communes et l'État », *La gazette des communes*, 23 août 1999, p. 40.

Toutefois, on admettra que le débat est ouvert et complexe puisque les concessions et sous-concessions de plages sont globalement considérées comme des délégations de service public (on pense notamment à une note du ministre de l'équipement, des transports et du logement du 13 mars 2002 sur le régime des concessions de plages[53]). La loi relative à la démocratie de proximité du 27 février 2002 (art. 115) et le décret du 26 mai 2006 peuvent conduire à une telle approche en appliquant largement les dispositions de la loi Sapin afférentes à la publicité et à la mise en concurrence des délégations de service public. Cela étant, on sait que les questions de concurrence intéressent aussi la gestion du domaine public indépendamment du droit des services publics. Les rapports entre domaine public et service public sont étroits mais on doit considérer, sur le plan intellectuel, qu'une convention domaniale peut être soumise par la législation en vigueur à un régime de publicité et de mise en concurrence par référence à la loi Sapin sans pour autant se transformer en délégation de service public, dès lors que les éléments constitutifs de la délégation ne sont pas réunis.

Quoi qu'il en soit, les questions juridiques liées aux plages donnent lieu à un contentieux récurrent, dont les droits du domaine et des services publics sont les grands vecteurs (sans oublier l'importance du droit de l'environnement et de l'urbanisme).

§2. L'encadrement législatif de l'exploitation des plages

449. La loi Littoral du 3 janvier 1986 fait de l'exploitation économique des plages une occupation du DPM compatible avec la destination de ce dernier

53. V. aussi : *JO* Ass. nat., *Q*, 23 mars 1998, n° 4184, p. 1675 ; *JO* Ass. nat., *Q*, 25 oct. 1999, n° 31598, p. 6192 ; J. Dufau, « Le casse-tête des plages concédées », *Mon. TP*, 6 août 1999, p. 28.

mais ne saurait être interprétée comme permettant une affectation économique à titre principal.

Article L. 321-9 du Code de l'environnement

Il faut bien rappeler que « *L'accès des piétons aux plages est libre* »[54], que « *L'usage libre et gratuit par le public constitue la destination fondamentale des plages [...]* »[55], que les véhicules terrestres à moteur ne peuvent y circuler ou stationner (sauf les véhicules de secours, de police et d'exploitation), et que les concessions de plage « *préservent la libre circulation sur la plage et le libre usage par le public d'un espace d'une largeur significative tout le long de la mer* ».

C'est en citant l'article L. 321-9 du Code de l'environnement que l'administration centrale a estimé, à juste titre, qu'il « *n'existe donc pas de plage « privée »* », dès lors que le statut domanial de la plage n'est pas discutable (et étant entendu qu'une gestion privative encadrée n'est pas interdite)[56].

450. Ces principes essentiels, dotés d'un fort ancrage historique[57], s'inscrivent parfaitement dans le sillage de la jurisprudence du Conseil d'État.

« *...si, dans l'exercice de ses pouvoirs de gestion du domaine public maritime, il appartient à l'administration d'accorder à titre temporaire et dans les conditions prévues par la réglementation en vigueur des autorisations d'occupation privative dudit domaine, ces autorisations ne peuvent légalement intervenir que si, compte tenu des nécessités de l'intérêt général, elles se concilient avec les usages conformes à la destination du domaine que le public est normalement en droit d'y exercer, ainsi qu'avec l'obligation qu'a l'administration d'assurer la conservation de son domaine public* » (CE, 3 mai 1963, *Min. des travaux publics et des transports c/ Cne de Saint-Brévin-les-Pins, Rec.*, p. 259).

Les concessions et sous-concessions de plages doivent indiscutablement être conformes à ces principes, sous peine d'annulation par la juridiction administrative.

451. L'article L. 2124-4-II. du Code général de la propriété des personnes publiques fixe les conditions générales dans lesquelles sont accordées les concessions et sous-concessions de plages.

« *Tout contrat de concession doit déterminer la largeur de l'espace mentionné au dernier alinéa de l'article L. 321-9 [C. env.] [...] en tenant compte des caractéristiques des lieux. Les concessions sont accordées par priorité aux communes ou groupements de communes ou, après leur avis si elles renoncent à leur priorité, à des personnes publiques ou privées après publicité et mise en concurrence préalable. Les éventuels sous-traités d'exploitation sont également accordés après publicité et mise en concurrence préalable* ».

54. « *sauf si des motifs justifiés par des raisons de sécurité, de défense nationale ou de protection de l'environnement nécessitent des dispositions particulières* » (art. L. 321-9, C. env.).
55. Au même titre, on l'a vu, que leur affectation aux activités de pêche et de cultures marines.
56. *JO* Sénat, *Q*, 8 sept. 2005, n° 17474, p. 2313.
57. CE, 30 avr. 1863, *Bourgois c/ Ville de Boulogne-sur-Mer, D.*, 1863, III.64. Sur le « droit maritime romain public », voir Gaurier (D.), *Le droit maritime romain*, PUR, 2004, p. 135 et s.

Le législateur a consacré la traditionnelle priorité accordée aux communes pour l'octroi des concessions de plages et confirmé la possibilité de conclure des sous-traités d'exploitation, dans le respect des exigences de la loi Sapin, c'est-à-dire après publicité et mise en concurrence préalable. Ces contrats doivent également se conformer aux prescriptions réglementaires en vigueur.

§3. L'encadrement réglementaire de l'exploitation des plages (D. nº 2006-608)[58]

452. Le décret nº 2006-608 du 26 mai 2006 relatif aux concessions de plage est d'une grande importance. Attendu depuis longtemps, il est venu se substituer à plusieurs textes obsolètes, comme les circulaires « Chapon » des années soixante-dix sur les concessions de plages naturelles et la circulaire du 25 février 1991[59].

Son application dans le temps fut progressive, puisqu'il s'est appliqué, « *pour les plages concédées à sa date de publication, à l'expiration des concessions en cours et, pour les sous-traités éventuels, à l'expiration de la convention d'exploitation* » (art. 20 du décret). Le décret « plage » vise les plages dites naturelles et les plages artificielles créées par aménagement. ***Son champ d'application est fondamentalement lié au domaine public maritime, dont les plages font généralement partie intégrante*** (constituées par les rivages de la mer ou par des lais et relais). Sur ce point, voir J.-P. Redon, « Le statut foncier des plages et les activités des plagistes », *RGCT*, nov.-déc. 1999, p. 523.

Rappelons que lorsque les plages ne correspondent à aucun des éléments du DPM, elles peuvent constituer des dépendances du domaine public communal si elles sont la propriété de la commune et sont affectées à l'utilité publique (critères généraux de la domanialité publique) au sens de l'actuel article L. 2111-1 du Code général de la propriété des personnes publiques[60]. Pour la réalisation de plages artificielles, il faut tenir compte des dispositions de l'article L. 2111-4 de ce même Code[61].

Les points essentiels du décret concernent les règles d'occupation des plages faisant l'objet d'une concession (titre I), l'attribution des concessions de plage et des sous-traités d'exploitation (titres II et III), et la résiliation de ces

58. C. Maugüe, « La réaffirmation du caractère exceptionnel de l'occupation privative des plages », *AJDA*, 2006, p. 1496.
59. Circ. du 1er juin 1972 relative aux concessions de plages naturelles à une commune, à un syndicat de communes ou à un département, *BODGI*, nº 115 du 27 juin 1972; Circ. du 16 juill. 1973 relative aux concessions de plages naturelles à des personnes privées, *BODGI*, nº 154 du 31 août 1973; Circ. nº 91-22 du 25 févr. 1991 relative aux concessions d'exploitation de plages, *BOMET*, nº 14 du 20 mai 1991.
60. CE, 30 mai 1975, *Mme Gozzoli*, *Rec.*, p. 325.
61. « *Les terrains soustraits artificiellement à l'action du flot demeurent compris dans le domaine public maritime naturel sous réserve des dispositions contraires d'actes de concession translatifs de propriété légalement pris et régulièrement exécutés* ».

contrats (titre IV). Le recours aux fins d'annulation du décret du 26 mai 2006 formé par la Fédération nationale des plages restaurants a été rejeté par le Conseil d'État[62].

A. Les conditions d'occupation du domaine public maritime

453. S'agissant des conditions d'occupation du DPM, les concessions et sous-traités d'exploitation doivent ***répondre aux besoins du service public balnéaire***.

Le décret « plage » affirme clairement que les « *activités doivent avoir un rapport direct avec l'exploitation de la plage et être compatibles avec le maintien de l'usage libre et gratuit des plages, les impératifs de préservation des sites et paysages du littoral et des ressources biologiques ainsi qu'avec la vocation des espaces terrestres avoisinants* » (art. 1-I). Ces activités ne peuvent être organisées que dans le cadre des dispositions du décret, et non pas dans le cadre d'un autre régime domanial ; « *Aucune autorisation d'occupation temporaire ne pourra être délivrée sur les plages concédées, dans les limites communales, pour une ou des activités ayant un rapport direct avec l'exploitation de la plage* » (art. 1-III).

Cette remise en ordre de l'exploitation des plages est censée mettre un terme à la multiplication des AOT « commerciales » traditionnellement délivrées pour l'exercice d'activités (comme la restauration) tout à fait accessoires à la vocation du DPM. Il résulte de la logique du texte (en bonne intelligence avec la réalité socio-économique) que des services marchands secondaires (vente de denrées, location de parasols) ne semblent pas proscrits du champ des conventions de plage dès lors qu'ils s'intègrent dans une véritable offre de service public liée à l'aménagement, l'exploitation et l'entretien des plages. Nonobstant les critiques de certains professionnels et élus locaux, ces axiomes de la réforme du droit des plages s'imposent et ont été rappelés par la ***doctrine administrative***.

« *le décret n° 2006/608 du 26 mai 2006 [...] a pour but d'assurer un meilleur encadrement des activités de plage, afin notamment de mieux préserver l'environnement [...]. Les activités de ces concessions doivent être également en rapport direct avec l'exploitation de la plage et, donc, avec le service public balnéaire* » (*JO* Ass. nat., *Q*, 7 nov. 2006, p. 11676. V. aussi *JO* Ass. nat., *Q.*, 10 déc. 2001, p. 7100).

Rappelons qu'en son temps l'instruction du 22 octobre 1991 sur la protection et l'aménagement du littoral demandait déjà aux préfets de veiller à un « *strict respect des dispositions assurant le principe de l'usage libre et gratuit des plages* » (pt 2.2.).

Dans cette optique, ***de nouveaux seuils ont été retenus concernant l'exploitation économique des plages***, en distinguant les plages naturelles des plages artificielles.

62. CE, 14 avr. 2008, *Fédération nationale des plages restaurants*, n° 298810.

« *Un minimum de 80 % de la longueur du rivage, par plage, et de 80 % de la surface de la plage, dans les limites communales, doit rester libre de tout équipement et installation. Dans le cas d'une plage artificielle, ces limites ne peuvent être inférieures à 50 %. La surface à prendre en compte est la surface à mi-marée* » (art. 2-1° du décret).

Le pouvoir réglementaire s'en est ainsi tenu, classiquement, à une approche nationale des occupations privatives de la plage, sans faire de distinction entre les plages de l'Atlantique et celles de la Méditerranée, même s'il existe assurément des différences sensibles sur le plan sociologique et géomorphologique. Ces considérations, pour importantes qu'elles soient, ne sauraient conduire à une application à géométrie variable des droits fondamentaux du public sur le DPM naturel.

En tout état de cause, « *le pouvoir réglementaire n'a ni excédé l'habilitation qu'il tenait de la loi [...], ni commis d'erreur manifeste dans son appréciation des intérêts économiques des exploitants d'activités installées sur les plages* » (CE, 14 avr. 2008, *Féd. nationale des plages restaurants*, n° 298810).

L'exploitation économique de la plage, temporaire et très encadrée, est liée à la durée de la saison balnéaire définie dans la concession, susceptible de varier d'une situation à l'autre.

En principe, « *La surface de la plage concédée doit être libre de tout équipement et installation démontable ou transportable en dehors d'une période, définie dans la concession, qui ne peut excéder six mois [...]* » (art. 2-4° du décret).

Toutefois, deux possibilités de déroger à cette durée de droit commun ont été prévues :

D'abord, dans les stations classées au sens du Code du tourisme (cf. aujourd'hui la loi n° 2006-437 du 14 avril 2006), la durée d'exploitation peut être étendue jusqu'à huit mois par an au maximum.

« *Si la commune d'implantation de la concession s'y est déclarée favorable par une délibération motivée au regard de la fréquentation touristique* » (art. 3-I).

Ensuite, aux termes de l'article 3-II du décret du 26 mai 2006, « *Sur le territoire des stations classées [...], disposant depuis plus de deux ans d'un office de tourisme classé 4 étoiles au sens du décret du 16 décembre 1998 [...] et justifiant de l'ouverture par jour, en moyenne, sur une période comprise entre le 1er décembre et le 31 mars, de plus de 200 chambres d'hôtels classés au sens de l'article L. 311-7 du Code du tourisme, le concessionnaire peut demander au préfet un agrément, valable pour la durée de la concession, pour autoriser le maintien en place au-delà de la période d'exploitation définie dans la concession des établissements de plage [...]* ».

Les concessionnaires intéressés doivent donc obtenir un agrément préfectoral (après délibération motivée en ce sens de la commune en cause), avant de délivrer (au cas par cas et après avis conforme du préfet) des autorisations annuelles spéciales d'exploitation. Cette possibilité est très limitée par le décret de 2006 (art. 3-III) : non seulement elle ne peut viser que des établissements de plage démontables ou transportables situés en dehors des espaces remarquables, mais, en outre, ces établissements doivent remplir plusieurs conditions (durée d'ouverture minimale annuelle et hebdomadaire, dépôt d'une demande avec pièces justificatives, présentation d'un dossier sur les caractéristiques techniques des aménagements et leur insertion paysagère, compatibilité avec l'action de la mer et du vent). Un arrêté du 27 avril 2007 mentionne les pièces à produire pour la délivrance d'une autorisation permettant le maintien des installations de plage au-delà de la période normale d'exploitation. Même encadrée, cette faculté semble en délicatesse avec l'économie générale du décret « plage » et, semble-t-il, avec l'esprit de la loi Littoral, dans la mesure où il est difficile d'admettre qu'un service public balnéaire puisse commander des implantations à l'année et où elle peut conduire à envisager des installations non conformes au cadre environnemental de l'exploitation des plages (voir n° 454). Quoi qu'il en soit, ces possibilités d'extension (qui ne peuvent jouer que dans les stations classées) n'ont pas été jugées contraires au principe d'égalité entre les exploitants[63].

Les ***droits des plagistes sous-traitants*** sont très encadrés par le décret du 26 mai 2006. On relevera, d'une part, que les concessions de plages et les conventions d'exploitation ne sont pas constitutives de droits réels au sens des articles L. 2122-6 et suivants du Code général de la propriété des personnes publiques et, d'autre part, qu'elles ne sont pas soumises à la législation sur les baux commerciaux et ne confèrent pas la propriété commerciale à leurs titulaires (art. 4). Cet encadrement réglementaire est tout à fait classique s'agissant des occupations privatives du domaine public naturel.

Le juge rappelle régulièrement, on l'a vu, l'inapplicabilité des règles du bail commercial sur le domaine public (CAA Marseille12 juin 2006, *M. et Mme X*, n° 04MA01375), ce qui n'empêche pas l'existence d'un fonds de commerce (voir, s'agissant d'un plagiste, CAA Marseille, 23 nov. 2004, *SARL Les Sunlights*, n° 01MA02186 – O. de David Beauregard-Berthier, « L'activité commerciale sur la plage : le commerçant plagiste peut-il être considéré comme propriétaire d'un fonds de commerce ? », *JCP A*, 16 avr. 2007, 2103).

Une commune commet une faute susceptible d'engager sa responsabilité si elle laisse croire à un occupant du domaine public qu'il pourra bénéficier de ces règles (CAA Bordeaux, 19 mai 2005, *Cne de Fouras*, n° 00BX02592).

La question des droits réels est insuffisamment traitée par le décret « plage » : si les dispositions de la loi du 25 juillet 1994 (aujourd'hui codifiées) relative à la constitution de droits réels sur le domaine public ne peuvent en effet concerner le domaine naturel (art. 2122-5, CGPPP), on peut admettre que ses occupants privatifs réguliers soient considérés comme titulaires de droits réels sur les aménagements qu'ils réalisent, dans le strict respect des principes

63. CE, 14 avr. 2008, *Féd. nationale des plages restaurants*, n° 298810.

généraux de la domanialité publique[64]. Quant au transfert de leurs titres d'occupation, sans vraiment s'affranchir du principe classique d'incessibilité[65], l'article 16 du décret du 26 mai 2006 apporte deux assouplissements, sans aller jusqu'à l'alignement sur le régime des exploitants de cultures marines.

> En premier lieu, « *Le concessionnaire peut, éventuellement, préciser dans la convention d'exploitation de plage que [...] le sous-traitant de plage, personne physique, peut transférer la convention d'exploitation à son conjoint ou à la personne à laquelle il est lié par un pacte civil de solidarité ou à l'un de ses descendants ou ascendants pour la durée de la convention restant à courir* » (l'accord préalable du concessionnaire est alors requis).
>
> En second lieu, en cas de décès de ce même sous-traitant, la convention peut également préciser que « *le conjoint, les ascendants et descendants peuvent, dans un délai de six mois et à condition d'en faire la demande au concessionnaire, s'entendre pour transférer à l'un ou plusieurs d'entre eux la convention d'exploitation pour la durée restant à courir* » (faute d'accord passé à l'issue du délai, le concessionnaire déclare la vacance de la convention).
>
> L'art. 16 du D. n° 2006-608 ajoute : « *La convention d'exploitation précise que le concessionnaire, dans tous les cas nécessitant son accord, dispose d'un délai de deux mois pour faire connaître son assentiment. L'absence de réponse dans ce délai vaut accord. Le concessionnaire informe le préfet de toute modification de la convention d'exploitation initiale ou, le cas échéant, de son refus d'accord au changement envisagé par le sous-traitant* ».

En dehors de ces possibilités, il faut savoir que la transmission illégale d'un sous-traité d'exploitation de plage ne justifie pas systématiquement l'expulsion d'un occupant en référé (art. L. 521-3, C. just. adm.) : encore faut-il « *que la demande présentée ne se heurte à aucune contestation sérieuse et que la libération des locaux occupés présente un caractère d'urgence* »[66].

B. Le cadre environnemental

454. C'est l'un des axes fondamentaux du décret :

> « *À l'exception des installations sanitaires publiques et des postes de sécurité, lorsque ces derniers ne sont pas situés dans un espace remarquable au sens de l'article L. 146-6 du Code de l'urbanisme, seuls sont permis sur une plage les équipements et installations démontables ou transportables, ne présentant aucun élément de nature à les ancrer durablement au sol et dont l'importance et le coût sont compatibles avec la vocation du domaine et sa durée d'occupation. Les équipements et installations implantés doivent être conçus de manière à permettre, en fin de concession, un retour du site à l'état initial. Leur localisation et leur aspect doivent respecter le caractère des sites et ne pas porter atteinte aux milieux naturels* » (art. 2-2°).
>
> Sur le caractère démontable des installations, voir *JO* Ass. nat., *Q*, 7 nov. 2006, p. 11676.

64. V. notamment C. Lavialle, « L'affaire des paillotes et la domanialité publique », *RFDA*, 2005, p. 105.
65. CE, 10 mai 1989, *M. Claude Munoz*, n° 73146; CE, 6 oct. 1997, *Mme Virgili et a.*, n° 175904.
66. CE, 5 oct. 2007, *M. Cyril A*, n° 300234 (urgence non caractérisée en l'espèce).

L'intégration de ces exigences environnementales dans la gestion du DPM naturel est particulièrement bienvenue, même si l'on doit regretter la maigreur du lien fait avec la loi Littoral. En effet, les prescriptions de celle-ci ne sauraient se limiter aux conditions d'implantation des sanitaires publics et des postes de sécurité dans les espaces remarquables du littoral. Bien au-delà de cet exemple, c'est tous les aménagements réalisés par les plagistes qui doivent être conformes à la loi du 3 janvier 1986 (et aux règles locales d'urbanisme). D'abord, l'article L. 2124-2 du CGPPP (art. 27 loi Littoral) sur la préservation de l'état naturel du rivage de la mer s'impose[67]. Ensuite, on rappellera que lorsqu'une plage constitue un espace remarquable au sens de l'article L. 146-6 du Code de l'urbanisme (ce qui sera par ex le cas si elle correspond à une partie naturelle d'un site inscrit ou classé), seuls des aménagements légers y sont admissibles, dans les conditions fixées par le décret n° 2004-310 du 29 mars 2004 (art. R. 146-2, C. urb.)[68]. Si ce décret prend largement en compte les activités de cultures marines, il semble parfaitement hermétique à l'exploitation économique des plages remarquables. Toutefois, après l'affaire de la plage de Pampelonne[69], le décret n° 2006-1741 du 23 décembre 2006 relatif aux schémas d'aménagement de plage prévus par l'article L. 146-6-1 du Code de l'urbanisme permet de déroger, dans la bande des 100 mètres, aux grands principes protecteurs de la loi Littoral, sachant que cet outil d'aménagement ne devrait concerner que quelques cas limités eu égard aux conditions posées (sur le plan procédural, le projet de schéma d'aménagement de plage est arrêté par l'organe délibérant compétent – conseil municipal ou EPCI –, soumis à enquête publique après avis de la commission des sites puis approuvé par décret en Conseil d'État : art. R. 146-4, C. urb.)[70].

La jurisprudence afférente à la bande des 100 mètres (art. L. 146-4-III, C. urb.) est plus souple : ont été admis, au titre des « *constructions ou installations nécessaires à des services publics ou à des activités économiques exigeant la proximité immédiate de l'eau* », un poste de surveillance de la plage, des sanitaires publics liés au service public d'entretien et de mise à disposition des plages, ou encore des installations liées à une base de loisirs nautiques (CAA Lyon, 27 févr. 2001, *Assoc. des propriétaires riverains du lac d'Annecy*, n° 95LY01244, pour les loisirs nautiques; CAA Bordeaux, 9 mars 2006, *Assoc. Aix-Ponant*, n° 02BX01974 pour des sanitaires publics; TA Caen, 27 déc. 1990, M. *Sahuguede*, n° 88-506, pour un poste de surveillance).

Par ailleurs, même en dehors du droit des concessions de plages (et donc du décret du 26 mai 2006), l'administration peut toujours refuser d'accorder une

67. N. Calderaro, « Les nouveaux contentieux liés à l'exploitation des plages, des ports de plaisance et des fermes aquacoles », *DMF*, 2002, spéc. pp. 540-541.
68. En ce sens : C. Maugüé, *op. cit.*, p. 1499. Pour la jurisprudence, voir CE, 13 nov. 2002, *Cne de Ramatuelle*, *AJDA*, 2003, p. 337, note J. Morand-Deviller; CE, 12 mars 2007, *Min. des transports, de l'équipement, du tourisme et de la mer*, n° 289031, *Dr. env.*, mai 2007, p. 123.
69. J.-F. Struillou, « Pampelonne, la plage de la discorde », *EF*, déc. 1997, p. 8.
70. V. aussi les dispositions de l'art. R. 146-3, C. urb.

autorisation d'occupation temporaire sur le DPM naturel en se fondant sur des considérations tenant à l'affectation du domaine et à sa préservation[71].

Il est clair que les conditions posées par le décret « plage » relatives aux caractéristiques des installations envisagées doivent être rigoureusement respectées, y compris sur les plages méditerranéennes. En dehors des quelques exceptions prévues, les constructions « en dur » sont proscrites sur le DPM ; les communes et les plagistes doivent en tirer toutes les conséquences (sauf modification du texte...)[72]. En cas d'installations non autorisées ou d'occupation sans titre, les exploitants sont soumis au régime des contraventions de grande voirie, dont la rigueur et la matérialité s'appliquent quand bien même la personne poursuivie aurait obtenu un permis de construire[73]. Il faut en effet articuler les différentes législations applicables sur le littoral (urbanisme, environnement, domanialité). Il a déjà été jugé que l'octroi d'un permis de construire ne dispensait pas le titre domanial (en l'occurrence un sous-traité d'exploitation) d'être approprié à la nature et à l'importance de l'ouvrage projeté[74].

C. Attribution et résiliation des concessions et sous-concessions de plages

455. ***Pour l'attribution des concessions et sous-concessions de plages***, le décret « plage » distingue logiquement les deux catégories de convention.

– ***Concernant les concessions accordées par l'État***, le pouvoir réglementaire rappelle la priorité dont disposent légalement les communes ou leurs groupements, consacrée par la loi « démocratie de proximité » du 27 février 2002 (art. L. 2124-4-II, CGPPP). La durée de ces concessions ne peut excéder 12 ans (art. 1-I). La procédure à suivre est fixée par les articles 5 à 12 du décret. La commune (ou le groupement de communes) en cause qui fait valoir son droit de priorité doit adresser au préfet de département un dossier comportant un plan de situation, un plan d'aménagement, une note sur la mise en œuvre des principes régissant l'occupation privative des plages, une note sur les investissements projetés et les conditions financières d'exploitation, une note sur les aménagements prévus en matière d'accès des personnes handicapées ou justifiant « *une impossibilité matérielle avérée de satisfaire à cette exigence* » (art. 5-II). Après consultation du préfet maritime, ce dossier fait l'objet d'une instruction administrative et d'une enquête publique (art. 5-III). L'instruction administrative est conduite par le service chargé de la gestion du DPM (services

71. TA Poitiers, 7 juill. 2005, *Mme Nathalie Rousselière*, n° 0402105.

72. D. Gerbeau, « Plages. Avis de tempête sur les concessions », *La gazette des communes*, 2 juill. 2007, p. 22.

73. Voir par ex. TA Nice, 10 févr. 2006, *Préfet des Alpes-Maritimes c/ EURL « Plage »*, n° 0503404.

74. CAA Marseille, 25 nov. 2004, *Cne de Cagnes-sur-Mer*, n° 00MA00192.

compétents des DDE avant la mise en place des DDT). Celui-ci recueille l'avis du directeur des services fiscaux, chargé de fixer les conditions financières de la concession (art. 8). Lorsque le projet de concession est localisé dans un espace remarquable du littoral, il ne peut être autorisé qu'après avis de la commission des sites. Après instruction, le projet fait l'objet d'une ***enquête publique*** (dans les formes prévues par les articles R. 11-14-3 à R. 11-14-15 du Code de l'expropriation) à l'issue de laquelle le préfet se prononce par voie d'arrêté quels que soient les résultats de l'enquête.

« S'il décide, nonobstant l'avis défavorable du commissaire enquêteur ou de la commission d'enquête, d'accorder la concession, son arrêté doit être motivé » (art. 9 et 10). Le décret précise que « Si la commune, ou le groupement de communes, ne fait pas valoir son droit de priorité ou ne donne pas suite à sa décision d'exercer ce droit, l'attribution de la concession de plage est soumise à la procédure prévue à l'article 38 de la loi du 29 janvier 1993 » (voir les dispositions de l'art. 6). Enfin, « Le concessionnaire produit chaque année à l'État un rapport dans les formes prévues à l'article 40-1 de la loi du 29 janvier 1993 [...]. Ce rapport comporte notamment les comptes financiers tant en investissement qu'en fonctionnement, retraçant les opérations afférentes à la concession de la plage, ainsi qu'une analyse du fonctionnement de la concession, en particulier au regard de l'accueil du public et de la préservation du domaine. Il comporte également, le cas échéant, les rapports visés aux articles 13 et 14 » (art. 11).

– ***Concernant les sous-concessions de plages*** (conventions d'exploitation), le décret du 26 mai 2006 prescrit très clairement l'application de la loi « Sapin », conformément à la volonté du législateur (art. L. 2124-4-II, CGPPP).

Ainsi, « *Lorsque le concessionnaire est une collectivité territoriale et qu'il décide de faire usage de la possibilité prévue au II de l'article 1er, il soumet les conventions d'exploitation à la procédure décrite aux articles L. 1411-1 à L. 1411-10 et L. 1411-13 à L. 1411-18 du Code général des collectivités territoriales* » (art. 13 al. 1).

Quelques adaptations bienvenues ont été apportées : « *Lorsque le concessionnaire dresse la liste des candidats admis à présenter une offre, il examine, outre leurs garanties professionnelles et financières, leur aptitude à assurer l'accueil du public pendant la période d'exploitation ainsi que la préservation du domaine* » (art. 13 al. 2); et « *Le rapport prévu à l'article L. 1411-3 du Code général des collectivités territoriales précise notamment les conditions d'accueil du public et de préservation du domaine* » (art. 13 al. 4).

Au-delà des aspects techniques liés à l'application de la loi « Sapin », il faut bien comprendre que l'objectif du dispositif mis en place par étapes successives (depuis la jurisprudence *Chez Joseph*) est « *d'assurer la transparence des attributions de lots sous-traités et d'éviter une appropriation des espaces sous-traités, tout en offrant une réponse à la demande d'animation de la clientèle touristique* »[75]. Il n'y a pas lieu de distinguer, aux fins d'application de la loi du 29 janvier 1993, entre les sous-traités véritablement constitutifs d'une délégation de service public et ceux dont on pourrait estimer qu'ils ne le sont pas (au regard

75. *JO* Sénat, *Q*, 8 sept. 2005, p. 2313.

de l'activité exercée par le plagiste) ; la procédure concerne bien toutes les conventions d'exploitation quelle que soit la qualité du sous-traitant (qui peut être une personne morale de droit privé ou de droit public, une personne physique ou un groupe de personnes physiques ; art. 15)[76]. Si l'on prend acte des exigences du décret « plage » de 2006, les sous-traités d'exploitation ne doivent autoriser que des activités liées au service public balnéaire et l'on ne saurait alors considérer que leur procédure de passation est inadaptée aux enjeux en présence.

Fondamentalement inscrits dans le champ du droit des délégations de service public et de la domanialité publique, ces contrats sont donc soumis aux évolutions textuelles et jurisprudentielles y afférentes.

Plusieurs points doivent être rappelés à ce propos :

D'abord, « *il résulte des dispositions [...] de l'article 38 de la loi du 29 janvier 1993 que l'autorité responsable de la personne publique délégante choisit librement, au vu des offres présentées, ceux des candidats admis à présenter une offre avec qui elle entend mener des négociations* » (CE, 23 mai 2008, *Musée Rodin*, n° 306153).

Ensuite, un plagiste candidat s'estimant lésé par un manquement aux obligations de publicité et de mise en concurrence peut saisir le juge des référés précontractuels, avant la signature du contrat, sur le fondement de l'article L. 551-1 du Code justice administrative[77]. Une fois la convention d'exploitation signée, le concurrent évincé peut former devant le juge du contrat, dans le cadre de la jurisprudence *Tropic*, « *un recours de pleine juridiction contestant la validité de ce contrat ou de certaines de ses clauses, qui en sont divisibles, assorti, le cas échéant, de demandes indemnitaires* » (CE, Ass., 16 juill. 2007, *Sté Tropic travaux signalisation*, *AJDA*, 2007, p. 1577.

Enfin, une commune concessionnaire peut « *décider de prolonger temporairement les sous-traités déléguant le service public attaché à la sécurité et la salubrité de la baignade ainsi qu'au développement de la station balnéaire pour un motif d'intérêt général tiré de la nécessité d'assurer la continuité de ce service public au début de la saison estivale* » (art. L. 1411-2, CGCT) (CE, 8 juin 2005, *M. Tomaselli, Cne de Ramatuelle*, *AJDA*, 2005, p. 1686, note J.-D. Dreyfus).

Sur le plan domanial, il résulte des principes de la domanialité publique qu'un occupant privatif n'a aucun droit acquis au renouvellement de son titre[78] ; le concessionnaire peut très bien décider, par exemple, d'abandonner toute exploitation d'un lot de plage pour être remis à l'état naturel[79]. Le contentieux des sous-traités d'exploitation relève assurément de la compétence du juge administratif (art. L. 2331-1, CGPPP)[80].

76. En ce sens, voir A. Ondoua, « Concessions de plage », *op. cit.*, n° 43 ; O. de David Beauregard-Berthier, *op. cit.*, p. 40 ; *JO* Ass. nat., 20 oct. 2003, p. 8021.

77. CE, 28 déc. 2001, *M. Lacombe*, n° 223047 ; CE, 13 juill. 2007, *SIPPEREC*, n° 299417. Le juge des référés précontractuels ne peut annuler une procédure de passation que si l'irrégularité en cause est susceptible d'avoir lésé ou risque de léser le requérant : CE, 3 oct. 2008, *SMIRGEOMES*, n° 305420.

78. CE, 20 mars 1996, *M. Jean-Louis Veber*, n° 121601.

79. TA Nice, 6 juin 2006, *M. Tomaselli c/ Cne de Ramatuelle*, n° 0102245 et 0105352.

80. Ph. Yolka, « Les sous-concessions domaniales », *JCP A*, 29 janv. 2007, 2017.

On observera encore que « *Lorsque le concessionnaire est une personne autre qu'une collectivité territoriale [...], il soumet les conventions d'exploitation à une procédure de publicité permettant la présentation de plusieurs offres concurrentes* » (voir dans ce cas les dispositions de l'art. 14).

Ajoutons enfin que la date d'échéance des conventions d'exploitation ne doit pas dépasser celle de la concession (art. 1er – II al. 2) et que les projets de sous-traités doivent être soumis pour accord au préfet préalablement à leur signature (art. 13, al. 3 et 14, al. 5)[81].

456. ***Concernant la résiliation des contrats (concessions et sous-traités)***, le décret du 26 mai 2006 envisage essentiellement l'hypothèse de la résiliation pour faute, en distinguant le cas des concessions de plage de celui des conventions d'exploitation passées avec les plagistes (art. 17 et 18), sachant que « *La résiliation de la concession entraîne la résiliation de plein droit des conventions d'exploitation* » (art. 17). Ainsi, concessions et sous-concessions peuvent être résiliées pour faute du concessionnaire ou du plagiste, sans indemnisation. La décision (émanant du préfet pour les concessions et du concessionnaire pour les sous-traités) doit être motivée ; elle doit intervenir après mise en demeure (qui ne s'impose toutefois pas en cas d'infraction grave aux lois et règlements en vigueur) et après que le cocontractant en cause a été mis en mesure de présenter ses observations. Plusieurs hypothèses de manquement sont énoncées pour les concessions et les conventions d'exploitation, comme (s'agissant de ces dernières) la violation des stipulations du contrat (notamment financières), la commission d'infractions aux lois et règlements en vigueur (notamment aux règles d'occupation du DPM, aux règles d'urbanisme, de construction, de protection des sites et de sécurité), l'inexploitation ou l'insuffisance d'exploitation d'un emplacement (au regard des conditions de délivrance de la convention, pendant une période d'un an), le non-démontage des installations en dehors de la saison balnéaire (sauf si le plagiste bénéficie d'une autorisation annuelle spéciale), ou encore le non-respect de la durée minimale d'ouverture annuelle de 48 semaines lorsque le plagiste dispose d'une telle autorisation annuelle (art. 18)[82].

La résiliation peut également être prononcée pour un motif d'intérêt général, comme le prévoit l'article 4 du décret.

> « *Les concessions ou conventions d'exploitation peuvent comporter une clause prévoyant, en cas de résiliation pour un motif d'intérêt général, l'indemnisation des investissements non encore amortis. L'amortissement est réputé effectué par annuités égales pendant la durée normale d'utilisation* ».

On rappellera qu'en vertu des principes généraux gouvernant les contrats administratifs, la résiliation prononcée dans un but d'intérêt général doit

81. Le silence du préfet pendant deux mois vaut accord.

82. Pour des exemples de résiliation fautive des concessions, voir les dispositions de l'art. 17.

s'accompagner de l'indemnisation du préjudice subi par le cocontractant de l'administration[83].

D. Risques naturels et accidents de plage

457. Il apparaît, fort logiquement, que ***les conséquences dommageables*** des risques naturels et des accidents de plage ne sauraient peser sur l'État.

D'abord, « *Le concessionnaire et les sous-traitants éventuels prennent le domaine public concédé dans l'état où il se trouve le jour de la signature des conventions. Il est précisé dans ces conventions que ni le concessionnaire ni les sous-traitants ne peuvent réclamer d'indemnité à l'encontre de l'État en cas de modification de l'état de la plage ou de dégâts occasionnés aux installations du fait de l'action de la mer ou d'un autre phénomène naturel* » (art. 4)[84].

Ensuite, s'agissant des accidents de plage et de baignade, on doit rappeler que l'activité des plagistes ne saurait dégager les municipalités des responsabilités qui leur incombent au titre de la police des baignades et des activités nautiques (sur ce point, voir *supra*, n° 208 et s.)[85].

458. ***En conclusion***, on peut penser que le décret du 26 mai 2006 relatif aux concessions de plage, largement fondé sur l'idée de service public et de respect du DPM, aura du mal à s'imposer en pratique. Deux scénarios sont alors envisageables : son assouplissement par de nouvelles dispositions décrétales, sous la pression des enjeux économiques de la plage, ou l'acceptation par les services de l'État de situations en marge d'un régime juridique strict, dont l'application sans faille supposerait un redéploiement sans précédent des occupations privatives de ces dépendances du DPM naturel. Si l'on peut constater ici ou là des signes de fermeté quant au respect du texte (notamment sur les installations admissibles), il n'est pas certain que la réforme de 2006 soit à même de « ceintrer » les appétits des plagistes. Par ailleurs, le régime des concessions de plage n'est pas le seul cadre juridique à prendre en compte ; les acteurs de l'économie de la plage doivent également porter une attention particulière au droit de l'urbanisme et de l'environnement.

Bibliographie

ANFOSSO (A.), « Les plages, les plagistes, les communes et l'État », *La gazette des communes*, 23 août 1999, p. 38.

BECET (J.-M.), « Schémas de mise en valeur de la mer et aquaculture », *Revue de droit rural*, mars 1993, p. 101.

83. Voir RICHER (L.), *Droit des contrats administratifs*, LGDJ, 2006, n° 358 ; F. Linditch, « Droit du sable ou droit au sable ? A propos du décret relatif aux concessions de plage », *JCP A*, 26 juin 2006, 1145.
84. L'art. 4 précise en outre que « *la mise en œuvre, par le préfet, des mesures indispensables à la conservation du domaine public maritime n'ouvre pas droit à indemnité...* ».
85. CE, 23 mai 1958, *Consorts Amoudruz*, *Rec.*, p. 301 ; CE, 4 oct. 1961, *Dame Verneuil*, *Rec.*, p. 533.

BERNARD-GUILLAUMONT (C.) et GUILLAUMONT (O.), « Le nouveau régime des concessions et sous-concessions de plages », *Contrats et marchés publics*, nov. 2006, étude 18.

BEURIER (J.-P.), « De la conchyliculture aux cultures marines – Étude du décret du 22 mars 1983 sur les exploitations de cultures marines », *Rev. jur. env.*, 1983/4, p. 323.

BORDEREAUX (L.), « Remarques relatives à l'application de la loi Sapin sur le domaine public maritime », *ADMO*, t. XXI, 2003, Université de Nantes, p. 287.

BORDEREAUX (L.), « L'encadrement juridique de l'économie de la plage », *Dr. env.*, juill./août 2006, p. 208.

CALDERARO (N.), « Les nouveaux contentieux liés à l'exploitation des plages, des ports de plaisance et des fermes aquacoles », *DMF*, 2002, p. 539.

COULOMBIE (H.), « Les concessions de plages », *DMF*, 1999, p. 669.

DAVID BEAUREGARD-BERTHIER de (O.), « L'activité commerciale sur la plage : le commerçant plagiste peut-il être considéré comme propriétaire d'un fonds de commerce ? », *JCP* A, 16 avr. 2007, 2103.

FAURE-BONACCORSI (D.), *Les concessions de plage*, territorial éd., « l'essentiel sur », 2007.

GERBEAU (D.), « Plages. Avis de tempête sur les concessions », *La gazette des communes*, 2 juill. 2007, p. 22.

HELIN (J.-C.), « Le droit de l'aquaculture marine – Tendances et problèmes », *RFDA*, 1993, p. 549.

JOUFFROY (B.), « Les nouvelles règles d'occupation privative des plages », *Les annales de la voirie*, oct. 2006, p. 187.

LACROUTS (J.), « Commentaire du décret n° 2006-608 du 26 mai 2006 relatif aux concessions de plage », *Rev. jur. env.*, 3/2007, p. 325.

LE BRUN (R.), « La transmission des exploitations de cultures marines », *Revue de droit rural*, mars 1993, p. 113.

LINDITCH (F.), « Droit du sable ou droit au sable ? – À propos du décret relatif aux concessions de plage », *JCP* A, 26 juin 206, 1145.

MAUGÜE (C.), « La réaffirmation du caractère exceptionnel de l'occupation privative des plages », *AJDA*, 2006, p. 1496.

MINER (M.-C.) et KEMPF (M.) (coord.), *Aquaculture et environnement – Réglementation et pratique des élevages de poissons marins*, Ifremer, 1999.

MORAND-DEVILLER (J.), « Les concessions de plages naturelles. Réflexions sur la délivrance des titres d'occupation domaniale », *AJDA*, 2002, p. 481.

REDON (J.-P.), « Le statut foncier des plages et les activités des plagistes », *RGCT*, nov.-déc. 1999, p. 523.

Chapitre 2

La question du renouveau des usages de la mer côtière

Plan du chapitre

RÉSUMÉ

459. Le renouveau des usages de la mer côtière est notamment lié à l'implantation de sources d'énergie renouvelable et de récifs artificiels, ainsi qu'au développement des projets d'extraction de granulats marins. Localisées là encore sur le DPM naturel (immergé), ces utilisations de la frange côtière maritime ont soulevé de nombreuses questions touchant au thème récurrent des conflits d'usage et du développement durable. Elles invitent incontestablement à réfléchir sur l'évolution du cadre juridique dans lequel elles s'exercent.

Section 1 L'implantation de sources d'énergie renouvelable et de récifs artificiels

§1. Les sources d'énergie renouvelable

460. Les grandes problématiques environnementales contemporaines ont conduit l'Union européenne et les États membres à prendre des mesures en faveur d'un développement significatif des énergies renouvelables[1]. La directive 2001/77/CE du 27 septembre 2001 relative à la promotion de l'électricité produite à partir de sources d'énergies renouvelables a ainsi été adoptée (dans le sillage du Livre blanc fixant une stratégie communautaire en la matière). On se situe aujourd'hui dans le cadre de la proposition de directive relative à la promotion de l'utilisation de l'énergie produite à partir de sources renouvelables, présentée par la Commission européenne en janvier 2008.

A. Cadre général

461. ***En droit interne***, on retiendra d'abord que la loi n° 2000-108 du 10 février 2000 relative à la modernisation et au développement du service public de l'électricité instaure un mécanisme d'obligation d'achat de l'électricité produite par les installations utilisant des énergies renouvelables (art. 10)[2] ; elle affirme également que l'autorisation d'exploiter une installation de production d'électricité est délivrée par le ministre chargé de l'énergie (art. 7).

Avec la loi n° 2003-590 du 2 juillet 2003 « urbanisme et habitat » (art. 98), le législateur a adopté des dispositions bienvenues concernant le cadre environnemental et la planification du développement éolien.

Article L. 553-3 du Code de l'environnement

Ainsi, « *L'exploitant d'une installation produisant de l'électricité à partir de l'énergie mécanique du vent est responsable de son démantèlement et de la remise en état du site à la fin de l'exploitation. Au cours de celle-ci, il constitue les garanties financières nécessaires* ».

Article L. 553-4-I du Code de l'environnement

Concernant la planification, il est dit qu'« *Afin de promouvoir un développement harmonieux de l'énergie éolienne, les régions peuvent mettre en place un **schéma régional éolien**, après avis des départements et des établissements publics de coopération intercommunale à fiscalité propre concernés. Ce schéma indique les secteurs géographiques qui paraissent les mieux adaptés à l'implantation d'installations produisant de l'électricité en utilisant l'énergie mécanique du vent* ».

1. Sur l'exemple espagnol : F. MODERNE, « Le droit des énergies renouvelables – Observations sur le modèle espagnol », *Mél. en l'honneur de Michel Prieur*, Dalloz, p. 1409. Pour une approche globale du sujet : LE BAUT-FERRARESE (B.) (dir.), *Droit des énergies renouvelables*, Le Moniteur, 2008.
2. L'Arr. du 10 juill. 2006 fixant les conditions d'achat de l'électricité produite par les installations utilisant l'énergie mécanique du vent telles que visées au 2° de l'art. 2 du D. n° 2000-1196 du 6 déc. 2000 a été annulé pour vice de procédure (défaut de consultation du conseil supérieur de l'énergie) : CE, 6 août 2008, *Assoc. Vent de colère – Féd. nationale*, *AJDA*, 2008, p. 2117, note B. Le Baut-Ferrarese. Voir l'Arr. du 17 nov. 2008.

Les schémas régionaux éoliens du Nord/Pas-de-Calais, de Haute-Normandie et de Bretagne, par exemple, font bien apparaître le potentiel éolien en zone littorale et marine, à l'inverse du schéma de Poitou-Charentes, davantage tourné vers l'intérieur des terres malgré sa façade maritime.

La loi n° 2005-781 du 13 juillet 2005 de programme fixant les orientations de la politique énergétique comporte d'importantes dispositions tout en faisant preuve de prudence dans la diversification du bouquet énergétique français (art. 4)[3]. On retiendra d'abord qu'elle précise les conditions du démantèlement et de la remise en état concernant les éoliennes situées sur le DPM, les garanties financières devant alors être constituées « *dès le début de leur construction* » (art. 40 modifiant l'art. L. 553-3, C. env.)[4]. Ensuite, elle restreint le domaine de l'obligation d'achat de la production électrique issue des installations éoliennes (art. 37-I 2°) et introduit corrélativement les ***zones de développement de l'éolien*** (art. 37-II ; art. 10-1 de la loi n° 2000-108).

Ces zones, qui s'imposent au schéma régional éolien, « *sont définies par le préfet du département en fonction de leur potentiel éolien, des possibilités de raccordement aux réseaux électriques et de la protection des paysages, des monuments historiques et des sites remarquables et protégés. Elles sont proposées par la ou les communes dont tout ou partie du territoire est compris dans le périmètre proposé ou par un établissement public de coopération intercommunale à fiscalité propre, sous réserve de l'accord de la ou des communes membres dont tout ou partie du territoire est compris dans le périmètre proposé* ».

La proposition communale (ou intercommunale) précise le périmètre de la zone de développement de l'éolien et définit la puissance installée (minimale et maximale) des éoliennes pouvant bénéficier dans le périmètre défini de l'obligation d'achat. Elle est accompagnée d'éléments permettant d'apprécier l'intérêt du projet au regard des possibilités des sites (potentiel éolien, raccordement électrique) et des impératifs de protection du patrimoine naturel et culturel. Le préfet, qui décide sur la base de cette proposition et après avis de la Commission des sites (et des communes limitrophes), « *veille à la cohérence départementale des zones de développement de l'éolien et au regroupement des installations afin de protéger les paysages* ». La circulaire du 19 juin 2006 sur la création des zones de développement de l'éolien terrestre rappelle qu'il ne s'agit pas de documents d'urbanisme et qu'il doit être tenu compte de la législation environnementale en vigueur, dont celle afférente aux espaces remarquables au sens de la loi Littoral, aux terrains du Conservatoire du littoral et aux sites classés[5].

3. B. Le Baut-Ferrarese et D. Landbeck, « La loi sur l'énergie du 13 juillet 2005 et les énergies renouvelables », *AJDA*, 2006, p. 189.

4. « *Un décret en Conseil d'État détermine les conditions de constitution des garanties financières* ».

5. Sur les ZDE, V. notamment la Synthèse du 5e Colloque national éolien, Amiens, 16, 17, 18 nov. 2006.

Dans ce domaine crucial des énergies vertes, il faut enfin prendre en considération les diverses dispositions prévues par le « Grenelle de l'environnement », qui ont pour ambition de favoriser le développement de l'ensemble des filières d'énergies renouvelables et d'améliorer la planification territoriale (schémas régionaux des énergies renouvelables, schémas régionaux du climat, de l'air et de l'énergie).

462. ***Sur le plan du droit international***, les énergies renouvelables marines doivent être appréhendées dans le cadre de la Convention de Montego Bay sur le droit de la mer du 10 décembre 1982. Si d'aucuns estiment que des développements spécifiques pourraient être consacrés à ces nouvelles technologies, il ressort de la Convention que le régime des eaux intérieures et de la mer territoriale (espaces de souveraineté étatique), ainsi que celui de la zone économique exclusive et du plateau continental (espaces de droits exclusifs), ne constituent pas un obstacle à l'implantation de sources d'énergie renouvelable (contrairement au droit interne...).

463. ***La déclinaison littorale et maritime de la question des énergies renouvelables*** apparaît au cœur des préoccupations actuelles. De nombreux projets ambitieux ont vu le jour, notamment concernant l'implantation d'éoliennes offshore, surtout dans les pays à forte tradition maritime d'Europe du Nord (comme le Danemark, les Pays-Bas, la Belgique ou le Royaume-Uni), où les problématiques juridiques et financières ont été relativement vite abordées[6]. La France demeure encore largement en décalage en restant au milieu du gué, sans choix politique très ferme sur le sujet. Les projets existent bien mais les obstacles semblent encore difficiles à surmonter et le cadre juridique (notamment domanial) est peu encourageant. Ce dernier n'est sans doute pas à même de promouvoir un développement ambitieux des énergies renouvelables sur le domaine maritime[7].

Dans son rapport de 2002 sur l'énergie éolienne en mer, le secrétariat général de la mer observait que :

> *« La priorité est la définition claire, jusqu'à l'échéance 2010 au moins, d'une politique sectorielle nationale en matière de production d'énergie électrique d'origine éolienne en mer; cette politique devrait préciser notamment les objectifs quantitatifs et le calendrier associé, les priorités géographiques éventuelles, les mesures de protection de l'environnement et des intérêts socio-économiques, les objectifs tarifaires poursuivis »* (Secrétariat Général de la Mer, *Énergie éolienne en mer – Recommandations pour une politique nationale*, déc. 2002, p. 47).

Un premier appel d'offres sur l'implantation d'éoliennes en mer sur le DPM a été lancé par le Gouvernement en 2004, une note du ministre délégué à l'in-

6. VAN DER MENSBRUGGHE (Y.), « Des éoliennes le long des côtes... Le cas belge », in *La Mer et son Droit*, Mél. offerts à Laurent Lucchini et Jean-Pierre Quéneudec, Pedone, 2003, p. 619.

7. Sur les éoliennes offshore et le droit, voir : BONNEFOI (S.) et BONNEFOI (Ch.), *Eoliennes en mer et maîtrise foncière : Eléments juridiques*, rapport à l'ADEME, 2002; C. Roche, « Et pourtant, elles tournent : la réglementation applicable aux éoliennes offshore », *AJDA*, 2007, p. 1785.

dustrie et du secrétaire d'État aux transports et à la mer en date du 13 octobre 2003 ayant alors précisé les grands critères de choix des offres (acceptabilité du projet au regard des autres usagers de la mer, possession d'un titre domanial ou demande en cours d'instruction, évaluation des impacts environnementaux, mesures correctrices éventuelles et suivi du projet, existence d'une étude exploratoire de raccordement effectuée par le gestionnaire du réseau public de transport ou de distribution d'électricité concerné, capacités techniques, économiques et financières du candidat). Sur une dizaine de projets présentés, seule une candidature a été retenue (parc éolien au large de Veulettes-sur-Mer en Seine-Maritime)[8].

L'initiative partenariale nationale pour l'émergence des énergies marines (Ipanema), lancée officiellement à Brest en octobre 2008, devra dépasser le stade de la communication et de la prospective. Quant au Plan national de développement des énergies renouvelables à haute qualité environnementale présenté par le MEEDDAT le 17 novembre 2008, il n'affiche qu'un soutien discret à l'éolien en mer ; il propose trois mesures en la matière (simplification de la procédure, création d'une instance de concertation et de planification pour chaque façade maritime, création d'une procédure pour faciliter l'installation de parcs éoliens dans la ZEE). Le « Grenelle de la mer » est-il en mesure d'impulser une véritable dynamique en la matière ?

Des travaux de recherche coordonnés par l'Ifremer (menés de mars 2007 à février 2008) soulignent pourtant le potentiel français en matière d'énergies renouvelables marines (éolien, énergie thermique des mers, énergie des courants, énergie marémotrice, des vagues, biomasse marine et énergie des gradients de salinité).

Il est soutenu qu'elles « *peuvent contribuer de manière significative à tenir les objectifs de l'UE en 2020 en matière d'énergie renouvelable tout en développant des technologies à fort potentiel d'exportation...* » et qu'« *En conséquence, il est d'autant plus stratégique de s'approprier rapidement ces technologies qu'il est encore temps d'en faire des atouts compétitifs de long terme* » (Ifremer, *Les énergies renouvelables marines. Synthèse d'une étude prospective à l'horizon 2030*, p. 25).

B. Droit de l'urbanisme et de l'aménagement

464. Au titre des dispositions générales liées au droit de l'urbanisme et de l'aménagement, on rappellera qu'en vertu de l'article L. 553-2-I du Code de l'environnement :

8. Sur quelques projets actuels (2008/2009), voir : J.-M. Le Provost, « 120 générateurs au large de la Vendée », *Le marin*, 19 sept. 2008, p. 11 ; E. Martin, « Des projets avec le vent et la houle en Loire-Atlantique », *Le marin*, 3 oct. 2008, p. 9. Sur les hydroliennes (utilisant le courant marin pour produire de l'électricité) : B. Jégou, « Un prototype mis à l'eau à l'embouchure de l'Odet », *Le marin*, 4 avr. 2008.

> *« L'implantation d'une ou plusieurs installations produisant de l'électricité à partir de l'énergie mécanique du vent dont la hauteur du mât dépasse 50 mètres est subordonnée à la réalisation préalable :*
>
> *a) De l'étude d'impact définie à la section 1 du chapitre II du titre II du livre Ier du présent code;*
>
> *b) D'une enquête publique soumise aux prescriptions du chapitre III du titre II du livre Ier du présent code* » (Art. L. 553-2-II, C. env. : « *Les projets d'implantation qui ne sont pas subordonnés à la réalisation préalable d'une étude d'impact doivent faire l'objet d'une notice d'impact* »).

L'implantation est également subordonnée à l'obtention préalable d'un ***permis de construire***, dans les conditions fixées par les articles L. 421-1 et R. 421-2 du Code de l'urbanisme (les éoliennes dont la hauteur du mât et de la nacelle au-dessus du sol est inférieure à 12 mètres sont dispensées de toute formalité[9]). Le préfet est compétent pour délivrer le permis de construire s'agissant des « *ouvrages de production, de transport, de distribution et de stockage d'énergie lorsque cette énergie n'est pas destinée, principalement, à une utilisation directe par le demandeur* » (art. R. 422-2 *b*, C. urb.). Un refus de permis peut être opposé au pétitionnaire sur le fondement de l'article R. 111-21 du Code de l'urbanisme (en cas d'atteinte à l'intérêt des lieux avoisinants, aux sites ou aux paysages)[10].

Un *Guide de l'étude d'impact sur l'environnement des parcs éoliens* a été réalisé en 2004 par le Ministère de l'Écologie et l'Agence de l'Environnement et de la Maîtrise de l'Énergie; il aborde le cas des éoliennes en mer[11]. Rappelant le potentiel des gisements éoliens marins, ce guide souligne l'importance de l'évaluation des effets environnementaux en phase de travaux et d'exploitation (ressource halieutique, activités de pêche et de navigation, propagation du son en milieu aquatique, milieu naturel marin et avifaune, paysage, tourisme), des mesures relatives à la suppression, la réduction ou la compensation des impacts, du suivi environnemental, ainsi que du démantèlement et de la remise en état du site. L'attention est également attirée sur la prise en compte des servitudes et contraintes aéronautiques (civiles et militaires)[12].

Comme nous l'avons vu (cf. *supra*, n° 184), les aménagements du DPM (dont les projets éoliens) ne sauraient être pensés dans l'ignorance des documents d'urbanisme, ce qui, le cas échéant, peut conduire à mettre en œuvre une procédure de modification ou de révision du PLU.

Dans le cadre des règles et principes applicables dans le domaine de l'urbanisme et de l'environnement, il faut bien sûr prendre en compte les évolutions de la jurisprudence administrative, appliquant au secteur éolien les

9. Sauf dans les secteurs sauvegardés et les sites classés.
10. CAA Bordeaux, 22 janv. 2009, *Min. de l'écologie*, n° 07BX01137.
11. P. 85 et s. *www.ecologie.gouv.fr/IMG/pdf/Guide_eolien.pdf/*
12. Sur ce sujet, V. aussi *JO* Sénat, *Q*, 3 août 2006, p. 2054.

exigences afférentes à la sécurité publique, au respect de l'environnement, des paysages et des sites ou à l'information du public[13].

465. Pour les projets éoliens situés en zone littorale terrestre, une attention particulière doit être portée au respect de la ***loi Littoral du 3 janvier 1986***[14]. Il apparaît clairement qu'ils ne sont pas compatibles avec les règles de protection visant les espaces remarquables du littoral (art. L. 146-6, C. urb.) et la bande des 100 mètres (art. L. 146-4-III, C. urb.), ou encore avec le principe d'interdiction de porter atteinte à l'état naturel du rivage de la mer (art. L. 2124-2, CGPPP). Les exceptions prévues par ces articles ne sont pas, en l'état actuel de la législation, susceptibles d'être mobilisées aux fins d'accueillir des sources d'énergie renouvelable. En 2003, sur le territoire de la commune de La Rochelle (site de Chef de baie), une demande de concession domaniale relative à un projet d'éolienne sur l'estran a ainsi été refusée par le préfet en raison de son incompatibilité avec la loi Littoral. Si l'exemple vendéen de Bouin et de Longeville-sur-Mer montre bien que les éoliennes ne sont pas en soi proscrites en zone littorale, les projets doivent être conçus dans le respect du droit de l'urbanisme littoral. On ne saurait sans imprudence les soustraire par principe du champ d'application des articles L. 146-4-I (extension de l'urbanisation en continuité de l'existant) et L. 146-4-II (extension limitée de l'urbanisation des espaces proches du rivage) du Code de l'urbanisme[15], ce qui n'est pas sans poser quelques difficultés au regard des impératifs environnementaux et de sécurité.

C. Cadre domanial

466. Sur le plan domanial, l'ancrage au sol marin des éoliennes ainsi que les câbles nécessaires à leur raccordement au réseau électrique continental posent inévitablement la question de l'autorisation d'occupation privative du DPM. C'est en la matière le ***décret nº 2004-308 du 29 mars 2004***, relatif aux concessions d'utilisation du domaine public maritime en dehors des ports, qui constitue le régime juridique de référence[16]. Ce texte, inapplicable aux

13. CE, 28 nov. 2007, *Stés Jeumont SA et Jeumont Eole*, nº 279076; CE, 3 mars 2004, *Sté Ploudalmezeau Breiz*, *JCP A*, 20 sept. 2004, 1607, note Ph. Billet; CAA Marseille, 28 juin 2007, *Sté d'exploitation Energie Sud*, *Environnement*, nov. 2007, comm. 203, note J.-M. Février; CAA Lyon, 5 avr. 2005, *Assoc. pour la préservation des paysages exceptionnels du Mézenc*, *Rev. jur. env.*, 1/2006, p. 49, note G. Monédiaire; TA Amiens, 31 déc. 2007, *Cne de Vauxcere*, nº 0501460, *AJDA*, 2008, p. 775.

14. Circ. interministérielle du 10 sept. 2003 sur la promotion de l'énergie éolienne terrestre; *JO* Sénat, *Q*, 6 mars 2008, p. 442; L. Bordereaux, « L'énergie éolienne à l'épreuve du droit du littoral », *DMF*, 2002, p. 867.

15. En ce sens (mais sur la base de l'art. L. 145-3-III, C. urb.), voir CE, 29 janv. 2008, *Sté EDF en France*, *Environnement*, avr. 2008, comm. 68, note J.-M. Février. En sens contr., V. la Circ. préc. du 10 sept. 2003.

16. F. F. Lissouck, « La rénovation du régime des concessions d'utilisation du domaine public maritime », *AJDA*, 2005, p. 365.

concessions de plages, de cultures marines ou aux installations soumises à l'octroi d'un titre minier, a abrogé le décret n° 79-518 du 29 juin 1979. S'il a été adopté aux fins de mieux prendre en considération les nouveaux usages de la mer côtière (comme l'accueil de sources d'énergie renouvelable) et les enjeux environnementaux, son apport apparaît relativement modeste.

Les concessions pouvant être accordées sur le fondement du décret du 29 mars 2004 sont conclues pour une durée ne pouvant excéder 30 ans.

– ***Les objectifs*** susceptibles d'être poursuivis sont variés (ils comprennent encore les traditionnels endigages), sachant que les dépendances du DPM en cause ne peuvent faire l'objet de concessions qu'« *en vue de leur affectation à l'usage du public, à un service public ou à une opération d'intérêt général* » (art. 1er du décret), les biens concédés n'étant pas soustraits au domaine public (inaliénable et imprescriptible). Il est donc certain que la concession d'utilisation du DPM en dehors des ports ne peut être mobilisée pour réaliser un projet immobilier privatif « les pieds dans l'eau ». Dans le respect des autres législations (environnementale et urbanistique notamment), elle peut concerner par exemple un projet d'aménagement de plage afin de permettre une meilleure accessibilité du public ou d'ouvrage de défense contre la mer. L'implantation de sources d'énergie renouvelable est parfaitement admissible sur ce fondement décrétal (elle a été clairement envisagée par les auteurs de la réforme des concessions sur le DPM), même si rien n'est expressément dit à ce sujet.

– ***La procédure administrative*** d'instruction et d'approbation est classique et comparable dans ses grandes étapes à celle du décret « plage ». La demande de concession, adressée au préfet, s'accompagne d'un dossier devant comporter toute une série de renseignements, notamment sur l'impact environnemental du projet (art. 2 du décret). S'il y a lieu, une étude d'impact ou une notice d'impact doit être fournie. Le préfet de département consulte le préfet maritime dès qu'il a été saisi. La demande est instruite par le service gestionnaire du DPM, qui procède aux diverses consultations requises (administrations civiles et militaires intéressées, communes et groupements de communes concernés)[17]. Le projet doit faire l'objet d'une enquête publique (dans les formes prévues par les articles R. 11-14-3 à R. 11-14-15 du Code de l'expropriation) préalablement à son approbation par arrêté préfectoral (art. 7).

– ***Les préoccupations environnementales*** liées à la fin de la concession (remise en l'état) ont été intégrées :

> « *Lorsque le titulaire est une personne physique ou une personne morale de droit privé, la convention peut prévoir, afin d'assurer la réversibilité effective des modifications apportées au milieu naturel, la constitution de garanties financières dont le montant est établi compte tenu du coût estimé des opérations de remise en état, de restauration ou de réhabilitation du site* » (art. 8).

17. « *Le service gestionnaire du domaine public maritime recueille l'avis du directeur des services fiscaux qui est chargé de fixer les conditions financières de la concession* » (art. 6 al. 2).

Le droit domanial cherche ainsi à concilier la nécessité de protéger le DPM naturel avec son exploitation. Le champ d'application de ces dispositions bienvenues est large, étant entendu qu'il faut prendre acte des impératifs de la loi en matière d'éoliennes (voir *supra*).

– ***Sur la question des droits réels***, le décret du 29 mars 2004 est très classique : la concession n'est pas constitutive de droits réels au sens des articles L. 2122-6 et suivants du CGPPP et ne confère pas la propriété commerciale aux titulaires ou aux sous-traitants (art. 9). Ce dispositif peu encourageant pour des investissements lourds est révélateur des difficultés à organiser juridiquement l'exploitation économique du domaine public naturel, nonobstant les possibilités d'indemnisation en cas d'éviction anticipée.

Article 9 al. 4 du décret

« Elle [la convention] peut comporter, en cas de révocation pour un motif d'intérêt général, une clause d'indemnisation des investissements non encore amortis. L'amortissement est réputé effectué par annuités égales sur la durée normale d'utilisation ».

Les dispositions du CGPPP en matière de droits réels sont bien inapplicables mais on ne saurait pour autant considérer que les occupants privatifs du domaine naturel ne sont pas titulaires de droits réels[18]. Cela étant, il faut reconnaître que si les approches doctrinales et jurisprudentielles plaident pour ce minimum de sécurité juridique en faveur des occupants, le décret du 29 mars 2004 reste en deçà des attentes des nouveaux acteurs de la filière énergétique. Faut-il réfléchir à un droit spécifique des énergies renouvelables en mer[19] ? Sur le domaine portuaire (domaine public artificiel), l'implantation d'éoliennes peut être réalisée sur le fondement des articles L. 2122-6 et suivants du CGPPP (comme en témoigne, par ex., l'octroi en mai 2001 d'une autorisation constitutive de droits réels dans le port de Boulogne-sur-Mer).

L'arrêté ministériel du 2 avril 2008 fixe le tarif des redevances dues pour occupation du domaine public de l'État par des installations de production d'électricité utilisant l'énergie mécanique du vent et par leurs équipements accessoires. La redevance, annuelle, comprend un élément fixe correspondant à la valeur d'usage de l'emprise et un élément variable en fonction du nombre de mégawatts installés. Pour un parc éolien important, son montant peut être élevé.

Une concession d'utilisation du DPM d'une durée de 20 ans a été accordée en juillet 2008, sur le fondement du décret n° 2004-308 du 29 mars 2004, pour la réalisation du parc éolien de la Côte d'Albâtre, en Seine-Maritime

18. Voir *supra* (développements sur le domaine public et les plages). V. aussi FATÔME (E.), « À propos de la réglementation de l'occupation du domaine public après le Code général de la propriété des personnes publiques », in *Juger l'administration, administrer la justice*, Dalloz, 2007, spéc. p. 342 et s.

19. En ce sens : Secrétariat général de la mer, *Énergie éolienne en mer*, *op. cit.*, p. 46 (pt. 9).

(21 éoliennes). Elle comporte des dispositions générales, dans le cadre desquelles les responsabilités sont précisées (notamment en cas d'événements météorologiques exceptionnels et de dommages causés à des tiers), ainsi que des dispositions sur l'exécution des travaux et l'entretien des ouvrages, l'exploitation et les conditions financières.

D. Fiscalité

467. L'implantation de sources d'énergie renouvelable sur le DPM peut encore soulever des ***problèmes fiscaux***. Sous l'angle du droit communautaire, il a été jugé que le droit d'occuper et d'utiliser une dépendance relevant du domaine maritime pour une durée déterminée et moyennant rémunération relevait de la notion de « location de biens immeubles » au sens de la sixième directive 77/388/CEE du 17 mai 1977 (art. 13, B, *b*) sur l'harmonisation des législations des États membres relatives aux taxes sur le chiffre d'affaires (l'enjeu étant de bénéficier d'une exonération de TVA)[20]. En droit interne, il faut se référer à l'article 76 de la loi de finances rectificative du 30 décembre 2005 et attirer l'attention sur les questions de fiscalité locale. Concernant la perception de la taxe professionnelle en matière de parcs éoliens maritimes, les difficultés pratiques de sa mise en œuvre (liées à la délimitation précise du territoire communal en mer) ont conduit l'État à adopter, en lieu et place, un « *dispositif d'imposition forfaitaire dont le produit reviendrait aux communes impactées par les installations, du fait notamment de la gêne visuelle ou d'une baisse de l'activité économique* »[21].

> Ainsi, en vertu de l'article 1519 B du Code général des impôts, « *Il est institué au profit des communes une taxe annuelle sur les installations de production d'électricité utilisant l'énergie mécanique du vent situées dans les eaux intérieures ou la mer territoriale* ». La taxe, acquittée par l'exploitant de l'unité de production, « *est assise sur le nombre de mégawatts installés dans chaque unité de production d'électricité utilisant l'énergie mécanique du vent au 1er janvier de l'année d'imposition* » (elle n'est pas due pour l'année de mise en service). V. aussi les dispositions de l'art. 1519 C du CGI (modalités de répartition du produit de la taxe).

Le décret n° 2008-851 du 26 août 2008 est relatif aux conditions d'application et de répartition de cette taxe. Quoi qu'il en soit, les questions suscitées par la fiscalité des éoliennes offshore pourraient déboucher sur de nouveaux aménagements (*quid* des régions dans ce débat fiscal ?).

E. Respect des législations environnementales

468. Enfin, ***les législations sur l'eau, Natura 2000 et les espaces naturels*** ont vocation à s'appliquer s'agissant des sources d'énergie renouvelable. On retiendra simplement que les éoliennes en mer (ou hydroliennes) entrent bien dans la catégorie des travaux et « autres ouvrages réalisés en contact avec le milieu marin et ayant une incidence directe sur ce milieu » (voir la

20. CJCE, 25 oct. 2007, aff. C-174/06, *Ministero delle finanze*, *DMF*, 2008, p. 656, note E. Ginter.
21. *JO* Ass. nat., *Q*, 19 juill. 2005, p. 7110.

rubr. 4.1.2.0. de la nomenclature annexée à l'art. R. 214-1, C. env.)[22], et qu'à l'heure de l'extension du réseau écologique européen en mer, elles relèvent assurément du champ d'application de l'évaluation des incidences de l'article L. 414-4 du Code de l'environnement.

Dans ses *Lignes directrices pour l'établissement du réseau Natura 2000 dans le milieu marin* (mai 2007), la Commission européenne aborde la question des parcs éoliens en mer : « *Les impacts de ces infrastructures doivent être correctement évalués, conformément aux dispositions de l'article 6 de la directive Habitats, afin de déterminer les incidences potentielles significatives sur les espèces et habitats de sites Natura 2000. Les incidences potentielles à prendre en compte sont notamment l'impact visuel, les collisions, le bruit et les conséquences électromagnétiques* » (p. 118).

Il faut en outre impérativement tenir compte des règles et plans de gestion afférents aux réserves et aux parcs naturels (marins, régionaux ou nationaux), ce qui limite encore les possibilités d'implantation de sources d'énergie renouvelable, déjà fortement encadrées par des contraintes d'ordre physique et géographique[23].

469. Sur un plan plus sociologique, on sait aujourd'hui que la problématique des énergies renouvelables en zone littorale et marine ne peut être appréhendée que dans la concertation avec l'ensemble des acteurs concernés (dont les représentants de la filière pêche et des différents usages de la mer côtière), dans le cadre d'une approche globale du sujet[24]. Autrement dit, il n'y a pas de bonne politique énergétique en la matière qui ne soit pas issue d'une logique de gestion intégrée des zones côtières.

§2. Les récifs artificiels

470. Les récifs artificiels sont-ils un élément clé de la politique de protection et d'exploitation durable de la biodiversité marine ? S'il serait simpliste et sans doute erroné de croire en une immersion massive de structures artificielles (amas de cubes en béton notamment) le long des côtes françaises pour résoudre les problèmes de la pêche et de l'écologie marine, il faut souligner le potentiel de régénération de la biomasse qu'elles représentent[25]. On a pu assister ces dernières années à la mise en œuvre de plusieurs projets français d'immersion de récifs artificiels, mobilisant de nombreux partenaires

22. L'arrêté préfectoral pris au titre du droit de l'eau fixera les prescriptions en matière de prévention des nuisances générées par le chantier (déchets, bruits...) et de suivi environnemental (permettant d'évaluer l'ensemble des impacts des travaux, de l'exploitation et du démantèlement du parc éolien).
23. C. Roche, *op. cit.*, pp. 1790-1792. Sur les parcs et réserves, V. *infra*, n°s 633 et s. et 652 et s.
24. *V.* notamment DUPILET (D.), *Le règlement des conflits d'usage dans la zone côtière entre pêche professionnelle et autres activités*, Rapport au Premier ministre, 3 avr. 2001.
25. Association du Grand Littoral Atlantique (AGLIA), *Les récifs artificiels, outils de gestion de la bande côtière ?*, Comptes rendus du séminaire de Nantes des 15 et 16 juin 2004.

publics et privés sur les trois façades maritimes (dont « Prado 2006 » au large de Marseille et le projet porté par la CCI de Fécamp au large d'Étretat). Sur le plan juridique, la question des récifs artificiels interroge, entre autres, le droit de la domanialité publique maritime et le droit de l'eau[26].

471. ***Le cadre domanial*** est, comme pour les sources d'énergie renouvelable précédemment étudiées, celui fixé par le Code général de la propriété des personnes publiques et le décret n° 2004-308 du 29 mars 2004 relatif aux concessions d'utilisation du domaine public maritime en dehors des ports (une simple AOT semble inadaptée à l'immersion de récifs artificiels).

Une concession conclue sur ce fondement (d'une durée de 30 ans) a par exemple été délivrée en février 2008 à la CCI de Fécamp à environ 1,3 mille des ***côtes d'Étretat***.

Aux termes du titre délivré par le préfet, « *Ce projet, précurseur en Manche, servira dans un premier temps de base d'étude scientifique avant d'être mis à disposition et géré par les pêcheurs du littoral cauchois* » ; il « *correspond à un nouveau type de gestion raisonnée de la bande côtière, conçu pour diversifier, valoriser et augmenter les peuplements marins* » (art. 1.1 de la concession).

La petite pêche côtière (professionnelle et de plaisance) traditionnelle n'est pas exclue du secteur en cause si elle s'exerce de « *façon raisonnée* ». L'étude du titre domanial révèle bien le caractère expérimental et novateur de l'entreprise réalisée. L'article 1.2 précise que les récifs sont disposés à l'intérieur d'un rectangle de 250 000 m² et que « *Les volumes de récifs artificiels immergés correspondent approximativement à 850 à 1 000 m³* ». On retrouve très logiquement les points classiques des concessions domaniales sur le DPM naturel : il est stipulé par exemple que la concession n'est pas constitutive de droits réels au sens des articles L. 2122-6 et suivants du Code général de la propriété des personnes publiques et qu'elle ne confère pas la propriété commerciale aux titulaires ou aux sous-traitants ; elle est bien sûr exclusivement personnelle (art. 1.2 et 1.3). On trouve également des dispositions sur la réparation des dommages qui pourraient être causés au DPM, sur le retrait de la concession dans un but d'intérêt général « *se rattachant à la conservation ou à l'usage du domaine public maritime* » (art. 4.3), et rappelant que les biens concédés (portion du sol de la mer territoriale) ne sont pas soustraits au domaine public. Il n'est pas perçu de redevance domaniale, « *Considérant que le projet du pétitionnaire est d'intérêt général et qu'il porte sur une installation expérimentale ne donnant pas lieu à création de revenus* » (art. 4.6). Un suivi scientifique annuel doit être effectué (art. 2.8 – voir *infra*).

26. Pour une approche globale avant l'ordonnance du 18 juill. 2005 : M. Quimbert, « Les récifs artificiels : autorisation d'immersion, régime d'occupation du domaine public et cadre d'exploitation en droit français », *Rev. jur. env.* 2/2005, p. 121.

L'apport du décret du 29 mars 2004 en matière de protection de l'environnement est clairement mobilisé puisque la concession d'Étretat affirme qu'« *Afin d'assurer la réversibilité effective des modifications apportées au milieu naturel, le concessionnaire devra constituer une garantie financière dont le montant est établi compte tenu du coût estimé des opérations de remise en état, de restauration et de réhabilitation du site, ou en cas de disparition juridique du concessionnaire* » (art. 4.8).

La concession délivrée en juillet 2006 au profit de la ville de Marseille pour l'immersion de récifs artificiels dans la ***baie du Prado*** comprend des dispositions très comparables, sachant cependant qu'une redevance domaniale est perçue, que les modalités de retrait prononcé par le concédant sont plus détaillées et qu'il n'est pas prévu la constitution de garanties financières pour la remise en état du DPM. L'article 1-2 du titre relatif à la nature de la concession stipule qu'elle est destinée à « *favoriser le maintien de la pêche artisanale, en protégeant la ressource halieutique et en essayant de diversifier la pêche traditionnelle* » ; son emprise totale est de 220 ha, les récifs étant implantés par des profondeurs variant de -20 à -32 mètres, au-delà de la limite inférieure des herbiers de Posidonies (110 ha de récifs artificiels de production biologique mis en réserve et 110 ha accessibles aux « petits métiers » de la pêche professionnelle).

472. ***Le respect du droit de l'eau*** s'apprécie dans le cadre du droit international et de l'ordonnance n° 2005-805 du 18 juillet 2005 portant simplification, harmonisation et adaptation des polices de l'eau et des milieux aquatiques, de la pêche et de l'immersion des déchets.

Il faut souligner, au titre du ***droit international***, l'importance de la Convention « OSPAR » du 22 septembre 1992 pour la protection du milieu marin de l'Atlantique du Nord-Est, dont l'annexe II porte sur la prévention et la suppression de la pollution par les opérations d'immersion ou d'incinération[27]. Il ressort clairement des *Lignes directrices OSPAR sur les récifs artificiels construits aux fins des ressources marines vivantes* (Commission Ospar, 21 au 21 juin 1999, n° de réf. 1999-13) que l'immersion de récifs artificiels est tout à fait possible si les opérations sont bien encadrées.[28]

Ces lignes directrices « *visent les structures spécifiquement construites dans le but de protéger, de régénérer, de concentrer et/ou de développer la production des ressources marines vivantes, que ce soit pour la pêche ou pour la conservation de la nature, ceci englobant la protection et la régénération des habitats* » (pt 8).

On relèvera notamment que « *Les récifs artificiels ne seront créés que si, après une étude voulue de tous les coûts socio-économiques et environnementaux (p.ex. impacts ou altérations indésirables), un avantage net peut être mis en évidence [...]* » (pt. 10). Les récifs artificiels doivent être constitués de matériaux inertes ; « *il s'agira par exemple de matériau géologique (autrement dit, de roche), de béton ou d'acier* » (pt 11 et 12)[28]. Les récifs artificiels doivent

27. KISS (A.) et BEURIER ((J.-P.), *Droit international de l'environnement*, Pedone, 2004.

28. « *Aux fins de ces lignes directrices, les matériaux inertes sont ceux qui n'engendrent aucune pollution par lessivage, désagrégation physique ou chimique par les intempéries et/ou activité biologique* ».

être conçus et construits de manière à permettre leur enlèvement (pt 17) leur mise en place doit « *tenir dûment compte de toute activité légitime en cours ou prévue dans la zone en cause, telle que navigation, tourisme, récréation, pêche, aquaculture, conservation de la nature ou aménagement de la zone côtière* » (pt 19).

Un cadre juridique doit régir les immersions de récifs artificiels, incluant les principes d'information du public intéressé et de précaution, et un programme de surveillance doit être mis en place.

– ***L'ordonnance n° 2005-805 du 18 juillet 2005***

« *a pour objet essentiel de simplifier les règles d'exercice tant de la police de l'eau et des milieux aquatiques, de la police de la pêche que de la police de l'immersion des déchets en mer* » en limitant le nombre de procédures et en les harmonisant; il s'agit également « *de mettre en conformité le droit interne avec les accords internationaux ratifiés par la France* » (rapport au Président de la République relatif à l'ordonnance).

Si la question des récifs artificiels n'est pas abordée, il ressort de la logique du texte, explicité par la circulaire du ministre de l'écologie et du développement durable du 6 décembre 2005 (DE/SDATDCP/BSDPE n° 18), qu'à l'instar des déblais de dragage (voir *supra*, n° 376), l'immersion de récifs artificiels est soumise aux dispositions des articles L. 214-1 et suivants du Code de l'environnement (régimes d'autorisation ou de déclaration au titre de la police de l'eau) sans qu'un permis spécial d'immersion soit nécessaire (ce qui ne semblait pas être le cas auparavant, au regard de la loi « immersion » du 7 juillet 1976).

La circulaire précise qu'« *En ce qui concerne l'immersion de récifs artificiels, une instruction complémentaire précisera leur statut* » et qu'« *En tout état de cause, les récifs artificiels qui s'apparenteraient au « déversement délibéré dans la zone maritime de déchets et autres matières (pneus, carcasses de voitures...) » sont prohibés* ».

En application de la nomenclature IOTA annexée à l'article R. 214-1 du Code de l'environnement, les récifs artificiels (comme les rechargements de plages par ailleurs) relèvent de la rubrique 4.1.2.0. « Travaux d'aménagement portuaires et autres ouvrages réalisés en contact avec le milieu marin et ayant une incidence directe sur ce milieu » (montant ≥ 1,9 M € : autorisation; montant ≥ 160 000 € mais < 1,9 M € : déclaration). En vertu de ce dispositif, l'opération « Récifs Prado 2006 » a nécessité une autorisation. L'arrêté préfectoral délivré fixe les prescriptions techniques relatives aux opérations d'immersion (prescriptions générales concernant la pose des récifs, surveillance des travaux, bilan de fin de travaux) et les prescriptions techniques relatives à l'exploitation et à la gestion (balisage des zones de récifs, surveillance et entretien des ouvrages, plan de gestion). Il organise en outre un suivi du milieu (avec un comité scientifique et technique) et comprend la liste des éléments à transmettre au service administratif chargé de la police de l'eau, lequel contrôle l'application des prescriptions de l'arrêté et peut procéder à tout moment à des contrôles inopinés. L'immersion de récifs artificiels au large d'Étretat a fait l'objet d'une déclaration, le déclarant devant alors respecter les dispositions de l'arrêté ministériel du 23 février 2001 fixant les prescriptions générales applicables aux travaux d'aménagement portuaires et autres ouvrages réalisés en contact avec le milieu aquatique soumis à déclaration. Un arrêté préfectoral fixe en outre pour cette opération des prescriptions spécifiques consistant dans la mise en place d'un « *suivi scientifique ayant pour objet d'évaluer la capacité des récifs à fixer et/ou produire de la biomasse marine [...] réalisé pendant une période minimale de 5 ans à compter de l'immersion* ».

473. ***Les règles afférentes aux enquêtes publiques et aux études d'impact*** s'imposent en matière d'immersion de récifs artificiels dans les conditions fixées dans le Code de l'environnement (voir notamment les tableaux annexés aux articles R. 122-5 – rubr. 1° – et R. 123-1 – rubr. 16° - Travaux réalisés sur le DPM naturel).

Section 2 L'extraction de granulats marins

474. L'environnement économique de cette industrie extractive est important dans la mesure où il est lié à la filière du bâtiment et des travaux publics et aux stratégies d'approvisionnement des groupes cimentiers (sans oublier les intérêts des armements sabliers – on comptait 11 navires sabliers sous pavillon français au 1er juill. 2008). Plusieurs projets controversés ont attiré l'attention du public sur la croissance de l'extraction de granulats en mer, au cœur du problème des conflits d'usages (notamment avec la pêche) et de la protection des écosystèmes marins[29]. Les professionnels de la pêche ont clairement fait savoir qu'ils voulaient être associés à toute politique nationale en la matière[30]. Plusieurs schémas départementaux des carrières (art. L. 515-3, C. env.) ont préconisé une augmentation des exploitations de granulats marins (voir notamment les premiers bilans des schémas des carrières de la Seine-Maritime et de l'Eure).

§1. Le cadre législatif

475. L'encadrement législatif de cette activité, dans l'attente des perspectives ouvertes par le Grenelle de l'environnement et de la mer, apparaît assez réduit. D'aucuns estiment qu'une loi d'orientation maritime pourrait être l'occasion de mieux cadrer les usages concurrents de la mer côtière.

29. X. Debontride, « Sables marins : le projet de Lafarge Granulats attise les passions », *Mon. TP*, 20 avr. 2007, p. 33 ; « Exploitation des granulats marins : pour ou contre ? », *Mon. TP*, hors série « Construire durable », mars 2008, p. 108 ; A. Thomas, « Nouveau recours contre le projet de Lafarge en Morbihan », *Le marin*, 29 août 2008, p. 8.

30. V. la position du Comité national des pêches maritimes et des élevages marins (*www.comite-peches.fr/).*

Quoi qu'il en soit, il faut mentionner la loi n° 76-646 du 16 juillet 1976 (modifiée) relative à la prospection, à la recherche et à l'exploitation des substances minérales non visées à l'article 2 du Code minier et contenues dans les fonds marins du domaine public métropolitain. Le législateur a renvoyé à un décret d'application la procédure d'instruction des demandes de titres miniers et d'autorisations domaniales, en précisant que la durée des concessions ne pourra excéder cinquante ans et qu'il peut en outre être accordé des autorisations de prospections préalables dans des conditions définies par décret en Conseil d'État (art. 1er).

Rappelons également les dispositions pertinentes de la loi Littoral en la matière (art. 24) :

Article L. 321-8 du Code de l'environnement

« Les extractions de matériaux non visés à l'article 2 du Code minier sont limitées ou interdites lorsqu'elles risquent de compromettre, directement ou indirectement, l'intégrité des plages, dunes littorales, falaises, marais, vasières, zones d'herbiers, frayères, gisements naturels de coquillages vivants et exploitations de cultures marines.

Cette disposition ne peut toutefois faire obstacle aux travaux de dragage effectués dans les ports et leurs chenaux ni à ceux qui ont pour objet la conservation ou la protection d'espaces naturels remarquables ».

Une autorisation d'occupation temporaire du DPM délivrée en vue de l'extraction de matériaux peut donc être jugée illégale au regard de ces prescriptions, ce que le Tribunal administratif de Nantes a rappelé s'agissant d'une zone de nurserie pour les poissons[31]. Toutefois, la jurisprudence a opté pour une interprétation plutôt restrictive de cet article en cantonnant son champ d'application dans l'espace. Il a ainsi été jugé qu'une zone d'extraction située à plus de 4 milles des côtes « *ne peut être regardée comme se situant sur le littoral* » et qu'elle n'était donc pas concernée par l'article 24 de la loi du 3 janvier 1986[32].

Le Bilan gouvernemental de la loi Littoral et des mesures en faveur du littoral de septembre 2007 semble prendre acte de cette analyse (tout à fait évolutive) : « *L'extraction de granulats marins est probablement amenée à se développer dans les années qui viennent pour combler des déficits en ressources alluviales terrestres. Ces extractions se feront suffisamment loin de la côte pour respecter les dispositions de l'article 24 de la loi [...]* » (p. 75).

31. TA Nantes, 17 nov. 1989, *Cne de la Faute-sur-Mer*, *Rec.*, p. 802.
32. CE, 5 juill. 1999, *Comité local des pêches maritimes et des élevages marins de Noirmoutier et a.*, n° 197287 ; CAA Nantes, 28 déc. 2001, *Préfet de la Vendée*, n° 98NT00026.

§2. Le cadre réglementaire

476. L'encadrement réglementaire est conséquent :

> Comme l'observe J.-P. Beurier, « *Dans tous les régimes juridiques les extractions de minéraux sont très encadrées par les États dans la mesure où les produits de la mine ont souvent une importance stratégique non négligeable. La France n'échappe pas à cette constatation d'autant plus qu'en mer les produits sont par hypothèse extraits du domaine public maritime [...] jusqu'à la limite externe de la mer territoriale* » (« Droit des extractions minérales », in *Droits maritimes*, Dalloz Action, 2008, nº 752.04).

Il résulte aujourd'hui du ***décret nº 2006-798 du 6 juillet 2006*** relatif à la prospection, à la recherche et à l'exploitation de substances minérales ou fossiles (non visées à l'article 2 du Code minier) contenues dans les fonds marins du domaine public et du plateau continental métropolitains. Ce texte abroge le décret nº 80-470 du 18 juin 1980 portant application de la loi précitée du 16 juillet 1976. Si la volonté des pouvoirs publics fut bien de simplifier le régime applicable en la matière, force est de constater qu'il demeure marqué par la complexité, liée au nombre des autorisations nécessaires ainsi qu'aux diverses étapes de la procédure (de la prospection à l'exploitation), au titre du droit minier, domanial et de l'environnement.

477. ***Concernant les dispositions générales du décret (titre I)***, on retiendra :

> qu'il « *s'applique au permis exclusif de recherches et à la concession, [...] dénommés titres miniers, à l'autorisation et à la déclaration d'ouverture de travaux de recherches ou d'exploitation, à l'autorisation de prospections préalables ainsi qu'à l'autorisation d'occupation temporaire du domaine public maritime en vue de la prospection, des recherches et de l'exploitation, [...] dénommée autorisation domaniale* » (art. 1er).

Il exclut de son champ d'application, conformément à l'article 7 de la loi du 16 juillet 1976, les petites exploitations terrestres de produits de carrière prolongées en mer et les travaux maritimes conduits à des fins non commerciales pour les besoins de la gestion du domaine public maritime (art. 2)[33]. Les extractions de maërl en Bretagne (débris d'algues riches en calcaire) n'échappent pas au régime mis en place. Ajoutons par ailleurs que ce dernier se substitue au régime des autorisations et déclarations prévues à l'article L. 214-3 du Code de l'environnement au titre du droit de l'eau.

478. ***Le titre II*** du décret contient les dispositions générales relatives aux titres miniers, aux autorisations domaniales, aux autorisations d'ouverture de

---

33. Art. 2, al. 3 et 4 : « *Constituent des petites exploitations terrestres de produits de carrière prolongées en mer [...] les exploitations dont la superficie totale n'excède pas 3 000 mètres carrés dont les quantités extraites n'excèdent pas 100 000 tonnes par an. Ces exploitations sont soumises aux dispositions du titre Ier du livre V du Code de l'environnement.*
Sont considérés comme des travaux maritimes mentionnés au premier alinéa les extractions résultant de travaux soit de conservation du domaine public maritime, soit de création ou d'entretien d'un ouvrage public maritime ou d'un chenal d'accès, effectuées à des fins non commerciales sur le site même de l'ouvrage à créer ou à entretenir ».

travaux de recherches ou d'exploitation et aux autorisations et déclarations de travaux de prospections préalables.

– ***Concernant les dispositions communes,*** on retiendra que :

> *« Le demandeur peut présenter simultanément la demande de titre minier et la demande d'autorisation d'ouverture de travaux de recherches ou d'exploitation Lorsque la demande de titre minier concerne le domaine public maritime, elle est accompagnée de la demande d'autorisation domaniale* **Ce dossier comprend de nombreuses pièces***Un mémoire justifiant le périmètre demandé au regard notamment de la ressource et de son accessibilité et, le cas échéant, de sa compatibilité avec un schéma de mise en valeur de la mer approuvé ».*

Il doit également comprendre une étude d'impact (art. R. 122-3, C. env.) et un dossier d'évaluation d'incidences Natura 2000 si tout ou partie du périmètre de l'opération projetée est situé dans une Zone de Protection Spéciale ou une Zone Spéciale de Conservation (ou à proximité d'une telle zone). Il est clair qu'un soin particulier doit être porté à la réalisation de ces évaluations des conséquences sur l'environnement marin. Le volet hydro-sédimentaire de l'étude d'impact est bien sûr ici incontournable, incluant le problème de la stabilité du trait de côte[34], sans oublier les conséquences sur les activités halieutiques et aquacoles. Les demandes sont adressées au ministre chargé des mines, qui les transmet au préfet qu'il charge de mener ou de coordonner l'instruction (art. 4).

– ***Concernant la procédure d'instruction des demandes,*** on notera d'abord qu'elle n'échappe pas à tout cadre concurrentiel.

> *« Sauf pour les demandes de concession présentées par les titulaires des titres prévus aux articles 26 et 52 du Code minier, le préfet fait publier au Journal officiel de la République française un avis de mise en concurrence »* permettant de présenter des demandes concurrentes dans un délai de 30 jours (art. 10).

Ensuite, le décret du 6 juillet 2006 affirme notamment que :

> *« Le préfet soumet les demandes de titre minier et d'autorisation d'ouverture de travaux à une enquête publique dans les conditions prévues au III de l'article R. 122-11 et aux articles R. 123-8 à R. 123-23 du Code de l'environnement »* (art. 11).
>
> *« Dès la publication au Journal officiel [...] de l'avis d'enquête publique, le préfet chargé de coordonner l'instruction consulte les autres préfets éventuellement intéressés, le préfet maritime, l'Institut français de recherche pour l'exploitation de la mer (Ifremer), les maires des communes côtières et les chefs des services civils et de l'autorité militaire intéressés »* (art. 12).

Dans les espaces maritimes d'un parc national, le directeur du parc est également consulté, de même que l'Agence des aires marines protégées dans le périmètre d'un parc naturel marin. En outre, ***une réunion de concertation*** est organisée dans les quatre mois suivant la remise du rapport du commissaire

34. Voir LATTEUX (B.), *Exploitation de matériaux marins et stabilité du littoral*, éd. Quae, 2008.

enquêteur et l'accomplissement des consultations prévues. Cette réunion est présidée conjointement par le préfet en charge de l'instruction et le préfet maritime ; elle concerne les élus locaux ainsi que les représentants des institutions et organismes intéressés (dont un représentant de l'administration de la culture, de l'Ifremer, des associations agréées de défense de l'environnement et du comité régional ou local des pêches maritimes et des élevages marins). Le pétitionnaire est entendu lors de cette réunion (art. 13).

– ***Pour la délivrance des titres miniers***, le ministre chargé des mines à qui sont transmises les demandes « *consulte le secrétaire général de la mer, les ministres chargés du budget, de l'environnement, des pêches maritimes, de la mer, des communications électroniques, de la défense nationale, le cas échéant, des affaires étrangères et, lorsque la demande porte sur le maërl, de la santé* » (art. 14). Les projets de décision sont soumis à l'avis du Conseil général des mines ; « *Le permis exclusif de recherches est accordé ou refusé par arrêté du ministre chargé des mines* » ; « *La concession est accordée par décret en Conseil d'État et refusée par arrêté du ministre chargé des mines* » (art. 15)[35]. On voit que la procédure mise en place par le pouvoir réglementaire est pour le moins consistante.

– ***Sur le plan domanial,*** c'est le préfet chargé de l'instruction qui accorde (ou refuse) l'autorisation d'occuper le DPM, sauf dans la circonscription d'un port autonome (ou d'un grand port maritime) où le directeur du port est alors compétent (art. 17). Elle est délivrée pour la durée de validité du titre minier.

– Le préfet statue encore sur les ***demandes d'autorisation d'ouverture de travaux de recherches ou d'exploitation*** (art. 21). Cette étape de la procédure est fondamentale car c'est à ce stade que les ***préoccupations environnementales*** se font les plus prégnantes.

> « *Sans préjudice de pouvoirs qu'il tient du Code minier, le préfet peut interdire les travaux en tout ou partie ou les soumettre à des prescriptions particulières, si leur exécution est susceptible de* ***nuire à la stabilité des rivages****, de comporter des* ***risques de pollution****, d'entraver la pose, l'entretien ou le fonctionnement des câbles de télécommunications sous-marins, des câbles d'énergie ou des canalisations sous-marines ou de porter atteinte à la création, au développement ou à l'extension des ports, à la navigation, à la pêche, à la défense nationale, aux liaisons de télécommunication, aux biens culturels maritimes, à la conservation des ressources biologiques de la mer ou aux recherches océanographiques fondamentales* » (art. 21).

Les intérêts publics à l'aune desquels sont appréciées les conditions de délivrance de l'autorisation d'ouverture de travaux sont nombreux. Si le préfet envisage de l'octroyer, il « *fait connaître préalablement au demandeur les pres-*

35. Pour des exemples, voir : D. du 24 juill. 2006 accordant la concession minière de sables et graviers siliceux marins dite « Chassiron E » au large des îles d'Oléron et de Ré (département de la Charente-Maritime) à la société CETRA ; D. du 1er avr. 2008 accordant la concession minière d'amendements calcaires marins (maërl) dite « Concession des Pourceaux » (Finistère) à la société Quemeneur.

criptions, notamment celles demandées par le préfet maritime, dont il entend assortir son arrêté. Ces prescriptions portent notamment sur la surveillance des effets sur l'environnement, sur les analyses, les mesures, et les résultats des contrôles éventuellement exigés, ainsi que sur les moyens d'intervention dont doit disposer le bénéficiaire en cas d'incident ou d'accident »[36]. L'autorisation, là encore délivrée pour la durée de validité du titre minier, permet après sa notification au demandeur d'entreprendre les travaux si ce dernier dispose de l'autorisation domaniale (art. 22). Ensuite, en fonction des circonstances, des prescriptions supplémentaires peuvent être ajoutées; certaines prescriptions initiales peuvent également être modifiées ou supprimées (art. 23).

– ***Des dispositions procédurales particulières*** s'appliquent lorsque le demandeur ne présente pas simultanément la demande de titre minier et la demande d'autorisation d'ouverture de travaux (art. 25).

– ***L'instruction et la délivrance des demandes d'autorisation de prospections préalables*** sont régies par les articles 26 à 29 du décret.

> « *L'autorisation de prospections préalables est accordée par un arrêté du ministre chargé des mines qui en précise le périmètre et la durée, laquelle ne peut excéder deux ans* » ; elle « *donne à son titulaire le droit non exclusif d'exécuter tous travaux de recherches des substances mentionnées à l'article 1er, à l'exclusion des sondages dépassant une profondeur de 300 mètres à partir du fond de la mer. Elle ne lui donne pas le droit de disposer du produit des recherches, à l'exception des échantillons ou prélèvements sans valeur commerciale* » (art. 26).

Cette autorisation devient automatiquement caduque avec l'octroi d'un titre de recherches ou d'exploitation (pour les substances et surfaces concernées par ce titre).

– ***Des dispositions spécifiques sont enfin consacrées aux titres miniers*** (art. 30 à 34) : obligations des détenteurs, prolongation des titres, mutation et amodiation, retrait et renonciation.

479. ***Le titre III du décret est relatif à la police des mines en mer*** (art. 35 à 55).

> Elle « *a pour objet de prévenir et de faire cesser les dommages et les nuisances imputables aux activités de recherche et d'exploitation et spécialement de faire respecter les contraintes et les obligations énoncées aux articles 79 et 79-1 du Code minier* » ; elle « *a également pour objet de contrôler que les extractions sont exécutées à l'intérieur des limites du périmètre autorisé, pour des quantités n'excédant pas les quantités annuelles maximales autorisées et que les prescriptions de l'arrêté d'autorisation d'ouverture des travaux sont respectées* » (art. 35).
>
> Art. 36 : « *Le préfet désigné par le ministre chargé des mines exerce sous son autorité la police des mines sur les travaux. Il est assisté par le préfet maritime* ».

36. Ce même art. 21 précise (al. 4 et 5) : « *Le préfet assortit les autorisations qu'il délivre des prescriptions qui sont demandées, le cas échéant, par le préfet maritime.* ***Il refuse l'autorisation dans le cas d'un avis défavorable motivé du préfet maritime****. L'arrêté accordant l'autorisation fixe notamment les conditions auxquelles les travaux sont soumis au regard du Code minier, ainsi que les quantités annuelles de substances dont l'extraction est autorisée* ».

§3. Contentieux administratif

480. Le contentieux administratif des extractions de granulats marins pourrait être appelé à se développer. La juridiction administrative a déjà eu l'occasion d'examiner la légalité d'autorisations minières, d'exploitation ou domaniales.

S'agissant d'une concession d'amendements calcaires marins (maërl) délivrée et attaquée sous l'empire du régime antérieur au décret du 6 juillet 2006, le Conseil d'État a considéré que le décret d'octroi de concession contesté n'était pas entaché d'erreur manifeste d'appréciation nonobstant la circonstance que le périmètre retenu était situé dans une zone de reproduction pour diverses espèces de poissons.

L'autorisation en cause n'était accordée que pour une durée de 6 ans et dans un secteur peu étendu (0,5 km^2), « *compte tenu des caractéristiques des procédés techniques aujourd'hui employés et des possibilités de leur évolution à terme* » (CE, 29 déc. 2006, *M. Yves Rouger*, *Dr. env.*, mars 2007, p. 43, concl. Y. Aguila).

Au-delà de ce cas d'espèce (où, d'après les conclusions du commissaire du gouvernement, l'argumentation de la requête était insuffisante et il s'agissait d'approvisionner de nombreuses stations de traitement en eau potable), le contrôle restreint du juge administratif sur les titres miniers pourrait, vu les enjeux environnementaux des extractions en mer, évoluer vers un contrôle plus « serré ».

Notons que l'autorisation préfectorale d'exploitation peut faire l'objet d'un recours pour excès de pouvoir devant le tribunal administratif et être annulée s'il conclut à une atteinte au DPM, au terme d'un raisonnement qui s'apparente bien à la théorie du bilan coût/avantages. Sur la base d'une analyse fine des données de l'affaire et s'appuyant sur des travaux scientifiques, le juge administratif a ainsi annulé un arrêté préfectoral autorisant une extraction de maërl dans l'archipel des Glénan (Finistère), estimant au final que les impératifs de protection du DPM avaient été méconnus[37].

Le contentieux administratif des granulats marins peut également être de nature domaniale lorsqu'il est reproché à l'exploitant une extraction en dehors du périmètre concédé ; il s'agit alors, plus classiquement, d'un empiètement illégal sur le DPM sanctionné par une contravention de grande voirie si les faits litigieux sont établis[38].

481. ***Conclusion.*** Les orientations législatives issues du « Grenelle de l'environnement » annoncent que « *Le régime des extractions en mer sera réformé avec une vision d'ensemble du milieu maritime* » et que « *Les autorisations de pré-*

37. CAA Nantes, 27 déc. 2005, *Sté « Les Sabliers de l'Odet »*, n° 04NT01151.
38. CAA Nantes, 5 févr. 1997, *Sté SARELO, Sté « Les Sablières de l'Atlantique »*, n° 95NT01103 ; CAA Nantes, 30 déc. 1999, *Sté des transports fluvio-maritimes de l'ouest*, n° 98NT00855.

lèvements de maërl seront limitées en tonnage de manière à ne pouvoir satisfaire que des usages à faible exigence quantitative » (loi « Grenelle 1 »). Ces questions constituent également un sujet incontournable du « Grenelle de la mer »...

N° 482 à 490 réservés.

Bibliographie

AGLIA, *Les récifs artificiels, outils de gestion de la bande côtière ?*, Comptes rendus du séminaire de Nantes des 15 et 16 juin 2004.

BORDEREAUX (L.), « L'énergie éolienne à l'épreuve du droit du littoral », *DMF*, 2002, p. 867.

JEGOU (B.), « Énergies marines renouvelables : la volonté de créer une filière », *Le marin*, 24 oct. 2008, p. 2 et s.

LISSOUCK (F.-F.), « La rénovation du régime des concessions d'utilisation du domaine public maritime », *AJDA*, 2005, p. 365.

QUIMBERT (M.), « Les récifs artificiels : autorisation d'immersion, régime d'occupation du domaine public et cadre d'exploitation en droit français », *Rev. jur. env.*, 2/2005, p. 121.

ROCHE (C.), « Et pourtant, elles tournent : la réglementation applicable aux éoliennes offshore », *AJDA*, 2007, p. 1785.

SALLE (C.), « Propos sur un décret en deçà des espérances », *ADMO*, t. XX, 2002, Université de Nantes, p. 253.

VAN DER MENSBRUGGHE, « Des éoliennes le long des côtes... Le cas belge », in *La Mer et son Droit*, Mél. offerts à Laurent Lucchini et Jean-Pierre Quéneudec, Pedone, p. 619.

Titre 3

La diversité des protections juridiques en zone côtière

491. Les protections juridiques applicables en zone côtière sont éminemment variées. On retrouve fort classiquement les traditionnelles règles liées à la domanialité publique maritime, assurant la préservation des différentes dépendances du DPM, ainsi que les servitudes instituées par le législateur afin d'assurer la libre circulation des piétons le long du littoral et l'accès au rivage. Les règles issues de la loi « Littoral » du 3 janvier 1986 doivent faire l'objet d'une attention particulière, tant elles suscitent des débats contradictoires et une jurisprudence abondante. Enfin, les dispositions du Code de l'environnement relatives aux espaces naturels (réserves et parcs naturels, sites classés, Natura 2000), ainsi que celles du Code du patrimoine intéressant les biens culturels (biens culturels maritimes, monuments historiques), connaissent une déclinaison littorale et maritime d'un grand intérêt.

Chapitre 1

Le régime protecteur de la domanialité publique maritime

Plan du chapitre

RÉSUMÉ

492. Le domaine public maritime bénéficie d'un régime protecteur strict. Certaines des règles garantissant cette protection sont inhérentes à la domanialité publique en général et sont depuis fort longtemps profondément ancrées dans le droit administratif des biens. D'autres sont propres au domaine public maritime et de consécration beaucoup plus récente.

Section 1 Les principes classiques de la domanialité publique

493. L'inaliénabilité et l'imprescriptibilité du domaine public figurent parmi les règles les plus anciennes et les plus stables du droit administratif. Ces deux caractères sont étroitement associés à la notion même de domaine public. Ils sont en outre intimement liés, pour ne pas dire indissociables, et il faut dès à présent relever que le juge administratif lie le plus souvent les deux substantifs dans les formules qu'il utilise. L'imprescriptibilité peut simplement être considérée comme un cas particulier d'inaliénabilité.

§1. L'inaliénabilité du domaine public

494. L'inaliénabilité est consubstantielle à la notion de domaine public. La règle de l'inaliénabilité est fixée de façon ***très ancienne*** dans notre droit. Il est d'usage de la faire remonter à l'édit de Moulins de février 1566 qui disposait que le domaine de la Couronne ne pouvait être aliéné sauf dans deux cas, (constitution d'apanages aux fils puînés de la Maison de France et pour subvenir aux nécessités de la guerre). Mais les historiens du droit ont montré que ce texte se contentait déjà de rappeler solennellement l'existence d'un principe pré-existant.

495. Celui-ci est aujourd'hui consacré par une simple disposition législative codifiée à l'article L. 3111-1 du Code général de la propriété des personnes publiques (CGPPP), selon lequel « *les biens des personnes publiques [...] qui relèvent du domaine public sont inaliénables et imprescriptibles* ».

Le juge administratif considère en outre que « *la protection du domaine public est un impératif d'ordre constitutionnel* »[1]. Mais on ne saurait en déduire que le principe d'inaliénabilité ait, lui, une valeur constitutionnelle.

Le Conseil constitutionnel s'est abstenu de consacrer constitutionnellement le principe, « *sans qu'il soit besoin de rechercher si le principe d'inaliénabilité du domaine public a valeur constitutionnelle* », tout en indiquant « *qu'il s'oppose seulement à ce que des biens qui constituent ce domaine soient aliénés sans qu'ils aient été au préalable déclassés* » (Cons. const., 18 sept. 1986, n° 86-217 DC, *JO*, 19 sept. 1986 p. 11306; *AJDA*, 1987, p. 102).

496. Le principe moderne a même une portée plus réduite que celui de l'ancien droit. D'une part, la notion de domaine de la Couronne était sensiblement plus large que celle de domaine public, d'autre part, il est généralement aisé de déroger à l'inaliénabilité moderne par le recours à une procédure de déclassement (sortie) du domaine public. Outre les procédures de déclassement, le principe de l'inaliénabilité est susceptible de s'incliner devant la confirmation des aliénations antérieures à 1566, l'irrévocabilité de la vente des biens nationaux et surtout le respect des décisions de justice passées en force de chose jugée.

Toutefois, s'agissant du domaine public maritime, l'inaliénabilité reste ***un principe fort et rarement mis à mal***. Les aliénations antérieures à 1566 n'y sont pratiquement jamais admises[2], de même que les droits fondés en titre

1. CE, 21 mars 2003, *Syndicat intercommunal de la périphérie de Paris*, *Rec.*, p. 144.
2. CE, 10 juill. 1970, *SCI du domaine de Suroit*, *Rec.*, p. 480; CE, 26 mars 1982, *Sté Marine Côte d'Argent*, *Rec.*, p. 132.

résultant de la vente des biens nationaux, qui sont interprétés restrictivement (voir *supra*, n° 48)[3]. Des biens acquis dans le cadre de la vente des biens nationaux peuvent en outre faire retour dans le domaine public maritime, dès lors que ceux-ci sont submergés postérieurement à la vente, même s'ils sont à nouveau soustraits à l'action des flots par l'édification d'un ouvrage[4].

497. Cette inaliénabilité est justifiée par l'affectation des biens à l'utilité publique et garantit l'effectivité de celle-ci. De nombreux biens du domaine public sont susceptibles de désaffectation (domaine public artificiel en général et plus spécialement le domaine public ferroviaire par exemple). C'est beaucoup plus exceptionnel pour le domaine public maritime.

498. ***Le principe d'inaliénabilité implique*** non seulement que le DPM ne peut pas être cédé à des personnes privées, mais également qu'il ne peut pas être vendu à une autre personne publique[5] ou échangé, sauf à faire jouer les dispositions dérogatoires des articles L. 3112-1 et suivants du CGPPP, lesquelles pourraient être notamment mobilisées en matière portuaire (cf. *supra*, n° 391). En outre, le principe d'inaliénabilité implique l'impossibilité de grever les dépendances domaniales d'hypothèques ou de les exproprier (cette dernière conséquence ne joue pas pour les propriétés de l'État, qui ne saurait en tout état de cause prononcer des expropriations à son encontre). Enfin, l'inaliénabilité interdit la mise en œuvre des servitudes légales de droit privé, démembrements du droit de propriété, sur le domaine public. Par contre l'article L. 2122-4 du CGPPP autorise l'établissement de servitudes par conventions passées entre les propriétaires, sous réserve que celles-ci soient compatibles avec l'affectation du domaine public.

Pour s'assurer du respect effectif de la règle de l'inaliénabilité, la Cour de cassation admet que « *toute personne est fondée à invoquer la règle de l'inaliénabilité du domaine public, lorsque cette règle est nécessaire à la défense de ses droits* » (Cass. civ. 1re, 3 mai 1988, *Bull. civ.* I, n° 123, p. 85 ; *AJDA*, 1988, p. 679, note J. Dufau).

Mais c'est devant le juge administratif que l'éventuelle action en nullité du contrat de vente doit être engagée. Les tiers au contrat de vente ne peuvent pour leur part que contester des actes détachables du contrat devant le juge de l'excès de pouvoir, quitte à solliciter une injonction, destinée aux parties au contrat de vente, de saisir le juge du contrat[6].

499. En réalité, les ***litiges sont quasiment inexistants*** en la matière. Les exceptions au principe sont très limitées, tout comme les possibilités de déclasser le domaine public maritime, et l'État ne cherche pas à se défaire de cette propriété. La plupart des litiges concernent non pas d'éventuelles alié-

3. CE, 9 mars 1984, *Ministre du budget c/ Cie des salins du midi*, *Rec.*, p. 97.
4. CE, 29 nov. 1978, *Bessière*, *Rec.*, p. 478.
5. On rappellera que l'État est propriétaire du DPM naturel.
6. CE, 7 oct. 1994, *Époux Lopez*, *Rec.*, p. 430, concl. R. Schwartz ; *RFDA*, 1994, p. 1098.

nations irrégulières du domaine public maritime, mais au contraire des revendications de propriétaires sur celui-ci, qui ne sont pas liés à des actes de vente, mais à des incertitudes relatives à la délimitation du domaine public (cf. *supra*, n°s 35 et s.).

En effet, les actes recognitifs de la domanialité publique ont un caractère rétroactif et ne font en principe que consacrer la délimitation. Toutefois, dans biens des cas, la délimitation reconnue n'est pas celle attendue par les propriétaires riverains. Il peut en résulter qu'un riverain voit sa propriété étendue vers une partie de ce qui pouvait être considéré (à tort) comme le domaine public maritime. Il n'y a pas là pour autant aliénation du domaine public au profit du riverain. En tout état de cause, c'est la situation inverse qui est beaucoup plus fréquente, eu égard à la propension naturelle du propriétaire à concevoir sa propriété, de plus ou moins bonne foi, comme plus étendue qu'elle ne l'est en réalité.

La Cour européenne des droits de l'homme a toutefois considéré que le détenteur d'un titre de propriété acquis de bonne foi sur le domaine public doit pouvoir « *espérer avoir un bien sans restriction jusqu'au moment où la délimitation devient définitive en vertu d'un jugement définitif* » (CEDH, 22 juill. 2008, *Köktepe c/Turquie*, n° 35785/03 §82), autrement dit que celui qui se croit propriétaire doit être considéré comme tel. Cet arrêt a donc pu être lu comme « *une relativisation certaine du principe d'inaliénabilité du domaine public* » (N. Foulquier, « Domanialité publique et CEDH : de nouvelles remises en cause », *RDI*, nov. 2008, p. 505).

500. Seule la ***sortie du domaine public*** permet d'envisager une aliénation. Elle est inhabituelle car elle est en principe conditionnée par la disparition des phénomènes naturels qui ont entraîné l'incorporation au domaine public. Autrement dit par un recul de la mer[7] et une avancée du trait de côte, phénomène qui aura tendance à devenir de plus en plus circonscrit avec la montée du niveau de la mer. Encore cette sortie du domaine public maritime est-elle exceptionnelle puisque nécessitant que ces terrains aient été des propriétés privées avant leur submersion. Au surplus, cette solution est aujourd'hui largement caduque, ces terrains devant être considérés comme des relais de la mer, maintenus dans le domaine public maritime, mais toutefois susceptibles de déclassement par un acte juridique (cf. *supra*, n°s 17 et s.).

Une possibilité de sortie du domaine public aujourd'hui révolue découlait des concessions d'endigage. Le concessionnaire se voyait reconnaître le droit d'endiguer des terrains et de les soustraire ainsi à l'action des flots, les terrains se trouvant alors exclus du DPM et aliénés au titulaire de la concession. Bien entendu, l'exondement de parcelles en dehors de phénomènes naturels ou d'une concession d'endigage, notamment par le dépôt de déchets par une

7. V. par ex. CE, 19 févr. 1986, *Ministre de l'urbanisme c/ Morata et Coulon*, *AJDA*, 1986, p. 264, concl. B. Stirn.

collectivité locale, ne saurait conduire à une sortie du domaine public desdites parcelles[8].

Il a clairement été mis fin aux concessions d'endigage translatives de propriété en 1979[9]. Mais les concessions antérieurement accordées ont donné naissance à un droit de propriété au profit du concessionnaire qui est définitivement acquis et non remis en cause[10]. En outre, le juge administratif admettait la compatibilité avec le principe d'inaliénabilité de la délivrance d'une nouvelle concession d'endigage afin de régulariser la situation de terrains exondés en vertu d'une concession annulée[11].

501. Cela étant, depuis une loi du 25 juillet 1994 est admise la possibilité de délivrer des ***autorisations d'occupation du domaine public accordant des droits réels*** sur les installations et ouvrages réalisés pour l'exercice de l'activité autorisée. Celles-ci concernent notamment le domaine public portuaire (cf. *supra*, n°s 387 et s.).

C'est même le droit commun des autorisations d'occupation du domaine public artificiel (du moins pour celui de l'État et de ses établissements publics) aux termes de l'article L. 2122-6 du CGPPP, qui précise que « *ce droit réel confère à son titulaire, pour la durée de l'autorisation […], les prérogatives et obligations du propriétaire* » (l'administration restant propriétaire du domaine public ainsi occupé).

Le domaine public naturel a pour sa part été exclu du champ d'application de la loi (art. L. 2122-5, CGPPP).

§2. L'imprescriptibilité du domaine public

502. Le principe d'imprescriptibilité du domaine public, qui trouve lui aussi son origine dans le droit de l'ancien régime, est aujourd'hui consacré par l'article L. 3111-1 du Code général de la propriété des personnes publiques précité. La prescription est ici entendue au sens civil comme l'écoulement d'un délai ayant pour effet de faire acquérir un droit réel, essentiellement le droit de propriété (usucapion), à celui qui l'exerce en fait. Le principe est justifié par l'affectation des biens du domaine public, qui est incompatible avec l'acquisition de droits réels par des tiers.

Certains auteurs ont lu un arrêt de la Cour européenne des droits de l'homme de 2004, *Oneryildiz*[12], comme « *remettant en cause le caractère absolu de l'im-*

8. CE, 26 mars 1982, *Sté Marine Côte d'Argent*, *Rec.*, p. 132.
9. Par un décret du 29 juin 1979 relatif aux concessions d'endigage et d'utilisation des dépendances du domaine public maritime maintenues dans ce domaine en dehors des ports (voir aujourd'hui le D. n° 2004-308 du 29 mars 2004, *supra*, n°s 466 et s.).
10. CE, 30 nov. 1979, *Fontaine*, *D.*, 1980, p. 207.
11. CE, 5 nov. 1982, *Schwetzoff*, *Rec.*, p. 369.
12. CEDH, Grande Ch., 30 nov. 2004, *Oneryildiz c/ Turquie*, n° 48939/99, *RTD civ.*, avr. 2005, p. 422.

prescriptibilité du domaine public »[13]. En réalité, on en est loin, puisque si la Cour admet que la construction bâtie sur le domaine public puisse constituer un « *bien* » pour celui qui l'a édifiée, elle ne décide d'aucune acquisition du sol par usucapion, et adopte une conception du bien autonome par rapport à celle de propriété.

503. ***L'imprescriptibilité implique*** donc l'impossibilité de transfert de droit de propriété au bénéfice d'un tiers occupant une dépendance du domaine public maritime à l'issue d'une certaine durée. En ce sens, elle n'est qu'un prolongement du principe d'inaliénabilité, entendue de manière illimitée dans le temps. La prescription acquisitive de 30 ans ne joue donc pas.

Comme l'écrit Jean Dufau, « *l'imprescriptibilité est beaucoup plus protectrice du domaine public que l'inaliénabilité, la prescription étant plus dangereuse – parce que plus sournoise, plus difficile, à constater – que les aliénations volontaires opérées par l'administration* » (J. Dufau, *Le domaine public*, Le Moniteur, 5e éd., 2001, pp. 214-215).

René Chapus ajoute fort justement que l'imprescriptibilité « *fait obstacle à ce que les personnes publiques soient dépossédées, à leur insu, de certaines dépendances de leur domaine public, et les protège contre leur propre négligence* » (R. Chapus, *Droit administratif général*, t. 2, Montchrestien, 15e éd., 2001, n° 507).

L'imprescriptibilité ne connaît pas d'exception, quels que soient l'ancienneté et le caractère profondément établi de la possession du prétendu propriétaire. Ainsi la société du domaine des prés salés n'a pas pu acquérir les parcelles litigieuses par prescription, alors même que le préfet avait autorisé un endigage (hors les formes de la concession d'endigage) plus de cent ans avant le litige, plusieurs travaux au fil des ans, et même si l'administration avait durant de nombreuses années renoncé à revendiquer la domanialité des parcelles et confirmé des bornages établissant (à tort) la propriété privée[14]. Il en va de même d'un prétendu propriétaire de prés-salés qui exploite des terres qu'il tient de son père et que ce dernier avait soustrait des flots, dans la mesure où un décret, fût-il de 1859, incorpore ces parcelles au domaine public[15].

L'imprescriptibilité fonde l'irrecevabilité des actions possessoires des particuliers contre l'État propriétaire du domaine public. Ce qui n'exclut pas que le possesseur privé puisse être réintégré dans son bien en attendant qu'il soit statué sur le droit de propriété, en cas de voie de fait de l'administration consistant en une exécution d'office, sans décision du juge, de l'expulsion de l'occupant[16].

Elle implique également l'impossibilité pour les tiers d'acquérir des servitudes sur les dépendances du domaine public par l'usage, aussi durable soit-il. Elle n'exclut par contre pas le maintien de servitudes acquises avant l'incorpo-

13. N. Foulquier « Domanialité publique et CEDH : de nouvelles remises en cause », *op. cit.*
14. CE, 13 octobre 1967, *Cazeaux*, *Rec.*, p. 368.
15. T. confl., 24 févr. 1992, *Couach*, n° 02685, *Rec.*, p. 479.
16. *Ibid.*

ration au domaine public – sous réserve de leur compatibilité avec l'affectation – en cas d'extension de celui-ci, ce qui n'est pas exceptionnel s'agissant du domaine public maritime.

Elle explique encore que l'action en réparation des atteintes au domaine public soit imprescriptible dans le cadre de la contravention de grande voirie[17].

Section 2 La protection des droits du public sur le DPM

504. L'article L. 321-10 du Code de l'environnement, consacré à l'accès au rivage, renvoie à plusieurs dispositions du Code de l'urbanisme relatives à des servitudes propres au littoral. Celles-ci sont au nombre de deux. Une servitude dite longitudinale qui, comme son nom l'indique, permet de longer le trait de côte, ainsi qu'une servitude transversale, qui permet d'accéder à la première ou d'en sortir. Ces deux servitudes sont toutefois d'importance très inégale.

§1. La servitude de passage le long du littoral

505. Une servitude légale a été instituée par la loi n° 76-1285 du 31 décembre 1976 portant réforme de l'urbanisme sur l'ensemble du littoral français, dans le but de permettre le ***cheminement piétonnier*** parallèle au rivage. Celle-ci est codifiée à l'article L. 160-6 du Code de l'urbanisme.

Article L. 160-6 du Code de l'urbanisme

« Les propriétés privées riveraines du domaine public maritime sont grevées sur une bande de trois mètres de largeur d'une servitude destinée à assurer exclusivement le passage des piétons ».

Les dispositions réglementaires en vigueur, codifiées aux articles R. 160-8 et suivants, sont issues d'un décret du 12 juin 1990[18]. Il s'agit d'une simple servitude sur les propriétés qui n'a pas pour effet d'inclure ce cheminement au domaine public maritime[19].

La servitude a pour objectif de permettre la « ***continuité** du cheminement des piétons* ». Cette exigence de continuité implique qu'un cheminement qui est périodiquement submergé ne peut tenir lieu de cette servitude[20], pas plus

17. CE, 6 mars 2002, *Mme Triboulet*, *Rec.*, p. 76; *RFDA*, 2003, p. 60, note R. Hostiou. Pour un arrêt explicite sur le lien entre l'imprescriptibilité du domaine public et l'action en réparation de la contravention de grande voirie, voir CE, 22 avr. 1988, *SA entreprise Dodin*, *Rec.*, p. 154.

18. D. n° 90-481 ; et Circ. n° 90-46 du 19 juin 1990 relative à l'amélioration de l'accessibilité au rivage de la mer.

19. CAA Marseille, 4 déc. 2006 , *Copropriété « Les Nereides »*, n° 04MA00084.

20. CE, 25 nov. 1988, *Ministre de l'urbanisme c/assoc. pour la sauvegarde du pays fouesnantais*, n° 72482, *Rec.*, p. 427, *AJDA*, 1989, p. 279; CE, 18 déc. 1987, *Loyer*, *Rec.*, p. 419, *AJDA*, 1988, p. 422, note J.-B. Auby; CAA Nantes, 2 arrêts du 18 décembre 1996 cités *infra*.

qu'un passage sur une digue étroite et surplombant la plage de près de 3 m, en raison de l'insuffisante sécurité[21]. Elle a aussi pour conséquence d'imposer au maire d'exercer ses pouvoirs de police pour mettre fin à des aménagements privatifs rendant, sinon impossible, du moins dissuasif, ce cheminement[22]. Elle impose enfin de tenir compte des obstacles insurmontables existants, conduisant à des modifications de tracé pour les contourner.

Afin d'éviter que ne se forment de nouveaux obstacles au cheminement piétonnier, la loi du 3 janvier 1986 a ajouté au Code de l'urbanisme un article visant à éviter les remises en cause ultérieures de la servitude.

Article L. 146-3 du Code de l'urbanisme

« Les opérations d'aménagement admises à proximité du rivage organisent ou préservent le libre accès du public à celui-ci ».

506. Sa création vise à protéger ou recréer ce qui pouvait rester de « sentiers des douaniers », dont l'existence matérielle ne s'est cependant jamais accompagnée d'une existence juridique. Le Conseil d'État a en effet toujours refusé de reconnaître une servitude juridique correspondant à cette réalité de terrain[23].

507. ***L'assiette de la servitude*** est constituée par une bande de 3 m de largeur, en principe à compter de la limite du domaine public maritime (art. R. 160-8, C. urb.) et ne vaut que pour la France métropolitaine. L'article L. 150-1 du Code de l'urbanisme dispose en effet que la servitude peut être étendue aux départements d'outre-mer par décret avec les adaptations éventuellement nécessaires.

Tout propriétaire riverain « *peut demander au préfet* », lorsqu'il n'existe pas d'acte administratif de délimitation du domaine public, qu'il soit procédé à celle-ci (art. R. 160-10). Cette dernière disposition est d'une rédaction maladroite, puisqu'il n'est pas besoin d'un règlement pour autoriser un particulier à demander quoi que ce soit à l'autorité administrative. Il faut comprendre que le propriétaire peut demander, mais surtout obtenir cette délimitation, autrement dit que le préfet est en situation de compétence liée (cf. *supra*, n° 39). Cependant, cette disposition ne doit pas laisser croire que l'établissement de la servitude implique une délimitation préalable du domaine public maritime[24].

508. La loi précise toutefois que cette servitude ***ne peut grever ni les terrains situés à moins de 15 m des bâtiments à usage d'habitation*** antérieurs au 1er janvier 1976, ni les terrains attenant à des maisons d'habitation et clos de

21. TA Rennes, 13 nov. 1997, *M. et Mme Claudot*, *DMF*, juin 1998, p. 640, note E. Le Cornec.
22. TA Nice, 31 déc. 1996, *Assoc. pour la défense de l'environnement d'Antibes*, *Rev. jur. env.*, 1997/3, p. 444.
23. CE, 24 janv. 1849, *Simon*, *Rec.*, p. 72, et *Godin*, *Rec.*, p. 74.
24. CAA Nantes, 22 avr. 2008, *Boulanger*, n° 07NT02126.

mûrs avant cette même date, quelle que soit cette fois la distance du bâtiment. Ces exceptions ne jouent pas si l'institution de la servitude est « *le seul moyen d'assurer la continuité du cheminement des piétons* ». Les cas de figure correspondant à cette situation sont exposés à l'article R. 160-15 du Code de l'urbanisme. Il importe peu qu'un bâtiment à usage d'habitation ne soit plus occupé depuis plusieurs années : la servitude ne saurait être établie à moins de 15 m d'un tel bâtiment[25].

Par contre un moulin, distinct de la maison d'habitation voisine, qui ne comporte qu'une seule pièce et un grenier, n'est pas doté de sanitaires et n'a qu'occasionnellement hébergé des visiteurs, ne saurait être considéré comme un bâtiment à usage d'habitation impliquant une modification du tracé de la servitude (CAA Nantes, 6 oct. 1999, *Mme Henaff*, n° 97NT00004, *Rev. jur. env.*, 2000/2, p. 251).

509. Cette servitude existe juridiquement de plein droit, aucune procédure n'a besoin d'être mise en œuvre pour permettre sa création. Cependant, lorsque, comme cela est fréquent, la servitude est matériellement impraticable, en raison de divers obstacles liés notamment à la propriété privée, un tiers y ayant intérêt, tel qu'une association, est recevable à contester le refus du préfet (qui aura été sollicité) d'établir matériellement la servitude. L'administration étant en situation de compétence liée pour établir cette servitude, le refus sera en principe annulé[26].

510. La servitude légale étant instituée le long du rivage de façon quelque peu aveugle, la loi prévoit que l'autorité administrative peut néanmoins tenir compte des situations particulières, en ***modifiant le tracé*** de la servitude, afin d'assurer la continuité du cheminement « *compte tenu de la présence d'obstacles de toute nature* » ou de « *règles locales préexistantes* ». Ces modifications aboutissent en pratique à un recul du tracé de la servitude par rapport à la limite du domaine public maritime, la loi permettant que le tracé puisse même concerner « *exceptionnellement des propriétés non riveraines du domaine public maritime* ».

Cette précision a été apportée par la loi « Littoral » du 3 janvier 1986, après qu'il eut été jugé que « *le préfet était en droit de faire passer l'assiette de la servitude par des parcelles non bâties, alors même que celles-ci n'étaient pas riveraines du DPM* » (CE, 25 nov. 1988, *Ministre de l'urbanisme c/Assoc. pour la sauvegarde du pays fouesnantais*, *Rec.*, p. 427; *AJDA*, 1989, p. 279).

Dans un tel cas, l'administration bénéficie d'un pouvoir discrétionnaire, puisque selon un arrêt de la Cour administrative d'appel de Nantes, « *il n'appartient pas au juge administratif d'apprécier l'opportunité du tracé retenu*

25. CAA Nantes, 6 oct. 1999, *M. Hervé Huet du Rotois*, n° 97NT00292, *Rev. jur. env.*, 2000/2, p. 252.

26. CE, 11 juin 1997, *Assoc. pour la défense de l'environnement d'Antibes et de sa région*, n° 95151.

par l'administration parmi ceux qui étaient légalement possibles »[27]. Le même arrêt ajoute que l'administration n'est pas tenue de se calquer sur un cheminement ancien existant. Par contre, lorsque la continuité du cheminement peut être assurée par un simple aménagement d'un chemin pré-existant ouvert au public en bordure du littoral, la modification du tracé de la servitude est illégale[28].

La modification du tracé de la servitude est soumise à des ***exigences procédurales*** précises. L'article R. 160-12 du Code de l'urbanisme précise le contenu du dossier (qui reste sommaire). La loi impose l'organisation d'une enquête publique (type Code de l'expropriation avec des particularités[29] énoncées aux articles R. 160-18 et 19, C. urb.), la consultation des conseils municipaux intéressés et l'intervention d'une décision motivée[30].

Le juge administratif a pu admettre en la matière une motivation par référence à la notice explicative soumise à enquête (CAA Marseille, 19 oct. 2006, *Assoc. de défense de l'environnement de Bormes et du Lavandou*, nº 02MA00428), solution assez étonnante qui s'explique sans doute par les circonstances particulières de l'espèce, à savoir une modification complexe du tracé, sur treize portions, nécessitant un exposé des motifs détaillé et distinct pour chacune des treize portions. La décision prend la forme d'un arrêté préfectoral, ou d'un décret en Conseil d'État en cas d'opposition d'au moins une commune (art. R. 160-21). Celle-ci est publiée au recueil de la préfecture ou au Journal officiel selon le cas ainsi que dans deux journaux régionaux ou locaux, et affichée en mairie durant un mois. (art. R. 160-22).

511. Un ***recours pour excès de pouvoir*** est bien entendu possible contre une décision de modification du tracé de la servitude. Encore faut-il que le requérant se voie reconnaître un intérêt à l'action, en particulier pour une association. Si l'association des amis des chemins de ronde dispose, au regard de son objet, d'un tel intérêt[31], le cas d'une association généraliste de protection de l'environnement a été diversement apprécié selon les juridictions[32]. Par ailleurs, le recours est également recevable en tant qu'il concerne la partie non modifiée de la servitude, visée par l'arrêté préfectoral[33].

---

27. CAA Nantes, 18 déc. 1996, *Mme Gosset*, nº 94NT01166, *BJDU*, 1997/2, p. 148.
28. CE, 7 mai 1986, *Ministre de l'urbanisme c/ Noël*, *Rec.*, p. 140.
29. Sur ce point, voir TA Rennes, 13 nov. 1997, *Mme Gourlaouen*, *DMF*, juin 1998, p. 645, note E. Le Cornec.
30. L'absence de motivation conduit à l'annulation de la décision : CAA Nantes, 30 déc. 1996, *M. et Mme Reinton*, nº 94NT01155, *BJDU*, 1997/2, p. 149.
31. CAA Nantes, 6 oct. 1999, *Mme Henaff*, nº 97NT00004, *Rev. jur. env.*, 2000/2, p. 251.
32. TA Caen, 16 mars 1993, *Les amis du littoral coutançais*, nº 91448 : irrecevabilité de l'association dont l'objet consiste en « *l'amélioration, le respect et le développement de l'environnement d'Agon-Coutainville* ». Mais la CAA de Nantes (18 déc. 1996, nº 94NT01165) admet l'intérêt de l'association pour la sauvegarde du pays fouesnantais qui a pour objet « *la préservation des sites et la protection de l'environnement* ».
33. CAA Nantes, 6 oct. 1999, *M. Hervé Huet du Rotois*, nº 97NT00292, *Rev. jur. env.*, 2000/2, p. 252.

Le juge effectue un contrôle normal sur l'application des dispositions de l'article L. 160-6 et ne se contente donc pas d'un simple contrôle de l'erreur manifeste[34].

Du point de vue de la procédure contentieuse, on relèvera que les jugements d'annulation de décisions de modification du tracé de la servitude constituent l'un des rares domaines où la tierce-opposition (du propriétaire) est susceptible de prospérer (CAA Nantes, 18 déc. 1996, *Mme Gosset*, n° 94NT01166, *BJDU*, 1997/2, p. 148).

512. Modifié ou non, le tracé de la servitude doit faire l'objet d'une ***signalisation*** par le maire, ou à défaut par le préfet (art. R. 160-24, C. urb.), et l'administration peut y effectuer les travaux nécessaires pour assurer le libre passage et la sécurité des piétons (art. R. 160-25). Lorsque la servitude traverse un espace remarquable du littoral, les aménagements prévus doivent se limiter aux aménagements légers autorisés en vertu de l'article R. 146-2 du Code de l'urbanisme[35].

513. Les servitudes d'urbanisme n'ouvrent droit en principe à aucune ***indemnisation*** des propriétaires en application de l'article L. 160-5. Les dispositions spéciales relatives aux servitudes littorales de l'article L. 160-7 prévoient que les propriétaires peuvent prétendre à une indemnisation à la charge de l'État s'il en résulte pour eux un « *dommage direct, matériel et certain* ». Les modalités d'indemnisation sont prévues par les articles R. 160-29 et suivants.

On rappellera que de son côté, le 2e alinéa de l'article L. 160-5 nuance fortement le principe de non-indemnisation en intégrant un droit à indemnité dès lors qu'une « *atteinte à des droits acquis ou une modification à l'état antérieur des lieux déterminant un dommage direct, matériel et certain* » résulte de l'institution de la servitude. Ainsi, le régime spécial des servitudes littorales s'intègre assez largement dans le régime général de l'indemnisation des servitudes d'urbanisme.

Le préjudice résultant du passage de nombreux promeneurs aux abords d'une maison, fût-elle construite postérieurement à l'établissement de la servitude, doit être indemnisé, mais non le coût des plantations qui l'accompagnent[36].

Le prétendu risque d'effondrement d'une partie de la propriété située en bordure de falaise, en raison de l'importante fréquentation constitue bien entendu un préjudice éventuel non indemnisable (CAA Nantes, 27 juin 1996, *M. François X*, n° 95NT01435).

514. Autre contrepartie offerte aux propriétaires, ceux-ci bénéficient, depuis la loi Littoral du 3 janvier 1986, (art. L. 160-7 dernier al.) ***d'une exonération***

34. CAA Marseille, 19 oct. 2006, *Ass. de défense de l'environnement de Bormes et du Lavandou*, n° 02MA00428.
35. CAA Marseille, 19 oct. 2006, préc.
36. TA Rennes, 28 nov. 1984, *Consorts Guyon*, *RFDA*, 1985, p. 913.

légale de responsabilité civile en cas de dommages causés ou subis par les usagers de la servitude.

515. Par contre, le fait pour un propriétaire de s'opposer au libre passage est constitutif d'une ***contravention*** de la 5e classe. Pour les bénéficiaires de la servitude, l'utilisation à des fins autres que le cheminement piétonnier constitue une contravention de la 4e classe (art. R. 160-33). Cette incrimination semble viser particulièrement l'usage de véhicules motorisés sur les servitudes, mais il faut souligner que l'article R. 362-1 du Code de l'environnement permet de qualifier les mêmes faits de contravention de la 5e classe, le cheminement piétonnier n'étant pas une voie ouverte à la circulation.

516. Enfin, la loi ajoute que l'autorité administrative peut « *à titre exceptionnel, la **suspendre*** ». L'article R. 160-14 du Code de l'urbanisme vient expliciter ce caractère exceptionnel, en prévoyant limitativement les cas dans lesquels la servitude peut être suspendue. Il s'agit notamment des situations dans lesquelles un port maritime, des installations de défense, un établissement de pêche concessionnaire, une entreprise de construction navale, constituent des obstacles difficilement surmontables. La suspension est également possible lorsque des voies ouvertes au public longent déjà le rivage de la mer. C'est enfin le cas en présence d'un risque d'atteinte à la conservation d'un site ou à la stabilité des sols. L'existence d'un passage en haut de plage ne saurait justifier la suspension dès lors que ce passage est submergé lors des grandes marées[37].

§2. La servitude transversale d'accès au rivage

517. Le Tribunal administratif de Rennes a jugé que le régime de la servitude longitudinale permettait de créer des antennes du sentier côtier, lorsque celui-ci s'éloigne du rivage, vers la mer, mais ne pouvait servir de fondement à l'institution de « *remontées* » vers l'intérieur des terres[38] pour rejoindre d'autres sentiers. Le Tribunal renvoyait pour ce faire à « *des accords amiables ou à toute autre procédure de droit* », ce qui peut faire référence à l'expropriation ou à la cession gratuite de terrain consentie à l'occasion de la délivrance d'un permis de construire.

518. La création de la servitude transversale permet donc de combler cette lacune mise en évidence par le juge rennais. Elle est parfois qualifiée de servitude de « *désenclavement des plages* »[39] traduisant ainsi bien son objectif principal. Elle est de création plus tardive que la précédente, issue de la loi « Lit-

37. CAA Nantes, 18 déc. 1996, *M. Jacques Caudrelier-Benac*, *DMF*, mars 1998, p. 314, note E. Le Cornec.

38. TA Rennes, 24 nov. 1982, *Le Grand*, *AJDA*, 1982, p. 440, solution désapprouvée par l'annotateur Nguyen Quoc Vinh.

39. M. Prieur, *Droit de l'environnement*, Précis Dalloz, 2004, p. 416.

toral » du 3 janvier 1986, codifiée à l'article L. 160-6-1 du Code de l'urbanisme. Elle a pour but de « *relier la voirie publique au rivage de la mer, en l'absence de voie publique située à moins de 500 m et permettant l'accès au rivage* ». L'article R. 160-16 précise que cette distance se mesure en ligne droite sur le rivage de la mer au débouché des accès. Il faut comprendre que l'institution d'une telle servitude ne peut légalement être réalisée que si plus de 500 m séparent deux accès successifs à la mer.

Son ***ambition est beaucoup plus réduite*** que celle de la servitude longitudinale, dans la mesure où son institution est purement facultative, et pas toujours possible comme on vient de le voir. Contrairement à la première, elle n'est donc pas de droit et n'existe que là où elle a été instituée par une décision administrative. Elle ne peut grever que des « *voies et chemins privés d'usage collectif existants, à l'exception de ceux réservés à un usage professionnel* ». À la différence de la servitude longitudinale, la référence aux chemins existants ne permet donc pas de créer des sentiers nouveaux. Encore en sont exclus les chemins existants réservés à un usage professionnel, dans le but d'éviter les conflits d'usage entre professionnels de la mer (conchyliculteurs) et piétons.

519. Son ***régime*** est néanmoins en grande partie calqué sur celui de la servitude longitudinale. La procédure d'institution est identique à la procédure de modification du tracé de cette dernière. L'extension aux départements d'outre-mer est également conditionnée à l'intervention d'un décret (art. L. 150-1, C. urb.).

Le contenu du dossier soumis à enquête est certes déterminé par un texte spécial (art. R. 160-16-1) mais la composition de ce dossier est très proche de celui exigé pour la modification du tracé de la servitude longitudinale. La signalisation doit donc également être réalisée par le maire ou à défaut le préfet. Les dispositions relatives à l'indemnisation prévues par l'article L. 160-7 sont également applicables à la servitude transversale.

520. Il faut toutefois rappeler que la même loi Littoral dispose que « *l'accès des piétons aux plages est libre* » (art. L. 321-9, C. env.) et que le Code général des collectivités territoriales (art. L. 2124-4-I) vise également « *l'accès des piétons aux plages et leur usage libre et gratuit* ». En outre, le Conseil d'État a affirmé depuis fort longtemps que « *le rivage de la mer fait partie du domaine public et que tout le monde a le droit d'y accéder librement* »[40]. On peut donc considérer qu'un éventuel refus de l'autorité administrative de créer la servitude transversale puisse faire l'objet d'une annulation pour erreur manifeste, dans le cas où ces dispositions législatives ne pourraient trouver à s'appliquer faute d'accès.

40. CE, 30 avr. 1863, *Ville de Bagneux*, *Rec.*, p. 405.

Section 3 La protection spécifique des rivages de la mer

521. Longtemps non codifié, l'article 27 de la loi du 3 janvier 1986 relative à la protection du littoral a finalement été intégré au Code général de la propriété des personnes publiques dans une section consacrée à l'utilisation du domaine public maritime. Si le rivage visé à l'article 27 est incontestablement lié à la protection du DPM, il est toutefois utile de préciser qu'il a été jugé – avant la codification – que ces dispositions ne relèvent pas du régime des contraventions de grande voirie[41] (sur les contraventions de grande voirie, cf. *supra*, n°s 299 et s. et 402 et s.).

L'article L. 2124-2 du CGPPP dispose ainsi :

*« en dehors des zones portuaires et industrialo-portuaires et sous réserve de [...] **il ne peut être porté atteinte à l'état naturel du rivage** de la mer, notamment par endiguement, assèchement, enrochement ou remblaiement, sauf pour [...] ».*

Le principe posé par ce texte est donc le maintien de l'état naturel du rivage. Il s'applique notamment aux concessions d'endigage qui ne peuvent plus être octroyées pour la réalisation d'opérations immobilières. Il est opposable à de nombreux types d'actes administratifs, tels que les déclarations d'utilité publique[42], à condition toutefois qu'il s'agisse d'actes directement relatifs à une opération de travaux. Cela implique que l'acte ait pour objet ou pour effet d'autoriser des travaux, ou que son exécution porte par elle-même atteinte à l'état naturel du rivage.

Tel n'est donc pas le cas de la décision confiant la gestion du domaine public au département de la Charente-maritime, fût-ce dans la perspective d'y aménager un pont (CE, 8 avr. 1994, *Département de la Charente-maritime c/Assoc. des amis de l'île de Ré*, *Rec.*, p. 184; *Rev. jur. env.*, 1995/2, p. 333). Et ce n'est pas forcément le cas non plus d'un permis de construire, dès lors que ce n'est pas la construction elle-même qui portera atteinte au caractère naturel du rivage, mais d'éventuelles canalisations d'évacuation des eaux pluviales, non autorisées par le permis de construire lui-même (CE, 3 févr. 1993, *Assoc. En avant St Laurent*, n° 125528, *Rec.*, T., p. 943).

522. Les ***exceptions*** sont toutefois nombreuses et rangées en trois séries qui se recoupent d'ailleurs partiellement :

– la première concerne les zones portuaires et industrialo-portuaires. Le Conseil d'État fait une interprétation extensive de cette exception en

41. TA Rennes, 9 juin 1993, *Préfet d'Ille-et-Vilaine c/ Cne de St-Benoît-des-Ondes*, n° 93449.
42. TA Montpellier, 13 mai 1988, *Sté de protection de la nature de Sète-Frontignan-Balaruc*, *Rev. jur. env.*, 1988/4, p. 516.

assimilant à une zone portuaire la zone « *destinée à recevoir l'extension du port [...] même si elle n'est pas comprise dans l'emprise actuelle du port* »[43];

– la seconde, « *sous réserve des opérations de défense contre la mer et de la réalisation des ouvrages et installations nécessaires à la sécurité maritime, à la défense nationale, à la pêche maritime, à la saliculture et aux cultures marines* », vise donc certaines activités, publiques ou privées, considérées comme indispensables sur le littoral et affectant son caractère naturel;

– la troisième, « *sauf pour des ouvrages ou installations liés à l'exercice d'un service public ou l'exécution d'un travail public dont la localisation au bord de mer s'impose pour des raisons topographiques ou techniques impératives et qui ont donné lieu à une déclaration d'utilité publique* », vise plus particulièrement à préserver les aménagements publics, liés à un service public ou résultant d'un travail public. Mais en raison de la définition extensive de ces deux notions, le champ de ces exceptions est large et peut concerner des aménagements qui ne sont pas nécessairement sous maîtrise d'ouvrage publique.

Il a été jugé qu'un projet de déviation routière à Sète constituait bien l'exécution d'un travail public dont la localisation s'impose sur le rivage pour des raisons topographiques, sans motivation particulière ni dans le jugement (TA Montpellier, 13 mai 1988, *Sté de protection de la nature de Sète-Frontignan-Balaruc*, *Rev. jur. env.*, 1988/4, p. 516) ni dans l'arrêt confirmatif (CE, 30 déc. 1996, *Sté de protection de la nature de Sète-Frontignan-Balaruc*, *Rec.*, p. 512). De même, la reconstruction d'un pont au même endroit en vue de rouvrir l'axe à la circulation motorisée, bien que nécessitant la modification des emprises des remblais, est justifiée par des raisons topographiques et techniques impératives (TA, Caen, 9 juin 1998, *Assoc. Manche-Nature*, n° 97-1201).

523. La jurisprudence relative à cette disposition est relativement peu abondante. Son absence de codification a pu jouer un rôle dans sa faible utilisation. Mais surtout, ***son utilité propre est limitée***[44], dès lors que les dispositions d'urbanisme de la loi Littoral peuvent très souvent s'appliquer, avec un champ beaucoup plus large car non limité au rivage, et rendre dès lors inutile le recours à la présente règle.

Pourtant, les rares applications positives de l'article 27 concernent des décisions d'urbanisme. Le Tribunal administratif de Nice a pu, sur ce fondement, annuler un PAZ prévoyant notamment la construction d'un enrochement, le renforcement d'une digue, l'installation de pontons[45], ou encore un plan d'occupation des sols dont un secteur permettait « *des possibilités de constructions importantes devant nécessairement entraîner une atteinte à l'état naturel du rivage de la mer* »[46].

43. CE, 29 déc. 1993, *Ville de Royan*, n° 148567, *Rec.*, T., p. 820; *BJDU*, 1994/4, p. 17; *Rev. jur. env.*, 1995/2, p. 333. Dans le même sens : TA Nice, 7 avr. 1988, *Assoc. Défense de l'environnement Golfe Juan Vallauris et a.*, *Rev. jur. env.*, 1988/4, p. 490.

44. « *sa portée pratique sera probablement limitée* », percevait déjà P. Tavernier en 1987, in SFDE, « *La Loi littoral* », Economica, p. 189.

45. TA Nice, 4 juill. 1991, *SOS environnement et autres*, n° 87-396.

46. TA Nice, 26 février 1988, *Cne de Beaulieu-sur-mer et autres*, n° 1183-87-II.

Bibliographie

CAILLOSSE (J), « Plaidoyer pour le domaine public maritime naturel », *Rev. jur. env.*, 4/1990, p. 483.

CAUDAL (S.) et BILLET (Ph.), « Propriété publique et protection de la diversité biologique », *Rev. jur. env.*, n° spéc. 2008, p. 113.

GENEVOIS (B.), « La servitude de passage des piétons sur le littoral », *AJDA*, 1978, p. 628.

HOSTIOU (R.), « La protection du domaine public maritime naturel à l'épreuve de l'évolution contemporaine des idées et du droit », *RFDA*, 2003, p. 60.

HOSTIOU (R.), « De Colbert à Ségolène Royal : marine, domanialité et environnement, contraventions de grande voirie et protection pénale du littoral », *ADMA*, t. XII, Université de Nantes, 1993, p. 221.

LE ROUX (M.), « Les occupations irrégulières du domaine maritime naturel », *EF*, n° 85, hiver 1999-2000, p. 21.

ROUXEL (J.-Y.), « Les servitudes de passage le long du littoral », *DMF*, 1997, p. 833.

TANGUY (Y.), « Les servitudes de passage des piétons sur le littoral », *RDI*, 1991, p. 7.

TAVERNIER (P.), « Les accès à la mer », in *La loi Littoral*, SFDE, Economica, 1987, p. 177.

Chapitre 2

Les dispositions d'urbanisme de la loi « Littoral »

Plan du chapitre

RÉSUMÉ

524. Un décret du 25 août 1979 portant directive sur la protection et l'aménagement du littoral, un temps codifié dans la partie réglementaire du Code de l'urbanisme, comportait déjà les principales règles propres à l'urbanisme littoral qui intégreront la loi du 3 janvier 1986 relative à l'aménagement, la protection et la mise en valeur du littoral. Les dispositions d'urbanisme de cette loi fondamentale sont codifiées aux articles L. 146-1 et suivants du Code de l'urbanisme. Elles encadrent strictement le développement de l'urbanisation dans une logique de gestion économe de l'espace sur des secteurs qui concentrent des enjeux paysagers, écologiques et fonciers particulièrement élevés.

525. La loi Littoral du 3 janvier 1986 intervient au lendemain de la décentralisation des compétences d'urbanisme et en constitue un contrepoids indispensable. Toutefois, la mise en œuvre de ses dispositions est confiée aux collectivités locales sans réel contrôle étatique, comme en témoigne la grande faiblesse du contrôle de légalité. Elle n'a dès lors pas permis de freiner l'urbanisation des espaces littoraux. Les lacunes du contrôle de légalité ont été quelque peu compensées, mais de façon très inégale selon les territoires, par du contentieux associatif ou de voisinage.

Ce contentieux a permis en quelques années à une jurisprudence cohérente d'émerger et de préciser les grandes notions de la loi. Il a aussi suscité d'importantes réactions d'élus locaux qui ont trouvé un relais « naturel » auprès du Parlement, facilité par le cumul des mandats. Toutes les lois d'urbanisme sont l'occasion de propositions d'amendements tendant à « assouplir » la loi Littoral. Globalement, les gouvernements successifs se sont opposés avec une certaine fermeté au « détricotage » de cette loi. Il n'en reste pas moins qu'au fil des années, les dérogations et assouplissements se sont multipliés par rapport au dispositif initial (cf. *supra*, n°s 58 et s.).

Ce mouvement d'assouplissement est encore plus net dans les départements d'outre-mer (art. L. 156-1 et s., C. urb.) et à Mayotte (art. L. 711-1 et s.). Une partie des dispositions d'urbanisme de la loi Littoral y font l'objet de dispositions spéciales atténuant très sensiblement les règles applicables sur le littoral métropolitain.

526. Les dispositions de la loi Littoral concernant l'urbanisme sont opposables aux décisions individuelles relevant du droit de l'urbanisme (certificats d'urbanisme, permis de construire, permis d'aménager...), ainsi qu'aux actes réglementaires tels que les plans locaux d'urbanisme et les schémas de cohérence territoriaux. Mais le juge administratif n'a pas hésité en la matière à rendre ces dispositions opposables à des actes relevant d'autres législations, tels que les défrichements (Code forestier), modérant quelque peu le principe de l'indépendance des législations.

Dans une logique de hiérarchie des normes, la loi Littoral s'impose à tous les actes inférieurs, y compris les directives territoriales d'aménagement[1], les schémas directeurs[2], le schéma d'aménagement de la Corse[3], qui s'imposent eux-mêmes aux plans locaux d'urbanisme.

527. La loi s'applique à l'ensemble des communes littorales (art. L. 146-1, C. urb. et L. 321-2, C. env.), c'est-à-dire riveraines, même sur une très faible portion de leur territoire, des mers et océans, des étangs salés, des estuaires et des deltas (la liste de ces dernières communes figure à l'art. R. 321-1 C. env. – cf. *supra*, n°s 177 et s.), mais également des plans d'eau intérieurs de plus de 1 000 ha.

1. CE, 27 juill. 2005, *Comité de sauvegarde de Port-Vauban*, *Rec.*, p. 378; *BJDU*, 4/2005, p. 243; *AJDA*, 2006, p. 432; *Rev. jur. env.*, 1/2007, p. 116.
2. CAA Bordeaux, 29 déc. 2006, *Cté d'agglomération de La Rochelle*, n° 04BX00081.
3. CAA Marseille, 8 févr. 2007, *SCI de Grisolles*, n° 03MA01682, *Rev. jur. env.*, 2/2008, p. 223.

Elle institue un régime de protection gradué. Sur la totalité du territoire communal, s'applique le principe de l'extension de l'urbanisation en continuité avec l'urbanisation existante. Au sein des espaces proches du rivage, l'extension de l'urbanisation est plus encadrée et doit en tout état de cause être « limitée ». Enfin, à l'intérieur de la bande littorale non urbanisée des 100 m, un principe d'inconstructibilité prédomine. Indépendamment de cette graduation, les espaces qualifiés de remarquables, où qu'ils se situent sur ces communes, font l'objet d'une protection quasi-complète. Nous présenterons successivement les règles aboutissant à un régime de protection stricte, avant d'aborder les règles instituant des dispositifs plus souples.

Section 1 La protection stricte des espaces naturels littoraux

528. La loi « Littoral » met en œuvre deux régimes de protection rigoureux qui ont pour points communs de concerner des espaces non urbanisés des communes littorales et de poser un principe de non-urbanisation, voire de non-altération, assorti d'exceptions fort limitées. Il s'agit donc, plus que d'accompagner, d'encadrer ou de réglementer l'urbanisation et l'aménagement, de véritablement les stopper dans ces espaces sensibles. Cette sensibilité particulière est reconnue d'une part aux espaces jouxtant immédiatement le rivage (la bande dite des 100 m) et d'autre part aux milieux présentant un intérêt écologique ou paysager (espaces dits « remarquables » du littoral).

§1. La protection de la bande non urbanisée des 100 mètres

529. L'article L. 146-4-III du Code de l'urbanisme instaure une inconstructibilité et une « inaménageabilité » de principe dans la bande littorale de 100 m là où elle n'est pas déjà urbanisée.

Article L. 146-4-III du Code de l'urbanisme

« *En dehors des espaces urbanisés, les constructions ou installations sont interdites sur une bande littorale de cent mètres à compter de la limite haute du rivage ou des plus hautes eaux pour les plans d'eau intérieurs* ».

Il prévoit toutefois des exceptions pour les installations nécessaires à des services publics ou à des activités économiques exigeant la proximité immédiate de l'eau, soumises à enquête publique.

A. La qualification d'espace non urbanisé

530. Cette qualification est déterminante dans la mesure où, si l'espace est considéré comme urbanisé, la règle protectrice ne s'applique pas au sein de la bande des 100 m. Si le juge s'est efforcé d'énoncer des critères[4] permettant d'apprécier la qualification d'espace urbanisé ou non, celle-ci reste bien entendu une affaire d'espèce, appréciée par les seuls juges du fond[5], sous réserve d'une éventuelle dénaturation. La jurisprudence est abondante sur la question et on se contentera donc d'en évoquer quelques lignes directrices.

Il faut entendre par espace urbanisé les espaces ***effectivement urbanisés,*** ce qui est tout à fait indépendant du zonage retenu dans le document d'urbanisme. La situation d'un terrain en zone U ne suffit pas à le considérer comme urbanisé, le juge administratif qualifie le moyen d'inopérant (CE, 29 déc. 1993, *Le Gall*, n° 132481, *BJDU*, 2/1994, p. 16).

De même, les constructions existantes dont le permis de construire a été annulé et n'a pas fait l'objet d'une régularisation n'ont pas à être prises en compte (CE 27 sept. 2006, *Cne du Lavandou*, n° 275922, *BJDU*, 1/2007, p. 40, rendu à propos de l'art. L. 146-6 mais probablement transposable à L. 146-4-III).

La desserte d'un terrain par certains équipements publics ne suffit pas non plus à le considérer comme urbanisé, pas plus que s'il fait partie d'un lotissement autorisé dans lequel une construction est déjà édifiée (respectivement CE, 15 janv. 1997, *Malfatto*, n° 125937, et CE, 13 mars 1998, *Bellay*, n° 178041).

Plus généralement, l'existence d'un ***habitat diffus*** ne suffit pas à considérer que l'espace en question est urbanisé (notamment CE, 30 déc. 2002, *Cne de Talloire*, *RFDA*, 2003, p. 203 ; CAA Lyon, 24 oct. 1995, *Cne de Nernier*, *Dr. env.*, n° 35, p. 11).

Mais la ***nature de l'urbanisation*** importe peu. Elle peut être pavillonnaire, collective, industrielle[6] ou touristique (centre de vacances, bungalows)[7]. Par contre des terrains de camping, un centre aéré, un parc résidentiel de loisirs partiellement réalisé ne constituent pas un espace urbanisé[8].

531. Pour apprécier le caractère urbanisé ou non, le juge détermine un secteur géographique et utilise volontiers des limites, ou ruptures, qu'elles soient naturelles ou artificielles, marquant la fin de l'espace urbanisé et détermine ainsi un ***compartiment*** pour son appréciation. Une route, voire un simple chemin[9], peut jouer un tel rôle. La limite des 100 m elle-même peut constituer cette démarcation : si l'urbanisation est essentiellement présente

4. CE, 12 mai 1997, *Sté Coprotour*, *Rec.*, p. 188 ; *RFDA*, 1997, p. 895 ; *BJDU*, 3/1997, p. 214.
5. CE, 12 mai 1997, *SCI Ifana*, n° 163352, *BJDU*, 3/1997, p. 214 ; CE, 10 nov. 2004, *Mme Olivier-Delmas*, n° 258768, *BJDU*, 5/2003, p. 94, concl. I. de Silva.
6. Il est même jugé qu'une centrale nucléaire constitue à elle seule un espace urbanisé : TA Caen, 15 mars 2007, *CRILAN*, *Dr. env.*, juin 2007, p. 155, note B. Busson (confirmé par CAA Nantes, 22 avr. 2008, n° 07NT01013).
7. CE, 27 juill. 2005, *Comité de sauvegarde du Port-Vauban*, n° 264336, *Rec.*, p. 378 (urbanisation industrielle et pavillonnaire) ; CAA Bordeaux, 13 juin 1996, *Comité de liaison des étangs montpelliérains*, n° 95BX01147, *BJDU*, 5/1996, p. 377 (immeubles collectifs, centres de vacances, bungalows).
8. CAA Nantes, 7 avr. 1999, *Collectif de protection de la pointe d'Agon*, n° 97NT00926, *BJDU*, 4/1999, p. 312.
9. Respectivement CE, 10 nov. 2004, *Mme Olivier Delmas*, *BJDU*, 2/2005, p. 94 et CAA Nantes, 2 déc. 1998, *Pascal Chombart*, n° 97NT01992, *Dr. env.*, n° 66, p. II.

au-delà de 100 m du rivage, la bande des 100 m pourra, elle, être considérée comme non urbanisée[10].

L'***examen du voisinage*** et l'évaluation du nombre et de la densité des constructions alentours apparaissent déterminants. Lorsque les habitations les plus proches sont éloignées d'environ 200 m, le secteur ne saurait être considéré comme urbanisé[11]. Pour opérer concrètement son appréciation, il arrive au juge de dénombrer les constructions présentes dans le compartiment précédemment identifié ou dans un rayon de quelques centaines de mètres autour du projet litigieux, avant de conclure au caractère urbanisé ou non. Relevons que la Cour administrative d'appel de Lyon précise que seul « *le voisinage immédiat* » du terrain d'assiette du projet doit être pris en considération pour déterminer le caractère urbanisé ou non du secteur[12]. Ce qui évite, en étendant à l'excès l'examen du voisinage, de raccrocher artificiellement à des zones urbanisées le secteur précisément concerné.

Poussant cet examen du voisinage, le juge procède de plus en plus fréquemment à un examen de la nature de l'occupation de l'espace, sur les ***trois côtés*** non maritimes du terrain concerné[13]. Le fait qu'un seul de ces côtés soit urbanisé ne permet pas de considérer l'espace comme urbanisé[14], puisqu'il s'agit alors d'une extension de l'urbanisation, certes en continuité avec l'urbanisation existante, mais sur un espace non urbanisé.

B. La détermination de la distance de 100 m

532. Voici un élément parfaitement objectif que cette distance de 100 m, aisément mesurable sur un plan, qui n'a donc donné lieu qu'à peu de difficultés d'interprétation. Le point de départ de la bande des 100 m est défini par la loi comme la « *limite haute du rivage* », ce que le juge administratif assimile à la limite du domaine public maritime[15]. Les règles de détermination sont donc celles issues de l'arrêt d'Assemblée *Kreitmann*[16] (art. L. 2111-4, CGPPP).

533. Le trait de côte étant fréquemment mobile (érosion et plus rarement accrétion) sur le long terme, le juge apprécie la distance de 100 m au vu de la situation telle qu'elle se présente à la date de délivrance du permis de construire. Il ne saurait utiliser comme référence des documents anciens

10. CAA Nantes, 30 mai 1996, *Cne de Crozon*, n° 95NT00498.
11. CE, 15 janv. 1997, *Malfatto*, n° 125937.
12. CAA Lyon, 29 juin 1993, *Préfet de la Haute-Corse*, n° 92LY01477, *Rec.*, p. 460.
13. Notamment CAA Marseille, 10 avr. 2003, *Mme Buccafurri*, n° 98MA01651, *BJDU*, 1/2004, p. 72 ; CE, 2 janv. 2005, *Cne d'Arzon*, n° 226269, *BJDU*, 2/2005, p. 135.
14. CE, 12 avr. 1995, *Kirche*, n° 146508, *BJDU*, 3/1995, p. 191, concl. Fratacci.
15. CE, 12 mai 1997, *Sté Coprotour*, *Rec.*, p. 188.
16. CE Ass., 12 oct. 1973, *Kreitmann*, *Rec.*, p. 563 ; *RDP*, 1974, p. 1150, concl. M. Gentot.

situant la limite du rivage sur une ligne aujourd'hui franchie par la mer[17]. L'accélération de l'érosion, des forts épisodes de tempête et la montée du niveau de la mer donneront à l'avenir une importance particulière à cette avancée vers l'intérieur des terres de la bande des 100 m qui doit maintenant être considérée comme relativement mobile.

534. Par ailleurs, une difficulté se posait dans le cas d'un littoral avec un fort relief qui viendrait fortement réduire la distance effective du rivage à l'horizontale. Dans le cas d'une ***falaise***, la distance se mesure horizontalement à partir de l'élévation à la verticale du pied de la falaise[18].

C. La portée de l'interdiction d'aménager

535. L'interdiction est opposable à une ***grande variété de décisions administratives***. Sont concernés dans le domaine de l'urbanisme, les POS, les PLU, les créations de ZAC, les permis de construire, les autorisations de lotir, et même les simples déclarations de travaux[19]. S'agissant des documents d'urbanisme, la jurisprudence est abondante. Un emplacement réservé[20] pour un aménagement ultérieur se voit annulé, tout comme l'institution d'une zone naturelle en tant qu'elle permet certains équipements illégaux[21] (*a fortiori* une zone urbanisable). Ce sont surtout les dispositions du règlement qui font l'objet d'un contrôle détaillé[22], au-delà de la seule dénomination du zonage. Mais l'interdiction est également opposable à des décisions ne relevant pas du droit de l'urbanisme, atténuation bienvenue au principe de l'indépendance des législations. C'est le cas d'une DUP ou d'une autorisation orale de travaux donnée par un maire adjoint[23].

536. La ***nature des aménagements*** auxquels s'applique l'interdiction est également étendue et ne se limite pas aux constructions, puisque la loi prohibe « *les constructions et installations* ». L'aménagement de parkings et de terrains de camping est incompatible avec la protection de la bande des 100 m[24] (ces derniers sont au surplus prohibés par l'art. L. 146-5, C. urb.).

17. CAA Bordeaux, 19 juin 1997, *Cne de Bois-Plage-en-Ré*, *Rev. jur. env.*, 2/1998, p. 241.
18. CE, 22 oct. 1999, *Cne de Pénestin-sur-mer*, n° 180422, *Rec.*, T., p. 1065; *BJDU*, 5/1999, p. 399.
19. TA Nice, 20 nov. 1997, *Lang c/ Cne du Rayol-Canadel*, n° 93-619.
20. CE, 10 mai 1996, *Cne de St Jorioz*, n° 155169.
21. CAA Douai, 30 nov. 2006, *Préfet du Nord c/ C.U. de Dunkerque*, n° 06DA00629, *AJDA*, 2007, p. 447.
22. TA Caen, 29 avr. 2008, *Manche-Nature*, n° 0600228.
23. Respectivement CE, 19 mai 1993, *Les Verts Var*, n° 124983, *AJDA*, 1993, p. 690 (ou CAA Lyon, 27 févr. 2001, *Bianco*, n° 95LY01212, *Rev. jur. env.*, 2/2002, p. 252), et TA Pau, 9 juill. 2004, M. *Aynie*, n° 0401287.
24. Respectivement CAA Lyon, 27 févr. 2001, *Bianco*, n° 95LY01212, et CE, 25 sept. 1996, *Cne de Sangatte*, n° 138197.

Article L. 146-5 du Code de l'urbanisme

« L'aménagement et l'ouverture de terrains de camping ou de stationnement de caravanes en dehors des espaces urbanisés sont subordonnés à la délimitation des secteurs prévus à cet effet par le plan local d'urbanisme.

Ils respectent les dispositions du présent chapitre relative à l'extension de l'urbanisation et ne peuvent, en tout état de cause, être installés dans la bande littorale définie à l'article L. 146-4 ».

Les travaux de changement de destination d'un bâtiment existant se voient opposer ladite règle dès lors qu'ils sont soumis à permis de construire, tout comme l'extension d'une construction existante ou la reconstruction d'un bâtiment existant détruit par un incendie[25]. Dans ce dernier cas, l'article L. 111-3 du Code de l'urbanisme admet, depuis la loi SRU du 13 décembre 2000, la possibilité de reconstruction à l'identique).

Plus généralement, le Conseil d'État énonce « *qu'il n'y a pas lieu de distinguer entre les constructions ou installations nouvelles et celles portant extension d'une construction ou d'une installation existante* » (CE, 21 mai 2008, *Min. des Transports et M. Rousseau c/Assoc. pour le libre accès aux plages*, n° 297744, aux tables du recueil ; *JCP A*, 2 juin 2008, p. 10 ; *DMF*, 2008, p. 973).

Par contre, des chemins piétonniers et espaces verts ne sont pas considérés comme des « *installations* »[26], ce qui est discutable car ils peuvent, surtout pour les espaces verts, profondément altérer le milieu naturel.

537. Il suffit qu'***une partie*** de l'opération soit située dans la bande des 100 m pour que l'acte de création de la ZAC encoure l'annulation[27]. Dans le cas d'un permis de construire, il suffit que certains des bâtiments autorisés par un permis unique[28] empiètent sur ladite bande, à moins que le juge ne considère l'autorisation comme divisible.

538. Précisons enfin, ce qui est particulièrement méconnu, que la violation de l'interdiction d'aménager dans la bande non urbanisée des 100 m est ***pénalement sanctionnée*** par l'intermédiaire des articles L. 480-4 et L. 480-5 du Code de l'urbanisme[29].

25. Respectivement CAA Nantes, 30 mars 1994, *Poulpiquet de Brescanvel*, n° 92NT00913 ; CE, 21 mai 2008, n° 297744, *BJDU*, 3/2008 p. 175 ; CAA Nantes 11 juin 1997, *Riou*, n° 95NT00526, *Rev. jur. env.*, 2/1998, p. 242.
26. CAA Lyon, 27 févr. 2001, *Bianco*, préc.
27. CE, 4 juill. 1997, *Cne de Cabourg*, n° 152629, *Rec.*, T., p. 1115 ; CE, 8 mars 2004, *Sté des constructions immobilières de Bretagne*, *BJDU*, 5/2004, p. 350.
28. CAA Bordeaux, 19 juin 1997, *Cne de Bois-Plage-en-Ré*, n° 94BX01325, *Rev. jur. env.*, 2/1998, p. 241.
29. Cass. crim., 28 mars 2000, *UDVN 83*, n° 99-84367, *Bull. crim.*, 2000, n° 139, p. 414 ; *Dr. env.*, n° 86 p. 51.

D. Les dérogations

539. Les installations nécessaires à des services publics ou à des activités économiques exigeant la proximité immédiate de l'eau peuvent déroger à la protection. Cette qualification est une affaire d'espèce. La jurisprudence est peu abondante sur la première dérogation, elle l'est davantage sur la seconde.

540. S'agissant des ***installations nécessaires à des services publics***, l'aménagement de parkings n'entre pas dans cette catégorie, pas plus qu'un bar-restaurant qui se voit pourtant imposer des obligations par la commune afin de favoriser la sécurité des baigneurs[30]. Une tour de vigie et les sanitaires-vestiaires d'une base de planche à voile sont par contre nécessaires à des services publics[31]. A même pu être considérée comme nécessaire au service public d'entretien et d'exploitation des plages, l'implantation de sanitaires publics, et ce en raison de la très forte fréquentation des plages entraînant des problèmes de salubrité publique[32]. Mais il faut rappeler que cette dérogation ne joue que dans la bande des 100 m et ne saurait justifier l'implantation de bâtiments liés à des services publics en dehors de celle-ci[33].

541. S'agissant des ***activités économiques exigeant la proximité immédiate de l'eau***, cette dérogation est entendue strictement. Autoriser des activités « *liées à la mer* » est insuffisamment restrictif, un simple lien ne répond pas à l'exigence prévue par la loi[34]. Une formule trop générale du règlement d'urbanisme autorisant « *la construction d'équipements et installations liées à l'activité balnéaire* » est également illégale[35]. Une opération peut comporter à la fois des aménagements entrant dans le champ de la dérogation et d'autres qui en sont exclus. Dans ce cas, le juge procède à un examen propre à chaque aménagement et peut prononcer une annulation partielle[36].

Pour le reste, il convient de distinguer entre les activités (principalement touristiques) dont l'exercice est simplement facilité par la proximité de la mer, de celles qui utilisent directement l'eau de mer ou la mer ou qui sont indissociables de la mer.

542. Dans le cas des ***activités facilitées par la proximité de la mer***, le juge se refuse radicalement à admettre l'exigence de la proximité de l'eau. Les équipements liés à l'accueil des touristes et de leurs véhicules, fussent-ils

30. Respectivement CE, 10 mai 1996, *Cne de St Jorioz*, n° 155169, et CE, 9 oct. 1996, *UDVN 83*, n° 161555.
31. CAA Lyon, 27 févr. 2001, *Bianco*, préc.
32. CAA Bordeaux, 9 mars 2006, *Assoc. Aix-Ponant*, n° 02BX01974, *BJDU*, 4/2006, p. 305 (confirmé par CE, 8 oct. 2008, *Baboeuf*, n° 293469).
33. CAA Bordeaux, 4 juill. 2002, *Sepanso-Landes*, n° 99BX01405.
34. TA Caen, 9 juin 1998, *Manche-Nature*, n° 961339.
35. CAA Douai, 30 nov. 2006, *Préfet du Nord*, n° 06DA00629, *Rev. jur. env.*, 2/2008, p. 226.
36. CAA Lyon, 27 févr. 2001, *Bianco*, préc.

attirés par la mer, n'exigent pas la proximité immédiate de l'eau. Il en va ainsi d'un parking[37], d'un bar-restaurant, d'un camping, d'un abri à bateau, d'un restaurant même situé dans l'enceinte d'un port de plaisance[38], et plus généralement des constructions à vocation touristique, résidentielle et commerciale et bien entendu de logements[39].

543. Dans le cas des ***activités exigeant l'usage de l'eau de mer ou utilisant la mer***, l'appréciation du juge est plus nuancée. Il admet plus volontiers les installations nécessaires à des activités traditionnelles liées à la mer, par opposition aux activités touristiques.

> Un atelier de mareyage destiné au traitement et au conditionnement des produits de la pêche et nécessitant une eau de mer de très bonne qualité exige la proximité immédiate de l'eau, et ce, « *alors même qu'il n'aurait pas été techniquement impossible d'envisager une implantation plus éloignée du rivage* » (TA Rennes, 24 mars 1994, *Mme Le Corre, Quot. jur.*, n° 98, 8 déc. 1994, p. 5).

La Cour de Nantes pose une présomption d'exigence de proximité de l'eau pour les installations conchylicoles, mais ajoute que cette présomption est refragable puisque l'association requérante « *ne démontre pas que ces installations pourraient être implantées dans des conditions économiques normales sur des terrains plus éloignés du rivage* »[40]. Le juge accepte donc ici d'intégrer des considérations liées non pas à l'impossibilité technique, mais aux simples difficultés techniques et financières de l'éloignement du rivage. Par nature ces difficultés sont susceptibles de disparaître ou de s'amoindrir au fil des progrès techniques accomplis.

En tout état de cause, toute installation liée à l'activité conchylicole n'exige pas nécessairement cette proximité. Tout dépend de la nature précise des activités qui y sont exercées et de l'exigence de proximité pour cette activité, laquelle peut, par exemple, être justifiée par des considérations sanitaires[41].

544. Par contre, pour une thalassothérapie, le recul au-delà des 100 m est ainsi exigé « *eu égard aux possibilités de la technique* »[42], ainsi que pour un centre d'isothérapie « *même si l'environnement maritime est la condition essen-*

---

37. CE, 10 mai 1996, *Cne de St Jorioz*, n° 155169 (y compris si le parking est destiné à desservir une base de planches à voiles : CAA Lyon, 27 févr. 2001, *Bianco*).
38. Respectivement CE, 9 oct. 1996, *UDVN 83*, n° 161555 ; CE, 25 sept. 1996, *Cne de Sangatte*, n° 138197 ; TA Nice, 20 nov. 1997, *Lang*, n° 93-619 ; CAA Marseille, 19 sept. 2002, *Préfet de la Corse du Sud*, n° 99MA001166, *Rev. jur. env.*, 2003/4, p. 497.
39. CAA Lyon, 31 déc. 1996, *Sté d'aménagement de Port Léman*, n° 93LY01138, *Rec.*, T., p. 638 ; *BJDU*, 1997/3, p. 228.
40. CAA Nantes, 7 avr. 1999, *Collectif de protection de la pointe d'Agon*, n° 97NT00926, *BJDU*, 1999/4, p. 312.
41. CAA Bordeaux, 24 avr. 2003, *Cne d'Angoulins-sur-mer*, n° 99BX00960, *Rev. jur. env.*, 2003/4, p. 498.
42. TA Nice, 17 déc. 1987, *Mouvement niçois pour la défense des sites*, *RFDA*, 1990, p. 247.

tielle de viabilité du projet »[43]. Il en va de même pour une station d'épuration[44] même si le législateur, dès 1994, s'est opposé à cette jurisprudence en instituant à l'article L. 146-8 du Code de l'urbanisme un régime d'autorisation dérogatoire pour les stations d'épuration d'eaux usées non liées à une opération d'urbanisation nouvelle.

Article L. 146-8, al. 2 du Code de l'urbanisme :

« *À titre exceptionnel, les stations d'épuration d'eaux usées, non liées à une opération d'urbanisation nouvelle, peuvent être autorisées conjointement par les ministres chargés de l'urbanisme et de l'environnement, par dérogation aux dispositions du présent chapitre* ».

Cependant, des installations liées à des activités touristiques ne sont pas par principe exclues, dès lors qu'elles sont indissociables de l'usage de la mer, telles que des installations nécessaires aux loisirs nautiques, l'implantation d'une école de voile ou d'un port, fût-il principalement consacré à la plaisance[45].

545. L'article L. 146-4-III soumet à ***enquête publique*** toutes les opérations autorisables en application de ces dérogations[46]. Dès lors, la détermination de seuils[47] par l'article R. 123-1-31° du Code de l'environnement ayant pour effet de réduire le champ de l'enquête publique déterminé par la loi peut apparaître illégale.

La soumission à enquête publique implique, en application des articles R. 424-2 du Code de l'urbanisme et L. 123-11 du Code de l'environnement, qu'aucun permis de construire ni autre autorisation tacite ne puisse être délivré dans la bande non urbanisée des 100 m. Il en résulte que le silence de l'administration vaut refus (CE, 11 févr. 2004, préc).

E. Le régime propre aux départements d'outre-mer, à Mayotte et à la Corse

546. La coutume a fait naître dans les DOM la « zone des cinquante pas du Roi », devenue réserve domaniale et correspondant à une bande de 81,20 m parallèle au rivage. Le législateur de 1986 a préféré adapter la bande des 100 m métropolitaine dans les DOM en la calquant (et donc en la

43. TA Lille, 24 oct. 1988, cité par N. Calderaro, *Loi littoral et loi montagne*, EFE, 2005, p. 304.
44. CE, 19 mai 1993, *Les Verts Var*, n° 124983, *Rec.*, p. 162.
45. Respectivement CAA Lyon, 27 févr. 2001, *Bianco*, préc.; TA Caen, 8 avr. 1997, *Collectif de protection de la pointe d'Agon*, n° 951398; CE, 25 mars 1998, *Cne de St Quay Portrieux*, n° 159040.
46. CE, 11 févr. 2004, *SA France Travaux*, n° 212855, *AJDA*, 2004, p. 1151; *BJDU*, 1/2004, p. 35.
47. Pour un ex d'application de ces seuils en matière ostréicole : CAA Nantes, 18 juill. 2006, *Sté Anse de Toulvern*, n° 05NT00628, *Rev. jur. env.*, 1/2008, p. 91 (considère que pour l'évaluation du coût de la construction doivent être intégrés les honoraires d'architecte et des travaux accessoires au bâtiment tels que l'accès et l'aménagement des places de stationnement).

réduisant) sur la réserve domaniale dite des cinquante pas géométriques (art. L. 156-2, C. urb. et L. 711-3-III pour Mayotte – cf. *supra*, n°s 27 et s.).

547. Si la même distinction est faite qu'en métropole entre les espaces urbanisés et non urbanisés, la ***protection de la partie non urbanisée de la bande littorale est considérablement affaiblie*** dans les DOM. En effet, peuvent y être aménagées toutes installations nécessaires à des services publics, à des activités économiques, équipements collectifs liés à l'usage de la mer. La principale différence est que l'on passe, de la métropole aux DOM, de l'admission des activités « *exigeant la proximité immédiate de l'eau* » à celles simplement « *liées à l'usage de la mer* ». La bande littorale ne fait plus l'objet que d'une protection limitée. Pour Mayotte, une disposition spécifique protège néanmoins les mangroves, lagons et récifs coralliens, mais elle paraît redondante avec l'article L. 146-6 du Code de l'urbanisme relatif aux espaces remarquables.

548. En outre, dix ans après la loi Littoral, une loi du 30 décembre 1996 est venue compléter le dispositif, essentiellement pour l'assouplir[48], par l'insertion des articles L. 156-3 et 4 au Code de l'urbanisme. Ce dernier concerne les « ***secteurs d'urbanisation diffuse*** », notion particulièrement floue et extensive, qui sont donc situés hors des espaces urbanisés, et jusqu'alors protégés par l'article L. 156-2. Y est autorisé, sous réserve d'identification par le schéma régional, un très large spectre d'aménagements, comprenant notamment « *commerces, structures artisanales, équipements touristiques et hôteliers* » aboutissant à une disparition totale de la protection de ces espaces. Les dispositions relatives aux secteurs d'urbanisation diffuse ne concernent toutefois pas Mayotte (art. L. 711-3-III, C. urb.).

549. Paradoxalement, la ***partie urbanisée*** de la bande littorale peut être considérée comme mieux protégée[49] que les parties non urbanisées ou d'urbanisation diffuse, puisque l'article L. 156-3-I prévoit que les espaces restés naturels à l'intérieur des parties urbanisées sont préservés, même si une vaste dérogation est ouverte par simple justification d'une autre affectation par le PLU.

550. Concernant la **Corse**, les dispositions métropolitaines de l'art. L. 146-4-III s'y appliquent. Toutefois, la loi du 22 janvier 2002 (art. L. 4424-10-II, CGCT) prévoit que le plan d'aménagement et de développement durable de la Corse peut déroger à cette protection pour autoriser des « *aménagements légers et des constructions non permanentes destinées à l'accueil du public* » qui seront soumis à enquête publique. L'installation de nombreuses paillotes illégales peut ainsi être régularisée. La République est plus prompte à régulariser les aménagements illégaux qu'à faire exécuter les décisions de justice ordonnant leur démolition.

---

48. V. comm. de cette loi sur la zone des 50 pas géométriques : E. Le Cornec, *Dr. env.*, mai 1997, n° 48, p. 8.

49. CAA Bordeaux, 6 juin 2002, *Sté de mission et de coordination immobilière*, n° 98BX00647, *Rev. jur. env.*, 4/2003, p. 498.

§2. Les espaces remarquables des communes littorales

551. L'article L. 146-6 du Code de l'urbanisme impose une obligation de préservation des espaces remarquables des communes littorales.

Articles L. 146-6 et R. 146-1

« *Les documents et décisions relatifs à la vocation des zones ou à l'occupation et à l'utilisation des sols préservent les espaces [...] remarquables [...] du littoral et les milieux nécessaires au maintien des équilibres biologiques* ».

L'article R. 146-1 précise que « *sont préservés dès lors qu'ils constituent un site ou un paysage remarquable ou caractéristique du patrimoine naturel et culturel du littoral, sont nécessaires au maintien des équilibres biologiques ou présentent un intérêt écologique : a) Les dunes, les landes côtières, les plages et les lidos, les estrans, les falaises et les abords de celles-ci; b) Les forêts et zones boisées proches du rivage de la mer et des plans d'eau intérieurs d'une superficie supérieure à 1 000 hectares; c) Les îlots inhabités; d) Les parties naturelles des estuaires, des rias ou abers et des caps; e) Les marais, les vasières, les tourbières, les plans d'eau, les zones humides et milieux temporairement immergés; [...]* ».

Cette longue énumération d'espaces se caractérise soit par un type de milieux naturels (dunes, landes côtières, mangroves...) soit par un régime juridique (ZPS au titre de la directive oiseaux, parties naturelles des sites inscrits ou classés...). Les dérogations à l'obligation de préservation sont très limitées bien qu'elles aient été étendues à plusieurs reprises. Ces dispositions s'appliquent également dans les départements d'outre-mer (art. L. 156-1, C. urb.).

A. La qualification d'espace remarquable

552. Ni la loi ni le décret ne prévoient de ***procédure d'identification*** et de délimitation *a priori* de ces espaces remarquables. Celle-ci est jugée inutile dès lors que le décret énumère une liste précise de milieux. Ainsi les délimitations effectuées dans certains départements par les services de l'État sont-elles purement indicatives. Le Tribunal administratif de Pau rappelle fort justement qu'aucune disposition ne donne compétence au préfet pour déterminer par voie réglementaire la liste des espaces à préserver en application de l'article L. 146-6[50].

Un espace qui n'est pas intégré à ces délimitations indicatives pourra donc parfaitement être considéré par le juge comme remarquable[51]. Il en va *a fortiori* de même des délimitations de ces espaces effectuées par les plans locaux d'urbanisme.

50. TA Pau, 26 mai 1992, *Les Amis de la Terre*, *EF*, déc. 1992, n° 57, p. 53.

51. CE, 11 mars 1998, *Ministre de l'agriculture c/ Pouyau*, n° 144301, *Dr. env.*, n° 63, p. I.

Dans la même logique, un espace peut être remarquable même s'il ne fait l'objet d'aucune « *mesure particulière prise au titre de la législation relative à l'environnement et à la protection de sites* » (CAA Marseille, 12 mars 2007, *SNC Sogedame*, n° 03MA00406, *Rev. jur. env.*, 2/2008, p. 228).

553. On peut toutefois relever ***deux difficultés*** potentielles à l'identification de ces espaces remarquables. La première est que la limite d'un milieu peut prêter à discussion, dans la mesure où la nature connaît rarement des frontières tranchées. Où s'arrête la dune, où commence-t-elle ? En outre, lorsque le décret vise la protection des « *falaises et les abords de celles-ci* » on peut s'interroger sur l'étendue de ces abords.

La seconde est que le texte, littéralement, ne protège pas l'ensemble de ces milieux et espaces par nature mais exige que ceux-ci soient « *remarquables* », « *caractéristiques* », « *nécessaires au maintien des équilibres biologiques* » ou « *présentent un intérêt écologique* », étant précisé qu'il s'agit de conditions alternatives et non cumulatives[52]. L'exigence de l'une de ces conditions peut paraître superfétatoire, dans la mesure où dunes, landes, plages, falaises, forêts, marais, vasières, tourbières, zones humides... présentent toujours un intérêt écologique. Toutefois, il est vrai qu'une plage surfréquentée et régulièrement nettoyée au printemps ou qu'une forêt cultivée présentent une biodiversité limitée et affaiblie, donc un faible intérêt écologique.

554. Au ***cas par cas***, l'autorité administrative, puis éventuellement le juge, portent donc une appréciation sur le caractère remarquable ou non des espaces considérés. Les autorités communales, dotées de très larges compétences en matière d'urbanisme, restent généralement empreintes d'une culture du développement-aménagement, ignorant très largement les exigences supérieures de protection de la biodiversité. Elles ont dès lors une très nette tendance à considérer *a minima* ces espaces remarquables. Les services de l'État sont plus généreux dans leurs délimitations indicatives, mais c'est incontestablement le juge administratif qui est le plus proche de la réalité écologique. Ces insuffisantes délimitations administratives aboutissent donc très fréquemment à des annulations contentieuses d'autorisations d'urbanisme pour non-préservation des espaces remarquables situés au-delà de ces délimitations minimalistes.

Il faut donc insister sur le fait que cette délimitation est ***en définitive fixée par le juge***, conformément à sa mission d'interprétation de la loi. Il est ici impossible de présenter synthétiquement cette appréciation nécessairement propre à chaque site, et donnant lieu à une abondante jurisprudence. On se référera utilement à l'ouvrage très complet de N. Calderaro sur ce point[53]. Quelques lignes directrices jurisprudentielles peuvent toutefois être rappelées.

52. CAA Lyon, 24 oct. 1995, *Sté Rest. AG*, n° 94LY00913.

53. CALDERARO (N.), *Loi littoral et loi montagne*, EFE, 2005, p. 405 et s.

555. Première précision, les espaces remarquables du littoral ne sont pas limités à la proximité du rivage, et peuvent se situer sur la ***totalité du territoire des communes littorales***, même à plusieurs kilomètres du rivage[54].

556. Seconde précision, un ***espace urbanisé*** ne peut, par principe, être considéré comme un espace remarquable[55], étant précisé que les constructions irrégulières n'ont pas à être prises en compte pour apprécier du caractère urbanisé ou non[56] du site considéré. Un secteur faisant l'objet d'une urbanisation lâche peut parfaitement intégrer des milieux présentant un intérêt écologique certain, même de taille réduite.

C'est pourquoi, un espace « *peu urbanisé* », « *partiellement urbanisé* », « *contigu à un espace urbanisé* » peut être qualifié de remarquable (respectivement CAA Lyon, 7 déc. 1994, *Cne de Rayol-Canadel*, n° 93LY00545; CAA Bordeaux, 20 déc. 2001, *Cne de Soorts-Hossegor*, n° 98BX01019; CE, 28 juill. 2000, *Cne de Port-Vendres*, n° 173229).

Il a en outre été jugé qu'une parcelle faisant partie intégrante d'un lotissement et constituant le dernier lot non construit pouvait être qualifiée d'espace remarquable[57]. Par ailleurs, le classement en zone U par le règlement d'urbanisme ne constitue nullement un obstacle à la qualification d'espace remarquable[58].

557. Bien entendu, lorsqu'un espace a été qualifié de remarquable par une décision définitive du juge, cette qualification bénéficie de ***l'autorité absolue de la chose jugée*** et ne peut plus être discutée à l'occasion d'un autre litige situé sur le même espace remarquable[59].

558. L'article R. 146-1 comporte donc une liste d'espaces, déterminés soit par la nature des milieux considérés, soit par le régime juridique dont ils bénéficient. Cette ***liste n'est pas limitative***[60] ; ce que le législateur a entendu faire prévaloir, c'est la protection de tous les espaces remarquables du littoral, indépendamment de leur intégration dans une catégorie de milieux.

559. S'agissant des ***espaces déterminés par leur régime juridique***, ce dernier implique que la condition de l'intérêt écologique, ou, plus généralement, du caractère remarquable, soit considérée comme acquise, car appréciée lors de la mise en œuvre de ce régime juridique spécial. La jurisprudence est

54. CAA Marseille, 30 août 2001, *SNC Ryans de Lys*, n° 98MA00564, *Rev. jur. env.*, 2/2002, p. 255 (jusqu'à 7 km du rivage); CE, 27 sept. 2006, *Cne du Lavandou*, n° 275922, *AJDA*, 2006, p. 2194; *BJDU*, 1/2007, p. 40.
55. CE, 25 nov. 1998, *Cne de Grimaud*, n° 168029, *Rec.*, T., p. 1213; *BJDU*, 1/1999, p. 15, concl. C. Maugüé.
56. CE, 27 sept. 2006, *Cne du Lavandou*, préc.
57. CAA Nantes, 25 janv. 1996, *Cne de la Richardais*, n° 94NT00303, *Rec.*, T., p. 1203; *BJDU*, 1996/6, p. 453.
58. CAA Marseille, 11 janv. 2007, *Sté du domaine de Valcros*, n° 02MA00388.
59. CAA Marseille, 16 mai 2007, *SARL SOGEP*, n° 03MA02390.
60. CAA Marseille, 11 janv. 2007, préc.

abondante concernant les sites inscrits ou classés[61] (pour lesquels le juge apprécie toutefois, comme le texte l'y invite, s'il s'agit d'une « *partie naturelle* » de ce site), mais non à propos des réserves naturelles, arrêtés de biotope, parcs nationaux et ZPS, également visés par l'article R. 146-1. Le raisonnement ne peut qu'être identique à leur égard.

560. Pour les espaces ***déterminés par leur nature***, de nombreux critères sont susceptibles d'être pris en compte par le juge. Pour simplifier, l'espace est qualifié de remarquable soit en raison de son intérêt écologique, soit en raison de son intérêt paysager[62].

Il peut ainsi arriver qu'un site écologiquement dégradé en raison de son urbanisation diffuse soit qualifié de remarquable car il a conservé son intérêt paysager (TA Nice, 4 juill. 1996, *Ass. Vivre dans la presqu'île de St Tropez*, *JCP G*, 1996, n° 22691 ; CAA Marseille, 23 nov. 2006, *Sté SAS Union hôtelière du Cap*, n° 04MA00911).

Pour les sites présentant un intérêt écologique, fort logiquement, l'existence d'***inventaires scientifiques*** (type ZICO, Muséum, ZNIEFF, ENS, ou étude locale particulière)[63] est d'un secours déterminant pour cette qualification, dans la mesure où elle atteste de « *l'intérêt écologique* » visé à l'article R. 146-1. La simple proximité d'une ZNIEFF peut jouer un rôle dans la qualification d'espace remarquable[64].

La présence d'**espèces** présentant un intérêt patrimonial, rares ou protégées (CAA Bordeaux, 20 déc. 2001, *Cne de Soorts-Hossegor*, préc. ; CAA Marseille, 10 nov. 2004, *Buschiazzo*, n° 01MA01314 ; CAA Marseille, 11 janv. 2007, préc.) contribue elle aussi à établir l'intérêt écologique de l'espace en question.

La présence d'espèces végétales protégées ainsi que d'espèces communes mais caractéristiques peut même suffire à qualifier un espace de remarquable (CAA Marseille, 12 mars 2007, *SNC Sogedame*, n° 03MA00406). Les inventaires ne font d'ailleurs que mettre au jour cette richesse écologique.

Certaines ***altérations*** affectant le site remarquable ne sont pas de nature à faire disparaître ce caractère remarquable. Il en va ainsi du caractère remblayé d'un secteur figurant dans une ZNIEFF et une ZICO[65], ou d'une zone boisée incendiée[66]. Il s'agit là de garanties de nature à éviter que des altérations

---

61. CE, 20 oct. 1995, *Cne de St Jean Cap Ferrat*, n° 151282, *Rec.*, T., p. 1072 ; CE, 29 juin 1998, *Chouzenoux*, n° 160256 ; CAA Marseille, 20 sept. 2007, *SCI Cap agrumes*, n° 04MA02666, *DMF*, 2008 p. 684 ; CAA Bordeaux, 27 mai 2008, *Gilles X.*, n° 06BX01890, *Environnement*, juill. 2008, p. 17.

62. La seule qualité paysagère peut suffire : CAA Bordeaux, 30 déc. 1997, *Cne de Biscarosse*, n° 95BX00861.

63. Notamment TA Caen, 12 mai 1998, *Manche-Nature*, *Dr. env.*, n° 61, p. 9 ; CAA Nantes, 13 nov. 2007, *Assoc. Manche-Nature*, n° 07NT00076.

64. CAA Marseille, 17 juin 2008, *M. Di Lena*, n° 05MA01212, *Dr. env.*, oct. 2008 p. 6.

65. CE, 6 nov. 2006, *Cté de communes du Pays de Honfleur*, n° 282539, *Rev. jur. env.*, 2008/2, p. 229.

66. CAA Lyon, 31 mai 1994, *SCI La Castelle*, n° 93LY01253 ; CAA Marseille, 30 août 2001, *SNC Ryans de Lys*, n° 98MA00564.

volontaires et illicites conduisent à la disparition de la protection. Le juge permet ainsi d'éviter une quelconque prime au fait accompli.

561. Le juge exerce un ***contrôle normal*** sur la qualification du site et ne se limite donc pas à la recherche d'une erreur manifeste d'appréciation[67]. Cette qualification relève logiquement de la seule appréciation des juges du fond[68], sous réserve de dénaturation.

B. La portée de l'obligation de préservation

562. Cette obligation de préservation est exigeante à tous égards, ce qui fait certainement de ce régime juridique l'une des protections les plus complètes du droit de l'urbanisme et de l'environnement.

I – Les actes auxquels l'obligation de préservation est opposable

563. Il faut d'abord souligner que cette opposabilité est extrêmement vaste. La loi vise « *les documents et décisions relatifs à la vocation des zones ou à l'occupation et à l'utilisation des sols* » ce qui concerne au moins toutes les décisions relevant du droit de l'urbanisme. Mais le juge fait une interprétation extensive de ce texte, limitant ici fort opportunément les effets du principe d'indépendance des législations.

564. En ***droit de l'urbanisme***, l'article L. 146-6 est opposable aux actes réglementaires que sont les documents d'urbanisme. Un zonage U est « *nécessairement* »[69] illégal dans un espace remarquable. Mais c'est également le cas d'un zonage NA (urbanisation future) comme de l'ouverture à l'urbanisation d'une zone NA pré-existante, ou d'un zonage ND (zone de protection), dès lors que le règlement de la zone de protection autorise des aménagements incompatibles avec l'obligation de préservation[70]. La violation de l'obligation de préservation entache également d'illégalité une décision d'application anticipée d'un document d'urbanisme[71].

Il est encore opposable aux actes individuels d'urbanisme, à commencer par les permis de construire[72], même si le Conseil d'État, dans un arrêt regrettable[73] contraire à la lettre de la loi, non motivé et resté isolé, avait pu juger

67. CE, 17 juin 1998, *Assoc. de défense des propriétaires longevillais*, n° 169463, *BJDU*, 1998/5, p. 341.
68. CE, 13 nov. 2002, *Cne de Ramatuelle*, n° 219034, *Rec.*, T., pp. 903 et 957; *BJDU*, 2002/5, p. 344.
69. CAA Bordeaux, 31 juill. 2003, *Cne de Loix-en-Ré*, n° 99BX02184, *Rev. jur. env.*, 4/2005, p. 473.
70. Respectivement CE, 6 nov. 2006, *Cté de communes du Pays de Honfleur*, n° 282539; CE, 12 nov. 1997, *Cne d'Erquy*, n° 170248, *Rev. jur. env.*, 1/1998, p. 129; et TA Nice, 16 juin 2005, *Assoc. de protection du lac de Ste Croix*, n° 0101362.
71. CAA Marseille, 21 oct. 2004, *Cne du Lavandou*, n° 00MA02524.
72. CE, 13 nov. 2002, *Cne de Ramatuelle*, préc.
73. CE, 29 nov. 1996, *Huas*, n° 116282.

du contraire. Si la jurisprudence est moins abondante, la même solution s'impose aux certificats d'urbanisme[74]. Il importe peu que le document d'urbanisme classe ledit secteur en zone urbanisable, puisqu'il est possible d'exciper de l'illégalité de ce règlement, et que la hiérarchie des normes impose la prévalence de la loi sur le règlement local. Une autorisation de lotissement, d'aménager un parc résidentiel de loisir comme une autorisation de camping qui méconnaîtrait les dispositions de l'article L. 146-6 est également illégale[75] ; cette solution est aisément transposable à l'actuel permis d'aménager.

565. En dehors du droit de l'urbanisme, le régime protecteur est opposable à diverses catégories d'***autorisations d'aménagements***. Une autorisation de défrichement (régime relevant du Code forestier) ainsi qu'une autorisation au titre de la police de l'eau (en l'espèce un port de plaisance) sont soumises au respect direct de l'article L. 146-6 du Code de l'urbanisme[76].

Il en va de même de l'homologation d'un terrain de moto-cross, de l'autorisation d'une manifestation sportive (en l'espèce l'enduro du Touquet) ou d'une autorisation d'occupation du domaine public, y compris une concession de plage (respectivement TA Pau, 15 mars 2001, *Ruse*, *BJDU*, 1/2001 p. 10 ; TA Lille, 11 déc. 2003, *FNE*, *AJDA*, 2004, p. 1483, bien que pas très explicite ; TA Caen, 12 juill. 2007, *Manche-Nature*, n° 0401746, *Environnement*, janv. 2008, p. 26 ; CE, 12 mars 2007, *Min. des transports*, n° 289031).

566. Le Conseil d'État opère également pleinement un contrôle des *DUP* au regard des dispositions protectrices de l'article L. 146-6 du Code de l'urbanisme[77]. Il lui est toutefois arrivé d'affaiblir – ou de diluer – cette opposabilité en intégrant le respect de l'art. L. 146-6, dans l'appréciation générale du bilan[78].

567. Plus remarquable, si l'on ose dire, est le fait que ce régime protecteur est également opposable à des ***décisions intervenant en amont des autorisations*** de travaux et n'en permettant pas directement la réalisation. Le juge administratif oppose l'article L. 146-6 à une délibération de conseil municipal approuvant la convention de gestion entre la commune et le Conservatoire du littoral[79], au regard des aménagements prévus dans cette convention.

---

74. TA Nice, 6 nov. 1997, *M. Hubert Anders*, *BJDU*, 1/1998, p. 28.

75. Respectivement TA Nice, 13 déc. 2001, *indivision Collin c/ Cne de Grimaud*, n° 975262 ; CAA Nantes, 24 mars 1999, *Manche-Nature*, n° 97NT02524 ; et CAA Nantes, 13 nov. 2007, *Manche-Nature*, n° 07NT00076.

76. Respectivement CE, 11 mars 1998, *Ministre de l'agriculture c/ Pouyau*, n° 144301, et CE, 30 déc. 2002, *Cne de Six-Fours-les-Plages*, *Rec.*, T., p. 861.

77. CE, 30 déc. 1996, *Sté de protection de la nature de Sète-Frontignan-Balaruc*, n° 102023, *BJDU*, 1/1997, p. 12, ou, mais moins explicite, CE, 10 déc. 2001, *Cne de Queven*, n° 218331, *BJDU*, 6/2001, p. 418.

78. CE, 3 juill. 2000, *Syndicat intercommunal des communes riveraines du lac d'Annecy*, n° 183850.

79. TA Nice, 14 avr. 1991, *Bret*, n° 901889 ; TA Nice, 15 mai 1997, *Assoc. Les amis de St Raphaël*, n° 92229.

L'arrêté préfectoral créant une association foncière urbaine dont l'objet est la réalisation de travaux incompatibles avec l'obligation de préservation des espaces remarquables est également illégal[80].

II – L'intensité de la protection

568. La principale question à cet égard a été résolue par la jurisprudence après hésitations. Il s'agit de savoir si la protection conduit à interdire tous les aménagements autres que ceux admis par la loi, ou au contraire s'il convient d'***apprécier au cas par cas*** si l'aménagement remet en cause l'intérêt écologique ou paysager du site pour conclure à l'illégalité ou non de l'opération.

La seconde solution peut paraître moins brutale et aboutir à une appréciation fine mettant au centre des préoccupations la protection de l'intérêt écologique, finalité de ce dispositif. Elle est toutefois dangereuse. En effet, la protection forte instituée par le législateur s'en trouverait largement anéantie si elle était adoptée. Il est toujours délicat de faire trancher une question scientifique (la remise en cause ou non de l'intérêt écologique) par des magistrats n'ayant aucune qualification en la matière, sachant que fréquemment, les seules analyses d'impact de l'aménagement sont celles produites par l'aménageur. La tentation serait donc forte dans ce cadre de considérer qu'un aménagement sur une partie réduite du site serait *a priori* compatible avec la préservation de celui-ci. Ce raisonnement conduirait à admettre progressivement, de modeste autorisation en autorisation raisonnable, le grignotage de l'ensemble du site, son recul substantiel ou l'isolement de plusieurs de ses composantes indissociables, et donc sa perte de potentialité écologique.

Le Conseil d'État a certes été tenté par cette solution, en validant la DUP d'une route en raison du « *caractère très limité de la partie du tracé du projet qui affecte une zone humide* » remarquable du littoral ou même, dans un arrêt assez étonnant, une ZAC de 105 000 m^2 de SHON[81]. Mais ces décisions sont anciennes, ou constituent des décisions d'espèces (un projet routier d'envergure ne s'annule pas).

569. Au contraire, les arrêts admettant une ***protection pleine et entière*** sont très explicites et le Conseil d'État réitère régulièrement sa fermeté à cet égard en considérant que ces espaces bénéficient « *d'une interdiction de principe de toute forme de construction* »[82], ou que « *la protection instituée à l'article L. 146-6 […] implique par elle-même l'inconstructibilité des espaces caractéristiques du littoral sous réserve de l'implantation d'aménagements légers prévus au 2e al. du même article* »[83]. Le Commissaire du gouvernement Christophe Devys est encore plus généreux en évoquant une « *interdiction de toute altération*

80. CAA Marseille, 22 nov. 2001, *Mme Bes*, n° 97MA11677.

81. Respectivement CE, 30 déc. 1996, *Sté de protection de la nature de Sète-Frontignan Balaruc*, préc., et CE, 29 nov. 1996, *Sté de développement du Dramont-Agey*, n° 129241, *BJDU*, 2/1997, p. 74.

82. CE, 6 mai 1996, *Assoc. Hardelot Opale environnement*, n° 151698.

83. CE, 27 sept. 2006, *Cne du Lavandou*, n° 275922, *BJDU*, 1/2007, p. 40.

humaine »[84], conforme à l'opposabilité extrêmement large de la protection en cause.

Et de très nombreux jugements et arrêts se contentent d'observer que l'opération n'entre pas dans le cadre des dérogations permises par la loi (aménagements légers) pour annuler, et ce quelles que soient les mesures compensatoires prévues par le maître d'ouvrage[85].

III – Une infraction pénale

570. Bien que la loi du 3 janvier 1986 ne comporte aucune disposition pénale, la codification de certaines de ses dispositions a conduit à les pénaliser. Le délit d'altération d'espace remarquable du littoral, bien qu'extrêmement rarement poursuivi, est le délit le plus « classique » issu de la loi Littoral.

La Cour d'appel de Caen, infirmant un jugement de première instance, condamnait le président d'une association gestionnaire d'un golf à raison des travaux d'extension de celui-ci sur un espace remarquable[86]. L'existence même du délit n'était pas contestée devant la Cour, de sorte qu'elle s'est contentée d'une simple mention des articles L. 111-1-1, L. 146-1, L. 160-1 et L. 480-4 et 5 du Code de l'urbanisme pour justifier du caractère pénalement répréhensible dudit comportement. C'est au visa des mêmes textes que la Cour d'appel de Poitiers condamnait un propriétaire pour stationnement de caravane dans un espace remarquable du littoral, puis un ostréiculteur pour des opérations de remblaiement et terrassement sur son exploitation[87].

571. Il faut comprendre de la référence à ces textes que c'est la qualification de « *loi d'aménagement et d'urbanisme* » par l'article L. 146-1 dans sa rédaction alors en vigueur qui permettait, par l'intermédiaire de L. 111-1-1 et L. 160-1, d'appliquer les peines prévues à l'article L. 480-4 aux comportements altérant les espaces remarquables. En 1998, la chambre criminelle de la Cour de cassation confirmait l'existence de l'infraction[88] par une motivation sommaire précisant toutefois que la condamnation est encourue sans qu'il soit besoin de rechercher si le terrain en question était classé en zone protégée au POS.

La loi SRU du 13 décembre 2000, supprimant la catégorie des lois d'aménagement et d'urbanisme, aurait pu remettre en cause cette chaîne de renvois entre textes du même code. Mais il n'en a rien été.

---

84. Concl. sur CE, 27 sept. 2006, *Cne du Lavandou*, *ibid.*, p. 42.
85. Pour un ex. CAA Nantes, 13 nov. 2007, *Manche-Nature*, n° 07NT00076.
86. CA Caen, 4 sept. 1995, *Malherbe*, *Dr. env.*, n° 36, p. 11 ; *EF*, juin 1996, p. 37.
87. Respectivement CA Poitiers, 17 juin 1993, *Maurice G.* ; et CA Poitiers, 20 juin 1997, *Magnien*, n° 97-478, *AJDI*, 1999, p. 299.
88. Cass. crim., 3 juin 1998, *Maurice G.*, n° 93-83264 ; et, plus incertain, Cass. crim., 21 janvier 1998, n° 97-80372, *Rev. jur. env.*, 3/1998, p. 453.

Un maire condamné en raison de l'aménagement d'une voie de circulation sur un espace remarquable prétendait en cassation que « *les dispositions de la loi du 3 janvier 1986 ne sont pas pénalement sanctionnées* ». Toutefois, la chambre criminelle affirma en 2002 que « *contrairement à ce qui est allégué, les agissements reprochés sont pénalement sanctionnés* » (CA Lyon, 20 sept. 2001, *Jean X. et Charles Y c/Ass. interdépartementale pour la protection du lac de Ste Croix*, n° 2001-72 ; Cass. crim., 15 oct. 2002, *Charles-Antoine X et Jean Y*, n° 01-87057).

572. Si le juge judiciaire était plus fréquemment saisi, il faudrait alors accorder une réelle importance à ses appréciations relatives aux notions d'altération (de « non-préservation ») d'espace remarquable, et d'aménagement léger (seuls admis sur ces espaces). À cet égard, relevons que le simple stationnement d'une caravane[89] semble bien considéré comme une altération n'entrant pas dans la catégorie des aménagements légers. Dans le même sens, l'auteur de l'aménagement d'une aire de stationnement, du comblement de fossés et de l'élargissement d'un chemin se rend coupable du délit, même postérieurement à l'admission des aires de stationnement à l'article R. 146-2[90].

C. Les dérogations à la protection

573. Après avoir posé le principe de l'obligation de préservation des espaces remarquables, l'article L. 146-6 du Code de l'urbanisme admet toutefois la possibilité d'implantation d'aménagements légers.

Article L. 146-6, al. 2 du Code de l'urbanisme

« *Toutefois, des aménagements légers peuvent y être implantés lorsqu'ils sont nécessaires à leur gestion, à leur mise en valeur notamment économique ou, le cas échéant, à leur ouverture au public* ».

Ce texte renvoie à un décret, intervenu en 1989 et codifié à l'article R. 146-2, énumérant la liste des aménagements légers au sens de la loi. Cette liste a été complétée en 2004[91], affaiblissant quelque peu la protection des espaces remarquables.

Ces aménagements légers sont soumis à enquête publique dans les cas prévus par les articles R. 123-1 et suivants du Code de l'environnement.

Initialement, les seuls aménagements légers suivants figuraient sur la liste : chemins piétonniers et objets mobiliers destinés à l'accueil ou à l'information du public ; aménagements agricoles, conchylicoles, pastoraux ne créant pas de SHON.

89. Cass. crim., 3 juin 1998, *Maurice G.*, n° 93-83264.

90. TGI Boulogne-sur-mer, 31 janv. 2008 , *M. Guillain André*, n° 306-08.

91. D. n° 2004-310 du 29 mars 2004, art. 2 ; *JCP A*, 2004, n° 16, p. 565, comm. L. Bordereaux ; *Dr. env.*, n° 118, p. 90, comm. B. Busson ; *BJDU*, 4/2004, p. 246, comm. J.-C. Car et J. Trémeau ; *AJDA*, 2005, p. 370, comm. R. Hostiou.

Le décret de 2004 a ajouté de nombreuses catégories d'aménagements qualifiés de légers et donc admissibles sur les espaces remarquables, la plupart d'entre elles venant faire échec à des appréciations du juge administratif refusant la qualification d'aménagement léger à des opérations de ce type.

574. Pour le ***tourisme non motorisé***, sont ainsi admis les pistes cyclables et les sentiers équestres. En pratique, ceux-ci peuvent pourtant constituer de véritables infrastructures routières lourdes de type voie verte, notamment dans les zones humides (malgré l'interdiction de bitumer prévue par le décret) à la différence des simples cheminements piétonniers. Les postes d'observation de la faune, sanitaires et postes de secours démontables font également partie des nouvelles possibilités d'aménagement.

575. Pour le ***tourisme motorisé***, le décret admet dorénavant « *les aires de stationnement indispensables à la maîtrise de la fréquentation automobile et à la prévention de la dégradation de ces espaces par la résorption du stationnement irrégulier* »[92], élégante formule permettant de régulariser le stationnement sauvage par l'aménagement de nouveaux parkings. On voit mal comment un nouveau parking peut servir à maîtriser la fréquentation automobile, et à protéger ces espaces remarquables.

Antérieurement à ce décret, le Conseil d'État avait jugé à propos d'aménagements projetés par le Conservatoire du littoral, que « *la création d'une aire de stationnement ne figure pas au nombre des aménagements légers autorisés* » par l'article R. 146-2 et que ce parking ne peut pas « *être regardé comme ayant pour objet la protection d'un espace à préserver* »[93]. Il n'est pas certain que cette jurisprudence soit devenue complètement obsolète. L'appréciation du caractère « *léger* » du parking doit continuer à être effectuée[94], et le refus du juge de considérer qu'un parking a pour objet la protection d'un espace à préserver pourrait le conduire assez logiquement à refuser d'y voir un aménagement « *indispensable [...] à la prévention de la dégradation de ces espaces* ».

576. Les ***considérations économiques*** sont également fortement prises en compte : la réfection des bâtiments existants et l'extension limitée des bâtiments et installations nécessaires à l'exercice d'activités économiques sont admises, ainsi que les aménagements agricoles, pastoraux et forestiers jusqu'à 50 m² de surface de plancher; les constructions et aménagements exigeant la proximité immédiate de l'eau, dans les zones de pêche, de conchyliculture et d'élevage ovin également (cf. *supra*, n° 437). Pour ces dernières constructions,

92. « *ni cimentées ni bitumées* ».

93. CE, 27 juin 2005, *Conservatoire de l'espace littoral*, n° 256668, *BJDU*, 4/2005, p. 238; *Rev. jur. env.*, 1/2007, p. 124.

94. Dans ses concl. sur l'arrêt précité concernant un parking de 1 700 m² impliquant seulement un débroussaillage et la pose de rondins en bois, le commissaire du gouvernement Chauvaux relevait que « *si les travaux sont légers, leur résultat sera assez pesant* » (*BJDU*, 4/2005, p. 239).

le dossier de demande de permis de construire doit être complété, en vertu de l'art. R. 431-16 e) du Code de l'urbanisme, par une notice précisant l'activité économique exercée et justifiant que cette activité répond aux critères définis par l'article R. 146-2.

577. Seuls les types d'aménagements ***limitativement énumérés*** par l'article R. 146-2 peuvent être qualifiés d'aménagement léger[95]. Dès lors, la jurisprudence, relativement abondante (et restrictive), sur la question de savoir si tel ou tel aménagement peut être en soi qualifié de léger, semble perdre une grande partie de son intérêt dès lors qu'il suffit le plus souvent de constater que l'aménagement en cause n'entre dans aucune des catégories énumérées à l'article R. 146-2, sans avoir à apprécier subjectivement son caractère léger ou non. C'est incontestablement le cas, entre autres, d'un golf et d'une voie routière, d'une aire de jeu et de sport ou d'un chantier naval[96].

578. Tous les aménagements visés par l'article R. 146-2 sont-ils pour autant ***présumés légers ?*** Une appréciation complémentaire par le juge de son caractère léger est envisageable dans des conditions sans doute variables. Lorsque le règlement fixe des limites précises et objectives à l'ampleur de l'aménagement (ex : 50 m2 de surface de plancher), il y a tout lieu de penser que ce seuil fixe la limite entre le caractère léger ou non de l'aménagement et que l'appréciation du juge disparaît sur le caractère léger, sauf à exciper de l'illégalité de l'article R. 146-2.

Mais il en va différemment dans le cas où la limite réglementaire est extrêmement vague, telle l'admission des « *extensions limitées* » des bâtiments où s'exercent des activités économiques. Le juge porte dans un tel cas une appréciation sur le caractère « *limité* », une extension non limitée n'est par conséquent pas un aménagement « *léger* »[97].

Quant aux aménagements légers prévus par le décret, sans limite fixée par un seuil (pistes cyclables, équestres, parkings, réfection de bâtiments existants, aménagements liés à la conchyliculture et à la pêche), il paraît alors nécessaire que les juges du fond continuent de déterminer, par une appréciation souveraine[98], les limites inhérentes à la qualification toujours exigée par la loi d'aménagement « *léger* »[99].

95. CE, 27 juin 2005, *Conservatoire de l'espace littoral*, préc., éclairé par les concl. indiquant que « *la liste figurant à cet article présente à l'évidence un caractère limitatif* » ; CAA Lyon, 19 avr. 1994, *Préfet de la Haute-Corse c/ Cne de Santa di Ferro*, n° 93LY01262.

96. Respectivement CE, 5 nov. 1998, *Cne de Grimaud*, n° 168029 ; CE, 20 oct. 1995, *Cne de St Jean Cap Ferrat*, n° 151282 ; et TA Nice, 15 juin 1999, *Sté chantier naval voiliers service*, n° 96-435.

97. CAA Nantes, 13 nov. 2007, *Manche-Nature*, n° 07NT00076.

98. CE, 13 nov. 2002, *Cne de Ramatuelle*, n° 219034, *BJDU*, 5/2002, p. 344.

99. C'est d'ailleurs la doctrine administrative exprimée dans une circulaire du 15 septembre 2005.

Le conseil d'État a récemment confirmé ce raisonnement : « *si la communauté de communes relève que l'article R. 146-2 du Code de l'urbanisme prévoit [...] que peuvent être implantés dans les zones de pêche, de cultures marines ou lacustres, de conchyliculture [...] les constructions et aménagements exigeant la proximité immédiate de l'eau liés aux activités traditionnellement implantées dans ces zones [...], la cale litigieuse ne saurait être regardée comme une des constructions ou un des aménagements ainsi autorisés, dès lors que ceux-ci doivent, en application du premier alinéa de l'article R. 146-2, être légers* » (CE, 13 févr. 2009, *Communauté de Communes du canton de St Malo-de-la-Lande*, n° 295885).

Il arrive d'ailleurs que certains jugements, postérieurs au décret de 2004, se contentent de considérer un aménagement comme non léger (donc contraire à la loi), sans vérifier s'il entre ou non dans l'une des catégories visées par l'article R. 146-2[100].

579. Outre qu'ils doivent rester légers, ces aménagements autorisables doivent également répondre à ***trois conditions cumulatives*** fixées par l'article R. 146-2 : ne pas dénaturer le caractère des sites, ne pas compromettre la qualité architecturale ou paysagère de ces espaces, et ne pas porter atteinte à la préservation des milieux. Au moins pour les deux premières conditions, l'appréciation est particulièrement subjective et présente donc un intérêt juridique limité. L'atteinte à la préservation des milieux s'apprécie de façon plus objective. On imagine mal par exemple qu'un parking important (ou une vaste installation de cultures marines) puisse être considéré comme ne portant pas atteinte à la préservation des milieux sur un espace remarquable.

580. ***En dehors des aménagements légers***, trois catégories de dérogations plus spécifiques doivent être mentionnées.

La première est prévue par le 3e al. de l'article L. 146-6 et vise les ***travaux ayant pour objet la conservation*** ou la protection de ces espaces remarquables, qui peuvent être autorisés après enquête publique, même s'ils ne présentent pas le caractère d'aménagement léger. L'article R. 123-1-31°-b du Code de l'environnement fixe toutefois un seul financier de 160 000 € pour l'organisation de l'enquête publique. Cette réduction du champ de l'enquête publique n'est pourtant pas prévue par la loi.

La seconde ne concerne que ***les plages*** et les espaces naturels qui lui sont proches. L'article L. 146-6-1 prévoit, s'il existe des équipements ou constructions réalisés avant 1986, qu'un schéma d'aménagement peut être établi par la commune, dans des conditions précisées à l'article R. 146-3. Cette disposition législative – issue de la loi SRU du 13 décembre 2000- vise à la fois à faire échec à la chose jugée par la juridiction administrative, et à résoudre le cas particulier de l'opération d'aménagement de la plage de Pampelonne (cf. *supra*, n° 454).

100. TA Caen, 12 juill. 2007, *Manche-Nature*, n° 0401746, *JCP A*, 24 septembre 2007, p. 19, note L. Bordereaux.

La troisième se limite à certains types ***d'aménagements lourds*** qui peuvent être implantés dans les espaces remarquables, dans les conditions prévues à l'article ***L. 146-8*** du Code de l'urbanisme. Cette disposition dispense en effet du respect de l'ensemble du chapitre littoral (donc notamment l'article L. 146-6) les nouvelles routes, les ouvrages de sécurité maritime et aérienne, ainsi que ceux nécessaires à la défense nationale, à la sécurité civile, aux aérodromes et aux services publics portuaires (hors plaisance), dès lors que leur localisation répond à une nécessité technique impérative.

Est ainsi admise sur un espace remarquable la construction d'une « maison de la pêche » comportant atelier, chambre froide et salle de conditionnement, considérée comme nécessaire au service public portuaire, sa localisation répondant à une nécessité impérative (CAA Nantes, 10 juin 2008, *Assoc. Patrimoine et environnement*, *AJDA*, 2009, p. 279 ; *Dr. env.*, n° 163, p. 5).

Les stations d'épuration, pour leur part, ne sont pas soumises à cette dernière condition, mais doivent par contre bénéficier d'une autorisation ministérielle[101], faute de quoi le permis de construire délivré est illégal, quand bien même les conditions exigées par l'article L. 146-8 seraient réunies[102].

§3. La prohibition de l'aménagement de routes nouvelles

581. Certains espaces sont en principe préservés de l'aménagement de routes nouvelles, tant sur le littoral métropolitain qu'ultra-marin.

L'article L. 146-7 du Code de l'urbanisme dispose à cette fin que

- les nouvelles routes de transit sont localisées à une distance minimale de 2 000 m du rivage, mais cette protection ne s'applique pas aux rives des plans d'eau intérieurs.
- la création de nouvelles routes est interdite sur les plages, cordons lagunaires, dunes, ou en corniche.
- *les nouvelles routes de desserte ne peuvent être établies sur le rivage, ni le longer.*

Plusieurs dérogations sont toutefois prévues.

A. *L'application des interdictions d'aménagement de routes nouvelles*

582. L'interdiction ne s'applique qu'aux seules ***routes nouvelles***, ce qui a conduit à quelques précisions jurisprudentielles sur cette qualification, tout aménagement de voirie ne pouvant être qualifié de « *route nouvelle* ».

101. V. par ex. Arr. du 24 avr. 2007, *JO* du 5 mai 2007, p. 8022 (pour l'extension de la station d'épuration de St Cyr-sur-mer dans le Var), et du 26 déc. 2008, *JO* du 31 déc. 2008 (pour la construction de la station d'épuration du Port-Leucate dans l'Aude).

102. CAA Nantes, plén., 27 juill. 2007, n° 06NT00017, *SIVOM de Combrit-Ste-Marine-Ile Tudy*, *RFDA*, 2008, p. 363.

Ainsi le goudronnage d'un chemin existant, qui aboutit pourtant à sa transformation en route, ne constitue pas l'aménagement d'une route nouvelle[103]. Il en va de même des voies internes de la desserte d'un Parc résidentiel de loisirs[104], ou, concernant des opérations plus lourdes, du doublement d'une route nationale existante avec la création d'un nouveau viaduc[105]. Inversement, la protection est toutefois opposable aux parkings[106].

Bien entendu, cette règle visant spécialement les routes et non pas toutes infrastructures de transport, ne s'applique pas à la DUP d'une ligne ferroviaire à grande vitesse[107].

583. La protection d'une bande de 2 000 m ne s'applique qu'à l'encontre des seules ***routes de transit***. Aussi la qualification de route de transit par opposition à route de desserte revêt-elle une importance particulière, qui relève de l'appréciation souveraine des juges du fond[108]. Le Conseil d'État se contente curieusement de constater que le plan d'aménagement de la ZAC confie une fonction de desserte (et non de transit) aux routes qu'il prévoit, sans en vérifier la réalité[109], pour écarter la protection. Inversement, une pénétrante urbaine a été qualifiée de route de transit[110].

584. Rares sont les annulations prononcées par le juge administratif. Mais le fait qu'une faible partie seulement de la route de transit empiète sur la bande des 2 000 m justifie une annulation complète de la DUP[111]. Un emplacement réservé au PLU pour une route est également susceptible d'annulation sur ce fondement[112].

B. Les dérogations permettant l'implantation de routes nouvelles

585. L'article L. 146-7 prévoit une exception principale, en cas de « ***contraintes liées à la configuration des lieux ou à l'insularité*** ». Dans ce cas, l'avis de la commission départementale de la nature, des sites et paysages appréciant l'impact sur la nature est alors requis.

---

103. CE, 21 août 1996, *Assoc. des riverains des bois de Rys*, n° 144082, *Rec.*, T., p. 1203.
104. TA Caen, 7 oct. 1997, *Manche-Nature*, n° 95-1848.
105. CE, 10 déc. 2001, *Cne de Queven*, n° 218331, *BJDU*, 6/2001, p. 418.
106. CE, 17 juin 1998, *Assoc. de défense des propriétaires longevillais*, n° 169463, *BJDU*, 5/1998, p. 333.
107. CE, 17 nov. 1995, *SCI du grand Gigognan*, n° 160348.
108. CE, 12 déc. 2007, *Cne de Séné*, n° 290312, *Mon. TP*, 4 avr. 2008, p. 13.
109. CE, 29 nov. 1996, *Sté de développement de Dramont-Agey*, n° 129241, *BJDU*, 2/1997, p. 74.
110. CAA Nantes, 25 oct. 2005, *Cne de Séné*, n° 03NT01751.
111. CAA Lyon, 18 juill. 2000, *Min. de la fonction publique*, n° 96LY01171, *Dr. env.*, n° 86, p. 52.
112. CE, 10 mars 1995, *UDVN 83*, n° 128290, *Rec.*, p. 129.

Le fait qu'un autre tracé ait été envisagé par le maître d'ouvrage semble suffire à écarter cette dérogation[113]. La nécessité de prolonger un axe de circulation important desservant l'agglomération vannetaise constitue un objectif d'amélioration du trafic routier et non un motif lié à la configuration des lieux[114]. Enfin, la volonté de préserver des terres agricoles ne constitue pas une contrainte liée à la configuration des lieux[115]. Mais à la suite de cette annulation, le législateur a adopté un amendement de circonstance au sein de la loi du 2 juillet 2003 Urbanisme et Habitat, pour permettre malgré tout la création de cette route proche du lac Léman, en excluant de la protection les rives des plans d'eau.

De telles contraintes liées à la configuration des lieux sont présentes en cas d'obstacles topographiques et de difficulté à traverser un secteur fortement urbanisé. Autrement dit, le laisser-faire urbanistique justifie de nouvelles atteintes à l'environnement par l'aménagement de routes sur les espaces les plus préservés[116]. Lorsque cette condition est admise, elle permet d'échapper à toutes les protections définies par l'article L. 146-7.

586. Dans le cas des projets routiers ***dans la bande des 100 m***, on aurait pu s'interroger sur la question de savoir, de l'article L. 146-4-III ou de L. 146-7, quelle disposition devait prévaloir en qualité de loi spéciale. Le législateur a lui-même prévu de faire prévaloir l'article L. 146-4-III (moins contraignant) en indiquant à l'article L. 146-7 que, dans la bande de 100 m, l'aménagement de routes nouvelles est possible dans les espaces urbanisés et, en dehors de ceux-ci, lorsqu'elles sont nécessaires à des services publics ou à des activités économiques exigeant la proximité immédiate de l'eau.

587. Précisons à cet égard que le Conseil d'État procède à une interprétation constructive de l'article L. 146-7 concernant l'***obligation de consulter la commission départementale de la nature***, des sites et paysages. À la lecture du texte en effet, cette consultation ne semble exigée que pour la dérogation liée à la configuration des lieux. Or la Haute juridiction juge que cet avis est également requis lorsque la route est implantée dans la partie non urbanisée de la bande des 100 m (en cas de nécessité pour un service public)[117].

588. Enfin, l'article L. 146-8 évoqué dans le cadre des dérogations à la protection des espaces remarquables, dispense également les routes nouvelles de la soumission à l'article L. 146-7 si elles concernent la sécurité maritime et

113. CE, 4 oct. 1996, *Assoc. de défense et de protection de l'environnement de Pleurtuit*, n° 159456, *Dr. env.*, n° 49, p. 13.

114. CE, 12 déc. 2007, *Cne de Séné*, préc.

115. CAA Lyon, 18 juill. 2000, *Min. de la fonction publique*, préc.

116. CE, 30 déc. 1996, *Sté de protection de la nature de Sète-Frontignan-Balaruc*, n° 102023, *Rec.*, p. 512, *BJDU*, 1/1997, p. 13, concl. C. Maugüé; TA Pau, 6 févr. 2003, *SEPANSO*, n° 00-1866.

117. CE, 15 juin 1992, *Sté du Canal de Provence*, *Rec.*, p. 235.

aérienne, la défense nationale, la sécurité civile, les aérodromes et services publics portuaires, et que leur localisation répond à une nécessité technique impérative.

Cette dérogation fait l'objet d'une appréciation particulièrement souple par le Conseil d'État, dès lors qu'est en cause une infrastructure routière lourde. La Haute juridiction considère (quelque peu artificiellement d'ailleurs) que la rocade-est de Cherbourg est destinée à relier le port de commerce au réseau routier national[118]. On est loin de la condition législative tenant en une nécessité (il s'agit plutôt d'une simple utilité) pour le fonctionnement du service public portuaire. Et la vague référence à des « *contraintes résultant de l'urbanisation* » suffit à répondre à l'exigence d'une nécessité technique impérative[119] !

Section 2 L'encadrement de l'aménagement des espaces littoraux

589. Les autres règles d'urbanisme issues de la loi Littoral ont moins pour finalité de préserver des milieux présentant une sensibilité particulière, que d'éviter le gaspillage d'espaces sur les communes, lesquelles subissent une forte pression humaine. Il s'agit donc plus de maîtriser le développement de l'urbanisation que de tenter de s'y opposer. Deux dispositifs répondent à cette logique, celui de l'extension limitée de l'urbanisation des espaces proches du rivage, et celui de l'obligation d'extension en continuité de l'urbanisation existante.

§1. L'extension limitée de l'urbanisation des espaces proches du rivage

590. Le dispositif concernant les espaces proches du rivage paraît relativement complexe au premier abord. L'articulation entre les trois alinéas du II de l'article L. 146-4 du Code de l'urbanisme a pu conduire à quelques hésitations d'interprétation, aujourd'hui résolues par la jurisprudence. Il en résulte un dispositif assez simple dans ses grandes lignes. Le principe essentiel est que les espaces proches du rivage peuvent faire l'objet d'une extension de l'urbanisation à condition que celle-ci soit, dans tous les cas, « limitée ».

En outre, cette extension doit :

– soit être justifiée au PLU par des critères liés à la configuration des lieux ou à l'exigence de proximité immédiate de l'eau ;

118. CE, 29 déc. 1999, *M. et Mme Mautalent*, n° 197720, *Rec.*, T., p. 1065.

119. V. toutefois, pour une appréciation moins souple : CAA Marseille, 21 oct. 2004, *Cne du Lavandou*, n° 00MA02524, qui exige que l'autorité administrative apporte la preuve de l'impossibilité de réaliser l'aménagement sur un autre site (ou CAA Nantes, 30 nov. 2004, *LPO 44*, n° 02NT01395, *Rev. jur. env.*, 1/2007, p. 121).

– soit être conforme aux dispositions d'un SCOT ou compatible avec celles d'un SMVM ;
– soit obtenir l'accord du préfet.

591. La jurisprudence judiciaire concernant cet article étant rarissime et peu motivée, on se contentera d'indiquer que la réalisation de travaux en violation de l'article L. 146-4-II constitue un ***délit***[120].

A. La qualification d'espace proche du rivage

592. La loi, qui ne fait l'objet d'aucune précision réglementaire sur ce point, vise sans plus de précision « *les espaces proches du rivage* » (ainsi que des rives des plans d'eau de plus de 1 000 ha) pour déterminer le champ d'application géographique de la règle.

593. Il revenait donc au juge de préciser cette notion, lequel ne s'est pas contenté d'un unique critère de distance. Gilles Le Chatelier, dans ses conclusions sur l'affaire *Commune de Gassin* du 12 février 1993[121], a proposé de définir la proximité du rivage par un ***faisceau d'indices*** devant être appréciés au cas par cas, au risque de compliquer et de rendre plus subjective cette détermination. Ces critères sont la distance (variable selon le caractère plus ou moins urbanisé du littoral en question, en l'espèce de 500 à 1 000 m), la visibilité de la mer depuis le terrain considéré et vice-versa, le relief (comme rupture de proximité) et la configuration des lieux. Il faut relever que le critère écologique (type de milieu ou d'habitat lié à la mer) n'est pas retenu.

> Cela étant, la rédaction de l'arrêt conduisait à penser que le critère de la distance était dominant, d'autant que dans cette affaire, le terrain litigieux était séparé du rivage « *par une ligne de crête et par une zone urbanisée* » (mais sans absence totale de co-visibilité).

La proximité par rapport au rivage a même pu être admise jusqu'à 1 500 m par le Conseil d'État[122] et 2 000 m par le Tribunal administratif de Nice[123].

594. Infléchissant quelque peu cette jurisprudence, le Conseil d'État, sans remettre en cause ni la méthode du faisceau d'indices, ni les indices eux-mêmes, a entendu donner une importance prédominante au critère de la ***visibilité*** dans un arrêt *Barrière* du 3 mai 2004[124], reléguant au second rang le critère de la distance. En effet, une parcelle située à seulement 800 m n'est pas

120. CA Rennes, 20 sept. 2001, *Auguste X.*, n° 99/01490.
121. CE, 12 févr. 1993, *Cne de Gassin*, n° 128251, *Rec.*, p. 26 ; *JCP*, 1993, II, 22163, concl. G. Le Chatelier.
122. CE, 12 oct. 1993, n° 354847, avis, *EDCE*, p. 382.
123. TA Nice, 21 nov. 1991, *Goux*, n° 88-1026.
124. CE, 3 mai 2004, *Barrière*, n° 251534, *Rec.*, p. 904 ; *BJDU*, 2/2004, p. 86, concl. M.-H. Mitjaville.

qualifiée de « *proche du rivage* » en raison de l'absence de toute co-visibilité avec la mer.

Saisi d'un recours contre le décret du 10 mai 2007 approuvant la DTA des Bouches-du-Rhône, le Conseil d'État a précisé, s'agissant de terrains faisant partie d'un ensemble, que la co-visibilité n'impliquait « *pas que chacune des parcelles situées au sein de l'espace ainsi qualifié soit située en covisibilité de la mer, dès lors que ces parcelles ne peuvent être séparées de l'ensemble cohérent dont elles font partie* » (CE, 3 juin 2009, *Cne de Rognac*, n° 310587, *AJDA*, 2009, p. 1130, obs. Y.J.).

Par ailleurs, s'agissant des marais salants de Guérande (Loire-Atlantique), il a été jugé que la circonstance que les terrains en cause seraient situés à moins de 100 mètres d'un étier (même avec co-visibilité) était inopérante ; ces terrains ne pouvaient être considérés comme des espaces proches du rivage « *dès lors qu'en vertu du V de l'article L. 146-4, les dispositions du II et du III ne s'appliquent pas aux rives des étiers* » (et ce alors même que le décret d'application y afférent n'a toujours pas été pris !). Voir CAA Nantes, 28 oct. 2008, *Assoc. Vert pays blanc et noir et a.*, *BJDU*, 1/2009, p. 12.

Dans la lignée de cette nouvelle orientation jurisprudentielle insistant sur la co-visibilité, il a même pu être considéré qu'un terrain situé à seulement 350 m du rivage n'était pas « *proche* » de celui-ci au motif notamment de l'absence de toute co-visibilité[125].

Il ne faudrait pourtant pas en déduire que la co-visibilité est nécessairement exigée pour qualifier un espace de proche du rivage. C'est en effet par un arrêt d'Assemblée du 26 octobre 2001[126], qui ne saurait être remis en cause par l'arrêt *Barrière* (2 sous-sections réunies), que le Conseil d'État qualifie de proche du rivage des terrains « *bien qu'ils ne soient pas visibles du rivage* ».

Et postérieurement à l'arrêt *Barrière*, il est jugé que des terrains situés à 300 m, 850 m ou même 1 500 m du rivage, même sans co-visibilité, constituent des espaces proches du rivage (respectivement CAA Nantes, 27 juin 2006, *Cne de Lancieux*, n° 05NT01456 ; TA Pau, 18 juill. 2006, *M. et Mme Chassagne*, n° 0301734 ; CAA Nantes, 27 mars 2007, *Ministre des transports*, n° 06NT00460, *Rev. jur. env.*, 2/2008, p. 224).

595. Cette limite des espaces proches du rivage est en tout état de cause distincte de celles déterminées aux articles L. 146-4-III (protection stricte d'une bande de 100 m seulement) et L. 146-7 (interdiction des routes de transit à moins de 2 000 m du rivage), ou encore L. 145-5 (bande de 300 m définie par la loi montagne).

596. Pour le reste, la protection des espaces proches du rivage joue ***sans exception*** autre que celle prévue par l'article L. 146-8. Les espaces urbanisés[127]

125. CAA Nantes, 18 avr. 2006, *Sté Investimmo Régions*, n° 04NT01390.

126. CE, 26 oct. 2001, *Eisenchteter*, n° 216471, *Rec.*, p. 495 ; *BJDU*, 5/2001, p. 339, concl. S. Austry.

127. CE, 27 sept. 1999, *Cne de Bidart*, n° 178866, *Rec.*, p. 282 ; *BJDU*, 5/1999, p. 336, concl. A. Seban ; CE, 26 mars 2001, *SCI Antibes-les-pins*, n° 206285, *BJDU*, 3/2001, p. 155.

ou compris dans l'emprise d'un port de plaisance[128], et même s'ils sont inclus dans la bande des 100 m[129], relèvent du régime protecteur des espaces proches du rivage. Ceux-ci s'étendent donc jusqu'à la mer. Cette protection des espaces proches du rivage, bien que plus limitée que celle spécifique à la bande des 100 m, présente un intérêt certain dans les parties urbanisées de cette bande, dans lesquelles la protection de l'article L. 146-4-III ne joue pas.

597. Les communes littorales ont pour habitude de ***déterminer dans leur PLU la limite*** des espaces proches du rivage, en reprenant plus ou moins les propositions faites par les services de l'État. Ces limites sont, comme celles des espaces remarquables, à apprécier avec une grande prudence. Conformément aux principes élémentaires issus de la hiérarchie des normes, un règlement local d'urbanisme doit se conformer à la loi, interprétée en dernier lieu par le juge administratif. Ainsi une parcelle ne se trouvant pas à l'intérieur des espaces proches du rivage tels que déterminés par le document d'urbanisme, pourra être considérée par le juge comme en faisant partie, en application (et interprétation) de la norme législative supérieure.

598. La qualification d'espace proche du rivage relève de l'***appréciation souveraine*** des juges du fond, sauf dénaturation[130], et le moyen contestant la qualification d'espace proche du rivage ne peut donc pas être soulevé pour la première fois en cassation[131].

B. L'exigence d'une extension « limitée » de l'urbanisation

599. Dès lors que l'espace est qualifié de proche du rivage, l'extension de l'urbanisation ne peut être que limitée. Là encore, aucune précision réglementaire ne vient compléter la loi. Il n'existe ***aucune dérogation*** à cette exigence de caractère limité de l'extension de l'urbanisation[132].

Une extension de l'urbanisation peut être mise en œuvre soit par un document d'urbanisme, soit par une autorisation individuelle d'urbanisme (essentiellement permis de construire). Toutefois, encore faut-il que l'opération en cause soit qualifiée à elle seule d'extension de l'urbanisation. Ne relèvent donc pas de cette qualification les opérations qui ne correspondraient pas à des extensions de l'urbanisation, ou qui, plus radicalement, ne seraient pas de l'urbanisation.

600. Le premier cas de figure, l'***absence d'extension***, est illustré par les extensions limitées de constructions existantes d'importance modeste[133] (mais la

128. CE, 10 mai 1996, *Sté du port de Toga*, n° 140799, *Rec.*, p. 174 ; *BJDU*, 5/1996, p. 309, concl. S. Fratacci.
129. CE, 5 févr. 2001, *SA Seeri Méditerranée*, n° 211875, *Dr. env.*, n° 89, p. 105.
130. CE, 27 sept. 1999, *Cne de Bidart*, préc.
131. CE, 5 avr. 2006, *Sté les Hauts de St Antoine*, n° 272004, *BJDU*, 3/2006, p. 166.
132. CE, 10 mai 1996, *Sté du port de Toga*, préc.
133. CAA Marseille, 13 mars 2003, *Brenot*, n° 002446.

construction d'une seule maison individuelle est qualifiée d'extension de l'urbanisation[134]) et surtout par les constructions ***dans les zones déjà urbanisées***. Le Conseil d'État jugeait initialement qu'à l'intérieur des zones déjà urbanisées, il ne pouvait, par nature, y avoir extension de l'urbanisation, ce qui revenait à y rendre inapplicable l'article L. 146-4-II[135]. L'arrêt *commune de Bidart*[136] revenait toutefois en 1999 sur cette inapplicabilité, considérant que le caractère urbanisé ou non des espaces proches du rivage était indifférent.

Il adoptait enfin une solution intermédiaire avec l'arrêt *Sté Soleil d'Or* du 7 février 2005[137], énonçant qu'il n'y a, dans les espaces déjà urbanisés, extension de l'urbanisation que si la densité du quartier est sensiblement augmentée ou si l'urbanisation des quartiers périphériques est significativement renforcée. Cet arrêt favorise donc une densification relative des secteurs déjà urbanisés, notamment par le comblement des « dents creuses », afin d'éviter d'aggraver la consommation d'espaces non urbanisés.

Des annulations ne sont pas pour autant exclues dans ces espaces urbanisés : ainsi en est-il d'un projet d'immeuble de 15 m de haut pour 43 logements dans un quartier pavillonnaire (CAA Marseille, 4 oct. 2007, *Cne de Cagnes-sur-mer*, n° 04MA01401).

601. Le second cas de figure, qui concerne les opérations ***non qualifiées d'urbanisation***, s'applique notamment à une station de pompage[138] ou à une route[139]. Par contre, la création ou l'extension d'un port de plaisance est assimilée à une opération d'urbanisation, et est soumise au respect des dispositions de l'article L. 146-4-II[140] ainsi que, et c'est plus remarquable, l'élargissement d'un chemin, la création d'un parking, d'un appontement public et d'une promenade publique[141].

602. Le Conseil d'État a dégagé les critères permettant d'apprécier le ***caractère limité*** ou non de l'extension de l'urbanisation. Il s'agit de l'implantation, de l'importance, de la densité et de la destination des constructions ainsi que des caractéristiques topographiques de la partie concernée de la commune[142]. La localisation de l'opération conduit à apprécier différemment le caractère limité ou non, d'un littoral à l'autre, en fonction de l'importance et de la

134. CAA Nantes, 25 mars 2003, *Souzeau*, n° 01NT1990, *BJDU*, 1/2004, p. 72.
135. CE, 10 mai 1989, *Assoc. défense du patrimoine sétois*, n° 88904.
136. CE, 27 sept. 1999, *Cne de Bidart*, préc.
137. CE, 7 février 2005, *Sté soleil d'Or*, n° 264315, *DMF*, 2005, p. 661, note J.-M. Bécet.
138. CE, 14 oct. 1991, *SIVOM du plateau de valensole*, n° 109208.
139. CE, 12 nov. 1997, *Assoc. des amis de St Palais*, n° 134085.
140. CE, 25 mars 1998, *Cne de St-Quay-Portrieux*, n° 159040 ; TA Montpellier, 30 mars 1994, *Pagnon*, n° 932819.
141. CE, 14 janv. 1994, *Cne de Rayol-Canadel*, n° 127025.
142. CE, 28 juill. 2000, *FENEC*, n° 173229, *Rec.*, p. 363 ; CE, 2 oct. 2006, *SA Marcellesi*, n° 271327, *BJDU*, 2/2007, p. 103 ; CE, 22 nov. 2006, *Sté Marineland*, n° 278571, *Mon. TP*, 23 févr. 2007, p. 7.

densité de l'urbanisation existante[143]. Pour la mise en œuvre de ces critères, la surface hors œuvre nette (SHON), le COS, les caractéristiques de l'opération et l'environnement naturel et urbain de la commune sont principalement pris en compte.

Pour des illustrations concrètes, nous renvoyons à l'analyse de la jurisprudence effectuée par M. Calderaro, qui aboutit à la distinction de six catégories d'extensions limitées admises par la jurisprudence (N. Calderaro, *Loi littoral et Loi montagne*, EFE, 2005, 2e éd., p. 374 et s.). Il s'agit pour l'essentiel du réaménagement ou de la restructuration de l'urbanisation existante et des opérations de construction d'un petit nombre de pavillons ou de petits immeubles (2 à 3 étages).

603. En sens inverse, de très nombreuses opérations d'urbanisation se sont vues refuser la qualification de « *limitée* » par le juge administratif. Une opération dont la SHON dépasse les 10 000 m² se voit systématiquement refuser la qualification de « *limitée* ». C'est ainsi qu'ont été annulées de nombreuses ZAC sur la côte d'Azur notamment. Mais des opérations plus modestes peuvent également ne pas être qualifiées d'extension limitée. Il en va ainsi d'un lotissement de 23 maisons[144]. Relativement à des règlements d'urbanisme, le passage d'un COS de 0,12 à 0,4[145], l'admission des campings, PRL et villages de vacances sans COS[146], le règlement d'un secteur qui n'est pas limitatif quant à la nature des constructions admises[147] sont censurés pour non respect du caractère limité de l'extension de l'urbanisation.

604. Le caractère limité de l'extension de l'urbanisation relève de l'***appréciation souveraine*** des juges du fond[148], mais le juge de cassation contrôle les critères retenus pour apprécier ce caractère limité[149].

605. Pour être légale, l'extension de l'urbanisation ne doit pas seulement être limitée ; elle doit encore être, soit justifiée par des critères, soit conforme aux dispositions d'un SCOT (ou compatibles avec celles d'un SMVM), soit autorisée par le préfet.

C. Une urbanisation encadrée par des critères

606. En principe, l'extension de l'urbanisation doit être « ***justifiée et motivée*** », dans le PLU (ce qui implique qu'il existe), selon des critères liés à « *la configuration des lieux ou à l'accueil d'activités économiques exigeant la proximité immédiate de l'eau* ».

143. CE, 10 févr. 1997, *Cne de Labenne*, n° 155396, *BJDU*, 2/1997, p. 142 ; CE, 2 oct. 2006, *SA Marcellesi*, préc.
144. CAA Nantes, 27 juin 2006, *Cne de Lancieux*, n° 05NT01456.
145. TA Nice, 15 juin 2000, *Assoc. de défense de Bormes et du Lavandou*, n° 9604480.
146. CAA Nantes, 7 avr. 1999, *Collectif de protection de la pointe d'Agon*, n° 97NT00926, *BJDU*, 4/1999, p. 312.
147. TA Caen, 7 juin 2007, *Manche-Nature*, n° 0601351.
148. CE, 25 avr. 2006, *Sté Les Hauts de St Antoine*, n° 272004, *BJDU*, 3/2006, p. 166.
149. CE, 26 mars 1999, *Sté d'aménagement de Port-Léman*, n° 185841, *Rec.*, p. 111.

L'absence totale de justification ou motivation conduit à l'annulation du zonage ou des emplacements réservés du PLU considéré[150]. Mais le juge peut faire preuve de souplesse en la matière. Ainsi, le Conseil d'État admet le caractère suffisant de la motivation résultant simplement de l'extrait du règlement présentant les caractéristiques générales de la zone affectée à un port et exigeant donc la proximité immédiate de la mer[151]. Cette justification résulte toutefois le plus souvent du rapport de présentation.

607. Le critère lié à la ***configuration des lieux*** semble assez rarement invoqué par les communes, et donne lieu à une jurisprudence peu abondante et fort peu motivée.

> L'un des rares arrêts quelque peu explicite sur ce critère admet l'extension limitée de l'urbanisation d'un espace proche du rivage en raison « *du souci d'interdire toute construction en bordure immédiate du lac, de limiter la densité de construction dans les zones à dominante naturelle et de favoriser la construction sur la partie haute de la commune afin de sauvegarder la vue des habitants sur le bord du lac d'Annecy* » (CE, 9 déc. 1998, *Cne de Veyrier-du-Lac*, n° 170072).

En réalité, cette motivation relève d'un choix d'urbanisme comme un autre, dont le lien avec la configuration des lieux est assez ténu.

608. Le critère lié à l'accueil d'***activités économiques exigeant la proximité immédiate de l'eau*** permet d'admettre l'implantation de constructions destinées à accueillir des activités économiques liées au port (donc à un équipement exigeant la proximité immédiate de l'eau)[152] ou d'installations en lien avec la plage et la pratique des sports de mer[153]. Ce critère dérogatoire est également utilisé à l'identique par l'article L. 146-4-III relatif à la protection de la bande des 100 m. C'est dans le cadre de cette disposition qu'il donne logiquement (en raison de la proximité immédiate de la mer) lieu a beaucoup plus d'illustrations jurisprudentielles.

D. La conformité à un SCOT

609. Ce critère est *a priori* simple d'application et le juge s'est assez rarement prononcé sur la question. Relevons que la loi exige un rapport de conformité au SCOT, hérité de ce qui était prévu pour les schémas directeurs. La loi permet également l'extension de l'urbanisation sans le respect des critères évoqués ci-dessus, dans les cas, beaucoup plus rares encore, de conformité à un schéma d'aménagement régional, ou de simple compatibilité avec un schéma de mise en valeur de la mer (cf. *supra*, n°s 79 et s.). La jurisprudence

---

150. CE, 14 janv. 1994, *Cne du Rayol-Canadel*, préc.
151. CE, 25 mars 1998, *Cne de St Quay-Portrieux*, préc.
152. CAA Nantes, 20 oct. 1999, *Sté du nouveau port de St Quay-Portrieux*, n° 95NT01280, *Rev. jur. env.*, 2/2000, p. 247 (cet arrêt qualifiant en outre de « limitée » une urbanisation de 10 000 m^2 de SHON, ce qui n'est guère en phase avec la jurisprudence dominante).
153. CAA Douai, 17 nov. 2005, *Dupont*, n° 04DA00833.

s'en tient à ces trois types de documents d'urbanisme énumérés par la loi et n'admet pas une éventuelle conformité à un « *schéma d'aménagement touristique de la côte atlantique* »[154].

La Cour administrative d'appel de Marseille a ainsi pu juger que l'extension du palais des festivals de Cannes était conforme aux orientations « *tourisme et loisirs* » du schéma directeur (CAA Marseille, 23 nov. 2000, *Assoc. information et défense de Cannes*, n° 97-1572, *BJDU*, 1/2001, p. 67).

Un certain nombre de jugements et arrêts se contentent de constater l'absence de conformité à un schéma directeur sans examen du contenu de celui-ci.

610. Lorsque l'approbation, en l'espèce du SMVM, est postérieure à la délivrance du permis de construire litigieux, aucune compatibilité ne saurait être recherchée avec le schéma; le permis encourt l'annulation[155].

611. Eu égard au caractère faiblement prescriptif des SCOT et à leur absence de zonage, on peut toutefois imaginer quelques difficultés à identifier un réel rapport de conformité. En effet, pour refuser le rapport de conformité au schéma directeur qui prévoyait une forte augmentation démographique de la commune, le Tribunal administratif de Rennes relevait que ledit schéma ne prévoyait pas expressément l'urbanisation de la zone litigieuse[156].

E. L'accord du préfet à l'urbanisation

612. L'extension limitée de l'urbanisation peut également être réalisée si elle bénéficie de l'accord du préfet.

Article L. 146-4-II, 3e al. du Code de l'urbanisme

« *En l'absence de ces documents, l'urbanisation peut être réalisée avec l'accord du représentant de l'État dans le département. Cet accord est donné après que la commune a motivé sa demande et après avis de la commission départementale compétente en matière de nature, de paysages et de sites appréciant l'impact de l'urbanisation sur la nature* ».

La décision d'urbanisme intervenue en l'absence de cet accord, lorsque celui-ci est exigé, est entachée d'un vice substantiel[157]. Mais la délivrance d'un tel accord ne constitue pas un brevet de légalité. Ainsi, dans la bande des 100 m non urbanisée inconstructible, la délivrance, par le préfet, d'une autorisation au titre de l'article L. 146-4-II est sans effet sur l'illégalité du permis de construire[158] au regard de l'article L. 146-4-III.

613. Le 3e alinéa de l'article L. 146-4-II exige préalablement à l'obtention de l'accord préfectoral une ***demande motivée*** de la commune et une consul-

154. TA Pau, 23 sept. 2003, *Assoc. Vive la forêt*, n° 992262.
155. CAA Bordeaux, 29 avr. 1999, *SA Sodifront*, n° 95BX01718, *Rev. jur. env.*, 2/2000, p. 246.
156. TA Rennes, 24 mars 1994, *GEPN*, n° 88-1919, *EF*, mars 1995, p. 49.
157. CE, 29 juill. 1994, *Cne de Frontignan*, n° 85532, *Rec.*, p. 409.
158. CAA Lyon, 29 juin 1993, *Préfet de la Haute Corse*, n° 92LY01477, *Rec.*, p. 460.

tation de la commission départementale de la nature, des sites et paysages. Il ne prévoit aucun motif de refus. Si l'on peut considérer que le préfet dispose d'un pouvoir discrétionnaire (au mieux encadré par l'appréciation de l'impact sur la nature), on pourrait également estimer qu'il est lié par le respect des critères énoncés au premier alinéa (cf. *infra*, n° 615).

La demande de la commune doit émaner d'une délibération du conseil municipal et non d'un simple courrier du maire[159], en application de l'article L. 2121-29 du Code général des collectivités territoriales. Saisie d'une demande d'autorisation d'urbanisme, la commune n'est pas tenue de solliciter l'accord préfectoral, mais elle doit dans ce cas refuser de délivrer l'autorisation demandée[160]. Une demande non motivée suffit à rendre irrégulière l'autorisation d'urbanisme délivrée, même avec l'accord du préfet[161].

614. Dans son ***avis, la commission départementale de la nature***, des sites et paysages doit, aux termes de la loi, « *apprécier l'impact de l'urbanisation sur la nature* ». Cette précision devrait conduire à saisir la formation « *protection de la nature* » de ladite commission et non la formation « *sites et paysages* ». La nuance est importante dans la mesure où ce ne sont pas du tout les mêmes intérêts qui sont représentés dans l'une ou l'autre des formations, la seconde n'intégrant pas les compétences relatives à la protection de la nature, et ayant une sensibilité beaucoup plus favorable à l'aménagement. Il est vrai que l'article R. 341-16-II-3° prévoit que les avis prévus par le Code de l'urbanisme sont rendus par la formation sites et paysages. Mais le caractère spécial, et au surplus législatif de l'article L. 146-4-II doit prévaloir. L'avis de cette commission doit être motivé, même si la loi ne le prévoit pas expressément[162] ; l'obligation d'apprécier l'impact de l'urbanisation sur la nature implique une motivation.

La commission consultée doit apprécier l'impact de l'urbanisation sur la nature, et ne pas se contenter de considérations d'ordre esthétique, faute de quoi l'avis serait vicié, ainsi que l'autorisation subséquente : « *si la commission [...] a été consultée le 5 décembre 2007 sur le projet de parc résidentiel de loisirs à Quinéville, l'avis qu'elle a rendu ne comporte aucune motivation quant à l'impact de l'urbanisation envisagée sur la nature [...] alors qu'il vient d'être dit que le projet se situe en limite de plusieurs sites protégés; que si le dossier de permis d'aménager déposé par le pétitionnaire comporte une analyse des incidences du projet qui aurait été porté à la connaissance de la commission, cette circonstance ne dispensait pas la commission de procéder elle-même à cette appréciation* » (TA Caen, 23 avr. 2009, *Assoc. Manche-Nature*, n° 0801189).

615. L'***accord préfectoral*** ne répond à aucune exigence formelle, il est en pratique délivré par simple lettre. Il peut être conditionnel, et si la condition

---

159. CAA Bordeaux, 29 avr. 1999, *SA Sodifront*, préc.

160. CAA Nantes, 3 nov. 1999, *Cne de St Pair-sur-mer*, *BJDU*, 2/2000, p. 140.

161. TA Pau, 23 sept. 2003, *Assoc. Vive la forêt*, préc. ; TA Rennes, 4 mai 2005, *Jacopin*, *AJDA*, 2005, p. 1856.

162. CE, Ass., 26 oct. 2001, *Eisenchteter*, n° 216471, *Rec.*, p. 495 ; *BJDU*, 5/2001, p. 339, concl. S. Austry.

fixée par le préfet n'est pas respectée par la commune, sa décision relative au secteur considéré dans le document d'urbanisme est illégale[163].

L'accord ou le refus d'accord est insusceptible de recours, mais sa régularité et son bien-fondé peuvent être contestés à l'occasion du recours dirigé contre la décision d'urbanisme émanant de la commune[164]. Avant de délivrer son accord, le préfet est donc tenu de vérifier :

– le respect des dispositions de l'article L. 146-4-I (urbanisation en continuité)[165] ;

– que le projet ne porte pas atteinte à un site naturel remarquable au sens de l'article L. 146-6[166].

Reste dans ce cadre une importante question qui ne semble pas avoir été clairement tranchée par la jurisprudence, celle de savoir si le ***préfet doit ou non respecter les critères*** sus-évoqués (configuration des lieux ou exigence de la proximité de l'eau). En effet, la dispense du respect des critères n'est abordée qu'au 2e alinéa de l'article L. 146-4-II en cas de conformité à un SCOT. Le 3e alinéa relatif à l'accord du préfet s'en distingue nettement. L'exigence d'une demande motivée de la commune pour l'obtention de l'accord préfectoral peut conduire à penser que le respect des critères est exigé. On sait par ailleurs que l'exigence d'extension « *limitée* », prévue au premier alinéa (tout comme lesdits critères) s'impose au préfet. Il nous semble donc logique de considérer que le respect des critères s'impose également au préfet. Cette procédure d'accord préfectoral permettrait alors simplement d'éviter aux communes d'engager une modification de leur document d'urbanisme pour y inclure la justification et motivation exigées par le 1er alinéa. Force est pourtant de constater, pour l'instant, que le juge administratif semble admettre la légalité d'accords préfectoraux pour des extensions ne respectant pas ces critères.

616. À la suite d'un refus préfectoral motivé par la nécessité de protéger un espace naturel peu altéré par l'homme, la commune se trouve en situation de ***compétence liée*** et doit alors classer cet espace en zone naturelle[167].

F. Le régime particulier des départements d'outre-mer

617. L'article L. 156-2 du Code de l'urbanisme substitue aux règles énoncées ci-dessus un ***dispositif propre***[168]. La détermination des espaces proches du rivage s'y fait de façon identique. Mais l'extension de l'urbanisation n'y est

163. TA Rennes, 25 juin 1998, *Assoc. pour la protection des sites de Plougonvelin*, n° 923326.

164. CE, 26 oct. 2001, *Eisenchteter*, préc.

165. CE, 26 oct. 2001, *Eisenchteter*, préc.

166. CAA Lyon, 6 juin 2000, *SNC Empain-Graham*, n° 95LY01661, *RFDA*, 2000, p. 1384 (étant précisé que la délivrance de cet accord en violation de l'art. L. 146-6 engage la responsabilité pour faute de l'État au bénéfice du promoteur qui a acheté un terrain sur lequel il n'a finalement pas pu réaliser le projet autorisé à la suite d'une annulation contentieuse : CAA Marseille, 6 nov. 2006, *SCI Geremi*, n° 04MA01382).

167. CE, 14 oct. 1998, *Mme de Grancourt de la Taille*, n° 170888, *BJDU*, 1/1999, p. 54.

168. Pour Mayotte, art. L. 711-3-II, C. urb.

admise que dans les secteurs faisant déjà l'objet d'une urbanisation diffuse, et seules les opérations d'aménagement prévues par le schéma d'aménagement régional peuvent être autorisées (sur les SAR, cf. *supra*, nos 238 et s.). La loi Bosson du 9 février 1994 complétant l'article L. 156-2 a toutefois permis de déroger à cette exigence sous réserve d'un accord ministériel délivré sur la demande motivée de la commune après avis de la commission départementale de la nature, des sites et paysages. On notera par ailleurs que l'exigence du caractère « limité » de l'extension de l'urbanisation disparaît.

618. Ainsi, la densification des espaces urbanisés, même de façon diffuse, est favorisée, alors que la protection des espaces encore vierges d'urbanisation est garantie par la loi. Dès lors, la principale difficulté d'interprétation, qui va en réalité conditionner l'effectivité de la protection, relèvera de l'appréciation du caractère d'***urbanisation diffuse***.

Faute d'un contentieux suffisamment développé, la jurisprudence, qui provient essentiellement de la Cour administrative d'appel de Bordeaux, n'est pas très abondante (CAA Bordeaux, 15 mars 2001, *Brin*, n° 97BX02362, *AJDA*, 2002, p. 605; CAA Bordeaux, 17 mai 2001, *SCI Le Lagon*, n° 97BX30463).

619. Il faut relever que la loi n'autorise que les « opérations d'aménagement », ce qui pose un problème d'interprétation non résolu par la jurisprudence. On peut interpréter cette notion à la lumière de l'article R. 300-1 du Code de l'urbanisme qui utilise la même expression en l'illustrant concrètement. Il semble devoir en résulter que toute construction, voire toute urbanisation, n'est pas nécessairement une opération d'aménagement.

§2. L'extension de l'urbanisation en continuité avec les agglomérations et villages existants

620. L'article L. 146-4-I du Code de l'urbanisme, applicable tant en métropole que dans les DOM[169], impose que l'extension de l'urbanisation des communes littorales se réalise soit en continuité avec les agglomérations et villages existants, soit en hameaux nouveaux intégrés à l'environnement. Cette règle s'applique sur la ***totalité du territoire communal*** et n'est donc pas limitée aux espaces proches du rivage ou à la bande des 100 m[170]. Ces espaces n'en sont pas non plus exclus. Et de la même façon que pour les espaces proches du rivage, cette règle s'applique également au sein des secteurs déjà urbanisés, au moins d'urbanisation diffuse[171], c'est-à-dire en dehors des agglomérations et villages strictement entendus.

169. Sauf pour Mayotte où il est permis de déroger à l'exigence de continuité dans les conditions prévues à l'art. L. 711-3-IV, C. urb.

170. CE, 27 sept. 2006, *Cne du Lavandou*, n° 275924, *BJDU*, 1/2007, p. 46; *Rev. jur. env.*, 2/2008, p. 230.

171. CE, 10 janv. 2001, *Mme Blanc*, n° 211459, et, plus explicite, CAA Marseille, 6 juill. 2000, *Cne de Saint-Tropez*, n° 97MA01717, *BJDU*, 4/2000, p. 284.

621. Initialement, ce texte ne comportait aucune dérogation, si ce n'est celle des « *hameaux nouveaux intégrés à l'environnement* », mais posait quelques difficultés pour les installations sources de nuisances, considérées comme une extension de l'urbanisation et donc susceptibles d'être implantées uniquement en continuité des agglomérations et villages existants. Le législateur a donc intégré en 1999 et en 2005 des dérogations inspirées par le monde agricole.

A. L'exigence de continuité avec les agglomérations ou villages existants

622. La notion *d'**extension de l'urbanisation*** a déjà été abordée à propos de l'extension limitée de l'urbanisation des espaces proches du rivage (art. L. 146-4 II, C. urb. – cf. *supra*, n°s 590 et s.), sachant que cette dernière n'implique pas par nature la continuité avec l'urbanisation existante[172].

L'extension de l'urbanisation au sens du I de l'article L. 146-4 peut résulter d'un document d'urbanisme ou d'une autorisation individuelle telle qu'un permis de construire, sauf si l'opération est si modeste qu'elle ne saurait constituer isolément une extension de l'urbanisation. Cela étant, l'agrandissement d'une construction existante peut à elle seule être considérée comme une extension de l'urbanisation[173]. En outre, elle est entendue très largement au regard de la nature des aménagements, une station d'épuration pouvant ainsi être considérée comme une forme d'urbanisation[174].

623. La distance de 200 m du lieu-dit le plus proche, ou de 100 m du bourg[175], est trop importante pour admettre la ***continuité***. Celle-ci ne s'apprécie pas forcément uniquement en terme de distance ; l'intercalation d'une zone naturelle entre le projet et l'agglomération, peu important sa taille, suffit à constater l'absence de continuité[176]. La discontinuité peut également résulter de la séparation opérée par une route et une voie ferrée, ou encore par un ruisseau[177]. Il a même été jugé qu'une « *zone caractérisée par une urbanisation très dispersée* » constituait une séparation d'avec l'agglomération[178].

624. Il est difficile de tenter de donner une définition positive incontestable de *l'**agglomération ou du village***, dans la mesure où le juge se contente le

172. CE, 19 oct. 2007, *Grima, Cne du Lavandou*, n° 306074, *BJDU*, 4/2007, p. 262.

173. CAA Marseille, 15 mars 2007, *Préfet de la Corse du Sud*, n° 04MA00130, *Rev. jur. env.*, 2/2008, p. 224.

174. TA Rennes, 22 oct. 2004, *Roulier*, n° 043339. Elle est donc soumise aux dispositions de l'art. L. 146-4-I, C. urb., sauf à bénéficier de l'autorisation prévue à l'art. L. 146-8.

175. Respectivement CE, 15 oct. 1999, *Cne de Logonna-Daoulas*, n° 198578, *Rec.*, T., p. 1064, *Rev. jur. env.*, 2/2000, p. 243 ; et CAA Nantes, 31 mai 2000, *Cne de Dragey-Ronthon*, n° 98NT02101, *BJDU*, 3/2000, p. 204.

176. CAA Marseille, 21 oct. 2004, *Assoc. de défense de Bormes*, n° 00MA02596.

177. Respectivement CAA Bordeaux, 14 mai 1998, *FENEC*, n° 95BX00754, et TA Pau, 4 déc. 2007, *Mme Cottin*, n° 0502314.

178. TA Rennes, 8 févr. 2007, *M. Le Bigot et Assoc. pour la sauvegarde du pays fouesnantais*, n° 0301523.

plus souvent (et c'est son rôle) de refuser, ou, plus rarement, d'admettre cette qualification sans fixer de règle nouvelle précisant ces notions. Le Conseil d'État interprète toutefois ces notions comme constituant des « *zones déjà urbanisées, caractérisées par une densité significative des constructions* »[179] et ajoute qu'un espace urbanisé au sens du III de l'article L. 146-4 appartient par nature à une agglomération ou à un village existant[180], de sorte que l'autorité de chose jugée au titre du III s'impose à un litige sur le même secteur impliquant le I de l'article L. 146-4.

Une zone d'urbanisation diffuse n'est donc pas une agglomération ou un village permettant de justifier l'extension de l'urbanisation (CE, 19 oct. 2007, *Grima, Cne du Lavandou*, préc. ; CAA Marseille, 18 mars 2004, n° 01MA00928).

625. Il convient donc seulement d'évoquer les configurations les plus classiques que le juge ***refuse de qualifier d'agglomération ou de village,*** en faisant d'ailleurs rarement la distinction entre les deux, dès lors que la qualification est rejetée en bloc. Peuvent toutefois être distinguées les formes d'urbanisation classiques et l'urbanisation à vocation touristique.

Un simple lotissement[181] ou un secteur pavillonnaire comportant 17 maisons individuelles dans un rayon de 250 m ne constituent ni une agglomération ni un village et ne sauraient donc constituer le point de départ d'une extension de l'urbanisation[182]. Il en va de même de quelques constructions et d'un groupe de bungalows formant une résidence hôtelière, malgré la présence d'une voie publique[183]. Une zone d'urbanisation future, même si elle accueille déjà une ZAC, n'est pas plus une agglomération ou un village[184].

Un terrain de camping, même s'il accueille des mobile-homes (TA Montpellier, 31 janv. 1997, *Préfet de l'Hérault, Dr. env.*, n° 49, p. 18 ; et CAA Nantes, 31 mai 2000, *Cne de Dragey-Ronthon*, préc.) ou un ensemble de 108 habitations légères de loisir (CAA Marseille, 26 déc. 2007, *SARL Marina di Pina*, n° 07MA02486) ne constituent ni un village ni une agglomération. Un village de vacances d'une trentaine de constructions n'est pas une agglomération « *compte tenu de son mode d'occupation saisonnier* » (CAA Marseille, 2 juill. 1998, *Ferré*, n° 97MA00027).

626. Par ailleurs, il faut ***distinguer un village*** (*ou bourg*) ***d'un hameau***[185]. Le village est, selon la doctrine administrative[186], un ensemble de constructions

179. CE, 19 oct. 2007, *Grima, Cne du Lavandou*, préc.

180. CE, 22 févr. 2008, *Bazarbachi*, n° 280189, *BJDU*, 2/2008, p. 89.

181. CE, 3 juill. 1996, *SCI Mandelieu Maure-Vieil*, n° 137623, *Rec.*, p. 261 ; CAA Marseille, 26 juin 2008, *Cne du Lavandou*, n° 06MA00502.

182. CAA Marseille, 6 juill. 2000, *Cne de St Tropez*, n° 97MA01717, *BJDU*, 4/2000, p. 284.

183. CAA Marseille, 7 mai 2003, *M. Cyrille X*, n° 00MA01386.

184. CAA Bordeaux, 5 juin 1997, *Cne de Cerbère*, n° 94BX00602.

185. CE, 19 mars 2008, *Cne de St Cast-le-Guildo*, n° 296504, *BJDU*, 3/2008 p. 195 ; CAA Nantes, 31 janv. 2006, *Assoc. sauvegarde de la rivière de Pont-L'Abbé*, n° 03NT00048.

186. Rép. min., *JOAN Q*, n° 33, 16 août 2005, p. 7902 ; Circ. du 14 mars 2006 sur l'application de la loi Littoral.

organisé comprenant ou ayant compris dans un passé récent des équipements publics ou privés créant une vie de village, tels que des commerces ou services publics. Trois constructions, une voie publique et la présence des réseaux d'eau et d'électricité ne suffisent pas à caractériser un village[187].

Le hameau est plus modeste que le village, même si le sens de ces mots peut varier selon les régions françaises. Ainsi, un ensemble de quatre habitations est un hameau mais non un village[188].

Par contre, l'exigence de regroupement des constructions constitue un point commun entre les deux notions et « *le caractère épars* » de huit habitations dans un rayon de 100 m s'oppose à la qualification tant de village que de hameau (CAA Nantes, 31 oct. 2001, *Ministre de l'équipement*, n° 00NT02010).

B. Les dérogations

627. Initialement, la seule exception à la continuité concernait les ***hameaux nouveaux intégrés à l'environnement***. La doctrine administrative entend par hameau un petit groupe d'habitations, même sans commerce, isolé et distinct du bourg ou du village, de taille modeste et regroupé (étant entendu qu'un hameau nouveau doit faire l'objet d'une bonne insertion paysagère)[189].

Une vaste opération immobilière de 23 000 m^2 de SHON n'est évidemment pas un hameau nouveau intégré à l'environnement, pas plus qu'un projet de 163 maisons réparties en quatre groupes distincts, ni même un lotissement de 70 maisons[190]. L'extension d'un unique bâtiment pour en faire un hôtel-restaurant avec piscine et services annexes ne constitue pas non plus un hameau[191].

Il a également été jugé qu'un projet « *consistant en six villas résidentielles et une maison de gardien, ne constitue pas, compte tenu en particulier de toute absence d'agencement des bâtiments entre eux caractéristique d'une organisation collective, et quel que soit le nombre des constructions, un hameau nouveau intégré à l'environnement* » (TA Bastia, 9 oct. 2008, *Assoc. bonifacienne comprendre et défendre l'environnement*, n° 0800461).

Il arrive toutefois au juge de reconnaître l'existence d'un hameau nouveau intégré à l'environnement mais sans expliciter les caractéristiques de celui-ci[192].

---

187. CAA Marseille, 3 mai 2007, *Mme Catherine Weber*, n° 05MA00801.
188. CAA Marseille, 31 mai 2001, *Mme Colonna*, n° 99MA00366, *Rev. jur. env.*, 2/2002, p. 251.
189. Rép. min., *JOAN Q*, n° 40, 4 oct. 2005, p. 9293 ; Circ. préc.
190. Respectivement CE, 3 juill. 1996, *SCI Mandelieu Maure-Vieil*, préc. ; CAA Bordeaux, 6 nov. 2003, *Sté Saulnes immobilier*, n° 99BX02342 ; et TA Bordeaux, 30 mai 2000, *Assoc. des riverains du lac de Lacanau*, n° 972450.
191. CAA Marseille, 15 mars 2007, *Préfet de la Corse du Sud*, n° 04MA00130, *Rev. jur. env.*, 2/2008, p. 224.
192. CE, 22 juill. 1994, *ASSAUPAMAR*, n° 88442, *BJDU*, 1994/5, p. 87.

628. Par ailleurs, il avait été jugé qu'un poulailler industriel ou une station d'épuration[193] constituaient des extensions de l'urbanisation soumises à la règle de la continuité avec l'urbanisation existante. La gestion économe de l'espace conduisait alors à imposer des nuisances en lisière de zone urbanisée. Par un efficace lobbying, les organisations agricoles ont obtenu des dérogations à la règle, d'une part par la loi d'orientation agricole du 9 juillet 1999, et d'autre part avec la loi dite de développement des territoires ruraux du 23 février 2005, lesquelles ont complété l'article L. 146-4-I.

629. La première dérogation permet que « ***les constructions ou installations liées aux activités agricoles ou forestières qui sont incompatibles avec le voisinage*** *des zones habitées* » échappent à l'obligation de continuité, mais elles deviennent totalement exclues des espaces proches du rivage. Ces installations sont dans ce cadre soumises à accord préfectoral pris après avis de la commission départementale de la nature, des sites et paysages ; celui-ci devant être refusé en cas d'atteinte à l'environnement ou aux paysages.

Une usine de traitement de lisiers constitue bien une installation liée à l'activité agricole, susceptible de bénéficier de la dérogation, mais, en l'espèce, le juge considère qu'eu égard à ses dimensions et à sa situation sur un point haut, elle ne pouvait pas être autorisée par le préfet (CAA Nantes, 7 juin 2005, *Ministre de l'équipement*, n° 04NT00463) en raison de l'atteinte causée aux paysages. Par contre, une cave viticole et sa maison d'habitation ne sont pas incompatibles avec le voisinage des zones habitées (TA Montpellier, 4 oct. 2007, *M. C.*, *Rev. de droit rural*, mars 2008, p. 39).

630. La seconde dérogation permet dorénavant les travaux de ***mise aux normes des exploitations agricoles*** existantes, sous réserve de non-accroissement des effluents d'origine animale.

Bibliographie

AGUILA (Y.), « Qu'est-ce qu'une extension de l'urbanisation en zone urbaine au sens de la loi Littoral ? », Concl. sur CE, 7 févr. 2005, *Société Soleil d'Or, Commune de Menton*, *BJDU*, 1/2005, p. 10.

BECET (J.-M.), « La notion d'extension limitée de l'urbanisation », *ADMO*, t. XVIII, Université de Nantes, 2000, p. 31.

BENOIT (L.), COËNT-BOCHARD (E.) et LARROUMEC (P.), « La loi Littoral devant les cours administratives d'appel », *AJDA*, juill.-août 2002, p. 600.

BORDEREAUX (L.), « Le décret relatif aux espaces remarquables du littoral enfin publié », *JCP A*, 13 avr. 2004, 1291.

193. Respectivement CE, 15 oct. 1999, *Cne de Logonna-Daoulas*, préc. (confirmant TA Rennes, 14 mai 1997, *Trelhu*, *Dr. env.*, n° 52, p. 14) ; et TA Rennes, 3 nov. 2005, *M. Roulier*, *AJDA*, 2006, p. 672.

BORDEREAUX (L.), « La circulaire du 15 septembre 2005 sur les espaces remarquables du littoral », *DMF*, 2005, p. 1043.

CAILLOSSE (J.), « Qui a peur du droit littoral », *Rev. jur. env.*, 4/1993, p. 513.

CALDERARO (N.), « La protection de l'environnement dans les espaces remarquables et les espaces proches du rivage », in *Les dix ans de la loi Littoral, Rev. jur. env.*, n° spéc. 1997, p. 53.

CALDERARO (N.), « Faut-il vraiment modifier la loi Littoral ? », BJDU, 5/2003, p. 317.

CALDERARO (N.), « Comment identifier aujourd'hui les risques de contentieux relatifs à l'application de la loi Littoral ? », *Dr. env.*, oct. 2005, p. 237.

CALMETTE (J.-F.), « La rareté de l'espace littoral saisie par le juge administratif », *EF*, mars-avr. 2007, p. 20.

CAR (J.-C.) et TREMEAU (J.), « Les aménagements légers dans les espaces remarquables du littoral », *BJDU*, 4/2004, p. 246.

COËNT (J.-F.), « Ombres et lumières jurisprudentielles sur la loi littoral et philosophie du juge administratif », *Rev. jur. env.*, n° spéc. 2004, p. 43.

DEGOMMIER (S.), « Une zone proche d'un marais salant ou d'un étier constitue-t-elle un espace proche du rivage au sens de la loi Littoral ? », Concl. sur CAA Nantes, 28 oct. 2008, *Assoc. Vert pays blanc et noir et a.*, *BJDU*, 1/2009, p. 12.

DE SILVA (I.), « Bande des cent mètres : que faut-il entendre par espaces urbanisés ? », Concl. sur CE, 10 nov. 2004, *Mme Olivier-Delmas*, *BJDU*, 5/2003, p. 94.

FRAISSEIX (P.), « Le juge administratif et l'article L. 146 du Code de l'urbanisme : onze années d'interprétation prétorienne », *RFDA*, 1998, p. 834.

GRABOY-GROBESCO (A.), « Les équipements autorisés sur le littoral », *Études foncières*, n° 85, hiver 1999-2000, p. 16.

GRABOY-GROBESCO (A.), « Le droit du littoral et la notion d'espaces proches du rivage », in *L'homme, ses territoires, ses cultures*, Mél. offerts à André-Hubert Mesnard, LGDJ, 2006, p. 59.

HELIN (J.-C.) et HOSTIOU (R.), « La loi littoral », *RFDA*, 1986, p. 675.

HOSTIOU (R.), « Espaces remarquables du littoral : le changement dans la continuité », *AJDA*, 2005, p. 370.

KEITA (Y.), « Le juge administratif et le contentieux de l'urbanisme littoral aux Antilles », *Rev. jur. env.*, 1/1998, p. 61.

LANDAIS (C.), « Comment appliquer la loi Littoral dans les espaces proches du rivage ? », Concl. sur CE, 12 mars 2007, *Commune de Lancieux*, *BJDU*, 1/2007, p. 50.

LE CORNEC (E.), « Sur l'application de l'article L. 146-6 », *DMF*, 2000, p. 57.

LE CORNEC (E.), « Le contrôle de la qualification juridique de la notion d'espace remarquable », *Gaz. Pal.*, 18 avr. 1996, doctr., p. 358.

LE LOUARN (P.), « Loi littoral et patrimoine monumental : le conservatisme juridique à l'encontre de la conservation raisonnée ? », *Dr. Env.*, nov. 1999, p. 12.

LE ROY (R.), « L'extension de l'urbanisation dans l'article L. 146-4-I du Code de l'urbanisme », in *Le juge administratif et l'environnement*, *Rev. jur. env.*, n° spéc. 2004, p. 51.

LISSOUCK (F.-F.), « Le littoral entre protection renforcée et pression de l'urbanisation », *Rev. jur. env.*, 1/2005, p. 33.

MARTIN (G.), « Loi littoral : identifier les espaces remarquables au sens de l'article L. 146-6 », *BJDU*, 5/1998, p. 322.

MAUDUIT (J.-L.), « Réflexions sur le contentieux de la loi Littoral devant les juridictions judiciaires », in *Les dix ans de la loi Littoral*, *Rev. jur. env.*, n° spéc. 1997, p. 91.

MESNARD (A.-H.), « La protection de l'environnement dans le contentieux administratif de l'urbanisme et de l'aménagement », *Rev. jur. env.*, 1980/1, p. 3.

PAILLET (M.), « Le contentieux administratif de la responsabilité et la loi Littoral », in *Les dix ans de la loi Littoral*, *Rev. jur. env.*, n° spéc. 1997, p. 101.

PITTARD (Y.), « Peut-on encore construire sur le littoral ? », in *L'homme, ses territoires, ses cultures*, Mél. offerts à André-Hubert Mesnard, LGDJ, 2006, p. 83.

SOUSSE (M.), « Dispositions particulières au littoral », J. *Cl. Environnement*, fasc. 3410 et 3420.

STRUILLOU (J.-F.), « Pampelonne, la plage de la discorde », *EF*, n° 77, déc. 1997, p. 8.

TANGUY (Y.), « La notion de services publics ou d'activités économiques exigeant la proximité immédiate de l'eau dans la bande littorale des cent mètres », *Annuaire de droit maritime et aéro-spatial*, Université de Nantes, t. XII, 1993, p. 255.

TANGUY (Y.), « La loi littoral en questions. Entre simplismes et complexité », *AJDA*, 2005, p. 354.

YOUSRY (L.), « La loi littoral et le juge administratif », *RFDA*, 1992, p. 275.

Chapitre 3

Les protections issues du droit des espaces naturels et du droit des biens culturels

Plan du chapitre

RÉSUMÉ

631. Ces mesures sont essentiellement liées aux réserves et parcs naturels, aux sites classés et à Natura 2000, ainsi qu'aux biens culturels. Elles permettent de compléter la protection des territoires littoraux offerte par le droit de l'urbanisme et de la domanialité publique. Mais, dès lors qu'elles se traduisent par de nouvelles contraintes juridiques, il faut s'interroger sur l'intérêt de leur utilisation. Il est clair que tous les espaces littoraux ne sont pas également concernés par ces dispositifs qu'il ne s'agit pas d'empiler au nom d'une naïve volonté de conserver. Chaque site doit faire l'objet d'une réflexion sur les outils juridiques dont il a besoin et, surtout, sur leur bonne articulation[1].

1. Voir J. Makowiak, « La protection des sites : analyse comparative et efficacité des instruments », *AJDA*, 2006, p. 2001.

Section 1 Le droit des espaces naturels

632. Les parcs, les réserves naturelles, les sites classés et le réseau écologique européen Natura 2000 ont une déclinaison littorale importante. Ce droit des espaces naturels, issu du Code de l'environnement, doit être mobilisé de manière judicieuse afin d'offrir une protection pertinente des zones côtières. La GIZC passe aussi par le bon choix des moyens juridiques...

§1. Les parcs nationaux et les parcs naturels marins

633. Le volet littoral et marin des parcs a longtemps été délaissé en France, contrairement à d'autres nations comme – par exemple – les États-Unis (Floride et Alaska notamment), le Canada, la Nouvelle-Zélande ou les Philippines.

Pour le Canada, on mentionnera la loi sur les parcs nationaux du Canada du 20 oct. 2000 et la loi sur les aires marines nationales de Conservation du 13 juin 2002. Plusieurs sites exceptionnels à caractère littoral et marin sont protégés au Canada, dont les parcs Forillon et Saguenay-Saint-Laurent pour la côte Est et les parcs Gwaii Haanas et Pacific Rim pour la côte Ouest.

Il existe, depuis une période récente, une réelle volonté de le développer, dans une optique de conciliation entre préservation de la biodiversité et maintien des activités économiques.

A. Les parcs nationaux

634. C'est désormais dans le cadre fixé par la loi n° 2006-436 du 14 avril 2006 (applicable à Mayotte et Saint-Pierre-et-Miquelon) et ses décrets d'application[2] qu'il faut aborder le sujet des parcs nationaux. On sait que cette loi a été votée pour relancer la formule du parc national en tenant compte des acquis de la décentralisation, des attentes des acteurs locaux et des nécessités du développement local, et ce dans une logique de développement durable[3]. La France ne pouvait pas s'en tenir au bilan des sept parcs nationaux créés sous l'empire de la loi n° 60-708 du 22 juillet 1960 (PN de la Vanoise, PN des Pyrénées, PN du Mercantour, PN des Ecrins, PN de Port-Cros, PN des Cévennes et PN de la Guadeloupe).

2. Loi relative aux parcs nationaux, aux parcs naturels marins et aux parcs naturels régionaux; D. n° 2006-943 du 28 juill. 2006 relatif aux établissements publics des parcs nationaux et modifiant le Code de l'environnement; D. n° 2006-944 du 28 juill. 2006 relatif aux parcs nationaux et modifiant notamment le Code de l'environnement; D. n° 2009-377 du 3 avr. 2009 relatif aux parcs nationaux.

3. Voir J-P. Giran, *Les parcs nationaux. Une référence pour la France, une chance pour ses territoires*, Rapport au Premier ministre, Doc. fr., 2003; J.-M. Février, « Les parcs à l'heure de la réforme », *Environnement*, juin 2006, p. 9; C. Cans, « Les parcs nationaux sont morts : vive les parcs nationaux... de développement local », *AJDA* 26/2006, p. 1431.

635. Aux termes de l'actuel article L. 331-1 du Code de l'environnement :

> « *Un parc national peut être créé à partir* ***d'espaces terrestres ou maritimes****, lorsque le milieu naturel, particulièrement la faune, la flore, le sol, le sous-sol, l'atmosphère et les eaux, les paysages et, le cas échéant, le patrimoine culturel qu'ils comportent présentent un intérêt spécial et qu'il importe d'en assurer la protection en les préservant des dégradations et des atteintes susceptibles d'en altérer la diversité, la composition, l'aspect et l'évolution.*
>
> « ***Il est composé d'un ou plusieurs cœurs****, définis comme les espaces terrestres et maritimes à protéger,* ***ainsi que d'une aire d'adhésion****, définie comme tout ou partie du territoire des communes qui, ayant vocation à faire partie du parc national en raison notamment de leur continuité géographique ou de leur solidarité écologique avec le cœur, ont décidé d'adhérer à la charte du parc national et de concourir volontairement à cette protection.* ***Il peut comprendre des espaces appartenant au domaine public maritime*** *et aux eaux sous souveraineté de l'État* ».

L'arrêté du 23 février 2007 fixant les principes fondamentaux applicables à l'ensemble des parcs nationaux affirme que l'État y « *promeut une protection intégrée exemplaire ainsi qu'une gestion partenariale à partir d'un projet de territoire afin de garantir une évolution naturelle, économique et sociale compatible avec le caractère du parc* » (art. 1er). Les superficies et surfaces marines classées en cœur de parc national sont précisées aux annexes I et II de l'arrêté du 5 avril 2007 relatif au mode de calcul de la superficie du cœur des parcs nationaux.

636. Les parcs nationaux demeurent des établissements publics nationaux (à caractère administratif) créés par décret en Conseil d'État, pris au terme d'une procédure comportant une enquête publique et toute une série de consultations[4]. ***Le décret de création*** fixe le périmètre du parc et les règles générales de protection applicables (art. L. 331-2, C. env.).

> La ***charte du parc national***, élaborée par l'établissement public ou le GIP le préfigurant, « *définit un projet de territoire* » et, concernant les espaces du cœur, détermine « *les objectifs de protection du patrimoine naturel, culturel et paysager et précise les modalités d'application de la réglementation* » (art. L. 331-3-I, C. env. Cet article ajoute que pour l'aire d'adhésion, la charte du parc « *définit les orientations de protection, de mise en valeur et de développement durable et indique les moyens de les mettre en œuvre* ». Elle « *comporte des documents gra-phiques, indiquant les différentes zones et leur vocation* »).

C'est la charte qui structure la politique de l'établissement public du parc national (art. 2 de l'arrêté du 23 février 2007). Des dispositions spéciales sont consacrées aux DOM (art. L. 331-15, C. env.).

637. Il faut constater le peu de succès de l'outil parc national en zone littorale et marine. En métropole, seul le parc méditerranéen de ***Port-Cros***, créé par un décret du 14 décembre 1963, fait véritablement figure d'exception, avec une bande marine de 600 mètres de large et ses îlots classés en réserve intégrale (le D. n° 2009-449 du 22 avril 2009 a été pris pour l'adaptation de la

4. V. les art. R. 331-4, R. 331-10 et R. 331-11, C. env.

délimitation et de la réglementation du PN de Port-Cros aux dispositions du Code de l'environnement issues de la loi du 14 avril 2006).

« *Véritable laboratoire de gestion insulaire* », l'archipel de Port-Cros comprend 1 288 ha marins (pour 700 ha terrestres). La réglementation de ce joyau très fréquenté l'été est particulièrement stricte (D. n° 2009-449 ; *www.portcrosparcnational.fr/*). En dehors des dérogations permanentes visant certaines activités d'intérêt général (secours...), des dispositions particulières peuvent être adoptées pour certaines personnes ou activités (pêche, plongée...).

Les causes de cet « échec » sont plurielles : les spécificités des espaces côtiers sont sans doute difficilement conciliables avec la rigueur classique du droit des parcs nationaux, dont la logique épouse davantage les impératifs de protection d'espaces naturels peu habités que les problèmes posés par les multiples utilisations de la mer côtière. Les raisons culturelles et politiques ne doivent pas non plus être éludées...

638. Quoi qu'il en soit, on ne saurait oublier que la loi n° 2006-436 du 14 avril 2006 comporte des ***dispositions particulières aux espaces maritimes des parcs nationaux***, qui font preuve de réalisme. Le ministre Serge Lepeltier, dans l'exposé des motifs du projet de loi, les a justifiées par le souci d'adapter la législation générale sur les parcs nationaux « *au contexte spécifique maritime* ». Ainsi, le législateur tient compte des nécessités des communications sous-marines et des besoins de la défense nationale[5]. On n'oublie pas non plus les éventuels problèmes posés par l'articulation des compétences du parc avec celles des communes littorales concernées.

Article L. 331-14-II, al. 2 du Code de l'environnement

« *Le décret en Conseil d'État prévu à l'article L. 331-2 peut transférer à l'établissement public du parc national, pour la préservation des espaces maritimes compris dans le cœur du parc et dans la mesure nécessaire à celle-ci, les compétences attribuées au maire pour la police des activités nautiques prévue à l'article L. 2213-23 du Code général des collectivités territoriales [...]* ».

Surtout, les pouvoirs de l'établissement public sont relativement bien encadrés s'agissant des activités maritimes s'exerçant dans le cœur du parc. Pour la pêche, la circulation en mer et la gestion du DPM, le parc peut ***proposer*** aux autorités compétentes, dans le respect du droit communautaire et international, de les soumettre à un régime particulier (art. L. 331-14-II, C. env.). Concernant les activités susceptibles d'altérer de façon notable le milieu marin situé dans le cœur d'un parc national, les autorisations requises ne peuvent être délivrées

5. Art. L. 331-14-I, C. env. : « *Dans les espaces maritimes compris dans le cœur d'un parc national, les travaux et installations sont interdits, sauf autorisation spéciale de l'établissement public du parc, à l'exception de la pose de câbles sous-marins et des travaux nécessités par les impératifs de la défense nationale* ».

« *que sur **avis conforme** de l'établissement public du parc national pris après consultation de son conseil scientifique* » (art. L. 331-14-III, C. env.)[6].

639. ***Pour les sites Natura 2000***, on se reportera notamment aux dispositions de l'article R. 414-10 du Code de l'environnement :

Article R. 414-10 du Code de l'environnement

« *Lorsque plus de la moitié de la superficie des espaces d'un site Natura 2000 est située dans le périmètre d'un cœur de parc national, le document d'objectifs établi par le conseil d'administration de l'établissement public du parc national prend la forme d'un document de mise en œuvre de la charte du parc national dont le contenu est conforme aux dispositions de l'article R. 414-11* ».

640. En dehors de Port-Cros (et aujourd'hui du PN de la Guadeloupe), il n'est pas certain que « l'outil parc national » soit beaucoup utilisé concernant les territoires côtiers, même si la création d'un parc national des Calanques, entre Marseille et Cassis, est sérieusement envisagée (un arrêté du 21 février 2008 a désigné le préfet de région PACA préfet coordonnateur de la procédure de création du PN des Calanques).

Le « GIP Calanques » a été créé en 1999. La spécificité du site des calanques (littoral et périurbain) nécessite une réflexion particulière sur la définition du cœur et de la zone d'adhésion du futur parc, ainsi que sur le contenu de la charte. V. les actes du colloque : *Parc National des Calanques, l'urgence d'agir*, Cassis, juin 2005.

Les deux premiers parcs nationaux créés dans le sillage de la loi du 14 avril 2006 n'ont pas de vocation littorale et marine; il s'agit du parc amazonien de Guyane (décret n° 2007-266 du 27 février 2007) et du parc national de la Réunion, dit « des Hauts » (décret n° 2007-296 du 5 mars 2007). C'est la formule du parc naturel marin qui semble appelée à jouer un rôle de premier plan en la matière, ou éventuellement celle, plus classique, de la réserve naturelle.

B. Les parcs naturels marins

641. Ils sont incontestablement l'une des grandes innovations de la loi du 14 avril 2006. Toute une section de la loi du 14 avril 2006 est consacrée aux parcs naturels marins (art. L. 334-3 et s., C. env.). La création de ce nouveau type de parc a été présentée comme un instrument de gestion durable et concertée pour les espaces maritimes, pouvant inclure les rivages. Il s'agit de contribuer de manière significative à la stratégie nationale pour la biodiversité – aujourd'hui dans le cadre du Grenelle de l'environnement –, et par là même de compléter les dispositifs existants en la matière (zones de

6. Cet art. précise que « *Cette procédure n'est pas applicable aux activités répondant aux besoins de la défense nationale, de l'ordre public, de la sécurité maritime et de la lutte contre la pollution* ».

protection écologique, zones de cantonnement, arrêtés de biotopes marins, réserves marines, parcs nationaux et régionaux)[7].

La Note de doctrine de l'État de novembre 2007 (Stratégie nationale pour la création d'aires marines protégées) considère que « *L'approche intégrée conduira à utiliser des outils de type parc et à délimiter des espaces assez larges pour être pertinents, tant du point de vue de la gestion de l'écosystème que de l'organisation des activités* » (avec participation des collectivités et des usagers).

642. En vertu de l'article L. 334-3 du Code de l'environnement :

« Des parcs naturels marins peuvent être créés dans les eaux placées sous la souveraineté de l'État et, le cas échéant, en continuité avec celles-ci, dans les eaux placées sous sa juridiction, ainsi que sur les espaces appartenant au domaine public maritime, pour contribuer à la connaissance du patrimoine marin ainsi qu'à la protection et au développement durable du milieu marin ».

Les parcs naturels marins peuvent donc comprendre des zones marines très étendues, jusqu'à 200 milles des lignes de base. Les dispositions de la Convention des Nations unies sur le droit de la mer du 10 décembre 1982 doivent bien sûr être respectées.

643. Il apparaît sans ambiguïtés, à la lecture de la loi, que l'objectif poursuivi est la conciliation entre protection et développement, dans le cadre d'un dispositif assez peu contraignant pour les usagers de la mer. Ces parcs sont créés par décret, pris après enquête publique. Le décret de création fixe le périmètre du parc et la composition du conseil de gestion; il arrête également « *les orientations de gestion du parc naturel marin* » (art. L. 334-3, al. 2).

644. Le décret d'application n° 2006-1266 du 16 octobre 2006 affirme que la conduite de la ***procédure de création d'un parc naturel marin*** est confiée conjointement au préfet maritime et au préfet de département[8]. Le dossier doit comprendre un document indiquant les limites du parc projeté, une synthèse de l'état du patrimoine marin et des usages du milieu, les propositions d'orientations de gestion et un projet de composition du conseil de gestion (art. R. 334-28, C. env.). Le projet de parc s'appuie sur une large consultation : il est soumis pour avis aux personnes et organismes directement intéressés et à enquête publique, dans les conditions déterminées par l'article R. 334-29 du Code de l'environnement.

645. Si la gestion de cette catégorie d'aires marines protégées relève clairement de la compétence de l'Agence des aires marines protégées[9], il faut insister sur le rôle du ***conseil de gestion***, institué pour chaque parc naturel

7. Exposé des motifs du projet de loi relatif aux parcs nationaux et aux parcs naturels marins, mai 2005, Doc. AN n° 2347, p. 10. Voir aussi : Secrétariat général de la Mer, *Stratégie nationale pour la biodiversité. Plan d'action mer*, nov. 2005, p. 11.

8. D. relatif à l'Agence des aires marines protégées et aux parcs naturels marins, *JO* du 17 oct. 2006; art. R. 334-27, C. env.

9. Art. L. 334-4-I, C. env. Sur cette institution, voir *supra*, n°s 150 et s.

marin. Sa composition éclectique reflète bien la diversité des intérêts en cause, puisqu'y siègent notamment des représentants de l'État (locaux et minoritairement) des représentants des collectivités territoriales et de leurs groupements, des représentants d'organisations professionnelles, d'usagers et d'associations de protection de la nature, ainsi que des personnalités qualifiées (art. L. 334-4-II, C. env.).

Article R. 334-31 du Code de l'environnement

« *Les membres du conseil de gestion sont nommés pour une durée de cinq ans par arrêté conjoint du représentant de l'État en mer et du préfet de département qui ont conduit la procédure de création du parc naturel marin* ». Le conseil élit en son sein son président (art. R. 334-32).

Le conseil de gestion est appelé à se prononcer sur l'ensemble des questions intéressant le parc. Il lui revient en particulier le soin d'élaborer le ***plan de gestion*** du parc, lequel détermine les mesures devant être mises en œuvre (ce plan doit être approuvé par le conseil d'administration de l'Agence des aires marines protégées).

On notera également qu'il arrête son règlement intérieur, définit le programme d'actions permettant d'appliquer le plan de gestion, rédige un rapport annuel d'activités.

Article R. 334-33 du Code de l'environnement

« *Il décide de l'appui technique apporté aux projets de protection de l'environnement et de développement durable ayant un impact positif sur la qualité des eaux, la conservation des habitats naturels et des espèces* ».

Le conseil de gestion peut aussi recevoir délégation du conseil d'administration de l'Agence des aires marines protégées. On observera par ailleurs qu'il revient à ce même conseil d'administration de mettre à la disposition « *de chaque conseil de gestion les moyens financiers nécessaires à la mise en œuvre du programme d'actions du parc naturel marin* » (art. R. 334-38).

Le Conseil de gestion exerce en outre des compétences en matière de gestion des sites ***Natura 2000***. Lorsqu'un tel site est majoritairement situé dans le périmètre d'un parc naturel marin, il est chargé de l'élaboration et du suivi de la mise en œuvre du document d'objectifs (art. L. 414-2-VIII, C. env.). L'article R. 414-10-1 du Code de l'environnement précise que « *Lorsque plus de la moitié de la superficie des espaces d'un site Natura 2000 est située dans le périmètre d'un parc naturel marin, le document d'objectifs est élaboré selon les modalités prévues pour le plan de gestion du parc naturel marin et intégré à ce plan* ».

646. On voit donc que le législateur a opté pour une formule originale[10] dans la mesure où les parcs naturels marins ne constituent pas de nouveaux établissements publics.

---

10. S. Mabile, « Les parcs naturels marins consacrés par le législateur », *Rev. jur. env.*, 3/2006, p. 251.

En outre, comme l'écrit J.-M. Bécet, « *le parc naturel marin ne s'étend que sur des espaces pour lesquels l'État, seul responsable du domaine public maritime, est et demeure souverain. Il n'est donc plus question pour l'État d'accaparer, dans un but de protection, des compétences auparavant exercées par d'autres autorités, mais, à l'inverse, de confier certaines attributions, sans renier sa souveraineté, à des organismes qui n'en possédaient pas, pour mettre en œuvre, dans la concertation, une gestion intégrée. C'est précisément là que réside l'intérêt de la nouvelle structure proposée par le législateur* » (« De l'utilité du parc naturel marin d'Iroise », *DMF* 2008, p. 87).

647. La seule personne morale de droit public ayant compétence pour gérer de tels parcs est l'Agence des aires marines protégées, assistée et relayée localement par les conseils de gestion. Ses pouvoirs sur le milieu marin, à l'instar de ceux des parcs nationaux sur leur partie maritime, sont limités du fait de la multiplicité des usages et de la « sensibilité » des acteurs. Le gouvernement ne souhaitait pas imposer un corps supplémentaire de règles contraignantes émanant d'un nouveau démembrement de l'État. On s'est donc orienté vers une formule plus souple.

La loi n° 2006-436 du 14 avril 2006 dispose que « *Lorsqu'une activité est susceptible d'altérer de façon notable le milieu marin d'un parc naturel marin, l'autorisation à laquelle elle est soumise ne peut être délivrée que sur avis conforme de l'Agence des aires marines protégées ou, sur délégation, du conseil de gestion* » (art. L. 334-5, al. 4, C. env., lequel précise que cette procédure ne s'applique pas aux activités liées aux besoins de la défense nationale, de l'ordre public, de la sécurité maritime et de la lutte contre la pollution).

En application du principe de précaution, la liste des activités susceptibles d'altérer de façon notable le milieu marin – soumises à la procédure de l'avis conforme – ne saurait être restrictive. Le décret n° 2006-1266 du 16 octobre 2006 (art. R. 334-33 6°, C. env.) renvoie aux autorisations énumérées à l'article R. 331-50 du Code de l'environnement, lequel mentionne notamment les licences de pêche, les autorisations de travaux de dragage, d'immersion, de travaux miniers, d'installations classées, ainsi que les titres d'occupation du DPM (indispensables pour l'implantation de parcs éoliens offshore).

648. La loi du 14 avril 2006 comporte encore des dispositions bienvenues concernant ***la recherche et la constatation des infractions*** commises dans un parc naturel marin. En effet, les infractions à la police de la signalisation maritime, des eaux, des rejets, des biens culturels maritimes ou encore du domaine public (entre autres), « *peuvent être recherchées et constatées [...] par les agents de l'établissement public chargé des parcs naturels marins, commissionnés à cet effet par l'autorité administrative et assermentés* » (art. L. 334-6 et L. 334-7, C. env.).

649. En France, la mise en place de parcs marins se traduit au final par la création d'un seul établissement public national à l'action largement déconcentrée, mais ne s'accompagne pas de l'octroi d'un pouvoir réglementaire au bénéfice de l'Agence.

Il faut relever cependant que le conseil de gestion dispose d'un ***pouvoir de proposition*** intéressant.

Article R. 334-33 du Code de l'environnement

« *Il peut proposer aux autorités de l'État compétentes en mer toute mesure nécessaire à la protection et à la gestion durable du parc naturel marin, notamment en matière d'occupation du domaine public maritime, d'utilisation des eaux, de pêche, de circulation, de loisir, d'utilisation des ondes, de mouillage des navires, et il est tenu informé des suites réservées à ses propositions* ».

Le succès de ce type de dispositif dépend notamment de la qualité du dialogue avec le monde de la mer en général, et les acteurs de la pêche en particulier.

650. ***Le premier parc naturel marin a été créé en mer d'Iroise***, au large de la pointe du Finistère. Bordant 300 km de côtes et une trentaine de communes, il inclut les îles d'Ouessant, de Molène, de Sein et couvre un espace maritime d'environ 3 500 km^2. Après de longues années de gestation, beau-coup de négociations et d'efforts de pédagogie, le décret n° 2007-1406 du 28 septembre 2007 est ainsi venu créer le « parc naturel marin d'Iroise ». L'enquête publique, au cours de laquelle on a bien souligné que le parc ne disposerait pas de pouvoir réglementaire, s'est déroulée fin 2006. Elle n'a concerné que 24 communes, celles du Cap Sizun, au sud, ayant été écartées du périmètre initial (il est clair que le périmètre soumis à l'enquête de 2006 manque de cohérence...). Tout en mettant en exergue les fortes réticences de certains usagers et habitants (pêcheurs, îliens), elle a donné lieu à un avis favorable de la commission d'enquête (assorti cependant de trois réserves portant sur la nécessaire inclusion de la rade de Brest, la soumission à enquête publique du plan élaboré par le conseil de gestion et la composition de ce dernier).

La commission, dans ses conclusions, a reconnu globalement « *la nécessité de créer un parc marin qui permettra d'harmoniser les moyens et de rendre plus efficaces et mieux acceptées les réglementations qui auront été discutées au sein du Conseil de gestion* ».

Le décret de création souligne quant à lui l'importance de l'Iroise, liée à la diversité des habitats marins et à leur caractère exceptionnel, à l'existence d'espèces rares et menacées, à la productivité exceptionnelle du milieu marin, aux richesses halieutiques et au patrimoine culturel maritime. Il affirme que l'espace maritime du parc comprend le sol, le sous-sol et la masse d'eau surjacente (art. 2)[11]. Le conseil de gestion du parc d'Iroise, composé de 49 membres[12], fixe chaque année son programme d'actions afin de mettre en œuvre les ***10 orientations de gestion*** suivantes (art. 6) :

11. Mais, « *Le domaine public des ports maritimes n'est pas classé dans le parc naturel marin d'Iroise* ».
12. 6 représentants locaux de l'État (dont le commandant de la zone maritime Atlantique et le

– approfondissement et diffusion de la connaissance des écosystèmes marins ;
– maintien en bon état de conservation des populations des espèces protégées, rares ou menacées et de leurs habitats ;
– réduction des pollutions d'origine terrestre ainsi que du risque de pollutions maritimes et portuaires diffuses ou accidentelles ;
– maîtrise des activités d'extraction de matériaux ;
– exploitation durable des ressources halieutiques ;
– soutien de la pêche côtière professionnelle ;
– exploitation durable des champs d'algues ;
– soutien aux activités maritimes sur les îles afin d'y maintenir une population permanente ;
– conservation et valorisation du patrimoine paysager, architectural, maritime et archéologique notamment sous-marin et des savoir-faire locaux ;
– développement raisonné des activités touristiques, nautiques et de loisirs, compatibles avec la protection des écosystèmes marins[13].

Le recours en annulation dirigé contre le décret de création du PNM d'Iroise a été rejeté par le Conseil d'État : « *Considérant [...] que la mer d'Iroise est caractérisée par sa remarquable diversité biologique marine et écosystémique, par ses richesses halieutiques et l'importance culturelle de son patrimoine maritime ; que, dans ces conditions, et en dépit de l'opposition d'une partie de la population des îles d'Ouessant, de Sein et de Molène, le moyen tiré de ce que la création du parc naturel marin procéderait d'une erreur d'appréciation ne peut qu'être écarté* » (CE, 23 févr. 2009, *M. Jean-Yves Cozan*, n° 310927).

651. Nul doute que la réalisation de ces objectifs (et leur bonne cohabitation) ne se fera pas sans difficultés. Dotés de moyens juridiques limités, les parcs naturels marins doivent fédérer suffisamment pour faire émerger une perception reconnue et partagée d'un espace maritime cohérent. Quoi qu'il en soit, les parcs naturels marins doivent trouver leur place dans le paysage juridique des aires protégées, y compris en Méditerranée (on pense notamment à la Côte Vermeille – Cerbère-Banyuls[14] – et à la Corse) et en outre-mer (pour la protection des mangroves et des récifs coralliens). Un arrêté ministériel du 26 décembre 2007 est relatif à la conduite de la procédure d'étude et de création d'un parc naturel marin à Mayotte (confiée conjointement au préfet de la Réunion et au préfet de Mayotte) ; l'arrêté du 19 février 2008

Diren), 11 représentants des collectivités territoriales ou de leurs groupements, 1 représentant du syndicat mixte chargé de la gestion du PNR d'Armorique, 12 représentants des organisations représentatives des professionnels (dont plusieurs représentants de la pêche professionnelle), 8 représentants des organisations d'usagers (dont un représentant de la fédération française d'études et de sports sous-marins), 2 représentants d'associations de protection de l'environnement (ce qui est peu...) et 9 personnalités qualifiées (dont une proposée par l'Ifremer).

13. Voir J.-M. Bécet, « De l'utilité du parc naturel marin d'Iroise », *DMF*, 2008, p. 84 ; B. Jégou, « Parc d'Iroise : les divergences s'estompent », *Le marin*, 24 oct. 2008, p. 27 et s.

14. Arr. du 6 mars 2007 relatif à la conduite de la procédure d'étude et de création d'un PNM de la Côte Vermeille, *JO* du 16 mai 2007.

concerne l'ouvert des estuaires de la Somme, de la Canche et de l'Authie. D'autres projets sont à l'étude concernant l'estuaire de la Gironde et les pertuis charentais (Arr. du 20 juin 2008) ainsi que le bassin d'Arcachon (ils figurent dans la Note de doctrine sur la stratégie nationale pour la création d'aires marines protégées). L'objectif affiché par le « plan d'action mer » de la *stratégie nationale pour la biodiversité* d'une dizaine de parcs marins à l'horizon 2012 pourra-t-il être atteint[15] ?

Dans la mise en œuvre de cette politique, la France pourrait utilement s'inspirer de certaines expériences étrangères comme le programme canadien des aires marines nationales de conservation.

Avec plus de 243 000 km de côtes sur trois océans, ce programme ambitieux vise à représenter et à protéger la diversité des milieux marins du Canada (Atlantique, Pacifique, Arctique et grands lacs) dans une logique d'utilisation durable (*www.pc.gc.ca/progs/amnc-nmca/).*

§2. Les réserves naturelles

652. Les réserves naturelles (RN) en zone littorale et/ou marine ne sont pas rares et leur apport incontestable au maintien de la biodiversité[16] a convaincu le gouvernement de mobiliser davantage cet outil classique de protection de la nature. Depuis la loi n° 2002-92 du 27 février 2002 relative à la démocratie de proximité, on distingue trois catégories de réserves naturelles[17] : les réserves naturelles régionales, les réserves naturelles de la collectivité territoriale de Corse et les réserves naturelles nationales, auxquelles il faut accorder une importance particulière s'agissant des zones côtières. Là encore, il faut tenir compte des politiques étrangères afférentes aux réserves marines[18].

653. ***Les motifs de création d'une réserve naturelle sont variés***, comme nous l'indique l'article L. 332-1 du Code de l'environnement.

« *Des parties du territoire d'une ou de plusieurs communes peuvent être classées en réserve naturelle lorsque la conservation de la faune, de la flore, du sol, des eaux, des gisements de minéraux et de fossiles et, en général, du milieu naturel présente une importance particulière ou qu'il convient de les soustraire à toute intervention artificielle susceptible de les dégrader* ».

Il est précisé, par exemple, que la préservation d'espèces animales, végétales et d'habitats menacés ou remarquables, ainsi que leur reconstitution, sont

---

15. Secrétariat général de la mer, nov. 2005, p. 11. ***La loi « Grenelle 1 »*** affirme également qu'un réseau d'aires marines protégées devra couvrir 10 % des eaux placées sous la souveraineté de l'État.
16. V. par exemple : F. Mosse, *Réserves naturelles de France*, Nathan, 2005 ; « De l'utilité de la biodiversité », interview du Pr Francour, *Plongeurs international*, avr. 2000, p. 32.
17. C. Cans, « Les réserves naturelles en 45 ans et deux mouvements : évolution, involution », *Rev. jur. env.* 4/2002, p. 551.
18. Sur le modèle néo-zélandais : K. Warne, « Oasis bleues », *National Geographic* (France), avr. 2007, p. 66.

des objectifs pris en compte au titre de la création d'une réserve naturelle, tout comme la « *préservation ou la constitution d'étapes sur les grandes voies de migration de la faune sauvage* » (entre autres). La loi n'exclut certainement pas les rivages et les eaux marines puisque « *Le classement peut affecter le domaine public maritime et les eaux territoriales françaises* ». On sait que ces dispositions n'obligent pas l'administration à créer des réserves naturelles ; il lui appartient de choisir entre les divers modes de protection dont elle peut faire usage, en fonction des circonstances[19].

La loi du 27 février 2002 dispose que la création d'une **RN *nationale*** est destinée à « *assurer la conservation d'éléments du milieu naturel d'intérêt national ou la mise en œuvre d'une réglementation communautaire ou d'une obligation résultant d'une convention internationale* » (art. L. 332-2-I, al. 1, C. env.).

654. Après consultation de toutes les administrations concernées (collectivités territoriales, administrations d'État) et enquête publique[20], la mesure de classement est prise par décret pour les réserves naturelles nationales, par délibération du Conseil régional pour les réserves naturelles régionales et par délibération de l'Assemblée de Corse pour les réserves naturelles de la collectivité territoriale de Corse (art. L. 332-2-I., II., III, C. env.)[21].

655. Concernant le ***contrôle de la légalité*** interne des décisions de classement en RN, on rappellera que le juge administratif exerce un contrôle normal lié à l'intérêt justifiant la création d'une réserve. Dans ce cadre, un territoire d'une superficie de plus de 9 000 ha formant un biotope remarquable sur le plan faunistique et floristique présente un intérêt général justifiant son classement[22]. Il en va de même s'agissant « *de la richesse du biotope que constituent les récifs coralliens et de la diversité de la faune qu'ils abritent* » (RN marine de la Réunion)[23].

À propos de la baie de l'Aiguillon, le Conseil d'État a considéré que le classement du secteur en cause était justifié « *en raison de la richesse des biotopes de vasières, marais et prés salés, et de la diversité de la faune, notamment aviaire migratoire, qui le caractérisent* » (CE, 19 mars 2003, *Féd. départementale des chasseurs de la Charente-Maritime*, n° 212029, *Environnement*, août-sept. 2003, p. 25, note L. Benoit).

19. CE, 26 mai 1995, *Fédération d'intervention éco-pastorale*, n° 118119.
20. Dans les conditions fixées par le D. n° 2005-491 du 18 mai 2005 relatif aux réserves naturelles.
21. À défaut d'accord du propriétaire, la décision de classement est prise par décret en Conseil d'État.
22. CE, 2 déc. 1981, *Sté d'études touristiques hivernales de France*, n° 10624. V. aussi, s'agissant d'un biotope remarquable abritant des espèces animales et végétales de grand intérêt et constituant une étape sur un axe migratoire : CE, 19 févr. 1986, *M. Baudinière et M. Dubois*, n° 50246.
23. CE, 26 nov. 2008, *Groupement pour la défense de la pêche sous-marine et du milieu marin*, n° 305872.

Quant au décret du 9 novembre 2004 portant extension de la réserve naturelle de l'estuaire de la Seine, les juges du Palais Royal ont estimé qu'il n'était pas entaché d'erreur d'appréciation : l'extension litigieuse, d'un intérêt biologique majeur aux plans floristique, faunistique et écologique, répondait incontestablement aux conditions posées par le Code de l'environnement[24]. Sur la légalité externe de l'acte de classement, le Code de l'environnement n'impose pas qu'il mentionne les motifs justifiant la création de la réserve naturelle[25].

Enfin, il a été jugé, suite à un refus d'abrogation d'un décret de classement, que l'administration « *n'a l'obligation d'engager une telle procédure [de déclassement] que dans le cas où le changement qui s'est produit dans les circonstances de fait et, notamment, dans la configuration des lieux a transformé les caractéristiques du site à un point tel qu'il a eu pour effet de retirer son fondement au classement initial* » (CE, 23 juin 2004, *Les amis de la Bérarde et du Haut-Vénéon*, *AJDA*, 2004, p. 2404, note C. Cans).

656. ***Dans les zones côtières et marines***, on a pu observer en France une réelle dynamique en faveur de la création de réserves naturelles. Globalement, on constatait en 2005 que plus de la moitié des RN concernaient des milieux humides et on dénombrait quarante RN en zone littorale et marine[26]. En lien avec la problématique de la loi du 3 janvier 1986, le bilan gouvernemental de la loi Littoral et des mesures prises en faveur du littoral de septembre 2007 apporte les précisions suivantes : « *Avant la promulgation de la loi Littoral (de 1962 à 1985), 22 réserves ont été délimitées sur le littoral, représentant 27 300 ha, soit 29 % de la surface protégée au niveau national. Entre 1986 et 2006, 22 réserves naturelles supplémentaires ont été créées sur le littoral* » (p. 62).

Nous mentionnerons, à titre informatif (sans être exhaustif), la RN de Scandola en Corse (D. n° 75-1128 du 9 décembre 1975), la RN de Lilleau-des-Niges sur le territoire de la commune des Portes-en-Ré (D. n° 80-136 du 31 janvier 1980), la RN du banc d'Arguin en Gironde (D. n° 86-53 du 9 janvier 1986), la RN du Grand Cul-de-Sac Marin en Guadeloupe (D. n° 87-951 du 23 novembre 1987) et celle de Saint-Martin (D. n° 98-802 du 3 septembre 1998), la RN marine de Cerbère-Banyuls dans les Pyrénées-Orientales (D. n° 90-790 du 6 septembre 1990), la RN de l'île du Grand-Connétable en Guyane (D. du 8 décembre 1992), les deux réserves guyanaises des marais de Kaw-Roura et de l'Amana (D. n° 98-166 et 98-165 du 13 mars 1998), la RN de la baie de Somme (D. n° 94-231 du 21 mars 1994), la RN de Saint-Barthélemy dans les Antilles françaises (D. n° 96-885 du 10 octobre 1996), la RN des Bouches de Bonifacio (D. du 23 septembre 1999) ou encore la RN de l'archipel de Riou sur le territoire de la commune de Marseille (D. du 22 août 2003).

24. CE, 27 juin 2007, *GEPAES et a.*, n° 276292.
25. CE, 22 janv. 2003, *Cne de Val d'Isère et Assoc. des montagnards de la Vanoise*, *ibid.*, p. 24.
26. F. Mosse, *Réserves naturelles de France*, *op. cit.*, p. 17. *www.reserves-naturelles.org/*

Sans accéder aux revendications de certaines associations écologistes[27], la période récente reflète bien ce ***renouveau des RN en tant que composante de la politique des aires marines protégées***. Il faut en effet accorder une attention particulière à la création de la RN des Terres australes françaises (D. n° 2006-1211 du 3 octobre 2006), de la RN marine de la Réunion (D. n° 2007-236 du 21 février 2007) et de la RN de l'îlot Mbouzi à Mayotte (D. n° 2007-105 du 26 janvier 2007), sans oublier les projets en cours. Toutes ces réserves côtières et marines présentent des particularités justifiant leur classement ; elles protègent des espèces animales et végétales très diversifiées (mammifères marins, poissons, oiseaux, herbiers, mollusques, mangroves, récifs coralliens...) et des espaces d'une superficie variable (142 ha pour l'îlot Mbouzi, 236 ha pour la RN de Lilleau-des-Niges, 650 ha pour la RN de Cerbère-Banyuls, 3 500 ha pour la RN marine de la Réunion, 79 460 ha pour la RN des Bouches de Bonifacio et 2 270 000 ha pour celle des Terres australes françaises).

657. ***La réglementation*** n'est pas identique d'une réserve à l'autre ; elle est édictée en fonction de l'objet de la protection et des circonstances locales.

Article L. 332-3-I. du Code de l'environnement

« *L'acte de classement d'une réserve naturelle nationale peut soumettre à un régime particulier et, le cas échéant, interdire à l'intérieur de la réserve toute action susceptible de nuire au développement naturel de la faune et de la flore et, plus généralement, d'altérer le caractère de ladite réserve, notamment la chasse et la pêche, les activités agricoles, forestières et pastorales, industrielles, minières et commerciales, l'exécution de travaux publics ou privés, l'extraction de matériaux concessibles ou non, l'utilisation des eaux, la circulation du public, quel que soit le moyen employé, la divagation des animaux domestiques et le survol de la réserve* ».

Article L. 332-9 du Code de l'environnement

Au titre des règles fixées par la loi, on retiendra que « Les territoires classés en réserve naturelle ne peuvent être ni détruits ni modifiés dans leur état ou dans leur aspect, sauf autorisation spéciale du conseil régional pour les réserves naturelles régionales, ou du représentant de l'État pour les réserves naturelles nationales... ».

En outre, « *Nul ne peut acquérir par prescription, sur une réserve naturelle, des droits de nature à modifier son caractère ou à changer l'aspect des lieux* » (art. L. 332-13) et la publicité est interdite.

L'acte de classement tient également compte des activités traditionnelles existantes (art. L. 332-3-III). De manière générale, la réglementation d'une RN vise à garantir une protection élevée du site classé, y compris dans les espaces littoraux et marins. On trouve donc dans les décisions de classement toute une série de dispositions interdisant par exemple l'introduction de végétaux ou d'animaux, les extractions, les activités industrielles et minières, les activités commerciales (sauf celles liées à la gestion et l'animation de la réserve), la circulation de véhicules à moteur ou la chasse. Des zones de protection renforcée

27. M. Francoual, « Méditerranée. Greenpeace lance une campagne pour la création de 33 réserves marines », *Le marin*, 28 juill. 2006, p. 12.

peuvent être instituées (art. 20 et s. du D. du 21 février 2007 créant la RN marine de la Réunion), voire même des zones de protection intégrale où toute activité humaine est interdite (art. 21 du D. du 3 oct. 2006 créant la RN des TAF). Cela étant, une RN n'est pas un lieu fermé sans lien avec son environnement socio-économique. Dans la mesure du possible, on permet ainsi l'exercice de certaines activités comme la plongée sous-marine, la pêche, les cultures marines ou le mouillage des navires, dans le cadre d'une réglementation rigoureuse et le plus souvent acceptée par les acteurs de ces zones protégées. Les RN des Bouches de Bonifacio (plongée)[28], de Cerbère-Banyuls et de la Réunion (pêche) ou encore de la baie de l'Aiguillon (conchyliculture), entre autres, se situent clairement dans cette démarche de conciliation (ce qui ne garantit pas toujours une gestion apaisée). Les travaux nécessaires à l'entretien des digues, des canaux, et les dragages des chenaux peuvent aussi être autorisés.

658. On rappellera enfin, concernant la ***gestion*** des réserves naturelles, qu'elle « *peut être confiée par voie de convention à des établissements publics, des groupements d'intérêt public ou des associations régies par la loi du 1er juillet 1901 relative au contrat d'association, ayant pour objet statutaire principal la protection du patrimoine naturel, à des fondations, aux propriétaires de terrains classés, ou à des collectivités territoriales ou leurs groupements* » (art. L. 332-8, C. env.). Les modes de gestion sont donc variés, y compris en zone côtière, puisqu'une réserve peut aussi bien être confiée à une association comme la LPO (RN de Lilleau-des-Niges et de la baie de l'Aiguillon)[29] qu'à un département (RN de Cerbère-Banyuls) ou un établissement public comme l'Office de l'environnement de la Corse (RN des bouches de Bonifacio). La gestion de ces RN s'effectue conformément aux dispositions du décret n° 2005-491 du 18 mai 2005. Un comité consultatif est institué dans chaque RN[30] et un projet de plan de gestion doit être élaboré par le gestionnaire de la réserve dans les trois ans suivant sa désignation.

Article R. 242-21 du Code de l'environnement

Ce projet « *s'appuie sur une évaluation scientifique du patrimoine naturel de la réserve et de son évolution et décrit les objectifs que le gestionnaire s'assigne en vue de la protection des espaces naturels de la réserve* ».

Notons encore que les gestionnaires de RN sont appelés à jouer un rôle important dans la gestion des sites Natura 2000.

28. En application du D. du 23 sept. 1999, le principe est que la plongée sous-marine est autorisée, y compris dans les périmètres de protection renforcée. Mais, « *dans l'intérêt de la réserve et après avis du comité consultatif, le préfet maritime peut arrêter toute disposition relative à l'exercice de la plongée* » (art. 24). Une charte liant les établissements de plongée et la RN des Bouches de Bonifacio a été signée.

29. Sur la gestion associative, voir Cans (C.): « Petite diatribe sur le recours au statut associatif à des fins de gestion des réserves naturelles », in *Perspectives du droit public*, Litec, 2004, p. 159.

30. Art. R. 242-17, C. env. : « *Le comité consultatif donne son avis sur le fonctionnement de la réserve, sur sa gestion et sur les conditions d'application des mesures prévues par la décision de classement. Il est consulté sur le projet de plan de gestion...* ».

§3. Les sites classés

659. On doit préciser d'emblée que l'étude des sites classés dans un développement consacré au droit des espaces naturels procède d'un certain artifice car on se situe justement à la frontière du naturel et du culturel. Ces sites sont toutefois abordés dans le Livre III de la partie législative du Code de l'environnement consacré aux espaces naturels (art. L. 341-1 et et s.).

M. Prieur considère qu'il « *s'agit de préserver le patrimoine naturel et paysager de la France de façon ponctuelle, sans avoir à recourir à des mesures systématiques et à une gestion organisée couvrant un espace donné comme avec les parcs nationaux ou les réserves naturelles* » (*Droit de l'environnement*, 5e éd., Précis Dalloz, 2004, p. 428).

Issue de la loi du 2 mai 1930, la législation sur les sites classés évoque l'intérêt général qui s'attache à la protection des sites et monuments naturels pour leur ***caractère artistique, historique, scientifique, légendaire ou pittoresque***.

660. S'agissant du régime applicable, on se bornera à rappeler qu'aux termes de l'article L. 341-10 du Code de l'environnement, « *Les monuments naturels ou les sites classés ne peuvent ni être détruits ni être modifiés dans leur état ou leur aspect sauf autorisation spéciale* ». Le classement est normalement prononcé par arrêté ministériel, après avis de la commission des sites[31] (commission départementale compétente en matière de nature, de paysages et de sites) et enquête publique. Quant aux effets du classement, ils suivent le site « *en quelques mains qu'il passe* »[32]. Les infractions au droit des sites (dégradations, extractions de minéraux...) sont pénalement sanctionnées (art. L. 341-19 et L. 341-20, C. env.).

661. Dans le cadre d'un contrôle normal, le Conseil d'État veille à la ***cohérence du classement*** au regard des objectifs de la loi. Lorsqu'il est reproché à un acte de classement de ne pas avoir classé telle ou telle parcelle dans le périmètre de la protection, il appartient au juge administratif, saisi d'un recours en annulation, de rechercher si l'administration a fait une inexacte application de la législation sur les sites en excluant les parcelles litigieuses[33].

Le décret du 27 décembre 2005 classant parmi les sites du département du Var l'ensemble formé par la presqu'île de Giens a ainsi été annulé en tant qu'il « *s'est abstenu de classer des espaces [parc de stationnement du domaine public départemental] qui [...] sont nécessaires à la cohérence de la protection qu'il a eu pour objet d'instituer* » (CE, 13 juill. 2007, *M. Coulomb et a.*, *AJDA*, 34/2007, p. 1882, concl. Y. Aguila).

31. Le classement est prononcé par décret en Conseil d'État après avis de la commission supérieure des sites en cas d'opposition des propriétaires concernés ou de désaccord des ministres concernés si le site en cause relève du domaine de l'État.

32. Art. L. 341-9, al. 1, C. env.

33. CE, Ass., 16 déc. 2005, *Groupement forestier des ventes de Nonant*, *Environnement*, févr. 2006, p. 23.

Dans les zones côtières, il faut ainsi veiller à la pertinence de l'identification des enjeux du classement. Il pourra s'agir à la fois d'un intérêt biologique, de la vulnérabilité du site et d'une volonté de maîtriser son développement touristique[34].

Concernant l'île de Ré, après avoir rappelé que les classements ont été notamment motivés par le souci de protéger les sites naturels contre les atteintes liées à l'urbanisation et à la fréquentation touristique suite à la construction du pont, le Conseil d'État a considéré que l'inclusion de parcelles dans le périmètre classé « *justifiée par l'intérêt public qui s'attache à la préservation des paysages naturels qui subsistent à proximité de centres urbains et touristiques* » n'était entachée d'aucune erreur d'appréciation (CE, 22 févr. 2002, *M. Charles Albeau et a.*, n° 222891).

La juridiction administrative se refuse à effectuer un bilan coût – avantages du classement en appréciant ses inconvénients pour les propriétaires intéressés[35] (ou pour le développement économique local).

662. ***De nombreux sites littoraux ont fait l'objet d'une mesure de classement ou d'inscription*** au titre de la loi du 2 mai 1930[36]. On recense parmi les sites classés des havres[37], des falaises[38], des calanques[39], des marais salants[40], des fronts de mer[41], des zones estuariennes et des îles côtières (îles de Ré et d'Aix en Charente-Maritime)[42]. En Bretagne, où l'on recense beaucoup d'espaces côtiers classés (dont la pointe du Raz), un certain nombre de rochers ou amas de rochers ont été protégés au titre de la législation sur les sites[43]. Plusieurs actes de classement ont été publiés ces dernières années, relatifs à la presqu'île de Giens dans le Var (site comprenant 1 590 ha sur le DPM), au site « Omaha Beach » (Calvados)[44], à l'ensemble formé par le cap Hornu, la pointe du Hourdel et l'estran adjacent (Somme)[45], ou encore à l'île aux Oiseaux dans le bassin d'Arcachon[46]. Un projet ambitieux de classement vise les espaces

---

34. CE, 27 sept. 1999, *Mme Savine Marie et M. Etienne Millet*, n° 168849.
35. CE, 8 déc. 1993, *M. et Mme Charles Amelin et a.*, n° 120674 à 120719.
36. Sur l'inscription à l'inventaire : CALDERARO (N.) et LACROUTS (J.), *Le littoral*, Le Moniteur, 2005, n° 33 et s.
37. D. du 1er févr. 1989 (classement du site formé par le Havre de Regnéville, Manche).
38. D. du 20 févr. 1995 (classement de l'ensemble formé par les falaises des Vaches Noires, Calvados); D. du 13 févr. 1996 classant le site formé par les falaises et le plateau de Bonifacio en Corse-du-Sud; D. du 8 sept. 2004 classant les falaises nord-est de Marie-Galante.
39. D. du 29 août 1975 classant le massif des calanques dans les Bouches-du-Rhône.
40. D. du 13 févr. 1996 classant l'ensemble formé par les marais salants de Guérande en Loire-Atlantique.
41. D. du 27 juill. 1992 classant le front de mer entre les pointes de La Haye et de la Garde-Guérin (Ille-et-Vilaine).
42. D. du 25 avr. 2002 concernant l'estuaire de la Loire; D. du 25 août 1980 concernant l'île d'Aix. Décrets du 24 juin 1987, du 4 oct. 1989, du 27 août 1990 et du 22 mars 2000 concernant l'île de Ré.
43. M. Turlin, « L'évolution des politiques de sauvegarde », *AJDA* 36/2006, p. 1996.
44. D. du 23 août 2006, *JO* du 25 août 2006.
45. D. du 24 juill. 2006, *JO* du 26 juill. 2006.
46. D. du 21 août 2008, *JO* du 23 août 2008.

naturels de l'île d'Oléron, incluant largement le domaine public maritime (jusqu'à la cote du zéro hydrographique). Rappelons que pour le juge administratif, les sites littoraux classés sont présumés constituer des espaces remarquables au sens de l'article L. 146-6 du Code de l'urbanisme.

663. Une importante circulaire ministérielle en date du 30 octobre 2000[47] insiste sur la promotion de l'image de la politique des sites protégés et sur la démarche partenariale accompagnant le classement. Elle s'intéresse également à la bonne articulation des règles protectrices de l'environnement.

Circulaire ministérielle du 30 octobre 2000

« Préalablement à toute proposition doit être étudiée son opportunité et en particulier l'adéquation du moyen choisi au regard de la nature et de la valeur de l'espace considéré ainsi que des enjeux de son évolution. D'autres législations en effet permettent des mesures de protection, chacune doit être proposée à bon escient pour que l'intérêt des éventuelles superpositions soit reconnu et partagé ».

On admettra que ces considérations présentent un intérêt particulier pour le littoral, où certains espaces cumulent les protections les plus strictes, ce qui rend parfois très difficile le moindre aménagement, fût-il d'intérêt général (comme une zone de mouillage destinée à maîtriser la fréquentation des navires de plaisance).

§4. Le réseau écologique européen Natura 2000

664. Le réseau Natura 2000 est issu de deux grandes directives communautaires : la directive « oiseaux » du Conseil n° 79-409 du 2 avril 1979 sur la conservation des oiseaux sauvages et la directive « habitats » du Conseil n° 92/43/CEE du 21 mai 1992 concernant la conservation des habitats naturels ainsi que de la faune et de la flore sauvages. On sait que la transposition de ces directives en droit interne ne s'est pas faite sans difficultés et que le sujet « Natura 2000 » reste sensible dans bien des régions[48]. En janvier 2007, le réseau Natura 2000 français (terrestre) couvrait 6,8 millions d'hectares sur plus de 1 700 sites, soit environ 12,4 % du territoire métropolitain[49].

A. Cadre général

665. Les articles L. 414-1 et suivants du Code de l'environnement définissent le cadre juridique français applicable aux ***sites Natura 2000, constitués de zones de protection spéciale et de zones spéciales de conservation*** (il faut tenir compte des ajouts et modifications issus de la loi n° 2006-1772 du 30 décembre

47. Circ. relative aux orientations pour la politique des sites, *BOMATE*, n° 2001-10.

48. Sur le sujet, voir notamment FÉVRIER (J.-M.) et DEVÈS (C.) (dir.), *Le réseau écologique européen Natura 2000*, Litec, 2004; ROMI (R.), *Droit international et européen de l'environnement*, Montchrestien, 2005; P. Steichen, « Quels statuts juridiques pour les sites Natura 2000 ? », *EF*, mars-avr. 2004, p. 7.

49. Source Ministère de l'écologie, *www.natura2000.fr/*.

2006 sur l'eau et les milieux aquatiques et de la loi n° 2008-757 du 1er août 2008 sur la responsabilité environnementale). Sur le plan contentieux, on notera qu'au stade de la désignation, il a été jugé que la décision par laquelle le préfet refuse d'engager la procédure de désignation d'un site Natura 2000 est un acte faisant grief susceptible d'être déféré au juge de l'excès de pouvoir[50].

666. Ces sites sont « ***marins et terrestres*** ».

Article L. 414-1-V. du Code de l'environnement

« *Ils font l'objet de mesures destinées à conserver ou à rétablir dans un état favorable à leur maintien à long terme les habitats naturels et les populations des espèces de faune et de flore sauvages qui ont justifié leur délimitation* ». *Ils* « *font également l'objet de mesures de prévention appropriées pour éviter la détérioration de ces mêmes habitats naturels et les perturbations de nature à affecter de façon significative ces mêmes espèces* ».

Les mesures prises prennent en compte les exigences de nature économique, sociale et culturelle, les impératifs de défense, ainsi que les particularités régionales et locales (art. L. 414-1-V, al. 3). Le rôle des ***acteurs locaux*** a été renforcé par la loi DTR du 23 février 2005, qui est notamment venue préciser que ces mesures devaient être définies en concertation avec les collectivités territoriales et leurs groupements ainsi qu'avec les « *propriétaires, exploitants et utilisateurs des terrains et espaces* » (formulation de la loi sur l'eau de 2006)[51].

667. L'article L. 414-4-I du Code de l'environnement (dont la dernière version résulte de la loi sur la responsabilité environnementale) pose le principe de ***l'évaluation des incidences***.

Article L. 414-4-I du Code de l'environnement

« *Lorsqu'ils sont susceptibles d'affecter de manière significative un site Natura 2000, individuellement ou en raison de leurs effets cumulés, doivent faire l'objet d'une évaluation de leurs incidences au regard des objectifs de conservation du site [...] :*

1° *Les documents de planification qui, sans autoriser par eux-mêmes la réalisation d'activités, de travaux, d'aménagements, d'ouvrages ou d'installations, sont applicables à leur réalisation ;*

2° *Les programmes ou projets d'activités, de travaux, d'aménagements, d'ouvrages ou d'installations ;*

3° *Les manifestations et interventions dans le milieu naturel ou le paysage* »[52].

Le champ d'application de l'évaluation des incidences paraît donc très large, mais le législateur a opté pour la souplesse en prenant en compte les attentes et les réactions des acteurs des territoires concernés.

50. CE, 16 janv. 2008, *Min. d'État, min. de l'écologie, du développement et de l'aménagement durables c/ Assoc. Manche nature*, n° 292489, *AJDA* 3/2008, p. 117, obs. C. Faivre.

51. J.-M. Février, « La loi sur le développement des territoires ruraux et Natura 2000 », *Environnement*, mai 2005, p. 11.

52. Art. L. 414-4-II : « *Les programmes ou projets d'activités, de travaux, d'aménagements, d'ouvrages ou d'installations ainsi que les manifestations et interventions prévus par les contrats Natura 2000 ou pratiqués dans les conditions définies par une charte Natura 2000 sont dispensés de l'évaluation des incidences...* ».

Article L. 414-4-III du Code de l'environnement

Ainsi, « *Les documents de planification, programmes ou projets ainsi que les manifestations ou interventions soumis à un régime administratif d'autorisation, d'approbation ou de déclaration au titre d'une législation ou d'une réglementation distincte de Natura 2000 ne font l'objet d'une évaluation des incidences [...] que s'ils figurent : 1° Soit sur une liste nationale établie par décret en Conseil d'État; 2° Soit sur une liste locale, complémentaire de la liste nationale, arrêtée par l'autorité administrative compétente* ».

Si ces listes doivent être établies au regard des objectifs de conservation des sites, c'est en concertation avec des représentants des collectivités locales, des propriétaires, exploitants, utilisateurs, professionnels et des organismes concernés (dans les domaines agricole, sylvicole, touristique, des cultures marines, de la pêche, de la chasse et de l'extraction).

Article L. 414-4-V du Code de l'environnement

Les listes arrêtées « *indiquent si l'obligation de réaliser une évaluation des incidences Natura 2000 s'applique dans le périmètre d'un ou plusieurs sites Natura 2000 ou sur tout ou partie d'un territoire départemental ou d'un espace marin* ».

Les listes locales peuvent exprimer des choix différents en fonction des enjeux écologiques en présence, mais un secteur d'activité (comme celui de la pêche ou des cultures marines) ne saurait être soustrait à l'évaluation des incidences pour des motifs socio-économiques.

Le projet en cause ne peut être autorisé si l'évaluation requise n'a pas été réalisée, si elle est insuffisante ou si elle conclut à une atteinte aux objectifs de conservation du site, sauf (dans ce dernier cas et en l'absence de solutions alternatives) « *pour des raisons impératives d'intérêt public majeur* » (art. L. 414-4-VI, L. 414-4-VII, C. env.).

Article L. 414-4-VII du Code de l'environnement

« *[...] Dans ce cas, elle [l'autorité compétente] s'assure que des mesures compensatoires sont prises pour maintenir la cohérence globale du réseau Natura 2000. Ces mesures compensatoires sont à la charge de l'autorité qui a approuvé le document de planification ou du bénéficiaire du programme ou projet d'activités, de travaux, d'aménagements, d'ouvrages ou d'installations, de la manifestation ou de l'intervention. La Commission européenne en est tenue informée* ».
V. aussi les dispositions de l'art. L. 414-4-VIII.

S'appuyant régulièrement sur le principe de précaution, la Cour de Justice des Communautés Européennes veille au respect de l'application des directives « oiseaux » et « habitats » et notamment du mécanisme d'évaluation mis en place[53]. Elle considère par exemple que l'étude des incidences Natura 2000 concerne une activité ancienne comme la pêche mécanique des coques ou

53. C.-H. Born, « Quelques réflexions sur le mécanisme de protection des sites Natura 2000 contre les incidences des plans et projets », in *Pour un droit commun de l'environnement*, Dalloz, 2007, p. 957.

encore l'aquaculture ; elle se montre vigilante, de manière générale, sur les conditions de cette évaluation et sur les mesures de protection mises en place par les États membres[54]. Une simple loi de gestion du domaine public maritime ne satisfait pas aux exigences des directives européennes. Il est clair que dans les sites Natura 2000 ou à proximité de ces sites, les travaux d'extension portuaire, de même que les immersions de boues de dragage et les extractions de granulats (entre autres), sont directement concernés[55].

B. Natura 2000 et espaces côtiers

668. ***Le zonage écologique Natura 2000 touche particulièrement les espaces côtiers.*** Sur les trois façades maritimes françaises, de très nombreux sites littoraux ont été désignés par arrêté du ministre chargé de l'écologie.

À titre informatif, on relèvera, par exemple, que le cap Gris-Nez, le cap Fréhel, Cerbère, le golfe du Morbihan, l'estuaire de la Loire, de la Seine, de la Gironde, de la Bidassoa, l'étang de Thau, la baie du Mont-Saint-Michel, la baie de Somme, la baie de Bourgneuf, de Saint-Brieuc, de Morlaix et celle de Chingoudy, les étangs du Narbonnais, les marais salants de Guérande, les dunes du littoral landais, les dunes de Merlimont, de Trévignon, la Camargue, ainsi que beaucoup d'îles côtières (Chausey, Molène, Ouessant, Glénan, Noirmoutier, Yeu, les îles Cerbicale, Lavezzi, Sanguinaires, Marseillaises et d'Hyères) sont des espaces couverts (à des degrés variables) par une zone de protection spéciale[56].

Des zones spéciales de conservation ont également été désignées : concernant le golfe du Morbihan, les archipels de Houat-Hoëdic, de Bréhat et des Sept-Iles, les baies de Morlaix et d'Audierne, le cap d'Erquy-cap Fréhel, les marais de Vilaine et l'estuaire de la Vilaine..., sans oublier la Corse (Arr. du 17 mars 2008 par ex.) et les complexes lagunaires de l'Aude (Arr. du 26 déc. 2008).

En Charente-Maritime, on recense une dizaine de zones de protection spéciale à caractère littoral, dont le Fier d'Ars (Ré)[57], le marais poitevin (concernant l'anse de l'Aiguillon)[58], le site « dunes et forêts littorales de l'île d'Oléron »[59], le marais de la Seudre[60] et la presqu'île d'Arvert[61]. Un arrêté du 4 mai 2007 porte désignation du « site Natura 2000 anse de Fouras, baie d'Yves, marais de Rochefort », couvrant une partie du territoire de 21 communes[62]. Dans ce même département, la superficie maritime du réseau Natura 2000 (avant l'extension en mer) a été évaluée au 1er janvier 2006 à 214541 ha (source : Diren Poitou-Charentes).

---

54. CJCE, 7 sept. 2004, *Landelijke Vereniging...*, aff. C-127/02, *DMF*, 2005, p. 168 ; CJCE, 30 janv. 2002, *Commission c/ Grèce*, aff. C-103/00 (protection de la tortue marine), *Rec. CJCE*, I – 01147 ; CJCE, 10 janv. 2006, *Commission c/ Allemagne*, aff. C-98/03, *EF*, janv.-févr. 2006, p. 39, note F. Haumont et P. Steichen ; CJCE, 11 janv. 2007, *Commission c/ Irlande*, aff. C-183/05, *Environnement*, mars 2007, p. 29, note P. Trouilly ; CJCE, 13 déc. 2007, *Commission c/ Irlande*, aff. C-418/04, *DMF*, 2008, p. 398.
55. Voir M. Quimbert, « Natura 2000 : un cadre juridique de plus en plus strict pour le développement des activités sur le littoral », *DMF*, 2005, p. 161.
56. V. notamment les Arr. des 30 et 31 oct. 2008, *JO* des 6/7/8 nov. 2008.
57. Arr. du 6 juill. 2004, *JO* du 22 juill. 2004.
58. Arr. du 13 avr. 2007, *JO* du 10 mai 2007.
59. Arr. du 10 nov. 2006, *JO* du 24 nov. 2006.
60. Arr. du 9 août 2006, *JO* du 25 août 2006.
61. Arr. du 10 nov. 2006, *JO* du 24 nov. 2006.
62. ZPS FR 5410013, *JO* du 17 mai 2007.

Là encore, on sait que le juge administratif s'appuie régulièrement sur le dispositif Natura 2000 pour identifier un espace remarquable du littoral.

669. Le ministère de l'écologie, dans son Plan d'actions stratégique pour les milieux marins de 2005, a souligné ***l'importance de la déclinaison proprement maritime de Natura 2000*** dans le réseau des aires marines protégées. L'identification et la préservation d'espèces et d'habitats au titre du réseau marin Natura 2000 constituent un chantier incontournable de la politique environnementale de la Commission et des États membres[63]. Rejoignant la position prise par la Commission dans une communication du 14 juillet 1999, la CJCE a précisé, à propos d'un litige relatif à la transposition (par le Royaume-Uni) de la directive « habitats », que son champ d'application dans l'espace s'étendait au-delà des eaux territoriales[64]. Dans ses *Lignes directrices pour l'établissement du réseau Natura 2000 dans le milieu marin* (mai 2007), la Commission rappelle que les directives « oiseaux » et « habitats » sont applicables à la zone économique exclusive et au plateau continental et insiste sur les enjeux de la création du réseau marin Natura 2000.

En conséquence, « *les États membres doivent proposer, au cours des prochaines années, les sites nécessaires pour achever la composante marine de Natura 2000 en appliquant les directives Oiseaux et Habitats dans leurs eaux intérieures et leur mer territoriale, ainsi que dans leurs ZEE ou autres zones similaires déclarées et dans la zone de leur plateau continental* » (*Lignes directrices pour l'établissement du réseau Natura 2000 dans le milieu marin*, p. 21).

L'extension du réseau Natura 2000 en mer doit aujourd'hui être mise en relation avec le grand objectif de la directive-cadre 2008/56/CE du 17 juin 2008 « Stratégie pour le milieu marin » : la réalisation ou le maintien d'un bon état écologique de ce milieu au plus tard en 2020.

En France, une ***circulaire du ministre de l'écologie, du développement et de l'aménagement durables du 20 novembre 2007*** (*circ. DNP/SDEN N° 2007*) ***est relative aux compléments à apporter au réseau Natura 2000 en mer et porte instructions pour la désignation des sites***. Adressée aux préfets terrestres et aux préfets maritimes, elle a pour objet de lancer les procédures liées à la constitution d'un réseau cohérent et suffisant de sites marins.

Tout en insistant sur l'importance de la transparence et de la concertation avec les acteurs locaux à tous les stades de la procédure, elle précise bien que « *Seuls des critères et motivations scientifiques doivent présider à la sélection des sites Natura 2000 et à la définition de leur périmètre. Les exigences économiques, sociales, culturelles ainsi que les particularités régionales et locales seront prises en compte dans la gestion des sites [...], lors de la définition des mesures de conservation des habitats et des espèces, dans le cadre des documents d'objectifs* ».

63. S. Mabile, « La mise en œuvre du réseau Natura 2000 dans les zones de juridiction nationale », *Annuaire du droit de la mer*, t. X, éd. A. Pedone, 2005, p. 123.

64. CJCE, 20 oct. 2005, *Commission c/ Royaume-Uni*, aff. C-6/04, *Rec. CJCE*, I-9056, pt 117.

Le préfet est l'autorité déconcentrée chargée d'élaborer le projet de site (notamment le périmètre), de le soumettre aux consultations requises et de le transmettre au ministre de l'environnement[65]. Ces missions incombent aux préfets de département pour les sites entièrement localisés en deçà de la laisse de basse mer et au préfet maritime pour ceux qui sont entièrement situés au-delà de cette limite. Les sites « mixtes », situés de part et d'autre de la laisse de basse mer, relèvent de la compétence conjointe du préfet terrestre et du préfet maritime. Le service administratif instructeur est choisi par le préfet compétent, sachant qu'il est rappelé que les DIREN (aujourd'hui les DREAL) ont un rôle incontournable et que l'on mesure bien l'importance du travail inter-services (Diren/Affaires maritimes par ex).

Le décret nº 2008-457 du 15 mai 2008 relatif aux sites Natura 2000 affirme également la compétence conjointe du préfet maritime et du préfet de département « *lorsque le site s'étend exclusivement sur des espaces marins qui incluent l'estran* » (art. R. 414-3 I., C. env.)[66]. Il précise (toujours dans le sillage de la circulaire) que lorsque le site comprend des espaces marins, l'accord du commandant de zone maritime sur la délimitation de ces espaces doit être recueilli (art. R. 414-3 II., C. env.).

Article R. 414-2-1 du Code de l'environnement

Ce décret, pour l'application des dispositions relatives aux sites Natura 2000, définit ce qu'il faut entendre par espace marin, majoritairement marin et majoritairement terrestre : « *1° Sont considérés comme des espaces marins les espaces jusqu'où les plus hautes mers peuvent s'étendre en l'absence de perturbations météorologiques exceptionnelles; 2° Est considéré comme majoritairement terrestre un site dans lequel la superficie des espaces terrestres est supérieure à la superficie des espaces marins et comme majoritairement marin un site dans lequel cette proportion est inverse* ».

Sont annexées à la circulaire du 20 novembre 2007 la liste des secteurs géographiques scientifiquement pertinents au sein desquels doit intervenir la désignation des sites marins (fiche E, dont l'argumentaire a été réalisé par la Muséum National d'Histoire Naturelle) ***et la liste des habitats et des espèces justifiant leur désignation*** (fiche F). La taille et la forme des sites peuvent être très variables, « *marquées par l'originalité du milieu marin* »; ils peuvent être « *très étendus pour la protection des oiseaux ou des cétacés...* » ou « *de taille plus restreinte pour la conservation de certains habitats benthiques (ex. : grottes sous-marines...)* ». Pour la façade atlantique[67], les grands secteurs sélectionnés dans la fiche E au titre de la directive « habitats » (littoral et

65. Art. R. 414-3 III., C. env. : « *Le ou les préfets compétents pour établir le projet de désignation d'un site Natura 2000 soumettent pour avis le projet de périmètre du site aux communes et aux établissements publics de coopération intercommunale concernés qui émettent leur avis motivé dans le délai de deux mois à compter de leur saisine. À défaut de s'être prononcés dans ce délai, ils sont réputés avoir émis un avis favorable* ».

66. Tout en consacrant la répartition des compétences inscrite dans la circulaire.

67. Pour un autre exemple : B. Lobez, « Natura 2000. Six zones stratégiques en Nord-Pas-de-Calais – Picardie », *Le marin*, 8 févr. 2008, p. 9.

plateau continental) ont été : « Iroise », « Penmarc'h-Glénan-Trévignon », « Sud Glénan-Sud Groix », « Ria d'Etel », « Mor Braz et ses îles », « Plateau du Four », « Baie de Bourgneuf-Noirmoutier », « Secteur de l'île d'Yeu », « Plateau de Rochebonne », « Système Pertuis-Gironde », « Portion du littoral sableux de la côte aquitaine »[68], « Bassin d'Arcachon et Cap Ferret », « Côte basque rocheuse et extension au large ». Au plan national, 76 sites marins (concernant la façade Manche – mer du Nord, la façade atlantique et la Méditerranée) ont été transmis à la Commission européenne fin 2008 (29 ZPS et 47 pSIC au titre de la directive « habitats », couvrant 24000 km²).

À titre d'exemple, en Charente-Maritime, trois zones ont été envisagées au printemps 2008, représentant environ 5000 km² (une création en mer et deux zones d'extension de sites littoraux). Le choix final des zones ne s'est pas fait sans difficultés ; il ne s'est pas montré, semble-t-il, insensible aux enjeux économiques locaux (clapage des boues de dragage et extractions de granulats notamment)[69]. Un arrêté interministériel du 30 octobre 2008 porte désignation du site « Pertuis charentais – Rochebonne » (ZPS), composé exclusivement d'espaces marins. Au 1er janvier 2009, on recensait au total 913643 ha de surface marine concernés par Natura 2000 (sur 12 sites intéressant principalement la Charente-Maritime, avec des prolongements en Vendée et en Gironde).

C. La gestion des sites (documents d'objectifs, contrats et chartes Natura 2000)

670. Les sites Natura 2000 doivent être couverts par un ***document d'objectifs (DOCOB)*** : « *Pour chaque site Natura 2000, un document d'objectifs définit les orientations de gestion, les mesures prévues à l'article L. 414-1, les modalités de leur mise en œuvre et les dispositions financières d'accompagnement* » (art. L. 414-2-I, C. env.). La circulaire interministérielle du 21 novembre 2007 (DNP/SDEN nº 2007-3) relative à la gestion contractuelle des sites Natura 2000 affirme que le choix a été fait de la gouvernance locale et que tous les sites doivent être dotés d'un DOCOB à l'horizon 2010 (horizon repoussé à 2013 dans le cadre du Grenelle 1).

Un ***comité de pilotage*** est créé par le préfet de département territorialement compétent (ou par un préfet coordonnateur si le site s'étend sur plusieurs départements) pour l'élaboration et le suivi de la mise en œuvre du DOCOB (lequel est approuvé par arrêté préfectoral).

68. Pour la région Aquitaine : L. Fabrègues, « L'Aquitaine propose 5400 km² », *Le marin*, 21 mars 2008.
69. Juridiquement, il faut rappeler que les « sorties de périmètre » de circonstance présentent de sérieux risques contentieux dans la mesure où les critères scientifiques s'imposent : TA Strasbourg, 28 mai 2008, *Alsace Nature*, nº 0601437, *AJDA*, 23 juin 2008, p. 1174 ; TA Montpellier, 27 juin 2008, *M. Cabanac*, *AJDA*, 2008, p. 1771.

Outre les collectivités territoriales intéressées et leurs groupements[70], ce comité « *comprend notamment, en fonction des particularités locales, des représentants [...] des organisations professionnelles et d'organismes exerçant leurs activités dans les domaines agricole, sylvicole, des cultures marines, de la pêche, de la chasse, de l'extraction, du sport et du tourisme* » (art. R. 414-8 I., C. env.).

Aux termes de l'article R. 414-8-1 du Code de l'environnement, « *Le préfet convoque les représentants des collectivités territoriales et de leurs groupements membres du comité de pilotage Natura 2000 afin qu'ils désignent le président du comité et la collectivité territoriale ou le groupement chargé, pour le compte du comité, d'élaborer le document d'objectifs* »[71].

La loi sur l'eau et les milieux aquatiques du 30 décembre 2006 est venue ajouter que ***lorsqu'un site comprend majoritairement des espaces marins et qu'il n'est pas situé dans le périmètre d'un parc naturel marin, « l'autorité administrative établit le document d'objectifs et suit sa mise en œuvre en association avec le comité de pilotage Natura 2000 »***[72]. Ces dispositions ont été précisées par le décret n° 2008-457 du 15 mai 2008 relatif aux sites Natura 2000 et modifiant le Code de l'environnement (dispositions applicables aux sites Natura 2000 majoritairement marins). Les questions de compétence sont réglées ainsi : les missions définies aux articles R. 414-9-1 à R. 414-9-7 (comité de pilotage, DOCOB) relèvent du préfet maritime pour les sites s'étendant exclusivement sur des espaces marins situés au-delà de la laisse de basse mer; elles relèvent de la compétence conjointe du préfet maritime et du préfet de département dans tous les autres cas (art. R. 414-9, C. env.). Le décret n° 2008-457 affirme que le ou les préfets compétents arrêtent la composition du comité de pilotage Natura 2000 (conformément aux dispositions de l'art. R. 414-8), convoquent et président ce comité[73], et définissent les modalités de son association à l'élaboration et au suivi, sous leur autorité, du DOCOB. Ils arrêtent le DOCOB du site Natura 2000 et soumettent au comité de pilotage un rapport portant sur sa mise en œuvre au moins tous les trois ans (voir les art. R. 414-9-1 et s., C. env.).

Si l'on voit que le préfet (notamment maritime) est l'autorité phare s'agissant des sites Natura 2000 marins, il est permis d'impliquer davantage les membres du comité de pilotage (et donc les acteurs locaux).

70. Ainsi que des représentants de propriétaires, exploitants et utilisateurs des terrains et espaces inclus dans le site Natura 2000 (art. L. 414-2 II., C. env.).

71. « *S'il n'est pas procédé à ces désignations lors de cette réunion, le préfet assure la présidence du comité de pilotage Natura 2000 et conduit l'élaboration du document d'objectifs* ».

72. Art. L. 414-2-VIII., al. 2, C. env. Voir *supra* concernant les parcs et natura 2000.

73. Toutefois, la présidence du comité de pilotage peut être confiée par l'autorité administrative à un représentant d'une collectivité territoriale ou d'un groupement (art. L. 414-2 VIII, al. 2 et R. 414-9-2, C. env.).

Article R. 414-9-3 al. 2 du Code de l'environnement

« L'élaboration et le suivi de la mise en œuvre du document d'objectifs peuvent être confiés, pour tout ou partie, par voie de convention, par le ou les préfets à un ou plusieurs membres du comité de pilotage, sur proposition de ce comité ».

Le DOCOB d'un site Natura 2000 majoritairement marin est soumis à l'accord du commandant de zone maritime pour les mesures concernant les espaces marins, à l'accord du préfet de région pour les mesures relatives à la pêche maritime et à l'accord du préfet de département pour celles touchant le DPM lorsque le site est entièrement situé au-delà de la laisse de basse mer (art. R. 414-9-4, C. env.). Les conditions de sa révision sont marquées par la prudence et permettent de s'adapter à l'évolution des circonstances : le DOCOB doit être révisé (dans les conditions prévues pour son élaboration) *« lorsqu'il apparaît que les objectifs qui ont présidé à la désignation du site n'ont pas été atteints ou ne sont pas susceptibles de l'être, en tenant compte de l'évolution des activités humaines sur le site »* (art. R. 414-9-7, C. env.).

Le décret n° 2006-922 du 26 juillet 2006 relatif à la gestion des sites Natura 2000 et modifiant le Code de l'environnement apporte des précisions sur le ***contenu des DOCOB***. Ces documents comprennent un rapport de présentation décrivant l'état écologique du site, les objectifs de développement durable de ce site (en tenant compte des activités qui s'y exercent et des particularités locales), des propositions de mesures permettant d'atteindre ces objectifs, un ou plusieurs cahiers des charges types applicables aux contrats Natura 2000, la liste des engagements faisant l'objet de la charte Natura 2000 du site, les modalités de suivi des mesures projetées ainsi que les méthodes de surveillance des habitats et des espèces[74]. L'Agence des aires marines protégées a travaillé début 2009 sur la réalisation d'un référentiel de mesures pour l'élaboration des DOCOB marins.

671. La gestion des territoires de l'espace Natura 2000, locale et concertée, n'est pas sans soulever des interrogations[75]. Il a été jugé que le DOCOB contenait des dispositions « *susceptibles de produire des effets juridiques* » et que l'arrêté d'approbation pouvait ainsi être attaqué devant le juge administratif par la voie du recours pour excès de pouvoir[76]. Il faut relever cependant que le contrôle du contenu de cet acte réglementaire est limité à l'erreur manifeste d'appréciation. Concrètement, pour ce qui concerne les littoraux, les DOCOB vont insister sur les différents éléments du patrimoine naturel à protéger,

74. Art. R. 414-11, C. env.
75. Voir DUBOIS (J.) et MALJEAN-DUBOIS (S.) (dir.), *Natura 2000. De l'injonction européenne aux négociations locales*, Doc. fr., 2005 ; J.-M. Février, « La gestion des sites Natura 2000 », *AJDA* 26/2004, p. 1394.
76. CE, 19 juin 2006, *Féd. départementale des syndicats d'exploitants agricoles de la Vendée et a.*, *AJDA* 36/2006, p. 2015, note X. Braud.

comme les milieux dunaires (DOCOB du littoral landais) ou lagunaires (DOCOB des étangs narbonnais), sans oublier la préservation des activités économiques traditionnelles comme l'élevage (Camargue) ou l'agriculture et la conchyliculture (DOCOB du marais poitevin). En mer, l'objectif est de concilier les nombreuses activités susceptibles de s'exercer (navigation, pêche, exercices militaires, éoliennes, exploitation minière...) avec la préservation des habitats et espèces ayant justifié la désignation des sites en cause, sur la base d'un diagnostic précis. Les exigences environnementales du réseau Natura 2000 font que les DOCOB maritimes ne peuvent pas systématiquement écarter l'hypothèse de mesures restrictives.

672. On ajoutera encore que pour l'application du DOCOB, les titulaires de droits réels et personnels portant sur des parcelles comprises dans le site, « ***ainsi que les professionnels et utilisateurs des espaces marins situés dans le site*** » (ajout de la loi sur l'eau de 2006), peuvent conclure avec le préfet des ***contrats Natura 2000*** et adhérer à une ***charte Natura 2000*** (art. L. 414-3, C. env.). Les acteurs du littoral (en zone aquacole ou de prés salés par exemple) peuvent s'emparer de ces outils afin d'organiser au mieux la conciliation entre le maintien de la biodiversité et les nécessités socio-économiques liées à la pêche, aux cultures marines et au tourisme, dans le cadre fixé par le décret n° 2008-457 du 15 mai 2008 et par la circulaire interministérielle du 30 avril 2007 (circ. DNP/SDEN n° 2007-1).

Article R. 414-13 I. du Code de l'environnement

Les espaces marins ont été pris en considération : « *Le contrat Natura 2000 est conclu pour une durée de cinq ans entre le préfet et, selon le cas, soit le titulaire de droits réels ou personnels portant sur des parcelles incluses dans le site, soit le professionnel ou l'utilisateur des espaces marins situés dans le site. Le préfet signataire du contrat est selon la nature des engagements, le préfet de département, le préfet de région ou le préfet maritime* ».

Article R. 414-13 II. du Code de l'environnement

« *Dans le respect des cahiers des charges figurant dans le document d'objectifs [...],* ***le contrat Natura 2000 comprend notamment*** : *1° Le descriptif des opérations à effectuer pour mettre en œuvre et atteindre les objectifs de conservation ou, s'il y a lieu, de restauration définis dans le document d'objectifs, avec l'indication des travaux et prestations d'entretien ou de restauration des habitats naturels, des espèces et de leurs habitats et la délimitation des espaces auxquels ils s'appliquent; 2° Le descriptif des engagements identifiés dans le document d'objectifs qui donnent lieu au versement d'une contrepartie financière ainsi que le montant, la durée et les modalités de versement de cette contrepartie; 3° Les points de contrôle et les justificatifs à produire permettant de vérifier le respect des engagements contractuels* ».

Un arrêté ministériel du 17 novembre 2008 fixe la liste des actions éligibles à une contrepartie financière de l'État dans le cadre d'un contrat Natura 2000 (en zone littorale, il pourra s'agir de la lutte contre l'érosion des milieux dunaires et des plages, du maintien ou de la création d'écrans végétaux, de la réhabilitation et de la protection de systèmes lagunaires ou de la restauration des laisses de mer).

Quant à la charte, la circulaire du 30 avril 2007 précise bien qu'elle doit marquer l'engagement de l'adhérent pour Natura 2000 et ne saurait se limiter à quelques recommandations.

Article R. 414-12 I. du Code de l'environnement

« *La charte Natura 2000 d'un site est constituée d'une liste d'engagements contribuant à la réalisation des objectifs de conservation ou de restauration des habitats naturels et des espèces définis dans le document d'objectifs. Les engagements contenus dans la charte portent sur des* ***pratiques de gestion des terrains et espaces inclus dans le site ou des pratiques sportives ou de loisirs respectueuses des habitats naturels et des espèces****. La charte Natura 2000 du site précise les territoires dans lesquels s'applique chacun de ces engagements et le préfet auprès duquel ils sont souscrits...* ».

Elle peut contenir des « engagements à faire » comme des « engagements à ne pas faire ». La circulaire ajoute qu'« *Outre les activités de gestion cou-rante du site, notamment les pratiques agricoles et sylvicoles, toutes les activités pratiquées sur le site Natura 2000 comme les activités de loisirs (randonnées, chasse, escalade, sports d'eaux vives, pêche, voile...) peuvent être concernées par la charte* ».

673. ***Au total***, on comprend bien (après beaucoup de craintes) que le dispositif Natura 2000 ne correspond pas à l'imposition de contraintes insurmontables mais constitue l'occasion d'agir, dans le cadre d'une démarche partenariale, pour le développement durable des territoires littoraux et la sensibilisation du public à leur fragilité[77]. Cela étant, la gestion des sites majoritairement marins pourrait s'avérer plus délicate, notamment au regard des problèmes posés par la raréfaction des ressources aquatiques et leur préservation.

Section 2 La mobilisation du droit des biens culturels

674. C'est surtout sous l'angle du droit interne que la question du droit des biens culturels en zone côtière sera appréhendée. Il faut noter cependant que certaines reconnaissances internationales, comme l'inscription au patrimoine mondial de l'UNESCO, peuvent être utilement sollicitées : en France, on pense notamment à certaines fortifications de Vauban et aux lagons de Nouvelle-Calédonie[78]. Le Code du patrimoine constitue une source incontournable du droit français des biens culturels[79]. Il comprend des chapitres essentiels sur les monuments historiques et les biens culturels maritimes. Si nous n'aborderons pas ici les législations sur les secteurs sauvegardés (art. L. 313-1 et s., C. urb.) et les zones de protection du patrimoine architectural, urbain et

77. Voir J.-F. Le Grand, *Rapport d'information sur la mise en œuvre de la directive 92/43/CEE du 21 mai 1992 [...]*, Sénat, N° 23, 2003.
78. B. Jégou, « Les coraux calédoniens et Vauban sur la liste de l'Unesco », *Le marin*, 11 juill. 2008.
79. J.-M. Pontier, « Le Code du patrimoine », *AJDA*, 25/2004, p. 1330.

paysager (art. L. 642-1 et s., C. patr.), on relèvera néanmoins qu'elles sont tout à fait susceptibles de s'appliquer dans les espaces littoraux.

§1. La législation sur les monuments historiques

675. Issues de la célèbre loi du 31 décembre 1913, les dispositions législatives sur les monuments historiques ont été codifiées dans le Code du patrimoine (art. L. 621-1 et s.). Deux types de protection doivent être distingués : ***le classement et l'inscription*** au titre des monuments historiques[80]. Ces procédures sont applicables aux biens immeubles et meubles.

676. Aux termes de l'article L. 621-1 du Code du patrimoine, « *Les immeubles dont la conservation présente, au point de vue de l'histoire ou de l'art, un intérêt public sont classés comme monuments historiques en totalité ou en partie par les soins de l'autorité administrative* ». La loi précise que les monuments mégalithiques et les terrains renfermant des gisements préhistoriques sont concernés. Pour les biens meubles, l'article L. 622-1 affirme qu'ils peuvent être classés au titre des monuments historiques si leur conservation présente un intérêt public « *au point de vue de l'histoire, de l'art, de la science ou de la technique* ».

La protection offerte par la procédure du classement peut bien entendu s'appliquer à tel ou tel élément du patrimoine culturel côtier. Plusieurs ***fortifications littorales*** de Vauban ont ainsi été classées au titre des monuments historiques (à Camaret, Saint-Martin de Ré, l'île d'Aix ou Cussac-Fort-Médoc...), de même que certains ***phares*** (comme Cordouan à l'entrée de la Gironde ou la tour des Baleines à Ré) et ***navires*** (on recensait en 2007 une centaine de bateaux classés MH, dont le fameux trois-mâts *Belem*).

> *« Ces quatre motifs d'intervention [histoire, art, science, technique] sont tout à fait pertinents pour ce qui est des bateaux, puisqu'ils permettent d'appréhender aussi bien des navires très anciens, qui ne naviguent pas forcément, que d'autres plus contemporains, mais qui n'en présentent pas moins un grand intérêt du point de vue technique et/ou historique »* (J.-F. Poli, « Des bateaux monuments historiques aux bateaux d'intérêt patrimonial ? », in *Le patrimoine culturel et la mer*, t. I, L'Harmattan, 2002, spéc. p. 195).

On ajoutera par ailleurs que la Fondation du patrimoine maritime et fluvial, dont l'une des missions est de préserver le patrimoine fluvio-maritime non protégé par l'État, délivre le label « bateau d'intérêt patrimonial » (BIP)[81].

---

80. Voir FRIER (P.-L.), *Droit du patrimoine culturel*, PUF, 1997 ; MIRIEU DE LABARRE (E.), *Droit du patrimoine architectural*, Litec, 2006, p. 135 et s.

81. Voir : *www.patrimoinemaritimefluvial.org/* ; D. n° 2007-1262 du 21 août 2007 définissant certaines exonérations du droit annuel de francisation et de navigation ; Arr. interministériel du 26 janv. 2009 portant labellisation et exonération du droit annuel de francisation et de navigation des ***bateaux d'intérêt patrimonial***.

677. Mais, la rigueur du dispositif afférent au classement (pesant sur le propriétaire et sur les abords) peut s'avérer inadaptée s'agissant de ce qu'on appelle le « petit patrimoine maritime », et ce nonobstant l'adoption de l'ordonnance n° 2005-1128 du 8 septembre 2005 relative aux monuments historiques et aux espaces protégés. Dans cette optique, on est parfois tenté de mobiliser la procédure, plus souple, de l'inscription au titre des monuments historiques.

678. Le Code du patrimoine prévoit que les immeubles et les objets mobiliers qui ne justifient pas une demande classement immédiat mais qui présentent un intérêt « *suffisant pour en rendre désirable la préservation* » (du point de vue de l'histoire ou de l'art notamment) peuvent à toute époque être inscrits au titre des monuments historiques (art. L. 621-25 et L. 622-20). L'inscription, tout comme le classement, peut viser des propriétés publiques ou privées ; « *Le propriétaire ou l'affectataire domanial a la responsabilité de la conservation du monument historique classé ou inscrit qui lui appartient ou lui est affecté* » (art. L. 621-29-1). On a déjà mobilisé ce type de procédure concernant les navires ou les phares (sans parler des fortifications littorales). On réfléchit sur son éventuelle application aux ***pêcheries fixes*** du littoral atlantique et de la Manche[82], dans le cadre désormais fixé par l'article 95 de la loi n° 2004-809 du 13 août 2004 relative aux libertés et responsabilités locales (décentralisation de l'inventaire général du patrimoine culturel) et ses décrets d'application, l'ordonnance du 8 septembre 2005 et le décret n° 2007-487 du 30 mars 2007 relatif aux monuments historiques et aux zones de protection du patrimoine architectural, urbain et paysager.

> Aux termes des articles 34 et 35 de ce décret, « *La demande d'inscription d'un immeuble est présentée par le propriétaire ou par toute personne y ayant intérêt* ». Son inscription au titre des MH « *est prononcée par arrêté du préfet de région après avis de la commission régionale du patrimoine et des sites réunie en formation plénière* ».

En dépit des contraintes que représente l'inscription pour les co-détenteurs de ces écluses à poissons – lesquelles relèvent en principe du DPM et constituent donc des propriétés de l'État –, ceux-ci y trouveraient une véritable reconnaissance culturelle de ce patrimoine ancestral, assortie d'un potentiel éco-touristique non négligeable lié au label MH[83] et d'éventuelles perspectives de financement pour les restaurations (art. L. 621-29, C. patr.). Il faudra cependant que la culture de l'indépendance des « gens de l'estran » puisse se concilier avec les exigences du Code du patrimoine et les procédures administratives qui, s'agissant du régime des travaux, oscillent entre simple décla-

82. Pièges à poissons de l'estran constitués de murs en pierres sèches ou de bois. Voir L. Bordereaux, « Les écluses à poissons : une occupation historique du domaine public maritime », *EF*, mai-juin 2005, p. 32.

83. F. Bouin, « Le monument historique comme source de tourisme », in *Les monuments historiques, un nouvel enjeu ?*, t. II, L'Harmattan, 2004, p. 171.

ration et autorisation préalable, les travaux étant exécutés sous le contrôle scientifique et technique des services de l'État en charge des monuments historiques (art. L. 621-27, al. 4, C. patr.).

Article L. 621-27 du Code du patrimoine

« *L'inscription [...] est notifiée aux propriétaires et entraînera pour eux l'obligation de ne procéder à aucune modification de l'immeuble ou partie de l'immeuble inscrit, sans avoir, quatre mois auparavant, avisé l'autorité administrative de leur intention et indiqué les travaux qu'ils se proposent de réaliser* ». L'ordonnance n° 2005-1128 du 8 sept. 2005 est venue ajouter que lorsque les travaux projetés sont soumis à permis de construire ou de démolir, « *celui-ci ne peut-être délivré sans l'accord de l'autorité administrative chargée des monuments historiques* ».

Le décret du 30 mars 2007 précise que les travaux d'entretien ou de réparations ordinaires sont dispensés de toute formalité (art. 41).

679. Enfin, si on a vu que certains éléments du patrimoine culturel du littoral peuvent contribuer à identifier un espace remarquable au sens de l'article L. 146-6 du Code de l'urbanisme, il faut considérer ici que l'indépendance des législations s'oppose, eu égard à la spécificité des protections patrimoniales, à ce qu'un espace littoral soit présumé remarquable parce qu'il accueille un monument historique[84].

§2. La législation sur les biens culturels maritimes

680. Les menaces pesant sur les épaves historiques et les vestiges du fond des mers ainsi que la spécificité de cette jeune discipline scientifique (née avec le développement du scaphandre autonome) qu'est l'archéologie sous-marine[85] appelaient incontestablement des règles juridiques à la hauteur des enjeux du patrimoine culturel sous-marin. La loi n° 89-874 du 1er décembre 1989 sur les biens culturels maritimes[86] (abrogée et reprise dans le Code du patrimoine) et la Convention internationale du 2 novembre 2001 sur la protection du patrimoine culturel subaquatique (conclue sous l'égide de l'UNESCO) constituent le cadre juridique de référence en la matière, tout à fait différent du régime des trésors au sens du Code civil (art. 716) et du droit commun de l'archéologie (terrestre).

681. ***La loi du 1er décembre 1989***, dont l'articulation avec la loi du 24 novembre 1961 sur la police des épaves maritimes n'est pas sans poser problème[87], est venue définir ce qu'il fallait entendre par « biens culturels

84. Voir P. Le Louarn, « Loi littoral et patrimoine monumental : le conservatisme juridique à l'encontre de la conservation raisonnée ? », *Dr. env.*, nov. 1999, p. 12.

85. Collectif, *L'archéologie sous les eaux*, éd. errance, 1994 ; G. F. Bass (dir), *Beneath the seven seas*, New York, Thames & Hudson, 2005.

86. C. Lavialle, « La loi du 1er décembre 1989 sur les biens culturels maritimes », *JCP G*, 1991, I., 3489.

87. R. Rézenthel, « Le régime des épaves maritimes », *DMF*, mars 2007, p. 195.

maritimes ». Ces biens sont « *les gisements, épaves, vestiges ou généralement tout bien qui, présentant un* ***intérêt préhistorique, archéologique ou historique****, est situé dans le domaine public maritime ou au fond de la mer dans la zone contiguë* » (art. L. 532-1, C. patr.)[88]. Cette définition, large, n'impose pas de critère d'âge et permet d'appliquer un régime protecteur sur un espace important puisqu'il s'étend des rivages de la mer au sol de la zone contiguë situé au-delà du sol de la mer territoriale. Sur le plan matériel, elle couvre bien sûr les épaves de navires présentant l'intérêt requis, mais également (entre autres) leurs cargaisons, les aéronefs, les vestiges engloutis et les anciennes structures portuaires dont certains archéologues se sont fait une spécialité (on pense au regretté Avner Raban par exemple).

> *« Un des grands intérêts de cette loi est que l'on passe de la notion forte mais restrictive d'épave à celle de site. Pourront donc être pris en compte et par-là même protégés, les sites littoraux engloutis, par exemple les villages du Bronze final de l'étang de Thau, ou la nécropole antique de Fos [...]. Il en sera de même pour tous les aménagements parfois extrêmement ténus résultant de l'activité humaine, aménagements qui, pour l'archéologue, sont d'une importance souvent capitale : appontements, pêcheries, exploitations de carrières actuellement submergées, viviers, etc. »* (voir P. Grandjean, « Le patrimoine culturel sous-marin », in *Le patrimoine culturel et la mer*, t. I, L'Harmattan, 2002, spéc. pp. 42-43).

682. On retiendra que le Code du patrimoine contient des dispositions relatives à la découverte des biens culturels maritimes, à leur propriété ainsi qu'au régime de prospection et d'intervention. De manière générale, il fixe un cadre à même de concilier une forte protection avec le respect de la propriété. L'inventeur d'un bien culturel maritime (comme un plongeur amateur) doit en faire la ***déclaration*** dans les 48 heures de la découverte (ou de l'arrivée au premier port)[89]; il doit le laisser en place et ne pas y porter atteinte (art. L. 532-3). Les déclarations de gisements archéologiques sous-marins, variables, oscillent semble-t-il entre une quinzaine et une trentaine par an. En aucun cas l'inventeur ne peut revendiquer la propriété du bien découvert.

> **Article L. 532-2 du Code du patrimoine**
>
> En effet, « *Les biens culturels maritimes situés dans le domaine public maritime dont le propriétaire n'est pas susceptible d'être retrouvé appartiennent à l'État. Ceux dont le propriétaire n'a pu être retrouvé, à l'expiration d'un délai de trois ans suivant la date à laquelle leur découverte a été rendue publique, appartiennent à l'État* ».

88. SAUJOT (C.), *Le droit français de l'archéologie*, Cujas, 2007, p. 86 et s.; LE GURUN (G.), « Le droit français de l'archéologie sous-marine », in *Le patrimoine culturel et la mer*, t. I, L'Harmattan, 2002, p. 101.

89. Le D. n° 91-1226 du 5 déc. 1991, pris pour l'application de la loi du 1er déc. 1989, précise que cette déclaration est faite à l'administrateur des affaires maritimes, chef du quartier ou du service des affaires maritimes le plus proche du lieu de la découverte ou du premier port d'arrivée.

On voit donc que si la propriété privée n'est pas exclue, la propriété publique (d'État) est clairement l'hypothèse la plus fréquente. Il faut alors prendre acte des dispositions de l'article L. 2112-1 du Code général de la propriété des personnes publiques, en vertu desquelles « *font partie du **domaine public** mobilier de la personne publique propriétaire [l'État] [...] 5° Les biens culturels maritimes de nature mobilière au sens du chapitre 2 du titre III du livre V du Code du patrimoine* »[90]. Les conditions de la publicité des découvertes, assurée par le ministre de la Culture, sont fixées par le décret d'application n° 91-1226 du 5 décembre 1991. La personne ayant découvert et déclaré un bien culturel maritime peut bénéficier d'une récompense (art. L. 532-6)[91].

683. ***Les prospections et les fouilles font l'objet d'un strict encadrement.***

Article L. 532-7 du Code du patrimoine

« *Nul ne peut procéder à des prospections à l'aide de matériels spécialisés permettant d'établir la localisation d'un bien culturel maritime, à des fouilles ou à des sondages sans en avoir, au préalable, obtenu l'autorisation administrative délivrée en fonction de la qualification du demandeur ainsi que de la nature et des modalités de la recherche* ».

Cet article ajoute que « ***Tout déplacement d'un bien ou tout prélèvement** sur celui-ci est soumis, dans les mêmes conditions, à l'obtention d'une autorisation administrative* ».

Article L. 532-8 du Code du patrimoine précise que

« *Les fouilles, sondages, prospections, déplacements et prélèvements doivent être exécutés sous la **direction effective** de celui qui a demandé et obtenu l'autorisation* ».

On a pu déduire des formulations adoptées par le législateur que l'autorisation était donnée à une personne physique et non à une personne morale, ce qui refléterait le rôle secondaire attribué au secteur privé dans le domaine de l'archéologie sous-marine. Cette appréciation doit être fortement nuancée car des autorisations sont régulièrement délivrées à des personnes rattachées à des institutions variées (associations de protection du patrimoine maritime, clubs de plongée, institutions publiques de recherche...). Il faut pouvoir identifier un porteur de projet compétent, lequel peut dépendre d'un organisme public ou privé. Vu l'ampleur de la recherche et des fouilles à réaliser, de nombreux partenariats sont souhaitables, en fonction de la nature des gisements, de la qualification des intervenants et de leur optique scientifique. Les autorisations sont délivrées par le ministre de la Culture (après avoir notamment recueilli l'avis du préfet maritime ou du délégué du gouvernement), sur instruction du Département des recherches archéologiques subaquatiques et sous-marines.

90. Par ailleurs, une procédure spéciale d'expropriation a été organisée (art. L. 532-11, C. patr.).
91. Arr. du ministre de la Culture du 8 févr. 1996 relatif aux biens culturels maritimes.

On relèvera encore, avec C. Saujot (*op. cit.*, n° 75), que l'administration peut opter pour la conclusion de contrats (de droit public) « *tendant à la recherche, au déplacement et au prélèvement de biens culturels maritimes avec des personnes physiques agréées à cet effet* » (art. 7 al. 3 de la loi de 1989).

684. Le décret du 5 décembre 1991 précise là encore les modalités d'application de ces dispositions, ainsi que celles afférentes au retrait de l'autorisation par arrêté motivé du ministre de la Culture (en cas de manquement ou du fait de l'importance des découvertes). Les infractions aux dispositions relatives aux biens culturels maritimes sont pénalement sanctionnées (art. L. 544-5 et s., C. patr.).

685. Sur la base d'une réorganisation des structures administratives chargées de l'archéologie sous-marine et subaquatique, un service spécial de l'État, à compétence nationale, a été créé : le ***Département des Recherches archéologiques Subaquatiques et Sous-Marines*** (DRASSM)[92] .

Arrêté interministériel du 16 déc. 1998

Rattaché au sous-directeur de l'archéologie (direction de l'architecture et du patrimoine), ce service « *a pour mission d'inventorier, d'étudier, de protéger, de conserver et de promouvoir le patrimoine archéologique national subaquatique et sous-marin. À ce titre, il est chargé de veiller à l'application de la loi du 1er décembre 1989.... Il assure également une mission de conseil ainsi que de contrôle scientifique et technique sur tous les chantiers archéologiques dans les domaines relevant de sa compétence, notamment en matière de traitement du matériel et de la documentation recueillis. Ses agents ont vocation à intervenir sur tout chantier de fouilles en milieu immergé* ».

Le DRASSM veille bien sûr à la diffusion de la législation sur les biens culturels maritimes. À ce sujet, la loi de 1989 ne semble pas mal accueillie par le monde de la plongée même si sa réception est contrastée et difficile à apprécier. Cette administration d'État, localisée à Marseille, constitue assurément le noyau dur de l'archéologie sous-marine et subaquatique française ; elle présente un bilan scientifique édifiant.

Parmi les nombreuses actions du DRASSM, on mentionnera, à titre informatif, sa participation aux recherches menées à Vanikoro s'agissant des fameuses épaves de la *Boussole* et de l'*Astrolabe* : DRASSM, *Bilan scientifique 2003*, Ministère de la Culture et de la communication, 2005, p. 106.

Cela étant, le cadre institutionnel de l'archéologie sous-marine résulte également du décret n° 2007-823 du 11 mai 2007 relatif au Conseil national et aux commissions interrégionales de la recherche archéologique. On retiendra que le Conseil national de la recherche archéologique comprend une commission des opérations sous-marines, « *chargée de définir les programmes nationaux de recherche archéologique en matière d'archéologie sous-marine* » et d'émettre divers

92. Arr. (modifié) du 16 déc. 1998, *JO* du 30 déc. 1998.

avis (art. 11). La commission interrégionale de la recherche archéologique territorialement compétente émet un avis, à la demande du ministre chargé de la culture, « *sur les opérations archéologiques sous-marines dans les cas définis aux articles 7, 8, 11, 13, 15 et 16 du décret du 5 décembre 1991* » (art. 17-7°).

686. D'autres nations maritimes se sont dotées d'une législation en matière de biens culturels maritimes[93]. Mais, l'évolution des moyens techniques de recherche sous-marine, la nécessité de développer les coopérations internationales, les limites de souveraineté des États en mer et la bonne articulation de leurs compétences respectives rendaient indispensable, bien au-delà des dispositions de la Convention de Montego Bay (art. 303), l'adoption d'une convention internationale en vue d'une meilleure protection du patrimoine subaquatique[94].

687. Issue d'une longue négociation, ***La Convention UNESCO sur la protection du patrimoine culturel subaquatique*** du 2 novembre 2001[95] insiste à juste titre sur l'importance de son objet, tant la connaissance de l'histoire maritime et des civilisations anciennes passe par la préservation des biens culturels du fond des mers.

Article 1er de la Convention UNESCO

Elle entend par patrimoine culturel subaquatique : « *toutes les traces d'existence humaine présentant un caractère culturel, historique ou archéologique qui sont immergées, partiellement ou totalement, périodiquement ou en permanence,* ***depuis 100 ans au moins****, et notamment :*

(i) les sites, structures, bâtiments, objets et restes humains, ainsi que leur contexte archéologique et naturel;

(ii) les navires, aéronefs, autres véhicules ou toute partie de ceux-ci, avec leur cargaison ou autre contenu, ainsi que leur contexte archéologique et naturel; et

(iii) les objets de caractère préhistorique ».

688. Au titre de ses principaux généraux (art. 2), on retiendra que la ***conservation in situ*** de ce patrimoine est jugée prioritaire, qu'il ne saurait faire l'objet d'une exploitation commerciale, que les restes humains immergés doivent être respectés, sans oublier qu'« *aucune disposition de la présente Convention ne peut être interprétée comme modifiant les règles du droit international et la pratique des États relatives aux immunités souveraines, ou l'un quelconque des droits d'un État, concernant ses navires et aéronefs d'État* ».

93. DROMGOOLE (S.), « Le patrimoine culturel sous-marin : texte et pratique au Royaume-Uni », in *Le patrimoine culturel et la mer*, t. II, L'Harmattan, 2002, p. 119. Pour les États-Unis, V. par exemple : *Abandoned Shipwreck Act of 1987*.

94. J.-P. Beurier, « Pour un droit international de l'archéologie sous-marine », *RGDIP*, 1989, t. XCIII, p. 45; SCOVAZZI (T.), « Un remède aux problèmes posés par l'application de la *Salvage Law* au patrimoine culturel subaquatique », in *La Mer et son droit*, Pedone, 2003, p. 565.

95. La convention a été adoptée par 87 votes en sa faveur. Quatre États ont voté contre et quinze se sont abstenus, (dont la France, la Grèce et le Royaume-Uni).

S'agisant des règles de déclaration et d'intervention, la Convention UNESCO s'efforce, difficilement, de concilier les prérogatives des États sur les espaces sous juridiction nationale avec l'objectif de protection du patrimoine culturel subaquatique (art. 7 à 10).

Article 10-2. de la Convention UNESCO

« Un État partie dans la zone économique exclusive ou sur le plateau continental duquel se trouve le patrimoine culturel subaquatique a le droit d'interdire ou d'autoriser toute intervention sur ce patrimoine pour empêcher toute atteinte à ses droits souverains ou à sa juridiction tels qu'ils sont reconnus par le droit international, y compris la Convention des Nations unies sur le droit de la mer ».

Dans la zone internationale des grands fonds marins, elle insiste sur l'indispensable ***coopération des États*** en laissant un rôle relativement subalterne à l'Autorité internationale des fonds marins (art. 11 et 12). Enfin, elle comprend une annexe indiquant les 29 règles pratiques relatives aux interventions sur le patrimoine culturel subaquatique, largement admises par les professionnels de l'archéologie sous-marine. La règle 4, par exemple, affirme que « *Les interventions sur le patrimoine culturel subaquatique font appel à des techniques et à des prospections non destructrices, de préférence à la récupération des objets* ».

689. Cette convention internationale est entrée en vigueur le 2 janvier 2009, trois mois après la date de dépôt du vingtième instrument de ratification auprès du directeur général de l'UNESCO (art. 27).

Les 20 États ayant ratifié la Convention du 2 nov. 2001 sont (au 1er janv. 2009) : la Barbade, la Bulgarie, le Cambodge, la Croatie, Cuba, l'Equateur, l'Espagne, la Jamahiriya arabe libyenne, le Liban, la Lituanie, le Mexique, le Monténégro, le Nigeria, le Panama, le Paraguay, le Portugal, la Roumanie, Sainte-Lucie, la Slovénie et l'Ukraine.

En dépit de ses limites (on pense notamment à cette limite d'âge des 100 ans), elle est appelée à jouer un rôle incontournable dans la protection des biens culturels maritimes. Sur le plan intellectuel, elle propose sans doute un compromis raisonnable entre la tradition « maritimiste » et la tradition « culturaliste »[96]. Il reste à souhaiter que les mesures qu'elle prévoit aux fins de sanctionner la circulation, la détention et le commerce d'éléments du patrimoine culturel subaquatique soient effectivement suivies d'effet et priveront bien « *les contrevenants des profits découlant de leurs activités illégales* » (art. 14 et 17)[97].

96. CASSAN (H.), « Le patrimoine culturel subaquatique ou la dialectique de l'objet et du lieu », in *La Mer et son droit*, *op. cit.*, p. 127.

97. Pour une illustration concrète : V. Aubert, « Trois millions d'épaves menacées », *Le Figaro*, 1-2 déc. 2007, cahier n° 3, p. 32.

Bibliographie

BECET (J.-M.), « De l'utilité du parc naturel marin d'Iroise », *DMF* 2008, p. 84.

BORDEREAUX (L.), « Les écluses à poissons : une occupation historique du domaine public maritime », *EF*, mai-juin 2005, p. 32.

CANS (C.), « La superposition des statuts protecteurs : un atout pour la diversité biologique », *Rev. jur. env.*, nº spéc. 2008, p. 149.

JANIN (P.), « La décentralisation dans le droit des espaces naturels protégés », *AJDA*, 27/2007, p. 1445.

JEGOU (B.), « Parc d'Iroise : les divergences s'estompent », *Le marin*, 24 oct. 2008, p. 27.

LE GURUN (G.), « Le droit français de l'archéologie sous-marine », in *Le patrimoine culturel et la mer*, t. I, L'Harmattan, 2002, p. 101.

MABILE (S.), « La mise en œuvre du réseau Natura 2000 dans les zones de juridiction nationale », *Annuaire du droit de la mer*, t. X, éd. A. Pedone, 2005, p. 123.

MABILE (S.), « Les parcs naturels marins consacrés par le législateur », *Rev. jur. env.*, 3/2006, p. 251.

MANOUVEL (M.) et NAIM-GESBERT (E.), « Le double visage de la réserve naturelle des terres australes françaises », *Rev. jur. env.*, 4/2007, p. 445.

MESNARD (A.-H.), « Spécificité maritime et littorale des législations sur le patrimoine immobilier », in *Le patrimoine culturel et la mer*, t. II, L'Harmattan, 2002, p. 23.

QUIMBERT (M.), « Natura 2000 : un cadre juridique de plus en plus strict pour le développement des activités sur le littoral », *DMF*, 2005, p. 161.

UNESCO, « La convention de l'Unesco sur la protection du patrimoine culturel subaquatique », dossier d'information, 2007.

Bibliographie générale

• Ouvrages

BECET (J.-M.) et LE MORVAN (D.) (dir.), *Le droit du littoral et de la mer côtière*, Economica, 1991.

BECET (J.-M.) et REZENTHEL (R.), *Dictionnaire juridique des ports maritimes et de l'environnement littoral*, Presses Universitaires de Rennes, 2004.

BECET (J.-M.), *Le droit de l'urbanisme littoral*, Presses universitaires de Rennes, 2002.

BERNARD (N.), *Les ports de plaisance*, L'Harmattan, 2000.

BEURIER (J.-P.) (dir.), *Droits maritimes*, Dalloz Action, 2e éd., 2008.

BODIGUEL (M.) (dir.), *Le littoral. Entre nature et politique*, L'Harmattan, 1997.

CALDERARO (N.), *Loi littoral & loi montagne. 12 ans de jurisprudence commentée*, EFE, 2e éd., 2005.

CALDERARO (N.) et LACROUTS (J.), *Droit du littoral*, Le Moniteur, 2005.

COLLECTIF (Société française pour le droit de l'environnement), *La loi « littoral »*, Economica, 1986.

CORNU (M.) et FROMAGEAU (J.) (dir.), *Le patrimoine culturel et la mer. Aspects juridiques et institutionnels*, T. 1 et 2, L'Harmattan, 2002.

COULOMBIE (H.) et REDON (J.-P.), *Le droit du littoral*, Litec, 1992.

COULOMBIE (H.) et LE MARCHAND (C.), *Droit du littoral et de la montagne*, Litec, 2009.

DAUVIN (J.-C.) (coordinateur), *Gestion intégrée des zones côtières : outils et perspectives pour la préservation du patrimoine naturel*, Muséum national d'histoire naturelle, 2002.

DELHOSTE (M.-F.), *La sécurité dans la bande littorale des 300 mètres*, Papyrus, 2001.

DUFAU (J.), *Le domaine public*, 5e éd., Le Moniteur, 2001.

FABERON (J.-Y.), *Les polices des activités maritimes*, L. G.D.J, 1993.

FALQUE (M.) et LAMOTTE (H.) (dir.), *Droits de propriété, économie et environnement : le littoral*, Bruylant, 2003.

FAURE-BONACCORSI (D.), *Les concessions de plage*, territorial éd., « l'essentiel sur », 2007.

FIALAIRE (J.) et MONDIELLI (E.) (dir.), *L'homme, ses territoires, ses cultures*, Mélanges offerts à André-Hubert Mesnard, LGDJ, 2006.

GODFRIN (Ph.) et DEGOFFE (M.), *Droit administratif des biens*, 8e éd., Sirey, 2007.

GROSDIDIER DE MATONS (J), *Droit, économie et finances portuaires*, Presses de l'école nationale des Ponts et chaussées, 1999.

INSERGUET-BRISSET (V.), *Droit de l'environnement*, Presses Universitaires de Rennes, 2005.

JURET (P.-M.), *Le domaine public maritime*, Dalloz, 1963.

LE BOUËDEC (G.) et CHAPPE (F.), *Pouvoirs et littoraux du XVe au XXe siècle*, Presses Universitaires de Rennes, 2000.

MERCKELBAGH (A.), *Et si le littoral allait jusqu'à la mer ! La politique du littoral sous la Ve République*, Éd. Quae, 2009.

MORAND-DEVILLER (J.), *L'environnement et le droit*, 2e éd., LGDJ, 2006.

ORFILA (G), *Droit de la conchyliculture et de l'aquaculture marine*, Éd. Bordessoules, 1990.

OST (F.), *La nature hors la loi. L'écologie à l'épreuve du droit*, Éd. La Découverte, 2003.

PITRON (F.) et JOLIVET (V.), *La gestion du littoral et des espaces marins*, LGDJ, 2007.

PRIEUR (L.), *La loi Littoral*, territorial éd., « dossiers d'experts », 2008.

PRIEUR (M.), *Droit de l'environnement*, 5e éd., Dalloz, 2004.

ROCHE (C.), *Droit de l'environnement*, 2e éd., Gualino, 2006.

ROMI (R.), *Droit et administration de l'environnement*, 6e éd., Montchrestien, 2007.

VAN LANG (A.), *Droit de l'environnement*, 2e éd., PUF Thémis, 2007.

WHITELAW (D.M.) et VISGILIO (D.M.), (dir.), *America's Changing Coasts*, Edward Elgar Publishing, 2005.

• Thèses

ANSAUD (N.), *La prise en compte de la protection de l'environnement par le droit portuaire*, Université de Nice Sophia-Antipolis, 2006.

BEIGNON (J.), *La notion de domaine public maritime naturel*, Université de Nantes, 1998.

BORDEREAUX (L.), *Service public et manutention portuaire*, Université de Nantes, 1999.

BRAUD (X.), *L'influence des associations de protection de l'environnement sur l'évolution du droit administratif de l'environnement*, Université de Nantes, 1997.

ÉTIENNE (C.), *La politique communautaire d'aménagement intégré des zones côtières*, Université de Rennes I, 2000.

GUEGUEN-HALLOUËT (G.), *L'application du droit communautaire aux ports maritimes*, Université de Bretagne Occidentale, 1999.

HUMSKI (C.), *Les perspectives d'évolution du service public portuaire*, Université de Lille II, 1999.

LE CORRE (L.), *Le traitement juridique des zones humides estuariennes*, Université de Nantes, 1999.

LE PENNEC (N.), *Les affaires maritimes et la protection de l'espace maritime et littoral*, Université de Nantes, 2006.

LE ROUX (M.), *Contravention de grande voirie, domaine public naturel et protection pénale de l'environnement*, Université de Nantes, 1999.

LE ROY (R.), *La construction juridique du littoral*, Université de Bretagne Occidentale, 1994.

LOZACHMEUR (O.), *La consécration du concept de « gestion intégrée des zones côtières » en droit international, communautaire et national*, Université de Nantes, 2004.

MBA NZE (J.D.D.), *Les ports de plaisance : entre protection de l'environnement et rentabilité*, Université de Nice Sophia-Antipolis, 2008.

PASZQUIER (K.), *Loi Montagne et Loi Littoral : des lois d'aménagement et d'urbanisme aux dispositions particulières. Illustration du phénomène de territorialisation du droit*, Université de Nice Sophia-Antipolis, 2001.

PRIEUR (L.), *Droit et littoral. Recherches sur un système juridique*, Université de Bretagne Occidentale, 2001.

REDON (J.-P.), *La conduite des politiques publiques sur le littoral*, Université Paris XIII, 1994.

REZENTHEL (R.), *Le droit de construire sur le domaine maritime*, Université de Lille II, 1979.

TIERNY (E.), *Le port maritime : lieu d'un pari libéral pour un enjeu régalien*, Université de Nantes, 2003.

VENDE (B.), *Les polices dans les ports maritimes*, Université de Nantes, Presses Universitaires d'Aix-Marseille, 2005.

• Rapports

ALLAIN (Y.-M.) et *alii*, *La gestion des estuaires dans une approche communautaire*, Ministère des transports, de l'équipement, du tourisme et de la mer/Ministère de l'écologie et du développement durable, mai 2006.

BILAN *de la loi Littoral et des mesures en faveur du littoral*, Rapport du Gouvernement, sept. 2007.

BOLLIET (A.), GENEVOIS (R.), GRESSIER (C.) et LAFFITTE (M.), *Rapport sur la modernisation des ports autonomes*, Inspection générale des Finances/Conseil général des Ponts et Chaussées, juill. 2007.

BONNOT (Y.), *Pour une politique globale et cohérente du littoral en France*, Rapport au Premier ministre, Doc. fr., 1995.

CATANZANO (J.) et THEBAUD (O.), Programme national d'océanographie côtière, *Le littoral. Pour une approche de la régulation des conflits d'usage*, Institut océanographique/Ifremer, 1995.

COUR DES COMPTES, *La politique portuaire française*, Rapport public particulier, Les éditions des journaux officiels, oct. 1999.

COUR DES COMPTES, *Les ports français face aux mutations du transport maritime : l'urgence de l'action*, Rapport public thématique, juill. 2006.

DATAR, *Construire ensemble un développement équilibré du littoral*, La Doc. Française, 2004.

DUPILET (D.), *Le règlement des conflits d'usage dans la zone côtière entre pêche professionnelle et autres activités*, rapport au Premier ministre, avr. 2001.

EUZENES (P.) et LE FOLL (F.), *Pour une gestion concertée du littoral en Bretagne*, Région Bretagne, Conseil économique et social, juin 2004.

FERAL (F.), MAMONTOFF (C.) et ROUQUAN (O.), Programme national d'océanographie côtière, *Le littoral. L'État régulateur : droit domanial et stratégies politiques*, Institut océanographique. Ifremer, 1996.

GAUTHIER (Y.), *Le développement des ports de plaisance*, Conseil général des Ponts et Chaussées, nov. 2006.

GELARD (P.), Rapport d'information sur l'application de la loi littoral – *Pour une mutualisation de l'aménagement du territoire*, Sénat n° 421, juillet 2004.

LE GUEN (J.), Rapport d'information sur l'application de la loi littoral, Assemblée Nationale n° 1740, juillet 2004.

LE PENSEC (L.), *Vers de nouveaux rivages – Sur la refondation du Conservatoire du littoral*, Rapport au Premier ministre, La documentation Française, 2002.

MARTINEZ (C.), *1986-2006 : 20 ans de loi littoral. Bilan et propositions pour la protection des espaces naturels*, Comité français de l'UICN, déc. 2006.

MINISTÈRE DE L'ÉQUIPEMENT, DES TRANSPORTS ET DU LOGEMENT, *Rapport au Parlement sur l'application de la loi n° 86-2 du 3 janvier 1986 relative à l'aménagement, la protection et la mise en valeur du littoral et sur les mesures spécifiques prises en faveur du littoral*, févr. 1999.

PIQUARD (M.), *Littoral français. Perspectives pour l'aménagement*, Doc. fr., 1974.

POSEIDON (groupe de travail), *Une ambition maritime pour la France*, Centre d'analyse stratégique/Secrétariat général de la mer, déc. 2006.

SECRÉTARIAT GÉNÉRAL DE LA MER, *Énergie éolienne en mer – Recommandations pour une politique nationale*, déc. 2002.

UNIM, *Livre Blanc de la Manutention Portuaire*, juin 2005.

VIALA (G.) et GUILLEMOT (B.), *Pour une stratégie portuaire dans une région maritime*, Région Bretagne, Conseil économique et social, janv. 2006.

• Sites web

www.port.fr/

www.mer.gouv.fr/

www.ecologie.gouv.fr/

www.conservatoire-du-littoral.fr/

www.ifen.fr/littoral/

www.anel.asso.fr/

www.parc-marin-iroise.gouv.fr/

www.ffports-plaisance.com/

www.airesmarines.org/

www.sgmer.gouv.fr/

www.rivagesdefrance.org/

www.parcs-naturels-regionaux.fr/

www.diact.gouv.fr/

www.crpm.org/

www.aivp.org/

Index

G

H

I

J

L

M

N

P

R

S

T

Z

Table des matières

Partie 2
Le droit d'un espace pluriel

Titre 2 Les activités économiques sur le domaine public maritime naturel

Photocomposition CMB Graphic
44800 Saint-Herblain

Cet ouvrage a été achevé d'imprimer en août 2009
dans les ateliers de Normandie Roto Impression s.a.s.
61250 Lonrai (Orne)
N° d'éditeur : 3031
N° d'imprimeur : 09-2922

Imprimé en France